永乐皇帝朱棣着衮龙袍全身画像

永乐皇帝朱棣
着衮龙袍半身画像

永乐皇帝朱棣的结发妻子
仁孝文皇后徐氏着大衫半身画像

洪武皇帝朱元璋着衮龙袍
全身画像

永乐皇帝朱棣的父亲，
明朝开国皇帝洪武皇帝
朱元璋着衮龙袍半身画像

洪武皇帝朱元璋的结发妻子
孝慈高皇后马氏

［明］沈度《瑞应麒麟图》

明长陵祾恩殿，长陵为永乐皇帝朱棣与结发妻子徐皇后的合葬陵墓

明长陵方城明楼

明长陵明楼里的圣号碑，这是
明世宗将明太宗朱棣庙号改为成祖后，
明神宗重立的圣号碑

明代疆域图（永乐十九年，公元1421年）

朱棣的重要谋臣：
姚广孝画像

宁王朱权像，
出自《盱眙朱氏八支宗谱》

黄子澄画像

方孝孺画像

驸马梅殷画像

世袭曹国公李景隆画像

杨荣画像

杨士奇画像

户部尚书夏原吉画像

吏部尚书蹇义画像

黄福画像

明朝皇帝冕服十二旒冕

洪熙皇帝朱高炽

明朝"锦衣卫"木印

西安古城墙南门：永宁门

哈立麻

朱棣颁赐给乌思藏的白玉龙纽
"如来大宝法王"印1

明太宗颁赐给乌思藏的白玉龙纽
"如来大宝法王"印印面

朱棣颁赐给乌思藏的
白玉龙纽"如来大宝法王"印 2

▲ 释迦也失

大报恩寺老照片 ▶

▲ 永乐年间长期负责漕运的平江伯陈瑄

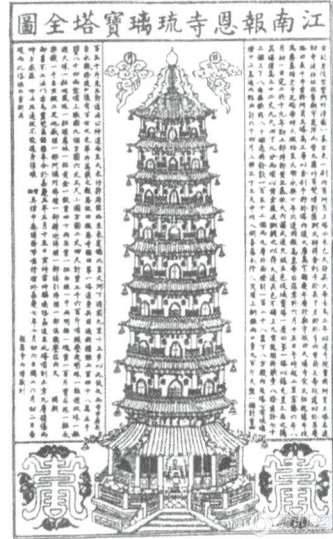

▲ 江南大报恩寺琉璃宝塔全图

▼ 明太宗朱棣在位的永乐年间明朝疆域及行政区划图

明朝行政區劃與疆域圖

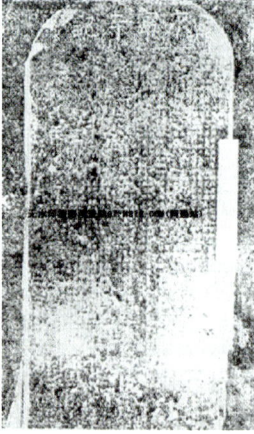

永乐年间的永宁寺碑拓片

朝鲜太祖李成桂御真

朝鲜世宗李祹御真

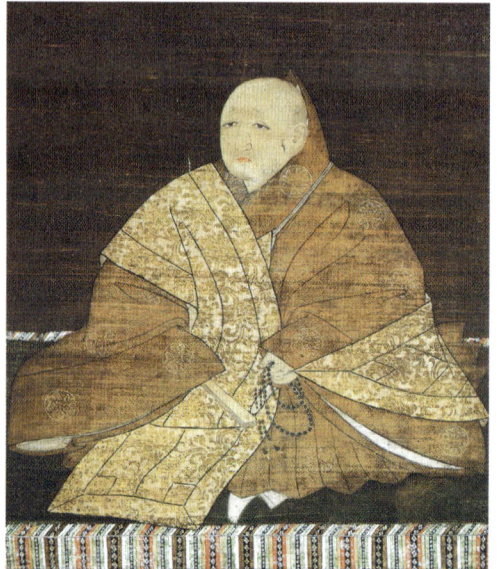

日本室町幕府第三代将军：足利义满

▲ 京都北山金阁寺（鹿苑寺）

▲ 帖木儿画像

▼ 朱棣给足利义满的敕书 1

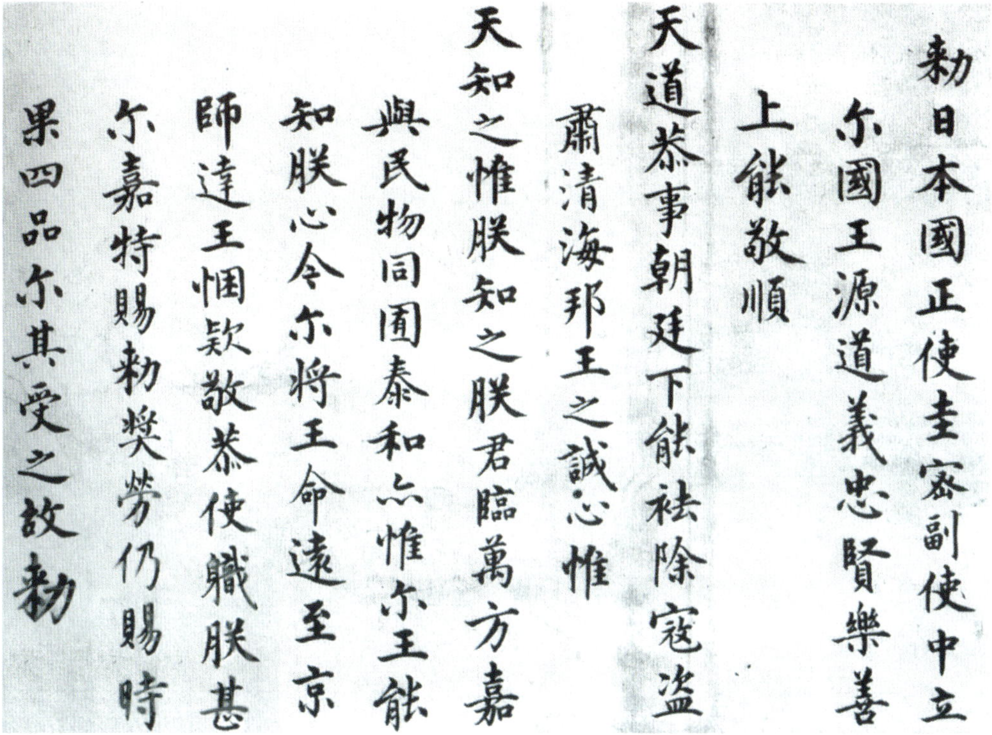

勑日本國正使圭密副使中立
尔國王源道義忠賢樂善
上能敬順
天道恭事朝廷下能袪除寇盜
肅清海邦王之誠心惟
天知之惟朕知之朕君臨萬方嘉
與民物同囿泰和亦惟尔王能
知朕心令尔將王命遠至京
師達王悃款敬恭使職朕甚
尔嘉特賜勑奬勞仍賜時
果四品尔其受之故勑

▲ 朱棣给足利义满的敕书2

日本室町幕府第四代将军：足利义持

《郑和航海图》第一页

马欢《瀛涯胜览》书影

英国公张辅画像

宣德皇帝朱瞻基着衮龙袍全身画像

明朝"北平行都指挥
使司夜巡"铜牌

明朝"皇城校尉"铜牌

明朝"木答里山卫指挥使司"
铜印，该卫所位于现今内蒙古
呼兰浩特地区，为明太宗（成
祖）朱棣于永乐四年（1406年）
建立

主持编纂《永乐大典》的解缙画像

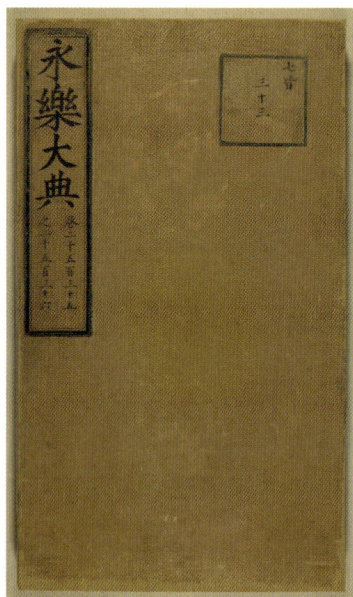

《永乐大典》书影

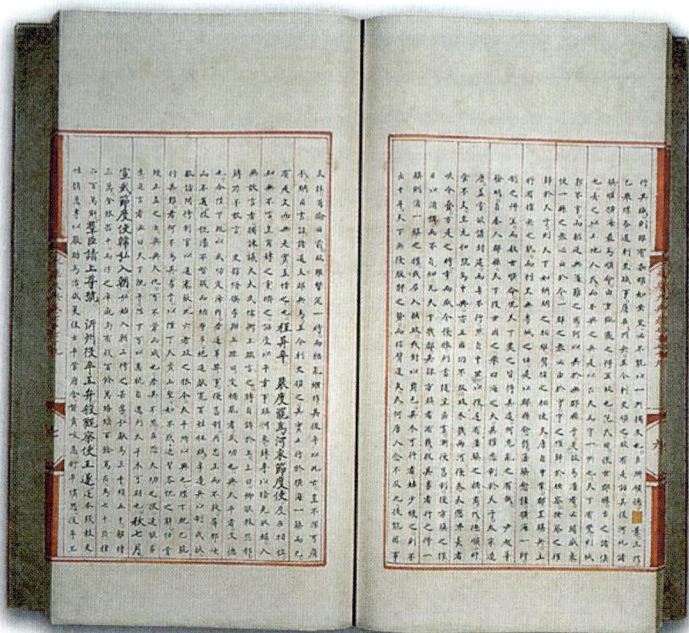

《永乐大典》页面

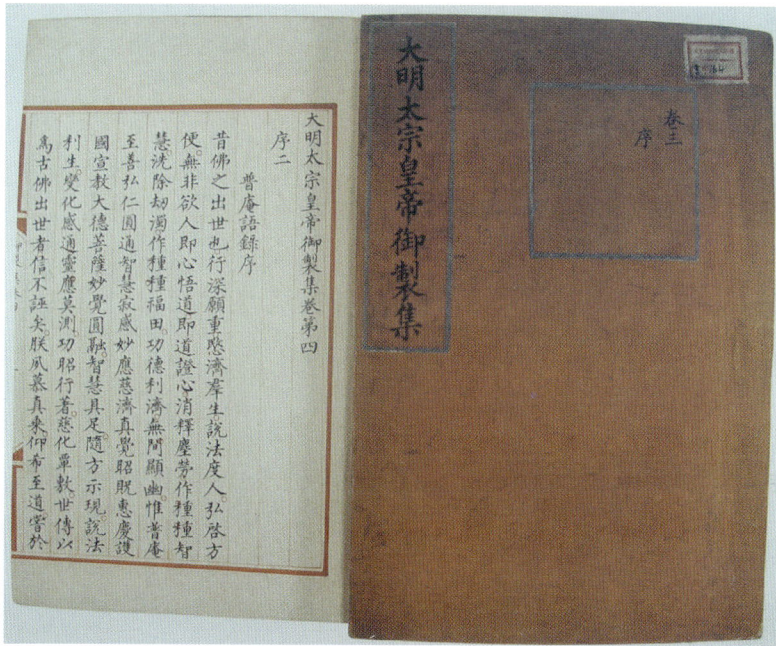

《大明太宗皇帝御制集》书影，现存仅 2 册

大明太宗皇帝御製集卷第四

序二

晉菴語錄序

昔佛之出世也行深願重愍濟羣生說法度人弘啟方便無非欲入即心行道即心悟道證心消釋塵勞作種種智慧洗除却調作種種福田功德利濟無間顯幽惟晉菴至善私仁圓通智慧寂應慈濟真覺昭眎惠慶護國宣教大德菩隆妙覺圓融智其足隨方示現說法利生變化感靈應莫測功昭行著慈化單歎世傳以為古佛出世者信不誣矣朕風慕真來仰布至道當於

大明太宗皇帝御製集

卷三
序

朱棣御笔（拓片）

施教但欲使人為善夫為善者為臣為子為孝忠臣孝子行一言而惟恐以辱君親盡心出於風夜而亹亹之欺蔽不敢以萌於心鞠躬於朝夕而顺

朱棣《圣学心法》书影

聖學心法序

朕惟古之帝王平治天下有至要之道詔訓子孫有不易之法載於經傳為可見矣夫創業垂統之君經歷艱難其慮事也周其制法也詳其立言也廣大悉備用之萬世而無弊有聰明睿哲之資遵而行之則大業永固

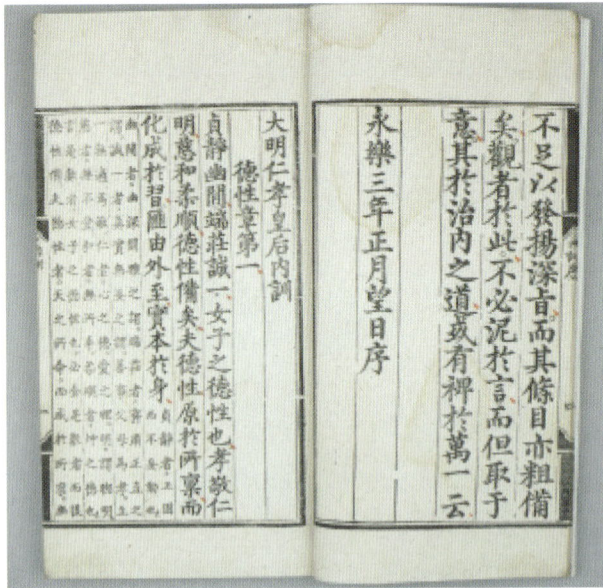

徐皇后《大明仁孝皇后内训》，一卷，一册，明仁孝皇后徐氏撰，
明永乐三年（1405年）经厂刻本

明朝皇帝常服皮弁

大明太宗文皇帝实录，中国国家博物馆藏本

永乐之治

上 靖难夺位

朱棣传

李林楠/著

文化发展出版社
Cultural Development Press

图书在版编目（CIP）数据

永乐之治：朱棣传 / 李林楠著 . — 北京：文化发
展出版社，2021.5
ISBN 978−7−5142−3397−1

Ⅰ.①永… Ⅱ.①李… Ⅲ.①明成祖（1360—1424）
—传记 Ⅳ.① K827=48

中国版本图书馆 CIP 数据核字（2021）第 062927 号

永乐之治：朱棣传

李林楠 著

责任编辑：武　赫
出版发行：文化发展出版社（北京市翠微路 2 号　邮编：100036）
网　　址：www.wenhuafazhan.com
经　　销：各地新华书店
印　　刷：三河市天润建兴印务有限公司

开　　本：710mm×1000mm　1/16
字　　数：700 千字
印　　张：40
版　　次：2021 年 11 月第 1 版
印　　次：2021 年 11 月第 1 次印刷
定　　价：99.80 元（上、下册）
ＩＳＢＮ：978−7−5142−3397−1

丰富又枯乏的朱棣

永乐皇帝朱棣，明朝第三位皇帝。在明朝，他的知名度可以说仅次于开国的洪武皇帝朱元璋。正因如此，关于他的著作也是颇多的，人们或关注他的雄才大略，或关注他的残暴无情，或关注他的传奇经历，或关注他的奇闻逸事，可谓各取所需，似乎并不缺乏资料来进行讲述。

然而当我们回到朱棣本人，审视这众多的记载，却能发现不少问题。正如商传老师所说，"我起初还以为像永乐皇帝这样重要的历史人物，必定有极其丰富的资料。但事实上却是资料枯乏，疑难颇多"[1]。之所以会出现这种现象，根本原因正是朱棣本身。朱棣通过发动靖难之役，篡位成为皇帝，他对于自己早年和登位的过程自然是讳莫如深。因此，他在统治期间不仅实行严格的避讳，更两度重修其父的《明太祖实录》，导致官修史书中对他早年和即位的历史记述严重失实，给后人的研究造成了不小的困难。除此之外，随着明朝中期禁令的逐渐松弛，虽然人们对明初的研究逐渐丰富起来，但这些记载很多属于道听途说，可靠性大多很成问题。然而正是这种记载，随着时间的推移，里面不少如今竟也成了无可置疑的内容，这无疑也是不客观的，这是一方面。

另一方面，朱棣统治中国的二十二年间，进行了大量的活动，包含了政治、经济、军事、文化、对外关系、民族政策等诸多方面。要想对这些问题进行全面而客观的考察，仅仅依靠明朝方面的史料显然是非常不够的。因此，关于朱棣一生的资料，表面上看起来很丰富，实则十分枯乏。

笔者曾经力图全面考察朱棣即位后的历史，最终完成了《阴影下的大帝——明太宗朱棣》一书。如今回头看来，自己当时对史料的掌握和分析能力还颇为稚嫩。后来虽然对这本书进行了全面修订，但仍旧不能让笔者感到满意。随着找到的资料的增多，笔者想到，何不重新撰写一本书，对朱棣的一生，从可靠的史料和档案入手，进行一个可靠的叙述，并对一些知名的历史问题进行澄清呢？因此，笔者有了撰写本书的念头。

笔者深知，要做到这一点并不简单。因此，笔者决定考察朱棣的一生，史料自然是越原始越好。《明太宗实录》作为记述朱棣一生的官修史书，自然是不可或

---

[1] 商传：《永乐皇帝朱棣》，序言，吉林：长春出版社，2010 年 10 月，第 1 页。

缺的。然而《明太宗实录》作为官修史书，也存在很多"为尊者讳"而扭曲史实的问题，同样的问题也存在于朱棣在位时期编纂的记述他夺位过程的《奉天靖难记》中。故而，要客观地分析朱棣，仅仅依靠这些书显然是不行的。

　　幸而关于朱棣的一生，还有一定原始档案留存下来。这些档案主要以两种方式保存了下来，一种是以原始档案形式保存在中国国家博物馆、中国第一历史档案馆等处，其价值不言而喻。另一类档案则保存在明人的各种著作中，比如王世贞在《弇山堂别集》《弇州史料》等著作中抄录了不少明代档案，宋端仪在《立斋闲录》中也抄录了大量朱棣处理建文遗臣的原始档案，李文凤在《越峤书》中收录了大量朱棣对于安南问题的敕谕，朝鲜王朝的《朝鲜王朝实录》和越南的《大越史记全书》中也有大量对明代文件的抄录。甚至在黄福、杨嗣昌等人的文集中也能发现抄录的朱棣的圣旨等重要文件。因为历史的风霜，大量的历史档案原件我们今天已经无从得见，这些抄录出来的档案内容可以说并不亚于原始档案。通过对这些国内外史料的分析，再结合明代自己的记载，对于全面客观地分析朱棣，自然大有裨益。

　　当然，笔者也不是全部使用明人的历史著作，黄佐的《革除遗事》、高岱的《鸿猷录》、谈迁的《国榷》、查继佐的《罪惟录》乃至万斯同、王鸿绪两个版本的《明史稿》等书也是能够发挥作用的，只是其中某些书的使用要十分谨慎罢了。

　　总之，笔者不求像原来那样展示一个全面的朱棣，而力求讲述一个客观而可靠的朱棣的一生，分析一个真实的永乐之治。

目录

下册：辉煌治世

第一章

燕王

1. 生于乱世

元朝至正二十年四月十七日（公元 1360 年 5 月 2 日），一个婴儿诞生在朱元璋控制的应天府（今南京市），这便是朱元璋的第四个儿子，日后明朝的第三位皇帝朱棣。根据《明太宗实录》的记载，朱棣一出生就气象不凡，"上初生，光气五色满室，照暎宫闱，经日不散"[①]。朱棣在位时期编纂的《奉天靖难记》中也记载朱棣出生时，"云气满室，光彩五色，照映宫闱，连日不散"[②]，这一切似乎都预示着这个婴儿的未来将是非凡的。然而我们可以相信，这些祥瑞都是后来为了营造朱棣"真命天子"的身份而杜撰出来的。

至正二十年的朱元璋，虽然已经控制了以应天府为中心的颇为广大的江淮地区，但他的实力还不够强大，特别是他正面临陈友谅在西线越来越大的威胁。陈友谅在当年闰五月就向朱元璋发动了一次大规模的进攻，朱元璋最终在龙江—龙湾地区艰难地战胜了陈友谅。因此可以想见，朱元璋对新得一子固然会感到高兴，但他的好心情也必然不会持续太久，因为他正面临着陈友谅越来越大的军事上的压力。

另外，随着朱棣的降生，他一生的第一个谜团也产生了，那就是谁才是他的亲生母亲？

朱棣自己在旧钞本《燕王令旨》中称自己是朱元璋的结发妻子马皇后的儿子，他宣称：

> 顾予匪才，乃父皇太祖高皇帝亲子、母后孝慈高皇后亲生，皇太子亲弟，忝居众王之长。[③]

朱棣的这一说法延续到了后来的《奉天靖难记》《明太宗实录》中。《奉天靖难

---

① 《明太宗实录》，卷一，第 1 页。

② [明]佚名：《奉天靖难记》，卷一，第 424 页；[明]佚名撰、王崇武校注：《奉天靖难记注》，卷一，第 1 页。

③ [明]朱棣：《燕王令旨·为报父雠事，谕普天之下藩屏诸王、大小各衙门官吏、军民人等》。

记》记载，"今上皇帝，太祖高皇帝四子也。母孝慈高皇后，生五子，长懿文皇太子，次秦王，次晋王，次今上皇帝，次周王"①。《明太宗实录》记载，"大明太宗体天弘道高明广运圣武神功纯仁至孝文皇帝讳（棣），太祖圣神文武钦明启运俊德成功统天大孝高皇帝第四子也，母孝慈昭宪文德承天顺圣高皇后生五子，长懿文皇太子标，次秦愍王樉，次晋恭王㭎，次上，次周定王橚"②。如此一来，这一说法算是作为此后明朝的官方说法确定了下来。然而果真如此吗？

答案是否定的。朱棣为马皇后之子最直接的矛盾之处来源于几份重要文献。《天潢玉牒》记载朱元璋：

> 皇子二十四人，第四子今上、第五子周王，高后所生也。长懿文太子、第二子秦愍王、第三子晋恭王，诸母所生也。③

王世贞《弇州史料》中记载：

> 《皇明世系》谓太宗、周王为高皇后所生，而懿文、秦、晋，诸妃子也。④

这一说法甚至延伸到了藩王府中，鲁王府所藏《鲁府玉牒》也记载"高后止生成祖与周王"⑤。《天潢玉牒》与《皇明世系》都系明代官方文献，然而这两份官方文献关于马皇后究竟有几个儿子的说法却和《奉天靖难记》《明太宗实录》这两份同为明代官方文献的史料相矛盾，一者说马皇后生了懿文皇太子朱标、秦王朱樉、晋王朱㭎、永乐皇帝朱棣、周王朱橚五人，一者说马皇后只生了永乐皇帝朱棣和周王朱橚两人。这种明显的矛盾只能说明一个问题，朱棣即位后曾对自己的生母身份造假，说法经过变化，因此留下了这样的矛盾。朱棣的母亲是马皇后的可能性极低。

在讲述朱棣亲生母亲是谁之前，有一个问题值得注意，这就是朱棣和周王朱橚

---

① ［明］佚名：《奉天靖难记》，卷一，第 424 页；［明］佚名撰、王崇武校注：《奉天靖难记注》，卷一，第 1 页。

② 《明太宗实录》，卷一，第 1 页。

③ ［明］佚名：《天潢玉牒》，第 10 页。

④ ［明］王世贞：《弇州史料》，卷六十一，《后集》，第 309 页。

⑤ ［明］郎瑛：《七修类稿》，卷一〇，《二十四王》，第 105 页。

是一母同胞的亲兄弟，而且他们两人和之前的懿文皇太子朱标、秦王朱樉、晋王朱棡不是同一个母亲。关于这点，最直接的一条证据恰恰来自《明太宗实录》。朱棣在建文四年（1402年）六月进入南京后，受到朱棣保护的朱橚见到朱棣后说：

> 奸恶屠戮我兄弟，赖大兄救我，今日相见，真再生也！①

朱橚称朱棣为"大兄"，恰恰说明在他们两人之上没有更大的兄弟，这一留存在《明太宗实录》中的证据最好地证明了朱棣、朱橚是亲兄弟，他们和在上面的三个哥哥不是同一个母亲。另一方面，当时周王、齐王同被囚于南京，但出迎只记周王，朱棣的抚慰也只及周王，也从一个侧面说明燕、周二王关系不一般。正因如此，朱棣才会在即位后的几份文献中留下马皇后只生了自己和朱橚的记载，后来发现这个说法漏洞太大，才再度把懿文皇太子朱标、秦王朱樉、晋王朱棡加上，从而构成了马皇后生有五子的说法。

关于马皇后没有亲生儿子的问题，我们从后来的皇太子朱标出生的情况可以得到证明。根据《明太祖实录》记载，朱标生于至正十五年（1355年）九月初五日，然而这其中是存在问题的。朱元璋在至正十五年（1355年）六月渡江攻打太平时，马皇后并未随军渡江，毕竟当时前途未卜。马皇后渡江是在朱元璋攻克太平后，而朱元璋攻克太平正是在当年六月，如此一来，似乎马皇后在九月生下朱标并无问题，然而这却是对当时局势分析不够细致所导致的误解。至正十五年（1355年）六月朱元璋攻占太平并开府于此后，元朝蛮子海牙立即以水军封住采石，关闭"姑熟之口"，企图切断朱元璋军退路，同时，陈也先率大军从陆路反扑太平府。朱元璋虽然在七月打败并生擒陈也先，陈也先表示愿意归降。但事情并没有完。

七月，朱元璋将陈也先留在太平，亲自率军会同张天祐进攻集庆路，以图会合陈也先部下大队人马。然而此次进攻并没有取得成功，大军返回太平。不到一个月，朱元璋再度出征集庆路，目标仍旧是与陈也先部下人马会合，这次，朱元璋带上了陈也先。陈也先于是趁机与部下密谋，表示集庆不可以力攻，必须声言攻城而不出战方能取胜，陈也先也由此"阴与元合"②，只是还没有和朱元璋公开对立。面

---

① 《明太宗实录》，卷九下，第130页，"四年六月乙丑"。
② ［明］佚名撰、王崇武校注：《明本纪校注》，第43页。

对陈也先的做法，朱元璋心知肚明，但他仍旧与陈也先"结为昆季，宰乌牛白马以祀天地，歃血为誓"①，相约共同进攻集庆路。立誓后，朱元璋就放了陈也先，而陈也先也不出意外地回到了元廷的怀抱，甚至在九月想诱骗朱元璋"临其军受俘"②，即前去接收他的军马，但朱元璋没有上当。

九月，在郭天叙、张天祐率军从东南方向的溧阳、句容、官塘、方山一路进攻集庆路，陈也先则表示将在板桥加以配合。郭、张联军与集庆守军大战于秦淮河上，战况十分激烈。孰料此时陈也先临阵反戈一击，与集庆守将福寿合兵进攻郭、张联军，"我师失利，（张）天祐、郭元帅皆战死"③，"杀溺二万余"④，濠州红军遭受了惨重的失败。直至九月，太平的局势都还没有完全稳定，而且水路也并未打通。水路的打通，已经是至正十六年（1356年）二月，朱元璋军在采石大战击败蛮子海牙之后了，因此马皇后绝无可能在九月渡江并来到太平并生下朱标。同时参考宋濂为常遇春所写《开平王神道碑铭》中"丙申（至正十六年）春二月，元中丞蛮子海牙复以兵屯采石，南北不通，上虑将士虽渡江而其父母妻子尚留淮西，势莫可致，命王统兵攻之"也可知道直至此时，众将家属都还未能渡江，马皇后也不应特殊。故此，马皇后无子的可能性是很大的，实录中记载为马皇后所生五子均非马皇后所生当是确定的。

那么，朱棣的母亲究竟是谁呢？对此问题最具价值的考证来自明末清初的谈迁，他在所著《国榷》中明确记载，"成祖启天弘道高明肇运圣武神功纯仁至孝文皇帝御讳棣，太祖皇帝第四子也，母碽妃"。随后，谈迁专门考订了这一问题：

> 《玉牒》云高皇后第四子，盖史臣因帝自称嫡，沿之耳。今《南京太常寺志》载孝陵祔享，碽妃穆位第一，可据也。⑤

而关于孝陵享殿的具体情况，谈迁在《枣林杂俎》中有更为详细的记载，其《义集·彤管》下的"孝慈高皇后无子"一条记载"孝陵享殿，太祖高皇帝、高皇

---

① ［明］俞本撰、李新峰笺证：《纪事录笺证》，卷之上，第39页，"至正十五年"。

② 《明太祖实录》，卷三，第37页，"乙未年九月癸未"。

③ 《明太祖实录》，卷三，第37页，"乙未年九月戊戌"。

④ ［明］佚名撰、王崇武校注：《明本纪校注》，第44页。

⑤ ［明］谈迁：《国榷》，卷一二，第847页。

后南向。左淑妃李氏，生懿文皇太子、秦愍王、晋恭王"，其后记载了左侧（即东侧）其他配享的朱元璋后宫嫔妃及其所出，然后记载"硕妃生成祖文皇帝，独西列"①。由此，可以确定，朱棣、朱橚的生母当为硕妃而非马皇后。至于马皇后是否无子其实并不是关键，仅凭这一点就能够说明即使马皇后无子，朱标、朱樉、朱棡三兄弟至少同母，因此倘若马皇后是收养淑妃李氏之子为己子，朱棣兄弟也没有理由享受同样的待遇，这也是朱棣后来费尽心机要将五人列为同母的原因之一。

至于硕妃是何身份，事迹如何，因为史料缺乏记载，至今不能确知，但也因此在民间出现了各种说法，甚至称硕妃为蒙古人，朱棣是元顺帝遗腹子之类。元顺帝遗腹子说法出自《蒙古源流》，其中说：

> 先是，蒙古之托欢·帖木尔·乌哈噶图合罕时，岁次戊申，汉人朱葛诺延，年五十二岁，袭取大都城，即合罕位，称大明朱洪武合罕焉。当时，乌哈噶图合罕之第三妃子——乃洪吉剌特之托克托阿太师之女——格呼台夫人，适怀孕七月，因步重而不行，洪武合罕纳之，越三月，即次戊申年，诞一男矣。朱洪武乃降旨曰："先时，我主天王，多曾惠爱我焉。而今此子，其所出也，当以德报德，可为吾子，汝等勿以为非也。"遂为己子矣。与汉夫人所生之子朱达哈雅共二子，乃父朱洪武合罕在为三十年，岁次戊寅，年五十五岁崩。
>
> 其后，大小汉官共议之曰："蒙古夫人之子虽居长，乃他人之子也。若其长成，难免与汉国为仇。汉夫人之子虽为弟，乃嫡子也。当奉为合罕。"
>
> 朱达噶雅庚戌年生，岁次戊寅，年二十九岁即罕位，经四月又十八日，即于此戊寅年崩。因其无子，遂以蒙古夫人之（子）为主，岁次乙卯，年三十二岁即罕位，即请噶尔玛之如来罗勒贝·道尔济；萨斯嘉大乘之丹簪·绰尔济；黄教之大慈萨木禅·绰尔济等三人，以立政教之治，致大国于太平。在位二十二年。岁次庚子，年五十岁崩。②

乌哈噶图合罕即元顺帝妥欢帖木儿，朱葛诺延指的是朱元璋，朱达噶雅指的是

---

① [明] 谈迁：《枣林杂俎·义集·彤管·孝慈高皇后无子》，第268页。

② 萨囊彻辰著，道润梯步译：《蒙古源流》，卷八，第464页，内蒙古：内蒙古人民出版社，2007年。

朱标，但根据发音又是朱棣的译音。这段记载对明初历史记载错乱，不仅延后了朱棣的出生时间，好让他能够成为元顺帝的遗腹子，而且连朱元璋活了多少岁也搞错了，更忽略了建文帝一代和靖难之役。整段记载的可信度是很低的。但是这种记载却不是蒙古方面史料的孤例，《黄金史纲》中也有类似的记载：

> 汉帝之君，第一代即洪武皇帝。其子建文皇帝，在位四年之后，弘吉剌哈屯之子永乐皇帝，统帅自己少数护卫与山阳之六千兀者人、水滨之三万女真人以及黑城的汉人整兵来伐，擒获汉家洪武皇帝之子建文皇帝，捺银印于颈而废逐之。于是，乌哈噶图可汗之子永乐皇帝为君，而汉家却认为"真正吾皇之子作了皇帝"，号曰永乐大明。以拥立之功而赐与六千兀者人以三百"大都"、女真人以千六百"大都"，云云。[①]

这与《蒙古源流》里的记载如出一辙，不过对明朝历史的记载稍微准确了些。蒙古人认为朱棣为元顺帝遗腹子的说法和宋朝遗民称元世祖忽必烈实为宋朝皇帝之子的说法可谓如出一辙，荒诞不经，经不起考证。当明军攻入大都（今北京市）时，已经是洪武元年（1368年）八月初二日了，此时朱棣已经八岁有余，根本不可能还在元宫中某一位元顺帝妃嫔的腹中。

除了荒诞不经的元顺帝遗腹子说法外，碽妃为蒙古人或者朝鲜人也是主要说法，这一说法的出发点正是"碽"不像是一个汉族姓氏。同样的，刘献廷在《广阳杂记》中记载朱棣的生母为甕氏，是蒙古人，其说法为：

> 明成祖，非马后子也。其母甕氏，蒙古人。以其为元顺帝之妃，故隐其事，宫中当别有庙，藏神主。世世祀之，不关宗伯。有司礼太监为彭恭庵言之。余少每闻燕之故老为此说，今始信焉。[②]

这种说法不仅因为是转了几手的道听途说，而且和蒙古方面记载中的遗腹子说

---

① 佚名著，贾敬颜、朱风译：《黄金史纲》，第47—48页，内蒙古：内蒙古人民出版社，1985年。

② [明] 刘献廷：《广阳杂记》，卷二，第82页。

具有同样的问题，经不起推敲。至于朝鲜人说，也出自明人笔记，固然，朱元璋确实在某种程度上喜欢朝鲜人，比如他在明军平定大都后，就收纳了元朝宫中一位姓周的高丽女子。关于这件事，他曾在后来对高丽使臣说道：

> 有一小节事。姓周的女孩儿从元朝寻将他来问呵，他说姓朱，俺容不得他，问他父呵，却说姓周。我如今留了他也。[①]

然而这却不能说明朱棣的母亲碽妃就一定是朝鲜人，因为无论是朝鲜人的说法还是蒙古人的说法，都缺乏决定性的证据。我们目前唯一能够确定的，就是朱棣的母亲并非马皇后而是碽妃，至于碽妃的身份和事迹，因为史载的缺乏，目前只能存疑。

朱棣出生后，他的童年伴随着他父亲朱元璋在战火纷飞中逐步扩大的事业，这正是他的成长环境。此后，朱元璋逐渐在元末群雄中占据主动，至正二十三年（1363年）六月至八月，朱元璋在鄱阳湖决战中消灭了自己西线的劲敌陈汉皇帝陈友谅。朱元璋在次年自立为吴王并灭掉了陈友谅建立的陈汉政权残部，陈友谅之子陈理归降，朱元璋平定湖广地区。至正二十六年（1366年），朱元璋长期的主公，"小明王"韩林儿在由滁州赴应天途中被廖永忠沉于瓜步。虽然朱元璋帝十三子宁王朱权后来在奉朱元璋之命编纂的《通鉴博论》中称"丙午，至正二十六年……是岁，廖永忠沉韩林儿于瓜步，大明恶永忠之不义，后赐死"[②]，但这显然是朱元璋所定之论，廖永忠不可能是自己擅自行事，必定是奉命行事。八月，西吴朱元璋对东线宿敌东吴张士诚发动全面进攻，西吴军在湖州与杭州接连取得胜利，包围了张士诚的根本之地苏州。朱元璋改1367年为吴元年，放弃使用韩林儿为皇帝的韩宋政权的龙凤年号，划清了自己和元末白莲教势力的界限，随后经过激烈的围城战，在当年九月攻克苏州，生擒张士诚并杀掉，朱元璋又陆续平定了方国珍与陈友定，从而略定江淮。朱元璋称帝的条件成熟了。

经过程序性的劝进，朱元璋在吴二年（1368年）正月初四日于应天府南郊称

---

① ［朝鲜王朝］郑麟趾等：《高丽史》，卷四十四，《恭愍（王）十七》，第8a页，"癸丑二十二年七月壬子"。

② ［明］朱权：《通鉴博论》，卷下，《历代天运纪统》，第180页。

帝建国。朱元璋在告祭天地后于应天南郊即皇帝位，定国号为"大明"，建元"洪武"，以应天为京师，即后来的南京，朱元璋正式即位于郊坛之南，中书左相国李善长率百官北面行礼，三呼万岁。随后，朱元璋率领以世子朱标为首的诸子奉四代先祖的神主至太庙，追尊四代先祖为皇帝、皇后。行礼完毕，朱元璋返回奉天殿，李善长再次率领文武百官上表祝贺朱元璋登极，朱元璋接受了百官的朝贺。接下来，朱元璋命李善长奉册宝立吴王妃马氏为皇后，吴世子朱标为皇太子。皇后与皇太子确立后，轮到大臣了，朱元璋以李善长为中书省左丞相，以徐达为中书省右丞相，其他官员也进行了类似变化，由吴王官职变为大明皇帝下的官职。

次日，朱元璋颁布了他一生中意义重大的《即位诏》，宣称：

> 朕惟中国之君，自宋运既终，天命真人于沙漠，入中国为天下主，传及子孙，百有余年，今运亦终，海内土疆，豪杰分争。朕本淮右庶民，荷上天眷顾，祖宗之灵，遂乘逐鹿之秋，致英贤于左右，凡两淮、两浙、江东、江西、湖、湘、汉、沔、闽、广、山东及西南诸部蛮夷，各处寇攘，屡命大将军与诸将校，奋扬威武，已皆戡定，民安田里。今文武大臣、百司众庶，合辞劝进，尊朕为皇帝，以主黔黎。勉循舆情，于吴二年正月初四日，告祭天地于钟山之阳，即皇帝位于南郊，定有天下之号曰大明，以吴二年为洪武元年。是日，恭诣太庙尊四代考妣为皇帝、皇后，立太社、太稷于京师。布告天下，咸使闻知。[①]

随后，明军继续从吴元年（1367年）已经开始的北伐战争，明军最终在洪武元年（1368年）八月初二日攻取大都，元顺帝妥欢帖木儿在七月二十八日夜间率三宫后妃、皇太子、皇太子妃等人北出健德门逃往上都。元朝作为中原政权的历史结束了，明朝成为了中原正统政权。伴随着这一变化，年幼的朱棣的人生也来到了一个新的阶段。

---

① ［明］朱元璋：《明太祖御制文集》，卷一，《即位诏》。

2. 从宫廷到北地

吴元年（1367 年）十二月二十四日，朱元璋决定给已经出生的七个儿子取名，他祝告太庙，郑重其事地将第一至第七子取名为朱标、朱樉、朱棢、朱棣、朱橚、朱桢、朱榑。这样，年幼的朱棣有了自己的名字，这个名字日后将会深深铭刻进历史中。

吴二年（1368 年）正月初四日，朱元璋在应天府正式称帝，建立大明。他册封结发妻子马氏为皇后，册立长子朱标为皇太子。在册立皇太子的册文中，朱元璋说：

> 国家建储，礼从长嫡，天下之本在焉。朕起自田野，与群雄角逐，戡定祸乱，就功于多难之际，今基业已成。命尔标为皇太子。於戏！尔生王宫，为首嗣，天意所属，兹正位东宫，其敬天惟谨，且抚军监国，尔之职也。六师兆民，宜以仁、信、恩、威怀服其心，用永固于邦家。尚慎戒之！[1]

将近八岁的朱棣先和几位兄弟去拜贺了嫡母马皇后，然后又去拜贺了已经身为皇太子的朱标。随后，朱元璋的次子朱樉代表众兄弟背诵了一段之前已经准备好的贺词：

> 某兹遇长兄皇太子荣膺册宝，不胜忻忭之至，谨率诸弟诣殿下称贺。[2]

以此为界限，朱标和他的其他兄弟们在身份上有了重要的差别，一个是国家未来的君主，其他人则只能成为辅佐他的藩王，而年幼的朱棣，正是这即将成为的众多藩王中的一个。不过当时朱棣还年幼，那一天似乎还很遥远。

朱元璋一生生子众多，见诸记载的儿子一共有二十六人。作为一位父亲兼皇帝，儿子对他不仅是儿子，除了一位皇太子将要继承他的皇位，其他儿子在他看

---

① 《明太祖实录》，卷二九，第 482 页，"洪武元年正月乙亥"。

② 《明太祖实录》，卷二八下，第 466 页，"吴元年十二月"。

来，未来都是藩屏帝室的重要力量，是确保大明江山万世不易的中坚。因此，朱元璋对儿子们的教育是十分看重的。

朱元璋本人就是喜爱读书，他在至正二十六年就已经开始命下属访求古今书籍，藏入秘府，以便阅读。洪武元年，他又在南京宫中修建大本堂，用来储藏古今书籍。这众多的书籍，除了他自己阅读外，自然也会被用来教导皇子们。除了储藏图书，朱元璋也经常亲自教诲皇子们，正如他曾在洪武六年（1373 年）三月在《昭鉴录》编成后对夏原吉所说："朕于诸子常切谕之。一举动戒其轻，一言笑斥其妄，一饮食教之节，一服用教之俭。恐其不知民之饥寒也，尝使之少忍饥寒；恐其不知民之勤劳也，尝使之少服劳事。但人情易至于纵恣，故令卿等编辑此书，必时时进说，使知所警戒，然赵伯鲁之失简，汉淮南之招客，过犹不及，皆非朕之所望也。"① 从这段话能够看出朱元璋对皇子教育的严格，一言一行、一举一动都受到他这位严厉的父亲的关注，丝毫不敢马虎。除此之外，朱元璋还命人将古代孝行故事和自己起家及作战的故事画成图画颁给诸子，对他们进行教育。

然而朱元璋一个人的精力毕竟是有限的，因此，他也为皇子们聘请名师。朱元璋聘请当时的大儒宋濂作为太子朱标的老师，同时，对于未来诸王师傅的选择也十分慎重，桂彦良、陈南宾等宿儒都被请来教导诸王。朱元璋不仅为儿子们聘请名师，他甚至鼓励这些师傅对自己的儿子们要从严教育。朱元璋曾经这样鼓励宋濂说：

> 曩者先生教吾子以严相训，是为不佞也。以圣人之文法变俗言教之，是为疏通也。所守者忠贞，所用者节俭，是为得体也。昔闻古人，今则亲见之。②

这是对皇太子朱标的老师。对另一些师傅，朱元璋也做过类似的事情，李希颜隐居不仕，朱元璋亲自写信聘请他担任诸王的师傅。李希颜教导诸王十分严格，遇到不听话的学生，会敲打他们的前额，这让朱元璋十分心疼。这时马皇后出来劝说朱元璋，以圣人之道没有因为老师教训学生而发脾气对朱元璋进行劝导，成功让朱元璋息怒。除了李希颜这种朱元璋亲自写信请来的，朱元璋在聘请老师方面还干过更加不拘一格的事情。徐宗实因为获罪于朱元璋，本来已经谪戍淮阴驿，但朱元璋

---

① 《明太祖实录》，卷八〇，第 1448 页，"洪武六年三月癸卯"。
② ［明］佚名：《国初礼贤录》，第 249—250 页。

此时需要为自己给南康公主选定的驸马胡观（东川侯胡海之子）选择一位老师，一时没有合适的人选，他便放下身段，赦免了徐宗实，任命他担任胡观的老师。徐宗实虽然因祸得福，但并没有改变自己耿直的性格，他在上课时不愿意遵循驸马居中南向，老师位于西阶东向的尊卑颠倒格局，坚持自己居尊，驸马坐在下面。他的这一做法得到了朱元璋的赞赏。

正是因为朱元璋聘请名师，并且让他们自由教学，所以他的儿子们普遍受到了良好的教育。固然，因为个人资质的差异，朱元璋诸子的学习成果存在差异，但要说朱元璋只重视太子朱标的教育，对诸王教育不甚关心则是不客观的。

除了理论教育，朱元璋也很重视实践。朱标十三岁时，朱元璋让他和弟弟朱樉前往凤阳老家省墓，一面缅怀祖先，一面体察民生。其他儿子长到一定年龄后，朱元璋也进行了类似的安排，朱棣就是在自己十六岁大婚后不久和兄弟们一同前往凤阳的。正是在朱元璋的严格教育下，朱棣和其他诸位皇子一样，茁壮成长了起来。

洪武二年（1369年）四月，朱元璋亲自下诏中书省编定《祖训录》，"定封建诸王国邑及官署之制"[1]，确立"凡王国宫城外，左立宗庙，右立社稷，社稷之西立风云、雷雨、山川神坛，坛西立旗纛庙"[2]。这一信号十分明显，朱元璋已经有了封建诸王的念头。

洪武三年（1370年）四月初一日，礼部奉命造好了诸王册宝进上。诸王因为地位仅次于皇帝朱元璋和太子朱标，所以册宝俱全并且二者皆以黄金打造而成。金宝的尺寸"方五寸二分，厚一寸五分"，上面用篆文刻写"某王之宝"，每个金宝都有一个宝匣、一个宝座，上面雕刻蟠螭，比朱元璋和朱标规格低一等。[3]

四月初三日，朱元璋正式以封建诸王之事祭告太庙。仪式结束后，朱元璋在奉天门及文华殿设宴，正式宣布第一批封王的安排：

> 昔者元失其驭，群雄并起，四方鼎沸，民遭涂炭。朕躬率师徒，以靖大难，皇天眷佑，海宇宁谧。然天下之大，必建藩屏，上卫国家，下安生民。今诸子既长，宜各有爵封，分镇诸国。朕非私其亲，乃遵古先哲王之制，为

---

① 《明太祖实录》，卷四一，第818页，"洪武二年四月乙亥"。

② ［明］朱元璋：《祖训录·礼仪》，第1699页。

③ 《明太祖实录》，卷五一，第991页，"洪武三年四月己未"。

久安长治之计。[1]

群臣自然异口同声地响应："陛下封建诸王以卫宗社，天下万世之公议。"然而此时明朝刚立国不久，诸多功臣尚未封赏，却先封诸子，朱元璋显然认为有必要再多说几句，于是又说："先王封建，所以庇民，周行之而久远，秦废之而速亡，汉晋以来，莫不皆然。其间治乱不齐，特顾施为何如，尔要之为长久之计，莫过于此。"[2]第一批封藩之事就这么确定下来了。随后，著名文士王祎为朱元璋起草了一份正式诏书：

> 朕荷天地百神之灵，祖宗之福，起自布衣，艰难创业。惟时将帅用命，遂致十有六年，混一四海。功成治定，以应正统。考诸古昔帝王，既有天下，子居嫡长者必正位储贰，若其众子，则皆分茅胙土，封以王爵。盖明长幼之分，固内外之势者。朕今有子十人，前岁已立长子为皇太子，爰以今岁四月初七日封第二子为秦王、第三子为晋王、第四子为燕王、第五子为吴王、第六子为楚王、第七子为齐王、第八子为潭王、第九子为赵王、第十子为鲁王、侄孙为靖江王，皆授以册宝，设置相傅官属。凡诸礼典，已有定制。於戏！众建藩辅，所以广磐石之安；大封土疆，所以眷亲支之厚。古今通谊，朕何敢私？尚赖中外臣邻，相与维持，弼成政化。故兹诏示，咸使闻之。[3]

四月初七日，重要的一天到了。三鼓之后，皇帝朱元璋在谨身殿穿好衮冕，皇太子朱标在奉天门穿好冕服，朱棣和另外九位兄弟也都穿好了亲王规格的九章冕服。此时，文武百官在引班的引导下入内侍立，朱元璋出御奉天门。在一系列固定仪式后，四人引皇太子朱标，四人引诸位等待册封的藩王由奉天门东门进入，跪于奉天殿外等候册封。此时，承制官从奉天殿内接受圣旨而出，宣布朱元璋的分封内容，包括第二至第十子的封号。聆听了圣旨后，诸王在引礼官的引导下由奉天殿东门入内接受册宝，第一位是秦王朱樉，第二位是晋王朱㭎，第三位自然就是燕王朱

---

① 《明太祖实录》，卷五一，第999页，"洪武三年四月辛酉"。

② 《明太祖实录》，卷五一，第999页，"洪武三年四月辛酉"。

③ ［明］王祎：《王忠文公集·拟封诸王诏》，第29页。

棣了。朱棣跟随引礼官来到奉天殿内的御座前，读册官宣读册文为：

> 昔君天下者，禄及有德，贵子必王，此人事耳。然居位受福，国于一方，尤简在帝心。第四子棣，今命尔为燕王，分茅胙土，岂易事哉？朕起自农民，与群雄并驱，艰苦百端。志在奉天地、享神祇，张皇师旅，伐罪救民，时刻弗怠，以成大业。今尔固其国者，当敬天地在心，不可瑜礼，以祀其宗社、山川，依时享之，谨兵卫，恤下民，必尽其道。於戏！勤民奉天，藩辅帝室，允执厥中，则永膺多福。体朕训言，尚其慎之！①

读册官读完后，将金册交给丞相李善长，李善长将册宝授予朱棣，金宝上有篆文的"燕王之宝"四字。朱棣接过册宝后将之交给内使，再度向御座方向谢恩。从这一刻开始，朱棣不再是一个普普通通的皇子了，他成为了大明皇朝的燕王。

朱棣虽然受封为燕王，但这时明朝还在进行旨在统一全国的战争，他们也还年幼，不可能立即发挥"藩屏皇室"的作用，另外，各地的王府也还没有营建完毕。因此，朱棣无法立即就藩之国，即前往封地。

封藩大典第二天，朱元璋就开始为诸王建立专司训导的机构，此时称"王相府"。王相府里设有左右相、左右傅、参军、录事、纪善等官。王相为正二品，傅为从二品，参军为正五品，录事、纪善均为正七品。《明太祖实录》记载了秦王府、晋王府的任命情况，燕王府没有记载，因此我们不能确知第一批燕王府的辅导官员究竟是谁。但从郑九成、王克复、汪河、文原吉在秦晋二府为相，桂彦良、熊鼎为傅，另外耿炳文、吴良、谢成等人为武相的设置来看，朱元璋的考虑是很全面的，既有资深的文臣在藩王身边进行辅佐，又有长期跟随他的武将在藩王身边，从文武两个方面对藩王进行辅佐，以便让他们充分发挥"藩辅帝室"的作用。关于这一点，从朱元璋对王府官属的一番话也能看出：

> 辅导之臣，犹法度之器。必先正己，而后正人。盖德义者，正人之法度，善恶者，脩身之衡鉴。汝等辅导诸子，必匡其德义，明其善恶，使知趋正而

---

① 《明太祖实录》，卷五一，第1001页，"洪武三年四月乙丑"，根据其中《册秦王文》而来。参校 [明] 龙文彬：《明会要》，卷十三，《礼八·册封皇子》，第211页，根据《册秦王文》文字。

不流于邪，如此则能尽辅导之职。观之梓匠，虽有材木，必加绳削，乃能成器。太子、诸王必得贤辅开导赞助，乃能成德。朕择汝等为官僚，各宜尽心。又如经史中古人已行之事可为监戒者，采摭其事，编次成集，朝夕览观，以广智识，亦有助于辅导。[①]

从朱元璋的这番谆谆告诫能够看出他的用心良苦。除了在文武方面精心布置，反复告诫之外，因为各王府此时的武相多为建立了不小功勋的开国功臣，为了表示对他们的尊敬，朱元璋特命王府武相居于文相之上。当然，和洪武年间的众多制度一样，王相府也是不断调整的。洪武七年（1374年）九月，朱元璋将王相府参军改为长史。洪武九年（1376年）二月，朱元璋重定王府官制，决定设立左右相二人，武相一人，文相一人，左右傅二人，武傅一人，首领官长史二人，录事二人，罢除了王傅府、典签司等机构。如此一来，长史的地位日益上升。最终在洪武十三年（1380年）十月，朱元璋正式罢王相府及长史司录事，将长史司升为正五品，设立左右长史各一员、典簿一员（正九品）。这样，长史司就成为了日后有明一代王府官属的基本设置。比如朱棣的燕王府，曾经较长时间担任燕府长史的朱复，就是在洪武初年以贤良官被选取赴京，进入内府教书的。洪武三年（1370年）二月朱复被任命为国子助教，洪武六年（1373年）九月开始任燕相府参军，次年升为长史，洪武十一年（1378年）再任燕相府左相，洪武十三年（1380年）罢王相府后改为燕王府长史，直到洪武二十一年（1388年）八月才因年老致仕。从朱复的经历可以看出，朱元璋对王府官员的选择是十分慎重的，而后者任职也以长久为要求，就像朱复，服务于燕王府近二十年，直到告老才离开。这种稳定的任命自然有利于让他们和诸王建立感情，从而有利于工作的开展。

除了为诸王配备官属，朱元璋还同时建立了管理宗室的机构。这个机构与王相府几乎同时设立，设立之初叫作"大宗正院"[②]，品秩为正一品。洪武二十二年（1389年）正月，朱元璋将大宗正院改为宗人府，秦王朱樉担任宗人令，晋王朱棡为左宗正，燕王朱棣则担任右宗正，朱棣的弟弟，已经改封为周王的朱橚为左宗人，楚王朱桢则为右宗人。可以看出，朱元璋根据"亲亲"的原则，此时的宗人府

---

① 《明太祖实录》，卷五一，第1002—1003页，"洪武三年四月丙寅"。

② 《明太祖实录》，卷五一，第1002页，"洪武三年四月丙寅"。

官员几乎都是地位尊贵的宗室诸王，可以说，这一时期也是明代宗人府最为显赫的时期，以诸王管理宗室，无疑充分贯彻了洪武后期朱元璋依赖诸王的政策。

在相关机构完善的同时，对朱棣来说，他还迎来了人生中的另一件大事，那就是他结婚了。朱元璋为朱棣选定的王妃是开国功臣徐达的长女徐氏。徐达与朱元璋为布衣之交，后来追随朱元璋南征北战，立下汗马功劳，明朝开国后，徐达任中书右丞相，封魏国公，在开国功臣中地位仅次于中书左丞相、韩国公李善长。徐氏为徐达与夫人谢氏所生，比朱棣小两岁。徐氏"自幼贞静纯明，孝敬仁厚"，徐达对谢氏说："此女天禀非常，宜以经史充其知识。"于是徐氏接受了相当系统的教育并且成绩十分优异，"后于书一览辄成诵不忘，姆师咸惊异之，由是博通载籍，每览昔人言行之懿，未尝不一再以思"。朱元璋听说徐达有这样一位女儿，于是便将他找来，对他说："朕与卿同起布衣至今日，同心同德，始终不间。古之君臣相契者率为婚姻。朕第四子，气质不凡，知卿有令女，能以配焉，佳儿佳妇，足以慰吾两翁。"徐达当然不能拒绝，朱棣的婚事就这么定了。①

订亲的日子定在洪武九年（1376年）正月二十七日，当天，宣制官在宫中正式宣布将徐氏"册为燕王妃"。② 随后，宫中派人至魏国公府，按照规定行纳彩、问名之礼，确定迎亲日期。迎亲之日清晨，朱棣按照礼仪率领王府官属抵达魏国公府，魏国公府傧相在府门东侧按规矩询问："敢请事。"但他并不直接和朱棣对话，而是由一名引进引他前去跪禀朱棣，朱棣则按照礼仪回答："我来奉制迎亲。"引进将话转达傧相。接下来，轮到主婚人魏国公徐达出场了，他亲自迎出公府大门外，朱棣则带领下属进入府门。此时，已经是燕王妃的徐氏在宫人傅姆的陪同下出来，站立在母亲魏国公夫人谢氏左侧，聆听父母在她正式出嫁前的最后一句叮嘱，身为父亲的徐达说："戒之戒之，夙夜恪勤，毋或违命。"母亲谢氏则说："勉之勉之，尔父有训，往承惟钦。"此后，朱棣便将徐氏迎入宫中行最后的合卺礼，十六岁的朱棣和十四岁的徐氏就这样结成了夫妻。朱棣此时或许不会想到，自己娶回来的这位将门之女将在此后的靖难之役中成为他的得力助手。

婚后一个月，朱棣便和兄弟们奉命去了朱元璋的故乡——中都凤阳。对于凤阳，朱元璋是怀有深厚感情的。吴元年（1367年）朱元璋就将这里改为临濠府。洪

---

① 《明太宗实录》，卷六九，第966—967页，"永乐五年七月乙卯"。

② 《明太宗实录》，卷六九，第967页，"永乐五年七月乙卯"。

武二年（1369 年），朱元璋正式在这里营建中都，设置留守司并开始营造宫殿，负责营建工程的正是韩国公李善长。两年后，朱元璋又在这里开设行大都督府。洪武六年（1373 年），朱元璋将临濠府改为中立府，将临濠行大都督府改为中立行大都督府。一年后，为了扩充中都，朱元璋将中立府改为凤阳府，析临淮县的太平、清洛、广德、永丰四乡设置凤阳县，将中立行大都督府改为凤阳行大都督府。直到洪武八年（1375 年），朱元璋才在各方压力下罢建中都，打消了以之为都城的打算。朱棣此时奉命前往凤阳，这其中自然蕴含了朱元璋的深意，让自己的儿子们看看自己的起家之地，知道自己创业的艰难，这是他们就藩之前的重要一课。

事实说明，此次凤阳之行确实给十六岁的朱棣留下了深刻的印象。朱棣在成为皇帝后还曾经回忆起这段经历，说："朕少时尝居凤阳，民间细事，无不究知。"[1]可见，通过这次凤阳之行，朱棣对民间疾苦有了深刻体会，这对他成为皇帝后的某些执政思想自然是具有影响的。此后，朱棣主要就生活在凤阳，偶尔也会被召往南京，直到正式就藩北平。当然，在此之前，朱棣与徐氏结婚两年后的洪武十一年（1378 年）七月二十三日，徐氏在凤阳生下了她与朱棣的长子朱高炽（后来的洪熙皇帝），他很快在洪武十八年（1385 年）闰九月被朱元璋确立为燕世子，朱棣有了自己的继承人。

朱元璋在锻炼诸子的同时，也没有放松为他们最终就藩做准备。首要的就是王府的营建。明初藩王府的营建有其固定的规制，根据朱元璋制定的规制，藩王宫城外面要设立宗庙、社稷、风、云、雷、雨、山川神坛，还要建立旗纛庙[2]，诸王的宫殿"并依已定格式起盖，不许犯分"。而所谓"已定格式"，就是"诸王宫室并不许有离宫、别殿及台榭游玩去处"。王府的面积为"周围三里三百九步五寸，东西一百五十丈二寸五分，南北一百九十七丈二寸五分"，宫城内设有三殿四门，亲王所居为前殿承运殿，中殿为圆殿，后殿为存心殿。四门按照规定，南门为端礼门，北门为广智门，东门为体仁门，西门为遵义门。[3]具体到朱棣的燕王府，则是以元朝旧宫内殿为基础按照规制改建而成的。这在当时也是节省民力的普遍做法，朱棣的两位哥哥，秦王朱樉的秦王府利用了陕西台治，晋王朱棡的晋王府则利用了太

---

[1]　《明太宗实录》，卷二四，第 441 页，"永乐元年十月己未"

[2]　[明] 朱元璋:《皇明祖训·礼仪》，第 173 页。

[3]　万历本《大明会典》，卷一八一，《工部》，第 194—195 页。

原新城。

除了营建宫室，藩王要能发挥"藩辅帝室"的作用，按照朱元璋的设想，护卫军也是不可或缺的。洪武五年（1372年），朱元璋"置亲王护卫指挥使司，每王府设三护卫"①。这三护卫中，每一卫下设立左右前后中五所，每所设立千户二人、百户十人，另外还有围子手二所，每所有千户一人。这些内容构成了明初亲王三护卫的基本内容。朱棣的燕府燕山护卫旧有1630人，洪武十年（1377年），距离朱棣就藩还有三年时，他的护卫军得到了大规模扩充，朱元璋将金吾左卫等卫军2263人补充进了燕王府的护卫官军中。②

洪武十一年（1378年）正月，秦王朱樉、晋王朱棡奉命之国西安和太原，成为第一批受命就藩的亲王，秦王带去了护卫军3748人，晋王则是3281人。朱棣和亲弟弟周王朱橚、齐王朱榑则未能在这一批就藩，仍旧返回凤阳。不过朱棣并没有等待太久，洪武十三年（1380年）三月，朱棣正式受命就藩北平，王府的燕山中、左护卫将士5770人都受到了赏赐。从此，燕王朱棣告别了江南，奔赴风土迥异的北国，最终逐渐成为了明朝北方不可忽视的存在。

---

① 《明太祖实录》，卷七一，第1313页，"洪武五年正月壬子"。
② 《明太祖实录》，卷一百十一，第1841页，"洪武十年正月辛卯"。

3. 北国时光

　　洪武元年（1368 年）八月初二日，徐达分兵左、中、右三路攻克了元朝的都城——大都，朱元璋随即改大都路为北平府。十月，朱元璋又将原属河北的怀庆、卫辉、彰德、广平、顺德、大名、河间、保定、真定九府划归河南分省，北平府则划归山东分省。到了洪武二年（1369 年）三月，朱元璋觉得这种行政区划并不恰当，于是再度做出修改，设立北平行省，划定北平行省下辖八府、三十七州、一百三十六县和一个长芦盐运司。除了修改行政建制，北平城的规模也进行了修改，"大将军徐达命指挥华云龙经理元故都，新筑城垣，北取径直，东西长一千八百九十丈"①。华云龙对北平城规制的修改主要集中在西北方，他将城北内缩五里，废除了东北、西北的光熙门、肃清门。到了九月，徐达又将原大都的安贞门改为安定门，健德门改为德胜门，其他各门仍旧沿用旧称，还在各门修建了月城。缩建后的北平城周围一共四十里，较大都时期有所缩小。洪武十三年（1380 年）三月朱棣来到的正是这座北方军事重镇。

　　应该说，朱棣就藩的时机是颇值得玩味的。以洪武十二年（1379 年）十二月中书右丞相汪广洋被贬死为开端，胡惟庸案爆发了。洪武十三年（1380 年）正月，"左丞相胡惟庸、右大夫陈宁擅权坏法，俱伏诛于玄津桥。掘坑丈余，埋其尸。次日，复出之，支解于市，纵犬食之。录其家资，以妻子分配军士，子弟悉斩之。连及内外文武官员数万人，凡十五年间，党名始悉"②。胡惟庸案就此持续蔓延，最后将李善长等人全都卷了进去，和洪武后期的蓝玉案共同成为了洪武年间屠戮功臣最为惨重的两件大案，朱元璋也因此越发不信任功臣，再像原来那样依赖功臣镇守边境自然是不能令人放心了。因此，朱元璋决定转变政策，既然功臣不再可信，那么就只能信任亲生骨肉了，朱棣在这样的时机就藩北平就是朱元璋变功臣守边为藩王守边政策的一部分。

　　对于朝廷中发生的这些变故，朱棣心里自然是清楚的。实际朱棣对自己是颇为

---

① 《明太祖实录》，卷三四，第 611—612 页，"洪武元年八月丁丑"。

② ［明］俞本撰、李新峰笺证：《纪事录笺证》，卷之下，第 414 页，"洪武十三年"。

自信的，《奉天靖难记》里有这样一段记载，称朱棣"比长，聪明睿智，仁孝友弟，出于天成"，"上文武才略，卓越古今。勤于学问，书一览辄记。六经群史，诸子百家，天文地志，无不该贯"①。从朱棣留下的一些文献及御笔拓片来看，这段记载无疑是过誉了，但是朱棣也确实有自信的资本。因为他的两个兄长都有问题。

秦王朱樉作为诸藩之首无疑是让朱元璋很失望的。朱元璋在洪武二十年（1387年）最终完成的《御制纪非录》中，将秦王列在了当朝"为恶"②诸王第一位，可见对他的看法。相对来说，晋王朱棡虽然既有智慧还很英武，颇受朱元璋喜爱，但性格太过张扬，也引起了朱元璋的警惕。有这样两位哥哥，"言辞从容，简明典奥，谦虚处己，宽仁爱人"③的朱棣自然是很有自信的，何况他还会充分表现自己的这些特性，以求吸引其父朱元璋的目光。

洪武十五年（1382年）八月初十日，朱元璋的结发妻子马皇后去世了。马皇后作为朱元璋最早跟随的郭子兴的养女，很早就嫁给了朱元璋。当朱元璋受到郭子兴猜忌被解除兵权时，马皇后对他不离不弃，因此夫妻间建立了十分深厚的感情。后来马皇后一直跟随丈夫待在军中，辅佐朱元璋一步一步成就大业，堪称贤内助。明朝建国后，因为马皇后为人宽和，所以常常能够规劝朱元璋，挽救了包括宋濂在内不少人的生命，深受爱戴。马皇后生病后，朱元璋寝食不安。群臣此时请求祷祀山川，遍求名医，马皇后则很理智地说："妾平生无疾，今一旦得疾如此，自度不能起。死生有命，祷祀求医，何益之（之）有？"马皇后无疑是不想再因为自己的疾病连累医生。病重时，朱元璋特地问自己的妻子："尔有身后之属乎？"马皇后则回答："陛下与妾起布衣，今日陛下为亿兆主，妾为亿兆母，尊荣至矣！尚何言？惟感天地、祖宗，无忘布衣而已。"朱元璋十分感动，又问马皇后还有什么要说的吗，马皇后则说："陛下当求贤纳谏，明政教以致雍熙，教育诸子，使进德修业。"这些都是为朱元璋考虑，朱元璋动情地说："吾已知之，但老身何以为怀？"马皇后也很动情地说："死生命也，愿陛下慎终如始，使子孙皆贤，臣民得所，妾虽死如生也。"说罢，马皇后崩逝，享年五十一岁。马皇后的去世对朱元璋无疑是一个沉重的打击，他此后没有再立皇后。④

---

① ［明］佚名：《奉天靖难记》，卷一，第424页。

② ［明］朱元璋：《御制纪非录·今秦、周、齐、鲁为恶并靖江累恶不悛》，第703页。

③ ［明］佚名：《奉天靖难记》，卷一，第424页。

④ 《明太祖实录》，卷一四七，第2314—2315页，"洪武十五年八月丙戌"。

朱棣在八月中秋得知了自己的嫡母马皇后去世的消息。虽然马皇后一生没有亲生儿子，但包括朱棣在内的很多朱元璋之子都是由她抚养长大的，虽非生母也与生母差别不大。更何况，父亲朱元璋与马皇后的感情，这些儿子们都是十分清楚的，此时最好的表现自然是尽快赶回南京奔丧。包括朱棣在内的就藩藩王们在八月二十六日前后先后回到了已经笼罩在一片哀伤氛围内的京师南京。根据朱元璋的规定，在京文武百官，甚至闲良听除官员（即等待任命的官员）全部为马皇后成服三日，他们的妻子身为命妇也照此执行，包括"军民男女皆素服三日，音乐、祭祀皆停百日，仍停嫁娶，文武官百日，军民止停一月"[①]。所有这一切哀悼活动直至九月二十四日马皇后最终葬入孝陵才告一段落。

嫡母的丧事告一段落，已经就藩的诸位藩王就该返回封国了，为了表示自己的孝心，他们纷纷请求朱元璋选派高僧跟随他们一同返回封国，好为马皇后祈福。僧录司左善世宗泐亲自推荐了三位高僧，其中一位叫释道衍的被朱元璋安排给了朱棣。

释道衍，原名姚广孝，也自号"逃虚子"，他将要成为此后朱棣最重要的谋臣。根据姚广孝亲自撰写的《相城妙智庵姚氏祠堂记》记载，姚氏祖先来自北宋都城汴梁（今河南省开封市），十分贫寒。宋高宗赵构南渡，姚氏曾祖携妻子儿女跟随来到了南方的苏州长洲。姚广孝祖父从医养家，"无尺寸之土，生计日疏。然世事佛积善，乡之人皆敬焉"。姚广孝祖父生了两个儿子，大儿子名震之，小儿子名震卿，姚震卿就是姚广孝的父亲。姚广孝上面有一个哥哥，名叫姚恒，字伯远。至于姚广孝，生于元顺帝元统三年（1335年），此时的名字是"天禧"。[②] 而根据朱棣后来为姚广孝撰写的《御制荣国公姚广孝神道碑》记载，姚广孝的母亲姓费。[③]

因为姚广孝的哥哥继承了家里的"箕裘之业"，即学医，因此家里本来想让姚广孝也继承家里行医的职业。然而姚广孝并不愿意学医，他对父亲姚震卿说："某不乐于医，但欲读书，为学有成，则仕于王朝，显荣父母。不就则从佛为方外之乐。"[④] 由此，姚广孝开始一段儒生生涯，他自己回忆"少时事孔学，长曰游儒林。

---

① 《明太祖实录》，卷一四七，第2317页，"洪武十五年八月戊子"。

② ［明］姚广孝：《逃虚子集补遗·相城妙智庵姚氏祠堂记》，第164页。

③ ［明］姚广孝：《逃虚子集补遗·御制推忠报［辅］国协谋宣力文臣、特进荣禄大夫、上柱国、荣国公姚广孝神道碑》，第170页。

④ ［明］姚广孝：《逃虚子集补遗·相城妙智庵姚氏祠堂记》，第164页。

朝披手中卷，暮横膝上琴"①，正是这段生活的鲜活反映。然而好景不长，"无成即从佛，净业乃所在"②。习儒为何会"无成"呢？姚广孝自称是因为"衍不敏，蚤如教庠中，弃而归禅苑，虽俱染指，皆无所就"③。既然学儒不成，姚广孝就按照本来的意愿，在自己十四岁时于妙智庵出家，十八岁时正式剃度，成为了一位僧人。

不过成为僧人的姚广孝并没有体会到"方外之乐"，事实上，我们很难说姚广孝也真的崇尚佛学，他曾写过一首名为《白起庙》的诗，里面对白起坑杀赵军降卒一段是这么说的：

> 当年赵卒四十万，犬羊累累甘受戮。
> 至今坑土血未干，雨湿天阴鬼群哭。
> 豪杰一时无与比，岂料后来秦火鹿。④

姚广孝盛赞白起长平一战大破赵军，坑杀赵军降卒四十万是"豪杰一时"的壮举，这无论如何也不能说是佛家思想。从后来姚广孝努力促成朱棣起兵并为其倾心谋划来看，姚广孝的人生信仰或许就是实现自己的一腔抱负，至于学派，在他看来或许不是最重要的。事实证明，姚广孝确实是这么做的，已经成为僧人的他同时还师从妙智庵附近灵应宫里的道士席应真这位杂家，学习阴阳术数之学，甚至还研习了兵法。因此，姚广孝其实也是一位杂家。

在洪武十五年（1382年）最终与朱棣相遇之前，姚广孝错过了两次赴京的机会。第一次是洪武四年（1371年），"诏取高僧，因病免赴京"。第二次是洪武八年（1375年），"又诏通儒学僧出仕赴京"。这次姚广孝去了，还通过了礼部的考试，但他自己"因不愿仕，钦赐僧服还山"。⑤终于在洪武十五年（1382年）九月，已经四十七岁的姚广孝在僧录司左善世宗泐的亲自推荐下第三次来到了南京，被朱元璋安排给了朱棣。我们如今无法得知他们这一次见面谈了什么，但可以知道的是他们

---

① [明] 姚广孝：《逃虚子诗集》，卷二，《奉酬王右史蕴德》，第21页。
② [明] 姚广孝：《逃虚子诗集》，卷二，《奉酬王右史蕴德》，第21页。
③ [明] 姚广孝：《逃虚类稿》，卷二，《诸上善人咏序》，第107页。
④ [明] 姚广孝：《逃虚子诗集》，卷四，《白起庙》，第36页。
⑤ [明] 姚广孝：《逃虚子集补遗·相城妙智庵姚氏祠堂记》，第164页。

谈得非常投机，可谓一见如故，正所谓"一见异之"[①]。从此，这两位天生的阴谋家、野心家成为了有明一代最为特殊的一对君臣。

十月一日，姚广孝离开了南京，乘船北上前往北平。他心里无法平静，写下了《十月一日金陵发舡之北平》一诗：

> 石头城下水茫茫，独上楼舡去远方。
> 食宿自怜同卫士，衣钵谁笑杂军装。
> 夜深多橹声摇月，晓冷孤桅影带霜。
> 历尽风波难苦际，无愁应只为宾王。[②]

姚广孝就这样带着复杂的心情和坚定的信念登上官船前往遥远的北方，由此开始了他真正的政治生涯。朱棣动身比姚广孝要晚几天，他在十月十八日动身返回北平。姚广孝来到北平后，朱棣让他住持燕王府西侧的庆寿寺。来到北平的姚广孝曾两度去拜谒元朝开国功臣刘秉忠的墓，留下了这样的诗句：

> 一朝风云会，君臣自心腹。
> 大业计已成，勋名照简牍。[③]

他已经下定决心，要辅佐燕王朱棣成就大业，为一代君臣，实现自己的人生抱负。

朱棣回到北平后遇到的第一个变故就是自己的岳父徐达于洪武十八年（1385年）二月病逝。徐达作为开国武臣之首，长期主持北方军务，最近一次正是去年。然而此时徐达年事已高，来到北方后不久就病倒了。徐达的去世标志着老一辈功臣正式走下了历史舞台，他之后，再没有威望如此之高的功臣了，北方的军权可以说进一步落入了以他为代表的藩王手中。因此，虽然徐达的去世让朱棣失去了一个重要的依靠，但对他来说，也不是全然无利。

---

　① 　[明] 姚广孝：《逃虚子集补遗·御制推忠报 [辅] 国协谋宣力文臣、特进荣禄大夫、上柱国、荣国公姚广孝神道碑》，第 170 页。

　② 　[明] 姚广孝：《逃虚子诗集》，卷七，《十月一日金陵发舡之北平》，第 54—55 页。

　③ 　[明] 姚广孝：《逃虚子诗集》，卷一，《刘文贞公墓》，第 17 页。

此后，明朝统一全国的战争继续进行，在云南平定之后，朱元璋于洪武二十年（1387年）正月正式命宋国公冯胜为征虏大将军，颖国公傅友德为左副将军，永昌侯蓝玉为右副将军，赵庸、王弼为左参将，胡海、郭亮为右参将，商暠为参赞军事，率师二十万北征辽东纳哈出。冯胜最终在六月成功使纳哈出归降，明军平定辽东地区。谁知冯胜在战后很快被朱元璋以"右将军蓝玉，事虽轻易，幸耳成功，破彼深谋，已获万全。何期大将军专为己私，恶声遗臭于天下，遍满胡中"①的罪名罢免，蓝玉接替了他的职务。洪武二十一年（1388年）四月，蓝玉北征北元天元帝脱古思帖木儿，在捕鱼儿海（今贝尔湖）大破元军，"获其次子地保奴、妃、子等六十四人及故太子必里秃妃并公主等五十九人，其詹事院同知脱因帖木儿将逃，失马窜伏深草间，擒之。又追获吴王朵儿只、代王达里麻、平章八兰等二千九百九十四人，军士男女七万七千三十七口，得宝玺、图书、牌面一百四十九，宣敕、照会三千三百九十道，金印一、银印三、马四万七千匹、驼四千八百四头，牛、羊一十万二千四百五十二头、车三千余辆"②，取得了空前辉煌的胜利，蓝玉因此进封为凉国公。但他也恃宠而骄，日益膨胀，在随后的西征中和朱元璋发生冲突，最终在洪武二十六年（1393年）的蓝玉案中被杀。

看着武臣们在北方频繁建功，朱棣也在等待自己的机会。洪武二十三年（1390年），他终于等来了一次机会。正月初三日，朱元璋以故元丞相咬住、太尉乃儿不花、知院阿鲁帖木儿等可能对明朝北方边境构成威胁，下诏命晋王朱棡、燕王朱棣率军征讨，同时朱元璋还以颖国公傅友德为征虏前将军，南雄侯赵庸为左副将军，怀远侯曹兴为右副将军，定远侯王弼为左参军，全宁侯孙恪为右参将，赶赴北平训练军马，偕同朱棣出征，又因为王弼已经先往山西练兵，所以规定王弼听从晋王节制，其他人员听从燕王朱棣节制。很快，朱元璋担心晋王方面军力不足，又下令河南都指挥使司、中都留守司调拨军队六千二百人、马四千四百七十匹，由雄武侯周武率领赶赴山西听从晋王节制。最后，齐王朱榑率领山东都司兖州护卫、徐、邳二卫精锐马步军赶去北平跟随朱棣北征。

人马调动完毕后，朱元璋一面致书乃儿不花等人进行警告，一面密切关注他们的动向。朱棣在二月初十日和晋王共同接到了朱元璋送来的一份军情通报，说：

---

① 《明太祖实录》，卷一八四，第2764页，"洪武二十年八月壬子"。

② 《明太祖实录》，卷一九〇，第2866页，"洪武二十一年四月乙卯"。

询及来胡，言残胡甚少，骑者才五千人，共家属一万口，马称之。有急则人皆一骑，趁水草长行。大军负戴且重，追袭甚劳。今降臣尝与彼同仕大官，已使在彼，而晃忽儿又能辞说。由是其众二心，欲南向者多，北向者少。且将粮饷运至上都及口温集于各程，然后再俟人来，知其所在，一举而中矣。①

从这份通报可以看出朱元璋对这次用兵的重视。毕竟这是朱元璋第一次以藩王为主领兵出征，是朱元璋努力多年的藩王守边政策在军事上的实践。

三月初二日，朱棣与傅友德、赵庸、曹兴等人率军浩浩荡荡出古北口，开始了这次征伐。朱棣对这次征伐十分看重，他对众将说："吾与诸将军受命提兵沙漠，扫清胡虏。今虏无城郭居止，其地空旷，千里行师，必有耳目，不得其所，难以成功。"他的看法得到了诸将的认同，于是先派遣骑兵巡哨，得知了乃儿不花的驻地在迤都（今二连浩特东北）。朱棣知道战机不可失，决定立即进兵，谁知遇上了大雪。对于恶劣的天气，众将主张暂缓进军，但朱棣知道机不可失，失去了这次难得的战机，他就没有机会表现自己了，何况他和晋王之间还构成了无形中的竞争关系，战前，朱元璋特意赏赐了晋王钞一百锭，这些都不能不让他在意。朱棣对众将说："天大雪，虏必不虞我至，宜乘雪速进。"坚持继续进军，果然在元军不知情的情况下抵达了迤都，距离元军驻地只有一碛的距离，这是对元军发动致命一击的最佳时机。②

然而朱棣却没有像当初蓝玉北征那样立即发动进攻，他派出了和乃儿不花有旧的观童去面见敌人，当两人正相拥而泣时，朱棣又率大军压向乃儿不花大营。乃儿不花闻讯大惊，打算上马逃跑，此时观童又劝说他不必惊慌，转达了朱棣招降的意图。乃儿不花知道自己已是瓮中之鳖，只得归降。观童带乃儿不花来面见朱棣，朱棣"降辞色以待之，即赐之酒食，令醉饱，慰谕遣还营"，终于打消了元军上下的疑心，"虏甚喜过望，遂无遁意，将至营。又复召来如是者三，于是悉收其部落及

---

① 《明太祖实录》，卷二〇〇，第2995—2996页，"洪武二十三年二月甲辰"。
② 《明太祖实录》，卷二〇〇，第3004—3005页，"洪武二十三年三月癸巳"。

马、驼、牛、羊而还，遣人报捷京师"。①

朱棣的这次胜利不仅是他自己军事生涯里的第一场胜利，对朱元璋来说也是十分重要的，这无疑说明朱元璋以藩王守边的策略是可行的。加之晋王这次出征没有遇到敌人，无功而返，无疑让朱元璋对朱棣更为刮目相看。他在收到捷报后于闰四月对群臣感叹道："清沙漠者，燕王也。朕无北顾之忧矣。"②朱棣成功让父亲朱元璋对自己留下了深刻的印象。至于晋王，皇太子朱标进言说他"虽未深入，然张声势有犄角之助"③，因此也分去了燕王的部分功劳。

朱棣此次立功的另一个结果就是影响到了他和兄长晋王之间的关系。《奉天靖难记》记载此次作战过程中，"晋王忌上有功，先遣人报太子，言上不听己约束，劳师冒险"④。从前文朱元璋的部署来看，似乎晋王、燕王是分道出兵，互不统属。然而这和朱元璋在多路出兵时必分主次的习惯是矛盾的，更遑论是针对北方的蒙古作战。洪武四年（1371 年），朱元璋命徐达、李文忠、冯胜分三路北伐，明确是以徐达为主，李文忠、冯胜为辅。此次命两个儿子出兵北征，理应也是如此。因此晋王此处抱怨燕王不听约束，恰可说明燕王在最初的部署中当是听晋王节制。朱元璋在这次作战中对晋王的重视从前面战役还未开始就赏赐晋王钞一百锭能够明显看出。朱棣之不听节制与他极想利用此次机会表现自己有关，后来《奉天靖难记》《明太宗实录》又在这里为尊者讳，将两人列在平等位置上。但仍旧在记载中留下了蛛丝马迹。

然而就在朱棣踌躇满志之际，他一位同父异母的弟弟来到了距离他很近的大宁（今内蒙古自治区赤峰市宁城县大明镇），这就是朱元璋的第十七个儿子——宁王朱权。

---

① 《明太祖实录》，卷二〇〇，第 3005 页，"洪武二十三年三月癸巳"。

② 《明太祖实录》，卷二〇一，第 3010 页，"洪武二十三年闰四月"；[明] 佚名：《奉天靖难记》，卷一，第 426 页；[明] 佚名撰、王崇武校注：《奉天靖难记注》，卷一，第 9 页。

③ 《明太宗实录》，卷一，第 4 页。

④ [明] 佚名：《奉天靖难记》，卷一，第 426 页；[明] 佚名撰、王崇武校注：《奉天靖难记注》，卷一，第 9 页。

4. 宁燕相得

宁王朱权，朱元璋第十七子，母亲是比朱棣母亲硕妃地位还要低的"皇美人"[1]杨氏，他还有一个同胞弟弟，就是第二十二子安王朱楹。朱权的母亲虽然身份卑微，但这并没有影响到朱元璋对这位儿子的培养，他接受了和别的皇子一样的严格教育。从朱权来说，他的成绩似乎格外好，"王于宫中，天性聪慧，德器夙成。始能言，自称'大明奇士'。体貌修伟，智略渊宏，高皇帝独钟爱之"[2]。朱权在宫廷教育中不仅接受了很好的政治、军事教育，还对艺术、道家学说很感兴趣，后两点成为了他后半生的精神寄托。

不仅如此，朱权还接受了父亲交给的著书任务，在洪武年间就完成了《通鉴博论》这样一部史学著作，这部于洪武二十九年（1396 年）进呈给乃父朱元璋的著作中的一些观点对我们如今研究历史也是很有帮助的。除了前文提到的对廖永忠之死的记载明显反映了朱元璋的观点外，里面的一些春秋笔法也能够为一些记载提供重要的佐证。比如俞本《纪事录》记载明军洪武元年（1368 年）北伐时的东昌之战：

> 二月，攻东昌，坚拒数日。大军四面登梯攻之，遂屠戮，纵军四掠，焚其房舍而去。[3]

朱权在这部奉其父朱元璋之命编纂的史书中也记载了明军北伐中的大型战役，他提到其他战役一般都称"归附"，如"济宁、莱州、济南、东平、邵武、福州诸路悉皆归附"[4]，唯独东昌之战的记载为"大明克取东昌"[5]，足见东昌之战在整个明军北伐中的特殊性，朱权的记载正是一种"春秋笔法"的体现，从侧面证明了俞本记载的准确性。

---

① ［明］佚名：《天潢玉牒》，第 10 页。
② ［明］朱统铿：《宁献王事实》，收入《盱眙朱氏八支宗谱》。
③ ［明］俞本撰、李新峰笺证：《纪事录笺证》，卷之下，第 250 页，"吴元二年"。
④ ［明］朱权：《通鉴博论》，卷之下，《历代天运纪统》，第 180 页。
⑤ ［明］朱权：《通鉴博论》，卷之下，《历代天运纪统》，第 180 页。

还有比如朱权在至元十八年（1281年）记载元世祖忽必烈，"帝信桑门之惑，尽焚中国道藏，辟儒、道二教为外学，孔子为中贤，尊桑门为正道。自是道藏始绝"[①]。虽然《元史·世祖本纪》确实记载忽必烈在至元十八年焚毁道书，但并无贬孔子之事，因此朱权的记载一度受到怀疑。然而《元史·成宗本纪》于成宗即位年七月记载其诏天下崇奉孔子，此时下诏崇奉，此前必有贬损，恰恰能够印证朱权的记载，这也证明了朱权考订史料是颇为严谨的。

朱权另一部史学著作《汉唐秘史》则充分反映了朱权受朱元璋"亲亲观念"印象的深入。朱权在书中对汉景帝时晁错主张削藩，遭到丞相申屠嘉反对，申屠嘉为此呕血而死，晁错之父也反对晁错的行为，为此自杀，最终而激起"七国之乱"之事下断语为：

> 高帝以秦无内辅，孤立之故，乘其摧枯，以一布衣而取之，不五年而秦亡，何其易也。高帝之有天下，惩秦之孤立，大封同姓于列国，以天下为家，以家人治之，此诚万世不拔之计也。奈何晁错是一异姓之贼，惧其穿太庙之垣墙之罪，恐诸王宗室诛之，乃更高帝之成宪而削诸王之封邑，以安其私志，可谓为国之大憝，讵不细矣。如错之罪不当诛，则丞相申屠嘉不呕血而死矣。且父之自杀，非父之自杀，乃错杀之也，其不孝又可见矣；祸刘氏之天下，戕刘氏之骨肉，其不忠又可知矣。且错所谓不如此，天子不尊，宗庙不安。既削之矣，使天子尊，宗庙安，为万世磐石之固可也。何以不一传而霍光之废帝天子尊乎？卒至王莽乘其宗室骨肉之摧枯，枝干之羸弱，故不劳寸梃，谈笑而取之，革汉而为新矣。光武虽能中兴，复为宦官曹腾之家所篡而亡国焉。以是论之，亡汉之祸，非错为之而谁耶？读史至此，安得不扼腕长叹哉！[②]

朱权的断语正和朱元璋"宜言景帝为太子时，常投博局杀吴王世子以激其怨。及为帝，又听晁错之说，轻意黜削诸侯土地，七国之变实由于此"[③]的看法如出一

---

① ［明］朱权：《通鉴博论》，卷之下，《历代天运纪统》，第179页。
② ［明］朱权：《汉唐秘史》，第295页。
③ 《明太祖实录》，卷二九，第496页，"洪武元年正月丙戌"。

辙，可见朱权已经深受朱元璋"亲亲"思想的熏陶，这也注定了他在后来建文帝朱允炆削藩时持反对态度，拒绝奉诏南下返回京师南京，奠定了朱棣发动大宁之变的基础。

洪武二十四年（1391年）四月，朱权受封为宁王。两年后的洪武二十六年（1393年）三月，朱权正式就藩来到了北方边塞的大宁。大宁城，位于今内蒙古自治区赤峰市宁城县境内的大明镇，朱元璋在大宁的建置在朱权就藩几年前就开始了。洪武二十年（1387年）八月，朱元璋"置大宁卫指挥使司"[①]。九月，"置大宁都指挥使司及大宁中、左、右三卫"[②]。次年七月，朱元璋改大宁都指挥使司为北平行都指挥使司，"置北平行都指挥使司与大宁"[③]，至此，明初对大宁的建置才告一段落。

北平行都司建成后，这里就成为了明朝北方的重镇，它控制着要塞松亭关，东与辽阳，西和宣府遥相呼应，再加上开平、兴和、东胜等据点，构成一道名副其实的"塞外长城"。朱权来到这里，无疑表明朱元璋对自己这位儿子的看重。事实上，朱权在边塞藩王中实力也确实是相当雄厚的，"王所统封疆数十城，广千余里，带甲八万，革车六千，视诸王最雄"，"然胙土广衍倍于他王"[④]。而他手下最重要的一支兵力就是后来十分著名的兀良哈三卫。洪武二十二年（1389年）五月，朱元璋"置泰宁、朵颜、福余三卫指挥使司于兀良哈之地以居降胡"[⑤]。所谓"兀良哈之地"，指的就是"东接海西，西连开平，北抵北海，南达蓟辽"的"元千户故地"[⑥]。因为这片地区正在大宁之北，所以很自然划归了北平行都司管辖，后来也就纳入了宁王朱权的管辖之下，成为了他手下一直极其重要的军事力量。实际上，所谓兀良哈三卫并非全都是兀良哈人，完全是兀良哈人的仅朵颜卫一卫而已，三卫设立之初，本为泰宁卫居于首位，但后来随着朵颜卫的壮大，朵颜卫逐渐成为了三卫的代表，三卫也就被合称"兀良哈三卫"或者"朵颜三卫"了。

除了兀良哈三卫，朱元璋还为这位身处北方极塞的儿子配备了其他的军事力量。洪武二十八年（1395年）四月，朱元璋调大宁左、右二卫为朱权的营州左、右

---

① 《明太祖实录》，卷一八四，第2769页，"洪武二十年八月辛未"。

② 《明太祖实录》，卷一八五，第2777页，"洪武二十年九月癸未"。

③ 《明太祖实录》，卷一九二，第2888页，"洪武二十一年七月甲申"。

④ ［明］朱统𨥎：《宁献王事实》，收入《盱眙朱氏八支宗谱》。

⑤ 《明太祖实录》，卷一九六，第2946页，"洪武二十二年五月辛卯"。

⑥ ［明］郭造卿：《卢龙塞略》，卷一五，《贡酋考》，第490—491页。

二护卫，进一步增强他的力量。而朱权也确实充分履行了自己作为边塞藩王所应尽的职责，他不仅大力开发大宁地区，"亦以俭约制国，辟圃种树，广令卫士疆理荒野，艺植土物之宜，国用饶裕"，更积极履行"藩屏帝室"的作用，"每岁季秋，诸王相会出塞捕虏，肃清沙漠"。① 除了与诸王站来联合军事行动，肃清沙漠外，朱权也会进行单独的行动。比如，洪武二十九年（1396年）二月二十三日，朱权向朱元璋奏报称：

> 近者，骑兵巡塞，见有脱辐遗于道上，意胡兵往来，恐有寇边之患。②

朱权通过发现蒙古人遗落的"车辐"发现了敌人的踪迹，及时报告了父亲朱元璋。朱元璋当即指示：

> 胡人多奸，示弱于人，此必设伏以诱我军，若出军追逐，恐堕其计。③

虽然，朱元璋敕令燕王朱棣"选精卒、壮马抵大宁、全宁，沿河南北觇视胡兵所在，随宜掩击。仍敕周王橚，令世子有墩率河南都司精锐往北平塞口巡逻"。④ 仍旧是命诸王联合行动，以策万全。正是因为朱权的尽忠职守和敏锐，不仅让他得到了"文庙善战，宁王善谋"⑤的评价，他更在自己撰写的《化域碑》中称自己"统封疆九十余城镇，龙朔三千余里，逐单于于阴山，拒契丹于辽水。翰海肃清，疆域宁谧，父皇太祖高皇帝有诗以壮之，慨夫一世之雄也"⑥。

宁王朱权的表现，作为他近邻的燕王朱棣自然是看在眼里的。这两位藩王之间

---

① ［明］朱统𨮹：《宁献王事实》，收入《盱眙朱氏八支宗谱》。
② 《明太祖实录》，卷二四四，第3549页，"洪武二十八年二月辛亥"。
③ 《明太祖实录》，卷二四四，第3549页，"洪武二十八年二月辛亥"。
④ 《明太祖实录》，卷二四四，第3549页，"洪武二十八年二月辛亥"。
⑤ ［明］姜清：《姜氏秘史》，第739页，"建文元年十月甲寅"。
⑥ ［明］朱统𨮹：《宁献王事实》，收入《盱眙朱氏八支宗谱》。

的关系如何呢？在洪武年间两人镇守北方时期，经常是配合行动的，这一点在上述洪武二十九年（1396 年）四月的行动中表现得极为典型。虽然朱权作为一位比朱棣小了十八岁的同父异母弟弟，且在封国的地理位置、地域广度、军事力量等多方面上都比朱棣更为优越，但要因此就说此时朱棣就已经和朱权之间有了很深的矛盾则是没有证据的。后来靖难之役的大宁之变中，朱权开城接纳朱棣也说明两人之间在大宁之变前并不存在不可调和的矛盾。事实上，深受朱元璋"亲亲"思想熏陶的朱权对皇室成员之间的和睦是非常看重的，他后来之所以在靖难之役爆发后不遵朝廷让他南返的命令就有他反对建文帝暴力削藩的因素在内。因此要说他此时就和朱棣之间有了很深的矛盾无疑是罔顾事实的。朱棣此时更多的是在朱棣的带领下共同履行防守边境的职责，矛盾是次要的。①

当然，朱棣对朱权手下作战勇猛的兀良哈三卫或许是怀有觊觎之心的，这从他后来在大宁之变中的表现可以得到证明，但此时也就仅仅是觊觎而已，两人并不会也不可能因此发生激烈的冲突。用"宁燕相得甚欢"来概括这一时期两人的关系是恰当的。当然，此时的"相得"也埋下了后来大宁之变的祸根。

---

① 姚品文：《王者与学者：宁王朱权的一生》，第二章、驰骋塞上，第六节、宁燕相得，北京：中华书局，2013 年，第 37—38 页。

5. 诸藩之首

随着洪武后期以宁王朱权为代表的最后一批藩王封建完毕，明初的藩王体系基本建立。朱元璋的二十六个儿子中，除了皇长子朱标立为皇太子，皇子朱楠因为夭折未封外，其余二十四子全部封为亲王并陆续建立了封国，除了二十四个儿子，朱元璋的侄孙朱守谦也被封为靖江王。这二十五个藩王又分为镇守北方边境险要之处的"塞王"和镇守内地的一般藩王。洪武年间最后形成的塞王共有九个，他们分别是秦王朱樉（西安）、晋王朱棡（太原）、燕王朱棣（北平）、辽王朱植（广宁）、宁王朱权（大宁）、谷王朱橞（宣府）、代王朱桂（大同）、庆王朱㮵（宁夏）、肃王朱楧（兰州），这九位藩王在洪武年间都镇守北方边境要地，可谓"高皇帝天下初定，而边土旷远，势须藩王控制，故简诸子英武智略者树边。时文皇封北平，谷王宣府，代王大同，晋王太原，秦王西安，庆王韦州，肃王甘州，而我祖献王大宁，皆宿重兵备边"①，构成了明初的北方边防体系。

然而虽然这九位都是塞王，但他们之间的地位也不是完全相同的。这一点最明显的表现就是他们岁禄的差异。洪武九年（1376年），朱元璋制定藩王、宗室岁禄标准，规定亲王岁禄为米五万石②，钞二万五千贯，锦四十匹，纻丝三百匹，纱、罗各百匹，绢五百匹。冬、夏布各千匹，锦二千匹，盐二百引，茶千斤，每年支给一次。马料草，每个月支给五十匹。至于缎匹，则是每年支给匠料，由王府自造。可以看出，洪武初年朱元璋给藩王制定的岁禄数额十分巨大，如此巨大的开销，随着洪武年间受封的亲王逐渐增多，朝廷势必感到难以承受，因此朱元璋不得不在洪武二十八年（1395年）对诸王岁禄进行裁减。裁减后的藩王岁禄，不仅禄米降至万石③，原来的钞、锦、盐、茶等物也全部停发。但即便是裁减后的规模，应用在承担重大责任的塞王上也不是完全平等的。秦、晋、燕、宁几王还能如数拿到岁禄，"晋、燕、楚、湘府给禄米如数"④。但是代王只能拿到禄米六千石，辽王只有两千

---

① [明]朱统𨰥：《宁献王事实》，收入《盱眙朱氏八支宗谱》。
② 万历本《大明会典》，卷三八，《廪禄一·宗藩禄米》，第666页。
③ 万历本《大明会典》，卷三八，《廪禄一·宗藩禄米》，第666页。
④ 万历本《大明会典》，卷三八，《廪禄一·宗藩禄米》，第669页。

石，肃王更惨，只能拿到一千石。虽然官方理由是由于这几位藩王，"代、肃、庆、辽各府远在边，民少赋薄"[①]，然而他们多的能拿到亲王岁禄的一半，少的还不如郡王岁禄的一半，这显然不能单纯用地方偏僻来解释，朱元璋的重视程度也是其中的重要因素。

在朱元璋构建的塞王体系中，最初就藩的秦王、晋王、燕王无疑是最重要的，后期加上宁王，但宁王因为年纪最轻，还是要略逊一筹。朱元璋的布置是可以理解的，秦王、晋王与皇太子朱标同父同母，以他们辅佐朱标无疑是最令人放心的，燕王朱棣能力出众，但与朱标异母，让他们三人在北方构成"三足鼎立"的结构，既能很好为朝廷服务，又不至于尾大不掉。朱元璋的构想无疑是高明的，可惜事情的发展并不以个人意志为转移，朱元璋的这些所有构想最后竟然都落空了。

首先就是亲王之首的秦王朱樉不争气。洪武二十四年（1391 年）八月初一日，忍无可忍的朱元璋将朱樉召回了南京，随即派朱标于八月十一日巡抚陕西。一般认为朱标这次前往陕西是为了考察西安是否合适建都。这或许是原因之一，但绝不是唯一的原因。朱元璋在朱标出发时给他下的敕谕是这样的：

> 天下山川，惟秦中号为险固，向命汝弟分封其地，已十数年。汝可一游以省观风俗，慰劳秦民。[②]

朱元璋的敕谕表面看起来很平常，但我们可以从中提取出两个重要因素，一个是在召回秦王朱樉后立即派太子朱标前往陕西，这表示朱标的这次出行应该与秦王朱樉在陕西的作为有关。另一点，朱元璋特别强调朱标要在陕西"慰劳秦民"，说明秦王朱樉在陕西对秦民造成的影响是不好的。

朱标在陕西所作所为究竟如何？对此，俞本在《纪事录》中有一段总结性记载：

> （四）月，秦王府牧马数千匹于咸阳、兴平、武功、扶风等县，民被其害。又于护卫士卒处，给以钞米买金。无籍之徒乘时于省城内外，凡遇往来官军及士庶妇女，但有金首饰之类，即攘夺之。陕西所属各县里甲散钞买金，

① 万历本《大明会典》，卷三八，《廪禄一·宗藩禄米》，第 669 页。
② 《明太祖实录》，卷二一一，第 3134 页，"洪武二十四年八月乙丑"。

每钞一贯收金一钱，刻日车载驴驮纳之。①

可见朱樉在陕西的作为实际已经给陕西的民生造成了极大的扰乱。俞本的记载并不是孤证。朱樉刚就藩几个月，朱元璋在洪武十一年（1378 年）七月十九日的《敕谕秦王文》中就已经责备朱樉在关中大兴土木，"前者命尔之国关内，朕必欲日日起居出入，皆合吉祥。何至国中不居寝室，止宿歇门下，是何道理？于此观之，非人所为，禽兽也。且尔所居宫殿城郭，前后役使军民，非一朝一夕而成者。今既完成，军民想望尔到必有休息之理，何期至无知，不念军民之艰辛，又欲将九龙池中亭子移往杨家城古殿基上。此一事，轻看不觉，若是昔日汉、唐子孙有此所为，则奸人易为借口，其王身命不保朝暮"；"其罪大无如欲移亭子，其恐有不测之祸"。朱元璋甚至警告说"若此非为，权且饶尔；若久不省，自来回话"。② 可见，朱樉从就藩之初就让朱元璋十分操心。

洪武二十年（1387 年），朱元璋在完成的《御制纪非录》中，将秦王朱樉列在当朝"为恶"藩王第一位，关于朱樉所为之"恶"，总结起来包括如下方面：

其一，"不修国政"。这方面包括"于王城内开挑池沼，引浐水灌于亭中，盖造亭子，又筑土山。今各窑烧造琉璃故事，排列山末，以为玩戏，如此劳人"；"往先文长史在职时，诸般事物拨置停当，却行辱本官。及本官告老去职，不听人谏，亲信小人，以致政事销靡"。

其二，王府管理混乱，随意容留闲杂人等出入、宿歇。"假厮儿王婆子，系元朝官里使唤的，取来在宫住歇，听其教诱为非，以致王婆子常引其子王二、王六出入宫内"；"容纵范师婆出入宫内，以致其子范保保如常假装内官，在宫住歇"；"容留待诏赵虎儿出入宫内为非"；"常令张画士在宫里拣画，以致本人如常在宫宿歇"；"明知左右使唤丫头王官奴有娠，不行穷究，止打了几下"。

其三，强买良家妇女，残害人命。"差刘镇抚同火者前去苏杭等府，节次买取人家女子，其各女子父母兄弟亲戚一同带来，母则入宫住过，又加重赏，

---

① ［明］俞本撰、李新峰笺证：《纪事录笺证》，卷之下，第 454 页，"洪武二十三年"。
② ［明］朱元璋：《太祖皇帝钦录》，《敕谕秦王文》，洪武十一年七月十九日，第 677 页。

妄费民财。其兄弟亲戚俱各在外寄住藏躲，使人无处寻觅，时常引入宫内”；"差陈婆同火者吴泰又去苏杭等府，要似纸上画的一般模样女子买来。本人无处寻买，二次差人催取，将火者吴泰剜了膝盖，将陈婆就于杭州打死"；"于蒲城、渭南二县取到娼妓彭女、伴姑等六名，节次在宫歌唱荒淫"；"嫌本处女子脚大，又差人于苏杭收买女子"；"容留二仪人观音堂尼姑在宫看病，住了十日，以致为非"；"于军民家抬取寡妇入宫"；"容留旧日为非火者九名，另盖房子，在遵义门外居住，不著钦差内官得知"。

其四，聚敛钱财，与民争利，残害军民。"听信妇人李僧奴，差人于在城咸宁、长安二县民人处买金子。及其买到，著银匠销过，内销出银子。又与李僧奴看，本妇言说：问他买金子，他却挣入银子，而今只问他买银子，看他再挣甚么。依听所说，又差人买银子。如此搅扰百姓"；"草场内羊见有十五万有余，又听信库官人等，将库内烂钞于民间强买羊只，却回街上货卖。又军人每五家散羊一只，要新钞七贯"；"每年剪下羊毛，差人骑坐驿马，起百姓车辆，装载于河南、凤翔、凤阳、扬州等处货卖"；"取到北平会煎银子回回一名，教护卫军人校尉，于淘银洞采取石头煎银，以致冻坏军人"；"强买民家夏布，将行头人等枷令在街"；"三护卫每百户下散与钞一十五贯，著要红普鲁一个"；"将课程钞散于在城百姓买金子，致令民人一家夫妇二人无处买办，俱各缢死。又听信库官余大使、董副使，差校尉曹总旗等前往泾阳龙桥，强买百姓金子"；"明知绣匠耿孝、银匠杨仁诈传令旨，去行院处买金子，也不罪他，止枷了八日都放了"；"常留旗手陈允、吴忠、周全三明，在根[跟]前说是非，又差他三人强买民间马匹、羊只、金银等物"；"又听信席婆诱说，差校尉人等出外，俵与百姓烂钞，收买金子，以致民间将儿女房舍货卖"；"买到杭州女子王官奴在官，凡有事务，便与商量。他说可行便行，不可行便不行"；"常差假厮儿、王婆子，于各官家探问宝石并玉器，收取入宫，又不还钞"；"陕西老人累次买金，百姓生受，具本来启。反将本人枷了，排门号令，不与饭吃，饿死了"；"差校尉总旗李福，引领三护卫亲丁十五名，前往广东买珠子"。[①]

---

① ［明］朱元璋：《御制纪非录》，《秦王》，第703—704页。

正是朱樉在陕西十余年的胡作非为，对陕西军心、民心造成了极大的破坏，终于让朱元璋忍无可忍，在洪武二十四年（1391年）将他召回了南京，让皇太子朱标去陕西进行抚慰。当皇太子朱标于九月抵达西安时，"百官及耆民郊迎，皇太子慰劳之，赐秦民白金及钞"①。百姓如此迎接朱标，可见对其盼望的程度。朱标返回南京后为朱樉求情，朱樉才得以返回封国。然而陕西之行却严重损害了皇太子朱标的健康，他在返回南京后于洪武二十五年（1392年）四月二十五日去世。

对于朱标，《奉天靖难记》《明太宗实录》对他辅佐乃父朱元璋治国之事一概略去，以求凸显朱标的无能。然而这却不是历史本来的面目。朱标自洪武十年（1377年）开始监国，朱元璋甚至下诏一应政事在上报自己的同时也报皇太子朱标处理。因此唐肃在《密菴稿》中，钱季贞在《应水河县丞》诸序中总是将皇太子朱标与皇帝朱元璋并称。至朱标去世时，监国已经有十五年之久，绝非后来记载中那样一个无能的形象。

朱标的去世，让朱元璋关于皇位继承的安排出现了严重的危机。他有两个选择，要么立现存儿子中年长者为皇太子，要么立朱标之子为皇太孙。关于朱元璋的犹豫，《奉天靖难记》中记载朱元璋曾召集侍臣，对他们说："太子薨，诸孙少不更事，主器必得人，朕欲建燕王为储贰，以承天下之重，庶几宗社有讬矣。"翰林学士刘三吾则进言说："立燕王，置秦、晋二王于何地？且皇孙年已长，可立以继承。"最终促成了朱元璋立朱允炆为皇太孙。②这段记载仅仅以刘三吾一句话就打消了朱元璋立燕王为储君的想法，未免太过儿戏。观朱元璋历来行事，这是断然不可能的。且朱棣即位后并没有整治刘三吾，"惟太祖苟真有意立燕王，真以刘三吾谏而止，则成祖当深憾三吾，不应于今传《太祖实录》中无微词，更不应以其谏语入两朝实录"。③因此这里留下这段记载的原因在于突出朱棣此时之不得立是因为他前面有秦王、晋王两位兄长，从而为他在这两位兄长去世后的起兵、即位制造合法的借口。王崇武在《奉天靖难记注》中对这段的分析是十分有道理的。

正在朱元璋犹豫是立子还是立孙之际，雪上加霜的消息传来了，秦王朱樉于洪武二十八年（1395年）三月十九日去世。秦王府送给朱元璋的秦王朱樉去世的"凶

---

① 《明太祖实录》，卷二一二，第3143页，"洪武二十四年九月癸巳"。

② ［明］佚名：《奉天靖难记》，卷一，第427页；［明］佚名撰、王崇武校注：《奉天靖难记注》，卷一，第11页。

③ ［明］佚名撰、王崇武校注：《奉天靖难记注》，卷一，第12页。

信"详细描述了朱樉去世的细节：

> 洪武二十八年三月十九日夜三更时分，有婆婆报说殿下有病，说不得话。
> 随即进到宫内前殿东房，看见扶座[坐]床前，痰涎壅响，身体温，四肢冷，
> 眼目不开。当即令守宫门内使钦义等，使唤医士齐溶、张志善等，一同护卫指
> 挥、长史、纪善等官，眼同令医士，看得四肢逆冷，唇口、指甲俱青，目闭
> 不开，诊得六脉闭绝。随煎四味理中汤药，不能进。急灸脐下，用热水瓶温
> 樊脚心，即令胸前微温。至本月二十日五更时分，又令医士用葱爽法救治，不
> 回。至当日卯末辰初时，身冷薨逝。洪武二十八年三月二十六日未时记事。①

虽然秦王朱樉作为藩王之首并不争气，但朱元璋对这个儿子的去世仍旧感到十
分哀痛。并且，朱元璋对朱樉的死因也有所怀疑。他在四月初五日将秦王凶信告知
晋王朱棡的同时告谕晋王：

> 周府千户周彬费捧到记事，谕第三子晋王棡知道：今将尔兄秦王府中报
> 到凶信尔看，此是平日不听教训，放肆宫中淫乐，酷害死良家子女若干。于
> 宫不立正妃，宫且无主，小人杂进。挨晚食葡萄煎。初更，小人同寝。及至
> 二更，又小人进，先小人退去。噫，生尔等若干，数召至，观其所以，少有
> 能立事，皆是泛泛愚下之人，略不高明远见。吾深忧。为何？为其有功者数
> 数阴谋不已，诸子甚不知关防，为饮食之为，吾尝教之，都则宫内造进。不
> 依吾言，吾忧之不已，今果有事。今将所报辞语，令尔等知之。②

朱元璋虽然对朱樉的恶行并不避讳，但却怀疑他是中毒而死的，而他心里的凶
手正是"为其有功者数数阴谋不已"，即将矛头指向了他最为担心的功臣。朱元璋
哀叹"噫，生尔等若干，数召至，观其所以，少有能立事，皆是泛泛愚下之人，略
不高明远见"，可见他对诸王水平参差不齐的无奈。同时，朱元璋对朱樉死因的怀
疑并不是说说就算了，他在四月初五日同一天给晋王的另一份敕谕中再度详细阐释

---

① [明]朱元璋：《太祖皇帝钦录》，第689页，"洪武二十八年四月初五日附"。
② [明]朱元璋：《太祖皇帝钦录》，第688—689页，"洪武二十八年四月初五日"。

自己调查的结果：

> 内使虎儿赏捧到记事，谕第三子晋王㭎知道：秦有事，皆是宫无主，主宫者无昼夜杂处。近日酷死良家子女二名，一名传说火者埋了，一名不知所在。迩来帅兵西征，所俘所杀，将及二千。内于军中搜取女子一百五十余人入宫，又将幼男阉了若干，不知的实。古时，王者出师，务行仁义。今秦初出，乃有如此不仁。班师之后，逸乐于宫。日常数饮冰水，此是服药燥使然。今服毒身死。吾观毒人之计，中在临归寝服樱桃煎，由此而亡。亡由正宫被苦，因宫禁不严，饮食无人关防计较。且如寝宫处所，尔等来朝，吾曾亲引指示吾床周匝，群宫人铺睡处，所有关防有势。秦不以吾言为法，与小人孤处，杀身之祸必生矣。老眼昏花，为诸子之计，又拭模糊老眼，还亲藁净行，以示诸子。洪武二十八年三月二十七日记事。[1]

从朱元璋给晋王的这份文件可以看出，他已经能够确定秦王是中毒而死，甚至连中毒的时间和方式都掌握了，"今服毒身死。吾观毒人之计，中在临归寝服樱桃煎，由此而亡。亡由正宫被苦，因宫禁不严，饮食无人关防计较"。朱元璋虽然谴责朱樉出征之时滥杀无辜，并认为这一暴行是他取祸的原因之一。但对于这位儿子的去世，我们仍能看出朱元璋作为一位年老的父亲的脆弱之处，"老眼昏花，为诸子之计，又拭模糊老眼"，此时的朱元璋不再是一位皇帝，而是一位痛失亲子的普通父亲。

洪武二十八年（1395 年）九月初十日，朱元璋决定对秦王朱樉盖棺定论，为他撰写谥文，对他进行了全面的评价：

> 皇帝制曰：朕惟古者君国子民，生则有爵，殁则有谥。爵所以辨上下，谥所以昭善恶。以帝王之制，古今不易之典也。朕即位以来，列土分茅，封建诸子。以尔年长，首封于秦。本期永保禄位，藩屏帝室。夫何失于防戒，竟陨厥身。呜呼！哀痛者父子之至情，追谥者天下之公义。义之所在，朕何敢

---

① [明] 朱元璋：《太祖皇帝钦录》，第 689 页，"洪武二十八年四月初五日"。

私？兹谥尔曰"愍"。尔其有知，服斯制命。①

在谥文中，朱元璋将皇帝和父亲两重身份分得很清楚，虽然出于"父子之至情"，对于亲生儿子的去世他十分哀痛，但"追谥者天下之公义"，他不愿以私废公，因此给了朱樉"愍"这样一个平谥，算是尽力做到了兼顾，也算是他对这个儿子表达哀悼的一种方式。不过相比于谥文的动情，朱元璋的《谕祭秦王祝文》则进一步对秦王的罪名进行了总结。朱元璋开宗明义，说"朕有天下，封建诸子，期在藩屏帝室。尔樉，年次东宫，首封于秦，自尔之国，并无善称。昵比小人，荒淫酒色，肆虐境内，贻怒于天。屡尝教责，终不省悟，致殒厥身。尔虽死矣，余辜显然。特将尔存日所造罪恶，列款昭谕，尔其听之"。在这份祝文中，大部分罪名与《御制纪非录》中的罪名类似，包含了大兴土木、强买妇女、骄奢淫逸等。但也有一些独特的罪名值得特别关注，如：

一、尔居母丧，未及百日，略无忧戚，不思劬劳鞠育之恩，辄差人往福建、杭州、苏州三处立库，收买嫁女妆奁。孝心安在？

一、尔国内凡有罪人，每命拿赴京来，本欲为尔穷究奸恶，除尔国害。尔乃恐其赴京，言尔为非，即时杀死，以灭其口。如此者数番，故违父命，罪莫甚焉。

一、听信偏妃邓氏，将正妃王氏处于别所，每日以敝器送饭与食。饮食等物，时新果木，皆非洁静，有同幽囚。为夫之道，果如是乎？

一、制造后服与偏妃邓氏穿着，又做五爪九龙床如大殿御座之式，且前代藩王只用四爪龙床。尔乃如此僭分无礼，罪莫大焉。

一、尔妹公主府第，都是定制，周回不过百十余丈，皇城亦不过九百余丈。尔起盖郡主府，房屋一百余间，周围墙四百丈，比之皇城将近一半。设若尔有十女，城内恰好只盖得你郡主府，百姓都用出城去住。如此过分劳民，岂不愚甚！

一、土番十八族人民，我千方百计安顿抚恤，方得宁贴。尔因出征，却将他有孕妇人搜捉赴府。如此扰害，将人夫妇生离，仁心安在！

---

① ［明］朱元璋：《太祖皇帝钦录》，第689页，"洪武二十八年九月初十日"。

一、征西番，将番人七八岁幼女掳到一百五十名，又将七岁、八岁、九岁、十岁幼男阉割一百五十名。未及二十日，令人驮背赴府，致命去处所伤未好，即便挪动，因伤致死者大。

一、出征将士，将带儿男挑运衣粮。尔不恤军士艰苦，却将此等幼男一概阉割。如此全无仁心！

一、征西番时，军士粮食，驴驮、车载、人肩一千四五百里，如此艰苦。平贼之后，将军人所得牛羊，拘收三千余只，以为己有，不行散与军士以当粮食。如此无知！

一、编［偏］妃邓氏，因妒忌被责，自缢身死。自此之后，再三省谕，以礼相待正妃王氏。不听父教，仍将王氏幽囚宫中。夫妇之道，并无一定之人，不过宵昼与无知群小放肆自乐。由是宫中无主，饮食起居，无人撙节看视，因而恣纵。非法刑诸宫人，有割去舌者，有绑缚身体埋于深雪内冻死者，有绑于树上饿杀者，有用火烧死者。老幼宫人见之，各忧性命难存。以致三老妇人，潜地下毒，入于樱桃煎内，既服之后，不移刻而死。呜呼！观尔之为，古所未有！论以公法，罪不容诛。今令尔眷属不与终服，仍敕有司浅葬，降用公礼。俾尔受罪于冥冥，以泄神人之怒。尔其有知，服斯谕祭。①

可以看出，这部分罪名都是与修身、齐家、治国相关的罪名。朱樉的正妃王氏为元朝所封河南王扩廓帖木儿（王保保）之妹，朱元璋将之嫁给朱樉正含有招抚扩廓帖木儿之意，偏妃邓氏则是明朝卫国公邓愈之女，这是朱元璋笼络功臣政策的一部分。然而朱樉和两人的关系都没有处理好，结果导致王氏幽囚宫中，不能尽夫妇之道，邓氏鸠占鹊巢，最后自缢而死。让朱元璋两方面的规划都落空了，朱元璋的愤怒也就不难理解了。

另外，朱樉封国所在的关中，靠近西番，因此朱元璋赋予朱樉的责任中是包含稳定西番的职责的。然而朱樉也没能做到，不仅没能做到，反而暴虐地对待这些部族，强抢他们的妻子，掳掠他们的幼童，致使关中扰动，不得不派朱标前去安抚。朱元璋本想让朱樉"藩屏帝室"，结果他反而给皇帝拆台，可谓没有尽到藩王的责任。不仅如此，朱樉还残酷对待手下的军士，朱元璋一向重视军队，因为他深知建

---

① ［明］朱元璋：《太祖皇帝钦录》，第689—691页，"洪武二十八年附"。

设好军队才能保障国内、边防的稳定，这也就难怪朱元璋会斥责朱樉"如此无知"
了。最后，朱樉还存在一些僭越的行为，这倒未必是朱樉真的有不臣之心，但是这
在辛苦建立等级社会的朱元璋看来无疑是不能容忍的。朱元璋为了树立一个标杆，
降低了朱樉丧礼的规格，可见他对这个儿子没能尽到自己责任的不满与失望。

秦王朱樉去世后，朱元璋在北方营建的秦、晋、燕三足鼎立的局面就变成了
晋、燕二王双雄并立。对于晋王朱棡，朱元璋《太祖皇帝钦录》中收录朱元璋敕
谕诸藩王的圣旨或函札共 106 件，其中给晋王的为 96 件，可见对这个儿子的关注。
第一件是在洪武十二年（1379 年）四月初一日，当时晋王刚就藩一年，最后一份是
在洪武三十一年（1398 年）三月十九日晋王去世后朱元璋撰写的谥文，可谓贯穿始
终。当然，这也可能是因为《太祖皇帝钦录》当初本就是晋王府相关文档的原因。

在这众多的文件中，在洪武二十八年（1395 年）秦王去世前，朱元璋给晋王
的敕谕主要是一般军务，比较平常。其中也有一份涉及燕王朱棣的，时间为洪武
二十六年（1393 年）五月二十九日：

> 又钦奉圣旨：你去与王（指晋王）说，如今燕王十六日出去了，着王便
> 收拾出去，与弟兄每［们］相见一见。钦此。①

当时正值诸王巡边塞外，晋、燕二王距离较近，让他们相见一下也在情理之
中。不过朱元璋特意叮嘱晋王燕王的行动，让他收拾好去见一面，也可看出朱元璋
是将这两位藩王放在相当看重的位置上的。洪武二十八年（1395 年）秦王去世后，
可以看出朱元璋按照次序将晋王视为了诸藩之首，给他的敕谕规格越来越长，其中
洪武二十九年（1396 年）九月初十日的一份敕谕充分显示了晋王此时在北方诸王中
的地位：

> 后军都督府差散骑舍人潘连、文伟、冯忠赍本到来，该本年九月二十五
> 日晚，本府左都督沐晟等同五军都督府官于右顺门，钦奉圣旨：恁五军便差

---

① ［明］朱元璋：《太祖皇帝钦录》，第 686 页，"洪武二十六年五月二十九日"。

人铺马里去河南、山东、山西、陕西、北平、辽东、凤阳，启王知道：恁都司掌印官将队伍堪操马疋【疋】并孳生空肚骒马，取勘的确数目，写题本实封，御前开拆。不要多人知道，也不要立案。钦此。①

从这份敕谕我们能够知道，此时朱元璋将河南、山东、山西、陕西、北平、辽东、凤阳等地的战马事务都交给了晋王，还明确要求"写题本实封，御前开拆"，可见朱元璋此时对晋王的重视。不过这并不意味着朱元璋想要改立晋王为皇太子。就在这份给晋王的敕谕发出三天后，经过一段时间的犹豫，朱元璋在当年九月十三日册立朱标存世最年长的儿子朱允炆为皇太孙，下诏：

曩古列圣相继驭宇者，首立储君。朕自甲辰即王位，戊申即帝位，于今二十九年矣。前者操将练兵平天下乱，偃天下兵，奠生民于田里，用心多矣。就[及]一统以年[来]，除奸暴，去豪强，亦用心多矣。迩来苍颜皓首，储嗣为重，嫡孙允炆，以九月十三日册为皇太孙，奉上下神祇，以安民庶，诏示臣民，想宜知悉。②

联系这两件事，我们能看出此时朱元璋的一些设想。毕竟晋王与懿文皇太子朱标一母同胞，朱元璋一方面将晋王树立为北方塞王之首，一方面立朱允炆为皇太孙，很明显，他是希望保证朱标一系继承权的同时，通过晋王节制各大藩王，保证藩王体系的稳定。当然，在边境作战中表现十分杰出的燕王朱棣他也不能忽视，他在洪武三十一年（1398 年）五月十二日给晋王的敕谕中写道：

后军都督府差舍人孙贵赉到圣旨：说与晋王知道。教陈用、张杰、庄德，预先选下好人好马堤备。临阵时，领着在燕王右手里行。洪武三十一年五月十二日。③

---

① ［明］朱元璋：《太祖皇帝钦录》，第 694 页，"洪武二十九年九月初十日"。
② ［明］宋端仪：《立斋闲录》，卷二，《革除录·册立诏》，第 560 页。本书所引《立斋闲录》以最接近原本之辽宁图书馆藏明钞本为基础，参以《国朝典故》本；［明］姜清：《姜氏秘史》，第 696 页也载有此诏，但文字有些许差异。
③ ［明］朱元璋：《太祖皇帝钦录》，第 699 页，"洪武三十一年五月二十三日"。

朱元璋让晋王部署人马跟随燕王行动，可见他在北方主要倚重这两位老资格的塞王。而这种互相调遣也可隐隐看出他让晋、燕二王互相制衡的意思。不过这份敕谕的时间很可能有问题，因为晋王在洪武三十一年（1398 年）三月已经去世了，朱元璋不可能在五月还要颁诏给晋王。结合前文，这份敕谕的时间更可能在洪武三十年（1397 年）。

至于晋王和燕王之间的关系，从现存史料来看并不算和睦。除了前文述及的洪武二十三年（1390 年）北征乃儿不花时燕王不听节制之事外，《明太宗实录》中还记载："后晋王与上皆来朝。上有疾，晋王数以语见侵，上内怀忧畏，疾增剧，遂恳求归国。晋王密遣人伺察上国中细故，将闻于朝，既无得。"①晋王后来并不对朱棣夺位构成威胁，因此朱棣在《明太宗实录》中伪造这段记载并无必要。他们兄弟在洪武后期确实可能存在矛盾，但基于朱元璋相互制衡的政策，他并没有对这两人采取明显的偏向性处理。也正是因为晋王和燕王在北方相对稳定的存在，才能让朱元璋在蓝玉案中再次兴起大狱，进一步屠戮洪武中后期崛起的新一代功臣。

事实上，洪武后期，朱棣确实一度受到了朱元璋的怀疑。当初，朝鲜王朝计禀使金乙祥经过燕王府时，燕王朱棣对他说："尔国王何不送马与我？"他将之禀告了朝鲜太祖李成桂，李成桂不敢怠慢，在派遣金立坚作为节日使前往明朝时，"仍附鞍马以送"，朱棣接受了这一馈赠，但他同时将此事告知了父亲朱元璋。结果本来就不信任朝鲜的朱元璋果然认为此举并不合适，"帝曰：'朝鲜王何得私交？'"于是将参与此事的通事宋希靖、押马权乙松先流放金齿卫，再流放腾冲州。②朱棣虽然巧妙地避开了此次事件可能对他造成的不利影响，甚至在洪武二十九年（1396 年）三月再度率军出征，但朱元璋"朝鲜王何得私交"的态度对他仍旧是一个警示，朱棣虽然贵为燕王，但他仍旧是臣，"人臣无外交"，这显示他此时确实不够谨慎，结果让朱元璋对他产生了担心，他今后还需要更加谨慎才行。不过此时晋王还在世，朱元璋还不用担心北方藩王体系失衡。

此外，洪武后期名将凉国公蓝玉对朱棣的怀疑也很值得重视。《奉天靖难记》记载蓝玉曾对皇太子朱标说过这样一番话："臣观其（指朱棣）在国抚众，甚不烦

---

① 《明太宗实录》，卷一，第 3 页。

② 《朝鲜王朝太祖康献大王实录》，卷八，第 12b 页，"四年十一月丙寅"。

扰，且得人心，众谓有君人之度，恐此一语闻于上，殿下之爱日衰。且臣窃闻望气者言，燕地有天子气，殿下宜审之。"①蓝玉为常遇春妻弟，常遇春之女就是朱标的元配，蓝玉毫无疑问是支持太子朱标的。另一方面，蓝玉曾长期驻守北方，和燕王朱棣颇多交往，对朱棣当有较深了解。虽然《奉天靖难记》这里歪曲为蓝玉先向朱棣进马，被拒绝后才恼羞成怒转向朱标，但蓝玉说的这番话则未必是虚构的。从蓝玉的话能够看出朱棣确实在北平着力经营自己的封国，而且绝不甘心仅仅做一个藩王。不过由于有晋王的存在，朱棣的大业还存在一个难以跨越的障碍。

但当晋王在洪武三十一年（1398 年）三月十二日去世时，体系再度被摧毁。朱元璋对晋王的去世比在秦王去世时的哀痛深沉很多，他在谥文中评价晋王：

> 维洪武三十一年，岁次戊寅，三月戊申朔，十九日丙寅，皇帝制曰：朕惟先王之典，生既有名，殁必有谥，名所以彰其德；谥所以表其行。故行有大小，谥有重轻，此古今公议，不可废也。曩者建封诸子，尔王于晋，藩屏帝室，于今有年。兹者因疾永逝，特遵古典，赐尔谥曰"恭"。呜呼，德以名彰，行因谥显。尔其有知，服斯宠命。②

与对秦王不同，朱元璋在给晋王的谥文中没有一句责备，给予的谥号也是"恭"这一上谥。朱元璋无疑对这个儿子在自己之前去世十分惋惜，而他的北方塞王体系由此也就变成了燕王朱棣一人独大的局面。而已到暮年的朱元璋已经没有力量改变这一局面了。朱棣由此成为了名副其实的"诸藩之首""众王之长"，藩王中实力最雄厚的一位。

具体到朱棣，他在北方并没有闲着，而是将北平地区作为自己的独立王国用心进行经营，北平周围遵化、永平、密云、怀来乃至大宁等地的将领、官员大多因为与朱棣长期公事而受到了他的笼络，这些人在后来朱棣起兵后大多很轻易就归附了朱棣，这不能不说与朱棣这一时期做的工作有分不开的关系。

受晋王去世的打击，朱元璋很快也病倒了。病中，朱元璋也没有放弃对燕王朱

---

① ［明］佚名：《奉天靖难记》，卷一，第 425 页；［明］佚名撰、王崇武校注：《奉天靖难记注》，卷一，第 5 页。

② ［明］朱元璋：《太祖皇帝钦录》，第 700 页，"洪武三十一年三月十九日"。

棣的关注，他在洪武三十一年（1398年）五月十二日给左军都督杨文的敕谕中再次提到了朱棣：

> 兵法有言：贰心不可以事上，疑志不可以应敌。为将者不可不知是也。朕子燕王，在北平。北平，中国之门户，今以尔为总兵，往北平参赞燕王，以北平都司、行都司并燕、谷、宁三府护卫，选拣精锐马、步军士随燕王往开平堤备一切，号令皆出自王，尔奉而行之，大小官军，悉听节制，慎毋贰心而有疑志也。①

随后他又敕谕武定侯郭英：

> 朕有天下，胡虏远遁久矣，然萌孽未殄，不可不防。今命尔为总兵，都督刘真、宋晟为之副，启辽王知之，以辽东都司并护卫各卫所步军，除守城马军及原留一百存守斥候，余皆选拣精锐，统领随辽王至开平迤北择险要屯驻堤备，一切号令，悉听燕王节制。②

病重的朱元璋仍旧念念不忘北方的防务，他派遣杨文去北平参赞燕王朱棣，同时让辽王朱植分担一部分防务。朱元璋仍旧希望维持北方的平衡，然而辽王从各方面都不可能和朱棣相提并论，北方燕王独大的局面其实不可能得到改变。

洪武三十一年（1398年）闰五月初八日，朱元璋病重。为了保证皇太孙朱允炆能够顺利继承皇位，他开始安排后事。朱元璋召见驸马都尉梅殷，让他辅佐朱允炆，但这一安排显然为时已晚，对北方虎视眈眈的燕王朱棣能起的作用很有限。闰五月初十日，朱元璋驾崩，享年七十一岁，在位三十一年。与他的《即位诏》一样，他的《遗诏》也很简短：

> 皇帝诏曰：朕受皇天之命，膺大命于世，定祸乱而偃兵，安民生于市野，谨抚驭以膺天命，今三十一年矣。忧危积心，克勤不息，尚志有益于民。奈

---

① 《明太祖实录》，卷二五七，第3715页，"洪武三十一年五月戊午"。
② 《明太祖实录》，卷二五七，第3715—3716页，"洪武三十一年五月戊午"。

何起自寒微，无古人博志，好善恶恶，过不及多矣。今年七十有一，筋力衰微，朝夕危懼，惟恐不终。今得万物自然之理，其奚哀念之有？皇太孙允炆，仁明孝友，天下归心，宜登大位，以勤民政。中外文武臣僚，同心辅佐，以福吾民。凡丧葬之仪，一如汉文勿异。布告天下，使明知朕意。孝陵山川，因其故，无有所改。

一、天下臣民，令到出（临）三日，皆释服，嫁娶、饮酒皆无禁。

一、毋发民哭临，宫殿中当临者皆以旦晡十五举哀，礼毕。非旦晡临，毋得擅哭。

一、当给丧事及哭临者，皆毋跣，绖带毋过三寸，无布车兵器。

一、诸王各于本国哭临，不必赴京。中外官军戍守官员毋得擅离信地，许遣人至京。

一、王国所在文武衙门官民军士，今后一听朝廷节制，护卫官军王自处分。

一、诸王不在令中者，皆以此令比类从事。[①]

这份《遗诏》无论是否完全出自朱元璋的本意，其中对藩王的担忧都是十分明显的。也正是从这份《遗诏》开始，拉开了朱元璋驾崩后中央和藩王之间矛盾的序幕，而这一矛盾的主要对象正是当时节制了北方大量军马的"诸藩之首"燕王朱棣。总之，随着朱元璋的驾崩，脆弱的平衡日益动摇，叔侄间的矛盾很快便激化了起来。

---

① 《明太祖实录》，卷二五七，第3718页，"洪武三十一年闰五月己卯"；万历本《大明会典》，卷九六，《丧礼一》，第648页；[明] 姜清：《姜氏秘史》，第696—697页；[明] 屠叔方：《建文朝野汇编》，卷一，《逊国编年》，第20—21页；[明] 佚名：《革除编年》，第620—621页。五书参校。

第二章

靖难

1. 叔侄之间

朱元璋驾崩六天后，洪武三十一年（1398年）闰五月十六日，朱允炆即位，宣布次年改元建文，他就是明朝第二位皇帝——建文帝。在朱元璋的《遗诏》中关于藩王的内容共有三条，"一、诸王各于本国哭临，不必赴京。中外官军戍守官员毋得擅离信地，许遣人至京；一、王国所在文武衙门官民军士，今后一听朝廷节制，护卫官军王自处分；一、诸王不在令中者，皆以此令比类从事"。这三条的核心就是让诸王不要擅自离开封地前来南京，同时限制藩王权力，只允许他们管理护卫军，其他一应文武都要听朝廷节制，这充分说明了新朝廷对藩王们的不放心。

朝廷的担心不是没道理的。《明太祖实录》记载了一件事，即洪武三十一年（1398年）闰五月朱元璋病重之时，曾派宦官去北平召燕王朱棣至南京，但当朱棣走到淮安时，却被"用事者矫诏即还"[①]。《奉天靖难记》《明太宗实录》里记载这件事时则点明了"用事者"是谁，"至淮安，允炆与齐泰等谋，矫诏令上归国"[②]，"上已至淮安，太孙与齐泰等谋，诈令人赍敕符令上归国"[③]。这段内容怎么看都像是后来朱棣为了宣扬朱元璋早就属意于自己而捏造的，因而怀疑其可信度。但是倘若我们换个角度来看这件事，则能看出另一些含义。

且不论朱棣是否是奉朱元璋之命在自己病重时赶赴南京，就先看他是否在朱元璋病重至驾崩时有一次未果的南京之行。郎瑛在《七修类稿》卷七《国事类·象简龙衣联》中提到"高庙鼎成龙升之日，建文即位，成祖以燕王来，奔丧而不朝，盖以叔不拜侄[侄]也"[④]。如此一来，朱棣前往南京是在朱元璋驾崩之后，他是以奔丧名义而来，并非在朱元璋病重时奉命而来，而且在这段记里朱棣成功抵达了南京，还引起了建文朝廷的争论。这种看法并不是郎瑛独有的，尹守衡《明史窃》、朱鹭《建文书法儗》和潘柽章在《国史考异》中论及此事时，引用的《逊国记》中

---

① 《明太祖实录》，卷二五七，第3718页，"洪武三十一年闰五月乙酉"。

② [明] 佚名:《奉天靖难记》，卷一，第427页；[明] 佚名撰、王崇武校注:《奉天靖难记注》，卷一，第14页。

③ 《明太宗实录》，卷一，第5页。

④ [明] 郎瑛:《七修类稿》，卷七，《国事类·象简龙衣联》，第71页。

也有类似说法，不过朱棣至南京的时间又推迟到了建文元年（1399 年）二月，而且朱棣因为"行皇道入，登陛不拜"还受到了监察御史曾凤韶的弹劾。不过朱允炆并没有处罚朱棣，还让他在三月返回了封国。①除了这两处，张萱在《西园闻见录》中提到朱元璋驾崩后，"辽简王、（肃）庄王、庆靖王奔丧至京"②，既然辽王、肃王、庆王能够奔丧来到南京，则燕王来到南京也是合理的。

然而，朱棣曾到达南京的说法无疑是不可信的。辽王等三人至京的说法别无佐证，难以确信。更为重要的是，朱棣曾反复提到他在朱元璋驾崩后并未能到南京奔丧。朱棣在建文元年（1399 年）十一月初九日给建文朝廷的上书中提到自己"古今天下，自天子至于庶人，焉有父死而不报子知者？焉有父死而不得奔丧者也？！"③十一月二十八日他又在发布的檄文中称："况余自父皇宾天以来，抱病持服，未尝一日离苦次，遵其亲法，毋敢小犯，惟日守分而已"④，都明确提到没有能够进京奔丧。到了建文四年（1402 年）六月，朱棣驻跸龙潭时又对手下诸将说："吾往日度 [渡] 江，即入京见吾亲。为奸恶所祸，不度 [渡] 此江数年。今至此，吾亲安在？"⑤这些都证明了朱棣没有抵达南京，他最多就抵达了淮安，然后就被朝廷的使节挡了回去。

最后，建文四年（1402 年），朱棣兵临南京城下时射入城中的信件中明确写道"兄致书众兄弟亲王、众妹妹公主：相别数载，天伦之情，梦寐不忘"⑥。朱棣靖难一共用了四年，因此从"相别数载"能够看出他未能在父亲驾崩之时奔丧南京和兄弟姐妹团聚。

确定了朱棣并没有抵达南京后，关于他是奉朱元璋之命来到淮安还是奔丧时抵达淮安的问题，潘柽章为我们提供了关键性的证据。《姜氏秘史》《建文朝野汇编》中均引"南京锦衣卫百户潘暄贴黄册内载，校尉潘安二十三日钦拨随侍燕王还北平

①　[明] 尹守衡：《明史窃》，卷二，《靖难纪》，第 1b 页；[明] 潘柽章：《国史考异》，卷四，《让皇帝·三》，第 62 页。

②　[明] 张萱：《西园闻见录》，卷一百三，《戴元礼》，第 641 页。

③　[明] 朱棣：《燕王令旨》，《燕王棣谨奏：为报父雠事》。

④　[明] 朱棣：《燕王令旨·为报父雠事，谕普天之下藩屏诸王、大小各衙门官吏、军民人等》。

⑤　《明太宗实录》，卷九下，第 126—127 页，"四年六月戊午"。

⑥　[明] 王世贞：《弇山堂别集》，卷八十八，《诏令杂考四》，第 1677 页。

任，坐以拿张昺功，升职"，认为"据此则来朝明矣"，肯定朱棣到达了南京。[1]但潘柽章考证出潘安就是《明太宗实录》"所云齐泰等令人赍敕符令上归国者也"。虽然他没有利用到更早且可信的《姜氏秘史》，而是认为这段记载出自《建文朝野汇编》，但并不妨碍他考证出正确的结果。[2]再结合朱棣三个儿子，燕世子朱高炽、朱高煦、朱高燧都在南京停留了相当一段时间的情况。我们能够最后认定，朱棣在朱元璋驾崩后曾试图南下奔丧，但走到淮安时遇到了建文朝廷派来的使者，以朱元璋《遗诏》中"诸王各于本国哭临，不必赴京"为根据将朱棣挡了回去，朱棣只能派遣自己的三个儿子代替自己去南京奔丧。朱棣在父亲驾崩、朝廷不稳的敏感时刻，不顾《遗诏》内容南下奔丧，自然会让朝廷产生疑心，奔丧不成自在情理之中。

实际当时朱棣南下还流传出了更为激烈的说法。《建文皇帝遗迹》记载，朱元璋因为怀疑朱棣久有夺嫡的野心，因此"遗命燕王不许渡江进香，除朝廷大事许令藩臣进表，毋得擅自离国"。因此当朱元璋驾崩后，"时诸王子皆得赴京奔丧吊泣，为王于中途闻此而止"。朱棣对于被阻拦大为愤怒，想要强行闯关，"欲令进舟，见江口设兵以阻，遂不果"。此时姚广孝劝说道："大王以至孝渡江，奈何有违治命，反为不孝也。惟殿下养成龙虎之威，他日风云感会，羽翼高举，则大江投鞭可断也，今日何得屑屑于此哉？"朱棣觉得很有道理，才返回了封国。[3]

这段记载里关于朱元璋专门以遗命限制朱棣的说法显然是不准确的，朱元璋的《遗诏》明确针对的是"诸王"而不仅仅是燕王朱棣。从前文可知，朱元璋在晚年虽然对朱棣产生过怀疑，但说朱元璋历来就怀疑朱棣就难免有些事后诸葛了。不过关于朱棣南下奔丧被阻拦后十分愤怒的记载却未必不准。关于朱棣的愤怒，朝鲜方面也留下了记载，建文元年（1399年）三月，"军一人自辽东逃来，本国人也，属东宁卫，以辽东役繁，逃还"，他向朝鲜朝廷汇报了明朝的政局动向，"燕王欲祭太祖高皇帝，率师如京，新皇帝许令单骑入城，燕王乃还，兴师以尽逐君侧之恶为名"。[4]两相对照，朱棣确有可能带兵南下奔丧，由此与朝廷发生了冲突，最终朱棣让步，只派遣三个儿子作为代表进入南京，自己则返回了封地北平。

---

① ［明］姜清：《姜氏秘史》，第721页，"建文元年二月二十九日"；［明］屠叔方：《建文朝野汇编》，卷二，《逊国编年》，第40页，"建文元年"。

② ［明］潘柽章：《国史考异》，卷四，《让皇帝·三》，第62页。

③ ［明］佚名：《建文皇帝遗迹》，第136页。

④ 《朝鲜定宗恭靖大王实录》，卷一，第6a—6b页，"元年三月"。

朱棣后来对未能奔丧耿耿于怀也说明他对此事的看重，这其中固然有对父亲去世的哀痛，但未必没有他对皇位继承权的期许，这也为这对叔侄之间的关系埋下了第一根刺，叔侄关系的开端就不好。而更大的矛盾也很快到来，那就是朱允炆决定削藩了。

朱标、朱允炆父子对藩王问题一直是有所担心的。洪武元年（1368年）正月十五日，朱元璋驾临南京宫城文楼，太子朱标随侍在侧。朱元璋问朱标："近与儒臣讲说经史何事？"朱标回答："昨讲《汉书》七国叛汉事。"朱元璋一听来了兴趣，又问："此曲直孰在？"朱标则回答："曲在七国。"即认为过错在背叛汉廷中央的七国一方。谁知朱元璋对此并不赞同，他说：

> 此讲官一偏之说。宜言景帝为太子时，常投博局杀吴王世子以激其怨。及为帝，又听晁错之说，轻意黜削诸侯土地，七国之变实由于此。若为诸子讲，此则当言。藩王必上尊天子，下抚百姓，为国家藩辅，以无挠天下公法，如此则为太子者知敦睦九族，隆亲亲之恩，为诸子者知夹辅王室，以尽君臣之义。①

可见朱标在文臣的培养下，此时和朱元璋在对待藩王的态度上已经出现了分歧。已经形成的思维是难以改变的，朱允炆从他父亲那里继承了对待藩王的态度。朱元璋曾对朱允炆说："朕以御虏付诸王，可令边尘不动，贻汝以安。"朱允炆则对藩王表示了担心："虏不靖，诸王御之，诸王不靖，孰御之？"朱元璋一时也不知道如何回答，只能问："汝意如何？"朱允炆则说："以德怀之，以礼制之，不可则削其地，又不可则废置其人，又甚则举兵伐之。"朱元璋则说："是也，无以易此矣。"② 这是朱允炆第一次明确表达削藩的意图，但是他的说法仅仅停留在理论层面，实在难称得上一个成熟的方案。

除了与祖父朱元璋，朱允炆还与黄子澄就藩王问题交流过。朱允炆被立为皇太孙不久，一天，他坐在南京宫城里的东角门问太常卿黄子澄："我非先生辈，安得至此？然皇祖万岁后，我新立，诸王尊属各拥重兵，何以制之？"黄子澄则自信地

---

① 《明太祖实录》，卷二九，第496页，"洪武元年正月丙戌"。

② ［明］尹守衡：《皇明史窃》。

表示："此不难处置。"朱允炆听了很高兴，立即让黄子澄"试言之"。黄子澄则回答："诸王虽有护卫之兵，仅足自守。朝廷军卫，犬牙相制。若有事，以天下之众临之，其能当乎？汉七国非不强大，而卒底灭亡者，盖以大制小，以强制弱，无足忧也。"朱允炆听了大为放心，说："兹事终仗先生矣。"①黄子澄的话从汉朝七国之乱出发，论述了藩王对抗中央，朝廷是"以大制小，以强制弱，无足忧也"，并强调藩王的护卫军"仅足自守"不用担心，虽然能让朱允炆放心，但和明朝当时的局势有一定差距。以朱棣为代表的塞王虽然掌握的兵力不如朝廷的大军，但作为久战之师，也绝对不可以轻视。硬套历史，无疑并不恰当。

实际对于明初藩王尾大不掉的问题，是存在更为敏锐的见解的。叶伯巨在洪武九年（1376 年）就看出了朱元璋分封诸王会出现的问题，他借着朱元璋因为天象而求直言的机会上《万言书》，其中即痛陈时政，他认为"臣观当今之事太过者有三，曰分封太侈，曰用刑太繁，曰求治太速也"，第一条就是针对的"分封太侈"，他在后面详细阐述说：

> 《传》曰："都城过百雉，国之害也。"先王之制，大都不过三国之一，中五之一，小九之一，使上下等差，各有定制。上得以兼乎下，下不得以兼乎上，所以强干弱枝，以遏乱原而崇治本也。国家裂土分封，使诸王各有分地，以树藩屏，以复古制。盖惩宋元孤立，宗室不竞之弊也。然而秦、晋、燕、齐、梁、吴、闽诸国，各尽其地而封之，都城宫室之制，广狭大小，亚于天子之都。赐之以甲兵、卫士之盛，臣恐数世之后，尾大不掉。然后削其地而夺其权，则起其怨，如汉之七国，晋之诸王。否则特险争衡，否则拥众入朝，甚则缘间而起，防之无及也！②

洪武九年（1376 年）正值朱元璋初立分封之制的时候，叶伯巨公开唱反调自然被认为是危言耸听，朱元璋看后大怒，将叶伯巨逮至南京，不久死在狱中。此后，无人再敢公开批评封藩政策。但不公开说不代表这种意见就消失了，随着朱元璋驾

---

① 《明太宗实录》，卷一，第 5 页；[明] 佚名：《奉天靖难记》，卷一，第 427 页；[明] 佚名撰、王崇武校注：《奉天靖难记注》，卷一，第 13 页。

② [明] 叶伯巨：《叶居升奏疏·万言书》，第 52 页。

崩，朱允炆即位，伴随着一系列制度调整，削藩的问题再度提上了议事日程。

朱允炆与乃祖朱元璋的强权不同，他的新朝廷是一个名副其实的"秀才朝廷"，而他最为信任的几位臣僚在削藩上可谓具有很高的共识。

齐泰，应天府溧水人，初名德。洪武十七年（1384 年），他成为应天府乡试第一，次年考中进士，历任礼部、兵部主事，他因为历官九年都没有过失，受到朱元璋嘉奖，让他陪祀郊庙，赐名泰。朱允炆即位后，齐泰"累官兵部尚书，与黄子澄特见亲重"[①]。

黄子澄，名湜，字子澄，以字行，袁州（属今江西省）分宜人。他在洪武十六年（1383 年）入太学，次年考中乡试第二名。洪武十八年（1385 年）考中会试第一，进士及第。此后，黄子澄"授翰林修撰，寻兼春坊官，侍东宫讲读，累迁太常寺卿"[②]。正是他在朱允炆还是皇太孙时，在东角门和朱允炆讨论了削藩的事情。朱允炆即位后，很快便问黄子澄："忆昔者东角门之言乎？"黄子澄则回答："不敢忘也，然须密。"随后，黄子澄便与齐泰谋划削藩之事。

除了这两位，还有一个人更能体现建文朝廷过于理想而不切实际的一面，这就是方孝孺。方孝孺，字希直，一字希古，号"正学先生"，浙江宁海人。虽然他的父亲方克勤在洪武年间牵连进"空印案"中被杀，但他自幼聪敏机警，后来师从名儒宋濂，文章之名甚著。但他复古好儒，因此虽然当时就有人推荐他，但朱元璋看不上他，并未加以重用。不过洪武年间方孝孺虽然不受朱元璋器重，蜀王朱椿却十分欣赏他，聘请其担任世子的老师。朱允炆即位后，才将他召至南京，"用交荐为翰林侍读，入内阁，备顾问，德望素隆，一时倚重，凡将相所行，惟孝孺是咨"[③]。

正是在这样一帮充满理想的文人的辅佐下，建文朝廷开始了一系列"新政"。朱允炆改变朱元璋统治时期的"严酷"风格，改行"宽仁"的政治，这其中赦免罪囚、蠲减逋赋等政策确实具有积极意义，也为朱允炆赢得了一定的民心。但"新政"的不少内容再后来看来却是毫无实际意义的。比如建文朝廷对官制进行了大量调整，他将六部尚书的品秩从正二品升为正一品，在正三品侍郎之上增设左、右侍

---

① ［明］黄佐：《革除遗事》，卷四，《列传·述死难列传第四·齐泰》，第 265 页。本书所引《革除遗事》以最接近原本之首都图书馆藏明嘉靖吴郡袁氏嘉趣堂金声玉振集本为基础，参以《国朝典故》本。

② ［明］黄佐：《革除遗事》，卷四，《列传·述死难列传第四·黄子澄》，第 264—265 页。

③ ［明］黄佐：《革除遗事》，卷四，《列传·述死难列传第四·方孝孺》，第 264 页。

中各一人，品秩为正二品。除了品官，对于众多闲散无事的散官，朱允炆也进行了重新更定。① 甚至在靖难之役进行的如火如荼之时，他们还在忙着更定宫殿名称。而在整个"建文新政"中最不切实际的就是方孝孺想要恢复古老的"井田制"。

在当时藩王问题已经日趋严重之时，方孝孺还在沉迷于这些不切实际的事务，可见建文朝廷在政策上的不切实际。对于方孝孺谋求恢复古老"井田制"的不切实际的想法，翰林修撰王叔英写信劝道：

> 虽然天下之事，固有行于古而亦可行于今者，如夏时、周冕之类，此行于古而亦可行于今者也。如井田、封建之类，可行于古而难行于今者也。可行者行之，则人从之也易，难行而行之，则人从之也难。从之易，则人乐其利，从之难，则民受其患。此君子之用世，所贵乎得时措之宜也。②

方孝孺则在《与友人论井田》中慷慨陈词：

> 仆向者僭不自量，窃伤三代圣人公天下之大典，墜地已久。见今国家法立令行，实足以乘势有为，举而措之，无所难者。故著论井田制事，可复不疑。仆虽不才，亦尝三思之，而熟究之，非偶为是夸谈也。然每患有志者寡，无与论讲明之者。始见吾子，行淳貌苦。心独慕焉，以为可语斯事，故出而视之，意吾子异于流俗人。今吾子乃不察其道，而横为异辞以非之，谓不可行于今，此流俗人之常言，仆耳听之二几聩者也。吾子安取而陈之哉！
> ……
> 吾子欲舍井田而行仁义，犹无釜而炊也，决不得食矣。夫不以釜炊，虽愚妇女知其不可，不以井田为治，士大夫安之，岂智顾不如愚妇哉？抑习俗之移人也，俗之降衰，日趋而日下，特立而不变者，惟豪杰之士能之。吾子俨然在缙绅之列，不务明圣人之道以淑来者，而非先王之制，甚为吾子不取也。仆讷不善为辩，性颇质，又不喜为媚，故直以故告吾子。孟子不云乎："不直则道不见。"然则仆亦非过也，将以明道也。吾子倘有疑于心，当以见

---

① ［明］屠叔方：《建文朝野汇编》，卷二，《逊国编年》，第38—39页，"建文元年"。
② ［明］宋端仪：《立斋闲录》，卷二，《革除录·王叔英与正学书》，第580页。

教，仆尚能终其说。不宣。①

方孝孺此文，明显可以看出是针对王叔英的信进行答复。纵观方孝孺此文，是如此不切实际，充满理想主义的空想，无怪乎建文朝廷的削藩政策最后也难以成功了。但是削藩作为建文朝廷最切实、最有意义的一项政策，也不是一开始就不可能成功的。

关于削藩的问题，黄子澄和齐泰曾商讨过。黄子澄认为："今主幼不闲政治，诸王年长，手握重兵，久则难制。吾辈欲长有富贵，须当蚤计。"齐泰表示赞同："此甚易，但使人诬发某阴私，坐以逆谋，则可以削之，削一可以连坐。"黄子澄表示："此策未善，姑更思之。"齐泰则没有那么多顾虑："他事不足以动之，惟加以大逆，则坐以不宥。"意思是只要能给藩王扣上"大逆"的帽子，则削藩就名正言顺了。黄子澄赞同这一说法，进一步提出："善，但所发何先？"齐泰则抬出了他的削藩计划："燕王素称英武，威闻海内，志广气刚，气刚者，易于挫抑，执其有异图，孰信其诬？去其大者，小者自慑。"意思很明白，从最强的燕王朱棣下手，只要扳倒了朱棣，其余藩王就不足为虑了。然而黄子澄则认为齐泰的计划太过冒险，他认为：

> 是谋虽佳，然未尽善。燕王性豁达果断，尝观其举动，沉静深远，莫测其端倪，恐未易去，一发不成，大事遂去。莫若发自周王，周王易与尔。伺去周王，可以觇之，且令议周王罪，周王其同母弟也，必来救，救则可以连坐。周王既去，则其势孤立，僻处一隅，危如累卵，谁肯从之？此时虽有圣智，不能为矣。

黄子澄说服了齐泰，定下来先扫清外围，最后取燕王的策略。齐泰的一段话说出了朱棣的内心，即"燕王素称英武，威闻海内，志广气刚，气刚者，易于挫抑，执其有异图，孰信其诬"，可见燕王图谋大事在当时朝廷已经不是什么秘密了。不过黄子澄、齐泰这段对话到了《明太宗实录》中出现了一些差异。比如黄子澄对朱棣的评价，在《奉天靖难记》中为"燕王性豁达果断，尝观其举动，沉静深远，莫

---

① ［明］方孝孺：《逊志斋集》，卷十一，《与友人论井田》，第346—348页。

测其端倪"，到了《明太宗实录》里则变成了"燕王素孝谨，国人戴之，天下知其贤，诬以不轨，将谁信之"①。前者体现了朱棣之深沉，早已图谋大事，后者为了进一步美化朱棣，改这段话为塑造朱棣忠孝的完美形象。无疑，《奉天靖难记》里的记载因为更早，走样反而不如之后严重，也更为可靠。关于这点，我们还能从后面的很多文件中看到同样的情况。黄子澄的方案看起来更为安全。周王朱橚作为朱棣的同胞弟弟，从他下手，正是"剪燕手足"，消除了朱棣在家族中最主要的支持者。而且鉴于周王的特殊身份，朱棣是不能不救的，确实可以借此连坐。然而黄子澄忽略了一个关键性的问题，就是在他对周王、齐王、岷王、代王下手时，正好给燕王朱棣示警，给他提供反应时间，反而不如齐泰的方案。

至于所谓"燕王素孝谨，国人戴之，天下知其贤，诬以不轨，将谁信之"云云，除了有朱棣即位后的自我美化外，最多只能说明他吸取了洪武后期私自结交朝鲜而被朱元璋责备的教训，之后采取了谨慎态度，表面功夫做得很好。

事实上，在当时的建文朝廷中对于需要削弱藩王虽有共识，但采取何种策略则是有分歧的。吏部官吏高巍就并不赞同黄子澄、齐泰激烈的削藩策略。他以汉朝为类比，上书陈述自己对藩王问题的意见：

> 欲弱藩王之权，使下无背版之心，上无诛伐之意，经制一定而万世无疑。臣当借汉为喻。
>
> 昔汉高祖提三尺剑，起布衣，摧强秦，灭暴楚，以定祸乱。悯秦孤弱而亡，遂大封同姓。荆王贾，楚王交，代王喜，齐王肥，淮南、济北，分王天下之半。其汉高祖远虑之策，莫不欲藩四夷而御中国也，岂想遗文景不治之痼疾哉！故贾谊治安策曰："今天下方病，股大于腰，一指之大几于股。平居不可屈伸，后虽有扁鹊不能为矣。"故发痛哭流涕之叹。其欲削移六国之意不言可知矣。赖文帝宽厚长者，含忍容之。是以吴王不朝，赐以几杖，以折其强悍不臣之心。其弟厉王长谋反，废处蜀郡，罚所当也。不免有斗粟尺布之谣，以累文帝宽厚长者之德，此往事可鉴也。其后景帝宽厚不如乃考，又遇晁错，恃才刻削诸侯，遂挑六国之祸。非文帝遗命托将得人，民心辅汉，又

---

① ［明］佚名：《奉天靖难记》，卷一，第 427—428 页；［明］佚名撰、王崇武校注：《奉天靖难记注》，卷一，第 17—18 页；《明太宗实录》，卷一，第 6—7 页，"洪武三十一年闰五月乙酉"。

遇赵涉遮说肴浥指示之方，几亡刘氏之社稷，则晁错不能辞其责矣。

　　昔我太祖高皇帝之起，与汉高同而神武过之。汉高马上居帝位数年，故不免中伏弩、冒流矢，危然后定。我太祖皇帝遭胡运之大更，群雄并起，龙飞淮甸，芟刈群雄，东征西讨，混一区宇。中国既定，惟有四夷，命将征讨，高居九重，神谋圣算，所向克捷。海内之国，三皇五帝不能臣服者皆来臣服，莫不纳贡而效职焉。比之汉高，诚以为过。正所谓"我武维扬，于汤有光"者也。虽因天与人归，实赖我太祖皇帝有文王纯一之德，大行皇后有后妃不妒之行，则百斯男，无不穆穆皇皇宜君宜王者矣。故使之本宗百世为天子，支庶百世为诸侯。上法三代之公，下洗秦世之陋，体三代之封建，分茅胙土。先封形势之地。陕西百二山河，昔有人言："一夫当关，万人莫敌。"其人悍勇，西邻吐蕃，故以藩王之长秦府王之。山西表里山河，地产良马，屈产之乘在焉。其人刚壮，所谓山西将者也。北近胡虏，故以晋府王之。燕国虽无名山大川之限，其南冀州、真定、保定、顺德、广平、大名等府，所谓桑土之野。地里坦平肥沃，其供赋之饶不待言而可知。其北虽曰沙漠寒凉不毛之地，广畜羊马。其土地之人，不耕不蚕，皮衣肉食，鞍马是务。辽、金、残元藉之而各兴一代之业，故以燕府王之。其四川虽曰西南一隅，山河阻深，刘备、诸葛处之而虎视吴、魏者也。故以蜀府王之。其余楚、湘、齐、兖、宁、辽、谷、代、庆、肃，星罗棋布。比之古制，虽皆分封过当，然太祖皇帝之圣意，莫不欲护中国而屏四夷也。今各处亲王故多骄逸不法违犯朝制者，不削则朝廷纪纲不立，削之则伤亲亲之恩，此我皇上之所难处也。贾谊曰："欲天下之治安，莫若于众建诸侯而少其力。力少则易使以义，国小则无邪心。令海内之势，如身之使臂，臂之使指，莫不率从。"真裁制诸侯之良策也。当今之势，以臣愚见，莫听晁错削夺之策，当行主父偃下推恩之令。秦、晋、燕、蜀四府子弟分王于齐、兖、吴、楚、潭、湘，齐、兖、吴、楚、潭、湘分王于秦、晋、燕、蜀，其余宁、辽、谷、代、庆、肃等府，比类而分王之。少其地而小其城，如此则藩王之权不削而自弱矣。臣又愿皇上待遇亲王，薄其贡而厚其恩，常尽亲亲之礼。如岁时伏腊，外国所贡稀罕之物并京制嘉肴美味，命使臣颁送之，就问起居安否何如。其贤如汉之河间献王与东平王苍者，下明诏褒赏之。其骄逸不法如淮南、济北者，初犯则容之，再犯则赦之，三犯而不改者，当会亲王而告太庙，削其地以废处之。岂有不顺服者哉？臣尝以为人君之有天下，亦如人之有一身也。天下之患有内外，一身之疾有腹肤。四夷之患，人之疥癣也，骨肉之患，人之腹心之疾也。疥癣之疾，有时而搔痒吾体，命良医而修药，一扫之而平复矣。腹心之疾，非智识膏肓者不能也。昔贾谊见汉诸侯强盛，故以腰胫指股为喻，今臣以一身百体为譬。今我皇上乃天君一心也，所谓具众理而宰万物，百体之从命也。各处亲王，五脏、耳目、口鼻、手足也。五脏酸甜嗜欲不同，手足安危亦异，如目好色而耳好音，鼻好臭而口好甘。其心天君，随其百体之好，则失主宰之道；不随，则搅乱吾心而已。故医书云："智者能调五脏和。"既和，不惟无腹心之疾，而疥癣之疾亦不生矣。噫！五脏和而一身安，一家和而百事遂。里谚曰："家不和，邻里欺。"臣亦谓："国不和而四夷窥。"此一理也。盖自古帝王之治天下，莫不以为身家当先。是以尧之文思安安，允恭克让者，亦必先亲九族，九族既睦，平章百姓。文王之小心翼翼，亦必先刑于寡妻，至于兄弟，以御于家邦，即孔子所谓"身修而家齐，家齐而国治，国治而天下平。"孟子曰："言举斯心加诸彼。"亲亲而仁民，仁民而爱物，此古今圣王治天下之轨范也，伏望皇上鉴察焉。①

高巍反对的正是黄子澄、齐泰为代表的类似晁错的"削夺之策"，他敏锐的察觉了以朱允炆为代表的建文朝廷的两难处境，"今各处亲王故多骄逸不法违犯朝制者，不削则朝廷纪纲不立，削之则伤亲亲之恩，此我皇上之所难处也"，认为"当今之势，以臣愚见，莫听晁错削夺之策，当行主父偃下推恩之令。秦、晋、燕、蜀四府子弟分王于齐、兖、吴、楚、潭、湘，齐、兖、吴、楚、潭、湘分王于秦、晋、燕、蜀，其余宁、辽、谷、代、庆、肃等府，比类而分王之。少其地而小其城，如此则藩王之权不削而自弱矣"，即推行"众建诸侯而少其力"的策略，逐步削弱藩王的权力，而朱允炆与此同时又可以"待遇亲王，薄其贡而厚其恩，常尽亲亲之礼"，两全其美，既保全了皇帝"亲亲"的好名声，又在实质上逐步削弱了藩王的权力，将他们分化瓦解。

应该说，高巍的方案是很有见地的。如果朱允炆采取这一策略，虽然效果的显示会较慢，但却是很安全的。面对这一策略，朱棣很难像后来那样以"不友爱宗

---

① ［明］宋端仪：《立斋闲录》，卷二，《革除录·高巍上书内一件》，第565—567页。

社"为名发难。更为重要的是，即便朱棣还是会发难，朱允炆则可以通过这一策略争取到尽可能多的家族内藩王的支持，像宁王朱权，在激烈的削藩政策下持中立态度，留在大宁不肯南下，结果被朱棣算计。但在这种策略下，宁王被争取过来的可能性就会提高很多。朱棣即便发难，势必更为困难，而朝廷的"大义"名分就更为坚固。高巍对建文朝廷是相当忠心的，在朱棣后来起兵靖难后，他还曾致书朱棣进行责备，因此没有理由怀疑他提出这一温和方案是倾向藩王。可惜朱允炆并没有采纳这一策略，仍旧接纳了心腹黄子澄、齐泰激烈但短时间内就能见效的削藩策略。

伴随着削藩的开始，建文朝的叔侄关系进入了下一个阶段。

2. "清君侧"：燕王起兵

正如黄子澄所说"周、齐、岷、代，在先帝时尚多不法之事，何况今日"，要找他们的罪名并不困难。周王朱橚作为朱棣的同胞弟弟，自然是首当其冲。朱橚于洪武三年（1370年）受封为吴王，洪武十一年（1378年）改封周王，封地为河南开封（今河南省开封市）。但他在"洪武一十三年，不闻命，擅率妃嫔人等，弃其本国，来居凤阳。由是召至，谪迁云南"，受到了朱元璋的严厉处理。虽然朱元璋后来将周王从云南召回，但"谪迁云南及召回，问以云南并经过州郡城池广狭、山川地理险易、民情风俗，皆无所知"，被朱元璋斥责"自古至今愚蠢，无有如此者！"[①]

建文年间，周王府长史王翰屡次劝谏周王应该谨慎，但周王并不当一回事，王翰只好佯狂离去。最终，周王被他觊觎周王王位，因而视其父兄如眼中钉的儿子汝南王朱有爋告发。建文朝廷立即抓住这个机会，派遣曹国公李景隆率军，声言前去防备西北，实则突袭河南。李景隆"以兵围王城，执王府僚属，驱周王及世子，阖宫皆出，拘至京师，削爵为庶人，迁入云南"[②]。云南当时位于明朝西南极边，周王又是以戴罪之身获贬前往，因此待遇极差，"困辱至于妻子异处，穴墙以通饮食"[③]。虽然周王不久后就被召回南京，但仍旧处于幽禁状态。

周王被削废后，朝廷果然给朱棣送来敕书，让他共同商议周王的罪行。朱棣当然知道朝廷此举的用意，自己倘若为周王求情，那么正好给朝廷提供了借口，很有可能被连坐。但如果对周王的获罪持冷漠态度，无疑是示弱于人，还是会促使朝廷对自己下手。面对这个难题，朱棣一面称病，"上居丧守制，忧成疾，见敕惴惴不知所谓"，一面上书：

---

① ［明］朱元璋：《御制纪非录·周王》，第 705 页。

② ［明］佚名：《奉天靖难记》，卷一，第 428 页；［明］佚名撰、王崇武校注：《奉天靖难记注》，卷一，第 18 页。

③ ［明］佚名：《奉天靖难记》，卷一，第 428 页；［明］佚名撰、王崇武校注：《奉天靖难记注》，卷一，第 18 页。

若周王所为，形迹暧昧，念一宗室亲亲，无以猜嫌，辄加重谴，恐害骨肉之恩，有伤日月之明。如其显著，有迹可验，则祖训俱在。[①]

朱棣一方面对周王之事不明确表示态度，一面表示周王只是"形迹暧昧"，即没有大逆之罪的确凿证据，一面又以"骨肉之恩"为由，变相为周王求情。最后，还留出了"如其显著，有迹可验，则祖训俱在"，给朝廷留有余地。对此，朱允炆也不好步步紧逼。但黄子澄认为朱允炆这是妇人之仁，要坏大事。在他和齐泰的反复陈述下，朱允炆才再度下定决心，不能放过朱棣。朱允炆根据齐泰"今胡寇来放火，以防边为名，发军往戍开平，护卫精锐，悉调出塞，去其羽翼，无能为矣。不乘此时，恐后有噬脐之悔"的意见，一面谋求削弱朱棣的实力，一面加强了对朱棣的监视，"乃以谢贵为北平都指挥，张昺为布政使，讯诱王府官属，觇察动静"。[②]

朱棣虽然躲过一劫，别的藩王就没那么幸运了。周王之后，代王朱桂因为本就作恶多端，很快便被削为庶人。由此开始，建文朝廷削藩的意图已经完全公开化了，四方告讦纷至沓来，恶行颇多的齐王朱榑、岷王朱楩也被废为庶人。而在整个削藩过程中，结局最为悲惨的是湘王朱柏。湘王为朱元璋第十一子，母亲为顺妃胡氏（豫章侯胡美之女）。湘王"明敏好学，博闻强识，攻文章，尤好道家言，自称'紫虚子'"。建文年间，"有告其府中阴事"，结果湘王"阖宫自焚"。朱允炆对湘王的举动十分恼怒，给了他"戾"这样一个下谥。[③]

藩王的接连削废和北平局势的变化无时无刻不在提醒着朱棣，接下来就该轮到他这位燕王了，因此他也在加紧筹划自己的大事。其实朱棣在周王获罪后的称病倒也不全是说谎，他身体确实不好。关于朱棣患病的最早记载是在洪武十九年（1386年）。当年，朱棣"患瘕，韩公茂治，久不愈"，只好请来名医戴思恭（字元礼，以字行）。戴思恭先问了朱棣此前所用之药，然后又问朱棣"嗜何物"，朱棣回答"生芹"。戴思恭有了把握，说："得之矣。"于是"投一剂，夜暴下，视之，皆细蝗

①　[明]佚名：《奉天靖难记》，卷一，第428—429页；[明]佚名撰、王崇武校注：《奉天靖难记注》，卷一，第26页。

②　[明]佚名：《奉天靖难记》，卷一，第429页；[明]佚名撰、王崇武校注：《奉天靖难记注》，卷一，第28页。

③　《明太宗实录》，卷十上，第155—156页，"洪武三十五年七月丙戌"。

也"。[1] 从戴思恭治疗的情况来看，朱棣所患之病似乎是寄生虫病。但所谓"瘕"则不单纯指此。根据隋朝巢元方《诸病源候论》中的论述，"癥瘕者，皆由寒温不调，饮食不化，与脏气相搏结所生也。其病不动者，直名为癥。若病虽有结瘕而可推移者，名为瘕。瘕者，假也，谓虚假可动也"[2]。从朱棣此次患病的症状，他应当是结合了"癥瘕"下的"蛟龙病候"和"瘕病候"。

所谓"蛟龙病候"，指的是"蛟龙病者，云三月、八月蛟龙子生在芹菜上，人食芹菜，不幸随食入人腹，变成蛟龙，其病之状，发则如癫"。[3] 唐朝王焘《外台秘要方》引《广济方》对症状的叙述更为详细，"疗蛟龙病，三月、八月近海及水边，因食生芹菜，为蛟龙子生在芹菜上，食入人腹，变成龙子，须慎之。其病发似癫，面色青黄，少腹胀，状如怀妊，宜食寒食饧方"。[4] 可以看出，与朱棣的症状如出一辙。

而所谓"瘕病候"，指的则是"瘕病者，由寒温不适，饮食不消，与脏气相搏，积在腹内，结块瘕痛，随气移动是也。言其虚假不牢，故谓之为瘕也"[5]。将之和朱棣的情况结合，戴思恭解决的当为当时困扰朱棣最为严重的寄生虫问题，而朱棣的病根其实还在，并没有完全消除。这一病根甚至很可能影响到了朱棣的生育能力。关于这一点，我们从朱棣四子五女的出生时间就能够有所发现。

朱棣一生共四子五女，与他父亲朱元璋仅儿子就有二十六个相比，实在不算多产。四位儿子中，除了四子朱高爔因为幼年早殇，生卒年不详（关于朱高爔是否存在，仍有一定争议）外。长子朱高炽（后来的洪熙皇帝）生于洪武十一年（1378年）七月二十三日，次子朱高煦（后来的汉王）生于洪武十三年（1381年）十二月初四日，三子朱高燧（后来的赵王）生于洪武十五年（1383年）十二月十六日。五个女儿，长女永安公主、次女永平公主、三女安成公主、四女咸宁公主生年均不详，但五女常宁公主明确记载生于洪武十九年（1386年），因此她的四位姐姐只能在此之前。审视这四子五女的出生时间，洪武十九年后朱棣就再没有生出子女了，

---

① ［明］张萱：《西园闻见录》，卷一百三，《戴元礼》，第641页。

② ［隋］巢元方撰、南京中医学院校释：《诸病源候论校释·癥瘕病诸候·癥瘕候》，第589页。

③ ［隋］巢元方撰、南京中医学院校释：《诸病源候论校释·癥瘕病诸候·蛟龙病候》，第595页。

④ ［唐］王焘撰、高文柱校注：《外台秘要方校注》，卷一二，《蛟龙病方一首》，第223页。

⑤ ［隋］巢元方撰、南京中医学院校释：《诸病源候论校释·癥瘕病诸候·瘕病候》，第596页。

当时朱棣才二十六岁，正值壮年，若非特殊原因，断不至于此后再无子女，而此年正是他患病久久不愈之时。这绝对不是巧合，恰恰说明了朱棣此次生病的严重性，此后留下了病根。关于朱棣此后的身体情况，笔者会在后面的章节中继续探讨。

正是因为朱棣身体确实不好，因此他的称病才能被朝廷接受。然而日益紧张的局势让朱棣知道，建文朝廷是不会放过他的，为了应对最后的摊牌，他也在努力积聚自己的实力。

在朱棣身边，最积极的当然是姚广孝。当湘王自焚的消息传到北平后，朱棣感到事态已经十分紧急了，他问姚广孝："若能卜乎？"希望通过姚广孝的占卜寻找出路。姚广孝知道时机到了，于是说："能。大王卜天子耶？"这句显然是在试探朱棣的决心，然而朱棣却说："咄，毋妄言，族矣。"姚广孝没有理会朱棣的试探，直接继续进言：

> 主臣，大王幸赐臣燕，亡左右窥听，故敢毕其愚。主上（指朱允炆）猜间宗室，侵渔齐藩，所戮辱囚首隶士伍，盖五王矣。虽未及燕，燕可觊幸免耶？大王先帝所最爱也，又仁明英武，得士卒心，主上所最忌也。夫燕，胜国之遗，而北方雄镇也。其民习弓马，地饶枣栗，悉雄蓟属。郡之材官良家子，毂甲可三十万，粟支十年。大王护卫精兵，投石超距者，又不下一二万。鼓行定山东，略淮南，此势若建瓴而下，谁能抗御？大王即不，南机或先发，欲高卧得耶？且旦暮匹夫耳。臣窃谓大王卜之心，与臣卜无异。[①]

姚广孝的分析十分全面，虽然有些过于乐观，但在激励人心方面的确十分有效，也可谓正中朱棣下怀。朱棣很高兴地说："子休矣。"姚广孝知道朱棣还是没能最后下定决心，于是决定再加一把火，他说："臣有所与相者，请以决。"既然自己的占卜不能让朱棣完全下定决心，那么就再请一个相面的来。姚广孝说的这个"相者"就是袁珙。[②]

既然是姚广孝推荐的人，朱棣决定见见。当袁珙初到的时候，朱棣故意"从貌类者十余人往就珙相，曰：'吾等俱护卫校耳'"，这自然是想试探袁珙的能力，看

---

① ［明］王世贞：《名卿绩纪》，卷三，《姚广孝》，第82—83页。
② ［明］王世贞：《名卿绩纪》，卷三，《姚广孝》，第82—83页。

他是否能将自己从一堆相貌相似的人中认出。结果袁珙"独起指燕王拜"。朱棣很高兴，将袁珙请入王府，屏退左右单独交流。袁珙俯伏在地说："大王太平天子也。珙臣（或当为'臣珙'）游燕市中，诸将相肩接也，则皆以大王故。大王幸勿忘臣珙。"朱棣听了更为兴奋，而这样的术士，姚广孝不仅推荐了袁珙一人，后来在永乐年间做到兵部尚书的金忠也是此时姚广孝推荐给朱棣的。在这些人的反复劝说下，朱棣终于下定决心，"为造戈甲，潜勒束部士焉"。[①]

关于袁珙为朱棣看相之事，姚广孝后来在为袁珙所写的墓志铭中也有提到，"洪武间，上在潜邸，闻先生名，遣使以币礼聘焉。先生既拜受，即沐浴戒行李而起，及见上大悦。先生于是肃恭而前，凝神伫思，面对圣容，俯仰左右，一目而尽得矣。先生再拜稽首而言：'圣上太平天子也，龙形而凤姿，天广地阔，日丽中天，重瞳龙髯，二肘若肉印之状，龙行虎步，声如钟实，乃苍生真主，太平天子也。但年交四十，髯须长过于脐。即登宝位。'"[②] 这段对朱棣形象的描述后来延续到了《奉天靖难记》和《明太宗实录》中，成为了对朱棣形象的基本概括。

朱棣身边除了有姚广孝、袁珙这类谋臣，他着重团结的对象就是武将了，特别是他的三护卫里的将领。朱能，洪武二十七年（1394年）袭父爵为燕山中护卫副千户，他和张玉是后来朱棣靖难开始后最为亲信的两员将领，"帷幄密议"。[③] 张玉，"洪武末调燕山左护卫指挥佥事"。洪武二十六年（1393年），张玉"追虏至黑松林"，洪武二十七年（1394年）又"征野人等处，升北平都指挥同知"。[④] 有了这两员将领跟随，奠定了此后朱棣起兵之初的局面。

除了北平地区的文武官员，朱棣还注意拉拢女真人。为了拉拢建州女真，朱棣纳建州女真酋长阿哈出的女儿为妾，"帝为燕王时，纳于虚出（即阿哈出）女，及即位，除建州卫参政，欲使招谕野人，赐书慰之"[⑤]。除此之外，他还将一批女真宦官笼络在身边，他们勇猛善战，后来在靖难之役中多有不俗的表现。这其中的刘通、刘顺兄弟因为其墓志、墓表今天仍能看见，让我们对这批女真宦官能够有所认识。

---

① [明]王世贞：《名卿绩纪》，卷三，《姚广孝》，第82—83页。

② [明]佚名撰、王崇武校注：《奉天靖难记注》，第3—4页引姚广孝撰袁珙墓志铭。

③ [明]宋端仪：《立斋闲录》，卷三，《靖难录·杨士奇撰（朱）能神道碑》，第601—603页。结合北京大学出版社《国朝典故》卷四一《立斋闲录三》，第978页。

④ [明]宋端仪：《立斋闲录》，卷三，《靖难录·杨士奇撰（张）玉神道碑》，第603页。

⑤ 《朝鲜太宗恭定大王实录》，卷八，第30b页，"四年十二月庚午"。

根据儒林郎、光禄署正、前乡贡进士陈骏为刘通所撰《故太监刘公墓志铭》记载，刘通"世为三万卫大户。父阿哈，母李氏"，看来为女真与汉族混血，生于洪武十四年（1381年）七月二十九日，"性刚毅，及长，勇略过人，仕为内臣"。洪武二十九年（1396年），刘通奉命前往开平、大宁修筑城堡，"能称厥职"。正是在这一时期，刘通结识了朱棣并成为了燕王府的宦官，"初事太宗文皇帝于藩邸。时权幸用事，离间宗室，上嘉其忠谨，委以腹心，俾察外情"，刘通则把握住机会充分表现自己，"公广询博采，悉其实以闻"。①

刘通在朱棣紧张准备起兵的时候，充分发挥自己的优势，为朱棣探查情报。而他的弟弟刘顺，从一开始就被朱棣当作军人培养，因为乃兄刘通的原因，刘顺"自幼与兄偕入禁庭，太宗皇帝奇之，赐姓刘氏，加恩育焉。年十三，精骑射，以武力著闻，于是选拔在近侍"②。朱棣将刘顺留在身边，既可以亲自培养，又可以作为人质让刘通忠心于自己，可谓一举两得。后来，刘通、刘顺兄弟都在靖难中有不俗的表现。

朱棣在北平的做法，建文朝廷很快就得知了。这除了有朝廷派遣的北平都指挥谢贵、布政使张昺两人就近监视朱棣，朝廷还收买了燕王府长史葛诚。因此，朱棣在北平的活动受到了越来越多的限制。建文元年（1399年）三月，陈瑛到任北平按察使，作为地方三司之一的按察使拥有极大的权力，朱棣便试图结交陈瑛。没想到陈瑛十分配合，他欣然接受了朱棣赠送的金钱，结果很快被北平按察司金事汤宗向朝廷告发，陈瑛被逮至京师，贬谪广西。③陈瑛从此对建文君臣刻骨仇恨。与陈瑛事件几乎同时，朱允炆加强了对朱棣的压力，他不仅以都督宋忠调动延边各卫马步官军三万屯驻开平，还谋求拆散朱棣的护卫军，"王府精锐悉选调隶（宋）忠麾下，王府胡骑指挥观童等悉召入京，调北平、永清左卫官军于彰德，永清右卫官军于顺德，以都督徐凯练兵于临清，以都督耿瓛练兵于山海，张昺布置于外，谢贵窥伺于内，约期俱发"。④

---

① ［明］陈骏：《故太监刘公墓志铭》，收入《北京图书馆藏中国历代石刻拓本汇编》，第51册，第75页。

② ［明］王直：《太监刘公墓表》，收入《北京图书馆藏中国历代石刻拓本汇编》，第51册，第105页。

③ ［明］李贽：《续藏书》，卷五，《逊国名臣·汤宗》，第88页。

④ ［明］佚名：《奉天靖难记》，卷一，第429页。

朱棣方面，虽然面临朝廷越来越大的压力，但他还不能贸然起兵。原因很简单，他的三个儿子自朱元璋驾崩后代表朱棣至南京奔丧，此后一直没有回到北平，实际上成为了朝廷的人质。对于怎么处理他们三人，齐泰认为："三人在此，宜先收之。"然而黄子澄并不赞同："不可。事觉则彼先发有名，且得为备，莫若遣归，使坦怀无疑也。"同样的矛盾也发生在徐辉祖、徐增寿兄弟之间。徐辉祖作为徐达长子，站在朱允炆一边，坚决反对放回三人，徐增寿作为徐达幼子却站在朱棣一边，坚称朱棣不会造反，建议放回三人。另外，朱棣也在此时上书以病重为由请求放归三子，于是，朱允炆做出了与朱棣斗争过程中第一个致命的错误决定，放回了朱棣的三个儿子。[1]其中朱高煦北归更是一路惹是生非，他从徐辉祖的马厩中偷出一匹马，骑上逃出南京。当徐辉祖发觉派人追赶时，朱高煦已经渡过了长江。当朱高煦抵达涿州时，又几乎将驿丞打死，这些都为朝廷提供了进一步的口实。[2]

三个儿子回到了自己身边，朱棣消除了最大的顾虑。但他仍旧没有立即起兵，朱棣与朱允炆仍旧处于互相探查虚实的状态。谢贵、张昺固然有葛诚作为王府内的内应，但朱棣凭借在北平长期的经营，已经树大根深，他也有自己的情报来源。除了像刘通这样的宦官外，北平布政司的官吏李友直也是很重要的一人。

建文元年（1399年）六月，燕山护卫百户倪谅上书告变，告发燕王府下级官员于谅、周铎参与密谋，导致两人被逮至南京处死。此次事件让朱允炆对朱棣的怀疑急剧上升，谢贵、张昺奉命"以在城七卫并屯田军士布于城内，填溢街巷，逼围王城外墙"。这和李景隆当初逼迫周王的方式如出一辙。对于朝廷的行动，朱棣此时采取了低调的策略，于是谢贵"又以木栅断端礼等四门路"。朱棣知道情况紧急，但他此时起兵朝廷已有防备，很难成功。为了暂时缓和局势，他干脆装出了病重的样子，对下属说："我病不能，听其塞。"谢贵怀疑朱棣是否真的病了，于是"乘马张盖过王门不下，又杀守王城卒"，公然羞辱朱棣，结果朱棣仍旧毫无反应。[3]

朱棣的示弱虽然让谢贵等人暂时放下了警惕，但却让手下的朱能、张玉十分担心，他们流泪进言说："外势若此，诚可忧，臣等坐为鱼肉矣。"朱棣则安慰了他们：

---

① 《明太宗实录》，卷一，第10页，"元年"；[明] 佚名：《奉天靖难记》，卷一，第429页。

② 《明宣宗实录》，卷二〇，第517页，"宣德元年八月壬戌"。

③ 《明太宗实录》，卷一，第10—11页，"元年六月"；[明] 佚名：《奉天靖难记》，卷一，第429—430页。

"我与若等奉法循礼，何有不臧，今外虽讻讻，久当事定，毋佈也。"①朱棣的自信是有根据的，他的称病十分逼真，"暑月围火辄言寒"，谢贵等人前去探视都被他瞒过，暂时放松了警惕。然而这一切都瞒不过葛诚，他密告张昺说："王非疾，以不得上心故。"泄露了朱棣的关键性秘密。就在此时，更大的打击来临了，因为葛诚秘密上书朝廷，朱允炆抓捕了进京办事的燕王府护卫百户邓庸等人，审问之下，得知了朱棣密谋的情况。朱允炆终于下定决心，密令张昺、谢贵寻找机会除掉朱棣。②

此时，朱棣的内应们发挥了关键的作用，进入建文元年（1399 年）七月，当北平城内有喝醉的士兵磨刀并告诉邻近的老媪这是为了"杀王府人"时，这一消息被及时送到了朱棣那里，让他及时掌握了城内的动态。③此外，同在北平都指挥使司的张信接到朱允炆命他除掉朱棣的密令后十分震惊。张信当初与张昺、谢贵共同受命图谋燕王朱棣，但他并不像张昺、谢贵那样忠心执行朝廷指令，反而觉得进退两难。其母见他"日夕忧惧"，于是问他，在张母的坚持下，张信最终如实以告，这令张母大惊，力劝这是灭族之祸，这让张信更为进退两难。当建文元年（1399 年）六七月间朝廷已经决定除掉朱棣后，张信在朝廷的催促下越发感到进退无路。穷促之下，他决定求见朱棣。一开始，朱棣不愿意见他，张信只能"乘妇人舆求见"，终于得到了朱棣的召见。张信拜倒在朱棣床下，朱棣则在床上继续装病，称自己罹患"风疾"，不能说话。张信则开门见山，说："殿下无恙，即有恙，当急谕臣。"朱棣不知张信目的，继续装病，说："余诚病且困，待死尔。"张信不理会朱棣的试探，进一步说：

> 殿下不以情语臣，朝廷密敕信执殿下，殿下意果无他，幸从臣归京师。即有意，宜告臣。④

①　《明太宗实录》，卷一，第 11 页，"元年六月"；[明] 佚名：《奉天靖难记》，卷一，第 430 页，"三十二年三月"；[明] 佚名撰、王崇武校注：《奉天靖难记注》，卷一，第 28—29 页，"三十二年三月"。

②　[明] 李贽：《续藏书》，卷五，《逊国名臣·葛诚》，第 88 页。

③　《明太宗实录》，卷二，第 13 页，"元年七月癸酉"；[明] 佚名：《奉天靖难记》，卷一，第 430 页，"三十二年七月癸酉"；[明] 佚名撰、王崇武校注：《奉天靖难记注》，卷一，第 33 页，"三十二年七月癸酉"。

④　[明] 李贽：《续藏书》，卷九，《靖难功臣·张信》，第 157—158 页。

朱棣见张信对自己称臣且十分诚恳，知道他可靠，于是将自己的密谋告诉了他。随后，朱棣将姚广孝、朱能、张玉召来，正式开始谋划除掉张昺、谢贵，夺取北平九门。然而当时张昺、谢贵等人的兵马遍布全城，朱棣想要一击必胜并不容易。朱棣对此表示了疑虑，"必如诸公言，可以自救，但其军已布满城中，护卫人少，恐不足办事"。对此，朱能进言说："先擒谢贵、张昺，余无能为。"对此，朱棣表示赞成，"谢贵、张昺防守既严，猝亦难擒，须以计致之可也。今奸臣遣内官来逮护卫官属，悉依所坐名收之，就令差来内官召贵、昺，付所逮者，贵、昺必来，则缚之一夫之力耳。"①

就在双方都在加紧谋划时，朱棣在北平布政司里的内应李友直发挥了促成最后一步的关键的作用。建文元年（1399 年）七月初六日，李友直盗出朝廷的密疏，向朱棣"首告布政司张昺谋反"②。朱棣知道已经到了最后关头，必须采取行动了。朱棣让朱能、张玉率领仅有的护卫进入王府，同时将壮士藏在王府端礼门内，派人召张昺、谢贵前来。两人对朱棣的召见持怀疑态度，久久不愿前来，直到看到了朝廷内使及王府官属的名单，才带着众多护卫前往王府。两人走到王府大门，被王府卫士阻止，要求照例不能带护卫进入，张昺、谢贵只能只身进入王府。当两人走到端礼门时，埋伏在门内的"壮士出擒之"③。朱棣见计划中最关键的一步已经完成，便不再装病了，他"掷杖而起"，对两人说："我何病也？！为尔辈所迫耳！"张昺、谢贵不屈而死。燕王府长史葛诚作为朝廷的内应此后也被愤怒的朱棣族灭全家。④

张昺、谢贵被擒，他们的随从卫士并不知道。他们见两人久久不出，渐渐散去，结果被张玉率军将他们全部抓捕。当时包围王城与散布城中的军队都听张昺、谢贵指挥，听说两人被擒，都散走了，只有守卫北平九门的军队继续力战不退。当天夜里，张玉等人率军猛攻九门，至黎明时分已经控制了八门，只有西直门未克。

① 《明太宗实录》，卷二，第 14 页，"元年七月癸酉"；[明] 佚名：《奉天靖难记》，卷一，第 431 页；[明] 佚名撰、王崇武校注：《奉天靖难记注》，卷一，第 34—35 页。

② [明] 宋端仪：《立斋闲录》，卷三，《靖难录·见吏部验封司藁簿内又杨士奇（撰）李友直墓志铭》，第 601 页。

③ 《明太宗实录》，卷二，第 15 页，"元年七月癸酉"；[明] 佚名：《奉天靖难记》，卷一，第 431 页；[明] 佚名撰、王崇武校注：《奉天靖难记注》，卷一，第 34—35 页。

④ [明] 李贽：《续藏书》，卷五，《逊国名臣·张昺、葛诚、谢贵》，第 88、91 页。

朱棣决定亲自出马,他让手下将领唐云"解甲骑马导从",自己"如平时过西直门"。见到激烈抵抗的守军后,朱棣呵斥说:"汝众喧哄,欲何为者?谁令尔为此不义,是自取杀身耳!"众人见朱棣亲自出马,又如此说,才散走。由此,朱棣控制了北平九门。①

朱棣既已控制北平全城,原北平都指挥使俞瑱逃往居庸关,马瑄逃往蓟州,宋忠率军也退至居庸关,后来认为居庸关不可守,又退至怀来,留下俞瑱守卫居庸关。至于朱棣,他一边安定城中局势,一边在七月初七日召集将士誓师,他说:

> 我太祖高皇帝、孝慈高皇后嫡子,国家至亲。受封以来,惟知循法守分。今幼主嗣位,信用奸回,横起大祸,屠戮我家。我父皇、母后创业艰难,封建诸子,藩屏天下,传绪无穷。一旦残灭,皇天后土,实所共鉴。《祖训》云:"朝无正臣,内有奸恶,必训兵讨之,以清君侧之恶。"今祸迫予躬,实欲求死,不得已者,义与奸邪不同戴天,必奉行天讨,以安社稷。天地神明,昭鉴予心。②

朱棣这番话着实打动了跟随他的将士们,然而他才说完,突然"风云四起,人咫尺不相见",过了一会儿才"东方云开,露青天仅尺许,有光烛地洞彻上下",将士们都很兴奋,认为这是上天对朱棣的承认。③

不过在此关键时刻,朱棣也没有忘记最后时刻给他提供了重要情报的李友直。虽然他因为事情紧急甚至不记得他的名字,但他确实记得有这么一个人。因此他在誓师的当天下旨:"昨日送张昺反词的吏,除他本司官。钦此。"④无论如何,朱棣此时都已无任何退路,长达四年的靖难之役就此开始。

---

① 《明太宗实录》,卷二,第15页,"元年七月癸酉";[明]佚名:《奉天靖难记》,卷一,第431页;[明]佚名撰、王崇武校注:《奉天靖难记注》,卷一,第34—35页。

② [明]佚名:《奉天靖难记》,卷一,第431—432页;[明]佚名撰、王崇武校注:《奉天靖难记注》,卷一,第36—37页。

③ 《明太宗实录》,卷二,第20页,"元年七月癸酉"。

④ [明]宋端仪:《立斋闲录》,卷三,《靖难录·见吏部验封司蕙簿内又杨士奇(撰)李友直墓志铭》,第601页。

3. 靖难之初：真定之战

朱棣在誓师时为自己起兵找的根据是"《祖训》云：'朝无正臣，内有奸恶，必训兵讨之，以清君侧之恶。'"然而这段话其实是有前提的，朱元璋在《皇明祖训》中的规定为：

> 如朝无正臣，内有奸恶，则亲王训兵待命，天子密诏诸王，统领镇兵讨平之。既平之后，收兵于营，将带数人入朝天子，在京不过五日而还，其功赏后续颁降。①

这一内容来源于朱元璋更早编纂的《祖训录》，其中的规定更为直白详细：

> 如朝无正臣，内有奸恶，则亲王训兵待命，天子密诏诸王统领镇兵讨平之。既平之后，收兵于营，王朝天子而还。如王不至而遣将讨平，其将亦收兵于营，将带数人入朝天子，在京不过五日而还，其功赏续后颁降。②

无论是《祖训录》还是《皇明祖训》，亲王起兵都有一个共同的前提，就是"天子密诏"，如果天子不诏，亲王最多只能"训兵待命"，不能擅自起兵，否则就是造反。朱棣为了给自己的起兵寻找合法的借口，只能将《皇明祖训》断章取义。朱棣控制北平后，虽然俞瑱、马瑄、宋忠等人逃走了，但并不是所有官员都如此忠心于朝廷，布政使郭资、左参议孙瑜、按察副使墨麟、金事吕震等人都归顺了朱棣，仍旧担任原职，朱棣以此为基础自行建立官署机构，李友直被从北平布政司吏员提拔为右参议正是这多项任命之一。至于朱棣手下的重要将领，此时也纷纷担当重任，张玉、朱能、丘福都被升为都指挥金事。忙完了这一切，朱棣留下姚广孝、郭资等人辅佐世子朱高炽守卫北平，自己率军前往通州，谋求打通南下的道路。

---

① [明] 朱元璋：《皇明祖训·法律》，第 179 页。
② [明] 朱元璋：《祖训录·法律》，第 1718 页。

通州卫指挥房胜为朱棣旧部，他在朱棣七月初六日起兵当天就"率众以城来归"。① 占领通州后，朱棣计划立即南下，这时张玉进言说不应操之过急，应该先平定蓟州，"不先定蓟州，将为后患，蓟平，余不足平。"② 朱棣采纳了张玉的建议，先扫清北平周围，于是在七月初八日以张玉、朱能率军攻打蓟州。蓟州守将马瑄率军迎战，张玉、朱能率军抵达后，"谕之不下，环城攻之"。马瑄率军出战，被燕军俘虏并杀害，指挥毛某被送回北平，燕军占领蓟州。蓟州平定后，燕军乘胜在当夜进取遵化，张玉申明军纪，"师行，以得人心为本"，随后选取勇士在四鼓时分悄悄登城打开城门，燕军一拥而入，此时城中才发觉自己被攻击了，守将率军迎战，被燕军擒杀。③ 遵化卫指挥蒋玉眼见如此局面，举城归顺了朱棣。④ 与此同时归顺的还有密云。⑤ 密云卫百户刘荣（当时名刘江）很早就是朱棣旧部，密云卫指挥金事郑亨，其父郑用更是在洪武年间跟随朱棣积功至大兴左卫副千户，郑亨继承其职务后迁密云为指挥金事，受到朱棣的笼络，因此朱棣很容易就占领了遵化、密云，他的下一个目标是永平，张玉、朱能移师永平。永平的守将情况与密云类似，郭亮很早就追随朱棣征大宁、哈剌莽有功，升永平卫千户，成为被朱棣笼络的对象，永平卫指挥金事赵彝出自燕山右卫，更是朱棣的老部下，这些都促成了永平最终在七月十八日归降。⑥

就在张玉、朱能沿着蓟州、永平一线进攻时，朱棣将自己的目标锁定为了居庸

① ［明］佚名：《奉天靖难记》，卷一，第432页，"三十二年七月甲戌"；［明］佚名撰、王崇武校注：《奉天靖难记注》，卷一，第38页，"三十二年七月甲戌"。

② ［明］宋端仪：《立斋闲录》，卷三，《靖难录·杨士奇撰（张）玉神道碑》，第603页；结合北京大学出版社《国朝典故》，卷四一，《立斋闲录三》，第978页。

③ ［明］宋端仪：《立斋闲录》，卷三，《靖难录·杨士奇撰（张）玉神道碑》，第603页；结合北京大学出版社《国朝典故》，卷四一，《立斋闲录三》，第978页。

④ ［明］佚名：《奉天靖难记》，卷一，第432页，"三十二年七月丙子"；［明］佚名撰、王崇武校注：《奉天靖难记注》，卷一，第38页，"三十二年七月丙子"；《明太宗实录》，卷二，第20页，"元年七月丙子"。

⑤ ［明］佚名：《奉天靖难记》，卷一，第432页，"七月丙子"；［明］佚名撰、王崇武校注：《奉天靖难记注》，卷一，第38页，"三十二年七月丙子"；《明太宗实录》，卷二，第20页，"元年七月丙子"。

⑥ ［明］宋端仪：《立斋闲录》，卷三，《靖难录·杨士奇撰（张）玉神道碑》，第603页；结合北京大学出版社《国朝典故》，卷四一，《立斋闲录三》，第978页；［明］佚名：《奉天靖难记》，卷一，第433页，"七月丙戌"；《明太宗实录》，卷二，第24页，"元年七月丙戌"。

关。居庸关地处北平北部，位于一条四十里长的峡谷中，地势险要，"北平之襟喉，百人守之，万夫莫窥"①，只要夺下这里，朱棣就可以再无北顾之忧了。七月十一日，朱棣决定趁俞瑱在居庸关立足未稳的时机，命指挥徐安、钟祥、千户徐祥等率军讨伐俞瑱，夺取居庸关。俞瑱被打了个措手不及，燕军攻占居庸关，俞瑱只能退往怀来依附宋忠。

局势发展到这里，宋忠是仅存的在北平地区能够对朱棣构成严重威胁的朝廷军事力量了，他手下有当初率领前来监视朱棣的三万余人马，如今又收容了俞瑱等部，他们必然会谋求夺回居庸关。朱棣想要没有后顾之忧地南下，宋忠是必须消灭的。对于如何对付宋忠所部，朱棣手下普遍认为"贼众我寡，虽与争锋，击之未便，宜固守以待其至"。对于这一谨慎意见，朱棣并不赞同，他认为："非尔等所知，当以智胜，难以力论，论力则不足，以智则有余。彼众新集，其心不一，宋忠轻躁寡谋、狠愎自用，乘其未定，击之必破。"最后定下了积极出击的策略。②

七月十五日，朱棣亲率马云、徐祥等将并马步精骑八千，卷甲倍道而进，扑向怀来。十六日，燕军抵达怀来。朱棣从抓获的间谍那里得知宋忠在怀来收容了不少北平的将士，这些人的家属大多都留在北平城中，他们心有顾虑，很难死心塌地地作战。宋忠为了凝聚人心，激励士气，诬骗这些人说他们的家人都被朱棣杀害了，不仅如此，朱棣还"委尸填满沟壑"，希望激起他们的复仇之心。这帮将士很多都出自燕山护卫，迫于朝廷此前的命令才归入宋忠手下，因为朱棣在北方的用心经营，这帮人心里其实向着朱棣，宋忠以他们的家属造谣，他们就这么将信将疑地被动员了起来。朱棣掌握了这一重要情报，便将计就计，"以其家人为前锋，用其旧日旗帜"，这批北平旧日将士远远望见这些旗帜，知道了他们的父兄子弟都还活着，都非常兴奋，"噫，我固无恙，是宋都督诳我也，几为所误。"很快就倒戈归降了朱棣。宋忠本想凝聚人心，不料适得其反，只好仓皇列阵，阵型还没列成，朱棣就已经率师渡过妫河，"鼓噪直冲其阵，宋忠大败"，退回怀来城中。燕军乘势攻城，怀

---

① ［明］佚名：《奉天靖难记》，卷一，第432页，"三十二年七月丁丑"；［明］佚名撰、王崇武校注：《奉天靖难记注》，卷一，第38—39页，"三十二年七月丁丑"。《明太宗实录》，卷二，第20页，"元年七月丁丑"。

② ［明］佚名：《奉天靖难记》，卷一，第432页，"三十二年七月丁丑"；［明］佚名撰、王崇武校注：《奉天靖难记注》，卷一，第39页，"三十二年七月丁丑"；《明太宗实录》，卷二，第20页，"元年七月己卯"。

来城失守，燕军顺利攻入城内，宋忠躲进厕所中，被燕军搜出，后来遭到杀害，都指挥俞瑱也被擒获。朱棣"斩都指挥彭聚、孙泰于阵，并首级数千，获马八千余匹，都指挥庄得单骑遁走，余众悉降，各遣归原卫"。[①] 怀来之战是朱棣起兵后第一次大战，朱棣凭借自己果断的决策取得了胜利，由此奠定了北平他的独立王国的稳固，北平地区朝廷方面的最大一支军队就这样被消灭了。

怀来之战后，朱棣心里有了底，认为可以亮明旗帜了。七月十八日永平归降后，朱棣发布了告谕将史军民的露布：

> 皇考太祖高皇帝绥靖四方，一统天下，并建诸子，藩屏国家，积累深固，悠久无疆。皇考太祖高皇帝初未省何疾，不令诸子知之，至于升遐，又不令诸子奔丧，闰五月初十日亥时崩，寅时即敛，七日即葬，踰月始诏诸王知之。又拆毁宫殿，掘地五尺，悉更祖法，以奸恶所为，欲屠灭诸王，以危社稷，诸王实无罪，横遭其难，未及期年，芟夷五王。我遣人奏事，执以捶楚，备极五刑，锻炼系狱，任用恶少，调天下军马四集见杀。予畏诛戮，欲救祸图存，不得已起兵御难，誓执奸雄，以报我皇考之雠。夫幼冲行乱无厌，淫虐无度，慢渎鬼神，矫诬傲狠，越礼不经，肆行罔极，靡有攸底，上天震怒，用致其罚，灾谴屡至，无所省畏。惟尔有众，克恭予命，以绥定大难，载清朝廷，永固基图，我皇考圣灵在天，监观于兹，亦尔有众是佑。尔惟不一乃心，堕慢乃志，亦自底于厥咎，陷于屠戮。窃闻之仁者不以安危易节，义者不以祸福易心，勇者不以死亡易志，尔有众明听予言，则无后难。若彼有悛心，悔祸是图，予有无穷之休，尔亦同有其庆矣。告予有众，其体予至怀。[②]

朱棣这番话一说出，他和朝廷公然对立的立场就已经显露无疑了，在朱棣的话中，朱允炆成为了一个谋害自己祖父，信用奸邪小人，谋害亲藩的昏暴之君。次日，朱棣又上书朱允炆，这是他起兵后第一次上书：

---

① ［明］佚名：《奉天靖难记》，卷一，第432页，"三十二年七月甲申"；［明］佚名撰、王崇武校注：《奉天靖难记注》，卷一，第39—40页，"三十二年七月甲申"。

② ［明］佚名：《奉天靖难记》，卷一，第433页，"三十二年七月丁亥"；［明］佚名撰、王崇武校注：《奉天靖难记注》，卷一，第41—43页，"三十二年七月丁亥"。

盖闻《书》曰："不见是图"，又曰："视远惟明"。夫智者恒虑患于未萌，明者能烛情于至隐，自古圣哲之君，功业着于当时，声名传于后世者，未有不由于斯也。今事机之明，非若不见，而乃不加察，请得以献其愚焉。

我皇考太祖高皇帝当元末乱离，群雄角逐，披冒霜露，栉沐风雨，攻城野战，亲赴矢石，身被创痍，勤劳艰难，危苦甚矣。然后平定天下，立纲陈纪，建万世之基，封建诸子，巩固天下，为盘石之安，夙夜图治，兢兢业业，不敢怠遑。不幸我皇考宾天，奸臣用事，跳梁左右，欲秉操纵之权，潜有动摇之志，包蓄祸心，其机实深。乃构陷诸王，以撤藩屏，然后大行无忌，而予夺生杀，尽归其手，异日吞噬，有如反掌。且以诸王观之，事无毫发之由，先造无根之衅，扫灭之者，如薙草菅，曾何有蠲然感动于心者。诸王甘受困辱，甚若舆隶，妻子流离，暴露道路，驱逐穷窘，衣食不及，行道顾之，犹恻然伤心，仁人焉肯如此？夫昔我皇考广求嗣续，惟恐不盛，今奸臣欲绝灭宗室，惟恐不速，我皇考子孙，须几何时，已皆荡尽。

我奉藩守分，自信无虞，不意奸臣日夜不忘于怀，彀满以待，遂造显祸，起兵见围，骚动天下，直欲屠戮然后已。谓以大义灭亲，不论骨肉，非惟杀我一身，实欲绝我宗祀。当此之时，计无所出，惟欲守义自尽，惧死之臣，以兵相卫，欲假息须臾，然后敷露情悃，以折哀恳，冀有回旋之恩，傍沛之泽。书达阙下，左右不察，必求以快其欲。古语云"困兽思斗"，盖死迫身，诚有所不得已也。都督宋忠，集兵怀来，克日见功，乃率锐兵八千御之，兵刃纔交，忠即败北，遂生擒之，全其首领，待之如故。尚冀左右易心悔祸，念及亲亲，哀其穷追，重加宽宥，使叔有更生之望，下无畏死之心，如此则非特叔之幸，实社稷之幸。

昔者成周隆盛，封建诸侯，绵八百余年之基。及其后世衰微，齐桓、晋文成一匡之功，虽以秦、楚之强，不敢加兵于周者，有列国为之屏蔽也。秦废封建，二世而亡，可为明鉴。今不思此，则宁有万乘之主孤然独立于上，而能久长者乎？诗曰："价人维藩，大师维垣。大邦维屏，大宗维翰。怀德维宁，宗子维城。无俾城坏。无独斯畏。"谨以是为终篇献。万一必欲见屠，兵连祸结，无时而已，一旦有如吴广、陈胜之徒窃发，则皇考艰难之业，不可复保矣。敷露衷情，不胜恳悃之至。苟固执不回，堕群邪之计，安危之机，实系于兹。①

朱棣这份上书虽然在用词上比露布温和不少，但本质上仍旧是一样的，即通过对"奸臣"的指责指向他们背后的朱允炆，所谓"万一必欲见屠，兵连祸结，无时而已，一旦有如吴广、陈胜之徒窃发，则皇考艰难之业，不可复保矣。敷露衷情，不胜恳悃之至。苟固执不回，堕羣邪之计，安危之机，实系于兹"，已经可以看成是对朝廷赤裸裸的威胁、警告了。

燕军夺取怀来，擒获宋忠后，诸将一度很高兴。但朱棣明显要冷静很多，他说："宋忠本庸材，以利口取给，谄谀奸恶，货赂得官，纔掌兵柄，便尔骄纵，此辈荧惑小人，视之如狐鼠耳，区区胜之，何足喜也，苟胜大敌，喜当何如？夫喜则易骄。骄则不戒，不戒则败机萌矣。孔子所谓必也临事而惧，好谋而成者也。"②朱棣是这么说的，也是这么做的。七月二十二日，守卫遵化的指挥蒋玉报告，称都督陈亨、刘真，都指挥卜万率大宁军马出松亭关，驻扎在沙河，计划攻打遵化。二十四日，朱棣亲自率军救援遵化。刘真年老力衰，本无斗志，听说朱棣前来，就撤回了松亭关，坚守不出。二十七日，朱棣命千户李濬领兵迫近松亭关，做出将要攻城的架势。朱棣分析了此次大宁军马的情况，"大宁军马不散，终为吾后忧，然刘真衰老，无能为也。陈亨素笃忠诚，托心于我，但为卜万所制，若去卜万，陈亨必来。刘真寡谋，易于戏弄，以间动之，必生嫌隙。"之后的事情，根据《奉天靖难记》的说法，朱棣写了一封信给卜万，信中极力夸奖卜万，却大力诋毁陈亨。他将这封信密封好，放在一名大宁士卒的衣领中，置酒厚待，让他将信带回，同时又故意让一名同时被俘的士卒看见，然后将两人放归。果然，没得到赏赐的士卒回去向刘真、陈亨告发，两人将另一名士卒抓到，搜出了书信。这样，卜万莫名其妙地被加上了"通燕"的罪名而下狱，其家也被籍没。③当然，《奉天靖难记》很可能在这里神化了朱棣，大宁的军马后来在大宁之变中也并非轻易被朱棣吞并，此时被一封书信轻易瓦解，实在难以置信。不过因为卜万的下狱，此后大宁军马屯驻松亭

①　[明] 佚名:《奉天靖难记》，卷一，第433—434页，"三十二年七月戊子"；[明] 佚名撰、王崇武校注:《奉天靖难记注》，卷一，第44—48页，"三十二年七月戊子"。

②　[明] 佚名:《奉天靖难记》，卷一，第432页，"七月甲申"；[明] 佚名撰、王崇武校注:《奉天靖难记注》，卷一，第40页，"三十二年七月甲申"。

③　[明] 佚名:《奉天靖难记》，卷一，第435页，"七月乙未"。

关，不再谋求入关，朱棣得以返回北平，他此时已经控制了从北平到山海关一代的几乎全部军事重镇，打破了建文朝廷在对他的包围，可以认真应对朝廷派出的讨伐大军了。

建文元年（1399 年）七月二十四日，建文朝廷通过从宣府回到南京的谷王朱橞终于认识到了燕王朱棣起兵的严重性，此时，朱棣的上书也送达了朝廷，加之败退下来的朝廷军队士兵也陆陆续续南返，他们都在等候朝廷的决定。既然朱棣已经打破了朝廷在北平地区辛苦布置的对他的包围，自然只能由朝廷派出大军征讨了。建文朝廷在商讨对策时，黄子澄、齐泰极力主张削燕王属籍，然而也存在反对的声音。此时齐泰站出来说："名正则言顺，名其为贼，敌乃可克！"① 终于定下了讨伐的基调，朝廷以长兴侯耿炳文为征北大将军，驸马都尉李坚、都督宁忠为左右副将军，率军号称三十万，北伐朱棣。讨伐朱棣的诏书由方孝孺起草完成：

> 朕奉先皇帝遗诏，纂承大统，宵衣旰食，思图善政，以安兆民。岂意国家不幸，骨肉之亲，屡谋僭逆。去年周庶人橚谮为不轨，词连燕、齐、湘三王，皆与同谋。朕以亲亲之故，不忍暴扬其恶，止治橚罪，余置不问。今年齐王榑谋逆事觉，推问犯者，又言与燕王棣、湘王柏同谋大逆。柏自知罪恶难逃，先已自焚死，榑已废为庶人。朕以燕王，于亲最近，未穷其事。今乃忘祖逆天，称兵构祸，意欲犯阙，危宗社，悖逆如此，孰不骇闻？昔先皇帝时，棣包藏祸心，为日已久，印造伪钞，阴结人主，朝廷穷极藏匿罪人，先帝震怒，遂以成疾，至于升遐，海内闻知，莫不痛怨。今不悔过，又造滔天之恶，虽欲赦之，而获罪宗社，天地不容，已告太庙，废为庶人，遣长兴侯耿炳文等率兵三十万往讨其罪。咨尔中外臣民军士，各宜怀忠守义，奉职平燕，与国同心，永安至治。布告天下，咸使闻知。②

既然朱棣把朱元璋之死归罪于朱允炆，朱允炆在讨伐诏书中也如法炮制，公开宣称不仅朱元璋早就对朱棣图谋不轨十分不满，甚至朱元璋之所以会病故也是因为

---

① ［清］张廷玉等：《明史》，卷一四一、列传二九，《齐泰传》。

② ［明］谈迁：《国榷》，卷十一，第 805 页，"建文元年七月壬辰"；参考 ［明］姜清：《姜氏秘史》中诏书校对文句。

"先帝震怒，遂以成疾，至于升遐"。至于朝廷削藩，完全是大义所在，对于燕王朱棣，虽然朝廷一直从宽处理，但他不仅毫不悔过，竟胆敢称兵犯阙，因此朝廷只能将其废为庶人，派出大军讨伐。应该说，建文朝廷在宣传上做得不亚于朱棣，但双方最后的胜负还是要在战场上来决定，具体来说，就是要看耿炳文此次北伐能否获胜。

诏书颁布后，建文朝廷又设置平燕布政司于真定，以刑部尚书暴昭署理其事，将真定作为此次作战的总指挥部，移檄山东、河南、山西供给军饷。不仅如此，安陆侯吴杰、江阴侯吴高、耿炳文次子都督佥事耿瓛、都指挥盛庸、潘忠、杨松、顾成、徐凯、李友、陈晖、平安等部也相继接到分路进军北平的军令。

朝廷此次选择耿炳文挂帅是颇值得玩味的。由于洪武年间的功臣宿将被朱元璋屠戮殆尽，此时朝廷可用之将才，耿炳文是硕果仅存的跟随朱元璋起家，身经百战的将领。加之耿炳文行事谨慎，恪守臣节，又是朱元璋同乡，因此得以在洪武年间几次大规模屠戮功臣的案件中幸免。建文朝廷命耿炳文挂帅几乎是当然的选择，因为没有任何人此时能在功绩与资历上压过他。耿炳文率军出征时，已经六十五岁了。

建文元年（1399 年）八月十二日，朱棣终于从谍报中得知了耿炳文率大军前来讨伐，已经进驻真定的消息。同时得知的还有都督徐凯率军十万驻扎河间，都督潘忠、杨松驻扎莫州，其先锋已经进抵雄县。形势危急，朱棣立即率军前往迎敌。

朱棣没有急着开战，他先命张玉对敌情进行侦查，张玉回来报告称："都督潘忠、杨松在漠 [莫] 州，阸吾南路，宜先禽 [擒] 之"①。朱棣对此大加赞赏，以张玉为先锋，先攻取雄县。八月十五日，正是中秋节，朱棣的大军抵达了涿州，屯驻于娄桑。朱棣令军士"秣马蓐食"，在下午三时过后渡过了白沟河。朱棣决定趁中秋之夜突袭雄县，他对众将说："今夕中秋，彼不虞我即至，必饮酒自若，乘其不戒，可以破之。"于是加快行军，在夜半时分抵达了雄县，将之包围起来。不出朱棣所料，中秋之夜的雄县城内军队没有保持足够警惕，直到朱棣的军队包围这里后才发觉，于是登上城头大骂燕军。燕军被城上的辱骂激怒，在黎明时分开始攻城，"攀附而上，遂破其城"，城内九千余朝廷精锐部队全军覆没。虽然《奉天靖难记》记载城破之后朱棣立即下令诸将不得杀降，但"我军怒其骂"，将这九千余人"尽戮之"。朱棣在事后责骂诸将说："我之举义，所以安社稷保生民，岂以多杀为尚？尝谕若等毋嗜杀人，若等欲乖我所为，是非求生而欲速死也。夫多杀，适以坚人心，

---

① [明] 宋端仪：《立斋闲录》，卷三，《靖难录·杨士奇撰（张）玉神道碑》，第 603 页。

皆畏死尽力以斗，一夫拼命，百人莫当，终非所以取安全之道。昔曹彬下江南，未尝妄杀，其后子孙昌盛，往往好杀者多底绝灭。今虽拔一城，所得甚少，而所失甚多。"说得众将顿首谢罪。① 实则这段记载很可能美化了朱棣。面对朝廷以精锐大军讨伐，倘若不是趁中秋之夜雄县防卫松懈，朱棣的突袭是很难成功的。守军作为朝廷精锐，奋力抵抗，不屈而死更接近事实。不过朱棣即位后为了凸显自己的仁义，对这段历史进行了美化。

突袭夺取雄县后，朱棣决定乘胜追击，他估计身在莫州的潘忠、杨松虽然知道燕军攻打雄县，但很难料到雄县已经失守，此时肯定会率军前来援救，正可以设计伏击。朱棣让谭渊领兵千余人，先行过月样桥，埋伏在桥下水中，"每军取菱草一束蒙头以通鼻息"，听到燕军炮声即从水中出击占领桥面，截断朝廷派出的南军退路，再以勇士数人埋伏在路侧，看到朱棣的北军与南军一交战立即发炮示意谭渊，至于朱棣的大军则埋伏城中。一切布置完毕，朱棣登上雄县城头，就等潘忠、杨松送上门来。②

果然，潘忠、杨松听说朱棣进攻雄县，留下万余人守卫莫州，亲率大军前来增援雄县。朱棣率军出城"逆击之"，此时埋伏路旁的几人立即发炮，谭渊率军从水中跃出，很快占领了月样桥，截断了南军的退路。潘忠、杨松战败，想要退军，但无法过桥，陷入腹背受敌的局面，最终两人都被生擒。③ 夺取了雄县，又重挫了援军，接下来该怎么办呢？朱棣询问被俘的潘忠南军的虚实，潘忠的回答和张玉类似："莫州尚有战士万余，马九千余匹，闻我败必走，急取之可得也。"朱棣于是率精锐部队百余为前锋，直驱莫州。莫州此时已无斗志，很快归降了朱棣。次日，朱棣回军驻于白沟河，准备对付敌人的主帅耿炳文。此时，张玉自请前去侦察敌情，得出了有利于北军的结论："（耿炳文）军无纪律，且其上有败气，无能为也。"④ 张玉的结论正中朱棣下怀，他立即对诸将说："今潘忠等被擒，众皆败没，耿炳文在

---

① ［明］佚名：《奉天靖难记》，卷一，第435—436页，"三十二年八月壬子"；［明］佚名撰、王崇武校注：《奉天靖难记注》，卷一，第52页，"三十二年八月壬子"。

② ［明］佚名：《奉天靖难记》，卷一，第436页，"三十二年八月壬子"；［明］佚名撰、王崇武校注：《奉天靖难记注》，卷一，第53页，"三十二年八月壬子"。

③ ［明］佚名：《奉天靖难记》，卷一，第436页，"三十二年八月壬子"；［明］佚名撰、王崇武校注：《奉天靖难记注》，卷一，第53页，"三十二年八月壬子"。

④ ［明］宋端仪：《立斋闲录》，卷三，《靖难录·杨士奇撰（张）玉神道碑》，第603页。

真定，必不虞我至，不为设备，我由间道出其不意，破之必矣。"①

此时，北军中有一位从耿炳文处被俘投降的小将张保请求作为先锋，朱棣则趁此机会询问真定城内的虚实。张保回答："军三十万，先至者十三万，半溥沱河南，半营河北。"朱棣意识到，南军夹河而营已经占据了有利地势，对他是十分不利的。既然张保归顺了自己，正可加以利用。朱棣给张保一匹马，将他放回真定，让他回到真定后作为间谍"伴言因败被获，守者少纵，遂脱系窃马逃回，且声言大军将至"。对于诸将的不解，朱棣解释了自己改变计划，变原来的偷袭为大造声势的原因：

> 不然，始不知彼虚实，故欲掩其不备，今知其众半营河南，半营河北，是以令其知我军且至，则南岸之众必移于北，并力拒我，一举可尽败之。兼欲贼知雄县、莫州之败，以夺其气，兵法所谓先声后实，即此是矣。若不令其知，径薄城下，虽能胜其北岸之军，南岸之众乘我战疲，鼓行渡河，是我以劳师当彼逸力，胜负难必。②

应该说，众寡悬殊是朱棣此时面临的最大问题，倘若仍旧按照原来的计划发动突袭，纵然能够击败南岸敌军，但北岸敌军正可以以逸待劳，而朱棣手上并没有足够的兵力两路出击。因此，让耿炳文将兵力集中起来，自己一次性将之消灭才是正确的选择。但这样又发生了另一个问题，真定方面的军队集中后，众寡悬殊的程度就更大了，要想一击获胜，攻击的时机同样很重要。

八月二十四日，北军进抵无极县。在这里，朱棣召集众将讨论接下来进军的方略。将领中不少对进军真定怀有疑虑，他们建议先向西进至新乐，观察南军动向再做打算。关于之后发生的事情，有一定的分歧。《奉天靖难记》记载朱棣驳斥这种意见说："新乐僻在一隅，吾逗留于彼，锐气已馁，贼引众来战，势力不均，若等且度能胜之否？今直抵真定，贼众新集，纪律未定，人心不一，乘我士气方锐，一鼓而破之。"诸将有的赞同有的不赞同，唯独张玉与朱棣意见完全一致，最后确定

---

①　[明] 佚名：《奉天靖难记》，卷一，第436页，"三十二年八月壬子"；[明] 佚名撰、王崇武校注：《奉天靖难记注》，卷一，第53页，"三十二年八月壬子"。

②　[明] 佚名：《奉天靖难记》，卷一，第436页，"三十二年八月壬子"；[明] 佚名撰、王崇武校注：《奉天靖难记注》，卷一，第54页，"三十二年八月壬子"。

了进军真定的战略。① 然而在杨士奇所撰《张玉神道碑》中，记载则不同，"上至无极，以敌众我寡，欲试诸将勇怯，召问今举无所向，且度可必胜否，众未有是说，王（指张玉）曰：'今当径趋真定，彼虽众，然新集未齐，我军乘胜，一鼓可破之。'上曰：'王言合吾意，吾倚王一人足办。'"② 如此一来，则是张玉站出来力主进军真定，朱棣赞同了张玉的意见。

表面看来，这两段记载是矛盾的，一者朱棣乾纲独断，张玉附和，一者张玉力主，朱棣有识人之明。不过要是换个角度审视这两段记载，其实未必如此矛盾。朱棣作为北军最高统帅，从起兵的一刻起，皇位就是他的最高目标，而要想达成这个目标，此时就必须消灭朝廷南军的主力部队，因此朱棣必须将目标锁定在真定的耿炳文。张玉作为朱棣此时最信任的将领之一，之前主动侦查过南军情况，对南军的弱点有较为深入的了解，此时站出来主张直趋真定也在情理之中。更为合理的情况是朱棣与张玉配合完成了这次战役目标的制定。不过从众将中不少人主张先前往新乐可以看出，他们对能够消灭真定的大军信心严重不足，朱棣此时面临的形势是十分严峻的。

八月二十五日，朱棣率军抵达了距离真定只有二十里的地方。在这里，北军擒获了几名樵夫，从他们口中得知耿炳文果然令南岸军队撤至北岸，更主要将军力放在真定西北，东南防备薄弱。朱棣于是亲率三骑悄悄摸至东门，突然袭击南军运粮车队，擒获了两人，从他们那里得知了南军更为详细的部署情况，耿炳文不仅令南岸大军渡至北岸，更由西门立营直抵西山。获知这些情报后，朱棣决定立即发动突袭，他亲率数十轻骑绕出真定城西，先击破南军二营。当时，耿炳文正出城送客，发觉朱棣突袭后立即奔回城中并急忙想要拉起吊桥。谁料北军很快冲到城下，砍断桥索，吊桥没能拉起来。等到耿炳文终于将城中大军集结起来出城作战时，北军已经完全掌握了局势，张玉、谭渊、朱能、马云率军正面迎战，朱棣则出奇兵绕到南军背后，"循城夹击，横透贼阵"。南军大败，想要撤回城中，结果拥挤在城门处，自相踩踏造成伤亡，甚至为了入城而自相残杀，最后总算退回城内，坚守不出。丘

① ［明］佚名：《奉天靖难记》，卷一，第436页，"三十二年八月辛西"；［明］佚名撰、王崇武校注：《奉天靖难记注》，卷一，第54—55页，"三十二年八月辛西"。

② ［明］宋端仪：《立斋闲录》，卷三，《靖难录·杨士奇撰（张）玉神道碑》，第603页。

福虽然一度攻入子城，但城门已经关闭，只能退出。①

真定之战，南军损失十分惨重，特别是高级将领方面，左副将军、驸马都尉李坚、右副将军、都督宁忠、都督顾成、都指挥刘遂等人都被俘虏。至于南军主帅耿炳文的结局，则出现了极大的分歧。代表官方的《奉天靖难记》《明太宗实录》都认为耿炳文幸免被俘，此后继续坚守真定，朱棣继续攻城两日都未能破城，最后被对他失去信心的朱允炆撤换，改以李景隆挂帅。至于耿炳文，则回到了南京。建文四年（1402 年）六月朱棣即位后，耿炳文并没有立即受到追究。直到永乐二年（1404 年）十月十六日，刑部尚书郑赐、都察院左都御史陈瑛等交章劾奏耿炳文"衣服器皿，僭饰龙凤，玉带僭用红鞓，远蹈胡蓝之轨，近循李景隆之邪心，乞正其罪以是惩逆戒"。朱棣则表示："先朝老臣亦为此乎？命速改之。"②此后，《明太宗实录》中就再也没有关于耿炳文的记载了，这与《明太宗实录》逢重要大臣去世必定写明并附一篇传记的体例并不吻合，也显得非常奇怪。

事实上，关于耿炳文的结局，明朝就已经存在两种互相矛盾的记载。第一种说法，认为耿炳文阵殁于真定。代表的如明朝中期人黄金在《皇明开国功臣录》中记载"三十二年（即建文元年）十月，自辽东率众十余万援真定，战殁于阵，年六十五"③。同样身处明朝中期的黄佐在《革除遗事·革除君纪·建文君》下记载"八月，靖难师克雄县，执都督杨松、潘忠等，乘胜攻真定，长兴侯耿炳文帅兵二十万与战，败死"④，在其后的耿炳文传记又记载，"靖难兵起，其年九月，命炳文配大将军印自辽东率众二十万援真定，靖难将张玉、朱能来战，炳文大败，几为所擒，奔还滹沱河东，炳文众尚数万，十月复与能战，众皆溃降，炳文死于阵，年五十六"⑤，五十六或为六十五之误，但同样记载耿炳文是阵亡在真定。高岱在《鸿猷录》中虽

---

① ［明］佚名：《奉天靖难记》，卷一，第 437 页，"三十二年八月壬戌"；［明］佚名撰、王崇武校注：《奉天靖难记注》，卷一，第 56 页，"三十二年八月壬戌"。

② 《明太宗实录》，卷三五，第 614 页，"永乐二年十月甲申"。

③ ［明］黄金：《皇明开国功臣录》，卷四，《耿炳文》，第 319 页。

④ ［明］黄佐：《革除遗事》，卷一，《革除君纪·建文君》，第 254 页。

⑤ ［明］黄佐：《革除遗事》，卷四，《列传·述死事列传第五·耿炳文》，第 277 页。耿炳文阵亡说见于《金声玉振集》本《革除遗事》，北京大学出版社《国朝典故》中收录之《革除遗事》记载耿炳文为被弹劾后自尽，"及太宗即位，旧将惟炳文与郭英皆见用。炳文后以谴死，年六十五"。吴德义于《政局变迁与历史叙事：明代建文史编撰研究》中考证出《金声玉振集》本《革除遗事》更接近黄佐原作，故拙作所引《革除遗事》，皆为《金声玉振集》本。

然也记载耿炳文阵亡于真定，但时间并非十月，而是八月二十五日的第一战。[①] 这些是第一种说法。另一种说法则认为耿炳文直到永乐二年（1404年）十月受到弹劾后不久才自尽，比如王世贞在《弇山堂别集》中就不认同第一种说法，他分析："《开国功臣录》言：长兴侯耿炳文援真定阵亡。高氏《鸿猷录》言亦因之。案，成祖即位后，有敕谕各镇大将复任，炳文在焉。永乐二年，礼部言炳文家用龙凤服饰，帝曰：'先朝老臣，亦为此乎？速改正之。'则炳文非阵亡者。考之《吾学编》，盖炳文以被劾自尽耳"[②]。确实，包括郑晓《吾学编》在内的一些史料都认为耿炳文是被弹劾后自尽的，比如谈迁在《国榷》中也记载耿炳文被弹劾后，"寻籍其家，炳文自经"[③]。自尽说后来沿用到了清修《明史》中，因此广为人知，相对而言，阵亡说则逐渐湮灭无闻了。

确实，各种阵亡说之间存在一些矛盾，比如耿炳文究竟是八月初战即阵亡还是十月再战才阵亡。更重要的，永乐二年（1404年）的弹章中说耿炳文"近循李景隆之邪心"，而李景隆的所谓"邪心"也是朱棣即位之后的事情，故此，似乎没有理由认为耿炳文死于朱棣即位前。因此，要弄清楚这个问题，我们还是得追根溯源，既然《奉天靖难记》和《明太宗实录》都没有明确记载耿炳文的最后结局，而说法的分歧又多出现在明朝中期之后，那么我们如果能寻找到一份明初记载耿炳文结局的可靠史料，无疑能对澄清这一问题提供极大帮助。

非常幸运的是，恰恰有这样一份史料，这就是永乐年间沐晟为其表哥耿琦所写《濠梁慎庵耿公墓田碑记》，这份重要文献收录在清朝道光本《晋宁州志》中，里面记载：

> 三十二年，侯（指耿炳文）年六十有五，援真定，殁于阵。上（指朱允炆）更痛甚，亲制文，遣命中官谕祭，命有司治坟茔，赐临濠山地三百顷、佃户二千人、守坟人二百户、仪仗户十五户，以京卫军士克[充]之，先后隆恩叠颁洊至。[④]

---

① [明]高岱：《鸿猷录》，卷七，《转战山东》，第154页。
② [明]王世贞：《弇山堂别集》，卷二二，《史乘考误三》，第397页。
③ [明]谈迁：《国榷》，卷十三，第943页，"永乐二年十月甲申"。
④ 道光《晋宁州志》，卷十二，《艺文志·碑记·濠梁慎庵耿公墓田碑记》，第204页。

沐晟的记载是最原始的对耿炳文阵亡于真定的记载，更为难得的是，他记载了其后朱允炆追赠耿炳文的待遇，不仅亲自撰文祭奠，还命官方为其修建坟墓，赐予土地、佃户、守坟人、仪仗户等等。那么沐晟的记载可靠吗？毕竟他虽然和耿炳文同处一个时代，但多数时候都奉命镇守偏远的云南。要弄清楚这个问题，我们需要看看沐家和耿家的关系，对于这一点，顾诚先生已经做了详细的考证。沐晟之父为沐英，封爵为西平侯，他本为朱元璋与马皇后的养子。沐英的原配妻子为冯氏，但冯氏生下他们的长子沐春后不久就病死了。当时沐英二十来岁，正值壮年，加之长年在外征战，便将沐春送到外婆家照顾，后来还续弦娶了耿氏。这位耿氏就是耿炳文的妹妹，她为沐英生下了后来的沐晟、沐昂、沐昊、沐昕四子。也就是说，在相当长的时期里，沐家与耿家通过联姻建立了紧密的关系。洪武十六年（1383 年）三月，沐英在明军平定云南后奉命镇守，此后他仅在洪武二十一年（1388 年）获准返回南京一次。洪武二十五年（1392 年），沐英病逝，长子沐春袭爵西平侯，继续镇守云南，正式开启了沐家世代镇守云南的历史，耿氏此时则以沐春继母的身份成为了太夫人。洪武三十一年（1399 年）九月，沐春去世，此时朱允炆已经即位，因为沐春无子，便由沐英次子沐晟袭爵西平侯，镇守云南，耿太夫人作为沐晟的生母，地位自然更高了。

耿太夫人十分长寿，直到朱棣之孙宣德皇帝朱瞻基在位的宣德六年（1431 年）才去世，因此她在建文年间国内发生靖难之役这样的大事，且她的兄长耿炳文又是朝廷方面的主帅时，对其情况进行关注实在是再自然不过的事情了。加之靖难之役爆发时，沐晟已经三十二岁，也完全能够理解相关事件。关于这一点，沐晟在碑记中也提到了，当耿琦在靖难之役朝廷已经完全失败，走投无路投奔沐晟后，耿太夫人总是不断嘱咐沐晟："耿郎为我远来，汝厚遇之。"后来耿太夫人病重时，更是"拳拳以耿氏为念"。[①] 由此可知，沐晟的记载是绝对可靠的。沐晟在耿琦病逝的正统三年（1438 年）前后撰写这篇碑记，当时政治氛围已经有所放松，他终于能够如实写出耿炳文在建文元年（1399 年）阵亡于真定的真实情况。

不过还有一个问题，就是耿炳文是何时阵亡的，八月抑或十月。既然《革除遗事》中记载耿炳文是在十月与朱能再战时阵亡的，那么从朱能入手当能有所收获。杨士奇所撰《朱能神道碑》记载朱能参与真定之战过程为："乘胜长驱入真定，大

---

① 道光《晋宁州志》，卷十二，《艺文志·碑记·濠梁慎庵耿公墓田碑记》，第 203—204 页。

败长兴侯耿秉（炳）文兵，时王（指朱能）独与敢死士三十余骑追奔至滹沱河，秉文众尚数万，复列阵向王，王奋勇大呼，冲入敌阵，敌众披靡，自相蹂躏，死者无算，弃甲来降者三千余人。"[1] 根据神道碑的记载，南军确实与朱能单独有一次战斗，但并不是在十月发生的，而是作为八月突袭的一部分，他打败的也是耿炳文手下的军队，并没说包了耿炳文本人在内。因此，耿炳文当是在八月阵亡的，并非十月。至于明代中期史料频繁提到辽东军马，可能是将此后九月朱能也参加了的反击耿炳文之子耿璇率辽东军马包围永平与真定之战混为一谈了。

最后，关于永乐二年（1404 年）朱棣"命速改之"究竟指的是什么，顾诚先生认为是因为耿炳文的墓逾制，朱棣下令给予毁改，《明太宗实录》之所以在弹劾之后留下空白，乃是编纂者刻意为之，好留下耿炳文归降了朱棣的模糊概念。关于这部分，笔者将在后文讲到建文遗臣时再进行分析。在这里我们能确定的是，真定之战，建文朝廷蒙受了惨重的损失，主帅耿炳文阵亡，大量副将被俘。但是，朱棣究竟是如何抓住了耿炳文出城送客的这个时机发动突袭的呢？虽然《奉天靖难记》没有直接提供答案，但我们还是能从各种记载中看出一些端倪。

要弄清楚这个问题，我们可以从真定之战中被俘的几位副将的情况入手。有趣的是，南北双方虽然敌对，但双方将领中却有不少是熟人。左副将军、驸马都尉李坚在八月二十五日的战斗中，由于败军退入城内并关闭了城门，李坚被隔在城外，只能继续作战。北军将领薛禄"引槊刺坚坠马，挥刀斩之"，此时李坚大呼："我李驸马，勿杀我！"薛禄听他这么喊，就没有砍下去，而是活捉了他。战斗结束后，薛禄带着被活捉的李坚来见朱棣，李坚作为驸马都尉，和朱棣多少有些亲戚关系，朱棣正好借此公关，于是对李坚说："尔本戚畹，何所怨仇，亦从凶悖，今日之罪，安可逃乎？"李坚则"顿首乞怜"，随后作为重要人质被送回北平，死于返回北平途中。[2]

另一位被俘的重要将领是都督顾成。顾成，字景韶，祖籍湘潭。元末投朱元璋为其亲军，积功为指挥佥事。洪武中奉命镇守贵州，前后十余年，颇有威名。洪武二十九年（1396 年）升右军都督府都督佥事，充征南总兵官。靖难之役爆发后，顾

---

① ［明］宋端仪：《立斋闲录》，卷三，《靖难录·杨士奇撰（朱）能神道碑》，第 602 页。

② ［明］佚名：《奉天靖难记》，卷一，第 437 页，"三十二年八月壬戌"；［明］佚名撰、王崇武校注：《奉天靖难记注》，卷一，第 56—57 页，"三十二年八月壬戌"。

成奉命跟随耿炳文北征，在真定之战中被俘。对于顾成被擒，朱棣大为兴奋，"文皇识其先朝旧人，解其絷，语曰：'岂非皇考之灵以汝授我乎？'因语不得已兴师之故"[①]，更说："尔我父皇[考]旧人，安得亦为是举？"[②]朱棣说完甚至流下泪来[③]。顾成也流泪说："今日老臣为奸臣逼迫，冒犯大逆，罪无所逃，老臣幸见殿下，如见太祖，傥容老臣不死，尚当竭犬马之诚以为报。"朱棣听完，大为感叹："忠义之士，能如是乎？"[④]顾成自此降燕，也被送回北平，后来果然在辅佐世子朱高炽守卫北平上发挥了很大作用，但他的儿子顾统则因此被朝廷所杀。

从朱棣与李坚、顾成的对话能够看出，朱棣与他们早就相识。特别是顾成，一归降就被委以助守北平的重任，而且朝廷很快就杀掉了他的儿子顾统。凡此种种似乎都说明顾成和朱棣早有通结。《奉天靖难记》记载朱棣在真定之战中使用间谍张保促使耿炳文将滹沱河南岸军队撤至北岸，可见善用间谍是朱棣此战的一大特点。但仅仅凭借一个张保是无法掌握耿炳文出城送客时间这一关键信息的，朱棣很可能正是从南军中像顾成这样的早就和他通结的高级将领那里得知这一重要情报，然后发动攻击的。这也能解释朝廷为何这么快就杀掉了顾成的儿子，这正是对他出卖情报、私通朱棣的报复。另一方面能佐证此事的则是朝廷此后对于曾和朱棣有旧或可能私通朱棣的将领总是十分戒备，予以降职或免职，这些人后来大部分都被朱棣争取了过去，导致了双方力量的消长。关于这些人，在之后的内容里将会看到。总的来说，真定之战朱棣之所以能抓住时机，绝非单纯是因为运气，不过《奉天靖难记》为了美化朱棣的形象，没有记载背后的事情罢了。

真定之战，南军虽然并未像《奉天靖难记》里记载的那样被北军"斩首三万余级，尸填满城壕，溺死滹沱河者无算"，"俘降者数万"，但确实遭受重创，失去主帅的他们此后一心固守。朱棣也没有像之前那样杀降，不愿意留下的他都将之放回，以求争取民心。但真定还没有攻下，朱棣所部虽然长于野战，但此时面对坚守的南军却不占优势，朱棣曾为此动员众将说：

---

① ［明］宋端仪：《立斋闲录》，卷三，《靖难录·杨士奇撰镇远侯（顾成）墓碑》，第604页。

② ［明］佚名：《奉天靖难记》，卷一，第437页，"三十二年八月壬戌"；［明］佚名撰、王崇武校注：《奉天靖难记注》，卷一，第57页，"三十二年八月壬戌"。

③ ［明］宋端仪：《立斋闲录》，卷三，《靖难录·杨士奇撰镇远侯（顾成）墓碑》，第604页。

④ ［明］佚名：《奉天靖难记》，卷一，第437页，"三十二年八月壬戌"；［明］佚名撰、王崇武校注：《奉天靖难记注》，卷一，第57页，"三十二年八月壬戌"。

昔管、蔡流言欲危周公，以间王室，于是周公东征二年，罪人斯得。今奸臣弄兵，谋危社稷，直欲加兵于我，以遂其欲，岂但流言而已？今虽获胜，皆诸将士效勤劳，奋死力，以报我皇考之恩。然罪人未得，尔等驰逐暴露于外，岂无父母室家之思？余心悲伤，念乱曷已，然必先劳后逸，用剪奸雄，肃清朝廷，乃与尔等解甲韬戈，方图休息。①

众将则表示："主忧臣辱，主辱臣死，臣等敢不效死，以酬恩于万一乎？"随后北军于八月二十九日再度对真定展开进攻，但面对婴城固守的南军精锐，北军连续进攻两日都未能有所进展。朱棣知道再这样攻打下去，徒费士气，旷日持久，也不利于大军。于是他表示："攻城下策，徒旷时日，钝我士气。"随后班师返回了北平。② 这里还有一点值得注意，就是朱棣在这里第一次以周公自比，如此一来，朱允炆就成了周成王，这可以看作是此后朱棣"周公辅成王"说法的最初表现。总之，靖难之役中朱棣与朝廷讨伐大军的第一次交锋就这样结束了。

---

① ［明］佚名：《奉天靖难记》，卷一，第437—438页，"三十二年八月壬戌"；［明］佚名撰、王崇武校注：《奉天靖难记注》，卷一，第60页，"三十二年八月壬戌"。
② ［明］佚名：《奉天靖难记》，卷一，第438页，"三十二年八月壬戌"；［明］佚名撰、王崇武校注：《奉天靖难记注》，卷一，第60—61页，"三十二年八月壬戌"。

4. 大宁之变：始立五军

真定的败报传到南京，在朝廷引起了震动。朱允炆只能再求助于黄子澄："今奈何？"黄子澄则宽慰朱允炆说："胜败兵家常事，无足虑。"黄子澄虽然说"无足虑"，但也要有应对之策，面对朱允炆"计将安出"的询问，黄子澄回答："今天下全盛，士马精强，兵甲饶富，粮饷充足，取之不竭，用之有余，区区一隅之地，岂足以当天下之力？调兵五十万，四面攻之，则众寡不敌，必败之矣。"黄子澄仍旧十分自信，毕竟在资源和兵力上朝廷都占有优势。但耿炳文已经阵亡，朝廷要再度发动进攻，必须重新选择一位主帅。对于这个人选，黄子澄建议选择曹国公李景隆，"曹国公可以当之，前不遣长兴侯而用曹国公，必无此失。"最终，朱允炆以李景隆配征虏大将军印，在耿炳文之后主持北伐朱棣。

关于朝廷选定李景隆接替阵亡的耿炳文，虽然《奉天靖难记》《明太宗实录》将之归因于黄子澄的推荐。但张芹在《备遗录》中认为方孝孺也参与了推荐，关于这个问题，我们能从方孝孺的文集中有所发现。方孝孺的《春风和气堂记》正是为李景隆而写，其中说：

> 曹国李公，年盛（一作富）而志博，质壮而气和（一作温），为天子近戚重臣，而笃学下贤，嗜好舆韦布之类。名私第燕处之所曰春风和气堂，因友人林君公辅，属笔于某。某念童稚时，尝以文见先武靖王于济上，王喜而礼貌之，从容笑语，以国士见期。今十有五年矣。而公克嗣先烈，声誉志业有光于前人。[①]

方孝孺文中提到的"先武靖王"指的就是李景隆的父亲第一代曹国公李文忠，他是朱元璋的外甥，他的母亲是朱元璋的二姐曹国长公主。洪武二年（1369年）七月初七日，北伐途中的常遇春在攻克元上都开平后突然在柳河川去世，他的副手平章李文忠临危受命，接替其职务，稳定了军心。随后，李文忠于洪武三年（1370

---

① ［明］方孝孺：《逊志斋集》，卷十七，《春风和气堂记》，第567页。

年）在白海子大破元军，攻克应昌，取得了空前的胜利，堪称一代名将。李文忠后来还长期驻守北平、山西等地，和燕王朱棣也有所交往。洪武十七年（1387年）三月，李文忠去世，朱元璋追赠他为岐阳王，谥武靖，李景隆袭爵为曹国公。方孝孺说他曾在北方见过李文忠，还受到李文忠的礼遇，可见方孝孺与李家之间关系颇为亲密，他后来为李景隆的春风和气堂写记可谓顺其自然。考虑到两家的这层关系，方孝孺在文中又是如此推崇李景隆，他参与推荐李景隆挂帅也是非常合理的。

但父亲是名将不代表儿子也是名将。李景隆在这次挂帅之前在军事上值得一提的表现就是带兵至河南抓获了周王，但还留下了勒索周府的恶名。此次挂帅，他无论是资历还是能力都是不足的，南军越发前途未卜了。

说回朱棣方面，他返回北平后还没来得及喘口气，新的麻烦就找上门来了。建文元年（1399年）九月初一日，永平守将郭亮驰报称江阴侯吴高、都督耿瓛等人率辽东军马前来围攻永平。当时辽东尚为朝廷控制，耿瓛为耿炳文之子，此时率军前来，自然带有为父报仇的意图。九月十一日，朱棣又接到谍报，"李景隆乘传至德州，收集耿炳文败亡将卒，并调各道军马五十万进营于河间"。[1] 朱棣听说是李景隆挂帅，不禁大为兴奋，他立即召集诸将，发表了一番长篇大论，总结了李景隆此来有五败之道：

> 李九江豢养之子，智疏而谋寡，色厉而中馁，骄矜而少威，忌克而自用，未尝习兵，不见大战，以五十万付之，是自坑之也。汉高宽洪大度，知人善任，使英雄为用，不过能将十万，惟韩信则多多益辨，九江何等才能，将五十万，诚可笑。昔赵括徒能读其父书，不知合变，赵用为将，与秦战，遂坑卒四十万，矧九江之才，远不如括，其败必矣。故兵书首经五事，九江为将，政令不修，纪律不整，上下异心，死生离志，败一也。今北地蚤寒，南卒衣褐者少，披触霜雪，手足皲瘃，甚有堕指之患，况马无宿稿，士无赢粮，败二也。不量险峻，深入趋利，败三也。贪而不止，智信不足，气盈而愎，仁勇俱无，威令不行，三军易挠，败四也。部曲喧哗，金鼓无节，好谀喜佞，专任小人，败五也。有五败之道，而无一胜之策，其来实送死尔。然我在家，

---

① ［明］佚名：《奉天靖难记》，卷一，第438页，"三十二年九月"；［明］佚名撰、王崇武校注：《奉天靖难记注》，卷一，第62—63页，"三十二年九月"。

必不敢至，今往援永平，彼探知我出，必来攻城，回师击之，坚城在前，大军在后，竖子必成擒矣。[①]

应该说朱棣对南军的劣势分析是十分全面的。与耿炳文开国功臣的身份不同，李景隆未经大战，除了父亲的响亮名声，自身并未经过锻炼，在大军中无法建立耿炳文那样的权威，加之南军多为南方军士，对北方寒冷的冬天难以适应。如此种种综合起来，南军的前景确实不容乐观。

另一方面，李景隆军中还带有一些文人，此前主张行推恩令的高巍就在李景隆军中参赞军务，他既不主张朝廷立即发大军讨伐，更不赞同朱棣擅自起兵的做法。因此，他先上书朝廷：

> 贵州都司军士臣高巍，系山西辽州人，原系洪武十五年愿入太学生员，蒙本州钦奉诏书内一款，以"山林岩冗怀才抱德之士"保举到京，于建文元年九月十二日蒙（吏）部引奏，为臣不曾在役，钦依发还本所。今臣有姪高二应役不缺，臣虽不为国用，闻知某军作乱，人人得而讨之。臣委身敌忾之心不能自已，谨奏为愿使协燕事。臣闻成周时，管、蔡监殷以叛，周成王命周公往讨之。以周公圣人之全才，率武王伐纣之大众，取三叔所监之小国如反掌也。而周公缓攻徐战者，非兵不利而战不胜。圣人之心，以兵，凶器也，战，危事也，孤人之子，寡人之妻，独人父母，伤天地之和，召水旱之灾，不至于不得已不用也。故必待三年之后而灭绝之。其初岂不欲三叔、武庚自悔过而投戈耶？观于东山、破斧之诗可见。今某国谋为不轨，皇上命大将率大众而往讨之，其蕞尔一隅之小国，固易破也。今我皇上，苦恐伤生灵，损折军将，况彼之军民，即皇上之军民，以皇上天地好生之仁，岂忍赤子肝脑涂地乎？臣愿奉明诏或只尺之书，臣当披露忠胆，大陈义理之词，对彼明以天命，晓以祸福，明亲亲有和解之义，无仇杀之理，使各罢兵而复守分土。从，则着我皇上英武之威德；不从，当尽臣子之节义。盖自古用兵，交使在其间。昔郦食其掉三寸之舌，下齐七十余城，鲁仲连修只尺之书，燕之军将

[①] ［明］佚名：《奉天靖难记》，卷一，第438页，"三十二年九月戊寅"；［明］佚名撰、王崇武校注：《奉天靖难记注》，卷一，第62—63页，"三十二年九月戊寅"。

见者无不涕泣。臣虽无二子通变之口才，颇有二子破燕下齐之素志，惟在我皇上用与不用，听与不听尔。[①]

高巍在朝廷削藩策略未定之时勇敢上书，反对齐泰、黄子澄激烈的削藩策略，建议行汉朝"推恩令"之策，不要轻易激化矛盾，此时的他是很有见地的。他之虽受保荐，却因为"不曾在役，钦依发还本所"，这其中很难说没有齐泰、黄子澄等人排挤的因素。但是他在朱棣已经起兵并控制了北平地区几乎所有要地，更大败朝廷讨伐军于真定的情况下，仍旧寄希望于通过大义说服朱棣，让朱棣成为"周公"，让朱允炆成为"周成王"，就是理想主义的想当然了，而他谋求让朝廷与朱棣和解就更是过于迂腐了。可以说，从朱棣正式起兵那一刻起，他和朝廷之间就没有和平的可能了。高巍之勇敢、勇于担当毋庸讳言，但他此时的迂腐也是显而易见的。不过，高巍之后的态度还会发生变化并走向了一个为朱允炆尽忠自尽的十分壮烈的结局。

虽然南军有这些弱点，然而北军优势也未必就像朱棣宣称的那么大，北军虽然长于野战，此前又连战连胜，士气高于南军，但军力的悬殊始终存在。加之辽东军马围攻永平，南军大军再度北进，朱棣面临两线作战，局势也不容乐观。

面对辽东军马与李景隆的大军，朱棣主张出兵永平解围，从而诱使李景隆轻敌深入。对于这个计划，朱棣手下的将领有些担忧，"永平城完粮足，可以无忧，今宜保守根本，恐出非利"，认为应该固守北平根本之地，不宜轻出永平。但朱棣不这么认为："守城之众，以战则不足，御贼则有余，若军在城，祇自示弱，彼得专攻，无复他顾，甚非良策。出兵于外，奇变随用，内外犄角，破贼必矣。吾出非为永平，直欲誂九江速来就擒耳。吴高怯，不能战，闻我来必走，是我一举解永平之围，而收功于九江也。"确实，固守北平固然一时可报无虞，但也可以让李景隆专注于进攻北平，面对朝廷优势兵力，朱棣很可能坐困城中。因此，朱棣只能"出兵于外，奇变随用"，调动敌人，死中求生，加之朱棣对吴高情况的了解，才促使他决定出兵永平，一则解永平之围，一则调动李景隆北上，寻机歼灭。[②]

---

① [明] 宋端仪：《立斋闲录》，卷二，《革除录·高巍》，第 567 页；结合北京大学出版社《国朝典故》，卷三九，《立斋闲录一》，第 937 页。

② [明] 佚名：《奉天靖难记》，卷一，第 438 页，"三十二年九月戊寅"；[明] 佚名撰、王崇武校注：《奉天靖难记注》，卷一，第 63—64 页，"三十二年九月戊寅"。

九月十九日，朱棣携带朱能等将领出兵永平，同时对北平守城进行部署，妻子徐氏、世子朱高炽、顾成等将领留下守卫北平。朱棣否决了将领守卫卢沟桥的方案，认为"天寒水冰，随处可渡，守一桥何能拒贼？舍此不守，以骄贼心，使其深入，受困于坚城之下，此兵法所谓利而诱之者也"[①]。当然，从后来北平的战况分析，兵力不足或许才是朱棣不守卢沟桥的原因，诱敌云云，只是一种美化。

九月二十五日，吴高听说朱棣亲自率军救援永平，果然退回山海关。朱能率军追击，"多所杀获"[②]。永平解围后，朱棣并不急于返回北平，他打算趁机突袭大宁，彻底解除北方的后顾之忧。

靖难之役爆发后，建文朝廷对邻近北平的宁王朱权、辽王朱植十分担忧，"然朝议虑辽、宁二王为燕之助，召还京师"。对于朝廷的命令，辽王听从命令，在陆路不通的情况下，走海路返回了南京。然而深受朱元璋"亲亲"观念熏陶的宁王朱权则没有听从朝廷的命令，"我抱孤忠，谨守我藩封，何以无罪见召？"朱权以张妃病重为由待在大宁没有动。朝廷也并不意外地对他给予处罚，削去了他的护卫。[③]

当然，宁王朱权不奉朝命并不意味着他就和燕王朱棣是一党，实际他虽然不赞同朝廷激烈的削藩政策，但也不赞同朱棣起兵造反的方式。因为朱权的两难处境，造成了他手下人员的分裂。都督陈亨与朱棣关系相厚，靖难初期大宁军马入松亭关无果，其中即有陈亨的作用。但刘真、卜万、石撰等人则是亲朝廷的，特别是石撰，作为宁王府长史的他一边规劝朱权，一边也起到监视的作用。

所有这一切都为朱棣提供了机会。建文元年（1399 年）九月底永平之围解除后，朱棣决定不着急返回北平，而是率千余人马先取大宁，解除北方的后顾之忧。然而要抵达大宁，朱棣必须经过松亭关，当时松亭关由刘真、陈亨把守，陈亨虽然态度暧昧，刘真却不好对付。因此，众将对此都颇为担忧："大宁必道松亭关，今刘真、陈亨守之，破之然后可入，关门险塞，猝亦难下，迟留日久，李景隆必来攻北平，恐城中惊疑不安，莫若回师破贼，徐取大宁，万全之计也。"认为应以李景隆为优先，反对此时进取大宁，但朱棣知道自己需要大宁的军马，必须冒这个险："今取刘家口，径趋大宁，不数日可达，大宁军士聚松亭关，其家属在城，老弱者

---

① ［明］佚名：《奉天靖难记》，卷一，第 438—439 页，"三十二年九月戊寅"；［明］佚名撰、王崇武校注：《奉天靖难记注》，卷一，第 64 页，"三十二年九月戊寅"。

② ［明］宋端仪：《立斋闲录》，卷三，《靖难录·杨士奇撰（朱）能神道碑》，第 602 页。

③ ［明］朱统𨱅：《宁献王事实》，收入《盱眙朱氏八支宗谱》。

居守，师至不日可拔，城破之日，抚绥将士家属，则松亭关之众，不降则溃。北平深沟高垒，守备完固，纵有百万之众，未易以窥，正欲使其顿兵坚城之下，归师击之，势如拉朽，尔等第从予行，毋忧也。"朱棣执意夺取大宁，而且为了尽快实现目标，回师北平，他决定不走松亭关，而是从道路极险的刘家口进军。①

九月二十八日，朱棣敕世子朱高炽留守北平，正式率军前往大宁。十月初二日，朱棣率军抵达刘家口，"路极险隘，人马单行可渡，守关者百余人"，诸将都主张直接攻破关口进入，但朱棣认为不宜打草惊蛇，"不可，攻之则彼弃关，走报大宁，得以为计"，于是命郑亨率军数百，登山绕到刘家口背后，截断守军退路，然后朱棣率军从正面攻破关口，从而在没有惊动大宁的情况下通过了刘家口。②

十月初六日，朱棣抵达了大宁城下。关于朱棣如何进城的问题，《奉天靖难记》中的说法近乎神话，"城中不虞大军骤至，仓卒闭门拒守。上自引数骑循绕其城，适至西南隅，城忽崩，上麾勇士先登，众蚁附而上，遂克之"③。这段渲染朱棣为天命所归的记载当然是靠不住的。我们根据宁王方面的《宁献王事实》及后来的《姜氏秘史》能够更准确地还原出大宁之变的情况。

朱棣抵达大宁后，先给朱权写信，"为书贻王"④。在信中，朱棣"告以穷蹙，求为和解"⑤。朱权相信了朱棣，但只允许他单骑入城。朱棣同意了朱权的条件，独自进城，"至是以单骑入大宁，诡言穷蹙求救，执王手大恸，求代草表谢罪"⑥ "遂单骑入城，执手大恸，祈请甚切，宁王为之草表陈谢。居数日，情好甚笃"⑦，成功迷惑了朱权。

当朱棣在朱权面前表演兄弟情深时，他带来的手下也没有闲着，他们将目标对准了朱权手下战斗力极强的兀良哈三卫，"而阴令吏士结三卫部长及三卫诸戍卒"⑧，

① [明] 佚名：《奉天靖难记》，卷一，第439页，"三十二年九月壬辰"；[明] 佚名撰、王崇武校注：《奉天靖难记注》，卷一，第65页，"三十二年九月壬辰"。

② [明] 佚名：《奉天靖难记》，卷一，第439页，"三十二年九月、十月"；[明] 佚名撰、王崇武校注：《奉天靖难记注》，卷一，第65页，"三十二年九月、十月"。

③ [明] 佚名：《奉天靖难记》，卷一，第439页，"三十二年十月壬寅"；[明] 佚名撰、王崇武校注：《奉天靖难记注》，卷一，第65—66页，"三十二年十月壬寅"。

④ [明] 朱统锚：《宁献王事实》，收入《盱眙朱氏八支宗谱》。

⑤ [明] 姜清：《姜氏秘史》，第738页，"建文元年十月甲寅"。

⑥ [明] 朱统锚：《宁献王事实》，收入《盱眙朱氏八支宗谱》。

⑦ [明] 姜清：《姜氏秘史》，第738—739页，"建文元年十月甲寅"。

⑧ [明] 朱统锚：《宁献王事实》，收入《盱眙朱氏八支宗谱》。

"从官稍稍入城，阴结诸胡，并思归之，士皆许之"①。朱棣与兀良哈三卫在洪武后期就有所结交，当时朱棣奉命巡边，兀良哈三卫也有所参与，"相与欢甚"②。兀良哈三卫本为蒙古人，归顺明朝后成为明朝边防力量的一部分。他们类似于明朝的雇佣军，本身没有什么鲜明的政治倾向，加上朱棣以优厚条件结交，很容易就被拉拢了过去。这一切，朱权完全被蒙在鼓里。

等到一切安排就绪，朱棣向朱权辞归，朱权在郊外为朱棣践行，突然"伏兵起，拥王行，三卫弓广骑及戍卒一呼毕集，守将朱槛不能御，力战死"③，"既行，宁王饯送郊外，伏兵拥宁王偕行，招诸胡及戍卒皆从"④。突然的变故令朱权完全措手不及。在朱权已经被绑架的情况下，朱棣才将自己的意图和盘托出，邀请宁王朱权参与靖难并对他许下了一个"事成中分天下"的空口诺言。至于朱权，此时已是身不由己，他手下的精锐部队已经背叛了他，他自己俨然成了孤家寡人，只能任由朱棣摆布，"王府妃妾、世子皆随入松亭关，归北平。燕王以众分隶各军，大宁城为之一空"⑤。不仅如此，朱权手下支持朝廷的人员也遭到了朱棣的残酷对待，《宁献王事实》记载大宁都指挥使朱槛在变故发生时已经力战不屈而死，不过从朱棣自己后来颁布的令旨来看，朱槛之死实是由于房宽的出卖，"都指挥房宽领军马出降，所以逆贼朱鑑、卜万凌迟处死了了当"⑥，朱鑑当即朱槛，如此看来，房宽实为朱棣在大宁的内应，这也能解释为什么他很快就获得朱棣重用，被任命统领组建的五军中的后军，朱棣将朱鑑、卜万、宁王府长史石撰全部凌迟处死，整个宁王府也被付之一炬，大宁自此荒残，其军队归入燕军，其物资充为军饷，全数进入松亭关，朱棣不仅消除了北方的后顾之忧，还得到了一支战斗力极强的生力军。不久，早就与朱棣有联络的陈亨、徐理击败刘真，率众归降，松亭关也纳入朱棣手中，朱棣由此控制了整个大宁一线。正是在此之后的十月十九日，通过补充入大宁军马，朱棣建立了五军：

① ［明］姜清：《姜氏秘史》，第739页，"建文元年十月甲寅"。
② ［明］姜清：《姜氏秘史》，第738页，"建文元年十月甲寅"。
③ ［明］朱统𨨳：《宁献王事实》，收入《盱眙朱氏八支宗谱》。
④ ［明］姜清：《姜氏秘史》，第739页，"建文元年十月甲寅"。
⑤ ［明］朱统𨨳：《宁献王事实》，收入《盱眙朱氏八支宗谱》。
⑥ ［明］朱棣：《燕王令旨》，《为报父雠事谕普天之下藩屏诸王大小各衙门官吏军民人等》。

　　大军至会州卫，指挥张玉将中军，升密云卫指挥部亨、会州卫指挥何寿为都指挥佥事，充中军左右副将。都指挥朱能将左军，升大宁前卫指挥朱荣、燕山右卫指挥李浚为都指挥佥事，充左军左右副将。都指挥李彬将右军，升营州护卫指挥宋理、永平卫指挥孟善为都指挥佥事，充右军左右副将。都指挥徐忠将前军，升营州右护卫指挥陈文、济阳卫指挥吴达为都指挥佥事，充前军左右副将。都指挥房宽将后军，都指挥和允中充后军左副将。升蓟州卫指挥毛整为都指挥佥事，充后军副将。以大宁归附之众分隶各军。①

　　朱棣大体是以基本部队、将领为主，而以大宁归降部队分隶其中，正式建立起中、左、右、前、后五军。五军主将几乎都是跟随朱棣起兵或在起兵后不久就归附朱棣的亲信将领，如指挥张玉领中军，都指挥朱能领左军，都指挥李彬领右军，都指挥徐忠领前军，唯一的例外是后军，由大宁归降的房宽率领。不过从房宽此前在事变时积极配合朱棣来看，他早就态度暧昧，可以认为他和朱棣早有通结。而在这整个分立五军的过程中，朱棣对将领职务多有升赏。这一点在他来说其实是僭越的，因为明朝藩王并无任命这些朝廷职务的权力，因此这些内容在后来的《明太宗实录》中很多都删掉了，以显示朱棣此时始终以清君侧为目标，丝毫没有僭越。反而是《奉天靖难记》为我们保存下来了原始的样子，朱棣从起兵开始目标就是皇位，关于这一点，我们还能从他此后的作战过程中反复看出。

　　朱棣率大宁之众入关是他起兵后一段难得的清闲时光。朱权后来在《太和正音谱》中回忆："李良辰，堻阳②人也。其音属角，如苍龙之吟秋水。予初入关时，寓遵化，闻于军中；其时三军喧轰，万骑杂遝，歌声一遍，壮士莫不倾耳"。由于大宁一路朱棣已经控制，因此回师途中并没有作战，大军还能在遵化举行文娱活动。然而朱棣并没有太多时间休息，此时的北平城已经陷入李景隆大军的持续围攻中，危在旦夕，他必须尽快回去解围，否则一旦丢失根本之地，后果不堪设想。由此，朱棣与朝廷讨伐大军的第二次激烈交锋就在这样的情况下展开了。

---

　　① ［明］佚名：《奉天靖难记》，卷一，第439—440页，"三十二年十月乙卯"。［明］佚名撰、王崇武校注：《奉天靖难记注》，卷一，第68—69页，"三十二年十月乙卯"。
　　② 堻阳，即大宁，为朱权后来对大宁的专属称呼。

5. 重挫李景隆：郑村坝之战

就在朱棣领军突袭大宁之时，李景隆的大军抵达了北平，他发现北军没有守卫卢沟桥，立即"直薄城下，筑垒九门"，开始了猛烈的进攻。[①] 因为主力兵马都跟随朱棣突袭大宁去了，当时北平城内兵力不足，城中坐镇的是世子朱高炽与朱棣的结发妻子徐氏。然而因为朱高炽不受宠于朱棣，因此城内实际上的最高统帅是燕王妃徐氏，"上举义靖难，后所赞画，多协上意。上帅师在外，留世子守国，敌兵攻城甚急，时城中守卒不支，凡部分措置、备御、抚绥、激厉之方悉得其宜，城卒以全。虽事总于世子，亦多禀命于后云"[②]，《明仁宗实录》更是明确了徐氏与朱高炽的分工，"太宗皇帝举兵靖难，奉命居守。时将士精锐者皆从征，城中所余老弱不及什一，旦暮督治守备及御敌之具，抚绥城中兵民，人人欢悦，咨求老于兵旅及才识文吏，与之同事，推诚待之，皆为尽心。每四鼓以起，二鼓乃息，左右或以过勤为言者，答曰：'君父身冒艰险在外，此岂为子优逸时？且根本之地，敌人所必趋者，岂得不御备？'而凡有所施为，必先禀命仁孝皇后"，正是在这种情况下，虽然城内兵力严重不足，但仍旧凭借适当的处置及坚固的北平城防扛住了李景隆优势兵力的连续进攻，"无几，李景隆等引兵数十万围北平城，是时城中守备已完，虽老弱不及万人，帝鼓舞激劝，下至妇人、小子皆奋效力，更番乘城，昼夜拒敌，虽矢石交下，人心不变。数夜遣人开门斫敌营，敌惊荒[慌]自杀，或至明乃定"。[③] 虽然因为徐氏、朱高炽的辛勤布置，加之北平城高池深，李景隆虽以优势大军猛烈进攻，但始终无法破城。但长此下去，倘若朱棣不能及时从大宁赶回并击败李景隆，北平城破仍旧只是一个时间问题。因此，关键在朱棣。

朱棣率大宁军马返回是在建文元年（1399年）十月十八日，次日进抵会州卫，在这里建立五军，二十一日，大军进入松亭关。十一月初四日，朱棣回师抵达孤

---

① ［明］佚名：《奉天靖难记》，卷一，第439页，"三十二年十月丁未"；［明］佚名撰、王崇武校注：《奉天靖难记注》，卷一，第67页，"三十二年十月丁未"。

② 《明太宗实录》，卷六九，第967页，"永乐五年七月乙卯"。

③ 《明仁宗实录》，卷一，第2—3页。

山，在这里他得知李景隆以部分军队围攻北平，大军则屯驻郑村坝，以图阻挡前来救援的朱棣。郑村坝位于通州西北二十里，李景隆又列阵于白河西岸。朱棣想要攻打李景隆，必先渡过白河。《奉天靖难记》为了渲染朱棣为天命所归，将渡河一事加上了一层神话色彩，记载朱棣抵达时白河并未结冰，朱棣祈祷："天若助吾，河冰即合。"次日白河果然封冻。[①] 这一段一看就是刻意编造的，朱棣抵达白河已经是农历十一月初，北方天气寒冷，已经十一月河水仍不结冰是非常罕见的。《奉天靖难记》后面还记载此时朱棣自称"吾拥重裘，尚犹觉寒"，而李景隆率领的南军"植戟立雪中，苦不得休息，冻死及堕指者甚众"[②]，可见当时已经十分寒冷，白河必定已经结冰，朱棣以补充了大宁军马的精锐部队顺利渡过白河，准备向李景隆发动进攻。

相对来说，李景隆方面的情况就糟糕很多了，由于李景隆率军北上时是八九月间，天气还不算太冷，因此南军士兵大多没有准备冬衣，"南卒衣褐者少，披触霜雪，手足皲瘃，甚有堕指之患"[③]，天气成了降低南军战斗力的一个重要因素。当李景隆抵达北平后，部分精锐部队围困北平久攻不克，驻守于郑村坝的军队由于要备战朱棣的缘故，又"日夜戒严，植戟立雪中，苦不得休息，冻死及堕指者甚众"[④]，进一步加重了恶劣天气对军队造成的影响。

当朱棣率军渡过白河时，李景隆也派出了都督陈晖率军探听朱棣的行踪，但因为两支军队所走不是同一条路，因此并没有遭遇。陈晖发觉朱棣已经渡河后，立即"从后追蹑"，朱棣发觉后亲率精骑"逆击之"，陈晖战败，退至白河，希望能够渡河至东岸，《奉天靖难记》说"冰忽解，溺死者其众，获马二千余匹，晖仅以身免"，这当然是和此前白河突然结冰相呼应，未必是真实情况，但陈晖战败则是无疑的。[⑤]

① [明] 佚名：《奉天靖难记》，卷二，第440页，"三十二年十一月庚午"；[明] 佚名撰、王崇武校注：《奉天靖难记注》，卷二，第71页，"三十二年十一月庚午"。

② [明] 佚名：《奉天靖难记》，卷二，第441页，"三十二年十一月庚午"；[明] 佚名撰、王崇武校注：《奉天靖难记注》，卷二，第72页，"三十二年十一月庚午"。

③ [明] 佚名：《奉天靖难记》，卷一，第438页，"三十二年九月戊寅"；[明] 佚名撰、王崇武校注：《奉天靖难记注》，卷一，第62—63页，"三十二年九月戊寅"。

④ [明] 佚名：《奉天靖难记》，卷二，第441页，"三十二年十一月庚午"；[明] 佚名撰、王崇武校注：《奉天靖难记注》，卷二，第72页，"三十二年十一月庚午"。

⑤ [明] 佚名：《奉天靖难记》，卷二，第441页，"三十二年十一月庚午"；[明] 佚名撰、王崇武校注：《奉天靖难记注》，卷二，第72页，"三十二年十一月庚午"。

击败了陈晖的先头部队，接下来就是李景隆的主力部队了。此时李景隆的主力部队已经遭受了北方严寒天气的沉重打击，"谍报贼众多蹉躇，冻僵者十七八，手不能执兵，击之即败"。朱棣抓住战机，列阵而进，南军发现朱棣以精锐部队大举逼近，发生了一些动摇，朱棣则派精骑先行突击，一连攻破南军七营。朱棣此时以大军压上，与南军在郑村坝展开一场大战，两军自午时（11 时 –13 时）一直战至酉时（17 时 –19 时），经过长达六个小时的血战，最后朱棣"张奇兵左右冲击"，终于将南军击败。此时，天色已暗，朱棣收军回营。当天夜里，李景隆拔营南还，抛弃了还在围攻北平的军队。十一月初七日，面对在李景隆已经退军的情况下仍旧顽强围攻北平的南军部队，朱棣毫不犹豫地发起猛攻，"破其四营"，顺利解除了北平的围困。①

郑村坝之战是朱棣第二次挫败朝廷的讨伐大军。关于此战南军的伤亡情况，《奉天靖难记》称"追亡逐北，斩首数万级，降者数万"。然而从李景隆在年底就能够再度对朱棣发起进攻来看，南军的损失恐没有这么大。另一方面，朱棣方面的损失也不容小觑，两军在郑村坝鏖战六个小时，围城部队在主力溃败的情况下仍旧死战不退，南军作为朝廷精锐部队，其强悍可见一斑，因此虽然没有明确记载，但朱棣方面的损失也不会小。《奉天靖难记》记载十二月朱棣谋求再度对李景隆发起进攻时需要招募"忠义智勇之士从征"恰好可以佐证朱棣所部在郑村坝的损失也是不容小觑的，北军实乃险胜。朱棣不顾北平直趋大宁所冒的风险其实是极大的，稍有差池，他都会万劫不复，远没有《奉天靖难记》里记载的那么轻松。②

尽管如此险象环生，朱棣毕竟还是胜了。十一月初九日，朱棣回到北平城中。此时的朱棣有了充分的自信，他第二次上书朝廷：

　　燕王棣谨奏：为报父雠事。臣稽首顿首百拜，昧死言：
　　臣闻天下至尊而大，莫君与亲也。故臣之于君，子之于父，必当尽其礼而已尔，尽其礼者，不敢忘其大本大恩也。大本大恩之所以不敢忘者，亦理之当然也。故臣之于君，则止乎忠，子之于父，则止乎孝。如臣不忠于君，

---

① ［明］佚名：《奉天靖难记》，卷二，第 441 页，"三十二年十一月庚午、十二月丙午"；［明］佚名撰、王崇武校注：《奉天靖难记注》，卷二，第 72—73 页，"三十二年十一月庚午、癸酉"。

② ［明］佚名：《奉天靖难记》，卷二，第 441、446 页，"三十二年十一月庚午、癸酉"；［明］佚名撰、王崇武校注：《奉天靖难记注》，卷二，第 72—73、94 页，"三十二年十一月庚午、十二月丙午"。

子不孝于父，是忘大本大恩也，此岂人之类也欤！若然，则君亲之大本大恩，为臣子者，既不可以不报，则君亲之仇，为臣子者，其可不与君亲报乎？！《礼》曰："父之仇不共戴天，兄弟之仇不反兵"。今我太祖高皇帝，臣之君也，父也，君亲之仇，其可以不报矣乎？！

我父皇存日，因春秋高，故每岁宣藩屏诸王或一度或两度赴京朝觐，父皇谓众王曰："吾之所以每岁唤尔诸子或一度或两度来者，何也？我年老，虑病有不测而去，则不能见尔辈，往来当劳勤也。"父皇健日尚如此，父皇既病久，焉得不来宣我诸子见也？不知父皇果何病也？亦不知用何药而弗救，以至于此大故也？《礼》曰："君有疾饮药，臣先尝之，父有疾饮药，子先尝之。"臣忝为父皇亲子，分封于燕，去京三千里之遥，每岁朝觐，马行不过七日抵京，父皇病已久，如何不令人来报？得见父皇一面，如何病，用何药，尽人子之礼也。焉有父病而不令子知者？焉有为子而不知父病者？天下岂有无父子之国也？使其无父子，决非人类也！

父皇五月初十日亥时崩，寅时即殓，不知何为如此之速也？《礼》曰："三日而殓，俟其复生也"。今父皇不一日而殓，礼乎？非礼乎？！古今天下，自天子至于庶人，焉有父死而不报子知者？焉有父死而不得奔丧者也？！何故父皇宾天一月，才发诏令亲王天下百姓知之？如此，则我亲子与庶民同也。礼乎？非礼乎？！

又不知父皇停棺何所，七日即葬？《礼》曰："天子七月而葬"。今父皇七日即葬，不知何为如此之速也？臣以此礼不知出于何典？今见诏内言"燕庶人父子"，是葬以庶人礼也。其可哀也矣！其可痛也矣！

父皇宾天，葬礼未期，即将宫殿拆毁，掘起地五尺，不知父皇得何罪而至如此也？！况陛下即位之初，尝谕普天下文武百官，其中有云："太祖高皇帝用心三十年，大纲纪、大法度都摆布定了，如今想着太祖皇帝开基创业，平定天下，便如做下一所大房子与人住的一般。若是做官的政事上不用心、不守法度，便似将房子拆毁了，却要房子里安稳住的一般，世间安有此理者哉！"今陛下听信奸臣齐尚书等之言，即将祖业拆毁，与诏旨大相违背，使天下之人，皆欲守其法度，亦难矣哉。孔子曰："父在观其志，父殁观其行，三年无改于父之道，可谓孝矣。"我父皇在日，尝与我众王曰："我为天子，盖造宫殿，不过欲壮观天下，万邦来朝，使其观瞻，知中国天子之尊严如此也。

然此劳民苦军，费用钱粮，岂易为尔。故我今日盖造官殿，极为坚久壮丽，使后为帝者享用，不须再造，劳苦军民。"今将祖业拆毁，礼乎？非礼乎？！

臣于父皇宾天，便欲诣京究问，复恐外人不知者以为臣有他心、犯陛下也，故不敢出一言，吞声忍气而泪从腹中落也。不意在朝左班文职，齐尚书、黄太常卿等官，俱是奸邪小人、贪墨猾吏，俱我太祖皇帝诛不尽之馀党，又行结构为恶，以陛下年少宽容，每用巧言欺惑，变乱祖法，岂不知《皇明祖训·御制序》云："凡我子孙，钦遵朕命，毋作聪明，乱我已成之法，一字不可改易，非但不负朕垂法之意，而天地祖宗亦将孚佑于无穷矣。呜呼，其钦戒之哉！"况齐尚书尝奏：凡朝夕几筵，揖而不拜，及乎小祥节届，亦不亲行祭祀。至于各王差官到京行祭祀礼及奏事，将百户林玉、邓庸等拏下囚系，箠楚锻炼，令其诬王造反，此何礼也！

齐尚书又诬亲王擅自操练军马，造作军器，必有他图。齐尚书明知《皇明祖训·兵卫》二条："凡王教练军士，一月十次，或七八次、五六次，其临事有警，或王有间暇，则遍数不拘"。又云："凡王入朝，其随侍文武官员、马步旗军不拘数目，若王恐供给繁重，斟酌从行者听。其军士仪卫、旗帜、甲仗，务要鲜明整肃，以壮臣民之观"。于洪武二十五年春，父皇太祖高皇帝特诏诸王赴京赐敕，内一件云："常岁训将练兵，验视周回封疆险易，造作军器，务要精坚堪用，庶使奸邪难以口舌惑众"。敕后书曰："洪武二十五年正月二十一日，早朝后午时分，朕于奉天门命翰林修撰练子宁、许观、编修吴信三员，执笔听命，朕口占成，以示后人，以辨真伪，孙允炆亲目之后发行。故敕。"臣想太祖皇帝以诸子出守藩屏，使其常岁操练兵马，造作军器，为欲防边御寇，以保社稷，使帝业万世固也，岂有他心哉！其奈奸臣齐尚书、黄太卿、左班文职等官，不遵祖法，恣行奸宄。操威福予夺之权，天下之人，但知有齐泰等，不知有陛下也。

七月以来，诈传圣旨，使令恶少都督宋忠、指挥谢贵等来谋杀臣。臣为保全性命，不得已而动兵，擒获反贼宋忠、谢贵等了当，已尝具本奏闻，拘留宋忠、谢贵等在官，钦俟降旨诛决，到今不蒙示谕。其奈齐尚书又行矫诏，令长兴侯耿炳文等领军马驻营雄县、真定，来攻臣北平。臣为保全性命，不得已而又行动兵，杀败逆贼耿炳文等所领军马，擒获驸马李坚、都督潘忠、宁忠、顾成、都督指挥刘燧、指挥杨松等了当。奸臣齐尚书出榜，令军民骂

"燕贼父子"，太祖皇帝，我之父也，骂"贼父子"，是骂祖与叔父为贼，岂非大逆不道！奸臣齐尚书如此无礼，其罪当何如哉！

不意十月初六日，又矫诏令曹国公李景隆领天下军马，来攻臣北平城。臣不免亲帅精兵，尽行杀败，李景隆等夜遁而去。若是如此，齐尚书等必欲杀我父皇子孙，坏我父皇基业，意在荡尽无余，将有以图天下。此等逆贼，臣必不与之共戴天，不与父皇报得此仇，臣纵死亦不已也。

今臣昧死上奏皇帝陛下，怜太祖高皇帝起布衣，奋万死，不顾一生，艰难创业，分封诸子。今陛下听奸臣之言，父皇宾天，未及期年，将父皇诸子，诛灭殆尽。伏望陛下俯赐仁慈，留我父皇一二亲子，以奉祖宗香火，至幸至幸！

臣以陛下累发军马，来攻北平，必欲杀臣。臣为保性命，率数十万之众，俱是舍死忘生之士，报我父皇平日恩养厚德，保我父皇子孙，尽力效忠于今日。古谚云："一人弃命，千夫莫当"。纵陛下有数百万，亦无如之何也。伏望陛下体上帝好生之德，莫驱无罪之人，死于白刃之下，其恩莫大也。

臣复请陛下，但是父皇宫中曾侍病老宫人、并长随内官，及用药医官、营办葬事及监拆宫殿等官、奸臣齐尚书、黄太卿、应有左班文职等官，发来与臣军前究问。钦愿皇帝陛下奉承皇祖之训，以安圣心，永为社稷之主，使天下生民各得其所矣。

如陛下听奸臣之言，执而不发，臣亲帅精兵三十万，直抵京城索取去也。此等皆我父皇之仇人，臣必不与之共戴天。臣若不得与父皇报得此仇，是臣为子不孝也，为子不孝，此是忘大本大恩也，岂人之类也欤？！

今将合行奸臣数目开列于后：一、宫中侍病老宫人，一、长随内官，一、太医院官，一、礼部官，一、营办葬事官，一、监造孝陵驸马等官，一、监拆毁宫殿工部官、内官，一、奸臣齐尚书、黄太卿，一、应有左班文职等官。

如上逆党，一一如数发臣军前，究问的实，即行差官管押赴京，具本奏闻，伏望圣明裁决。如果不发奸臣齐泰等，臣必不休也。若臣兵抵京，赤地千里。臣冒渎天威，无任激切，恐惧之至。

臣棣顿首稽首百拜，昧死谨具闻。①

---

① ［明］朱棣：《燕王令旨·燕王棣谨奏：为报父雠事》。《燕王令旨》中为朱棣这份上书最原始文本，《奉天靖难记》《姜氏秘史》皆以此为蓝本进行删改，至《明太宗实录》中，则面目全非。故此处采纳《燕王令旨》中之原本。

朱棣接连取得真定、大宁、郑村坝三场胜利，此时志得意满，再给朝廷的上书内容是非常强硬的，甚至可以说是十分嚣张的。因为史料的缺乏，我们并不知道建文朝廷是如何答复朱棣的，然而从朱棣很快又以此为基本内容宣谕天下的檄文能够察觉出，朝廷似乎没能针对朱棣的上书给出有力的回击。实际上，朱棣这份上书很多内容是十分荒谬的。朱棣在这份上书中，不仅一如既往将朱元璋之死归因于朱允炆，更刻意扭曲朱允炆此前讨伐朱棣诏书的内容。朱棣提到"今见诏内言'燕庶人父子'，是葬以庶人礼也"。此处的"燕庶人父子"无疑是指朱棣及其三个儿子，朱棣却刻意将之扭曲为指朱元璋和他自己，从而称朱允炆以庶人礼仪安葬朱元璋，后面又说"奸臣齐尚书出榜，令军民骂'燕贼父子'，太祖皇帝，我之父也，骂'贼父子'，是骂祖与叔父为贼，岂非大逆不道！"也是同样的手段。朱棣如此扭曲文意无疑十分可笑，但是这却也反映出朱棣明知自己起兵所依赖的祖训内容存在缺陷，因此只能拿朱元璋的死来做文章，将之归罪于朱允炆，为此不惜扭曲文意，这也反映出朱棣某种"造反无理"的窘境。

朱棣在上书中指责朱允炆的另一大罪名就是说他变乱祖制，为此引用了《皇明祖训·序》中朱元璋的"凡我子孙，钦承朕命，无作聪明，乱我已成之法，一字不可改易，非但不负朕垂法之意，而祖宗、天地亦将孚佑于无穷矣"[1]。对于这一点，朝廷或许无法进行针对性的反驳，因为建文朝廷确实更改了很多朱元璋的"祖制"，不过朝廷有前面朱棣低级的扭曲文意一点，本可以大做文章，我们之所以没有感觉朝廷做出了相应的反应，其根本原因还当在于朱棣此时连战连胜，朝廷此时底气不足。

关于双方心态的差异这一点，朱棣在上书后半部分表现得尤其明显。朱棣在炫耀了自己连败朝廷军队的"丰功伟绩"后，第一次就自己所欲追究的"奸臣"提出了具体要求，"如陛下听奸臣之言，执而不发，臣亲帅精兵三十万，直抵京城索取去也"，甚至说出了"臣必不与之共戴天"这类话，态度可谓非常嚣张。其后，他第一次开出了所谓"奸臣"的名单。我们细看这份名单，其中颇有玄机。所谓"长随内官、太医院官、礼部官、营办葬事官、监造孝陵驸马等官、监拆毁宫殿工部官、内官"基本是烟幕弹，主要是为与自己上书中指责朱允炆的内容相呼应，最值

---

① [明] 朱元璋：《皇明祖训·序》，第 165—166 页。

得关注的是其中两项，第一项是他点名的"奸臣齐尚书、黄太卿"，第二项是"应有左班文职等官"。朱棣此时只点出齐泰、黄子澄两人名字自然是为了尽量缩小打击面，为自己争取更多的支持者，但又加上一条"应有左班文职等官"，伸缩余地就大了，这为他即位后开列"奸臣榜"大肆清算提供了来源。

最后，朱棣更是直接对朱允炆发出了威胁，"如果不发奸臣齐泰等，臣必不休也。若臣兵抵京，赤地千里"，完全是以对待敌国的态度对待朝廷。朱棣此时的自信通过这句得到了最充分的体现。

不过虽然朝廷没有进行官方的答复，参赞李景隆军务的高巍却在此后不久来到了北平，他两次上书朱棣，希望劝说他放弃敌对朝廷的态度：

高巍给朱棣的第一份上书借周公为喻：

> 昔周公闻流言之谤，避位居东。若使大王始知谋逆者，擒其逆贼，或械送京师，或戮而奏闻。若闻疑谤之言，或解其护卫甲兵，或质其所爱子孙，释骨肉猜忌之疑，塞谗奸离间之口。如此，大王安得不与周公比隆哉？大王虑不及此，遂移檄远近，大兴甲兵，侵袭疆宇。所以任事者得藉其口，以为殿下假诛左班文臣，欲效汉之吴王倡七国以诛晁错为名也。臣独以为不然，殿下欲伸伊尹、周公之道也。虽然，不闻孟子有云："家必自毁，然后人毁之；国必自伐，然后人伐之。"臣愚过虑，恐一奸雄豪杰鸠集无赖，因昧乘衅，率众数万，突起而横击之。万一有失，大王获罪于先帝，不能辞其责矣。今大王据北平，取密云，攻永平，袭雄县，掩真定，擒将虏士，易若建瓴。虽古之用兵若孙武者岂能过哉？但自兴兵以来，已经数月，尚不能出区区蕞尔一隅之地，较之以天下，十五而未有一焉，其用兵之计，又可知矣。且百战百胜，兵家不以为胜。其《老子》又云："佳兵者不祥。"今计大王之将士，东战西伐，马无停足，殆亦疲矣。况朝廷驱天下无限之师，大王以一国有限之众应之，大王得心之士，大约不过三十万众。大王与我圣天子，义则君臣，亲则骨肉，尚生离间之疑，况三十万众异姓之士，宁可保终身困迫而死于殿下乎？盖将军屡战则疲，疲则离，离则取大王如拾芥。正所谓徒能料事而不能料人。臣寄迹岩穴，不忍坐视兵连祸结，所以挺身效一策。盖为一二之欲而颠覆百万亿之生灵，露宿风眠，披坚执锐，嗟咨满野，肝脑涂地，孤人之子，寡人之妻，独人之父母，伤天地之和，召水旱之灾，是岂智者之所为

哉？臣以为动干戈孰若和解，使帝者复帝，王者复王，君臣之义大明，骨肉之亲愈厚，乃天下万世之幸也。臣所以得奉圣天子明诏，置死度外，来见大王，欲尽一言求颈血污地者，缘臣宿许太祖高皇帝，生当殒首，死当结草之愿，岂有要求于其间哉。且老子云："天下神器也，不可智力求，不能以三代守。"若我太祖皇帝，乘胡元乱极思治之机，提一旅于凤阳，挥三尺于马上，兵不血刃，席卷驱逐，群雄屏迹，奄有华夏，是岂智力之所能？实应乎天也。是以既即宝位，立纲陈纪，奠安华夷，分茅胙土，封建子孙，欲其藩屏王室而外御戎夷，其神谋圣算，为天下子孙万万年之虑也。以大王之贤智，躬承先帝遗训，不为不熟矣。夫何以一朝之忿，遂以骨肉之亲翻成仇敌？其为先帝之累为何如哉？大王其熟思之。以臣之计，臣躬奉圣天子之旨，念及大王以为帝室最近之亲，何至如此？未尝不洒泣流涕。今大王若信臣言，以臣为质，备述情由，上表谢罪，按甲休兵以待。事报朝廷，必宽宥大王擅兴甲兵、军民将士胁从之罪。如用修亲好，则天意顺，人情和，太祖皇帝在天之灵亦妥安矣。如其不验，臣愿烹鼎镬，甘无畏色。不然，大王执迷不回，舍千乘之尊，损一国之富，轻谋浅虑，爰及干戈，走风尘，冒霜露，恃区区之小胜，忘亲亲之大义，以寡敌众，以弱敌强，而为此侥幸不可成之悖事，臣又不知孰优而孰劣也。况太祖皇帝大丧未终，毒兴师旅，恐与伯夷、叔齐、泰伯、仲雍求仁让国之义有径庭矣。虽殿下有清夷朝廷之心，天下臣民谓以殿下不无有篡夺之议。幸而兵胜得成，固中大王之计，后世公论之士以大王为何如哉？倘有蹉跌，取讥万世，于是时也，追复愚臣之言可得乎？伏愿大王再思而审处焉。[1]

高巍后来又在建文元年（1399 年）秋冬时节写了一份《上藩王书》，继续陈述：

国朝处士高巍言："尝闻世之所谓丈夫者，盖以其能为国家排难解纷，上

---

① ［明］宋端仪：《立斋闲录》，卷二，《革除录·高巍》，第 567—569 页；结合北京大学出版社《国朝典故》，卷三九，《立斋闲录一》，第 937—939 页。

足以安宗社，下可以服黎庶，而无一毫微利干誉之私。臣樗栎朽材，年甫桑榆，遨游山野，经史自娱。内有饱暖之乐，外无攘窃之虞，感荷皇朝之赐厚且深矣。臣虽无丈夫之才，颇有丈夫之志，素慕仲连、子产之为人，善与人排难解纷，名世而不朽也。臣因天下不幸，我太祖高皇帝升遐，遗诏内外臣民同心辅政。盖欲使圣子神孙本支百世为天子，支庶百世为诸侯，上法三代之公，下洗汉唐之陋。祖训一定，万世永赖，我圣天子钦遵遗诏嗣登宝位。龙飞之初，诞布惟新之政，下养老之诏，天下感戴，奚啻考妣？莫不愿立于朝而忠于其事。朝野皆曰：内有圣明君主，外有骨肉藩翰，二帝三王之治咫尺可待，此万世磐石之固也。吁！不意忽闻大王与朝廷有隙，张皇三军，抗御六师，竟不知其意何出？今在朝诸臣，文者导之以智，武者奋之以勇，皆谓执言仗义，以顺讨逆，焉有不胜取者乎？如反掌尔。今殿下论亲亲最贤最长，即我朝之周公也。当存周公大公至正之心，毋惑他人流言之谤。亦如周公安重自修，使无一毫骄吝之态。有则改之，无则加勉，内辅朝廷，外屏四夷，则周公制作之功不得专美矣。惟其我朝基业同周室，太祖皇帝纯德同文王，大行皇后慈惠同周后妃。今殿下才美同周公，辅我皇上守成迈成康，故以周家始终之说言之。巍白发书生，蜉蝣微命，生死不惧者。但久蒙太祖皇帝教养，无所补报，况朝廷勉励风俗，于洪武十七年以行旌表愚臣孝行之门，臣窃自负。既为家之孝子，不可不为国之忠臣。死忠死孝，臣素愿也。故敢披露忠肝，陈大义辞。惟愿皇上与殿下各弃流谤之言和好，亲亲如故，罢兵息民。臣之忠义既尽，如果赐死，于九泉之下得见太祖皇帝在天之灵，问臣所以，臣亦有以借口矣。"[①]

对于高巍这位说客，朱棣此时自然不会被说服，但杀掉他也是不合适的，另外他的上书中很多内容与自己上书的狡辩相比则是很有道理的，因此只好不去理他。何况朱棣此时占有优势，他完全可以这样做。高巍在北平几度上书，却连朱棣都没有见到，碰了一鼻子灰，只好返回德州。

在给朝廷的第二份上书送出两天后，十一月十一日，朱棣"大犒师"，他对全

---

① ［明］宋端仪：《立斋闲录》，卷二，《革除录·上藩王书》，第569—570页；结合北京大学出版社《国朝典故》，卷三九，《立斋闲录一》，第939—940页。

军说道：

> 自举义以来，荷天地眷佑，皇考在天之灵，以保予躬。亦尔有众用命，同心一德，故获累胜。然常胜之家，难以虑敌。夫常胜则气盈，气盈则志骄，志骄则堕慢生，堕慢生，败机乘之矣。昔周公胜敌而愈惧，故周祚益昌，古语云："惧在于畏小"，予不患众不能胜，但患不能惧尔。彼以天下之力敌我一隅，屡遭挫衄，将必益兵以求一决，战兢惕励，惩艾前失。我之常胜，必生慢忽，以慢忽而对兢惕，鲜有不败，须持谨以待之。①

朱棣这段讲话在后来的《明太宗实录》中整体被删去了，这很好理解。在这段讲话中，朱棣号召士卒以对待敌国态度对待朝廷，这与后来《明太宗实录》整体渲染的朱棣靖难期间始终谦逊惶恐不相符合，故而被删去了。不过这段话值得关注的不仅仅这一点，朱棣提到"彼以天下之力敌我一隅，屡遭挫衄，将必益兵以求一决，战兢惕励，惩艾前失"，这说明朱棣并没有被三次胜利冲昏头脑，他仍旧清醒地认识到自己是以一隅抗中央，在整体上始终呈现劣势，因此必须戒骄戒躁。

在这次犒师之后，朱棣立即采取一系列措施以求拉拢人心和继续鼓舞士气。他发现此前被俘的南军士卒中有一些是守卫凤阳皇陵的士兵，于是特意将他们放回守卫皇陵，以此彰显自己守护祖制的宣言。十一月十八日，朱棣俨然以一国之君的身份对诸将发布了一篇公赏罚的宣言：

> 赏罚者，公天下之道也。赏当人心则众劝，罚当人心则众惩，善为政者不以赏私亲，不以罚私怨，故衡石至公，天下取其平；冰鉴至明，天下取其照。今将士戮力，以平大难，报我皇考之恩，战阵城守，殚忠竭诚，守必坚完，战必克捷，论功升赏，以酬其劳。然予耳目所及，岂能周知？必尔诸将，从公核报，不徇私情，不亏公义，有功无功，不令倒置，务合至公，以惬舆情。爵赏失当，人心嗟怨，何以服众？其有功多为所匿蔽，赏不足以偿劳者，

---

① [明] 佚名：《奉天靖难记》，卷二，第443—444页，"三十二年十一月丁丑"；[明] 佚名撰、王崇武校注：《奉天靖难记注》，卷二，第81页，"三十二年十一月丁丑"。

其明以告予，勿退有后言。①

朱棣只是一位藩王，是没有资格以"公天下"为名义发布宣言的，这是明显的僭越。随后的十一月二十三日，朱棣立即将自己的宣言落实，对此前一批有功将士进行了升赏，燕山右护卫指挥使谭渊、指挥佥事陈贤、致仕指挥佥事高实、申用、富峪卫指挥佥事景福、会州卫指挥使谢芳、陈旭、指挥佥事端亮、营州左护卫指挥同知钱武、济阳卫指挥佥事郭义、燕山中护卫指挥同知陈珪、燕山前卫指挥同知李清、燕山左卫指挥使徐祥全部因功升为北平都司官员。对一位藩王来说，这一系列升赏同样是僭越，因此在《明太宗实录》中被尽数删去了。值得注意的是，朱棣令一些官员复职的记载却保留了下来，前都指挥佥事周成、袁成、张睦此前都因为沟通燕王朱棣遭到了朝廷的革职处理，朱棣此时让他们尽数复职。这是因为复职只是恢复旧官，朱棣并没有进行新的任命，算不上僭越，故而保留了下来。

朱棣接连获得真定、大宁、郑村坝三次重大胜利，自信心上升，此时已经俨然开始将北方作为自己的独立王国开始进行经营。而这一点的最高峰就是他在十一月二十八日发布的檄文。这份檄文仍旧以《燕王令旨》中的版本最为原始，也最能看出当时朱棣的心态：

> 燕王令旨：为报父雠事，谕普天之下藩屏诸王、大小各衙门官吏、军民人等：
>
> 惟我父皇太祖高皇帝，奉天承运，为华夷一统天下生民之主，自践位以来，诞敷圣泽，广被万邦，弥扇仁风，溥及八表。使天下雍雍熙熙，无一物不得其所，何异唐尧、虞舜之世？我父皇可谓道通邃古，德齐前圣，虽汉唐开国之君，岂能企及哉？然而四海既平，天下底定，以长子立为皇太子，余子无分嫡庶，悉皆裂土封王，各守藩屏，同享富贵，以为子孙万世之计。岂期数年以来，不幸皇太子薨逝，秦、晋二王相继而卒。我父皇慈念皇太子早逝，遂立其次子为皇太孙，居东宫。洪武三十一年闰五月初十日，不幸父皇宾天，皇太孙即帝位。然我众王不敢以叔道自尊，凡表奏称贺，顿首百拜，

---

① ［明］佚名：《奉天靖难记》，卷二，第444页，"三十二年十一月甲申"；［明］佚名撰、王崇武校注：《奉天靖难记注》，卷二，第82—83页，"三十二年十一月甲申"。

万死谨言。何则？因钦遵父皇明命，不敢为一毫之非礼，臣子之情至矣尽矣。然而帝年幼冲，即位以来，任用奸邪小人、贪墨猾吏为六部都察院、左班文职等官，日以甘言巧计，蔽君之聪明，使君淫酗酒色，不遵丧制，不孝于祖，不亲政事，崇信奸臣，放黜师保，屏弃典型 [刑]，残害骨肉。于是秽恶感怒于天，京城地震十日，山崩水溢，天火焚其府库，二月霹雳、大风雨，发屋拔木，蝗虫偏生于陇亩。占书曰："地震者，地德至静，欲其常安，不欲动摇。若主弱臣强，地必震动。臣下擅权，则土为不宁，而变怪生焉。阳伏不能出，阴迫不能入，阴阳相激，地必震动。动于宗庙官殿者，人君失位，国无忠臣，诛伐不以理，上下不相亲也。山崩水溢者，五行失序也。山，公辅之象，贤人退，小人进，则山崩。山无故自崩，国易政，人主失位，民流散也。天火焚其府库者，赏罚不明也。烧宫室者，君不思道，厥妖火烧宫室也。霹雳大风雨，发屋拔木者，小人在位，贤人出走，君用谗言，杀正人也。蝗虫偏于陇亩者，佞臣辅君以贪苛之政，邪臣在位，则虫食苗叶。君用才不当，臣不任职，则虫食苗茎。佞臣在朝，则虫食苗节。君用残贼，则虫食苗根也"。吁！天之警戒如此，尤不恐惧修省，而改其恶也！此皆齐尚书、黄太卿、左班文职等官，谗佞君上，恣行不道，苦军害民，惟以诛灭亲王为心，以致灾异如此也。

先是，父皇有疾，有敕符宣我第四子来，奸臣齐尚书匿其使命，使我父子不得相见。至于父皇疾革，数数问曰："第四子来否？"岂知奸臣齐尚书阴谋用心如此，所以父皇有疾，焉肯令诸子知之。至于升遐，亦不报我诸子奔丧。至今不知父皇得何疾，用何药而弗救，至于大故？闰五月初十日亥时崩，寅时即敛。古礼"三日而敛，俟其复生也"，不知何为如此之速也？停棺不于中殿，七日即葬。古礼"天子七月而葬"，何为如此之速也？余以此礼不知出于何典，今见诏内言"燕庶人父子"，方知父皇太祖皇帝葬以庶人之礼也，其可哀也已！其可痛也已！何故父皇宾天一月，才发诏令亲王及百姓知之，如此则我亲王与庶民同也。礼乎？非礼乎？！况父皇宾天，葬礼未具，即拆毁官殿，掘地五尺，不知父皇得何罪而至于如此也？！况帝即位之初，尝谕普天下文武百官，其中有云："太祖皇帝用心三十年，大纲纪、大法度都摆布定了。如今想着太祖皇帝开基创业，平定天下，便如做下一所大房子与人住的一般。若是做官的政治上不用心，不守法度，便是将房子拆毁了，却要在房子里安稳住的一般，世间安有此礼者哉？！"旨哉言乎，今上位信任奸臣齐尚书之言，即将祖业房拆毁，与诏旨大相违背，使天下臣民皆欲守其法度，亦难矣哉！孔子曰："父在观其志，父没观其行，三年无改于父之道，可谓孝矣。"我父皇在日，尝与我众王曰："我为天子，盖造宫殿，不过欲壮观天下，万邦来朝，使其观瞻，知中国天子之尊严如此也。然此劳民苦军，费用钱粮，岂易为尔！故我今日盖此宫殿，极为坚久壮丽，使为帝者享用，不须再造，劳民苦军也。"今将祖业拆毁，礼乎？非礼乎？！又齐尚书尝奏："凡朝几筵，揖而不拜"，及乎小祥节届，亦不亲行祭祀。各王府差官到京行祭祀之礼及奏事，将百户林玉、邓庸等拏下囚系，捶楚锻炼，令其诬王造反，此何礼也？齐尚书又诬亲王擅自操练军马，造作军器，必有他图。齐尚书明知《皇明祖训·兵卫》内二条："凡亲王教练军士，一月十次，或七八次，五六次。若临事有警，或王有间暇，则遍数不拘"。又云："凡王入朝，其随侍文武官员、马步旗军，不拘数目。若王恐供给繁重，斟酌从行者听。其军士仪卫、旗帜甲仗，务要鲜明整肃，以壮臣民之观"。于洪武二十五年春，父皇太祖高皇帝特召诸王赴京赐敕，内一件云："常岁训将练兵，验视周回封疆险易，造作军器，务要精坚堪用，庶使奸邪难以口舌惑听。"敕后书云："洪武二十五年正月二十一日，早朝后，午时分，朕于奉天门命翰林修撰练子宁、许观、编修吴信三员，执笔听命，朕口占以成，以示后人，以辨真伪。孙允炆亲目之发行。故敕。"我想太祖皇帝以诸子出守藩屏，使其常岁操练军马，造作军器，为欲防边御寇，以保社稷，使帝业万世固也，岂有他心哉？！其奈奸臣齐尚书、黄太卿、左班文职等官，不遵祖法，恣行奸宄，操威福予夺之权，天下之人，但知有齐尚书，不知有皇帝在上也。然而帝被奸臣所惑溺甚，故我父皇骨肉未冷，陵土未干，将后母尽妻之。以流言而罪周王，破其家，灭其国，将周王次妃选有色者亦尽妻之未旋踵而罪代王，出其宫人，悉配军士。至于湘王无罪，听谗臣之言，赐其合 [阖] 宫焚死。齐王无罪，又听谗臣之言，降为庶人，拘囚在京，护卫侍从人等，尽行拨散。及乎岷王，又听奸臣左班文职、齐尚书等官之言，以金帛赏王之左右，使其诬告岷王，降为庶人，流于漳州烟瘴地面。余想齐尚书、黄太卿等奸邪小人、贪墨猾吏，俱我父皇诛不尽之余党，今为左班文职之臣，恣用奸谋，杀我父皇之子孙，报其私仇，快其心志。呜呼！彼人之毒，甚于狼虎。我父母能有几多子孙，受彼之害，能消几日而尽？痛心疾首，岂胜言哉！

不意奸臣齐尚书等又使令恶少谢贵等为北平都司官，张昺为布政司官，有本府长史葛诚同心设计，来谋杀我。于六月将军马围住外墙，用栅木截我端礼四门行路，杀守王城之卒，外城上军士披甲执仗，铙鼓叫呼，声震城野，使人在城坐食，惶惧不安，我亦苦耐之。至七月初五日来谋杀我，约申时引兵如王城。当日有都指挥张信来透消息，为保全性命，不得已于未时动兵，擒获逆贼谢贵等了当。七日十六日，都督宋忠等领军马八千、步军一万二千，及调山西万全、怀安、宣府前卫军马一万，前往怀来下营，共会各处军马来攻北平。余故不免亲帅精骑八千，抵怀来与忠军交战，自辰至午，忠军大败，获马数千，生擒到逆贼宋忠、都指挥孙泰、俞瑱等，尽行杀死，余众悉降。八月，奸臣齐尚书等又行矫诏，使长兴侯耿炳文等领军马三十万，前来雄县、真定驻营，共会各处军马，来攻北平。不免又行亲帅军马，往彼迎敌，于当月十六日破雄县，斩首九千余级，获马三千匹，生擒到都督潘忠、指挥杨松。二十五日，大破真定，将逆贼长兴侯耿炳文所领军马，尽行杀败，斩首五万余级，获良马二万五千余匹，生擒左副大将军驸马李坚、右副大将军宁忠、右督都顾成，都指挥刘燧，余众悉降，咸宥归于原卫。江阴侯吴高、都督耿瓛、杨文将领辽东军马，来围永平，我亲将骑士三万九千，倍道兼行，直抵永平，吴高等闻风夜遁，追奔数百里，斩首千余级。仍将军马到大宁，兵临其城，余谕以太祖皇帝恩养厚德，都指挥房宽领军马出城来降，所有逆贼朱锳、卜万凌迟处死了当。惟都督刘真、陈亨将领军马守住松亭关，不肯来降，我亲帅精锐骑士三万，袭破其营，生擒都督陈亨，刘真单骑遁去，太宁遂平。奸臣齐尚书等，出榜令军民骂"燕贼父子"，太祖皇帝，我之父也，骂"燕贼父子"，是骂祖与叔为贼，岂非大逆不道？奸臣齐尚书等如此无理，其罪当何如哉？！

未几，奸臣齐尚书、黄太卿等左班文职，又行矫诏，使令曹国公李景隆领天下各都司兵马五十余万，于十月初六日来攻北平，围我之城，必欲杀我。我谓天下官军何不念我太祖皇帝恩养厚德，留我一二亲王，以奉祖宗香火，岂不幸哉！故我仰赖祖宗积德之深，于是亲帅军马，以寡敌众，将景隆所领天下军马，尽行杀败，斩首一十五万九千余级，余众降者咸宥归于原卫，景隆等夜遁而去。然余之用兵，所向克捷，此皆余平日存忠孝之心，故天地、祖宗神明，怜而佑之也。若不如此，纵用兵如孙吴，亦无能为也。余想奸臣齐尚书等必欲坏我父皇子孙基业，荡尽无余，将以图天下也，何如此之苦毒也！窃惟我父皇亲亲之心，天下之人所知之。如靖江王守谦，其祖为恶，至于守谦，累恶不悛，降为庶人。我父皇思念祖宗，尚不忍破其家，灭其国，复立其长子为靖江王，诸子皆为镇国将军，享有爵禄，与朝廷同其永久也。周、齐、湘、代、岷五王，皆父皇亲子，纵有其恶，亦当宽恕，何况无为恶之实迹。《皇明祖训·法律》内一条："凡风宪官以王小过奏闻，离间亲亲者斩；风闻王有大过，而无实迹可验，辄以上闻者，其罪亦同"。奸臣齐尚书、左班文职等官，不遵祖训，助君为恶，遂至如此，使我众王日夜惊忧，饮食睡梦，不遑宁处。况余自父皇宾天以来，抱病持服，未尝一日离苦次，遵其亲法，毋敢小犯，惟日守分而已。奈其诛灭五王，又来杀我。顾余匪才，乃父皇太祖高皇帝亲子，母后孝慈高皇后亲生，皇太子亲弟，忝居众王之长。《礼》曰："父之仇，不共戴天，兄弟之仇不反兵"。今奸臣齐尚书、黄太卿等，余必不与之共戴天，不报得此仇，纵死亦不已。故用钦遵《皇明祖训·法律》内一条，躬行帅领精兵三十万，诛讨左班文职奸臣，已行传檄天下都司，并各处卫所指挥官吏，当思我父皇恩养厚德，同心戮力，整尔士卒，砺尔戈矛，星驰前来，共行捕获左班文职奸臣，献俘于祖宗神明，令受非常之刑宪，上以正其君，下以安其军民，使我父皇子孙基业以永万世，岂不幸哉！呜呼！皇天后土，常以大中至正以为心，祖宗神明，宁无诛奸去邪而为念！故用谕示普天之下藩屏诸王、暨大小各衙门官吏、军民人等，咸使知朝廷左班文职奸邪大逆不道，我父皇之仇，为子者其可不报乎？其可不报乎？

故奏本附录，布告天下，咸使知闻。①

我们可以明显看出，这份檄文是在十一月初九日的上书基础上扩充而成的。不过因为这是一份檄文而不是上书，所以朱棣为了宣传效果，在檄文里进一步污名化了朱允炆，给他加上了"然而帝被奸臣所惑溺甚，故我父皇骨肉未冷，陵土未干，将后母尽妻之"这样的个人品行上的罪名，从而进一步论证其削藩的不合理性。朱棣在檄文最后号召"已行传檄天下都司，并各处卫所指挥官吏，当思我父皇恩养厚德，同心戮力，整尔士卒，砺尔戈矛，星驰前来，共行捕获左班文职奸臣，献俘于

---

① ［明］朱棣：《燕王令旨·为报父雠事，谕普天之下藩屏诸王、大小各衙门官吏、军民人等》。

祖宗神明"，完全将朝廷当成了敌国，甚至当成了一个伪政权。如果说十一月初九日的上书还是限于朱棣和朝廷之间的争论的话，这份檄文一发出，可谓将朱棣的态度昭示于天下了，他和朝廷之间已经完全不存在和解的可能性了。

既然已经发布了檄文，朱棣自然应该逐步落实自己在檄文里说的话，南下索取"奸臣"。不过朱棣当时还面临一个后顾之忧，就是他始终未能控制辽东地区，一旦自己倾全力南下，辽东军队偷袭后方，则局势堪忧。《奉天靖难记》里关于朱棣解除辽东威胁方式的记载富有传奇色彩。十二月初一日，朱棣对左右亲信说："辽东虽远隔山海，常扰永平，吴高虽怯，其行事差密，杨文麤而无谋，我一计去吴高，则杨文不足虑矣。用兵之道，伐谋为上，此计得行，则坐制一方，无复东顾之忧矣。"随后，朱棣写了两封信，一封是给吴高的，在信中极力称赞他，一封是给杨文的，在信中极力贬损他。然后，他故意将两封信送反。两人收到信后，都将内容上报朝廷，结果朱允炆果然怀疑吴高，将他贬至广西，命杨文独自镇守辽东，"由是人心疑贰，进退两端，不敢数出矣"。[1]

如此看来，朱棣似乎凭借一己之力，巧妙用计就让朝廷调走了吴高。然而这未免将朱棣塑造得太料事如神，朱允炆也显得太过愚蠢。要理解朱允炆为何会将吴高调离辽东，还得回到吴高所在的家族。吴高的父亲是江阴侯吴良，他的爵位正是从其父那里继承来的，吴良是靖海侯吴桢的兄长，吴桢的女儿吴氏嫁给了湘王朱柏为王妃，湘王则在朱允炆的削藩行动中阖宫自焚而死。因此，朱允炆调离吴高的主要原因无疑更可能是担忧他属于藩王一党，与朝廷离心。朱棣的信可能起到了推动作用，正所谓"成祖于是年十二月行间，所致书，或迳有牵连湘王语，岂以此遂触惠帝疑忌欤？"[2]朱棣的离间计最多起到了催化作用，但绝非决定性作用，朱允炆面对此前北平周围地区重镇非败即降的局面，疑心病日重才是根本原因。

十二月初十日，朱棣为了补充兵员，"召募忠义智勇之士从征"。随后，朱棣为了应对在德州重新聚集人马，准备再度北上的李景隆，决定出征大同，促使李景隆出兵救援，再谋求利用大同地区苦寒的气候拖垮南军，有利于自己的反攻。朱棣于十二月十九日出征，十二月二十四日，广昌归降。建文元年就这样过去了，新的一年伴随着新的流血来到了。

---

① ［明］佚名:《奉天靖难记》，卷二，第445—446页，"三十二年十二月丁酉"；［明］佚名撰、王崇武校注:《奉天靖难记注》，卷二，第92—93页，"三十二年十二月丁酉"。

② ［明］佚名撰、王崇武校注:《奉天靖难记注》，第93页。

6.血染白沟河：再败李景隆

建文二年（1400年）正月初一日，朱棣率军抵达蔚州，第一战就擒获了城内指挥李诚，李诚归降朱棣，称愿意献城。于是朱棣将李诚放归，然而李诚返回不久就因为机密泄露被下狱。朱棣在城外等候数日不见动静，此时诸将都请求发动强攻，朱棣则不这么认为，他说："观其守备，非旬日不能拔，兵钝威挫，难以得志，以计恐之，则人心自解，兵法所谓城有所不攻是也。"所谓"以计恐之"，就是利用城外旧有的敌台，这些敌台上面原来建有敌楼，架起飞桥连接城内。如今桥已经没有了，但敌台仍旧存在。朱棣下令每一名士兵都准备一个布囊，装满雪土，从敌台上推下，作出要将敌台堆到和城墙一样高，然后从上面攻入城中的姿态。就在工程将要完工之时，北军"以霹雳车飞石震裂其城，城中恟惧"，守将王忠、李远抓住时机举城投降，蔚州被朱棣占领。[①]

朱棣在李诚回城杳无音讯的情况下仍旧如此自信，似乎不可思议。不过这一问题的原因也并非没有蛛丝马迹可寻。二月初二日，蔚州归降的指挥同知王忠、张远、李远等人全部被提升为北平都司都指挥佥事，还选取蔚州军队中的精锐，命王忠等人统领，跟随朱棣进攻大同。他们与之前的房宽、陈亨、徐理等人十分类似，一归降就被朱棣委以重任，再结合朱棣在蔚州城下的自信，我们可以合理地认为，这三人和朱棣早有通结，在整个围攻蔚州的战役中，他们实际上充当了朱棣在城内的内奸，配合朱棣在城外的战略，在合适的时机开城归降。这也符合朱棣一贯的善于用间的行事风格。

随着朱棣率军逼近大同，李景隆果然率军出紫荆关，谋求救援大同。朱棣见目的已经达到，便由居庸关返回。李景隆所部仓促出师救援大同，结果再度受到严寒天气的打击，"李景隆军冻馁死者甚众，堕指者什二三，委弃铠仗于道，不可胜计"，一切似乎都是郑村坝战前的重演。[②]

---

① ［明］佚名：《奉天靖难记》，卷二，第446页，"三十三年正月丙寅"；［明］佚名撰、王崇武校注：《奉天靖难记注》，卷二，第94—95页，"三十三年正月丙寅"。

② ［明］佚名：《奉天靖难记》，卷二，第446页，"三十三年二月癸丑"；［明］佚名撰、王崇武校注：《奉天靖难记注》，卷二，第96页，"三十三年二月癸丑"。

二月二十八日，朱棣在收到李景隆书信后回信：

　　近总旗魏再兴来，得汝二月十三日书，披观至再，辞意苟且率略，不见诚实之情，度此非出汝之心口也。何则？汝之祖为孝，父为孝，汝出于孝子之家，岂肯妄诞若此？必奸臣假汝之言以诒我。我与汝以家而论，分居长，以朝廷而论，爵为亲王，俱不当相待如此。况我父皇太祖高皇帝存日，汝来启本，今复不同，以此知为奸臣代言，行离间骨肉之术也。汝谓为保全骨肉之事，汝向被奸臣齐泰所舞弄，矫诏使令汝总兵到汴梁，害我弟周王。旧冬，又被齐泰等矫诏佩征虏大将军印，总领天下军马，来北平围九门，又来屠我。思汝出孝子之家，知身全骨肉之道，以汝孝子之心，必不如此，所谓家国不幸，宗亲叛离者，莫不由小人以致之，汝岂不知？我太祖高皇帝提三尺剑起布衣，化家为国，为华夷大一统天下苍生之主，已三十余年。我太祖高皇帝宾天，群臣以次孙即位。无何，不幸奸臣齐泰等以未戮之残党，谬叨宰辅，欺我幼冲，恣行不道，惟怀屠灭亲王之心，故大兴兵革。我以汝为太祖高皇帝骨肉之戚，又为国家元勋，社稷之臣，汝宜讽谏诛戮佞臣，以安社稷。汝不能据理裁处，乃复纷纭。

　　前布政张昺、都指挥谢贵、长史葛诚，同谋不轨，迫于求生，已行捕获，尝具本申奏，请旨裁决，动经数月，不见明降，然此奸臣，罪理不容。又云："尚书齐泰、太卿黄子澄已屏窜遐荒，天理昭明，于斯见矣。"若以我太祖公法论之，必使其首足异处，夷其九族，今屏去遐荒，想不出千里，必召而回，为幕中之宾矣。此外示除灭小人，内实不然，诚为可笑。所谓"造祸嗜杀，圣贤所戒"，今日造祸嗜杀，果谁为邪？我因保性命，不得已兴兵，除残去暴，体天地好生之心。汝云："近年以来，钦蒙太祖高皇帝圣训谆谆，今犹在耳。"吁，《皇明祖训》乃不钦遵，若谆谆在耳，必不如此。又云："观此时事，不得不言。"祖训不守，尚何说焉？又云："骨肉有伤，大乱之道，欲舍小怒，以全大义。"汝孝子之子，亦出此言。齐泰等大逆不道，岂一言可尽？我父皇遘疾，不令诸子知之，及升遐不报，毋令奔丧，不一日而敛，七日即葬，葬礼未具，即拆毁宫殿，掘地五尺，至今不省父皇太祖高皇帝得何疾而至于大故也。况又杀我太祖高皇帝子孙，坏我太祖高皇帝基业，将谋不轨，以图天下也。为太祖高皇帝复雠，岂是小怒哉？非独我怒，乃天人之所共怒者也。

汝谓以全宗亲骨肉之大义，又可笑矣。昔我周王弟被奸臣诬害，言"大义灭亲"，与今所说大相违背，海涵春育之仁，无乃迟暮。去年凡三次具本奏陈，并无回示，料为奸臣蒙蔽，使下情不能上达，亦莫如之何也。今录稿付汝，幸细观之，汝若不思我太祖高皇帝亲亲之心，欲胶固奸臣，再总天下军马列阵来战，太祖高皇帝之仇，有死之心，无生之乐，此怨不雪，虽瞑目不已。然汝祖至孝，父至孝，汝又割股救父，又为大孝，岂有孝子而杀孝子哉？今汝为社稷安危之主，当思我父皇太祖高皇帝创业艰难，社稷是太祖高皇帝之社稷，子孙是太祖高皇帝之子孙，不必多论，今略复数事于后，汝宜审焉。

所言"圣训谆谆，今犹在耳"。我母后孝慈高皇后疾革之际，父皇曰："尔有何身后之属乎？"母后曰："上位与吾起布衣，上位为天子，吾为皇后，亦足矣，尚何属焉？"父皇问至于再，母后乃曰："吾不起此疾矣，祗生有子，上位当教育，姑待之尔，余无可言。"汝为至亲，虽多闻圣训，犹恐汝不知我母后圣心，孜孜于嗣续万世之计，则汝之老母所知。我母后孝慈高皇后仁孝明哲，圣慈柔裕，布衣起家，艰难万状，生我诸子，抚字教育，兢兢日惕，欲为嗣续万世之计。今妄加周王以罪，破其家，灭其国，我念长兄皇太子已崩逝，秦、晋二王兄相继而殁，所存者惟我一人，尚不能容，又欲诛灭，甚可畏也。为罪周王，言"大义灭亲"。今二十五弟病不与药，死即焚之，拾其遗骸，以投于江。父皇宾天，骨肉未冷，即将周、齐、湘、代、岷五王破家灭国，国公至亲，岂不痛哉！韭痛五王，乃痛太祖高皇帝也。今又来灭我，其可乎？

且云："周王不遵成训，狂作妄为。"今奸臣改制创置，更易法度，北平改为燕北，为能遵成训乎。但加人罪，不省己愆，果欺天乎？欺人乎？今累调军马，夷灭诸王，骚动百姓，不能聊生，万一奸人乘隙而动，盗贼蜂起于中原，焉得不有倾危之忧也？且云："周王乃为祸首。"不省从者为谁，使诸藩王孰不畏惧？谓《皇明祖训》虽有重罪则废为庶人之条，此言常犯，非论不轨"，不知何谓常犯？何谓不轨？妄改祖训。欲傅致人罪，使藩屏众王，孰不战栗？《祖训》云："凡朝廷遣使至王国，或在王前，或在王左右部属处，言语非礼，故触王怒者，决非天子，必是朝中奸臣使之离间亲亲，王当十分含怒，不可辄杀，拘禁在国，鞫问真情，使人密报天子，天子询其实，奸臣及使俱斩之。"今奸臣差人到周府，故出非言，反加诬枉，乃不询辄加之罪，如此不守祖训，使藩王无所措手足，焉得不怖且畏乎？然周王既受诬枉，处人伦之道，理当宽恕。祖训云："亲王有过到京，以在京诸皇亲及内官陪留十日，其十日之间，王见天子，然后发放。"周王到京，奸臣壅蔽，不得一见天子，暮至朝发，使其情无所达，以祖训而待亲王之礼，果安在哉？间尝与布政张昺、长史葛诚言祖法，昺、诚云："齐泰等言，皇明祖训不会说话，只是用新法便。"所以我于新法不敢少犯，惟日惴惴守分而已。奸臣之轻蔑祖训至如此。

《祖训》云："罢丞相，设五府、六部、都察院、通政司、大理寺等衙门，分理天下庶务，彼此颉颃，不敢相压，事皆朝廷总之，所以稳当。以后子孙做皇帝时，并不许立丞相，有奏请设立者，文武群臣实时劾奏，将犯人凌迟，全家处死。"今虽不立丞相，却将六部官增崇极品，掌天下军马钱粮，总揽庶务，虽不立一丞相，反有六丞相也。天下之人，但知有尚书齐泰等，不知有朝廷，如此变乱祖法，恐一旦社稷落奸臣之手，贻笑于万世。朝廷如此失政，国公以太祖高皇帝"圣训谆谆，今犹在耳"，其可不忧惧者哉！奸臣齐泰等假以诬亲王造反为由，实图天下社稷之计耳，汝总天下之兵来围北平，我亲率军马与汝交战，汝即大败，溃散之军奔走逃命者，下令禁勿追袭。因念将士皆父皇共成功业之人，欲报之无由，宁忍袭杀之，投降将士，不计数万，尽行释遣。天地神明，鉴我之心，人心最灵，岂有不知者？周王被诬，发配烟瘴之域，父子异处，至于怀抱婴儿，多殁于疾疠，岂不过于杀戮？如此残灭太祖高皇帝子孙，可哀可痛。

汝文书来，为求息兵，了岂实情？随发陈晖等领军马来寇边境，杀害良民，虏掠子女，又运军器，发卒筑城，如此岂可信乎？然数战后，军马消耗，近闻以老弱备数征战，徒驱此辈于白刃之下，诚可愍也。谢贵、张昺等吐露情实，谓齐泰等愤恨当太祖高皇帝时位居下僚，不得柄用，且栗栗度日，朝不保夕。今少主不亲政事，正其得志之秋，祇虑诸王藩屏，未得大纵，遂同心协谋，以灭诸王，方得永享富贵。谓诸王惟我难图，欲先去其难，余王易尔。密用小勘合调天下军马，不用大将军印，恐见惊动，先欲起觉。令昺为北平布政，悉夺太祖高皇帝所与果园田地护卫官，及人匠等户，尽为散遣，故触我怒，我皆不问。又遣谢贵为北平都指挥，都督宋忠来北平，以操练军马为由，共谋图我，宋忠以无大将军印信文书，擅调各都司人马。黄子澄对谢贵等言曰："先得燕王，便与王做。"以此人自争功，扰乱北平。我赖太祖高皇帝在天之灵，冥相默佑，先发其机，遂擒贵、暠，继抵怀来，一战而擒宋忠，方得暂全喘息。且宋忠优人之子，轻薄狡黠，无足道者，奸臣用此恶少，诛灭亲王，以无大将军印信文书，便调各都司人马。且如汝父岐阳靖王，国家至亲，太祖高皇帝委任总兵，必佩大将军印信，岂无大将军印信文书，辄来见杀？奸恶如此，诡谋诈计，以杀我太祖高皇帝子孙，欲图天下，报朝不保暮之憾，我辈亲王焉得不惧？思所以保全父母之遗体。汝为大孝，国家至亲，慨念人生世间，不满百岁，死生俄顷，傥汝一旦荡终天年，有何面目见我父皇太祖高皇帝也。姑以汝之心自度之，为父皇之雏如此，为孝子者可不报乎？因尔书来，不得不答，再不宜调弄笔舌，但恐兵衅不解，寇盗窃发，朝廷安危未可保也。所欲言者甚多，难以枚举，忽遽间略此，汝宜详之。[①]

相比于朱棣的第二次上书和檄文，他和李景隆的这次书信往还更能体现出他和朝廷之间的唇枪舌战。我们虽然无法得见李景隆二月十三日致朱棣的书信全文，但从朱棣的这份回信中也能窥见一二。首先，李景隆的书信诚如朱棣所说，并非李景隆的个人观点，而是代表了建文朝廷，"度此非出汝之心口也"，"必奸臣假汝之言以诒我"。朱棣在书信中提到"汝文书来，为求息兵"，可以看出，朝廷由于军事上接连的失利，此时态度明显软化，不再谋求通过强硬手段继续削藩，而希望改取羁縻之策，谋求和朱棣之间停止军事冲突，然后徐图进取。朱棣此时占据优势，自然不肯轻易息兵，因此强硬回复"因尔书来，不得不答，再不宜调弄笔舌，但恐兵衅不解，寇盗窃发，朝廷安危未可保也"，明确拒绝了朝廷的请求。

除了这很重要的一点，我们还能看出双方就此前上书、檄文中的一些内容进行了交锋。根据李景隆书信中"尚书齐泰、太卿黄子澄已屏窜遐荒，天理昭明，于斯见矣"的内容来看，朱允炆为了缓和局势，似乎已经将齐泰、黄子澄贬黜，以图消弭朱棣索取奸臣的起兵理由。然而朱棣明显并不买账，他继续提出仅仅贬黜这两人是不够的，"若以我太祖公法论之，必使其首足异处，夷其九族，今屏去遐荒，想不出千里，必召而回，为幕中之宾矣。此外示除灭小人，内实不然，诚为可笑"。

---

① ［明］佚名：《奉天靖难记》，卷二，第446—450页，"三十三年二月癸亥"；［明］佚名撰、王崇武校注：《奉天靖难记注》，卷二，第96—104页，"三十三年二月癸亥"。

可以说，朱棣的目光是敏锐的，朝廷此举不过是为了消除他起兵的理由，其实并不是真心想要贬黜两人，因此他进一步提出不仅要处死两人，还要族诛其家。对此，朝廷当然不可能答应，他继续进兵也就有了理由。为了进一步论证齐泰、黄子澄等人是"奸臣"，这次朱棣又引用《皇明祖训》中不许立丞相的条款，称"今虽不立丞相，却将六部官增崇极品，掌天下军马钱粮，总揽庶务，虽不立一丞相，反有六丞相也"，仍旧是攻击朱允炆"变乱祖制"。

朱棣在这份回信中与以往不同，在论及朝廷削藩时，不再是雨露均沾的论及五位被削藩的亲王，而是着重提到了他的亲弟弟周王，"汝谓为保全骨肉之事，汝向被奸臣齐泰所舞弄，矫诏使令汝总兵到汴梁，害我弟周王"，可见他与周王之间不同寻常的兄弟关系。面对李景隆称朝廷削藩是"大义灭亲"、"周王乃为祸首"的说法，朱棣再次引用《皇明祖训》中的"亲亲"条款进行驳斥。李景隆书信中提到"《皇明祖训》虽有重罪则降为庶人之条，此言常犯，非论不轨"，这指的是《皇明祖训·法律》中关于亲王犯罪的处理条款："凡亲王有过，重者遣皇亲或内官宣召，如三次不至，再遣流官同内官召之至京，天子亲谕以所作之非，果有实迹，以在京诸皇亲即内官陪留十日，其十日之间，五见天子，然后发放。虽有大罪，亦不加刑，重则降为庶人，轻则当因来朝面谕其非，或遣官谕以祸福，使之自新"[1]。确实，在这一整段中，朱元璋虽然提到亲王"重则降为庶人"，但这也仅仅是"有过"并非"不轨"之大罪。故而朝廷以此为出发点为自己没有按照祖训的强硬削藩政策寻找理论依据。

然而朱棣仍旧从祖训出发，称周王被抓捕进京后，不要说"五见天子""陪留十日"，连一次天子都没见到，更不到十日就被发配云南，这无疑是"妄改祖训。欲傅致人罪，使藩屏众王，孰不战栗"，朱棣还抓住"常犯""不轨"之间模糊的界限大做文章，他引用《皇明祖训·法律》中另一条"凡朝廷使者至王国，或在王前，或在王左右部属处，言语非理，故触王怒者，决非天子之意，必是朝中奸臣使之离间亲亲，王当十分含怒，不可辄杀，当拘禁在国，鞫问真情，遣人密报天子，天子当询其实，奸臣及使俱斩之"[2]，结合李景隆暴力对待周王的情节，发挥说"今奸臣差人到周府，故出非言，反加诬枉，乃不询辄加之罪，如此不守祖训，使藩王无所

---

① ［明］朱元璋:《皇明祖训·法律》, 第 178 页。

② ［明］朱元璋:《皇明祖训·法律》, 第 178 页。

措手足，焉得不怖且畏乎"，又狠狠将了朝廷一军。不过朱棣引用祖训这一条，还有另一个目的，就是"间尝与布政张昺、长史葛诚言祖法，昺、诚云：'齐泰等言，《皇明祖训》不会说话，只是用新法便。'所以我于新法不敢少犯，惟日惴惴守分而已。奸臣之轻蔑祖训至如此"，如此一来，张昺、葛诚就成了祖训中"奸臣派到"自己处"故触王怒"之人，他自己起兵也就又有了一条合法的理由。

当然，朝廷在这轮舌战中也不是全没占到优势。朱棣在回信中虽然仍旧把朱元璋的死归罪于朱允炆，但不再提到"燕庶人父子""燕贼父子"是指其父朱元璋和他了，可见这一说法实在可笑，想必在遭到朝廷驳斥后，他也就顺势不再提起，而是寻找新的理由了。总的来说，双方都援引祖训斗得不亦乐乎，但唇枪舌战是无法真正解决问题的，既然朱棣不肯息兵，双方最后仍旧要在战场上定胜负。

二月三十日，朱棣派朱高煦、朱高燧隆重的祭奠了此前阵亡的将士。然后在三月初一日大阅士马，将一些被朝廷贬谪的大臣复职，做了一系列准备。四月初一日，李景隆兵至德州，郭英、吴杰驻扎真定，缓缓向北推进，此次李景隆军中还有平安率领的精锐部队。

四月初二日，朱棣召集诸将商议出师迎敌。初五日，朱棣正式祭告出师，第二天，大军在城南马驹桥扎营。初七日，北军移营武清，朱棣派出间谍前往德州、真定一带侦查南军行动，为接下来的大战做准备。四月十八日，朱棣在固安大营得知李景隆已经率大军过了河间，前锋已经抵达白沟河，郭英更是已经抵达了保定，两军计划于白沟河会师，然后继续北进。白沟河，由自易县山谷流出的濡水在河阳汇合易水、拒马河后形成，它与雄县、霸州共同构成一道屏障，横断中原腹地，自古就是兵家必争之地。朱棣决定在这里迎战南军。

四月二十日，朱棣率军渡过拒马河，在苏家桥扎营。结果当夜大雨，"平地水深三尺"，已经到了朱棣卧榻的高度。朱棣当夜只能加交床于床上，坐以待旦，据说当晚"兵端有火光，如球击烨烨相上下，金铁铮铮作声，弓弦皆鸣"，这是求战的信号。①

四月二十四日，朱棣率军由西北循白沟河而进，为了防止南军的埋伏，他更令数百骑渡至白沟河东岸，发炮以为疑兵。当天中午，大军全部渡过白沟河，随即

---

① ［明］佚名：《奉天靖难记》，卷二，第451页，"三十三年四月乙卯"；［明］佚名撰、王崇武校注：《奉天靖难记注》，卷二，第111页，"三十三年四月乙卯"。

遇上了都督平安所领的万余前锋兵马。平安原为朱元璋养子，在洪武年间曾追随朱棣征战塞北，十分骁勇，也深知朱棣的用兵之道。李景隆此次以平安为先锋，可谓十分有针对性。朱棣见平安与自己为敌，十分恼怒，说道："平安竖子，往从我出师塞北，频见吾用兵，故敢为前锋，用兵机变，神妙难测，吾今日破之，要使其心胆俱丧，不知所生。"① 不过朱棣虽然如此说，却丝毫不敢掉以轻心，他先派出百余骑冲击平安军阵，作为佯攻，略一交锋就撤回来，希望诱使平安出击，好打破其阵型。朱棣这一手果然收到了效果，频繁的骚扰引起了平安军阵的动摇。朱棣认为时机到了，立即以大军掩杀，平安也不甘示弱，双方"合战，互有胜负"②，南军都督瞿能更是奋勇冲击北军军阵，屡次击退北军的进攻。眼看北军就要支持不住，燕王府内侍狗儿王彦、千户华聚、百户谷允几员勇将拼死率军力战，连杀南军数骑，朱棣于是亲率大军绕到平安军背后发动攻击，此时又恰逢南军都指挥何清被擒，平安陷入不利局面，先行收兵。这次接触战结束了，但也拉开了白沟河之战的序幕。

初战艰难获胜后，朱棣集结起大军继续推进，结果发现此时在自己前方的已经不仅仅是平安的军队，而是李景隆、胡观、郭英、吴杰等合军一处形成的六十万庞大军队，列阵等待朱棣。朱棣此时无路可退，立即发动进攻，先以数十骑突入南军军阵，但瞬间就被淹没了。朱棣只能再以全军压上，双方展开了一场鏖战。这场大战进行到傍晚时分，"时已昏黑，彼此莫辨，转战不已"。南军发射"一窝蜂""揣马舟"等火器专门对付北军的骑兵，北军则利用南军发射火器的亮光为目标继续进攻，南军于是又将火器藏于地上，"发无不中，射人马皆穿，但耳边有声，如蜂鸣欶而过"，双方都已经拼尽全力。这场血战一直持续到深夜，两军才各自收兵。朱棣在混战中被冲离了大阵，于是亲自殿后，此时跟随他的只有三骑，加之天色已黑，迷失了道路。朱棣不敢乱闯，下马通过辨别白沟河水的流向确定方向，他知道大营在上游，于是渡河往上游进发，此时跟随朱棣的人马逐渐增加到七骑，当夜北军在白沟河北扎营。朱棣不敢休息，他将白天作战有功的百户谷允提升为指挥，下令军士"秣马蓐食，俟旦毕渡"，准备再战。③

　　① 　[明] 佚名：《奉天靖难记》，卷二，第451—452 页，"三十三年四月己未"；[明] 佚名撰、王崇武校注：《奉天靖难记注》，卷二，第112 页，"三十三年四月己未"。

　　② 　[明] 谈迁：《国榷》，卷十一，第816 页，"建文二年四月己未"。

　　③ 　[明] 佚名：《奉天靖难记》，卷二，第452 页，"三十三年四月己未"；[明] 佚名撰、王崇武校注：《奉天靖难记注》，卷二，第112—113 页，"三十三年四月己未"。

当天有三百蒙古骑兵向朱棣归降，朱棣为了表示对他们的信任，让他们担任宿卫。结果第二天天亮时，朱棣却找不到这三百人了，他问胡骑指挥省吉，才知道这三百人当天夜里都被他杀了。省吉对朱棣说明了自己的担心："吾恐其乘夜生变，故仓卒不及请命，已杀之矣。"朱棣大为不满，斥责省吉说："彼既来降，当诚心受之，岂可纵杀。借疑其不诚，必尽杀其众然后已，且人众又岂能尽杀？昔李广杀降，终不封侯，尔之功名，由此不显矣！"[①] 在整个靖难之役中，北军几度屠杀降卒，前有雄县，后面还有谭渊在沧州杀降。特别是后面谭渊在沧州杀降，杀的是南军精锐徐凯所部。由此观之，北军将领出于担心南军这些部队只是迫不得已才归降，接纳反而可能危害自己，于是将之屠杀。省吉的做法也应当属于这种。当然，对朱棣来说考虑的是笼络更多人在自己身边，所以他的愤怒也是可以理解的。

第二天，朱棣再度率大军十万渡过白沟河。李景隆这次没有像前一天那样在河边设伏，而是将全军集中起来，列阵数十里，形成一个长阵，迎战北军。朱棣见南军如此布署，也列阵迎战。双方经过一段时间的试探，朱棣决定发起进攻，他先说了一段鼓舞士气的话："昨日之战，我观贼如儿戏耳，今贼虽众，不过日中，保为破之。"然后率军冲向南军阵营，南军也不甘示弱，瞿能、平安、贾锐率军向北军也发起猛攻。北军都指挥丘福以万骑直冲南军，结果"南军殊坚"，无法取得进展。另一方面，南军平安十分勇猛，持槊率军冲入北军阵中，阵斩北军都指挥房宽，又将陈亨砍下马来，但陈亨侥幸未死，随后平安还将徐忠砍伤两根手指，徐忠见此局面，干脆将手臂砍断，用战袍包裹伤口后继续作战。

此时双方交织在一起，朱棣、张玉、朱能、丘福等人都陷入各自为战的局面。恰在此时，南军瞿能凭借优势兵力又绕到北军背后，北军后方烟尘大起，朱棣在高处看见南军企图偷袭自己后方，在兵力不足的情况下亲率精骑去迎战南军的这一支奇兵，然而令朱棣没有想到的是，他撞上了南军两万人马。朱棣此时已经没有退路，但仅凭自己手里这点人马也不可能硬拼。于是采取短时接触的战略，率军与南军交战一阵后立即退出，与南军保持数十步距离休整，一段时间后再度与南军接触，如此反复战斗了百余回合。此时左右劝朱棣说："贼众我寡，难与交持，且就大军并力击之。"但朱棣知道若此时退出与大军合流，则北军必将陷入南军夹击之中，局势堪忧，于是坚定地说："此贼奇兵，精锐尽在此，故吾独当之，以沮其势，

---

① [明] 佚名：《奉天靖难记》，卷二，第452页，"三十三年四月己未"；[明] 佚名撰、王崇武校注：《奉天靖难记注》，卷二，第113页，"三十三年四月己未"。

使诸将得以致力于贼众。若我就大军，彼以合力，形势相悬，数倍我众，殆难破矣！"朱棣又亲率精骑突入南军左掖，"贼众飞矢如注。上乘马凡三易，三被创，所射矢三服皆尽，乃奋起进，以剑左右击之，剑锋缺折不堪击，籍鞘引退"，逐渐被南军逼到一道河堤下。此时瞿能已经几乎攻到了朱棣跟前，形势十分危急，朱棣情急之下登上河堤，"佯以鞭后招"，瞿能怀疑自己身后有北军伏兵，于是不敢继续贸然攻进，朱棣才暂时得以喘息。

就在这个关键时刻，朱高煦率精骑千余赶到，朱棣对他的到来有些疑惑，问他："诸将正鏖战，尔何故来？"朱高煦则回答："我闻至尊以数骑当贼众，故来。"朱棣知道朱高煦并非败退至此，便对他说："吾战疲矣，尔进击贼。"朱高煦便率这支生力军接战，两军再度陷入相持局面。战斗进行到中午，瞿能眼见还不能破敌，大呼"灭燕"口号冲入北军，瞿能的攻势十分凶猛，北军折损数百骑，此时瞿能又汇合了南军越嶲侯俞通渊、陆凉卫指挥滕聚所部，越战越勇，正准备继续攻进。就在这时，一阵旋风吹起，将南军中的大将旗折断，南军突然失去指挥，陷入茫然不知所措的局面。北军则乘此机会发动猛攻，朱棣说："吾不进，贼不速破。"于是率休整后的人马绕到瞿能背后进行夹击，北军还乘风纵火，烧毁南军诸营，南军开始溃败。瞿能、俞通渊、滕聚陷入北军阵中，无人接应，全部力战而死。南军中朝廷的监军礼部左侍郎陈复跃马跳入白沟河，郭英率军向西溃退，李景隆率军向南溃退，正与朱能交战的平安眼见大军已经混乱，也只能败退而走。北军则乘势发动追击，一直追至月样桥，李景隆逃往德州。魏国公徐辉祖率军殿后，尚未参战，听说大军溃败，全军完整退回。[①]

白沟河之战，南军损失十余万人马，损失惨重。朱棣则没有给南军喘息之机，立即向李景隆的大本营德州进军。五月初七日，已成惊弓之鸟的李景隆放弃德州，率军退走。朱棣在五月初九日占领德州，"籍吏民，收府库，获粮储百余万"[②]。五月十三日，朱棣留下都指挥陈旭驻守德州，马不停蹄率大军扑向朝廷在山东的核心——济南。

---

① 白沟河之战过程，双方记载不一，结合 [明] 佚名：《奉天靖难记》，卷二，第 452—453页，"三十三年四月庚申"；[明] 佚名撰、王崇武校注：《奉天靖难记注》，卷二，第 115—116 页，"三十三年四月庚申"；[明] 谈迁：《国榷》，卷十九，第 816—817 页，"建文二年四月庚申"。

② [明] 佚名：《奉天靖难记》，卷二，第 453 页，"三十三年五月癸酉"；[明] 佚名撰、王崇武校注：《奉天靖难记注》，卷二，第 117 页，"三十三年五月癸酉"。

7. 转战拉锯

白沟河之战，朱棣虽然获胜，但赢得其实很侥幸，北军的损失也很惨重。但他不打算停下来，而是在夺取德州后继续南下，兵锋直指济南。朱棣的做法是有道理的，李景隆白沟河战败后又放弃大本营德州，山东地区朝廷军事形势面临瓦解的局面，如果朱棣果能乘胜再下济南，则朝廷很有可能失去山东，朱棣也就打通了通向南京的道路。

李景隆因为自己的无能，将朝廷的脸面丢尽了，但并非整个山东都没有忠义之士愿意为朝廷担当。首先站出来的是锦衣卫镇抚杨本，白沟河之战后，他上书朝廷揭发李景隆罪状：

> 刑属三千，罪莫大于不孝；人伦有五，德莫大于尽忠。忘君虐民者，不可以不惩，丧师失律者，不可以不罪。今都督袁宇与耿炳文，丧军士二十万于燕地，皇上怜其为太祖故旧，不忍加刑。又曹国公李景隆，四月进兵，丧失军马无限。皇上责问，乃归罪群下。乞假臣为大总兵，用能官一员，召募义勇；招抚军伍，凡先锋、参谋、军政、稽考等官，臣自当保举，仍特命亲王为监军，疾驰燕师，则可免生民于涂炭，奠宗社于泰山矣。[1]

书上不报，杨本只能孤军直出，李景隆又因为妒忌不发一兵援助，致使杨本兵败被俘，被送回北平。后来朱棣进攻济南受挫，朱高燧担心北平不稳，杀掉了杨本。

杨本虽然没能完成自己的构想，但负责督运大军粮饷的山东参政铁铉就不同了。他在临邑遇见了同样怏怏不乐的高巍，当时正是端阳节，两人"誓酒同盟，起集民丁，协同都司，固守济南"[2]。铁铉、高巍决心在济南协同都督盛庸誓死固守，朱棣也在为攻打济南做准备。为了补充白沟河之战损失的兵员，朱棣再度下令招

---

① [明] 李贽：《续藏书》，卷五，《逊国名臣·杨本》，第94页。

② [明] 宋端仪：《立斋闲录》，卷二，《革除录·赠司马相公忠孝两全序 高巍》，第573页。

募"忠义勇敢之士"①，吕讲经就是此时投入朱棣旗下的。吕讲经，名智寿，字松岩，北平宛平县人，本为童子，后来辞别父母出家于庆寿寺，跟随惠禅法师修行。洪武元年（1368 年），十六岁的吕讲经出游山东齐河县，建立了定慧寺。洪武十五年（1382 年），吕讲经从南京获得了符节，正式住持定慧寺。靖难之役爆发后，随着朱棣率军来到济南，吕讲经"朝见，请从军自效。奉敕募兵五千人，号'敢勇忠效军'。累升都指挥同知、神武中卫，带俸从征。横刀跃马，身先士卒，所至功为多"②。靖难之役结束后，吕讲经上交了所有赏赐，请求做回僧人，受命同姚广孝一同居住在庆寿寺。从吕讲经的经历我们能看出，朱棣因为白沟河之战的损失，此时继续补充，所以即便对吕讲经这样的僧人归附，也是来者不拒。

五月十六日，朱棣率军抵达济南，李景隆此时还拥有十余万人马，完全可以凭借济南坚城迎战，但他惊魂未定，仓促迎战，列阵还未稳，北军就乘势进攻，李景隆再次大败南逃，济南只剩下了铁铉、盛庸等人。

铁铉，色目人，洪武年间由国子生授礼科给事中，又调都督府断事。建文年间，任山东参政，受命督运大军粮饷，没有出现失误。盛庸，洪武年间累官至都指挥，建文年间先后跟随耿炳文、李景隆伐燕。命运让两人和高巍在济南成为了同僚，共同抵抗朱棣的猛攻。

朱棣击败李景隆后立即对济南城发动进攻，然而他遭遇到了前所未有的激烈抵抗。根据高巍的记载，朱棣在强攻不成后，"诡诈百端，诱说军民开门出见"，铁铉"遂使军民秽骂"，朱棣知道济南城不会投降，便"长围四守，内外不通，百计攻打，昼夜不息"，结果"攻之愈急，守之愈固"③，朱棣甚至在五月十七日做出要堵塞城外河堤，引水灌城的架势，仍旧未能动摇城内坚守的决心。相比于济南的固守，朱允炆的表现就不太令人满意了，他除了在六月派出尚宝司丞李得成前往朱棣处请求讲和外，没有给予济南任何实质性的援助，对此，朱棣当然不会给予积极的回应，李得成最终无功而返。朱允炆似乎对和方孝孺商讨更改皇宫各门名称表现出了更大的兴趣，这在当下的危急存亡之秋，无论如何都是一件难以置信的事情。

济南就这样在铁铉、盛庸等人的坚守下坚持了三个月，朱棣顿兵坚城之下，少

---

① ［明］佚名：《奉天靖难记》，卷二，第 453 页，"三十三年五月壬午"；［明］佚名撰、王崇武校注：《奉天靖难记注》，卷二，第 118 页，"三十三年五月壬午"。

② ［明］钱谦益：《牧斋初学集》，卷七〇，《吕讲经传》，第 1581 页。

③ ［明］宋端仪：《立斋闲录》，卷二，《革除录·赠司马相公忠孝两全序 高巍》，第 573 页。

有地陷入了一筹莫展的境地。朱棣率领北军主力被牵制在济南城下，平安则趁此时调动兵马安营于单家桥，计划控制御河，截断北军的粮道。平安的行动有力配合了济南守军。朱棣在七月得知这一消息后，听从了姚广孝的建议，立即着手班师，但北军回军需要时间，为了牵制平安，朱棣给朱高炽写信传授方略，让他用疑兵之计扰乱平安的计划，配合自己班师：

> 谍报贼将平安领众二十万营于单家桥，欲移营御河，截我粮船。又遣善水者五千渡河，合势以攻德州。然德州尚余粮数十万，但恐众寡不敌。我新附义勇军挈家归北者，不绝于道，虑为贼所邀。我料贼新破胆，彼气索，必不敢出，然不可无备。汝可令第三弟将万余人，初出营于彰义门，次日移营在卢沟桥西，三日至良乡，若与大军合势，使贼知之，必生狐疑，不敢轻进。四五日间，令其移军复回，贼必再觇我动静，往返之间，已逾旬日，则我粮船及新军已过直沽矣。此兵法所谓"我不欲战，敌不得与我战"者，乖其所之也。①

朱高炽按照朱棣的部署行事，平安果然没有轻举妄动，朱棣得以在八月撤围，于九月返回北平，济南城内守军乘机追击，后军都督陈亨在作战中再次受创，最终在十月去世。

在整个济南战役中，有一个情节争议颇大，就是铁铉曾打算用计活捉朱棣。李贽在《续藏书》中记载，朱棣在五月抵达济南后，铁铉等向朱棣诈降，开门迎候，计划在朱棣进城后放下铁板，将朱棣困在城中。结果当朱棣进城时，铁板放早了，"急下铁板，几中"②，朱棣侥幸逃脱，恼怒不已的朱棣由此开始猛攻济南。这段情节在很早的《立斋闲录》里也有记载，"文庙兵至，城不下，围之月余，亦不得。时城有攻破者，随完之，以计诈开门，降用板，候其入下之，几中其计"③。宋端仪说他的这段记载出自明朝天顺年间内阁首辅李贤的《天顺日录》，查《天顺日录》，确有这段记载，不过文字稍有不同，"文庙兵至城下，围之月余不得下。时城有攻破

---

① [明] 佚名：《奉天靖难记》，卷二，第454页，"三十三年七月癸未"；[明] 佚名撰、王崇武校注：《奉天靖难记注》，卷二，第121页，"三十三年七月癸未"。

② [明] 李贽：《续藏书》，卷五，《逊国名臣·铁铉》，第95页。

③ [明] 宋端仪：《立斋闲录》，卷二，《革除录·铁铉》，第585页。

者随完之，以计诈开门，降用板，候其入下之，几中其计"①，这里面虽然都提到济南用铁板之计，但没说是朱棣亲自进城，与《续藏书》颇为不同。这段颇富传奇色彩的记载，潘柽章在《国史考异》中就认为不可信，"文皇善用兵，不应误信轻率乃尔"，潘柽章同时驳斥了铁铉在城上以朱元璋画像阻止朱棣炮击的记载，认为朱棣之不能破城的原因在于济南城高池深、平安屯兵单家桥、盛庸进逼德州，过于夸大铁铉的作用是不客观的。②

确实，正如潘柽章所说，高巍在《赠司马相公忠孝两全序》中叙述整个济南之战的过程，都没有这两处情节，而且诱降的情节在高巍的序中是出自朱棣的北军，不是铁铉。实际不仅这篇序言，高巍在涉及济南之战的其他诗文中也都没有涉及。济南之战南军获胜，这对朝廷无论如何都是一个鼓舞，对此，高巍的兴奋是溢于言表的，他在《赠司马相公忠孝两全序》中自豪地宣称："若非济南战守而剉其锋，某某乘劈竹之势，目中已无江淮矣。今原济南之功，比之广昌、东昌如摧枯振落者，真若急流中之砥柱也。攻围三月，彼既智穷力尽，师老将疲，援兵方至，遁走围解"③，得意之情，溢于言表。朝廷收到捷报后，也没有吝惜奖赏，"皇上明见之远，捷音方至，遂命翰林院检讨陈某赏银段以酬其功绩；吏部主事鲁某送诰命以光其世，封三代，其荣极矣"④。

高巍在《退敌乘喜宴乐水心亭赋》中也谈及了济南之战的过程，"至济南之日而被围，思张巡守城之中坚。幸遇知己之相，逢英辈济济而云联。若徐将军之赳赳，盛总兵之桓桓，佥宪高公之纠慢，参军宋公之周旋，掠阵张都统之能勇，储给王太守之从权，吾道王府校之论议，斯文王肯播之勉旃"⑤，同样没有提到铁板和画像说法。

这一系列记述充分表现了高巍此时的得志，但都没有提到铁板和朱元璋画像的事情，这两段情节确实大可怀疑。相比于朝廷方面一扫阴霾的兴奋之情，班师回到北平的朱棣日子就不那么好过了，朱棣虽然对诸将照例进行了一系列升赏，除了表彰他们在郑村坝、白沟河的功绩，也含有鼓舞士气的作用。然而我们从姚广孝此时

① ［明］李贤：《天顺日录》，第1169页。

② ［明］潘柽章：《国史考异》，卷四，《让皇帝·八》，第67页。

③ ［明］宋端仪：《立斋闲录》，卷二，《革除录·赠司马相公忠孝两全序 高巍》，第573页。

④ ［明］宋端仪：《立斋闲录》，卷二，《革除录·赠司马相公忠孝两全序 高巍》，第573页。

⑤ ［明］宋端仪：《立斋闲录》，卷二，《革除录·退敌乘喜宴乐水心亭赋 高巍》，第574页。

的一首诗歌能看出朱棣主臣此时真正的心境。姚广孝在九月重阳节写就的《九日感怀》（洪武三十三年作）中写道：

> 八月中秋不玩月，九月九日不登山。
> 可怜时节梦中过，谁对黄花有笑颜。[①]

沮丧、消沉的低落情绪溢于言表。不过没有多少时间让朱棣消沉，盛庸、平安在济南取胜后信心大增，对朱棣日益进逼，他必须立即拿出对策。

济南战役北军虽然受挫，但其实实力损失并不严重，最令朱棣担忧的还是士气低落的问题，而能够有效解决这一问题的方法就是立即出兵，通过胜仗来鼓舞士气。

十月十五日，朱棣下令出征辽东，对于这个安排，北军将士普遍感到不满。十六日，大军抵达通州，张玉、朱能趁机劝道："今密迩贼境，出师远征，况辽地盛寒，士卒难堪，此行恐非利也。"明确表达了反对出征辽东，朱棣的回答则表达了他对辽东的担心："今贼将吴杰、平安守定州，盛容守德州，徐凯、陶铭筑沧州，欲为掎角之势。德州城壁坚牢，贼众所聚。定州修筑已定，城守粗备，沧州土城，隳圮日久，天寒地冻，雨雪泥淖，修之未易便葺。我乘其未备，出其不意，倍道以攻之，贼有土崩之势。今佯言往征辽东，不为南伐之意，以怠其心。因其懈怠，偃旗卷甲，由间道直捣城下，破之必矣。失今不取，他日城守完备，难于为力。且机事贵密，故难与议，惟尔知之。"朱棣这段话显示了济南战败后，特别是丢失德州后，朱棣面临的南军步步进逼的局面。平安在定州，盛庸在德州，徐凯在沧州加固城防，目标都指向了北平。[②] 高巍此后写了一系列诗歌用来记述自己的军旅生涯，其中一首《从军吟》说：

> 百万貔貅过太行，军容整肃阵堂堂。
> 亡群走兔无藏薮，失木飞禽近上苍。
> 白刃林磨山振响，红旗风动日无光。

---

① [明] 姚广孝：《逃虚子诗集》，卷九，《九日感怀 洪武三十三年作》，第 68 页。

② [明] 佚名：《奉天靖难记》，卷二，第 455 页，"三十三年十月丁未"；[明] 佚名撰、王崇武校注：《奉天靖难记注》，卷二，第 124—125 页，"三十三年十月丁未"。

将军驻马鞭麾指，信宿擒燕会晋阳。[1]

另一首《班师回过倒马关》说：

铁骑千群过雁门，旌旗簇簇彩云屯。
晋民遥见皆惊喜，燕寇闻之丧胆魂。
灿烂银盔明雪月，青红绣袄邑烟尘。
将军不速追穷寇，胜算降燕在暮春。[2]

从高巍的诗歌能够充分看出南军此时士气大振，积极谋求灭燕。朱棣的话则表明他此时的目标是还没有修缮完毕的沧州，不过出于保密的因素，声言是进攻辽东罢了。

十月十九日，北军抵达夏店，二十一日，朱棣派出都指挥陈旭、徐理前往直沽建造浮桥让大军通过。二十五日，朱棣突然回师通州，沿河南下，这一行动引起了将士的疑虑，朱棣则以颇有些玄的理由来平息骚动："夜有白气二道，自东北指西南，占书云'执本者胜'，今惟利南伐，而不利于东征，天象显示，不可违也。"他仍旧坚持保密，力求达成偷袭沧州的突然性。朱棣的迂回行动成功迷惑了徐凯，他得知朱棣东征辽东，放心的派出军队前往榆林地区伐木用来加固城防。十月二十七日，朱棣率军通过直沽，他终于对全军说明了此次作战的真是目标正是沧州，"彼所备者，惟青县、长芦，今砖垛儿、灶儿坡数程无水，彼不为备，趋此可径至城下。"北军在当天二更启程，⋯昼夜急行军三百里，在此时黎明时分进至盐仓，杀掉了南军数百哨骑。北军突然来到沧州城下，徐凯完全措手不及，他急忙布置守城，但已经来不及了，北军四面发动进攻，朱棣更亲自率军"由城东北攀薄而登，逾时，遂拔其城"，由于预先安排部队截断了守军退路，都督徐凯、程暹，都指挥俞琪、赵浒、胡荣、李英、张杰并指挥、千百户百余人都被生擒。[3]

对于被俘虏南军士兵，朱棣将大部分人都放走了，但还剩下了三千余人，因为

---

① ［明］宋端仪：《立斋闲录》，卷二，《革除录·从军吟 高巍》，第575页。
② ［明］宋端仪：《立斋闲录》，卷二，《革除录·班师回过倒马关 高巍》，第575页。
③ ［明］佚名：《奉天靖难记》，卷二，第455页，"三十三年十月"；［明］佚名撰、王崇武校注：《奉天靖难记注》，卷二，第126页，"三十三年十月"。

天色已晚，朱棣打算第二天再放他们。结果等到次日黎明朱棣命内侍传下令旨时，发现这三千人在夜里都被谭渊杀害了。朱棣立即召来谭渊，斥责他说："尔虽善战，功则有之，然擅杀降者，过亦岂掩？一人之身，岂足以偿三千人性命？我每临阵，痛戒尔辈勿杀，他将皆遵令，惟尔好杀不止，尔必不免。"结果谭渊表现得很倔强："此皆各处精选壮士，今放回，明当复来杀我，尽力以获之，复纵归以资敌，为害不已，故臣计不如坑之。"谭渊完全是从军事角度进行的分析，徐凯所部都是南军精锐，他们一旦被放走，势必回到南军中再次前来与北军作战，因此不如全部杀掉。但朱棣更看重政治影响，他继续斥责谭渊："如尔所言，凡与我为敌者，必尽杀乃已，尔之不仁如是。"才终于将谭渊说的"惭悚而退"。[①]无疑，朱棣在军事需要与收拢人心之间面临一个两难的选择，但沧州之战的胜利队朱棣来说还是很值得鼓舞的，他成功打破了南军分路进逼的计划。

朱棣攻克沧州后，将得到的辎重、器械、降将全部通过直沽水路送回北平，自己则在十一月初四日自长芦渡河，循河南下，通过景州，掠德州而过。当时盛庸就在德州城里，朱棣尝试招降，盛庸则坚守不出，拒不投降。朱棣也不强攻德州，而是继续进军临清，盛庸则派出百余骑尾随监视，进行一些试探性攻击。十一月十二日，朱棣抵达临清，他分析盛庸此时依赖御河的粮运，因此决定断盛庸粮道，迫使盛庸离开德州南下。十四日，朱棣移师馆陶，直抵东平，途中焚毁了南军粮饷及运粮船只，成功迫使盛庸离开德州南下，从而解除了北平受到的威胁。

十二月初四日，朱棣驻军汶上，游骑已经抵达济宁。此时盛庸、铁铉从离开德州后已经进驻东昌，朱棣获知这一消息后决定回师在东昌与盛庸进行决战。

朱棣为什么要选择东昌进行决战呢？这实际是由东昌在明初特殊的军事地位决定的。洪武年间，朱元璋在全国设立了南北两个重要的军事中心，南方的南京以北、长江北岸的浦子口，这里先后集中了应天卫、龙虎卫、武德卫、蒙古左卫、右卫、和阳卫、横海卫等大量京卫，仅次于应天府城，与北平府城、西安府城相当。[②]

除了南方的浦子口，北方的军事中心正是在东昌周围，东昌地处中原心腹，号称"天下之胸腹"，"战守必资之处"，附近的临清也是"南北之喉隘"，地位可谓十

---

① ［明］佚名：《奉天靖难记》，卷二，第455—456页，"三十三年十月戊午"；［明］佚名撰、王崇武校注：《奉天靖难记注》，卷二，第126—127页，"三十三年十月戊午"。

② 李新峰：《明前期军事制度研究》，第三章、行伍组织，第三节、常备军，一、"取缔"常备军，（二）洪武时期的"军事基地"。北京：北京大学出版社，2016年，第176—177页。

分重要。①因此朱元璋不仅频繁派遣高级将领前往山东一带练兵，更在这里集中了大量卫所。洪武十年（1377年），蓝玉奉命练兵东昌，两年后，汤和、陆仲亨、周德兴、黄彬、郭子兴等前往临清练兵，洪武二十三年（1390年），东平侯韩勋、西凉后濮屿、沈阳侯察罕、左军都督府都督佥事王宪等人前往东昌练兵，可见在洪武年间，东昌、临清一代一直被作为一个重要的军事基地进行经营。到了建文年间，南军同样大量集中于东昌一带，以此为基地向朱棣发动进攻。故而，朱棣选择东昌进行决战，正是志在夺取这一军事要地，从而在济南之战后换一条路打开自己南下的通路。

十二月初七日，朱棣先派都指挥朱荣、刘江、内官狗儿（王彦）率精骑三千夜袭盛庸先锋孙霖在滑口的营寨，然后率大军在直扑东昌而去。十二月二十五日，朱棣抵达东昌，盛庸背城列阵，在阵前、两旁布置了大量火器、弓箭，做了充分准备迎战朱棣。

朱棣先以精骑冲击盛庸左翼，但没有突破，只能绕出敌阵，改为冲击南军中坚，盛庸等的就是这个，他打开军阵将朱棣放入，然后立即合围发动猛攻。朱棣被南军大阵吞没，困在阵中，南军自济南之战胜利后，士气大振，此时奋勇争先，"贼围上数重"②，形势瞬间变得十分危急，朱能发现朱棣受困，"后敌围上数匝，王（朱能）奋力翼上以出"③，率领番骑冲入南军阵中鏖战，即使遭到盛庸以密集火器攻击也毫不退缩，终于保护朱棣从南军阵营稍显薄弱的西南方突围而出。张玉不知道朱棣已经在朱能的保护下突围，"王（张玉）不知上所在，突入敌阵大战，连杀百数十人，王亦被创而殁"④，成为此战朱棣方面最大的损失。

东昌之战，北军步兵首先战败，骑兵除了随朱棣冲阵的损失外，更被南军密集的火器攻击，遭到大量杀伤，同样损失惨重，在当天稍晚时分也最终战败，甚至有向南军投降的，这场血战持续到天色昏黑之时才结束，朱棣亲自率军殿后，十分狼狈地于二十七日退至馆陶。朱棣退往馆陶的路上仍旧险象环生，盛庸击败朱棣后，

① ［清］顾祖禹：《读史方舆纪要》，卷三四，《山东·东昌府》《山东·临清州》，第1591—1592、1601页。

② ［明］佚名：《奉天靖难记》，卷二，第457页，"三十三年十二月乙卯"；［明］佚名撰、王崇武校注：《奉天靖难记注》，卷二，第130页，"三十三年十二月乙卯"。

③ ［明］宋端仪：《立斋闲录》，卷三，《靖难录·杨士奇撰（朱）能神道碑》，第602页。

④ ［明］宋端仪：《立斋闲录》，卷三，《靖难录·杨士奇撰（张）玉神道碑》，第604页。

乘胜追击，勒兵真定，追赶朱棣，南军还图谋截断朱棣退路。因此朱棣一路且战且退，在建文三年（1401年）正月初一日终于从馆陶退回威县。

回到威县的朱棣仍旧没有摆脱南军的纠缠。真定出动的南军马步两万前来截击朱棣，朱棣于是以精骑数千在沿途设下埋伏，然后亲率数十骑逼近诱敌，朱棣对南军将士说："我常获尔众即释之，我数骑暂容过，无相阨也。"谁知南军将士回答说："放尔是纵蝎！"明显是必欲除之而后快。南军迅速压上，朱棣且战且退，成功将南军诱入埋伏，尽数歼灭。解决了追兵后，朱棣继续向北平退却，当北军在正月初五日退至深州时，他们再度遭遇真定出动的由平安、吴杰率领的南军三万余人，朱棣以骑兵切断敌人退路，然后亲率精骑百余人冲阵，击溃这支追兵，继续向蠡县退却。最终在正月十七日艰难地回到了北平。①

东昌之战是朱棣靖难起兵以来从未遭遇到的惨重失败，回到北平后，诸将都"免冠顿首请罪"，朱棣此时深知此战对军队打击之大，他主动承担了大部分责任，对众将发表了一段讲话：

> 尔等皆冠，其失在予，非尔等所致。予以尔等皆心膂之士，骁勇善战，爱惜才难，每有小过，略而不问，驯至违律，废弃前功。譬父母养子骄爱之过，纵其所为，久则不听父母之命，此岂子之罪哉？然胜负兵家常事，今胜负相当，未为大失。尔等但勉图后功，若复蹈前辙，虽欲私宥，公法难原，天地神明亦所不容矣。②

朱棣明确说"其失在予"，就打消了将领们的惶恐情绪，但他仍旧将"不听指挥"的过错推给了下级，如此一来，总算再次团结了内部。然而有一个问题就是东昌之战北军的损失究竟如何。

《奉天靖难记》不承认东昌北军战败，只委婉地称"东昌无功""胜负相当"③，

---

① [明]佚名：《奉天靖难记》，卷三，第457页，"三十四年正月"；[明]佚名撰、王崇武校注：《奉天靖难记注》，卷三，第133页，"三十四年正月"。

② [明]佚名：《奉天靖难记》，卷三，第457—458页，"三十四年正月丁丑"；[明]佚名撰、王崇武校注：《奉天靖难记注》，卷三，第134页，"三十四年正月丁丑"。

③ [明]佚名：《奉天靖难记》，卷三，第457—458页，"三十四年正月丁丑"；[明]佚名撰、王崇武校注：《奉天靖难记注》，卷三，第134页，"三十四年正月丁丑"。

这当然不是事实。但是南军方面的记载也失之夸张，比如《明史·盛庸传》称"是役也，燕师精锐丧失几近"[1]。且不论朱棣退至深州时还能成功击退平安、吴杰率领的精锐部队，就在东昌之战结束不到一个月，朱棣就再度率领大军南下了。因此，说此战北军精锐丧失殆尽也是不可信的。《国榷》记载此战南军"斩首万余级"[2]，相对来说更为合理。

朱棣和众将总结了东昌之战的得失，接下来就该鼓舞士气，以图复举了。他在正月底"升燕山左护卫指挥使王真、燕山中护卫指挥使费瓛、指挥同知刘江、燕山右护卫指挥使白义为北平都司都指挥佥事"[3]。建文三年（1401年）二月初九日，朱棣"命僧修佛会，荐阵亡将士，上亲为文祭之"，祭祀包括张玉在内的阵亡将士。祭祀完毕后，朱棣流下泪来，很动情地说：

> 奸恶集兵，横加戕害，图危宗社。予不得已，起兵救祸，尔等皆摅忠秉义，誓同死生，以报我皇考之恩。今尔等奋力战斗，为我而死，吾恨不与偕，然岂爱此生？所以犹存视息者。以奸恶未除，大仇未报故也。不忍使宗社陵夷，令尔等愤悒于地下，兴言痛悼，迫切予心。[4]

说完后，朱棣将自己的衣袍脱下焚烧，众将立即劝阻，朱棣则说："将士于予情义深厚，予岂能忘？吾焚此，亦示同死生，死者有知，鉴予此意。"焚烧完衣袍，朱棣"号痛不已，将士皆悲哭不止，观者无不感动"[5]。无论朱棣是动了真情抑或仅仅是表演，他都成功重新凝聚了人心，鼓舞了士气。很快，他就在姚广孝的力主下于二月十六日再度率军南出了。

朱棣对这次出征十分看重，他对将士讲到：

[1] [清] 张廷玉等：《明史》，卷一四四，列传第三十二，《盛庸传》。
[2] [明] 谈迁：《国榷》，卷十一，第821页，"建文二年十二月辛酉"。
[3] [明] 佚名：《奉天靖难记》，卷三，第458页，"三十四年正月壬午"；[明] 佚名撰、王崇武校注：《奉天靖难记注》，卷三，第134页，"三十四年正月壬午"。
[4] [明] 佚名：《奉天靖难记》，卷三，第458页，"三十四年二月戊戌"；[明] 佚名撰、王崇武校注：《奉天靖难记注》，卷三，第135页，"三十四年二月戊戌"。
[5] [明] 佚名：《奉天靖难记》，卷三，第458页，"三十四年二月戊戌"；[明] 佚名撰、王崇武校注：《奉天靖难记注》，卷三，第135页，"三十四年二月戊戌"。

尔等怀忠奋勇，协力同心，临阵斩敌，百战百胜。比者东昌，纔战即退，弃前累胜之功，可为深惜。夫惧死者必死，捐生者必生，若白沟河之战，南军怯懦，见战即走，故得而杀之，所谓惧死者必死也。尔等刀锯在前而不惧，鼎镬在后而不慑，临阵舍死，奋不顾身，故能出百死全一生，所谓捐生者必生也。举此近事为喻，不必远鉴于古，此实尔等所知也。有惧死退后者，是自求死。尔等毋恃累胜之功，漫不加警。有违纪律者，必杀无赦。恪遵予言，始终无怠，则事可以建功，可以成矣，其懋之哉！[①]

朱棣这次反复强调大军的纪律问题，"尔等毋恃累胜之功，漫不加警。有违纪律者，必杀无赦。恪遵予言，始终无怠，则事可以建功，可以成矣"，这可以说是吸取了此前战争中屡屡出现的将领不听指挥，乃至杀降的问题。东昌之战结束后，朱棣更加认识到这个问题的严重性，面对盛庸、平安这种名将要想取胜，必须要做到令行禁止。

二月二十日，北军抵达保定，朱棣召集众将讨论接下来的作战目标。众将都认为："定州军民未集，城池未固，攻之可拔。"朱棣则持不同意见，他在济南之战后对攻城战持保守态度，"野战则易以成功，攻城则难于收效，况盛庸聚众德州，吴杰、平安颉顽真定，相为掎角，攻城未拔，顿师城下，必合势来援，坚城在前，强敌在后，胜负未可决也。今真定相拒德州二百余里，我军出其中，贼必迎战，西来则先击其西，东来则先击其东。败贼一军，余自破胆。"朱棣的分析是基于北军的优势出发的，北军常年在北方与蒙古骑兵作战，后来又收纳了蒙古精锐，利于野战，因此朱棣决定既不攻击德州，也不攻击真定，而是攻击两城之间的真空地带，吸引南军出城野战，从而将之纳入北军希望的局面中。然而对于朱棣的方案，北军将领仍旧有担忧，即"二百里不为远，我军分两贼间，彼合势齐进，我腹背受敌"。二百里对于南军并不是很大的距离，倘若不能如朱棣所说在德州、真定两军汇合之

---

① ［明］佚名：《奉天靖难记》，卷三，第458页，"三十四年二月乙巳"；［明］佚名撰、王崇武校注：《奉天靖难记注》，卷三，第136页，"三十四年二月乙巳"。

前先击败其一军，则北军很可能陷入腹背受敌的窘境。对此，朱棣从战争本身出发进行了驳斥："百里之外，势不相及，两阵相对，胜负在于呼吸之间，虽百步之内，不能相救，矧二百里邪？尔等无惮，试观吾破之。"既然身为统帅的朱棣坚持如此，诸将也就服从了。[①]

次日，朱棣移师紫围八方。此时春寒料峭，朱棣所穿的素红绒袍上竟然凝结出了一层薄霜，看上去很像龙纹。将领们自然将此视为吉兆，他们口头称贺："龙为君象，天命攸归，故有此嘉兆，必获大捷。"朱棣此时则维持了谨慎："我与若等御难求生，诚非得已。且帝王之兴隆，历数有在，岂可必得？但冀幼冲悔祸，奸恶伏诛，宗社再安，吾得仍守藩封，尔等亦各安其所。今凶焰方盛，社稷几危，吾日夜深忧，乃不思自奋，而以此为异，是亡警惧之心而动安逸之萌也，吾恐蹈沦胥之患矣。"此时胜负未定，朱棣自然不能说的太多，但从这段话仍旧能看出朱棣对皇位是有所期盼的，"且帝王之兴隆，历数有在，岂可必得"，因此到了《明太宗实录》中为了凸显朱棣此时无心皇位，将这段话进行了大幅度删改，这一做法恰恰从反面论证了这段话的真实性。

三月初一日，朱棣率军进至滹沱河，沿河列营，这里是南军往来之冲要。朱棣站稳脚跟后立即派出哨骑探查定州、真定两处，"多为疑兵以误之"，尽最大限度迷惑平安、吴杰，迟滞他们的进军速度，以便自己全力对付盛庸。三月十二日，盛庸进至单家桥，朱棣立即从陈家渡渡过滹沱河逆击，结果没有发现盛庸的踪迹。朱棣不敢掉以轻心，他十分担心盛庸与真定的平安、吴杰汇合，因此反复几次渡过滹沱河，寻找盛庸。三月二十日，北军终于侦察到盛庸位于夹河，朱棣立即"进师迫之"，防止盛庸再次溜掉。二十一日，朱棣在距离盛庸大营四十里出驻兵。在这里，朱棣做了十分仔细的战前准备，他对将领们说："贼每列阵，精锐在前，罢弱在后，明日与战，以劲师当其前，摧其精锐，余自震慑。中军常去贼五六里，列阵严整待之，我以精骑先薄其阵，绕其背而击之，如掩扉之势，推之使前，贼急行五六里，气喘力乏，中军俟其奔过，随而击之，我蹑其后，乘势逐北，贼众必败。慎勿逆击之，贼必致死以期生也。"说完后，朱棣还不放心，又反复强调了多次，最后甚至

---

① ［明］佚名：《奉天靖难记》，卷三，第458—459页，"三十四年二月己酉"；［明］佚名撰、王崇武校注：《奉天靖难记注》，卷三，第136—137页，"三十四年二月己酉"。

抽出一支箭来，在地上画图给将领们讲解，又令宦官分成几队，逐一给将领讲解。^①
从朱棣的这一举动我们能够清晰看到东昌战败后朱棣与盛庸作战时的谨慎。

三月二十二日，朱棣下令大军列阵前进，在中午进抵夹河，盛庸已经在那里列阵等待。盛庸将火车、火器、强弩、战楯都列在阵前，等待北军冲阵，朱棣则先以三骑掠阵而过，引诱南军追赶。北军此举吸引了南军千余人追赶，但并没能引动南军大军出动，三骑见南军出动千余人追赶，立即退回。经过初期试探，朱棣以骑兵一万、步兵五千进薄盛庸军阵，步兵攻打盛庸军阵左掖，南军士兵将盾牌层层叠加起来遮蔽，北军进攻受阻，便拿出特制的武器。这种武器形制为"预作木榒，长六七尺许，横贯铁钉于其端，钉末逆钩"，北军以勇士逼近敌军，将这种武器投掷出去，"连贯其盾，亟不得出，动则相牵联，不可以蔽"。北军步兵趁着这个空隙发动进攻，南军遭到北军密集弓箭打击，盾牌又受到牵制无法使用，火器也来不及发射，最终只能退走。此时北军骑兵"乘之而入，直捣其腹心"，两军展开一场混战。北军中军将都指挥谭渊素来骁勇，此时更是一马当先冲入敌阵，结果被南军都指挥庄得阵斩，北军稍稍退却。此时，朱能作为一支奇兵，与张武共同率军前进，朱棣更是亲率精锐部队掩出南军之背，"冲贯其中"，成功与朱能汇合，两军再度展开血战，一直持续到天色混黑，最终杀伤相当，各自收兵还营。^②

当天夜里，朱棣逼近盛庸军扎营，天亮后他发现四周全是敌人，情况十分窘迫。左右立即劝说："亟出，勿为所图。"朱棣则说："且休，无恐，吾正欲示轻贼，以沮其气。"太阳升起来后，朱棣"引马鸣角，穿贼营从容而出，贼众顾视惊愕，略不敢近"。^③正是这段记载，后来衍生出了一个"勿杀叔父说"。谈迁在《国榷》中于东昌之战内记载"燕庶人数危，知朝廷不欲死之，时独身殿，诸将短兵接，莫敢

---

① ［明］佚名：《奉天靖难记》，卷三，第459页，"三十四年三月"；［明］佚名撰、王崇武校注：《奉天靖难记注》，卷三，第138—139页，"三十四年三月"。

② 本段战役过程记载参考：［明］佚名：《奉天靖难记》，卷三，第459—460页，"三十四年三月辛巳"；［明］佚名撰、王崇武校注：《奉天靖难记注》，卷三，第138—140页，"三十四年三月辛巳"；《明太宗实录》，卷七，第81—83页，"三年三月辛巳"；［明］宋端仪：《立斋闲录》，卷三，《靖难录·杨士奇撰（朱）能神道碑》，第602页；［明］谈迁：《国榷》，卷十一，第823页，"建文三年辛巳"。

③ ［明］佚名：《奉天靖难记》，卷三，第460页，"三十四年三月辛巳"；［明］佚名撰、王崇武校注：《奉天靖难记注》，卷三，第140页，"三十四年三月辛巳"。

加，故得免"①。《建文帝后纪》记载："时建文元年七月甲戌也。帝命长兴侯耿炳文为大将军，副以驸马李坚、都督宁忠，帅师三十六万，分道北征，祃旗之日，帝曰：'昔萧绎举兵入京，令其下曰：一门之内，称兵甚不祥也。今将士务体此意，毋使朕负杀叔父之名。'且为书示诸王"②。甚至在《建文书法儗》还专门以《谕诫将士小论》针对这一点对朱允炆进行了批评性评论：

> 是兴亡一大机也。内兵心忌，文皇胆张，此怠而彼奋，此瑕而彼坚，又何俟接战觇胜负哉？夹河战后，文皇直抵京师无退计，挺身当前，或单骑殿后，上教之也。夫不忍叔父，其自忍乎？真宋襄之仁义也。若欲勿杀，则如让之，欲兵无害，则如已之，读视至此而不哑然笑失声忾乎？当时在廷诸臣，曾不出一言相难，何与？殆天蔽厥衷而默然以相靖难之成舆？③

朱鹭将"不杀叔父"比作如宋襄公一般的迂腐仁义，认为正是这一点最终造成了朱允炆在靖难之役中失败，可见这一论点是如何的深入人心。当时我们倘若细查靖难之役的过程，则会发现这是不符合实际的。

前文曾经述及，东昌之战后朱棣率军退至威县，遭到南军追击，朱棣对南军将士说："我常获尔众即释之，我数骑暂容过，无相阨也。"谁知南军将士回答说："放尔是纵蝎！"从"放尔是纵蝎"能够明显看出，南军将士对朱棣是必欲除之而后快，完全看不出不敢伤害他的意思。这是作战中的一段典型记载，后来在夹河之战第二阶段、小河之战等处我们都能看到类似必欲置朱棣于死地的记载，到时笔者会在进行强调。

除了这些直接记载，还有一处特殊记载能够证明朱棣在靖难之役中的实际处境。黄瑜《双槐岁钞》中有一条《长陵八骏》记载：

> 太宗八骏图，其一曰龙驹，战于郑村坝，乘之中箭，都指挥丑丑拔。其二曰赤兔，战于白沟河，乘之中箭，都指挥亚失铁木儿拔。其三曰乌兔，战

---

①　[明]谈迁：《国榷》，卷十一，第821页，"建文二年十二月乙卯"。

②　[清]邵远平：《建文帝后纪》，第222页。

③　[明]朱鹭：《建文书法儗》，《建文皇帝本纪》，第44页。

于东昌，乘之中箭，都督童信拔。其四曰飞兔，战于夹河，乘之中箭，都指挥猫儿拔。其五曰飞黄，战于藁城，乘之中箭，都督麻子贴木儿拔。其六曰银褐，战于宿州，乘之中箭，都督亦赖冷蛮拔。其七曰枣骝，战于小河，乘之中箭，安顺侯脱火赤拔。其八曰黄马，战于灵璧，乘之中箭，指挥鸡儿拔。学士刘定之咏焉。盖靖难时，胡骑官军最近左右也。按八骏始于穆满，后千余年复见于唐太宗。我长陵驰驱西北，济世安民，适相符合此如此。①

不过关于朱棣中箭的战马是否就是八匹还存在分歧，《万历起居注》和《明神宗实录》都记载中箭战马为四匹：

> （万历四年五月）二十六日戊午，先是上出成祖文皇帝《四骏图》，命辅臣张居正题咏，四骏皆靖难时所乘，龙驹战于郑村坝，黄马战于白沟河，枣骝战于小河，赤兔战于灵璧，皆中流矢，抽失 [矢] 复战，遂大捷。至是，居正恭题以进。上览嘉悦，赐银八宝二十两、银豆二十两。盖上于祖宗创造艰难之迹留心如此。②

可见，明代官修史书中战马是四匹而非八匹，但是这四匹马中箭的地点到了张居正的文集中却又是不同的，张居正《张文忠公全集》中收录了他奉命为这四匹马写的诗，《龙驹》后注"郑村坝大战，胸堂著一箭，指挥丑丑拔箭"，《赤兔》后注"白沟河大战，胸堂著一箭，都指挥亚失帖木儿拔箭"，《枣骝》后注"小河大战，胸堂一箭，后两曲池一箭，安顺侯脱火赤拔箭"，《黄马》后注"灵璧县大战，后曲池著一箭，指挥鸡儿拔箭"。③

对比这四处记载，我们能发现，张居正所写诗中记载的战马数量虽然和《万历起居注》与《明神宗实录》相一致，但战马中间地点等细节却又和《双槐岁钞》一致而不同于两部明朝官书。如此一来，这些战马的情况就越发扑朔迷离了。又最早题咏这些战马的刘定之是明朝天顺年间人，《双槐岁钞》作者黄瑜是弘治年间人，

---

① ［明］黄瑜：《双槐岁钞》，卷三，《长陵八骏》，第47页。

② 南炳文、吴彦玲辑校：《辑校万历起居注》，第132页，"万历四年五月十六日"；《明神宗实录》，卷五〇，第1158页，"万历四年五月戊午"。

③ ［明］张居正：《张文忠公全集》，《诗二·恭题文皇四骏图四首》，第703—704页。

最后的张居正是万历年间人，可见这幅图从天顺直至万历都保存完好。王崇武先生最后也无法断定孰是孰非，只能说"或有一书讹误，或为后来改摹，皆未可定"①。不过无论是四匹还是八匹，究竟在何处中箭，当两军鏖战之际，乱箭齐发，不射人而专射马都是不可能的，可见南军从来没有试图放过朱棣，自然更不存在朱允炆下诏让将士不要伤害朱棣了。

那么，夹河初战之后，朱棣能够穿南军而过而南军不敢动又是为何呢？对此，王崇武先生认为是盛庸当东昌战胜之后，此时想要生擒朱棣邀功，故而下令不要杀朱棣，这是有一定道理的。"况周、齐、谷诸王幽絷，湘王自焚，惠帝意在削藩，何独厚爱于燕王哉？"②所谓不杀叔父，并不是史实。

下面说回夹河之战。三月二十二日至二十三日初战结束后，双方杀伤相当，朱棣没有实现击溃盛庸的目标，盛庸也没有达到消灭朱棣的目的，这也就意味着双方还得再战。三月二十三日，弄险摆脱南军的朱棣对诸将讲话，总结前一日的战果，同时布署今日作战的方略："昨日谭渊见贼走，逆击太早，不能成功，兵法所谓穷寇无遏，我先戒渊，令其整兵以待，俟贼奔过，顺其势而击之，为是故也。然贼虽少挫，其锋尚锐，必致死来斗。大抵临敌贵于审机变，识进退，须以计破之。今日贼来，尔等与战，我以精骑往来阵间，贼有可乘之处，即突入击之，两阵相当，将勇者胜，此光武所以破王寻也。"③

之后，朱棣立即整兵列阵，等待盛庸前来。朱棣的北军占据东北，盛庸的南军占据西南，两军相遇后立即陷入鏖战，朱棣知道今天必须分出胜负，于是亲自临阵督战，两军自辰时（7时至9时）一直战至未时（13时至15时），足足血战了6个小时之久，朱棣布置了一支奇兵"往来以冲之"，盛庸的南军则"退而复合者数四"，最后双方都疲惫了，坐在地上休息，之后再度展开混战，"相持不退，飞矢交下"，正在胶着之际，突然刮起了东北风，"尘埃涨天，沙砾击面"，南军将士顶风作战，睁不开眼睛，咫尺之内都无法看清。北军则抓住这个难得的时机发动猛攻，"我军乘风大呼，纵左右翼横击之，钲鼓之声震地，贼军大败，弃兵而走"，南军折损十余万，北军一直追至滹沱河，盛庸仓皇退回真定。战后，朱棣回到大营，"埃尘

①　王崇武：《明靖难史事考证稿》，第四章，《史事考证·（四）不杀叔父诏》，第95—96页。

②　王崇武：《明靖难史事考证稿》，第四章，《史事考证·（四）不杀叔父诏》，第95页。

③　[明] 佚名：《奉天靖难记》，卷三，第460页，"三十四年三月壬午"；[明] 佚名撰、王崇武校注：《奉天靖难记注》，卷三，第141页，"三十四年三月壬午"。

满面，将士不能识，及闻上声，乃趋前来见"。①

夹河之战，盛庸最终失败，看似是因为一场突如其来的大风，但这只是表面原因。盛庸自东昌大胜以来，对朱棣有些轻敌，夹河之战，盛庸甚至已经预先将攻破北平后庆功的金银器皿、锦绣衣服都准备好了，这也是盛庸战败的根本原因。除此之外，另一个原因是朝廷中一个人的离开，这个人是王度，"度有智计。盛庸之代景隆，度密陈便宜，是以有东昌之捷。景隆征还，赦不诛，反用事。忌庸等功，谗间之，度亦见疏。论者以其用有未尽，惜之"②。王度之被疏，直接让盛庸失去了朝廷中一个重要的支柱与智囊，这也从一方面造成了盛庸此后无法再取得东昌那样的大捷。

朱棣击溃盛庸后，仍旧无法休息，因为还有平安一路自真定而出的大军需要应对。朱棣在三月二十四日派遣使者将捷报带回北平，使者在单家桥南岸发现了平安所部万余大军，当即返回向朱棣报告了这一重要情报。平安、吴杰此时驻扎单家桥，一方面威胁北平，一方面拦住了朱棣返回北平的道路。倘若平安在此时进取夹河，则朱棣以疲惫之师，是很难再度获胜的。可惜平安、吴杰听说盛庸战败，便不再进军，而是退回了真定。三月二十五日，朱棣进取单家桥，击退了那里的南军守军，随后在当天移驻楼子营，准备迎击平安、吴杰。

朱棣与诸将分析了平安、吴杰可能采取的对策，认为其上策为婴城固守，因为朱棣的北军长于野战，短于攻城。中策则是大军一出即归，对朱棣避而不战，这样朱棣无法将之消灭，也就无法放心南下。下策则是主动求战，这也是朱棣最想要的结果，在野战中消灭平安。在没有击溃盛庸前，朱棣最担心平安远出与盛庸汇合，此时则唯恐平安躲避决战，时移世易，胜败局势已经完全不同了。对于朱棣来说，他虽然艰难扭转了济南、东昌之败后的不利局面，但这场战争的前途仍旧很不明朗。

朱棣积极求战，但诸将都认为平安在盛庸已经战败的情况下不会轻易出真定，"彼闻盛庸已败，必不敢出"，但朱棣并不认同，他说："不然，吴杰、平安拥众十万，不得与盛庸合者，以我军居中隔离其势，今逗遛不出，有旷期失律，劳师费财之责，然彼虽外示与盛庸合，其实忌盛庸先成功耳。盛庸战败，彼之所幸，盖欲

---

① 本段战役过程结合：[明] 佚名：《奉天靖难记》，卷三，第460页，"三十四年三月壬午"；[明] 佚名撰、王崇武校注：《奉天靖难记注》，卷三，第141—142页，"三十四年三月壬午"；[明] 谈迁：《国榷》，卷十一，第823页，"建文三年三月壬午"。

② [清] 张廷玉等：《明史》，卷一四一，列传第二十九，《王度传》。

独专其美，以图侥幸之功，此其有必出者。我且散军，托言取粮，以空虚。贼闻我军散，必乘虚而来，我军既出即回，严师以待之，必落我彀中矣。"朱棣敏锐地看出了平安与盛庸之间微妙的关系，认为平安在盛庸战败后求战立功之心反而高涨，一定会主动求战，而他则故意示以空虚，引诱平安出击。随后，诸将按照朱棣的布置，分散军士四出取粮，作出营中空虚无备的样子，同时还以一些校尉假扮百姓，担抱婴儿，逃入真定城中避难，他们也到处宣扬朱棣毫无防备，这些因素终于促使平安率大军出动前来攻击朱棣。①

时间到了闰三月初六日，朱棣还没发现平安的行踪，于是派遣都指挥郑亨、李远率军五千前往真定侦查。初七日，郑亨报告称吴杰率军至滹沱河北，距离北军七十里。朱棣听到这个消息大为振奋，他兴奋地对诸将说："贼不量力揣智，妄欲求战，譬犹乳犬之犯虎，伏雌之搏狸，虽有斗心，死随之矣。且盛庸既败，今彼复来，此天意欲两败之也。"当即下令大军渡河，诸将对乘夜渡河怀有疑虑，认为等天亮在渡河更为安全，都指挥陆荣甚至说："今日十恶大败，兵家所忌，不可济师。"朱棣则说："吾千里求战，忧贼不出，百计以诱之，今其出在外，是贼送死之秋。夫时不再得，几惟易失，今时几如此，岂可缓也？借使缓之，贼退真定，城坚粮足，攻之不克，欲战不应，欲退不能，是坐受其毙。若拘小忌，终误大谋。"朱棣求战心切，十分自信，决定不放过这个辛苦创造的机会，当即渡河。②

北军连夜渡河之后，朱棣亲率骑兵三千沿河西进，走了二十里左右，与平安、吴杰率领的南军相遇，南军立即退营于藁城。闰三月初九日，黄昏时分，两军进行了初次交锋，当天色转黑后各自收兵回营。朱棣担心平安退走，亲率数十骑逼近南军营地扎营，以此牵制平安。

初十日，平安、吴杰列方阵于西南，平安还在阵中"缚楼数丈，升高以望"，以便掌控全局，方便指挥。朱棣见平安列成方阵，便作出将要四面围攻方阵的态势，实则"以军麾其三面，悉精锐攻其东北隅"，采取了"我以精兵攻其一隅，一隅败，则其余自溃"的方针。两军旋即展开大战，就在双方激战正酣之际，朱棣又亲率数百骁骑循滹沱河绕到南军背后，"突入贼阵，大呼奋击"，南军则以箭雨回应，

---

①　[明] 佚名:《奉天靖难记》，卷三，第460—461页，"三十四年三月甲申"；[明] 佚名撰、王崇武校注:《奉天靖难记注》，卷三，第142—143页，"三十四年三月甲申"。

②　[明] 佚名:《奉天靖难记》，卷三，第461页，"三十四年闰三月丙申"；[明] 佚名撰、王崇武校注:《奉天靖难记注》，卷三，第144页，"三十四年闰三月丙申"。

"矢下如雨，箭集上旗，有若猬毛"，平安显然是吸取了盛庸夹河之战中的教训，丝毫没有为了生擒朱棣而放松攻击的意思。然而朱棣并没有为箭雨所阻，他率领死士直冲平安的所在的木楼，平安见势不好，赶快下楼撤走。作为最高指挥的平安一消失，南军方阵因为失去指挥立即开始出现混乱。此时一阵大风又突然刮起，"飞屋拔树，贼众力不能支"，北军则抓住这一时机四面猛攻，平安、吴杰全军崩溃，向真定方向退走，朱棣则率军一直追至真定城下，生擒南军都指挥邓戬、陈鹏等人。①

第二天，朱棣将那面在南军箭雨下被射得"有若猬毛"的大旗命人送回北平给世子朱高炽，还写信告诉他："谨藏之，以示后世子孙，使知今日御祸艰难也。"留在北平辅佐朱高炽的都督顾成见到这面旗帜，流着泪对朱高炽说："臣自幼从军，多历战阵，今老矣，未尝见此战也。"这可以从一个侧面看出靖难之役中两军交战的激烈程度。②朱棣在夹河击败盛庸、藁城击败平安后终于一雪前耻，洗刷了济南、东昌战败的阴霾，但北军此时连经两场大战，也到了极限，接下来怎么办，就成了朱棣、朱允炆双方需要再次考虑的问题。

---

① ［明］佚名：《奉天靖难记》，卷三，第461页，"三十四年闰三月己亥"；［明］佚名撰、王崇武校注：《奉天靖难记注》，卷三，第145页，"三十四年闰三月己亥"。

② ［明］佚名：《奉天靖难记》，卷三，第461—462页，"三十四年闰三月己亥"；［明］佚名撰、王崇武校注：《奉天靖难记注》，卷三，第145页，"三十四年闰三月己亥"。

8.胜败之间

朱棣藁城获胜第二天，也就是命人将大旗送回北平那一天，他再度渡过滹沱河，以战胜之威接连占领广平、大名。北军的接连获胜又一次震动了朱允炆，他再度罢免了齐泰、黄子澄的职务，希望让朱棣罢兵。这种做法十分愚蠢，而且他在真定之战后已经做过一次，不仅毫无作用，反而让朱棣"清君侧"的口号合法化了。闰三月十四日，朱棣在大名通过抓获的南军间谍得知了齐泰、黄子澄再度遭到罢免的消息，他立即给朝廷写了一封措辞强硬的上书：

> 窃惟二帝三生之治天下，无他术也，建用皇极而已。皇极者，大中至正之道也，以大中至正之道治天下，天下岂有不治者乎？大中至正之道，非人为之，盖天理之所固有，为人君者持守而行之，则佞臣必远，贤人不近而自近，九族不睦而自睦，百姓不均而自均，无所往而不当矣。《洪范》曰："无偏无党，王道平平"，岂非大中至正之道也钦？若为其君者，蔽其聪明，不亲政事，近佞臣，远贤人，离九族，扰百姓，彰过失于天下。为臣者，逞奸邪，图不轨，以危社稷。孰能举二帝三王治天下之大经大法以陈于前哉！尝观汉唐以来，大有为之君，亦不出于二帝三王之道，故能长久者也。
>
> 今昧帝王大中至正之道，且以诛灭亲王为心，父皇太祖高皇帝宾天未及一月，听流言而罪周王，破其家，灭其国。不旋踵而罪代王。湘王无罪，令其阖宫焚死。齐王无罪，降为庶人，拘囚京师。岷王削爵，流于漳州。至于二十五弟病不与药，死即焚之，弃骸于江。呜呼！彼奸臣者，其毒甚于虎狼。我父皇子孙几何，能消几日而尽害之至此，痛切于心。
>
> 岂意祸几日兴日盛，我守国奉藩，遵礼畏义，本无一毫之犯，又结构恶少，复来屠我，动天下之兵，骚四方之众，直欲必灭而后已。夫兵不祥之器，圣人不得已而用之。本为保生民，诛讨奸恶，以报大仇。上荷天地祖宗神明冥加佑护，凡战必胜，实非善用兵也。独念兵甲不息，天下生灵涂炭，何日而已，为民父母，能不惕然而恤之哉？我之将士，日望宽恩，以遂其生，已尝具奏，冀回其好生之心，以免无罪而死于白刃之下者，上不能允。岂期奸

臣进兵不已，屡战屡败，生灵何辜，遭此荼毒，肝脑涂地，我虽战胜，哀感之心，宁有已乎？迩者侧闻诸奸恶已见窜逐，虽未伏铁钺之诛，然亦可以少谢天人之怒，于此可见审之明而断之果，可以复太祖之雠，可以全骨肉之恩，可以保天下于几危，可以措社稷于悠久，故闻之不胜踊跃。诚如是，则非特我之幸，实社稷之幸，天下之幸也。惟日夜冀休兵之旨而竟无所闻。且四方之兵，调弄不止，是盖不能无疑焉。且以奸臣之窜逐，其罪恶盖以了然明白，曲直之情，虽三尺之童，不待言而知之，是兵可解，冤可刷，而恩可推也。何故执持不改，外示窜逐奸恶之名，而中实主屠害宗藩之志。

往者自念无罪，而茅土见削，子孙不保，受屈万世，宁俛首蒙耻，甘受艾夷，不顾宗庙子孙乎？见兵四集，心震胆掉，不知所为，左右彷徨，求贳死于旦夕，遂以兵自救。诚知以区区一隅之人，当天下之众，鲜有不摧灭者，徒以须臾喘息，延缓岁月，冀或有回旋之日也。身亲行阵，于今三年，赖天地眷佑，父皇母后圣灵保佑予躬，战胜攻克。每见锋镝之下，死亡者众，痛伤于心，故恒戒将士曰："天下军民，皆父皇赤子，驱迫战斗，彼何罪焉？甚毋杀之。吾畏死所以救死，彼之畏死，其情盖同。"由是降者悉释之，全活者不知几千万人矣。往者耿炳文以兵三十万欲加戕灭，败之于真定。既而李景隆两动天下之兵，号百万之众，直来见杀。李景隆盖赵括之流也，手握重兵，骄肆无谋，视我如囊中物，可采而有，曾无毫发警惧之意。夫战，孔子所慎，而李景隆易之，白面小儿，岂足以当大事？惟解饮酒挟妓，酣呼歌舞而已。故首败之于郑村坝，继败之于白沟河，追奔至于济南，百万之众，两战沦没，可谓极矣！按：天下无必胜之兵，有不可败之将，将非其人，兵虽众，不足恃也。盖方、黄惟务集兵，不知选将，故耿文炳以三十万而败于真定，李景隆以数十万而败于北平，继而郑村坝、白沟河两战而百万沦没，是诚小儿辈将兵，兵无纪律，安足以御大敌耶？胡轻视为探囊取物而易之也，卒之一败涂地。众不足恃，信矣！

于此之时，冀或有开悟之萌，下责己之诏，引领南望，重增欷歔。未几，盛庸以三十万之众复来见逼，庸本鄙夫，何足算也。夹河纚战，一败冰释。吴杰、平安以十万继进，略战藁城，遂尔奔北，前后小大之战，莫知其几，然无一不败之者，何也？盖臣众有必死之心，而无求生之望故也。

臣每战胜，愈加忧畏，恐鹬蚌相持，渔人收利。窃惟奸恶已逐，左右必皆忠良之臣，识胜负之机，或虑及此，必开心见诚，惩难悔祸，以解兵衅，休军息民，保全骨肉。因循至今，而德州之兵日集，是必欲加屠害而后已。臣忝居叔父，肺腑至亲，何苦见困如此？今天下之兵，数战已尽，复闻召募民间子弟为兵，驱此白徒，以冒死地。又况馈运供需，百费劳弊，倘此一战不胜，则势危矣。诚不忍至此，伏望回心易虑，启春育之仁，隆亲亲之义，复诸王之爵，休息兵马，销锋镝为农器，以安天下之军民，使各遂其生，其恩莫大也。我父皇在天之灵，亦安宁慰悦矣。如不允所言，一旦社稷落奸臣之手，则贻笑万世矣。夫大厦之倾，岂一木所能独支，鹍鹏扶摇，非一翼所能独运，自古帝王建万世之基者，莫不以惇睦九族，崇重藩屏之所致也。且弃履道傍，尚或收之，而至亲哀穷，宁无怜恻之者乎？故犹不敢自绝，披露腹心，献书阙下，恭望下哀痛之诏，布旷荡之恩，使得老守藩屏，效报朝廷，则基业有万年之安，子孙亦享万年之福矣。二帝三王大中至正之道，岂有加于此哉！冒渎威严，幸垂矜察。[①]

朱棣此时扭转了不利局面，因此这份上书态度十分蛮横，对自己的战功进行了充分的夸耀，将朱允炆贬得一钱不值，虽然朱棣最后还是说"故犹不敢自绝，披露腹心，献书阙下，恭望下哀痛之诏，布旷荡之恩，使得老守藩屏，效报朝廷，则基业有万年之安，子孙亦享万年之福矣"，但这毫无疑问只是惺惺作态，他实际的想法根本不是如此。这份上书送到朱允炆处后，他也拿不定主意，便询问方孝孺，方孝孺充分认识到了朱棣虽然接连取得胜利，但他自己的处境并没有他所吹嘘的那么好，"我欲弛其备而无由，是来正合机会。各处兵马渐集，但云南路远未至。其军久驻大名，暑雨为沴，不战自困。因调辽东军马以攻永平，德州军马以扰北平，根本受敌，彼必速归援，我军追蹑，其破之在此一举，事已垂成，机不可失。今遣人报之，往反之间，师已毕会"，朱允炆很赞同方孝孺的意见，一面声称愿意罢兵，一面则调集各处兵马，同时还命辽东军马入关，从后方牵制朱棣。方孝孺起草了一份诏书，命大理寺卿薛嵓携带这封诏书前往朱棣处，明为赦免其罪名，实则为了稳住他以便等待各处兵马出动。与此同时，建文朝廷还用黄纸印制"间牒"数千张，

---

① [明] 佚名：《奉天靖难记》，卷三，第462—464页，"三十四年闰三月癸丑"；[明] 佚名撰、王崇武校注：《奉天靖难记注》，卷三，第146—150页，"三十四年闰三月癸丑"。

让薛嵓携带到北军中散发，以求动摇其军心。[①]

然而令朱允炆没有想到的是，他选定的这个使者薛嵓本身素质不过硬，他压根就没敢把那几千份"间牒"拿出来，只是十分惶恐地送上了方孝孺写就的那封回复朱棣的诏书。朱棣读完这份诏书，发现内容"辞语肆慢"，便笑着对薛嵓说："帝王之道，自有弘度，发号施令，昭大信于天下，岂可挟诈以祖宗基业为戏耶？"薛嵓俯伏在地，惶恐不堪，朱棣进一步逼问："诏语如是，尔承命之言何如？"薛嵓回答："但欲殿下释兵，来谢孝陵，则兵可息。"朱棣当然知道朝廷不会真的愿意息兵，于是慷慨陈词了一番说："宗藩阽危，祸难不已，社稷深忧，必执奸丑，献俘太庙，以谢孝陵，我之愿也。所典之兵，受之皇考，以为护卫，用备不虞，制度已定，难以更改，今欲释兵，是以徒手待缚，此奸臣谬计，欲以欺人，虽三尺童子，不为所罔矣。"随后宴请薛嵓，实质上拒绝了朝廷罢兵的请求。[②]

在放薛嵓返回之前，朱棣留他在军中住了几日，参观军容，实质是炫耀武力，借此要挟朝廷。当时北军各军"连营百余里，戈甲旌旗，照耀原野，步骑参错，队伍整肃，或驰马逐猎，或相与角力，人人意思安闲，鼓勇欲斗"，薛嵓见后，果然受到震慑，他返回南京后将北军的情况和朱棣的回答都如实进行了汇报，这些回答令方孝孺十分不满，他指责薛嵓是在为朱棣进行游说，有趣的是，薛嵓后来竟然真的归降了朱棣，或许他当年出使时就已经怀有二心了。

到了五月，朝廷改变了之前谋求与朱棣进行决战并将之消灭的战略，平安、盛庸改为谋求扰乱朱棣的粮道，迫使其退兵。朱棣率军在外已久，补给线受到骚扰让他十分困扰，因此他又派遣指挥武胜来到南京，第四次上书朝廷：

> 闰三月二十四日，为息兵事，遣人上书阙下。蒙遣大理少卿薛嵓等至军见报，不敢稽留，即送其回，谨听指麾。未能十日，而彰德、卫辉各处并德州军马邀我运粮官军，杀死数百人，执指挥张彬等，此皆小人逞凶，不欲息兵，固欲结衅，以失信于天下。已尝调兵追捕，后得总兵官四月二十日驿书一纸，促吴杰、平安领兵会合德州见逼。计使臣四月十六日离京，至二十

---

① ［明］佚名：《奉天靖难记》，卷三，第 464 页，"三十四年闰三月癸丑"；［明］佚名撰、王崇武校注：《奉天靖难记注》，卷三，第 152—153 页，"三十四年闰三月癸丑"。

② ［明］佚名：《奉天靖难记》，卷三，第 464 页，"三十四年闰三月癸丑"；［明］佚名撰、王崇武校注：《奉天靖难记注》，卷三，第 153—154 页，"三十四年闰三月癸丑"。

日纔五日，又有会合军马之旨，遣使息兵，诚耶伪耶，岂行人之失辞耶，如此岂可凭信？张设机阱，以相掩陷，令人岂能相安，且欲令释兵可乎，不可乎？德州、真定之兵朝散，我夕即敛师归国。今兵势四集，网罗方张，不能无畏，是兵决不可离，离则为人所祸，此不待明者而后知也。况钦奉父皇明训，命节制北平、辽东、大宁、宣府军马，夫有所受，岂可委捐？若果以社稷为重，宗藩为心，宣大信于天下，何暇计此芥然之兵哉？以此观之，诚知以计见縻，决无息兵之理，必欲屠灭而后已。

　　思惟父皇创业艰难，子孙不保，于此之际，宁不寒心。今兵连祸结，天下频年旱蝗，民不聊生。强凌弱，众暴寡，饿民蜂聚，号啸山林，相扇为盗，官府不能禁制，其势滋蔓，势有可畏。祖宗基业，将见危殆，所谓寒心者此也。抑未知虑至此否乎？夫天下神器也，得之甚难，而失之甚易。伏望戒谨于所易失，而持守于所难得，体上帝好生之德，全骨肉亲亲之义。我弟周王，久羁绝徼瘴疠之地，恐一旦忧郁成疾，脱有不讳，则上拂父皇母后钟爱之心，下负残杀叔父之名，贻笑于万万载矣。昔汉文帝称为贤君，尺布斗粟之谣，有损盛德，至今人得而议焉。诚愿采择所言，矜其恳切，早得息兵安民，以保宗祧，恩莫大焉。①

　　这份上书十分简短，但信息量却不少。最显著的一点就是比起闰三月的上书，这封上书态度明显软化了，虽然他仍旧将战争的责任推给了朱允炆，但用语明显不那么蛮横了。为什么会这样，朱棣在这份上书中其实给出了回答，即四月二十日，也就是使者出发五日之后，朝廷就命平安、吴杰会合德州，再度对朱棣形成压力，除此之外，"今兵势四集，网罗方张，不能无畏，是兵决不可离，离则为人所祸，此不待明者而后知也"，可见朝廷四处调兵的策略起到了不错的效果，朱棣已经感受到了明显的军事压力，他在四月虽然击退了朝廷都指挥吴玉的进攻，但却再度攻城受挫，北军无法攻克顺德，再加上粮道频繁受到骚扰，"未能十日，而彰德、卫辉各处并德州军马邀我运粮官军，杀死数百人，执指挥张彬等"，此时实际是朱棣迫切需要和平，因此这份上书态度出现了明显的软化。

---

　　① ［明］佚名：《奉天靖难记》，卷三，第465页，"三十四年五月癸卯"；［明］佚名撰、王崇武校注：《奉天靖难记注》，卷三，第156—158页，"三十四年五月癸卯"。

不过既然是朱棣需要和平，朝廷方面自然就占据了优势地位。虽然据说朱允炆看了这封上书颇为感动，但是方孝孺则看穿了朱棣此时的处境，他劝说朱允炆："今军马四集，不数日必有捷报，毋听其言。"[①] 还说天下军马一旦解散，就很难再度聚集，力劝朱允炆不要罢兵，最终朝廷将武胜下狱，拒绝了朱棣的和平请求。当然，朱允炆是否真的感动其实大可怀疑。既然不可能和平，就只能继续战争了。

六月初四日，武胜下狱的消息传到了北军军中，朱棣知道和平已经无望，他必须重新考虑对策。当时北军已经驻军在外三个月之久，为了改变日益困窘的不利局面，朱棣决定从南军的粮道下手，他分析朝廷大军聚集德州，粮饷必定是经由徐、沛运来，如果能够派兵烧毁南军粮船，则德州的大军无法得到补给，自己就可以"以逸击劳，以饱击饥"，"有必胜之道胜之，而后求和，或冀能从"，随后，朱棣派都指挥李远率骑兵六千前去执行切断南军粮道的任务。[②]

李远让全军都换上南军的甲胄，在作战时则各插一握柳枝以与真正的南军进行区别。六月十五日，李远抵达济宁、谷亭、沙河、沛县一带，由于他们都换上了南军甲胄，因此当地驻军并没有认出他们是敌人，李远成功突袭了南军粮船，将之焚烧，给盛庸造成了一定的困扰。不过在《奉天靖难记》中夸大了李远烧粮的效果，"乃烧贼粮船数万余艘、粮数百万石、军资器械不可胜计，河水尽热，鱼鳖皆浮死，贼运粮军士尽散，京师大震，德州粮饷遂绝，贼势稍不震"[③]。这无疑太过夸张。王崇武在《奉天靖难记注》里引陶宗仪《南村集》卷三《腊月二十七日雪》诗说：

> 立春三日雪花稠，作阵随风卒未休。
>
> 屋宇高低云盖覆，郊原远近玉雕镂。
>
> 将军好问平吴策，高士谁乘访带舟？
>
> 九万车夫多冻馁，定应未到济宁州。[④]

---

① ［明］佚名：《奉天靖难记》，卷三，第466页，"三十四五月癸卯"；［明］佚名撰、王崇武校注：《奉天靖难记注》，卷三，第158页，"三十四年五月癸卯"。

② ［明］佚名：《奉天靖难记》，卷三，第466页，"三十四六月辛酉"；［明］佚名撰、王崇武校注：《奉天靖难记注》，卷三，第159页，"三十四年六月辛酉"。

③ ［明］佚名：《奉天靖难记》，卷三，第466页，"三十四六月壬申"；［明］佚名撰、王崇武校注：《奉天靖难记注》，卷三，第160页，"三十四年六月壬申"。

④ ［明］佚名撰、王崇武校注：《奉天靖难记注》，卷三，第160页。

这首诗后面还有注说："十一月松江府起差民丁九万名赴济宁，陆运粮米九万石至德州军前。"建文三年（1401年）立春为十二月二十三日，和这首诗所写的二十七日恰好隔了三天，也就是说南军粮船在六月被烧毁，但在当年十二月还能大量运粮赶赴德州，可见李远的烧粮行动并未实现完全切断南军粮饷的目标。

朱棣并未能完全切断南军粮道，自己的粮道却反复受到骚扰。建文朝廷执行了骚扰朱棣粮道的战略，除了在德州地区集结大军外，让地方部分军队化整为零，占据山寨，从后方骚扰北军粮运。这其中对朱棣造成最大困扰的就是彰德附近的尾尖寨。尾尖寨位于彰德府东北，地处冲要之地，南军占据尾尖寨，也就占据了有利地势，能够很方便袭击北军运粮队伍。朱棣在七月决定拔除尾尖寨这根刺，但因为其险要的地形，朱棣认为强攻并不划算。朱棣找了一个熟悉当地路径的人作为向导，命都指挥张礼率军千余，称月黑之夜偷偷潜至寨后，擒杀了南军守关士兵，留下一人引路直抵寨门发炮，引发寨内混乱，张礼则趁机大呼："我先锋也，大军已驻寨下。尔等速降则生，不降大军且至，即破关，欲降无及矣。"尾尖寨内搞不清楚状况，最终归降了朱棣。[1]

朱棣虽然拔除了尾尖寨，攻打彰德却并不顺利。朱棣猛攻彰德，擒杀了一千余彰德守军，几乎将城攻陷，但因为守将赵清的坚守，北军始终无法破城。朱棣派遣使者进城招降，赵清既不愿归降，但也不想与朱棣成为死敌，他干脆借使者之口告诉朱棣："殿下至京师日，但以二指许帖召臣，臣不敢不至，今未敢也。"赵清的回答让朱棣明白他并非尽忠于朱允炆，而是谁代表中央朝廷，他就向谁尽忠，因此他不再谋求攻取彰德，转而前往尾尖寨。后来朱棣即位，果然以当年的话召见赵清，赵清如约而至，仍旧继续担任右军都督直至致仕，他的儿子也获得指挥官职。[2]

初步稳定了后路，朱棣转过身来决定消除辽东兵马的威胁。七月底，平安率辽东军马万余至平村，房昭引大同兵马入紫荆关，袭扰保定等处。房昭结寨易州西水寨，在当地形成一个以西水寨为核心的山寨堡垒体系。两处兵马互相配合，已经对北平形成了巨大威胁，这一切都促使朱棣必须回师应对。

---

① ［明］佚名：《奉天靖难记》，卷三，第466—467页，"三十四七月癸巳"；［明］佚名撰、王崇武校注：《奉天靖难记注》，卷三，第162页，"三十四年七月癸巳"。

② ［明］张萱：《西园闻见录》，卷二〇，《赵清》，第322页。

朱棣派刘江率千余骑兵先行返回北平协同防御，他自己则前去对付以西水寨为首的堡寨体系。刘江返回北平后，果然遇上了率辽东军马来到北平的平安，刘江成功抵御住了平安的进攻，这为朱棣赢得了时间。由于以西水寨为首的堡寨体系颇为坚固，朱棣为了夺取这些地方很费了一番周折。北军在八月渡过滹沱河，先稳固了完县、保定等地，然后一方面派都督朱荣领兵五千围困真定，一方面将西水寨作为主要目标，进行长期围困。北军用了足足两个月时间，才在十月夺取了西水寨，随后击溃了房昭方面的军队。而就在对峙期间，还发生了一件更为重要的事情，就是朝廷企图离间朱棣和世子朱高炽。

建文三年（1403 年）七月，留守北平的世子朱高炽收到了一封由方孝孺代表朝廷起草的书信，这封书信是有锦衣卫千户张安等人带到北平交给朱高炽的。在书信中，方孝孺许诺只要朱高炽背叛自己的父亲朱棣，就把燕王之位给他，"令背父归朝，许以燕王之位"①。朱高炽看了书信，他当然知道朝廷的用意，不禁大怒，说道："治天下以孝为先，孝者天地之常经，人心之所不泯。今幼君灭天理，丧彝伦，变更祖法，信任奸邪，戕害骨肉，败坏基业，躬为不孝，而导人为之可乎？天地神明在上，岂可欺也。"②朱高炽随即囚禁张安，派仪副袁焕将书信送给前线的朱棣。虽然朱高炽的反应很快，但局势并不乐观，当时留在北平的朱高炽三弟朱高燧和朱棣颇为信任的宦官黄俨都敌视朱高炽，他们相互结交，抢先一步将这一消息通知了朱棣，朱棣身边的朱高炽二弟朱高煦也敌视他的这位哥哥，于是从旁附和，这让朱棣几乎相信朱高炽真的图谋不轨，幸而此时袁焕赶到，禀告了实情，朱棣又看了书信，不禁感叹自己差点杀了亲儿子。

后世往往认为这段离间计显得太过离奇，因此持怀疑态度。不过从贯穿永乐朝的对皇太子之位进行的争夺能够看出，这确实是有可能的，朱棣一生都不喜爱朱高炽，父子关系并非铁板一块，这一点我们在后面还能反复看到。

建文三年（1403 年）十月二十四日，夺取西水寨，击溃房昭的朱棣班师回到了北平。十一月初一日，北平都司都指挥张信、布政司右布政郭资、按察司副史墨鳞等人上表朱棣进行劝进：

---

① 《明太宗实录》，卷八，第 100 页，"三年七月戊戌"。

② ［明］佚名：《奉天靖难记》，卷三，第 467 页，"三十四七月戊戌"；［明］佚名撰、王崇武校注：《奉天靖难记注》，卷三，第 164 页，"三十四年七月戊戌"。

臣闻天生非常之君，必赋以非常之德，必受以非常之任，所以能平祸乱定天下于一，而安生民纳之于仁寿之域也。昔者夏商之季，桀滔淫而成汤放之，纣沉湎而武王伐之，故《易》曰："汤武革命，顺乎天而应乎人。"夫征伐岂汤武所得已哉？所遇之时然耳。然汤武俱不失为圣人者，以其拨乱兴治，措天下于衽席之安也。比者，幼主昏弱，狎昵小人，荒迷酒色。即位未几，悉更太祖高皇帝成宪，拆坏后宫，烧毁太祖高皇帝、孝慈高皇后圣容，丧服未逾一月，即遣阉宦四出选择美女。其所为不道，遂致奸恶擅权，扇殃逞祸，戕害宗亲，图危社稷，汩乱天下。殿下谨守藩封，小心寅畏，而幼主听谗，兴难构兵，四起围逼。殿下不得已起兵，以救须臾之祸，祗奉祖训，诛讨奸宄，清君侧之恶，保全亲亲，奠安宗社，冀其改悔，惇骨肉之义。岂期幼冲心志蛊惑，牢不可回，必欲加害于殿下然后已。殿下应之以仁义之师，不嗜杀人，堂堂之阵，正正之旗，节制明而号令肃，故百战百胜，此虽殿下神谋睿算之所致，实以天命人心之所归也。况殿下为太祖高皇帝、孝慈高皇后嫡子，太祖高皇帝常欲建立为储贰，以承宗社之重。又况生而神明，灵应图谶，文武仁孝，德冠百王，天之所生以为社稷生灵主，正在于今日。臣闻之，圣人动惟厥时，不违天命，使汤武有其时而不为，则桀纣之暴益甚，而苍生之祸曷已？是终违乎天命也。汤武岂忍视斯民之涂炭而不解其倒悬哉？臣等伏望殿下遵太祖之心，循汤武之义，履登宸极之尊，慰悦万方之望，则社稷幸甚，天下幸甚，臣等不胜惓惓之至。[①]

这是朱棣一生第一次被劝进称帝，这份劝进表可谓肉麻至极，而且此时朱棣和朝廷也还没有分出胜负，贸然称帝只能让自己辛苦营造的"清君侧"，欲行"周公辅成王"等宣传毁于一旦，因此朱棣理所当然地拒绝了："我之举兵，所以诛奸恶，保社稷，救患难，全骨肉，岂有他哉？夫天位惟艰，焉可必得，此事焉敢以闻。待

---

① ［明］佚名：《奉天靖难记》，卷三，第 468—469 页，"三十四十一月乙酉"；［明］佚名撰、王崇武校注：《奉天靖难记注》，卷三，第 167—169 页，"三十四年十一月乙酉"。

奸恶伏辜，吾行周公之事，以辅孺子，此吾之志。尔等自今其勿复言。"朱棣的话是老生常谈，并没有什么新的东西。其后，顾成、丘福等武将，宁王朱权代表宗室又分别进行了一次劝进，当然也无一例外地遭到了朱棣的拒绝。[①]

朱棣虽然不接受劝进，但这一阶段作战的胜利让他有理由对将领们进行升赏，都指挥丘福、张信、刘才、郑亨、李远、张武、火真、陈圭被升为为中军都督府都督佥事，李彬、王忠、陈贤为右军都督府都督佥事。徐忠、陈文为前军都督府都督佥事，房宽为后军都督府都督佥事，纪善金忠为右长史。十一月初九日，朱棣再度大享将士。二十一日，朱棣再一次亲自撰文祭祀阵亡将士，此后，他又释放了被俘的辽东指挥王雄等二十一人，以求收买人心。

不过朱棣此时最大的收获是鞑靼归附了他。《奉天靖难记》记载此时"鞑靼可汗遣使来输款"[②]。朱棣对蒙古的拉拢由来已久，除了兀良哈三卫外，他也在鞑靼、瓦剌身上下了很多功夫。建文二年（1400年）二月，朱棣就以"胡寇欲来钞边，上以书谕鞑靼可汗坤帖木儿，并瓦剌王猛哥帖木儿等，晓以祸福"[③]。我们虽然不知道朱棣是怎样对鞑靼、瓦剌两大部落"晓以祸福"的，但从建文三年（1401年）十一月的记载来看，朱棣的笼络策略无疑在相当程度上取得了成功。关于朱棣勾结蒙古的问题，除了《奉天靖难记》里有些许美化的记载外，谈迁在《国榷》中为我们提供了另一个视角，也就是同样在建文三年（1401年）十一月，"北虏通燕，寇铁岭，杀百户彭城"[④]。《国榷》不记鞑靼归附而记载其入寇铁岭，当时铁岭所在的辽东为朝廷所控制，不时袭扰朱棣后方，两相结合，恰好说明正是朱棣利用鞑靼进攻辽东进行牵制，让辽东的军队难以抽身，好让自己放心南下。除了这两方面记载，朝鲜也留下了相关的记录，《朝鲜王朝太宗恭定大王实录》在太宗二年 [建文四年（1402年）] 三月下记载"贺圣节使参赞议政府事崔有庆回自京师。有庆启曰：'燕兵势强，乘胜远斗，帝兵虽多，势弱，战则必败，又有鞑靼兵乘间侵略燕辽间，中国骚

---

① ［明］佚名：《奉天靖难记》，卷三，第469页，"三十四十一月"；［明］佚名撰、王崇武校注：《奉天靖难记注》，卷三，第169页，"三十四年十一月"。

② ［明］佚名：《奉天靖难记》，卷三，第470页，"三十四十一月"；［明］佚名撰、王崇武校注：《奉天靖难记注》，卷三，第172页，"三十四年十一月"。

③ ［明］佚名：《奉天靖难记》，卷二，第446页，"三十三年二月癸丑"；［明］佚名撰、王崇武校注：《奉天靖难记注》，卷二，第95—96页，"三十三年二月癸丑"。

④ ［明］谈迁：《国榷》，卷十一，第828页，"建文三年十一月"。

然。'"①朝鲜不会为明朝避讳，这段记载恰恰说明了朱棣和鞑靼相互勾结的情况。

建文三年（1401 年）十二月，血战三年的朱棣虽然取得了很多胜利，但占领区域并不广大，也就局限于北平、永平、保定三城，其他很多城池都是旋得旋失，没能稳固占领，战争的前景仍旧晦暗不明。此时，因为朱允炆严厉约束宦官，不少宦官逃到了重用宦官的朱棣这里，他们带来了很多朝廷内部的情报，其中最令朱棣兴奋的就是此时南京空虚，姚广孝认为这是千载难逢的机会，力劝朱棣全力南下，直捣京师，则天下一战可定。十二月初二日，朱棣誓师南征，他告谕将士们说：

> 靖祸难者，必在于安生民，诛乱贼者，必先于行仁义，生民有弗安，仁义有弗举，恶其能靖祸难哉？今予众之出，为诛奸恶，扶社稷，安生民而已。予每观贼军初至，辄肆杀掠，噍类无遗，心甚悯之。思天下之人，皆我皇考赤子，奸恶驱迫，使夫不得耕，妇不得织，日夜不息，而又恣其凶暴，韭惟致毒于予，且复招怨于天下。今我有众，明听予言，当念百姓无罪，甚无扰之。苟有弗遵，一毫侵害良民者，杀无赦，其慎之。②

朱棣在讲话中宣扬自己的正义，把民心放在最高的位置上，他将自己打扮成正义的化身、民心的代表，以此为大旗开始了最终决定自己命运的最重要一战，靖难之役进入了它的最后阶段。

---

① 《朝鲜王朝太宗恭定大王实录》，卷三，第 12b 页，"二年三月癸丑"。

② ［明］佚名：《奉天靖难记》，卷三，第 470 页，"三十四十二月"；［明］佚名撰、王崇武校注：《奉天靖难记注》，卷四，第 172—173 页，"三十四年十二月"。

9. 长驱京师

建文三年（1401 年）十二月二十八日，朱棣率军抵达蠡县，移营汉河，他派出李远哨探真定、德州方面的动静，大军就在这里度过了新年。

建文四年（1402 年）正月初一日，正是元旦。李远进至藁城，他乘德州将领都指挥葛进率军渡过滹沱河渡到一半时发动攻击，取得了一次小胜。因为这次胜利发生在新年第一天，朱棣认为是一个吉祥的兆头，"建功于岁首，宜加褒宠，前锋交战都指挥下及军校皆升一级"，随后，朱能又在衡水县取得胜利，北军由馆陶渡河，进入山东。[①]

朱棣在建文二年（1400 年）曾进入过山东，但先后受挫于济南、东昌，这次他决定不再触碰这两处坚城，而是避实击虚，取道两城之间，迅速夺取了旧县、东平、汶上诸州县，突破了山东北部的防御，顺利进入了山东南部。在这一过程中，朱能发挥了极大的作用，他"遂略彰德州，克东阿、东平，破汶上诸寨"[②]。正月十八日，朱棣进抵孔子的家乡曲阜，他认为有必要表现出自己的孔子的遵奉，于是特地对将士说了一番话：

> 孔子之道，如天之高，如地之厚，如日月之明，参赞化育，师表万世，天下非孔子之道无以为治，生民非孔子之道无以得安。今曲阜阙里在焉，毋入境，有犯及一草木之微者，杀无宥。邹县孟子之乡，犯者罪如之。[③]

朱棣此举显然意在争取更多的文人归附自己，不过从后来的情况看，效果并不十分理想。正月二十七日，北军夺取沛县。沛县作为南京北方的门户之一，朝廷在这里设置了沛丰军民指挥使司，构筑七堡进行防御。朱棣则乘夜攻入沛县东门，沛

---

① ［明］佚名：《奉天靖难记》，卷四，第 470 页，"三十五年正月"；［明］佚名撰、王崇武校注：《奉天靖难记注》，卷四，第 172—173 页，"三十五年正月"。

② ［明］宋端仪：《立斋闲录》，卷三，《靖难录·杨士奇撰（朱）能神道碑》，第 602 页。

③ ［明］佚名：《奉天靖难记》，卷四，第 471 页，"三十五年正月辛丑"；［明］佚名撰、王崇武校注：《奉天靖难记注》，卷四，第 176—177 页，"三十五年正月辛丑"。

县内的指挥王显投降，知县颜伯玮知道大势已去，他决定尽忠到最后，于是穿戴好衣冠，在堂上自经而死。三十日，大军进抵京师南京的北方最重要的门户——徐州。

朱棣此次作战目标与以往不同，故而进军十分神速，在短短一个月内就从北平狂飙突进到了距离南京很近的徐州，朱棣显然是谋求在各地勤王兵马还未能抵达的情况下迅速夺取京师，因此他抵达徐州后也丝毫没有松懈，很快就发动了对徐州的进攻。

二月初一日，朱棣没有发现南军的踪迹，于是派遣胡骑指挥款台率领十二骑，每人携带一匹备用马匹北行探听消息。款台在邹县遇上了南军运粮队伍三千余人，款台故意"鸣锣大噉，驰入其阵，呼曰：'大军且至，不降者死。'"结果不仅击溃了这支远多于他的队伍，还擒获了两名南军千户，从而得知了南军已经抵达济宁的消息。款台的胜利虽然谈不上有多大的战略意义，但朱棣仍旧十分高兴，他说："款台以十二骑而破贼军三千，诚壮士也。宜纪其勋，以俟升赏。"①

朱棣从款台带来的情报中得知了不用担心追兵，于是放心地在二月二十一日进军徐州东北，扎营于此。朝廷在徐州布有重兵，不过徐州守军决定坚守不出，这无疑让朱棣有些恼火，因为他的军队不擅长攻城，更遑论是徐州这种设防坚固的大城。于是朱棣决定不攻打徐州，而是绕过它直接南下。但倘若如此，就必须担心徐州守军在北军南下后尾随追击的问题。为了解决这一隐患，朱棣以军队反复袭扰、设伏诱击徐州守军，终于迫使守军不敢轻易出城了。朱棣则在祭祀了徐达的坟墓后于三月初一日绕过徐州，直趋宿州。

朱棣一面南下一面对南军的行动进行侦查。三月初九日，朱棣驻军涡河，平安看破了朱棣的行动，率军四万尾随而至，其行动已经对南下的北军构成了威胁，朱棣要想继续南进，必须先击溃平安。朱棣发现涡河周围树林茂密，肯定会让平安怀疑北军设伏，从而不会轻进，他决定选定淝河平川作为战场，因为"淝河川平树少，贼必不疑，可以按兵"。朱棣留下朱高煦守卫大营，亲率精骑两万人携带少量粮草，急行军三日进至淝河，在那里做好准备迎战平安。

朱棣在淝河等了好几天，都没见到平安的踪影。因为朱棣一心在淝河与平安决战，因此携带的粮草并不多，此时粮草已经所剩不多，众将都建议朱棣回师。朱棣

---

① ［明］佚名：《奉天靖难记》，卷四，第471页，"三十五年二月甲寅"；［明］佚名撰、王崇武校注：《奉天靖难记注》，卷四，第177页，"三十五年二月甲寅"。

知道，倘若失去这个机会，就很难再击溃平安了，因此他说："更待一二日，贼必至。"次日，不死心的众将再次固请朱棣回师，他们说的很清楚："即今马无刍藁，士无粮食，是未遇敌而先自困也。"朱棣反驳说："贼引众远来，锐意求战，彼谍知大军南行，必袭我后。若败其前锋，则贼众夺气，譬之利兵，挫折铦锷，其刃自钝。我按甲于此，以待贼至，姑少待之。"总算暂时将众将的意见压了下来。当天日暮十分，款台带回了朱棣一直渴望的消息，他发现平安大军在距离淝河四十里处扎营，已经能够听见对方的更鼓之声，次日天明必定抵达朱棣的既设战场。对于这一至关重要的情报，朱棣自然不会放松，他连夜进行准备，为次日的决战做好了部署，完成后，他兴奋地说："贼入吾彀中矣。"[①]

次日黎明，胡骑都指挥白义、王真，都指挥刘江、朱能等人各率百骑做好沿路设伏，逆击平安大军。北军将士"缚草置囊中，若束帛状，载马上"[②]，当南军追击时，他们就将束草扔在地上，追兵认为北军扔掉的是束帛，纷纷下马拾取，王真则趁此机会发动进攻，双方很快陷入鏖战。中午时分，鏖战中的王真撞上了平安率领的大军，平安知道这只是北军的游兵，于是果断发动进攻，将王真包围起来，王真虽然作战勇猛，连杀数人，但终究寡不敌众，自刎而死。

王真战败自刎，多少破坏了朱棣设伏诱敌深入的计划。既然平安军队的强悍超出预料，朱棣也就只能改变策略，立即命大军全力迎战。平安率骑兵三千驻于淝河北岸高坡之上，朱棣则以数十骑迎战。平安军中又一位火者灰者原来曾是北军的胡骑指挥，他在朱棣起兵前夕被朝廷召回京师，结果此时成了南军的将领。淝河之战中，火者灰者骁勇无比，"持稍直趋上前，相拒十余步"，在此危急时刻，北军另一名胡骑指挥童信弯弓搭箭，射中火者灰者所乘战马，火者灰者跌落下马，被北军生擒。然而事情并没有完，火者灰者的部下哈三帖木儿发现火者灰者被擒，立即"持稍冲突来救"，童信再次一箭射中其马，哈三帖木儿也被生擒。淝河之战就在这样颇为混乱的局面中结束了，虽然《奉天靖难记》称朱棣是胜利者，但他其实并没有占到什么便宜，更遑论击溃平安了。不过朱棣对火者灰者表现出了极大的信任，以

---

① ［明］佚名：《奉天靖难记》，卷四，第 472 页，"三十五年三月"；［明］佚名撰、王崇武校注：《奉天靖难记注》，卷四，第 179—181 页，"三十五年三月"。

② ［明］佚名：《奉天靖难记》，卷四，第 472 页，"三十五年三月"；［明］佚名撰、王崇武校注：《奉天靖难记注》，卷四，第 181 页，"三十五年三月"。

他曾是自己的旧部，仍旧以他为指挥，哈三帖木儿也担任百户。[①]

　　既然未能一战击溃平安，朱棣便谋求从南军粮道下手。三月二十一日，朱棣派兵对宿州进行了侦查，得知了南军屯聚宿州，积聚粮草，做持久准备。二十三日，朱棣派出都指挥刘江率军三千前往徐州切断南军粮道。令朱棣没想到的是，刘江竟然"趑趄不进"，朱棣大怒，要将刘江斩首正法，幸而诸将纷纷求情，刘江才留下一条命，朱棣另派都指挥谭清领兵百余骑再去切断南军粮道。谭清进抵徐州，正好遇上南军的运粮军，立即发动进攻，将其击败。谭清继续沿河南进，抵达淮河五河，烧毁了南军运粮船，然后准备返回朱棣所在的大军，结果在大店被赶来的南军大军包围，朱棣发现后立即率军救援，火者灰者更是表现勇猛，"手杀十余人以自效"，成功将谭清救了出来。[②]刘江、谭清的烧粮行动，看似取得了极大成果，但谭清也被南军围困，若不是朱棣救援，恐怕很难突围而出，这或许也是刘江不敢前去的原因。因此谭清此次烧粮的成果恐怕与李远在建文三年（1400年）的烧粮成果类似，对南军的粮道起到了骚扰作用，但并未能完全切断南军的粮道。

　　朱棣在淝河之战中没有占到便宜，烧粮效果也不理想，只能另谋对策。四月初四日，北军进军至小河，朱棣命内官狗儿（王彦）在小河冲要之处建桥，据桥而守。平安则在淝河之战后紧追而至。四月十五日，平安军布阵十余里，张开左右翼，沿河而东。朱棣亲率骑兵迎战，双方发生激战，此时何福引兵缘河东进也来争桥，加入混战之中，北军逐渐不支，北军将领陈文死于何福之手，南军冲过桥来。朱棣与平安在北坂大战，平安这次就像朱棣在藁城之战中一样，挺槊直冲朱棣，北军将领王骐见势不好，将朱棣拉上自己的战马才救了出来，自己则阵亡在此战中。此时，南军已经在何福率领卜过桥，朱高煦、都督张武、内官狗儿率军埋伏在树林中，此时冲杀而出，与朱棣率领的骑兵汇合，发动反击，南军担心还有埋伏，只能退回桥南。两军就这样隔桥对峙了数日。

　　朱棣不愿坐以待毙，只留下少量士兵守桥，亲率大部分军队东行，与南军保持三十里的距离，乘夜半时分渡至小河南岸，绕到了南军背后，南军并没有察觉。天亮后，南军才发现了出现在自己背后的北军大军，立即前来迎战。由于南军准备不

---

　　① ［明］佚名：《奉天靖难记》，卷四，第472—473页，"三十五年三月"；［明］佚名撰、王崇武校注：《奉天靖难记注》，卷四，第181—182页，"三十五年三月"。

　　② ［明］佚名：《奉天靖难记》，卷四，第473—474页，"三十五年三月甲辰、丙午"；［明］佚名撰、王崇武校注：《奉天靖难记注》，卷四，第183—184页，"三十五年三月甲辰、丙午"。

足，此战对朱棣大为有利，眼看就要击溃南军之时，徐辉祖突然率领援军赶到，平安、何福得到这支生力军的补充，全力反击，北军反而被击溃。[①]

四月二十二日，两军又在齐眉山展开一场大战，两军自午时（11 时至 13 时）战至酉时（17 时至 19 时），仍旧相持不下，此时又是徐辉祖发挥了关键作用，他"斩燕蔚州卫千户李斌等十余人"，北军再一次溃败。幸而此时忽起大雾，南军担心贸然追击会中埋伏，于是就地挖掘堑壕固守。[②]

朱棣率军南下一路进军迅速，但是与南军在淝河、小河、齐眉山三场大战都没有获胜，无疑影响了士气，动摇了军心。加之北军将士多为北方人士，受不了南方潮湿闷热的气候，多有染病之人。因此齐眉山一战后，不少北军将领都主张先行渡河北返，至少也先退回东平等处，休养士马，观察形势再行考虑。此时军中主张继续作战的将领仅有朱能、郑亨两人而已，朱能力劝朱棣说："用兵未必常胜，岂可因小挫辄自沮，项羽百战百胜竟亡，汉高屡败而终兴，自殿下举兵来，克捷多矣，此小挫，何足致意，但当以宗社为重，整兵前进耳！"朱棣听了抚掌叹说："尔言深合吾心。"[③]有了朱能、郑亨两员将领支持，朱棣有了底气，便对主张退军的众将说："卿等所见，拘以常算，非知通变者也。夫两敌相持，贵进忌退，今贼众屡败，心胆俱丧。况粮道匮乏，士有菜色，日夜待铺，众志荡离，亡在旦夕。我所以引其南来者，贼军多南士，久劳于外，孰不思家？若大败之后，各归故土，岂复能合。一渡小河，懈我士心。矧贼粮饷已达淮河，相去不远，藉使得济，其气复振，难以久持。乘彼饿疲，截粮道，可以坐困，不战而屈之。我军深入，利已在我，不可少缓，容贼为计。"然而诸将仍旧持有不少疑虑，朱棣见状，又说道："有欲渡河者从左，不从者右。"结果大部分将领都站到左边，只有几人站在右边。朱棣十分恼怒，说道："欲渡河者，任其所之。"众将才不敢再说话了。[④]

---

① 战役过程参考：［明］佚名：《奉天靖难记》，卷四，第 474 页，"三十五年四月"；［明］佚名撰、王崇武校注：《奉天靖难记注》，卷四，第 184—185 页，"三十五年四月"；［明］谈迁：《国榷》，卷十二，第 832 页，"建文四年四月"。

② 战役过程参考：［明］佚名：《奉天靖难记》，卷四，第 474 页，"三十五年四月甲戌"；［明］佚名撰、王崇武校注：《奉天靖难记注》，卷四，第 184—185 页，"三十五年四月甲戌"；［明］谈迁：《国榷》，卷十二，第 832 页，"建文四年四月甲戌"。

③ ［明］宋端仪：《立斋闲录》，卷三，《靖难录·杨士奇撰（朱）能神道碑》，第 603 页。

④ ［明］佚名：《奉天靖难记》，卷四，第 474—475 页，"三十五年四月乙亥"；［明］佚名撰、王崇武校注：《奉天靖难记注》，卷四，第 186—187 页，"三十五年四月乙亥"。

朱棣虽然打压下了撤军的意见，但在此关键时刻，他还必须解决更为现实的问题，就是消灭平安、何福。鉴于此前几次作战都没能占到便宜，朱棣又打起了南军粮道的主意。他派出刘江、朱荣率轻骑前往，朱棣还特别告诫他们避免与南军鏖战，以扰乱其粮运为主要目的。朱棣自己也时刻寻机与平安、何福决战，他"昼则令游骑扰其樵采，夜则使勇士劫其营，贼众不得休息，饥疲日甚，乃分兵护粮，上亦不解甲者数日矣"[1]。建文朝廷则在齐眉山之战后认为南军已经占据优势，出于担心京师防守的原因召回了徐辉祖[2]，平安、何福受到朱棣的频繁骚扰，供给已经出现问题，不得不在四月二十五日移营灵璧就粮，决战的时机到了。

平安、何福在灵璧以五万军马保证粮草补给，又以六万军队结为方阵，将运粮军队保护在当中，固守待援。朱棣抓住这一时机，在四月二十七日以万人攻打南军后方，当南军疲惫之时，预先埋伏在林间的朱高煦突出发动攻击，朱棣更亲率大军逆击，从而对南军形成夹击，"以骑兵夹击之，左右驰射，矢注如雨，贼人马辟易。纵步军横贯其阵，断而为两，运粮者皆弃而走，贼阵大乱"，北军乘胜追击，将南军的军资、粮饷全部夺取，彻底断绝了平安、何福的粮草来源。何福虽然一度发动反击，仍旧被击溃。此后，南军坚守不出，局势日益恶化。[3]

南军失去补给，难以继续坚守，何福、平安决定突围，二十八日，他们约定以次日三声炮响为号，突围而出，赴淮河就粮。次日，朱棣在南军突围前就以大军进攻南军营垒，朱高煦率众将身先士卒攀登南军营垒，由此带动北军士气，众人蚁附而上发动猛攻。北军此时发炮三声助攻，这三声被南军将士当成自己突围的炮声，于是立即开门突围，结果营中大乱，众多士兵堵在营门，进退不得，更有直接从营垒壁上跳下的，很快将堑壕都填满了，好不容易跑出营门的又陷入北军围攻，营垒很快就被攻陷了。此战除了总兵何福单骑逃脱，南军左副总兵都督陈晖、右副总兵都督平安、右参将都督马溥、都督徐真、都指挥孙成等三十七员，内官四员，礼部侍郎陈性善、大理寺丞彭与明、钦天监副刘伯完、指挥王贵等一百五十员全部被生擒，朱棣在灵璧之战取得了空前大捷。在擒获的南军将领中，最令朱棣高兴地就是

①　[明] 佚名：《奉天靖难记》，卷四，第 475 页，"三十五年四月丙子"；[明] 佚名撰、王崇武校注：《奉天靖难记注》，卷四，第 188 页，"三十五年四月丙子"。

②　[明] 谈迁：《国榷》，卷十二，第 832 页，"建文四年四月乙亥"。

③　[明] 佚名：《奉天靖难记》，卷四，第 475 页，"三十五年四月己卯"；[明] 佚名撰、王崇武校注：《奉天靖难记注》，卷四，第 188—189 页，"三十五年四月己卯"。

抓住了平安。平安此前作为朱棣的劲敌，不仅数度威胁到朱棣的生命，更有好几员北军将领死在他手上。此时被擒获，朱棣自然十分重视，北军将士更是感到振奋，他们欢呼说："太平太平，吾属自此获安矣！"朱棣将平安送回北平，并没有加害，他此时尽量收拢人心，为最后夺取皇位减少障碍。①

灵璧之战后，朝廷损失了平安方面这一支精锐部队，感到难以再打下去。朱棣则在五月初七日迅速夺取了泗州，泗州守将周景初直接归降。朱棣随后拜谒了祖陵，在祖陵，朱棣表现的很动感情，他流着泪说："横罹残祸，几不能见陵寝。荷祖宗神灵，相佑予躬，今日得拜陵下，霜露久违，益增感怆。"与朱棣境况的好转形成对比的就是朝廷方面，自平安全军覆没后，盛庸就显得更加孤立了。然而此时朝廷也只能依靠盛庸阻挡朱棣了。②

当时盛庸将自己的水路兵马列在淮河南岸，希望凭借淮河固守。但是南军受到灵璧之战的打击，士气已经严重受损，朱棣一面在盛庸正面做出要强渡的架势，一面命丘福、朱能还有宦官狗儿（王彦）率精锐骑兵数百人西进二十里，然后渡至南岸，绕到盛庸背后发动突袭，盛庸被打了个措手不及，加之军队士气已经受到打击，最终溃败，盛庸乘船退走，北军渡过淮河并立即攻陷了盱眙。

淮河失守，朱棣逐渐逼近扬州，建文朝廷只能想办法再召集军队进行抵抗。朱允炆想到了两支军队，其中一支是镇守中都凤阳的都督孙岳、守令徐安，另一支就是镇守淮安的驸马都尉梅殷，他们都加强备御，准备抵抗北军的进攻。当然，朝廷能想到这两人，朱棣自然也能想到。他曾派人向梅殷请求"假道进香"，意思就是让梅殷给自己让路，然而梅殷明显不打算配合，他对朱棣的使者说："进香皇祖有禁，宜遵不宜悖也。"随后割掉使者的耳鼻将之放回，朱棣自然大为恼怒，这也进一步加深了他和梅殷之间的裂痕。③朱棣知道孙岳、梅殷都不会配合自己，左右权衡之后，他才决定不取道凤阳、淮安，而是由泗州渡过淮河，进军扬州，而在朱棣行动时，孙岳、梅殷都没有进行积极的拦截，只是固守本部，就梅殷来说，这很可能与他并没能得到身为朱元璋托孤大臣所应有的待遇有关，至于孙岳的消极反应，则

---

① [明] 佚名：《奉天靖难记》，卷四，第 475—476 页，"三十五年四月"；[明] 佚名撰、王崇武校注：《奉天靖难记注》，卷四，第 189—190 页，"三十五年四月己卯"。

② [明] 佚名：《奉天靖难记》，卷四，第 476 页，"三十五年五月己丑"；[明] 佚名撰、王崇武校注：《奉天靖难记注》，卷四，第 190—191 页，"三十五年五月己丑"。

③ [明] 谈迁：《国榷》，卷十二，第 834 页，"建文四年五月己亥"。

能看出和固守彰德的赵清类似的投机做法。

朱棣就这样顺利抵达了扬州，扬州守军建制当时还算完整，但是扬州守城官员之间却存在分歧。扬州卫指挥王礼早有归降朱棣的打算，被反对此举的镇守指挥崇刚、御史王彬下狱。朱棣抓住这一点，派遣都指挥吴玉招谕扬州，王礼的弟弟王宗看准时机，联合城内千户徐政、张胜，率舍人吴麟等数十人将王礼从监狱里救出，然后抓住了崇刚、王彬，开城归降了朱棣。北军拿下扬州，乘胜不战而下天长、高邮、通泰等处，攻占仪真，兵临长江北岸。①

北军与京师南京此时仅有一江之隔，朝廷自然恐慌了起来。朱允炆情急之下颁布《罪己诏》，号召征兵勤王：

> 奉天承运皇帝，诏曰：朕钦奉皇祖宝命，嗣奉上下神祇。燕人不道，擅动干戈，虐害万姓。屡兴大兵致讨，近者诸将失律，寇兵侵淮，意在渡江犯阙。已敕大将军率师控遏，务在扫除。尔四方都司、布政司、按察使及诸府、卫文武之臣闻国有急，各思奋其忠勇，率募义之士、壮勇之人，赴阙勤王，以平寇难，以成大功，以扶持宗社。呜呼！朕不德而致寇，固不足言。然我臣子其肯弃朕而不顾乎？各尽乃心以平其难，则封赏之典，论功而行，朕无所吝。故兹诏谕，其体至怀。②

这份《罪己诏》因为收录进《朝鲜王朝太宗恭定大王实录》而幸存了下来，让我们能够窥见朱允炆当时焦急的心境。而当时的朝鲜谢恩使朴谆之奉命出使明朝，因为中原大乱，道路已经不通，他根本无法抵达南京，只能抄写了这份朱允炆的诏书就返回了朝鲜。朱允炆如此动情地号召天下勤王，自然是看到局势已经十分紧迫，京师空虚，朱棣一旦渡江，偌大南京很难守住。朱棣此时虽然已经来到了长江边上，但对面的南京城高池深，就算城内空虚，能否快速突破也很成问题，他当然知道朱允炆在号召各地勤王，因此他也要抢时间，也就是抢在勤王兵马赶来之前夺取南京。长达四年的靖难之役来到了它的最后一幕。

---

① ［明］佚名：《奉天靖难记》，卷四，第477页，"三十五年五月己亥"；［明］佚名撰、王崇武校注：《奉天靖难记注》，卷四，第194页，"三十五年五月己亥"。

② 《朝鲜王朝太宗恭定大王实录》，卷四，第6b页，"二年八月壬子"。

第三章

壬午之际

1. 金川门之变

朱允炆虽然颁布《罪己诏》，号召天下勤王，但短时间内勤王军难以形成气候，而南京的形势已经十分危急。廷臣此时纷纷请求外出守卫，为自己的将来做打算，情急之下的朱允炆只能征询方孝孺的意见。方孝孺提出一面派人以割地为条件尝试与朱棣讲和，另一面依靠长江天堑，加强江防，必要时与朱棣决战于长江之上。建文四年（1402 年）五月底，朱允炆派遣庆城郡主渡江来到朱棣营中谈和。朱棣此时见到亲人，似乎真的动了感情，痛哭说："父皇陵土未干，我兄弟已见残灭，忍心如此，其何以堪？我不图更有今日，今与郡主相见，有如再世。"庆城郡主见朱棣如此模样，也流下泪来。接下来，朱棣开始询问其他亲人的情况："周、齐二王安在？"庆城郡主回答说："前蒙遣书欲复各王爵，周王方得召还，但未复王爵，仍拘之。"可见朝廷为了求和，已经适当改善了之前削除的几位藩王的待遇。不过朱棣显然对此并不买账，仍旧表示："荼毒我兄弟至此极耶！"说完唏嘘不止。庆城郡主认为必须谈正事了，她向朱棣委婉表述了朝廷割地求和的意图，朱棣也立即严肃起来，说：

> 吾受命皇考，封建茅土，且不能保，割地岂其本心哉？此奸恶缪计，欲以见欺，焉可为信？我此行在诛奸恶，以清朝廷，奠安社稷，保全骨肉，事已，欲得故封幸矣，余非所望也。[①]

对朱棣的回答，庆城郡主十分为难，但她身负皇命，还受京师城内弟妹诸王之托，又向朱棣表示了亲人们希望息兵的想法。对此，朱棣无疑有些恼火，但他还是对庆城郡主说："好语诸弟妹，久不相见，欲得少叙天伦之乐，未知能如所愿否？幸自爱。"庆城郡主无功而返，朱棣则继续准备渡江。

回到朱棣方面，他的进军也不是完全顺利，建文四年（1402 年）六月初一日，

---

① ［明］佚名：《奉天靖难记》，卷四，第 477—478 页，"三十五年五月壬寅"；［明］佚名撰、王崇武校注：《奉天靖难记注》，卷四，第 196—197 页，"三十五年五月壬寅"。

朱棣在已经攻克仪真、六合等地后进军浦子口，结果撞上了朱元璋设在这里的军事基地，遭遇了一场严重的失败，"靖难兵次浦子口，诸军迎战，败之。高煦至，复战，诸军不利。帝遣都督陈瑄率水军往援，瑄以舟师逃降"①，"靖难兵至浦子口，盛庸诸将逆战，败之。命都督陈瑄率舟师援庸，叛降燕"，"文皇浦口之败，欲且议和北还，会高煦引胡骑至，大喜，遽起披甲仗钺，抚（高）煦背勉之：'太子多疾。'于是（高）煦殊死战"②。可见如果不是朱高煦的及时赶到加之陈瑄的适时归降，朱棣很难突破浦子口，方孝孺"决战江上"的战略并非是空中楼阁。

随着陈瑄归降，盛庸战败于长江，已经没有谁能够阻止朱棣渡江了。建文四年（1402 年）六月初二日，朱棣祭祀大江之神，他在祝文说："予为奸恶所迫，不得已起兵御祸，誓欲清君侧之恶，以安宗社。予有厌于神者，使不得渡此江，神鉴孔迩，昭格予言。"次日，朱棣又誓于全军："群奸构乱，祸我家邦，扇毒逞凶，肆兵无已。予用兵御难，以安宗社，尔有众克协一心，奋忠鼓勇，摧坚陷阵，斩将搴旗，身当矢石，万死一生，于今数年，茂功垂集，在勠力渡江，剪除奸恶，惟虑尔众，罔畏厥终，偾厥成功。夫天下者，我皇考之天下，民者皇考之赤子，顺承天休，惟在安辑。渡江入京，秋毫毋犯，违予言者，军法从事。于乎！惟命无常，克敬其常，尔惟懋敬，乃永无咎。"以势如破竹的架势渡过了长江。③

盛庸此时已经难以阻挡朱棣的进军步伐，朱棣顺利占领长江南岸的高资镇，夺取镇江，解除了后顾之忧，然后由镇江西进，最终在六月初八日驻营龙潭，龙潭守将童俊归降。朱棣身处龙潭，南京附近的钟山已经遥遥在望，朱棣不禁感慨落泪。对于诸将的疑问，朱棣解释说："吾异日渡江入京，既见吾亲。比为奸恶所祸，不渡此江数年，今至此，吾亲安在？钟山孝陵在焉，瞻望云霄，有怀考妣，是以悲耳。"④为了对此前庆城郡主带来的城中弟妹诸王的意见进行答复，朱棣亲自写了一封信射入南京城内：

---

① [明] 姜清：《姜氏秘史》，第 774 页，"建文四年六月癸丑"。

② [明] 朱鹭：《建文书法儗》，正编下，《建文皇帝本纪》，第 72 页，"建文四年六月癸丑"。

③ [明] 佚名：《奉天靖难记》，卷四，第 477—478 页，"三十五年六月甲寅、乙卯"；[明] 佚名撰、王崇武校注：《奉天靖难记注》，卷三，第 200—201 页，"三十五年六月甲寅、乙卯"。

④ [明] 佚名：《奉天靖难记》，卷四，第 479 页，"三十五年六月庚申"；[明] 佚名撰、王崇武校注：《奉天靖难记注》，卷三，第 202 页，"三十五年六月庚申"。

兄致书众兄弟亲王、众妹妹公主：

相别数载，天伦之情，梦寐不忘。五月二十五日，有老姐姐公主到，说众兄弟妹妹每请老姐姐公主来相劝我，说这三四年动军马运粮的百姓、厮杀的军死的多了，事都是一家的事，军马不要过江，回去，天下太平了，却不好说？我与你众兄弟亲王、众妹妹公主知道，我之兴兵，别无他事，为报父皇之雠，诛讨奸恶，扶持宗社，以安天下军民，使父皇基业传子孙，以永万世，我岂有他心哉！我自己卯年兴兵，今已四年，父皇之雠尚未能报，奸恶尚未诛灭。我想周王无罪，被奸臣诬枉，破其家，灭其国；随即罪代王，拘囚大同，出其官人，悉配于军；至于湘王无罪，逼令阖宫焚死；齐王无罪，降为庶人，囚系在京；及乎岷王，奸臣以金帛赏其左右，使其诬告，岷王流于漳州烟瘴地面；至于二十五弟，死则焚烧其驱，拾其骨沉于江。此等奸恶小人，皆我父皇杀不尽之余党，害我父皇子孙，图我父皇天下，报其私雠，快其心志。父皇能有几多子孙？受彼之害，能消几日而尽？与言至此，痛心如裂。累年以来，奸臣矫诏，大发天下军马，来北平杀我，我为保性命，不得已亲帅将兵于贼兵交战。仰荷天地祖宗神明有灵，怜我忠孝之心，冥加祐护，诸将士效力，故能累战而累胜。今大兵渡江，众兄弟妹妹却来劝我回北平，况孝陵尚未曾祭祀，父皇之雠尚未能报，奸恶尚未能获，以尔弟妹之心度之，孝子之心，果安在哉？如朝廷知我忠孝之心，能行成王故事，我当如周公辅佐，以安天下苍生。如其不然，尔众兄弟亲王、众妹妹公主及多亲戚，当速挈眷属移居孝陵，城破之日，庶免惊恐。惟众兄弟亲王、众妹妹公主审之详之。[1]

朱棣这封信，主要当然是洗脱自己起兵的责任，从而达到自己最终夺取皇位的政治目的。然而这封信中的话也不能全都看成是虚情假意，毕竟朱允炆雷厉风行的残酷削藩是事实，京师内的总是亲人，对此也是很清楚的，"父皇能有几多子孙？受彼之害，能消几日而尽？与言至此，痛心如裂"，这些话不能说没有包含朱棣的真实感情。朱棣固然不会因为亲人的劝说就放弃自己四年来浴血奋战的目标，但我们也不能将朱棣看成一个没有丝毫正常人感情的冷血动物。亲人相残，正是靖难之

---

[1] ［明］王世贞：《弇山堂别集》，卷八十八，《诏令杂考》，第1677—1678页。

役的悲哀之处。

朱棣已经兵临南京城下，城内的朱允炆自然十分慌乱。不过南京毕竟是京城，不包括外郭，仅仅内城城墙周长就达到了 35.267 公里，城墙全部由砖石砌筑而成，设有 13 座城门，13616 个垛口，200 座窝棚（战棚），可谓一座坚城。[①]因此方孝孺对于坚守南京，等待各地勤王军赶到还是很有信心的，他劝朱允炆不要着急离开南京，而是一面想办法延缓朱棣的进攻，一面固守南京等待援军，"今城中尚有胜兵二十万，城高池深，粮食充足，尽撤城外民舍，驱民入城，足以为守，城外积木，悉运入城"，"前遣郡主未能办事，今以诸王分守城门，遣曹国公、茹尚书、王都督往龙潭，仍以割地讲和为辞。以觇其虚实，且待援兵至，选精锐数万，内外夹击，决死一战，可以成功。设有不利，即轻舸走蜀，收集士马，以为后举"。朱允炆听从了方孝孺的建议，一面在南京周围坚壁清野，一面派出以李景隆、茹瑺、王佐为代表的使节团再赴朱棣军营议和。李景隆自北伐朱棣失败后，虽然因为和方孝孺、黄子澄不错的私人关系没有被过多追究，但日子并不好过，他和朝内文臣之间已经存在矛盾，同时又因为乃父李文忠的原因和朱棣关系不错，至于茹瑺，更是明确与黄子澄不和。朱允炆派这两人作为使节固然包含这两人没有被朱棣明确指定为"奸臣"，有缓和关系的意图，但这两人首鼠两端，却注定无法完成使命。[②]

李景隆见到朱棣，"俯伏，汗流浃背，不敢仰视"，朱棣则俨然一位胜利者了，他先宽慰李景隆说："勤劳公等至此，雅意良厚。"李景隆过了很久才敢将朝廷割地求和的意图说出来，朱棣此时大局在握，当然不会同意，他明确告诉李景隆："公等今为说客耶？始者未有衅隙，欲屠灭诸王，加我大罪，遂削除名爵，贬为庶人，以兵围逼，云以大义灭亲，必欲绝我宗祀，今日救亡不暇，何用割地为？况割地无名，我皇考定天下，一以传于子孙万世，畴敢分之？裂土割地，此亡国之绪耶，孰主张是，其罪当诛。今来为安社稷，保骨肉，复父皇之雠，能悉缚奸恶，付诸法司，使得数其罪而诛之，以谢孝陵，释天人之怒，整肃朝纲，徐听指挥，俾回故疆，实出望外，岂可以土地见啖也。我不即入城者，正为此耳。"随即打发了李景隆。朱允炆听李景隆回报朱棣不肯讲和，令李景隆再次出城，以"有罪者俱窜逐，

---

① 孟凡人：《明朝都城》，第二章《明南京城》，第 1 节《内外城墙概况及其围合的平面形状》。南京：南京出版社，2013 年，第 45 页。

② [明] 佚名：《奉天靖难记》，卷四，第 479 页，"三十五年六月辛酉"；[明] 佚名撰、王崇武校注：《奉天靖难记注》，卷三，第 202—203 页，"三十五年六月辛酉"。

今无在城，请退师，后执来献"为条件请朱棣退兵，谁知李景隆已经不敢再去见朱棣了。迫于无奈，朱允炆只好把城内的亲王们搬了出来，他又派出谷王朱橞、安王朱楹等人去见朱棣，结果朱棣只与他们谈了一番兄弟离别之情，互相寒暄问候了一番。[①]

朝廷的缓兵之计至此破产，朱棣则下令全军出动，在六月十三日进抵南京城下。本来以南京城之坚固，即便城内空虚，朱棣倘若强攻，还是必定要费一番功夫。然而朱允炆的另一个昏招为朱棣省去了这些麻烦。金川门是南京内城 13 座城门之一，位于整个南京内城西北突出部，当时由谷王朱橞、李景隆两人防守。这两位政治投机者通过此前与朱棣的接触认为朱允炆已经没有前途了，他们决定改换门庭，于是打开金川门，迎北军进城，朱棣就这样率军进入了当时明朝的京师，取得了最终的决定性胜利，是为金川门之变。虽然魏国公徐辉祖继续率兵抵抗了一阵，但是在城门洞开的情况下，他最终失败，北军控制了京师，明朝的历史进入了它的下一个阶段。

---

① ［明］佚名:《奉天靖难记》，卷四，第 479—480 页，"三十五年六月辛酉、癸亥"；［明］佚名撰、王崇武校注:《奉天靖难记注》，卷三，第 202—207 页，"三十五年六月辛酉、癸亥"。

2. 建元永乐

建文四年（1402 年）六月十三日，朱棣率军由金川门进入了当时明朝的京师——南京。基本控制局势后，朱棣一面约束军队，出榜安民，一面立即派人去把周王、齐王保护起来。作为朱棣亲弟弟的周王朱橚最为紧张，面对来到自己面前的千余骑兵，他一开始并不知道这些人是朱棣派来保护他的，"仓促惶怖"，在得知是自己的亲哥哥派人来保护他后，才终于放下心来，感叹："我得生矣！"周王很快就来面见朱棣，一见面，他就大哭起来，朱棣也跟着流下泪来。周王说："奸恶屠戮我兄弟，赖大兄救我，真再生也！"说罢痛哭不止，朱棣则连忙安慰自己这位弟弟。朱棣与周王一同骑马至金川门下马，"握手相劳苦"，朱棣对周王谈起自己这几年的经历："身遭危祸，无所容生，数年亲当矢石，濒于万死，不图重见骨肉，今与贤弟相见，皆赖天地神明，宗庙社稷，父皇母后阴翼默相，乃得至此。"周王则说："天生大兄，戡定祸乱，以安社稷，保全骨肉。不然，则皆落奸恶之手矣。"朱棣与周王述说完离别之情，城内诸王及愿意归附的大臣都来面见朱棣，现在摆在朱棣面前的最后一个问题就是宫城内的朱允炆了。[①]

在金川门之变前，朱允炆就已经成了孤家寡人，但他在最后时刻还是做了一些事情。徐达幼子、魏国公徐辉祖的弟弟徐增寿向来与朱棣关系很好，此时计划充当内应，结果被发现，遭到御史魏冕、大理寺丞邹瑾等十八人一顿痛打。众臣请求朱允炆杀掉徐增寿，然而此时的朱允炆仍旧犹豫不决。金川门之变发生后，朱棣已经进城，朱允炆似乎才终于果断起来，他将徐增寿叫到宫中诘问并亲手在左顺门用剑斩杀了徐增寿。不过徐增寿虽死，朱允炆也不可能扭转局面了，他在宫内放了一把大火，从此下落成谜。

朱棣发现宫内燃起大火，知道事情不妙，立即派宦官前去救火。最终，宦官们从宫内找出了一具已经难以辨认的尸体，朱棣则直接将这具尸体指认为朱允炆并感

[①] ［明］佚名：《奉天靖难记》，卷四，第 480—481 页，"三十五年六月乙丑"；［明］佚名撰、王崇武校注：《奉天靖难记注》，卷三，第 207—208 页，"三十五年六月乙丑"。

叹道："小子无知，乃至此乎？"① 当然，这具尸体就是朱允炆这一说法是很靠不住的，但朱棣必须这么做，只有宣布朱允炆已经死了，他即位才有合法性，他也才不用受到自己宣称的"周公辅成王"这一口号的束缚。

既然朱棣已经在政治上宣布了朱允炆死亡，接下来自然就该轮到自己登极了。为了将戏做足，朱棣在扑灭了皇宫火灾后将诸王送回宅第，命诸将分守京师各处、宫城，自己则返回龙江扎营。朱棣布告天下，宣布朱允炆的死讯，解散各地正在召集的勤王兵马。至于京城之中，另一场劝进的大戏开始上演了。

建文四年（1402年）六月十四日，诸王、文武群臣第一次上表劝进。这一次，朱棣直接拒绝了，他说："予始逼于难，誓救祸除奸，以安天下，为伊周之勋，不意孺子无知，自底亡灭。今奉承洪基，当择有才德者，顾予菲薄，岂堪负荷？"诸王及文武群臣则很配合地苦请说："天生圣人为社稷生民主，今天下者太祖之天下，生民者太祖之生民，天位岂可一日而虚？生民岂可一日无主？况国有长君，社稷之福。殿下为太祖嫡嗣，德冠群伦，功施于内，威被四海，宜居天位，使太祖万世之洪基，永有所托，生民永有所赖，不宜固让，以孤天人之心。"② 诸王及文武群臣的这番"苦请"用词可谓非常讲究，朱棣说自己起兵靖难是为了"为伊周之勋"，伊尹辅佐年幼的商王太甲，曾因为太甲无道，将之流放于桐，在其改过后才将之迎回，至于周公，同样以辅佐年幼的周成王而闻名。因此，虽然朱允炆和他的太子朱文奎失踪了，但是朱允炆的幼子朱文圭还在，按照朱棣自称的说法，他应该辅佐朱文圭即位才对。但是众人在"苦请"中用了"况国有长君，社稷之福"的说法，如此一来，就将年幼的朱文圭即位的资格排除了。接下来，他们又强调朱棣"为太祖嫡嗣，德冠群伦，功施于内，威被四海，宜居天位"，抬出了朱棣最需要的嫡出身份，让朱棣以太祖存世最年长儿子的身份继承"太祖之天下""太祖之生民"，一切就都变得合情合理了。但此时火候还不成熟，因此他还是拒绝了。

六月十五日，诸将第二次上表劝进，他们在表文中说：

> 臣闻锄奸去恶，式扬神明之谋；附翼攀鳞，早际风云之会。功光前烈，

---

① ［明］佚名：《奉天靖难记》，卷四，第481页，"三十五年六月乙丑"；［明］佚名撰、王崇武校注：《奉天靖难记注》，卷三，第208页，"三十五年六月乙丑"。

② ［明］佚名：《奉天靖难记》，卷四，第481—482页，"三十五年六月丙寅"；［明］佚名撰、王崇武校注：《奉天靖难记注》，卷三，第211—212页，"三十五年六月丙寅"。

德冠中兴。恭惟殿下文明武英，宽裕仁孝，为太祖之嫡嗣，实国家之长君，天生不世之资，民仰太平之主。曩奸恶逞毒肆凶，祸既罩于宗藩，几欲倾于社稷，集天下之兵以相围逼，使国中之众不能逃生。乃赫怒而提一旅之师，遂呼吸而定九州岛之地，战必胜，攻必取，实由天命之有归；绥斯来，动斯和，爰见人心之所在。今内难已平之日，正万方欣戴之时，宜登宸极之尊，以慰臣民之望。臣等忝随行阵，仰仗威灵，素无远大之谋，窃效分毫之力，虽不敢冀云台之图像，实欲慕竹帛之垂名，谨奉表以闻。[①]

诸将的劝进表在劝进论据上与诸王及文臣的说法一致，就是"恭惟殿下文明武英，宽裕仁孝，为太祖之嫡嗣，实国家之长君"。而与诸王、文臣不同之处则在于诸将都是跟随朱棣从尸山血海中拼杀出来的，因此他们与朱棣在主臣关系之外还有一层战友关系，"乃赫怒而提一旅之师，遂呼吸而定九州岛之地，战必胜，攻必取，实由天命之有归"正是对他们四年血战的总结，至于"虽不敢冀云台之图像，实欲慕竹帛之垂名"则是委婉地请求朱棣进行封赏。不过此时时机仍旧不够成熟，因此朱棣还是拒绝了。

六月十六日，诸王第三次上表劝进，这次他们说：

天眷圣明，宏开景运，群奸既去，宗社永安。恭惟大兄殿下龙凤之姿，天日之表，祯祥昭应于图书；尧舜之德，汤武之仁，勋业凤彰于海宇。迩者憸邪构祸，毒害宗亲，谋动干戈，几危社稷。乃遵承于祖训，聿奉行于天诛。赫一怒而安斯民，备文王礼义之勇；不四载而复帝业，经世祖中兴之功。武以剪戬，克全皇考之天下；文以经纬，聿明洪武之典章。实天命之所归，岂人力之能强？愿俯狗于众志，庶永绍于洪基。惟我诸弟，谊重天伦，情深手足，荷蒙拯溺，得遂生全。祗迓龙舆，蚤正天位，庶皇考之天下永有所托，四海之赤子永有所归，幸鉴微忱，毋频谦让。无任激切之至，谨奉表以闻。[②]

---

① [明]佚名：《奉天靖难记》，卷四，第481—482页，"三十五年六月丁卯"；[明]佚名撰、王崇武校注：《奉天靖难记注》，卷三，第212—213页，"三十五年六月丁卯"。

② [明]佚名：《奉天靖难记》，卷四，第482—483页，"三十五年六月戊辰"；[明]佚名撰、王崇武校注：《奉天靖难记注》，卷三，第213—214页，"三十五年六月戊辰"。

在这第三次劝进中，诸王将朱棣抬到了更高的位置上，称他起兵靖难是"乃遵承于祖训，聿奉行于天诛"，因此朱棣"赫一怒而安斯民，备文王礼义之勇；不四载而复帝业，经世祖中兴之功。武以剪戡，克全皇考之天下；文以经纬，聿明洪武之典章。实天命之所归"，肯定朱棣宣称的恢复洪武旧制的正确性，这份劝进表赋予了朱棣更大的合法性，但朱棣仍旧觉得火候还不成熟，"不允所请"。

当天，归附朱棣的文武群臣第四次上表劝进。朱棣觉得此事有必要全面阐述一下自己的想法了，因此他对众臣说：

> 昔元运衰微，四海鼎沸，强弱相噬，百姓无主。天命我皇考平定天下，以安生民，勤苦艰难，创造洪基，封建子孙，维持万世。岂意弃臣民之日，体犹未冷，而奸邪鞠凶，祸起不测，图灭诸王，以危社稷。予以病驱，志耗力疲，惟欲高枕，以终余年。奸邪一旦起兵见图，令人震慑，不知所为。群臣告予曰："太祖皇帝创业艰难，陵土未干，而诸王见灭，宁能束手受戮，以弃我社稷乎？"予佛徨无措，顾望求生，而天下之兵日集见逼，形势之危，犹侧立于千仞悬崖之上，而推使其下也，可为悚惧。勤苦百战，出万死一生，志清奸恶，以匡幼冲，其乃殄绝于今，遂自焚殒。群臣劝予即位，予思天位惟艰，有如幼冲，弗克负荷，几坠丕图，非虚为谦让，诚思皇考创业艰难，欲推择诸王有才德可以奉承宗庙者立之，主宰得人，天下之福，予虽北面，且无忧矣。[1]

朱棣反复强调自己起兵的艰难，却在最后说"欲推择诸王有才德可以奉承宗庙者立之"，难免太过惺惺作态。群臣当然知道朱棣的真实想法，他们固请说："殿下德为圣人，位居嫡长，当承洪基，以安四海，虽谦德有光，复谁与让？且天命所钟，孰得而辞？殿下宜蚤践大位，使民臣有所依凭，毋逊硕肤，以虚天下之望。"虽然朱棣仍旧"固辞，不允"，但火候无疑已经成熟了。[2]

六月十七日，朱棣拜谒了父皇朱元璋的孝陵，然后在诸王、文武群臣的拥戴

---

① ［明］佚名：《奉天靖难记》，卷四，第483页，"三十五年六月戊辰"；［明］佚名撰、王崇武校注：《奉天靖难记注》，卷三，第214—215页，"三十五年六月戊辰"。

② ［明］佚名：《奉天靖难记》，卷四，第483页，"三十五年六月戊辰"；［明］佚名撰、王崇武校注：《奉天靖难记注》，卷三，第215页，"三十五年六月戊辰"。

下入宫即位。六月十八日，朱棣立即开始抹去朱允炆曾经存在的痕迹，他命五府六部"一应建文中所改易洪武政令、格条，悉复旧制，遂仍以洪武纪年，今年称洪武三十五年，复诸殿门旧名"①，这是朱棣第一次宣布革除建文年号，也是他整个恢复旧制的开始。六月二十日，朱棣将他指认的朱允炆尸体以天子之礼安葬，自己则辍朝三日表示哀悼。建文四年（1402年）七月初一日，朱棣告祀天地于南郊，他在祝文中追溯了自己起兵之事，同时将自己登极之事告知天地：

> 嗣天子臣棣敢昭告于昊天上帝厚土皇地祇。昔我皇考太祖高皇帝，当元季之乱，平定群雄，受天明命，奄有天下，海内又安三十余年。允炆嗣登大位，崇信奸回，委政近侍，改更祖宪，戕害诸王，祸机之发，将及于臣，臣不得已举兵清君侧之恶，以为万姓请命。允炆自弃于天，阖宫自焚，臣荷天地眷佑，身命获全，军民稍安，宗王、大臣推臣以长，臣不敢辞，于六月十七日即皇帝位，谨用今日敬率臣僚，以玉帛牺齐粢盛庶品恭祀于大祀殿，备兹燎瘞皇考太祖高皇帝配神，臣首膺重器，不遑自宁，简在帝心，永惟相佑。②

祭祀完毕，朱棣返回奉天殿，正式颁布《即位诏书》，这是朱棣即位后第一份重要文件。这份《即位诏书》分为两部分，第一部分是追溯自己起兵的过程并宣告自己即位的相关事宜：

> 昔我皇考太祖高皇帝，龙飞淮甸，汛扫区宇，东抵虞渊，西瑜昆仑，南跨南交，北际瀚海，仁风义声，震荡六合。智爽暗昧，咸际光明，二十年间，九有宁谧，晏驾之日，万方嗟悼。煌煌功业，恢于汤武，德泽广布，至仁弥流。少主以幼冲之姿，嗣守大业，秉心不顺，崇信奸回，改更成宪，戕害诸王，放黜师保，委政宫竖，淫佚无度。天变于上而不畏，地震于下而不惧，灾延承天而文其过，蝗飞蔽天而不修德，祸机四发，将及于朕。朕为高皇帝嫡子，祖有明训："朝无正臣，内有奸恶，王得兴兵讨之"。朕遵奉条章，举兵以清君侧之恶，盖出于不得已也。使朕兵不举，天下亦将有声罪而攻之者，

---

① 《明太宗实录》，卷九下，第136页，"洪武三十五年六月庚午"。
② 《明太宗实录》，卷十上，第143页，"洪武三十五年七月壬午"。

少主曾不反躬自责，肆行旅拒，朕荷天地祖宗之灵，战胜攻克，捣之于坝上，歼之于白沟，破之于沧州，溃之于藁城，麋之于夹河，辚之于灵璧，六战而已不国。朕于是驻师畿甸，索其奸回，庶几周公辅成王之谊，而乃不究朕怀，阖宫自焚，自绝于宗社，天地所不庇，鬼神所不容，事不可止。朕乃整师入京，秋毫无犯，诸王、大臣谓朕太祖之嫡，顺天应人，天位不可以久虚，神器不可以无主，上章劝进。朕拒之再三而不获，乃俯徇舆情，于六月十七日即皇帝位，所有合行庶政，并宜兼举。[①]

第二部分则宣布了自己即位后的一系列大政方针：

一、今年仍以洪武三十五年为纪，其改明年为永乐元年。

一、建文以来，祖宗成法有更改者，仍复旧制，刑名一依《大明律》科断。

一、自洪武三十五年七月初一日昧爽以前，官吏军民人等有犯，除谋反、大逆，谋杀祖父母、父母，妻妾杀夫，奴婢杀本使，谋故杀人，蛊毒魇魅，毒药杀人及见提奸恶不赦外，其余已发觉、未发觉、已结正、未结正，罪无大小，咸赦除之。敢有以赦前事相告言者，以其罪罪之。

一、自洪武三十一年闰五月以后，周、齐、湘、代、岷五府被诬陷时文武官员、军民人等连累致罪者，官复原职。已故者文官，优免其家差役，武官子孙承袭，民充军者复还原籍，为民军发边远者仍还原卫，为奴者即放宁家，入官田产照数给还。

一、递年为事煎盐、买马、当站及囚充递运水夫、皂隶膳夫人数，一体赦免，各放宁家。

一、建文年间上书陈言有干犯之词者，悉皆勿论，所出一应榜文、条例，并皆除毁。

一、山林隐逸、怀材抱德之士，有司询访，以礼敦请赴京，量材擢用，其有志尚闲逸，不愿出任者，具名来闻。

一、鳏寡孤独，有司依例存恤，毋令失所。民年七十以上及笃废残疾者，

---

① 《明太宗实录》，卷十上，第143—145页，"洪武三十五年七月壬午"。

许令一丁侍养，其有饥寒不能自存者，官为赈给。

一、山东、北平、河南府州县人民，有被兵不能耕种者，并免三年差税，不曾被兵者，与直隶、凤阳、淮安、徐州、滁州、扬州，今年秋夏税粮，尽行蠲免，其余直隶府州、山西、陕西、浙江、福建、江西、湖广、两广、四川、云南，蠲免一半。其有洪武三十五年七月初一日以前拖欠一应钱粮、盐课、段匹、木植、芦柴等项及军民所养马、牛、羊等项倒死并欠孳生者，并免追陪。其弓兵砍办芦柴者，优免二年。

一、河南、山东、北平、淮南北流移人民，各还原籍复业。合用种子、牛具，官为给付。

一、北方学校依旧开设，毋致废弛。

一、建文除授并升调文武官员，仍依见职不动，军官有升职事者，止终本身，子孙仍袭原职。

一、各处新收勇士、壮士，悉放为民，各安生业。所设卫分并军民指挥司，尽皆革去，指挥、千、百户、卫所、镇抚，有系民间并舍人选用者，亦皆罢官放还。

一、凡诸色人匠，除轮当正班外，其余一应撮工人匠，俱各放回，依次轮班。

一、各处见造军器、军装、船只一切不急之务，尽皆停罢，今后有司非奉上司明文，毋得一毫擅自科扰于民。

一、自洪武三十五年七月初一日以前，军官为事充军及罢闲者，赦免军役，复其原职。亡故者，子孙承袭，总、小旗革役充军者，各复原役。

一、北平卫分官旗军人，有因公差或被拘执，不得已赴京者，皆免其罪。

一、各处守城官军，有系别卫调到并征进漫散军士，见在他处者，各还原卫所，本处官司不许留难阻当。其奉差守城文武官员及内官人等，诏书到日，俱各回京。

一、凡军民人等男女人口，有被官军拘掳者，官为赎还。

一、递年逃军并征进漫散军士藏躲山林者，诏书到日为始，限一月之内赴官首告免罪，所在官司发回原卫所着役。

一、抛荒田土，除有人佃种纳粮外，其无人佃种荒田，所司取勘明白，开除税粮，免致包荒损民。

一、所在城市、乡村，凡有骸骨，有司即为收敛埋瘗，毋致暴露。

一、天下各都司、卫所官军，皆太祖高皇帝恩养者，奸臣迫胁，调遣拒战，冲冒矢石，情有可悯。见存者俱还原卫所，其有阵亡、伤故、失陷、病故者，官则传袭其子孙，旗军每户赏钞五锭，户无壮丁补役，遗下孤寡，所司善加存恤，愿依亲愿还乡者，听从其便，有幼男者，给粮纪录出幼补役。

一、缘海军民人等，近年以来，往往私自下番，交通外国，今后不许，所司一遵洪武事例禁治。

一、奉天征讨将士，数年以来，从朕被坚执锐，栉风沐雨，忠勇奋发，屡战屡胜，翊辅武功，勤劳多矣，简在朕心，宜速论功升赏，以酬前劳。於戏！文帝入汉，尚资恭俭之风，武王绍周，愿广至仁之化。布告天下，其体朕怀。[1]

朱棣在《即位诏书》第二部分列举了很多政策，除了基本的宣布改元，以明年为永乐元年外，还有几点值得特别关注，关于这些内容，笔者将在本节和之后的章节中陆续谈到。

开头一点，朱棣就说"今年仍以洪武三十五年为纪"，这是他第二次宣布革除建文年号，内容与他六月十八日宣布的"一应建文中所改易洪武政令、格条，悉复旧制，遂仍以洪武纪年，今年称洪武三十五年"可谓如出一辙。不过朱棣虽然宣布革除"建文"年号，但对于七月之前应该怎么称呼，则是一个非常有趣的问题。在《奉天靖难记》中，建文元年至建文四年六月被称为"三十二年"至"三十五年六月"，而在《明太宗实录》中，这段时间则被称为"元年"至"四年六月"，而从建文四年七月开始，则一律称为"洪武三十五年"。《奉天靖难记》成书于永乐年间，《明太宗实录》成书于宣德年间，都是最靠近朱棣统治时期的史料，无论哪种记载，它们都显示出朱棣只是革除了"建文"这个年号，但是对建文元年至建文四年六月这段时间，并没有加上"洪武年号"，只是不以"建文"年号称之。然而到了后期一些史料中，则曲解了朱棣最初的做法，把整个朱允炆时期都冠以"洪武"年号，这就未免与历史不合了。

当然，要抹去朱允炆存在的痕迹，仅仅革除一个年号是远远不够的。朱棣还进

---

① 《明太宗实录》，卷十上，第145—149页，"洪武三十五年七月壬午"。

一步采取了一系列措施。

首先，就是"恢复旧制"。朱棣在靖难过程中，一直指责朱允炆"变乱祖制"，如今自己即位，自然要恢复旧制。朱棣在《即位诏书》中宣布："建文以来，祖宗成法有更改者，仍复旧制，刑名一依《大明律》科断"。七月二十日，朱棣又对群臣说了一番话：

> 凡开创之主，其经历多，谋虑深，每作一事，必筹度数日乃行，亦欲子孙世守之。故《诗》《书》所载后王之善必曰："不愆不忘，率由旧章"，于戒警后王必曰："率乃祖攸行"，曰："监于先王成宪"。此皆老成之言，后世轻佻谄谀之徒，立心不端，以其私智小见，导嗣君改易祖法，嗣君不明，以为能而宠任之，徇小人之邪谋，至于国弊民叛而丧其社稷者有之矣，岂可不以为戒！①

朱棣这番话是针对朱允炆改变洪武时期的散官制度而说的，他认为"只如群臣散官一事，前代沿袭行之已久，何关利害？亦欲改易。且陵土未乾，何忍纷纷为此"。朱棣的说法是有道理的，散官制度不过是细枝末节，朱允炆实在没有必要对其大动干戈。不过朱棣废除的并不仅仅是这样无关紧要的改革。朱允炆将六部尚书的品秩由正二品升为正一品，又在正三品侍郎上增设左、右侍中各一人，对于这些对中央重要官制的改变，朱棣都全部恢复到洪武时期的状态。

除了中央机构，朱允炆还对在外文职官员的考核制度进行了调整。洪武年间规定在外文职官员考满后必须"亲赴京给由"，朱允炆则只要求他们"进缴牌册"，洪武年间要求"各处闸坝、驿丞、递运、司狱等官，旧俱三年一考"，朱允炆认为他们并非钱谷相关衙门，三年一考"徒劳往复"，改为"止令申报事迹，九年通考"，"在外布政司、府、州、县官，旧考满，填写纸牌，攒造功迹功业须知文册三本，亲赍给由"，朱允炆也认为太过麻烦，改为"止令造进功业文册一本、纸牌一面"。此外，对于地位十分重要的负责监察的按察使、监察御史，洪武年间对他们的考核中"旧考满，将任内历问刑名、追过、赃罚录为事迹"，朱允炆则认为这些内容太过负面，改为"以建明政事、纠击奸贪、荐举循良、宣扬教化为风宪政绩"。对于

---

① 《明太宗实录》，卷十下，第 167—168，"洪武三十五年七月辛丑"。

各处巡检，洪武年间要求"三年为满，以所获盗贼、军囚多寡为黜陟"，朱允炆则改为"九年仍验其地方冲要、僻静、才力优劣为考核"。朱允炆甚至将触角伸到了地方基层的教官头上，"教官旧九年为满，俱从合于上司考核，要见所考词语，送部覆考，又以科举多寡为黜陟"，朱允炆则调整为"止论科举多寡"，对于这些，朱棣全部将其恢复为洪武年间的旧制度。①

除了官制，朱棣还特别关注地方军事机构的情况，他在《即位诏书》中宣布："各处新收勇士、壮士，悉放为民，各安生业。所设卫分并军民指挥司，尽皆革去，指挥、千、百户、卫所、镇抚，有系民间并舍人选用者，亦皆罢官放还"，这自然是针对地方军事机构的"恢复旧制"，实际上，朱棣在建文四年（1402 年）七月十三日就将朱允炆设置的河北都司、湖广行都司革去，都司、行都司作为地方三司之一，地位重要，朱棣这一动作不可谓不大，也宣示了他恢复旧制的决心。

从朱棣这些措施我们能够明显看出，有些旧制是应该恢复的，但有些其实是没有必要的，像六部官员制度，确实没有必要像朱允炆那样叠床架屋，地方军事机构，朱棣从稳定统治并进一步实现对全国的有效控制出发，将朱允炆新设立的机构革除也是有道理的。然而像对各处闸坝、驿丞、递运、司狱等官三年一考的制度，确实"徒劳往复"，朱允炆改为九年一考是合理的。在外布政司、府、州、县官原来造册三本，朱允炆改为造册一本，也是化繁为简的有利措施，朱棣也将其恢复旧制，无疑就显得过激了。

然而从另一方面说，朱棣却也不得不这么做，既然他指责朱允炆变乱祖制，自己就势必要以祖制的维护者自居，而《皇明祖训》中又明确说了："凡我子孙，钦承朕命，无作聪明，乱我已成之法，一字不可改易，非但不负朕垂法之意也"②。因此，朱棣为了自己即位的合法性，也只能这样做。当然，在某些必要的政策方面，朱棣也没有完全恢复旧制，比如朱允炆将六科都给事中的品秩由洪武年间的正八品提升至正七品，出于有利于他们行驶监察职务的目的，朱棣就没有将之改回。而另一个重要政策就是海禁了，这一点笔者将在后面提到。

从制度上抹去了朱允炆之后，就轮到一些还活着的和已经去世的朱允炆的亲人了。

---

① 《明太宗实录》，卷十下，第 161—162 页，"洪武三十五年七月甲午"。
② ［明］朱元璋：《皇明祖训·序》，第 165—166 页。

朱允炆即位后，很快追尊生父懿文皇太子朱标为"兴宗孝康皇帝"，嫡母敬懿皇太子妃常氏为"孝康皇后"，尊生母吕氏为皇太后，不仅如此，朱允炆还将朱标的神主放入太庙，位于朱元璋之下，由此在帝统、庙统两方面都构成了朱元璋—朱标—朱允炆的完整体系。对此，朱棣即位后立即进行了处理，他宣布对朱标、常氏仍称懿文皇太子、敬懿皇太子妃，至于吕氏，朱棣宣布对她仍称"皇嫂懿文太子妃"，同时让她迁居朱标的陵园，朱标的神主也被从太庙迁出，改为放在朱标的陵园。除了追尊父辈，朱允炆也为祖父朱元璋上谥号"钦明启运俊德成功统天大孝高皇帝"，庙号"太祖"，为马皇后上谥号"孝慈高皇后"。朱棣即位后，立即为其父朱元璋加谥号为"圣神文武钦明启运俊德成功统天大孝高皇帝"，庙号为"太祖"不变，为马皇后加谥号为"孝慈昭献至仁文德承天顺圣高皇后"。朱棣如此隆重地为父母加谥号，自然是为了凸显自己的嫡出身份，同时强化自己的合法性。

前面是朱棣的长辈、平辈，对自己的晚辈，朱棣的处理方式又有所不同。朱允炆的皇太子朱文奎与乃父一同下落不明，但朱允炆次子朱文圭则落入了朱棣手中。对于这个敏感的小孩，朱棣将其长期禁锢于凤阳广安宫中，被称为"建庶人"，直到朱棣曾孙朱祁镇在位年间才被释放出来。除了儿子，朱允炆还有一位亲兄弟朱允熙，他在建文元年（1398年）被朱允炆封为徐王，朱棣即位后，先将其降封为敷惠王，让他随同其母吕氏迁居朱标陵园。永乐二年（1404年），朱棣又将他改封为瓯宁王，让他奉朱标之祀，但他的身份太敏感了，最终仍旧在永乐四年（1406年）十二月死于其宫邸的一场神秘的火灾。

除了这位亲弟弟，朱允炆还有几位同父异母的兄弟，他们都是朱标与元配常氏所生。朱允炆在兄弟整体排行中位列第二，他前面又一位哥哥朱雄英，但他在洪武十五年（1382年）就去世了，朱元璋追赠他为虞王，谥为"怀"，也正因为朱雄英的去世，后来在朱标去世后，才能轮到朱允炆被立为皇太孙。朱棣即位后除了朱允炆、朱允熙兄弟，朱标第三子朱允熥、第四子朱允熞也还在世。朱允熥被朱允炆封为吴王，朱棣即位后当然不能容忍他占据这个朱元璋曾经的封号，立即将他贬为广泽王，居漳州。后来又以不能匡正朱允炆的罪名将他贬为庶人，安置凤阳。永乐十五年（1417年），随着谷王朱橞逆案爆发，朱允熥也在当年神秘去世。朱允熞被朱允炆封为衡王，朱棣即位后立即将他贬为怀恩王，安置于建昌，后来与朱允熥一并被贬为庶人，最终还死在朱允熥之前。可以说，朱标的后代在永乐年间基本被朱棣消灭干净了。

最后，朱棣还对朱允炆进行了最后的抹杀，那就是既不给朱允炆上谥号、庙号，从帝统、庙统两方面都将朱允炆排斥出去，甚至也不为朱允炆编纂实录，建文年间的史事收录进了《明太宗实录》前四卷"奉天靖难事迹"内，但很多内容修改的痕迹十分明显，为后世研究建文朝历史造成了极大的困难。可以说，朱棣所谓"革除"绝不仅仅是说说，他确实是竭尽全力地对自己侄子的历史进行了抹杀。

朱棣在整个《即位诏书》的结尾说道："奉天征讨将士，数年以来，从朕被坚执锐，栉风沐雨，忠勇奋发，屡战屡胜，翊辅武功，勤劳多矣，简在朕心，宜速论功升赏，以酬前劳"。很明显，论功行赏的时候到了，不过朱棣在实际封赏中并不仅仅封上了跟随他一路拼杀出来的将士，还有一些归降他的建文朝廷的人员也得到了封赏，而且这些功臣、降臣的结局各不相同，他们的待遇在一定程度上反映了永乐初年的政治局势。

3. 功臣与降将

　　建文四年（1402 年）九月初四日，朱棣正式开始封赏靖难功臣。位居第一的是都督金事丘福，他被封为"奉天靖难推诚宣力武臣、特进荣禄大夫、右柱国、中军都督府左都督、淇国公"，附加待遇为"食禄二千五百石，子孙世世承袭"。第二位是都督金事朱能，他被封为"奉天靖难推诚宣力武臣、特进荣禄大夫、右柱国、左军都督府左都督、成国公"，附加待遇略低于丘福，为"食禄二千二百石、子孙世世承袭"。[①] 这是两位健在的公爵，除此之外，还有两位追封的公爵，一位是在东昌之战中为了营救朱棣而阵亡的张玉，他被追赠"荣国公"，谥"忠显"，不仅如此，他和朱能两人因为是最早跟随朱棣的将领，还获得了"俱三世赠王，为极盛"[②] 的特殊待遇，也就是对二人的父亲、祖父、曾祖父都追赠王号。这两人在靖难之役中不仅屡立战功，更能在关键时刻坚定朱棣的决心，促成下一步的胜利，获得这些待遇，可以说是理所当然。另一位被追赠公爵的是陈亨，陈亨最初在辽东就和朱棣暗中联络，归降后又在白沟河之战中受伤，后来伤重去世，此时获追赠"泾国公"，是朱棣对他的一种承认。

　　除了这四位公爵，还有侯爵十三人，其中十一人封号勋号也都是"奉天靖难推诚宣力武臣"，这十一人分别是成阳侯张武、泰宁侯陈圭、武安侯郑亨、保定侯孟善、同安侯火真、靖安侯王忠、武城侯王聪、永康侯徐忠、隆平侯张信、安平侯李远、成安侯郭亮，这十一人都在靖难之役中作战有功，更有像李远这样在建文三年（1401 年）六月孤军烧毁南军粮船这样不算小的功绩，张信更是在朱棣起兵前夕的关键时刻归降，透露了朝廷的重要情报，帮助朱棣取得先机，也是大功一件。但他们的资历与功勋都不如公爵，因此得封侯爵。另外两人封号比较独特，顾成归降朱棣后主要负责协助朱高炽镇守北平，没有随军作战，因此此时的封号为"奉天翊运推诚宣力武臣、特进荣禄大夫、柱国、后军都督府右都督、镇远侯"，"翊运"、"靖难"两个词很好地区分了顾成与其他侯爵的区别，还有一人房宽，获封思恩侯，没

---

　　① 《明太宗实录》，卷十二上，第 194 页，"洪武三十五年九月甲申"。

　　② ［明］沈德符：《万历野获编》，卷五，第 144 页，《定襄王》。

有勋号，这和房宽归降后并无什么表现也是相关的。可以说，通过这十三位后觉得封号我们能够看出朱棣在封赏时对于封号、待遇的斟酌是很仔细的。当然，侯爵里也有一位追封的，那就是在夹河之战中阵亡的谭渊，朱棣追赠他为崇安侯，谥壮节。

最后，这次封赏的还有十一位伯爵，他们的封号勋号是"奉天翊卫宣力武臣"，分别是兴安伯徐祥、武康伯徐理、襄城伯李濬、信安伯张辅（张玉长子）、新昌伯唐云、应城伯孙岩、富昌伯房胜、忻城伯赵彝、云阳伯陈旭、广恩伯刘才，还有一位没有勋号的新宁伯谭忠（谭渊子）。

这些功臣除了获得封号，还同时获得大量赏赐，其子孙也可在不同程度上继承这些爵位，有些是世袭原爵，也有降等继承的。无论从哪个方面来看，朱棣对跟随他奋战的下属的封赏都是十分丰厚的。当然，也正是因为朱棣的封赏几乎和朱元璋当年封赏功臣不相上下，因此难免被拿来对比并对其进行批评。关于这点，王世贞有一段富有代表性的论述：

> 呜呼！靖难诸将臣从藩邸起，以一旅之师、弹丸之地，出万死者，三载而遂定宗社于泰山之固，此其绩诚巨。然英主实在军，攻坚履危，断自神授。又大战不过十余，所定军府不过三四而已。毋论中山、开平，其视曹、卫、宋、颍而下，抑何径庭也！定兴之扫安南固自伟，亦何能超颍川之下滇蜀？且久复失之。今高帝之盟白马，指黄河而誓，其功臣鲜有存者。易世而后，所当仅如线之虏与崔苻之盗，卤级数十以至百，积封自伯而至侯遂有公者，今胡以貂绵蝉联也？以此况彼，诚不可同年而语。[1]

正如王世贞所说，如果单纯看靖难之役，则这一系列功臣获得的封赏都是恰当的，但倘若将他们和洪武诸功臣对比，靖难之役就显得小家子气了，"诚不可同年而语"，这些封赏无疑都太高了，他们不仅比不上中山王徐达、开平王常遇春，也比不上曹国公李文忠、卫国公邓愈、宋国公冯胜、颍国公傅友德。从整体来看，靖难功臣的成色是明显不如开国功臣的。就拿健在的两位公爵来说，淇国公丘福在永乐七年（1409年）率军北征鞑靼，结果不听劝谏，全军覆没。成国公朱能在永乐四年（1406年）率军南征安南，结果还没进入安南就在广西龙州病逝，都没能在永乐

---

[1] ［明］王世贞：《弇山堂别集》，卷三十八，《永乐以后功臣公侯伯年表》，第671—672页。

年间有杰出的表现，甚至丘福还表现的极为糟糕。

有趣的是，在这几十位靖难功臣中，真正在永乐年间绽放出耀眼光芒的并不是前面的公爵、侯爵，恰恰是一位伯爵，这就是张玉的长子信安伯张辅。张辅作为追封荣国公张玉的长子，他并不是继承父亲的爵位，而是单独以军功获封信安伯，他的封号有"奉天翊卫宣力武臣"的勋号，这和谭忠完全是凭借其父谭渊的功劳而获封新宁伯，没有勋号是完全不同的。永乐三年（1405 年）十一月初二日，朱棣又以给张辅的封赏太低，将他进为新城侯。当然，这并不是张辅仕途的结束，他最终在永乐六年凭借平定安南的巨大功劳进封英国公，成为了永乐年间光芒最为灿烂的一颗将星。关于靖难功臣的后续，在后面相关章节笔者会进一步讲述。

在朱棣封赏功臣时，除了规定功臣子孙可在一定程度上继承爵位外，还有一项附加规定，就是功臣子弟在袭职时可以先袭职后比试，而不必像一般武官那样比试过关后方可袭职。然而这却会产生严重的问题，即既然不必先比试，那么功臣子弟自然也就不习武事，素质自然严重下降。这一问题显现得很快。永乐六年（1408 年）三月二十日，朱棣就对兵部尚书金忠、掌左军都督府事、定国公徐景昌既愤怒又忧心忡忡地面谕道：

> 天下卫所军官比先身亲战阵，冲冒矢石，卧雪眠霜，出百死而博一生，积累功劳致有爵禄，子孙世袭。这等老头目每心里想着旧日勤劳，好生感恩知报，好生小心保守爵禄，十分遵守法度，诸事勤一些，不肯怠慢了，十分爱恤军士，这等的鬼神护祐，长享福禄，他那有祸患？如今他的子孙多有不知他父祖从军立功艰难，又不听父母教训，每日惟务安乐骄奢，互相勾引吹箫、弹琵琶、唱曲儿，赌博财物，看勾栏、说平话，去那歌楼酒馆挟妓买笑，恣肆粗狂，鼓弄唇舌。但捏一段妄涎的词曲，胡道一句无理的言语，便如破一阵，得一城的快活，争夸道是好汉；或中间有一言半语干犯法度，连身家都丧了。似这般撒泼不才坏家门无理的事便欢喜去做，全不想着久远享富贵的根基。本等弓马全不肯用心操练，其余的武艺又全然不去习学，又不肯读书学道理，看古时名将所谓重名万世不磨的功绩，又不学抚绥军士的勾当。及至赴京来告袭替，比试时弓也不曾射，枪也不会擎，马也不会骑，只拼着钱物买求监比官取中。一做了官便百般苦害军士；遇有征调惟务假装事故，使钱买免；便有调到军前的百般畏避退缩，只是藏躲在人后，得走时便先走

了，似这等多有吃杀的，不独是丧了他本身，将朝廷大事误了，又废他祖宗辛苦积下的功劳。自家逃得性命不死时朝廷必然依法度杀他。不说自家无志气不才不孝，将祖父功劳废了，却怨谤朝廷无恩，不念他祖父的功劳。有等泼皮不才本不会自家立功，见他人立了功，多端诡诈出来赖做自己的功。似这等好生无理，鬼神不容。怎兵部便行文书并出榜去与内外卫所知道，今后军官子弟务要如法操练，弓马惯熟，不许怠慢废弛。日后如有赴京比试，不中的发充军三年，着他知道祖父已先从军立功艰难。三年过再着他来比试，若再不中时发他烟瘴地面永充军役。别选户下有才能、有志气、有本事、有见识的儿男袭替。又不误了朝廷大事，又不废了他祖父的功劳，连他祖父爵禄也常常保守的安稳，有见得朝廷恩待功臣的好意思。钦此。[①]

朱棣这番讲话可谓相当精彩，将功勋子弟不求上进的情况进行了传神的描述，而朱棣在最后说的"日后如有赴京比试，不中的发充军三年，着他知道祖父已先从军立功艰难。三年过再着他来比试，若再不中时发他烟瘴地面永充军役"可谓是一个对症下药的针对性政策。可惜这一政策在对靖难功臣子弟的应用上出现了令人遗憾的例外。永乐十年（1412 年）六月十七日，时任兵部尚书方宾奏请奉天靖难故官[②]子弟比试后袭职，朱棣一开始同意了，但他很快又召方宾说道：

> 朕适见所引故官子弟比试者，不觉怆然。盖初举义之时，其父兄忍饥冒寒，艰苦百战，不幸有死于战阵，或殁于疾病。今观其子弟皆稚弱，若令如例比试，而后袭职，必未闲武事，而因是绝其俸禄，无以自存矣。可且令袭职，给全俸，俟长成比试。[③]

正是因为朱棣并没有在靖难功臣子弟身上严格执行规定，逐渐导致明军、明军将领的素质出现严重下降并进而影响到了永乐一朝军事的各个方面，这些我们从后文就能看到。

---

① ［明］杨嗣昌，《杨文弱先生集》，卷十六，《遵旨明酌议世职疏》，第 7a—9a 页。

② "故官"表示已经去世。

③ 《明太宗实录》，卷一二九，第 1599—1600 页，"永乐十年六月庚午"。

在这次的封赏中，除了这些先后跟随朱棣奋战的将领外，还有一位特殊的功臣，这就是姚广孝。应该说，姚广孝是朱棣靖难成功的第一功臣，正是他促成了朱棣下定决心起兵，靖难之役爆发后，他不仅协助朱高炽镇守北平，更在济南之战失败后劝谏朱棣及时撤军，后来又在东昌之战战败后，帮助朱棣鼓舞士气，促其再度南下。最后更是抓住南京空虚的机会，力促朱棣不拘一格，长驱南京，取得了最终的胜利。应该说，不论朱棣此时给予姚广孝怎样的封赏都不为过。因此当姚广孝南下来到南京后，朱棣也确实想让姚广孝还俗为官，但是姚广孝却极力推辞。无奈之下，朱棣让姚广孝接受了僧录司左善世这一佛教职务。左善世为僧录司主官，但是品秩仅为六品，无论如何都和姚广孝的功绩并不相称。不死心的朱棣很快就找到了方法给姚广孝追加待遇。永乐二年（1404年）四月，朱棣在立朱高炽为太子后设置东宫官署，以姚广孝为太子少师，复其姓姚，赐名广孝。对此，姚广孝接受了，朱棣再给姚广孝的敕文中说：

> 卿秉性笃实，学行老成，事朕藩邸，积有年岁。朕靖难之初，卿侍左右，谋谟弼赞，神益良多。今建储嗣，简求贤辅，以卿旧人，特授太子少师。夫太子，天下之本也，必赖启迪匡正，辅成德器。卿尚勉尽厥职，副朕眷倚之重。钦哉！[1]

朱棣"朕靖难之初，卿侍左右，谋谟弼赞，神益良多"数句可以说是对姚广孝靖难之役中功绩的高度概括。朱棣名为以姚广孝为太子少师辅佐皇太子，其实除此之外也是找理由给姚广孝追加待遇，而且这类待遇，姚广孝也不好拒绝。因此，姚广孝在整个永乐年间都过着亦僧亦官的生活。永乐十六年（1418年）三月二十八日，姚广孝去世，享年八十五岁，朱棣才终于得以尽情对这位自己十分倚重的臣子进行追封。朱棣不仅亲自为姚广孝撰写神道碑，评价他"广孝于时，识进退存亡之理，明安危祸福之机，先几效谋，言无不合。出入帷幄之间，启沃良多"[2]，更追封他为"推忠辅国协谋宣力文臣、特进荣禄大夫、上柱国、荣国公"，谥"恭靖"，备

---

[1] 《明太宗实录》，卷三十，第534页，"永乐二年四月壬申"。

[2] ［明］姚广孝：《逃虚子集补遗·御制推忠报［辅］国协谋宣力文臣、特进荣禄大夫、上柱国、荣国公姚广孝神道碑》，第170页。

极哀荣。

相对于这些靖难功臣，一些归附较晚的降将获得待遇就个个不同了。降将中获得最高封赏的就是开金川门迎降的李景隆，他不仅保住了从父亲李文忠那里继承来的曹国公爵位，还获朱棣加封为"奉天靖难推诚宣力武臣、特进光禄大夫、左柱国、太子太师、曹国公"，附加待遇为"加食禄一千石、子孙世袭"。[①] 这个封号和待遇甚至超过了丘福、朱能，如此高规格，很难想象李景隆是仅仅凭借开金川门一项功劳而获得，因此在当时就有怀疑他实为朱棣间谍的。不过这一说法并没有确凿的证据，虽然李景隆在北伐朱棣时一败再败，但并没有他刻意战败的证据，而他最后之所以开金川门迎降，正确前文所说，其中包含他和建文朝廷当权文臣之间越来越严重的矛盾有关，并不能说是他早就预谋投降朱棣。当然，这些都是间接的，相对来说，李景隆在永乐朝后来的遭遇更能说明问题。

正是因为李景隆凌驾于其他靖难功臣之上独高的地位，自然引起了其他功臣的不满。毕竟这个人长期是他们敌人，互相血战若干次，此时他竟然获得这么高的地位，确实难以服众。永乐二年（1404 年）七月十五日，第一次对李景隆的弹劾由刑部尚书郑赐率先发起，他弹劾李景隆"包藏祸心，不守臣节，隐匿亡命蒋阿演等二十八人。又景隆常语其家人杨思美曰：'善养此辈，后将得用。'夫《春秋》无将，将则必诛，乞置景隆于法"，然而朱棣仅仅表示"勿问，令送所匿于官"[②]，也就是只追究李景隆藏匿的亡命徒们的罪名，放了李景隆一马。然而众臣显然没有就此放过李景隆的打算，次日，以成国公朱能为首，联合吏部尚书塞义及文武百官第二次弹劾李景隆及其弟李增枝，这次他们显然是找到了证据，因此在弹章中说："阴养逋逃蒋阿演辈，谋为不轨，俱有显状，乞正国典"，朱棣的回答则颇为耐人寻味："景隆国家勋戚大臣，宁遽有此？恐小人不循礼法，假托其名尔，其逮蒋阿演辈鞫之"[③]，朱棣虽然仍旧表示这定然不是李景隆所为，但说法较第一次已经有了明显的松动。众臣受此鼓舞，一天后发动了第三次弹劾，这次他们将李景隆的罪名进一步升级："心怀怨望，密造奸谋，招纳逋逃，图为不轨，条列其罪，请置于法"，朱棣也很配合地回答说："朕自处置之。"随即给李景隆下达了一道颇为严厉的敕谕说：

---

① ［明］袁裹：《奉天刑赏录》，第 2a 页，《李景隆》。

② 《明太宗实录》，卷三三，第 577 页，"永乐二年七月甲寅"。

③ 《明太宗实录》，卷三三，第 577—578 页，"永乐二年七月乙卯"。

自古勋戚，始终保全，必君臣两得其道。尔朕姑之孙，少相亲爱，共享富贵，实同此心。比者不烦以政，盖欲遂。尔不体此，心怀怏怏，交构不靖，潜谋日彰。朕念至亲，略而不究，尔乃恃恩益恣，招诱无赖，藏匿逋逃，人发其奸，证验显著，尚伪言强辩，不知惭惧，论情据法，岂可宽贷？！重念姑氏之亲，但去勋号，绝朝请，其以曹国公爵归第以奉曹国长公主之祀，宜杜门省愆，易虑为善，庶称朕保全之意。钦哉！①

朱棣这一处理已经颇重，而且从"人发其奸，证验显著，尚伪言强辩，不知惭惧"来看，双方已经就相关证据进行过交锋，李景隆显然处于不利地位，这足以说明李景隆本人的作为并非无可挑剔。然而对这种可大可小的罪名，此时朱棣仍旧以所谓"尔朕姑之孙，少相亲爱""重念姑氏之亲"的理由对李景隆网开了一面，保留了他的曹国公爵位，只是革掉了他的功臣勋号，绝其朝请。

一般来说，到这个程度也就差不多了，众臣打压李景隆的目的基本达到了，朱棣即便想警告李景隆，这是足够了。但事情并非如此。八月十四日，礼部尚书李至刚联合六部、都察院等发动了第四次对李景隆声势浩大的弹劾，这次弹劾李景隆："潜蓄奸谋，将为不轨，廷臣累发其罪，皇上曲赐生全，而景隆略不戒怯，益肆僭踰。比者，其家人被盗，巡捕官临视其家，见景隆受阍者趋谒拜俯，如君臣礼，盖其势渐不可长，乞正典刑以收国柄"，话已经说得很重，就差直接说李景隆谋反了，这次朱棣又回到了第一次的态度，"朕自有以处之"。② 八月十七日，李至刚再接再厉，联合六部、都察院，进一步扩大到通政司、大理寺第五度弹劾李景隆，这次他们别出心裁，不直接弹劾李景隆，也不同时弹劾李景隆和其弟李增枝，而是直接弹劾李增枝，暗指李景隆，他们在弹章中慷慨陈词，说李增枝"明知兄景隆不臣之迹，曾无一言规谏，且于各处多立庄田，每庄蓄佃仆无虑千百户，此其设意非小，望明正典刑"，李增枝和朱棣并没有像乃兄李景隆那样的关系，朱棣处理他没有任何心理负担，因此他随即答复："景隆兄弟，国之亲属，朕自处之。其庄田、佃仆俱没入官"③。随后，朱棣削夺了李景隆的爵位，将他们全家软禁了起来。李景隆卒于永乐

---

① 《明太宗实录》，卷三三，第578页，"永乐二年七月丙辰"。
② 《明太宗实录》，卷三三，第586—587页，"永乐二年八月癸未"。
③ 《明太宗实录》，卷三三，第587—588页，"永乐二年八月丙戌"。

后期，总算勉强善终。

整个李景隆在永乐年间的获罪，都充满了阴谋气息，如果说朱能等人的弹劾是不满李景隆凌驾于自己的地位的话，李至刚等人的弹劾则不存在这些因素。身为礼部尚书的李至刚一意迎合朱棣，其溜须拍马的程度甚至让朱棣都感到厌恶。因此，他对李景隆的穷追不舍就不能单纯看成是他于李景隆之间的矛盾了，只能认为他是为了迎合或者配合朱棣才这么干的。朱棣以李至刚在台前，挖出李景隆不能说不存在的罪名，自己故示宽大，最后没有办法才严肃处理了李景隆，这样既实现了自己打击李景隆的目的，又不至于背上迫害功臣、忘恩负义的责备，考虑可谓周全。当然，李景隆自己也不是无缝的鸡蛋，这从整个弹劾过程我们也能够看出，正是因为他在永乐年间的继续不知检点，终于将削夺自己的机会送给了朱棣，由此也可以看出，李景隆更可能是在朱允炆、朱棣之间进行政治投机，他始终以保全自己为目的，所谓"谋逆"的种种罪名，看来其实更像他的自保之计，不过这些做法到了朱棣那里含义就截然不同了。与李景隆类似，盛庸、平安在永乐年间的经历同样为阴谋所笼罩。

朱棣即位后，对于曾经在济南让自己十分窘迫乃至遭遇惨败的铁铉自然是恨之入骨，此时铁铉仍旧固守济南，朱棣则派兵北上，最终铁铉被朱棣"用计擒至"①，但是究竟怎么用计擒获的铁铉，官方记载都语焉不详。不过对于这个问题，也不是没有线索可寻，这就牵涉到了靖难之役中铁铉的同僚——盛庸。盛庸虽然在靖难之役中屡次给予朱棣以重创，他自己也因功获朱允炆封为历城侯，但他与铁铉不同，当朱棣最终取得胜利后，盛庸归附了朱棣。此时朱棣急需尽快建立对全国的控制，因此对这位曾经的劲敌的归附不仅十分欢迎，保留了他历城侯的爵位，还委以重任，让盛庸镇守淮安，就近监视山东。建文四年（1402 年）八月初一日，朱棣敕谕盛庸说：

> 比以山东未定，命卿镇守淮安。今山东布政使铁铉亦已就获，诸郡悉平，是皆宗社之灵、生民之福。朕念山东军民困于兵革，转输已久，卿其息兵养民，使各得其所，粮饷续有处分。②

---

① ［明］李贤：《天顺日录》，第 1169 页。
② 《明太宗实录》，卷十一，第 175 页，"洪武三十五年八月壬子"。

朱棣给盛庸的这份敕谕十分奇怪，按说盛庸是镇守淮安，充其量只是监视山东，但朱棣在敕谕中通篇都是指示盛庸对山东战后应该采取的政策，这只能说明盛庸虽然镇守淮安，但他在协助朱棣最终平定山东的过程中发挥了积极的作用，如此一来，再结合朱棣特别告诉他"今山东布政使铁铉亦已就获，诸郡悉平"，我们有理由认为这位曾经的战友在擒获铁铉的过程中发挥了特殊的作用，不过由于记载的缺失，我们无法得知盛庸究竟发挥了怎样的作用。

盛庸向朱棣表示了自己的忠心，但他最终的结局并不好。永乐元年（1403年），随着朱棣统治的稳固，盛庸逐渐失去了他的价值，为求自保，盛庸辞去了官职。然而盛庸仍旧未能善终，当年九月二十日，都察院左都御史陈瑛等弹劾盛庸"口出怨诽，心怀异图，请寘重典，以警余众"，并且"言之再三"，最终朱棣决定削除了盛庸历城侯的爵位。[①] 盛庸心怀忧惧，随后自杀，最终仍旧成了这场叔侄大战的牺牲品。

与盛庸同样待遇的还有平安。平安自灵璧之战被朱棣活捉后就被送回北平，交由世子朱高炽和郭资照看。朱棣即位后，平安又被任命担任北平都指挥使，作为朱棣怀柔政策的一部分。永乐七年（1409年）三月，朱棣第一次北巡已经改名北京的北平，平安则在此时"以疾卒"[②]。这段记载十分突兀，让人不明所以，宋端仪在《立斋闲录》中记载"久之，上尝谓：'平保儿尚在耶？'安遂自缢死"[③]。盛庸、平安的结局，毫无疑问都是朱棣一手策划的，但也并非所有降将都不能得到朱棣的信任从而在永乐年间走向悲惨的结局。陈瑄就是这个例外，陈瑄在朱棣败于浦口，此后艰难击败盛庸，尚未渡江的关键时刻，背叛朱允炆，归降朱棣，对朱棣最终成功渡江起到了关键的作用，因此获封平江伯，此后在整个永乐年间都负责至关重要的漕运事务，是降将中获得信任的几人之一，而他与顾成的不同就在于他归降的时间很晚，不过因为他的归降发挥了重要作用，加之此前他没有和朱棣血战过，因此也很自然获得了朱棣的信任。

然而，与论功行赏的光辉相伴的，就是同时展开的对不肯归降的建文遗臣的残酷杀戮，这也是整个永乐年间最黑暗血腥的一幕。

---

① 《明太宗实录》，卷二三，第425页，"永乐元年九月乙未"。

② 《明太宗实录》，卷八九，第1178页，"永乐七年三月乙卯"。

③ ［明］宋端仪：《立斋闲录》，卷二，《革除录·平安》，第585页。

4. 革除之际的遗臣们

朱棣在《即位诏书》的大赦条款中明确说了"见提奸恶不赦"，加之他起兵宣称的原因就是要"清君侧"，这也就意味着他不可能对自己口中的"奸臣"施以宽大。当然，在官修史书中，对这段残酷的历史进行了刻意的扭曲。《奉天靖难记》和《明太宗实录》中，关于朱棣对建文遗臣的处理只有两段简短的记载，《奉天靖难记》中为：

> （三十五年六月乙丑）时有执方孝孺来献，上指宫中烟焰处谓方孝孺曰："今日使幼君自焚者，皆汝辈所为也，汝死有余辜。"方孝孺稽首乞怜乞哀，遂命收之。[①]
>
> 丁丑，执奸恶齐泰、黄子澄、方孝孺等至阙下，上数其罪，咸伏辜，磔戮于市。[②]

这两段记载到了《明太宗实录》中又被进一步发展：

> （四年六月乙丑）时有执方孝孺来献者，上指宫中烟焰谓孝孺曰："此皆汝辈所为，汝罪何逃？"孝孺叩头祈哀。上顾左右曰："勿令遽死。"遂收之。[③]
>
> 丁丑，执奸臣齐泰、黄子澄、方孝孺等至阙下。上数其罪，咸伏辜，遂戮于市。[④]

很明显，《明太宗实录》这两段记载是从《奉天靖难记》中润色而来。《奉天靖难记》已经完全扭曲了建文旧臣的结局，但仍旧保留下了一些残酷的片段，比如朱棣一开始就把朱允炆自焚的责任推给了方孝孺，说他"死有余辜"，而最后处决建

[①] ［明］佚名：《奉天靖难记》，卷四，第481页，"三十五年六月乙丑"；［明］佚名撰、王崇武校注：《奉天靖难记注》，卷四，第208页，"三十五年六月乙丑"。

[②] ［明］佚名：《奉天靖难记》，卷四，第484页，"三十五年六月丁丑"；［明］佚名撰、王崇武校注：《奉天靖难记注》，卷四，第219页，"三十五年六月丁丑"。

[③] 《明太宗实录》，卷九下，第131页，"四年六月乙丑"。

[④] 《明太宗实录》，卷九下，第140页，"四年六月丁丑"。

文旧臣用的是"磔戮于市"，这些到了《明太宗实录》里都没有了，这也让朱棣的形象显得更为完美、高大。

不过无论是这两份史料中的哪一份，对这段历史的记载都是严重扭曲的，不仅被屠戮的建文遗臣不只这三人，过程也残酷很多。

朱棣在靖难之役中为了减小打击面，把"奸臣"范围局限于齐泰、黄子澄，然而当他夺取南京后，情形就完全不同了。就在朱棣进入南京的当天，他就颁布令旨，开列奸臣名单并允许百姓绑缚请赏：

> 大明燕王令旨，谕在京军民人等知道：
>
> 予昔者守固藩国，以左班奸臣窃弄威福，骨肉被其残害，起兵诛之，盖以扶持宗社保安亲藩也。于六月十三日抚定京城。奸臣之有罪者予不敢赦，无罪者予不敢杀，惟顺乎天而已。或有无知小人，乘时有事，图报私仇，擅自绑缚，劫掠财物，祸及无辜，非予本意。今后凡有首恶，有名，听人擒拿；余无者，不许擅自绑缚。惟恐有伤治道，谕尔众庶，咸使闻知。
>
> 计开左班文职奸臣：
>
> 太常寺卿黄子澄、兵部尚书齐泰、礼部尚书陈迪、左副都御史练安、翰林院侍讲方孝孺、礼部右侍郎黄观（即许观）、大理寺寺丞邹公瑾、大理少卿胡闰、户部侍郎郭任、卢迥、刑部尚书侯泰、侍郎暴昭、户科给事中陈继之、工部尚书郑赐、吏部尚书张纻纮、侍郎毛泰、御史董庸、曾凤韶、王度、高翔、魏公勉、宗人府经历宋徵、巨敬。（礼部侍郎黄魁、户科给事中韩永、谢升、黄彦清、户科都给事中龚泰、徽州知府陈彦回、中山王子徐□□、叶惠仲、牛景先、卓敬、山东布政铁铉、都指挥使平安、都御史茅大芳、山东佥事胡子昭、指挥宋忠、苏州知府姚善、德庆侯廖镛、周璇、高不危、大理寺少卿卢元质、左都御史景清、左抬遗戴德彝、北平布政使张昺、葛诚、卢振、魏国公徐辉祖、翰林院修撰王叔英、衡府纪善周是修、沛县令颜瑰、左断事高巍、萧县令郑恕）

洪武三十五年六月十三日 [1]

---

[1]　[明] 宋端仪：《立斋闲录》（辽宁图书馆藏明钞本），卷二，《革除录·大明燕王令旨》，第576页。括号内部分参考《国朝典故》，卷四十，《立斋闲录》（二），第944—945页补充。在辽宁图书馆藏明钞本《立斋闲录》中这部分名字与朱棣令旨分开记载。

朱棣这份黑名单上的人虽然并非全都遭到了屠戮，但大部分结局凄惨也是毋庸置疑的，其中部分甚至非常惨烈。不过这份名单的长度一直存在争议，在《四库全书存目丛书》中收录的辽宁图书馆藏明抄本《立斋闲录》中，这份名单共23人，即引文中不包括括号的部分。辽宁图书馆藏本《立斋闲录》是现存最古老版本的《立斋闲录》，也是最早收录"奸臣榜"的史籍。到了后期邓士龙《国朝典故》中收录的《立斋闲录》，这份名单就变长了，增加了引文括号内的31人，让整个名单扩张到了54人。从辽藏本《立斋闲录》后面关于建文遗臣的记载来看，国朝典故本中括号内人物也有记载，其补充当是由此而来，并非没有根据。但这也并非这份名单扩张的结束。钱士升在《皇明表忠纪》中列出的名单为44人，郎瑛在《七修类稿》中则扩张到了124人，当然，这就太夸张了，这份名单里有些人确实是为朱允炆而殉难，但他们并没有被列入"奸臣榜"。

首先遭殃的自然是名列这份"奸臣榜"第一、二名的太常寺卿黄子澄、兵部尚书齐泰了。京师失守时，黄子澄并不在城内，他名为被朱允炆贬谪在外，实则奉朱允炆秘旨外出募兵。黄子澄先到了苏州，在那里和苏州知府姚善共谋勤王，在姚善的努力下，朱允炆召回黄子澄，但此时南京已经失守，黄子澄只得返回姚善处，他想和姚善共同前往海外募兵，但此时局势已经逆转，姚善没有再应允黄子澄。黄子澄无奈之下，逃到了嘉兴投奔致仕在家的杨任，随着朱棣颁布"奸臣榜"，黄子澄不久就被告发，逮至南京。

黄子澄在靖难之役中虽然表现出了明显的书生气，但此时仍旧显示了不屈的品格，他见到已经登极的朱棣，仍旧口称"殿下"而不称"陛下"。朱棣倒也没有立即动怒，他对黄子澄说："卿博学善书，不必学方孝孺执迷。"黄子澄则回答："富贵瞬息，何足轻重？若欲用臣，是不欲以纲常治天下矣。殿下所为悖谬，恐子孙有效尤而起者。"朱棣又以天命相劝，黄子澄仍旧不为所动。朱棣见不可能劝动黄子澄，于是问他："朕知卿必不为我用，但认何罪？"黄子澄则写下："湜本先帝近臣，谏削藩权不早，已成此凶残。"朱棣看了大怒，"命截其手足死"。[1] 黄子澄被残酷杀害后，朱棣还命"赤其族"[2]，"坐赤族"。黄子澄有一个儿子，名舜家儿，被郑氏收养，冒姓郑氏，才得以幸存，四个女儿则全部没入南京西院。[3] 至于曾经和黄子澄共

---

① [明] 钱士升：《皇明表忠纪》，卷二，《殉难列传·黄子澄》，第541页。

② [明] 黄佐：《革除遗事》，卷四，《述死难列传第四·黄子澄》，第265页。

③ [明] 宋端仪：《立斋闲录》，卷二，《革除录·黄子澄》，第576页。

谋勤王的姚善，后来也被朱棣凌迟处死。

齐泰在南京失陷时也不在城内，他同样谋求举兵兴复，但这在当时已不可能，"奸臣榜"发布后，他自然遭到通缉。由于齐泰平时总是乘一匹白马，为了掩人耳目，他用墨汁将白马涂黑，然而因为走得太急，白马出汗，墨汁脱落，他仍旧被认了出来，被抓回南京，"凌迟而赤其族"[①]。然而到这里仍旧不是黄、齐两家惨剧的结束。《立斋闲录》中为我们保存下来了这样一份极端残酷的原始资料：

> 永乐十一年正月十一日，教坊司等官于右顺门口奏："有奸恶齐太（泰）的姐并两个外甥媳妇，又有黄子澄妹四个妇人，每一日一夜二十条汉子看守着。年小的都怀身孕，除夜生了令（个）小龟子，又有三岁小的女儿。"
> 奉钦依："由他，不的长到大便是个淫贱材儿。"
> 又奏："当初黄子澄妻生一个小厮，如今十岁也。又有史家，有铁信家小妮子。"
> 奉钦依："都由他，钦此。"[②]

这段记载虽然言辞粗俗，但真实可信。从这段内容可知，齐泰的姐姐、两个外甥媳妇加上黄子澄的妹妹四人，没入教坊司后遭到了奸污，甚至还生了儿子、女儿。至于黄子澄妻子生的那个十岁（九周岁）的儿子，从年龄来看也很容易知道是在教坊司遭到奸污后生下的。虽然黄、齐两家亲人境遇已经如此凄惨，但朱棣显然对他们并无同情心，"由他，不的长到大便是个淫贱材儿"，如此残酷的话语，呈现的是朱棣对曾经与自己作对，此时仍旧不肯归附的建文遗臣的残酷报复。

礼部尚书陈迪，宁国府宣城人，当北军已经逼近南京时，他和黄子澄、吏部尚书张紞、齐泰、户部侍郎郭任、刑部尚书侯泰、礼部侍郎黄观、翰林侍讲方孝孺、左副都御使练安、大理少卿胡闰、左拾遗戴德彝等人力奏"请急设法防御，不然，祸且不利"，但这一建议并无结果。朱棣即位后，名列"奸臣榜"的陈迪自然遭到责问，陈迪与黄子澄、齐泰、方孝孺、戴德彝等人都遭到"族诛"。陈迪与两位儿子凤山、丹山一同受刑，当时，陈迪父子被绑在柱子上，凤山等人叫到："父亲，

---

① ［明］宋端仪：《立斋闲录》，卷二，《革除录·齐泰》，第577页。
② ［明］宋端仪：《立斋闲录》，卷二，《革除录·黄子澄》，第576—577页。

尔累我每！"陈迪则回答说："我儿不要说这话。"在整个过程中，陈迪"骂不绝口"，行刑人于是"割凤山等舌、鼻、耳，大小炒熟，纳迪口中使食之，遂俱凌迟碎骨"。陈迪父子死后，家中老奴拾取骨骸，归葬于宣城。但后来"宗姻有愤其累己谪戍者，掘其骨投河中"，直到朱棣之子朱高炽即位，"诏释宗姻在戍者还乡，给复产业"，陈迪才算被公开平反。[1]

与陈迪有类似遭遇的是山东布政使铁铉，铁铉因为在济南重创朱棣，双方结下了深仇大恨。朱棣即位后，利用盛庸，最终用计擒获了铁铉，平定了山东。面对朱棣，铁铉"正言不屈，令其一回顾，终不可得，去其耳鼻，亦不顾，碎分其体，至死骂方已"[2]。残酷处死铁铉后，朱棣继续将怒火发泄到铁铉的家属头上。根据南京锦衣卫镇抚司监簿记载，铁铉是在建文四年（1402 年）八月初二日送到镇抚司，十月十七日被处死的，他的家属则是在十月初五日由山东布政司经历司押送进京，其中铁铉之子福安十二岁，永乐三年（1405 年）被发配河池千户所充军，康康七岁，在父亲死后一年，于永乐元年（1403 年）在鞍辔局病故，铁铉的女儿当时年仅四岁，被直接送入教坊司，至于铁铉的妻子杨氏，建文四年（1402 年）十二月初五日就被送进了教坊司，一年后的闰十一月病故。最后，铁铉已经八十三岁的父亲和同样年迈的母亲也没有被放过，他们双双被安置到了偏远的海南，永乐六年（1408年）病故。[3] 可谓从老到小，朱棣一个都没有放过。

同样因为济南之战被杀的还有都御史茅大方，他曾将自己的诗歌寄给淮甸地区守将，其中说：

> 幽燕消息近如何？闻道将军志不磨。
> 纵使火龙蟠地轴，莫教铁骑过天河。
> 关中事业萧丞相，塞上功勋马伏波。
> 老耄不才无补报，西风一度一悲歌。

当时朱棣在济南为铁铉所阻，未能抵达淮河，茅大方诗中无疑是在鼓励淮河

---

[1] [明] 宋端仪：《立斋闲录》，卷二，《革除录·陈迪》
[2] [明] 黄佐：《革除遗事》，卷四，《述死难列传第四·铁铉》，第 272 页。
[3] [明] 宋端仪：《立斋闲录》，卷二，《革除录·铁铉》，第 584 页。

地区守将，他的政治态度也就十分明显了。朱棣即位后，茅大方在建文四年（1402年）八月十七日与其子顺童、道寿一同遇难，幼子文生在永乐四年（1406年）也最终没有逃过被处决的命运，不仅如此，茅大方孙子一辈也不是充军就是在监狱内去世，而最惨的则是茅大方的妻子张氏。张氏当时五十六岁，被发配进入教坊司。建文四年（1402年）十二月病故，"教坊司右韶舞安政等官于奉天门奏：有茅大方妻张氏，年五十六岁，病故"，得到朱棣批复：

> 着锦衣卫分付上元县，抬去门外，着狗吃了。钦此。[1]

这段残酷的记载现在读来都给人毛骨悚然的感觉，足以看出朱棣对于建文遗臣越来越残酷乃至变态的报复，但这还不是这场大规模屠杀的结束。

随着建文遗臣激烈的抵抗，朱棣屠戮的范围日益扩大，手段也越发残酷。都察院左副都御使练安，字子宁，以字行，他坚定地站在朱允炆一边，曾上书专门评论屡战屡败的曹国公李景隆。朱棣率军渡过淮河时，他又保护了上书指责当朝大臣误国的靖江王府长史萧用道、纪善周是修。朱棣即位后，练安遭到族诛。也是从练安开始，朱棣已经隐约开始了后来的"瓜蔓抄"。永乐元年（1403年）正月二十四日，曾在靖难之役前后为朱棣立下不少功劳的宦官校尉刘通等"赍帖一将礼科，引犯人张鸟子等男妇六名为奸恶事，又引犯人邹文寿等男妇一百五十一名为奸恶事"，得到朱棣批复：

> 是，连这几日解到的，都是练家的亲。前日那一起，还有不平气的，在城外不肯进来。嗔怪催他，又打那长解锦衣卫。把这厮每都拿去同刑科审，近亲的拣出来便凌迟了，远亲的只发去四散充军。若那远亲不肯把近亲的说出来，都凌迟了。[2]

朱棣对练安亲属的屠杀，与此前对黄子澄、齐泰、陈迪、铁铉"族诛"这种有一定界限的做法不同，所谓"近亲的拣出来便凌迟了，远亲的只发去四散充军。若

---

[1]　[明] 宋端仪：《立斋闲录》，卷二，《革除录·茅大方》，第585页。

[2]　[明] 宋端仪：《立斋闲录》，卷二，《革除录·练安》，第578页。

那远亲不肯把近亲的说出来，都凌迟了"，这是一种模糊到几乎没有界限的大规模杀戮，加上又是锦衣卫来执行，无疑更加重了这一问题。

既然谈到练安，自然就不能不谈到遭到"瓜蔓抄"的景清，所谓"瓜蔓抄"，乃是取顺藤摸瓜之意，因此没有明确界限，往往广加株连。御史大夫景清，本姓耿，在建文遗臣中他的经历比较特殊。关于景清最终被杀的原因，有两种说法，第一种说法出自"国朝典故本"《立斋闲录》，里面提到朱棣即位后，群臣都穿着朝服称贺，只有景清一人身着衰麻当庭痛哭，朱棣骂道"此是乱臣"，景清则回到："你是贼子。"大怒的朱棣"当命力士以金瓜碎齿，至死骂不绝口。以草装尸"。① 另一种说法则与此不同。建文初年，景清曾任北平参议并因此获得了朱棣的赏识。南京失守后，本来与方孝孺、练安相约共同殉国的景清却没有履约，而是"委蛇侍朝"，正是因为人们知道景清真实的政治态度，因此"人疑焉"。一天清早，景清身着绯衣入朝，恰逢此时"先是，星者奏文曲犯帝星甚急"，而景清又是洪武二十七年（1394年）进士第二人，朱棣因此对本就怀疑的景清防备更为严密，看到这天景清身着绯衣，"遂收之，而得所带剑，因加诘责，清不屈而死"。② 虽然两者情节差异很大，但景清站在朱允炆一边，最终因此被杀则是没有疑问的。

不过这仍旧不是景清一案的结束。景清被杀后，朱棣"以草装尸"并命人看守，谁知守卫上奏说："尸自移动。"朱棣大为惊讶，当夜又梦见景清以血唾骂，甚至仗剑追杀自己，"遂以奸恶抄及九族"，③ 并进一步转相攀染，称"瓜蔓抄"，以至于"村里为墟"④。

景清之后，同样遭到"瓜蔓抄"的还有大理寺少卿胡闰，他的妻子汪氏及两个女儿还被配给象奴加以侮辱。⑤ 朱棣这种对不愿服从自己的建文遗臣亲属的侮辱是颇为普遍的，户部侍郎郭任的三个女儿、刑部尚书侯泰的妻子曾氏、刑部侍郎暴昭的妻子饶氏（姚氏）也都被配给了象奴。除了这种将遗臣妻女配给当时地位低贱的象奴为妻外，对一些与自己仇恨深重的人，朱棣还会显得更为暴虐。曾在北平计划除掉朱棣的谢昇，不仅他的四个女儿都被送进浣衣局外，他才三十九岁的妻子韩氏在

① ［明］宋端仪：《立斋闲录》，卷二，第960页，见《国朝典故》卷四十。
② ［明］黄佐：《革除遗事》，卷五，《述死难列传第五·景清》，第279—280页。
③ ［明］宋端仪：《立斋闲录》，卷二，第960页，见《国朝典故》卷四十。
④ ［清］张廷玉等：《明史》，卷一四一，《景清传》。
⑤ ［明］宋端仪：《立斋闲录》，卷二，《革除录·胡闰》，第582页。

建文四年（1402 年）"九月二十日取送淇国公丘福处，转营奸宿"①。而在北平计划除掉朱棣的另一人张昺的情况也与此类似，"礼科引犯人程亨等男妇五名为奸恶事，合送该衙门"，得到朱棣批复："是，这张昺的亲是铁，锦衣卫拿去着火烧。"②可见朱棣确实是有仇必报，虽然这两人在自己起兵时就已经被杀了，但当自己即位后，仍旧不会放过他们的亲人。

不过在朱棣整个屠戮建文遗臣的过程中，最为著名也是争议最大的还要属方孝孺一案了，关于这件事，有必要专门谈谈。

---

① ［明］宋端仪：《立斋闲录》，卷二，《革除录·谢昇》，第 586—587 页。
② ［明］宋端仪：《立斋闲录》，卷二，第 960 页，见《国朝典故》卷四十。

5. 被反复塑造的方孝孺案

方孝孺案是整个朱棣屠戮建文遗臣中争议最大的一件，而其中的焦点就是十分著名的"诛十族"说，要弄清楚这个问题，我们有必要看看关于方孝孺案记载的演变是怎么回事。

明朝官方最初对于方孝孺结局的定位正如上一节所言，将方孝孺塑造成了一个泥首乞哀的小人形象，是一个怕死的懦夫。然而这种完全站在朱棣这个胜利者立场上的记述当然是靠不住的。实际上，方孝孺的门人在永乐年间受到了大量株连，方孝孺自己的著述也遭到禁绝。对此，《明英宗实录》在时过境迁之后记载了当时的情况：

> 永乐初，严治方孝孺之党，庶吉士章朴与（杨）善同坐事。朴言家有孝孺文集，善即借观，密以奏闻，遂戮朴而复善官。①

虽然这段记载主要是贬损杨善，但也从一个侧面反映出永乐年间对方孝孺的禁忌之深，私藏其文集都是会惹来杀身之祸的。倘若方孝孺真的如《奉天靖难记》与《明太宗实录》记载的那么不堪，这种情况的出现无疑就很不合理。

第一位开始还原方孝孺殉难情况的人正是明英宗朱祁镇复位后天顺年间的内阁首辅李贤，他在《天顺日录》中第一次尝试还原方孝孺殉难的情景：

> 文庙过江之日，初即位，欲诏示天下，问姚广孝举代草者，曰："必须方孝孺。"召之数次，不来。以势逼之，不得已，孝孺持斩衰而行见。文庙即命草诏，乃举哀大哭曰："将何以辞？"敕左右禁其哭，授以笔，既投之地，曰："有死而已，诏不可草。"文庙大怒，以凌迟之刑刑之，遂夷其族。②

---

① 《明英宗实录》，卷二九一，第 6209 页，"天顺二年五月丁亥"。

② ［明］李贤：《天顺日录》，第 1163 页。

李贤身处的天顺年间，《天顺日录》的写作处于天顺至成化年间，正值明英宗朱祁镇释放被长期囚禁的朱允炆次子"建庶人"朱文圭，政治环境有所松动，加之距离朱棣的永乐年间不过数十年，故而其记载有相当的可靠性，李贤也说自己是经过"考阅"才写下这段记载的，无疑也说明了其可靠性。在李贤的记载中，朱棣让方孝孺为自己起草《即位诏书》，方孝孺坚决不从，一心求死等日后关于方孝孺案记载的基本情节此时都具备了。但在关键的屠戮范围上，李贤仅仅记载是"夷其族"，并没有提到"三族""九族"乃至"十族"。

对于李贤的记载，成书于此后的成化至弘治年间宋端仪所著《立斋闲录》中在引用的基础上又进行了补充。宋端仪首先对李贤的记载表示了怀疑，"此一段未甚得其实"，但因为他所处的时代无法掌握比李贤更为可靠的记载，因此也只能"姑存之"。[①]其后，宋端仪又尽自己所能对方孝孺案的细节进行了补充，他记载方孝孺留下了一首绝命词：

> 天降乱离兮，孰知其由。
> 三纲易位兮，四维不休。
> 骨肉相残兮，至亲为仇。
> 奸臣得计兮，谋国用猷。
> 忠臣发愤兮，血泪交流。
> 以此徇君兮，抑又何求？
> 呜呼哀哉，庶不我尤！[②]

除了这首绝命词，宋端仪还查阅了南京锦衣卫镇抚司的监簿，"除前编缺坏外，所存簿籍载正学宗族抄扎人口有八百四十七人"，后面还记载了一些方孝孺宗族内的具体受株连人员"族叔文度、文恭、海、敏，族姪谅、经、良，族弟希定、希崇、希用、希善，族姪孙起宗、起成、起莊、小局、居安，族崇俭等"[③]，为我们进一步提供了非常原始的资料。以上就是明初关于方孝孺案的记载，直到此时，虽然

---

① [明] 宋端仪:《立斋闲录》，卷二，《革除录·方孝孺》，第580页。
② [明] 宋端仪:《立斋闲录》，卷二，《革除录·方孝孺》，第580页。
③ [明] 宋端仪:《立斋闲录》，卷二，《革除录·方孝孺》，第580页。

已经逐步还原方孝孺一案株连广泛，屠戮凄惨的情况，但还未出现"诛十族"这种耸动的提法。

那么，"诛十族"的说法究竟诞生于何时呢？就目前所能见到的史料来说，这一说法最早见于正德年间祝允明（1460—1527 年）所著的《野记》（又名《枝山野记》）中：

> 文皇既即位，问（姚）广孝谁可草诏？广孝以方（孝孺）对，遂召之。数往返，方竟不行。乃强持之入，方披斩衰，行哭。既至，令视草，署不从，强使搁管，语益厉，曰："不过夷我九族耳！"上怒云："吾夷汝十族。"左右问何一族？上曰："朋友亦一族也。"于是尽其九族之命而大搜天下为方友者杀之。①

这段记载见于"国朝典故本"四卷本《野记》的第二卷，而在摘选四卷本完成的一卷本《野记》中则并没有这段文字。可以看出，祝允明在李贤的基础上进一步完善了方孝孺案的记载，后来流传故事中方孝孺坚决不同意替朱棣草诏，在激愤之下说出"不过夷我九族"，结果促使朱棣说出"吾夷汝十族"，结果最后把方孝孺的朋友也算为一族而大加杀戮等情节已经基本完善了。考虑到一个故事的发展必然经历了一定的过程，因此可以合理地认为"诛十族"说正是诞生于李贤之后的弘治至正德年间。

祝允明虽然在的一定程度上开创了"诛十族"的完整记载，但因为祝允明并不是一位严谨的史学家，《野记》也算不上一本严谨的史书，因此对于他这段记载的可靠性，在他之后不久的王世贞就提出了怀疑。王世贞在《弇山堂别集》中对祝允明所著《野记》的史料价值提出了严格的质疑：

> 二曰轻听而多舛。其人生长闾阎间，不复知县官事，谬闻而遂述之，若《枝山野记》、《蓬胜野闻》之类是也。②

他还进一步评论了各类史料的优势与局限性：

---

① ［明］祝允明：《野记》（二），第 525 页。
② ［明］王世贞：《弇山堂别集》，卷二十，《史乘考误一》，第 361 页。

虽然国史人恣而善蔽真，其叙典章、述文献，不可废也。野史人臆而善失真，其证是非、削讳忌，不可废也。家史人腴而善溢真，其赞宗阀、表官绩，不可废也。①

王世贞的这段话对于我们如今辨别史料仍旧有着积极的意义，而当我们审视与祝允明同时代或相近时代的人所写的著作时也能发现，他们对于"诛十族"说也是有的采纳有的不采纳，即便采纳的，其记载也和祝允明并不一致。同样成书于正德年间的黄佐所著《革除遗事》中虽然记载了方孝孺案殉难人数为八百四十七人，但并未记载"诛十族"：

文庙登极，欲诏天下，问姚广孝举代草者，曰："必须方孝孺。"数召不往，迫之，乃斩衰而见，命草诏，曰："有死而已。"遂就戮……时年四十六，宗族坐死者八百四十七人。②

稍后成书于嘉靖初年姜清所著《姜氏秘史》中，关于方孝孺一案有两段记载，虽然提到了"诛十族"，却没有详细记载其内容，第一段记载为：

既而姚广孝荐之草诏，文庙遣召，数回，竟以衰服往，投笔恸哭不能止。文庙不悦而诏之，辞益厉。既而曰："若称周公，成王安在？"命割其舌。孝孺含血犯御座，文庙大怒，磔之，晷至死，遂诛其宗亲八百四十七人，焚夷方氏墓。③

第二段记载为：

先是，燕邸南下，姚广孝请曰："殿下至京，须全方孝孺，杀此人则天下

---

① ［明］王世贞：《弇山堂别集》，卷二十，《史乘考误一》，第361页。
② ［明］黄佐：《革除遗事》，卷四，《述死难者列传第四·方孝孺》，第264页。
③ ［明］姜清：《姜氏秘史》，第699页。

读书种子绝矣。"上纳之。既至，建文帝亡去，遂召孝孺问曰："我以周公匡成王而来，成王不在，当议所立。"对曰："殿下既以匡王室而来，成王不在，当立成王之子。"忤旨，因有灭十族等语。上大怒，即收捕其族党，尽诛之。①

综合姜清的两段记载，他记载殉难者八百四十七人和"诛十族"两点，同时补充了姚广孝对朱棣说必须保全方孝孺等话，但他并没有说清楚所谓"十族"的具体范围，可见直到这时，到底什么是"十族"尚无一个准确的说法。比姜清还要晚些的嘉靖中期陈建所著《皇明通纪》中虽然详细记载了朱棣和方孝孺关于"十族"的对话，但情节却和祝允明大不相同：

> 及靖难师驻金川门，宫中自焚，孝孺即持斩衰服，昼夜号哭，为镇抚伍云等执以献。孝孺不屈，乃系狱。遣人谕旨，终不从。既而，议颁即位诏于天下，问左右谁可代草者，皆举孝孺。乃召出自狱，斩衰而见，悲恸不止。上降榻，慰谕之曰："我家事耳。先生何良苦？"又曰："先生为我作诏。"命授以纸笔，孝孺大书数字，掷笔于地曰："死即死耳，诏不可草。"上大声谓曰："汝焉能遽死，朕当灭汝十族。"令复系狱以俟，乃据其宗支，尽抄没之，宗族坐死者八百四十七人，妻郑氏与诸子皆先自经死。②

在陈建的记载中，并不是方孝孺主动提出"灭九族"，而是朱棣主动提出"灭汝十族"，而且朱棣也没有明说将方孝孺的朋友、学生算为一族，而是"据其宗枝，尽抄没之"。以上就是关于方孝孺案记载在明朝中期的演变，此时虽然已经出现了"诛十族"的说法，但关于其内含则没有一个统一的说法，各种著作采纳的程度也不一样。这一局面到了明朝后期又发生了变化。

在《皇明本纪》的基础上，到了嘉靖后期，郑晓在《吾学编》中对于方孝孺一案的记载进行了综合性整理，形成了较为成熟的方孝孺被杀情节：

> 建文君逊去，文皇以姚广孝言，召用方孝孺，不肯屈，系狱。一日，遣

---

① [明] 姜清：《姜氏秘史》，第700页。
② [明] 陈建：《皇明通纪》，卷三，第41b—42a页，"洪武三十五年"。

人谕再三，终不从，又召方孝孺草诏，及见，悲恸彻殿陛。文皇降榻劳曰：
"先生无自苦，余欲法周公辅成王耳。"孝孺曰："成王今安在？"文皇曰："渠
自焚死。"孝孺曰："成王即不存，何不立成王之子？"文皇曰："国赖长君。"
孝孺曰："何不立成王之弟？"文皇又曰："先生无过劳苦。"置左右授笔札，
又曰："诏天下，非先生草不可。"孝孺大批数字云云，投笔于地，又大哭且
骂曰："死即死，诏不可草！"文皇大怒，命磔诸市，孝孺慨然就戮……时年
四十六，复诏收其妻郑，郑先已自经死，宗族坐死者八百七十三人。①

郑晓的记载中，增加了方孝孺与朱棣的对话内容，从而让方孝孺忠臣的形象
更为饱满，而这几段对话内容已成为了后来关于两人对话记载的基本模板，可谓影
响深远。另外值得注意的就是殉难人数，郑晓的记载中是八百七十三人，较之前的
八百四十七人增加了二十六人，当然郑晓的这个人数的可靠性无疑是不如查阅了锦
衣卫原始档案的宋端仪的。不过在郑晓这段堪称模板的记载中却并未提及"诛十
族"，郑晓这一说法为后来的焦竑在《国朝献徵录》中所引用，直到万历年间，《革
除逸史》及王世贞的《弇山堂别集》中都没有采纳"诛十族"。总的来说，到了明
朝后期，"诛十族"的受采纳程度反而不如明朝中期了。而审视整个从明初到明朝
中后期，虽然不时有"诛十族"说法的出现，但内容并不详细，其仅仅作为一种说
法，并没有被广泛接纳。

这一现象发生重大改变还要说到明末，由于明末特殊的时代背景，对节烈之臣
需要的大幅上升，"诛十族"说法开始越发详细并被各种著作所采纳，但这些记载
往往十分混乱，其矛盾显而易见。

明末朱国桢在自己的《皇明史概·皇明逊国臣传》中留下了关于方孝孺的两段
自相矛盾的记载，其在《文学博士方先生》中的记载的朱棣与方孝孺的对话基本沿
袭了郑晓在《吾学编》中的记载，但是当朱棣让左右交给方孝孺笔札让其起草自己
的《即位诏书》，方孝孺投笔于地并大骂"死即死，诏不可草！"后，他补充进了
朱棣"诛十族"的记载：

上大怒，叱曰："汝焉能遽死，朕当灭汝十族！"以刀抉两 [颊]，伤至

---

① ［明］郑晓:《吾学编》，卷五二，《逊国臣记·文学博士方孝孺》，第508页。

耳，复系狱以俟，据其宗支及母族林妍法等、妻族郑原吉等示且胁之，执不从。上既怒甚，乃使朋友、门生廖镛等为十族诛之，然后诏磔于市，慨然就屠戮……时年四十六，复诏收其妻郑，郑与二子中宪、中愈先已经死，儿女溺淮水死，宗族坐死者八百七十三人（一曰八百四十七人）。①

朱国桢这段关于"诛十族"的记载综合了《皇明本纪》与《吾学编》，还增加了朱棣派人用刀割伤方孝孺的嘴等情节，可见其参考的资料应当不仅这两部书，甚至专门在最后的殉难人数部分列出了这两个流传较广的数字，可见朱国桢参考了相当的史料，综合之下完成了这段记载，似乎应该是很严谨的。然而事实并非如此，朱国桢在这同一部书的另一篇《都督廖公（指廖镛）》中就出现了与此完全矛盾的记载，其中说：

> 文皇以廖侯（指廖永忠）两子镛与铭尝受学方孝孺，令召之，孝孺怒曰："汝读几年书？还不识个'是'字。"两子复命，文皇大怒，收孝孺杀之，廖两子拾遗骸葬聚宝门外山上，甫毕，廖氏亦见收，两子逃去。②

很明显，如果按照《文学博士方先生》里的记载，廖镛在方孝孺被杀之前就已经作为"十族"之内被杀了，自然不可能像《都督廖公》里那样还在方孝孺死后拾取其骨骸下葬。当然，朱国桢关于廖镛的记载也是有来源的，廖镛兄弟安葬方孝孺之后才被杀的记载正是来源于《皇明通纪》，不过因为《皇明通纪》并没有写明廖镛兄弟是在方孝孺之前死于"十族"之诛，因此还不存在矛盾，朱国桢并未充分辨析就将各书说法都采纳进来，结果就造成了在同一部书中这样两段完全矛盾的记载。

如此鲜明的矛盾足以说明"诛十族"说法在演变过程中情节越来越丰富并因此具有的不可靠性，而对于其中"族诛"这一重要刑罚，朱国桢也留下了一段重要的考证，这出自他的另一部书，也就是完成于明末天启年间的《涌幢小品》：

---

① ［明］朱国桢：《皇明史概·皇明逊国臣传》，第一卷，《文学博士方先生》，第7990—7991页。

② ［明］朱国桢：《皇明史概·皇明逊国臣传》，第一卷，《都督廖公》，第8037—8038页。

战国而后，有三族、五族、九族之刑。国朝乃十族。邹阳则谓荆轲湛七族，不知如何算帐。①

可见关于族诛的范围应该如何计算，朱国桢自己也是一头雾水。实际清代朱彝尊通过考察"族刑"的历史已经揭示所谓"诛九族"远没有"诛三族"残酷，所谓数字越大范围越广云云，只是单纯的望文生义，从而考订出所谓"诛十族"不过是野史中的谬误，完全不可信。②不过这已经是进入清代之后的事情了，当时的政治氛围与明末完全不同，而在明末，"诛十族"说最后以《宁海县志》与《方正学先生年谱》的问世而最终完善：

帝逊去，先生杖衰哭于阙下，文皇清宫三日，后被镇抚伍云执以献。文皇以姚广孝言："至京幸全方孝孺，孝孺素有学行，必不降，杀之，则天下读书种子绝矣"，计用之。不屈，遂系狱。昼夜恸哭，遣人一日谕再三，终不屈。文皇欲诏天下，问广孝代草者，曰："他人不足服天下，必须方孝孺。"文皇以廖侯二子镛、铭尝受先生学，令谕意。先生怒曰："汝读几年书？还不识个'是'字，我头可断，笔不可执也！"二子复命，遂使人拥之入。先生衰绖执杖，仆地大恸，声彻殿陛。文皇降榻劳曰："先生何自苦，余欲法周公辅成王耳。"曰："成王安在？"文皇曰："渠自焚死。"曰："何不立成王之子？"文皇曰："国赖长君。"曰："何不立成王之弟？"文皇曰："先生无过劳苦，此朕家事耳。"置之，目左右授笔札，曰："诏天下，草非先生不可。"先生援笔大批："建文五年，永乐篡位"，投笔于地，又大哭。且骂且哭曰："死即死，诏不可草！"文皇曰："汝不顾九族乎？"先生奋然曰："便十族奈何！"哭骂益厉。文皇怒，令以刀刳其舌至两耳旁，先生犹含血犯御座，辞甚不逊。文皇大声谓曰："汝焉能遽死！当灭汝十族！"③

---

① ［明］朱国桢：《涌幢小品》，卷一二，《族刑》，第294页。

② 关于这点，参见张建国所写《"夷三族"解析》，《法学研究》，1998（6）。

③ ［明］卢演、翁明英：《方正学先生年谱》，第442—445页。

虽然在这段记载中尽力消除了朱国桢存在的矛盾，但却又产生了新的问题，即所谓方孝孺大批"建文五年，永乐篡位"。方孝孺被杀时，朱棣还没确定"永乐"为其年号，方孝孺当然不可能未卜先知，这便是新的硬伤。可见虽然在明末，"诛十族"故事情节越来越丰富完善，但始终不能自圆其说，其在进入清代后，随着政治氛围的改变，自然就会受到质疑了。

进入明清之际，随着政治氛围的变化，对"诛十族"的质疑开始多了起来。首当其冲就是写作《国榷》的谈迁，他对方孝孺一案的记载在朱棣催促方孝孺草诏后与通常的记载不同，方孝孺"掷笔于地，哭骂不已"，朱棣则说："吾能赤人九族。"方孝孺的回答则丝毫没有提到"十族"，而是说："即死安能加族我乎？行见后人之叛侮今日也。"随后被杀。[①] 在这里，方孝孺只是说了今后效法朱棣的还会有很多人，由此对其进行讽刺。谈迁不将之前颇为流行的"诛十族"说采纳入正文，这和他对方孝孺的评价有关：

> 谈迁曰：方正学烈矣，而议者谓其于建文无稍济。虽泥于古，然纷纷更制，未尽正学意也。道衍，忍人也，郊送文皇于北平，首请全正学，自有深服其心者，匪独以文矣。文皇方藉口周公，而"成王之子""成王之弟"二语，无解于天下万世。其威加十族，溢于常典，而不能折南史之简，则以成败论者舛矣。[②]

谈迁提到他查阅过明末作为《方正学先生年谱》原始文本的《宁海县志》，说明他是见到了"诛十族"说的成熟版本的，而他对殉难人数八百七十三人的说法也是沿袭自前面提到过的诸多资料。谈迁认为方孝孺并不仅仅是文章和节烈受人称道，他的政治能力也是应该受到重视的，因此才能让姚广孝"深服其心"，可见他对方孝孺的传统形象是不认同的，这段评价结合他在正文中的描写，似乎解释了为什么《国榷》的文本如此特殊，谈迁正是想调和各种记载的矛盾，因此最后折中出来的就是我们现在看到的样子了。

虽然有谈迁这样的特例，但从整体上说，在清修《明史》问世前，主流对"诛

---

① ［明］谈迁：《国榷》，卷十二，第854—855页，"建文四年六月丁丑"。
② ［明］谈迁：《国榷》，卷十二，第860页，"建文四年六月丁丑"。

十族"说基本持肯定态度。首先是谷应泰的《明史纪事本末》，他的记载与《方正学先生年谱》高度一致，殉难人数采纳为八百七十三人。因为《明史纪事本末》是"纪事本末体"的特殊性，因此其可读性很强，"诛十族"说也以此为凭借广为流传开来。

之后就是《明史》了。在《明史》最终定稿前，它有两个稿本，分别是万斯同的《明史稿》与王鸿绪的《明史稿》，从这两份稿本直到最后的定本《明史》，"诛十族"经历了一个由繁到简最终消失的过程。

康熙年间万斯同的《明史稿》中，对方孝孺案的记载是标准的"诛十族"情节：

> 先是，成祖发北平，姚广孝为讬曰："城下之日，彼必不降，幸勿杀之，杀孝孺，天下读书种子绝矣。"成祖颔之。至是使其门人廖镛、廖铭谕意，孝孺怒斥之。成祖欲使草诏，召至，悲恸声彻殿陛。成祖降榻慰劳曰："先生毋自苦，予欲法周公辅成王耳。"孝孺曰："成王安在？"成祖曰："彼自焚死。"孝孺曰："何不立成王之子？"成祖曰："国赖长君。"孝孺曰："何不立成王之弟？"成祖曰："此朕家事，先生无过劳苦。"顾左右授笔札，曰："诏天下，非先生草不可。"孝孺大书数字云云，投笔于地，曰："死即死，诏不可草。"成祖怒曰："汝焉能遽死，朕当灭汝十族。"令以刀抉其口至耳，复系狱，拘其宗族即母妻党胁之，执不从，遂并其门生、朋友等为十族诛之，然后磔孝孺于市，孝孺慨然就死……时年四十六……宗族亲友坐死者八百七十三人。①

包含了《方正学先生年谱》以来的所有故事要素，可谓十分标准的"诛十族"版本。但随着康熙之后对文献梳理与考据之风的逐渐流行，"诛十族"说逐渐受到质疑，王鸿绪本《明史稿》中就删去了廖氏兄弟劝降和诛十族的情节，最终《明史》采纳了王鸿绪的版本，方孝孺"且哭且骂"了"死即死，诏不可草"后，直接"成祖怒，命磔诸市"。②

清代对"诛十族"的质疑与其最终从官方的《明史》中消失是很值得注意的，

---

① ［清］万斯同：《明史稿》，卷一八三，《方孝孺传》，第397—398页。

② ［清］王鸿绪：《明史稿》，卷一三二，《方孝孺传》，第245页；［清］张廷玉等：《明史》，卷一四一，《方孝孺传》。

朱彝尊在《御批通鉴纲目三编》中留下了一段十分著名的质疑：

> 朱彝尊以孔安国及马、郑解九族，上至高祖，下至元孙，不及异姓，则反轻于秦法之三族，谓十族之说非实。按夏侯、欧阳解九族者，父族四，母族三，妻族二，皆据异姓有服。成祖并非经生，一时激怒，不同议礼，何暇辨九族之当从何家言乎？又按彝尊《明诗综》、《诗话》，长陵靖难，受祸者莫惨于正学先生，坐方党死者，相传八百七十三人。其次黄太常，坐累死者，族子六十五人，外戚三百八十人。若胡大理之死，《郡志》称其族弃市者二百十七人，坐累死者数千人。茅大芳妻毙于狱，有与狗吃之旨，载袁聚《奉天刑赏录》云云。然则当日，或加三为四，或加九为十，传闲异词不足辨。①

朱彝尊以不容置疑的态度指出了由"父族四、母族三、妻族二，皆据异姓有服"构成的"九族"远没有由"上至高祖，下至元孙，不及异姓"的"三族"残酷，因此单纯由"九族"加一族构成"十族"以凸显残酷的说法无疑是"传闲之词不足辨"，这些考证对于"诛十族"说最终从官修正史中消失起到了极大的作用。因此，虽然清代中期《明通鉴》等史料中"诛十族"说又死灰复燃了，但是对于"诛十族"说的考证此时可谓已经一锤定音了。

纵观整个方孝孺案的叙事演化，我们可以清晰地发现，随着时间的推移，这个故事越来越丰富，越来越多的情节被加入进来，各种矛盾也随着时间的演进被逐步修复，最终在明末形成了我们现在熟知的"诛十族"故事。实际上，朱棣对方孝孺采取的刑罚仍旧是遵循了朱元璋制定的《大明律》中关于"谋反大逆"的相关条文，即所谓：

> 凡谋反（谓谋危社稷）及大逆（谓谋毁宗庙、山陵及宫阙），但共谋者，不分首从，皆凌迟处死。祖父、父、子、孙、兄弟及同居之人，不分异姓，及伯叔父、兄弟之子，不限籍之同异，年十六以上，不论笃疾、废疾，皆斩。其十五以下，及母、女、妻、妾、姊妹，若子之妻、妾，给付功臣之家为奴，财产入官。若女许嫁已定，归其夫，子孙过房与人及聘妻未成者，俱不追坐

---

① 《御批通鉴纲目三编》，卷四，第98页。

（下条准此）。知情故纵、隐藏者，斩。有能捕获者，民授以民官，军授以军职，仍将犯人财产全给充赏。知而首告，官为捕获者，止给财产；不首者杖一百，流三千里。[①]

朱棣将方孝孺明确列入"奸臣榜"，又处处以恢复祖制自居，因此他在处理方孝孺一案时，自然会刻意将之纳入乃父制定的法律体系中，为自己残酷处理方孝孺及其亲属需求合法依据。《大明律》虽然规定了族诛的范围，但并没有"十族"一类条文，因此朱棣自己开创这一说法的可能性也就很低了。

方孝孺之所以饱受同情，甚至由此演化出了耸人听闻的"诛十族"说法，一方面自然是因为方孝孺一案殉难者众多，无论是八百四十七人还是八百七十三人，都是一个极大的数字。另一方面，方孝孺践行儒家理想，最后结局又十分壮烈，十分符合士大夫的理想与价值取向，因此随着时间的推移，在文禁逐渐放松后，对方孝孺的同情就逐渐高涨了起来，并最终诞生了"诛十族"的故事。然而即便以现存最早记录"诛十族"故事的《野记》算起，距离方孝孺被杀也已经过去了近百年之久，加之其本身史料价值的缺陷，故而可信度是很低的。这个故事只能反映当时士大夫阶层对方孝孺的同情及褒扬，却无法作为可信的历史进行采纳，实际上在当时，采纳这一说法的史料也是很有限的。虽然在明末特殊的时代背景下，这一说法得到了广泛流传，但随着进入清朝，考据之风盛行后，这一故事很快受到质疑，并最终从官修《明史》中被删去了。朱棣对方孝孺等人的屠戮十分残酷，自然会激起民心的反抗，这也是这一故事出现的基础，但是这仅仅是一个传说，无论如何都不能作为史实。

---

① ［明］刘维谦：《大明律》，卷第十八，《刑律一·谋反大逆》，第134页。

6. 全国统治的建立

与对建文旧臣的屠戮同时进行的是朱棣即位后最重要的事，即在全国建立起稳固的统治。

朱棣首先面临的问题就是拒不合作的徐辉祖。徐辉祖为开国功臣、魏国公（追封中山王）徐达长子，承袭了乃父的爵位。洪武年间，徐辉祖就数度练兵陕西、北平、山东、河南等处，与朱棣多有接触，回到南京后又领中军都督府。他对朱棣十分警惕，朱允炆即位后，加徐辉祖太子太傅，也十分倚重。朱棣起兵靖难，徐辉祖参加了白沟河、小河、齐眉山等战役，多次给予朱棣重创。灵璧之战前夕，他被召回南京防守，南军最后的溃败与此不无关系。金川门之变，朱棣长驱直入南京，徐辉祖仍旧率军抵抗，但势单力薄，最终失败。徐辉祖虽然失败，但他仍旧不打算归顺朱棣，而是逃进其父徐达的祠堂中。朱棣对此颇为恼怒，但他又不能公开发作，一则是因为徐辉祖是他的妻子徐氏的兄长，二则徐辉祖从其父徐达那里继承了开国功臣拥有的免死铁券。多方权衡之下，朱棣将他削爵并禁锢在家里。永乐五年（1407 年）八月，徐辉祖去世，朱棣要为空出来的魏国公爵位寻找一个继承人，于是下旨吏部：

> 奉圣旨：
>
> 比先，徐辉祖与黄子澄、齐泰、卢振、张昺、葛诚等通同谋危社稷，以后事发，黄子澄等伏诛。徐辉祖是中山王男，因念中山王比先平定天下，有大功于国家，以此不曾罪他，只着在闲。今病故了，中山王的功不可忘。如今着他嫡长男袭中山王原封魏国公的爵。中山王殁后的禄米，户部查了都还他。
>
> 钦此。[①]

就这样，徐辉祖的长子徐钦承袭了魏国公爵位，徐达这一支后代后来没有随着朱棣迁都北京而离开，而是留在南京镇守，由此一直延续到了明末。

---

① ［明］宋端仪：《立斋闲录》，卷二，《革除录·徐辉祖·出吏部验封司藁簿内》，第 587 页。

与徐辉祖政治态度截然相反的是他的弟弟徐增寿。左都督徐增寿为徐达第四子，曾跟随朱棣征讨蒙古乃儿不花，建立了深厚的私人关系，"上喜后弟增寿归诚于上，阴有翊戴功"。朱棣兵临南京城下后，徐增寿更是打算出迎，然而事情败露，大理寺卿邹瑾、御史魏冕率领十八位官员几乎将他打死，后被朱允炆亲自杀死在宫内。朱棣进入宫城后，看到被杀死的徐增寿，抚尸痛哭。自己即位后，朱棣先追封徐增寿为武阳侯，谥忠愍。但他很快就觉得这个爵位太低了，打算追封其为定国公并让他的后代继承这个爵位。朱棣的计划遭到了已经成为皇后的徐氏的反对。徐皇后"力言不可"，朱棣则表示："后欲为汉明德耶？顾今非以外戚故封之。"朱棣说自己并非因为徐增寿是外戚才封爵，而是看重其功劳，因此不顾妻子的反对，仍旧追封徐增寿为定国公，由其长子徐景昌承袭了这个爵位。[①]徐达这一支后裔后来跟随朱棣迁都去了北京，由此在徐达后代中形成了独特的"洪武诸功臣，惟达子孙有二公，分居两京"[②]的独特局面。

这些是南京城内的情况，还算好处理。然而在京师之外，情形则更为复杂。虽然朱棣利用盛庸的配合最终平定了山东，擒获了铁铉，但是近在咫尺的地方还有另一个威胁，那就是朱元璋的驸马都尉，此时仍旧"拥兵淮上，图复复"[③]的梅殷。

梅殷之死，是永乐年间的一桩疑案。虽然《明太宗实录》详细记载他是因为个人恩怨而被仇恨他的人害死，但其他史料对此多不赞同，其记载中似乎能看出还有幕后人物。然而背后究竟谁是主谋却无定论，但我们仍旧能从史料中发现一些蛛丝马迹，从而进行分析。

梅殷，是明太祖的驸马都尉，封荣国公，妻子为宁国公主。虽然他是朱元璋的托孤大臣之一，但是朱允炆即位后，他却长期外方镇守淮安。虽然淮安为军事重镇，但却离开了朝廷中心。正因为此，在靖难之役中，梅殷虽然站在朱允炆一边，拒绝朱棣假道的请求，但他也没有采取积极的行动阻止朱棣，事实上有利于朱棣最终突破扬州、淮安一线。朱棣即位后安葬朱允炆，但没有给他任何谥号和庙号。梅殷此时则突然化身为朝廷的孤忠之臣，在军中"缟素发丧，私谥孝愍皇帝"[④]，表现出了明显的与朱棣不合作的态度。此后，梅殷更是在相当时间内还"拥兵淮上，图

---

① 《明太宗实录》，卷六九，第968—969页，"永乐五年七月乙卯"。

② [清] 张廷玉等：《明史》，卷一二五，《徐增寿传》。

③ [明] 谈迁，《国榷》，卷十二，第864页，"建文四年六月庚辰"。

④ [明] 谈迁，《国榷》，卷十二，第852页，"建文四年六月壬申"。

兴复"①，对朱棣构成一定威胁。后来，朱棣以梅殷之妻宁国公主为筹码迫使梅殷入朝，宁国公主以血书答梅殷，梅殷大哭之后回到南京。朱棣对梅殷表示了安抚，称他在外劳苦，但梅殷显然不买账，以一句"劳而无功"②来回答，朱棣此时也只能默然以对。梅殷始终是这样一种明显的不合作态度，与盛庸已经转变立场不同。但朱棣却也不能在此时将他怎么样，一方面是因为他此时还掌握一定数量的军队，另一方面也是因为他驸马的身份。

但此时不报复，不代表以后也不能报复。永乐三年（1405 年）十月，朱棣的统治已经稳固，梅殷也不再拥有军权，朱棣终于可以开始行动了，于是，一场阴谋发生了。

关于梅殷之死，《明太宗实录》与《国榷》等其他史料有着截然不同的记载。关于梅殷其人，《国榷》说他"负才气，太祖最眷注"③，《明太宗实录》则说他"颇骄侈，不慎行检"④，而所谓"不慎行检"就是指都察院左都御史陈瑛曾弹劾他"畜养亡命及无赖之徒出入其家者八十余人，又私匿鞑靼人，又与女秀才顾氏之文造为邪谋"，朱棣则仅仅表示"朕自处之"⑤。对比《明太宗实录》对方孝孺具有"独创性"的描述和对一些建文旧臣能力的表述，可以断定这是《明太宗实录》抹黑人物的一贯做法。《国榷》记载，由于梅殷"受（明太祖）遗诏，顾太孙（即明惠宗）善视之"⑥，加上其在靖难之役中的不合作态度，因此朱棣即位后，"心忌殷不置"⑦。当然，这些内容《明太宗实录》是没有记载的，这也很好理解，《明太宗实录》对于这方面有损朱棣"圣主"形象的内容，一向都是讳莫如深的。因此，《明太宗实录》在此进一步塑造了朱棣的光辉形象：

> 上即位，廷臣多言其（梅殷）过者，特优容。⑧

---

① [明] 谈迁，《国榷》，卷十二，第 864 页，"建文四年六月庚辰"。

② [明] 谈迁，《国榷》，卷十二，第 864 页，"建文四年六月庚辰"。

③ [明] 谈迁，《国榷》，卷十三，第 960 页，"永乐三年十月癸亥"。

④ 《明太宗实录》，卷四七，第 718 页，"永乐三年十月乙丑"。

⑤ 《明太宗实录》，卷三六，第 619—620 页，"永乐二年十一月己亥"。

⑥ [明] 谈迁，《国榷》，卷十三，第 960 页，"永乐三年十月癸亥"。

⑦ [明] 谈迁，《国榷》，卷十三，第 960 页，"永乐三年十月癸亥"。

⑧ 《明太宗实录》，卷四七，第 718 页，"永乐三年十月乙丑"。

显然，这是要说明朱棣对梅殷是宽容的，与之后的梅殷之死是没有关系的。

关于梅殷之死的情况，两书并无多大差异，即前军都督金事谭深和锦衣卫指挥使赵曦在梅殷上朝经过竹桥（《国榷》作"竺桥"）时将他推入河中溺死。

谭深和赵曦为什么要害死梅殷？《明太宗实录》只说是因为梅殷与二人"有隙"①，结合之前对梅殷性格"颇骄侈，不慎行检"的表述，自然让人产生一种梅殷之死是个人恩怨的印象。之后，朱棣又一如既往地扮演了光辉的形象。谭、赵二人向朱棣汇报说梅殷是"自赴水死"②，即梅殷是投水自杀。但朱棣怀疑梅殷之死另有隐情，于是下令进行调查。在都督许成的举报下，最终查出谭、赵二人是故意杀人。朱棣非常愤怒，将二人审判后处决，并将结果告知了宁国公主，同时朱棣还对宁国公主进行了优抚，在十二月将她进封为宁国长公主。对于梅殷，朱棣也赐祭葬，同时，他对梅殷的后代也给予了封荫。

以上是《明太宗实录》的记载，根据这个表述，在整个过程中，朱棣都是局外人，形象是光辉的，是没有污点的。但《明太宗实录》的问题已如前述，因此，笔者在查阅了《国榷》等其他史料后发现了更多的真相。

根据《国榷》等其他史料的记载，梅殷死后，宁国公主"泣诉上"③，之后许成"发其事"④，于是朱棣诘问谭、赵二人，但二人却说"此陛下命也"⑤。对于这个回答，朱棣真的感到非常愤怒了，命令将二人"落其齿，斩之"⑥。显然，朱棣是不想让二人再说话，但这却也恰好反衬出二人说法的真实性。不然，就算"有隙"，二人也断不敢谋害一朝之驸马。但二人也不过是棋子，朱棣用完后就扔了。梅殷的后人虽然得到封荫，但也只是"食禄不视事"⑦，没有实权。

由此我们可以看出，朱棣才是梅殷案的真正幕后主谋，《明太宗实录》是为尊

---

① 《明太宗实录》，卷四七，第718页，"永乐三年十月乙丑"。

② 《明太宗实录》，卷四七，第718页，"永乐三年十月乙丑"。

③ ［明］谈迁，《国榷》，卷十三，第960页，"永乐三年十月癸亥"。

④ ［明］谈迁，《国榷》，卷十三，第960页，"永乐三年十月癸亥"。

⑤ ［明］谈迁，《国榷》，卷十三，第960页，"永乐三年十月癸亥"。

⑥ ［明］谈迁，《国榷》，卷十三，第960页，"永乐三年十月癸亥"。

⑦ 《明太宗实录》，卷四七，第718页，"永乐三年十月乙丑"；［明］谈迁，《国榷》，卷十三，第960页，"永乐三年十月癸亥"。

者讳。对此，谈迁明确说道："史虽讳之，其说信焉？"[1]不过谭赵二人也可能真的与梅殷"有隙"，这也成为了朱棣选择这二人来实施这一政治谋杀的原因之一，另一个原因自然是赵曦锦衣卫指挥使的身份。不过之所以"有隙"，应当并不是因为梅殷"颇骄侈，不慎行检"。而从朱棣对宁国公主的安抚上，我们或许也可以认为，朱棣对梅殷的恨和对宁国公主的关心都是真的。不过即便如此，宁国公主剩下的人生也都只能在寡居生活中度过。

梅殷的问题最终通过阴暗的手段解决了，如果说这算是腹心之患的话，虽然距离很近，但处理起来反而相对容易的话，边疆重臣就更为棘手了，他们虽然远离中央，但手中握有重兵，在地方上还很有权威，这其中又以西南的沐晟和西北的宋晟最难处理。

宋晟，字景阳，家族世居定远，和朱元璋乃是同乡。宋晟的父亲宋朝用曾在至正二十二年（1362 年）朱元璋清洗当时军中二号人物邵荣的过程中起到了关键的举报作用，他的哥哥宋国兴也在朱元璋麾下，宋晟则很早就成为了朱元璋的侍卫，可谓朱元璋的亲信了。洪武十二年（1379 年）十二月，宋晟在李文忠、蓝玉平定西北洮州七站叛乱后受命由陕西都指挥使调任凉州卫指挥史，镇守当地，开始其镇守西北的生涯。他其后在西北大力经略，开疆拓土，建立了颇为耀眼的功勋。等到朱棣即位之时，宋晟已经断续镇守西北二十余年，可谓根深蒂固，而他自己也凭借功劳升到了中军都督府。他的态度对朱棣自然格外重要。

应该说，宋晟对朱棣的态度是很友好的。朱棣初即位，远在甘肃镇守的宋晟亲自赴京朝见，明确表示了归顺。对于这位封疆大吏的归附，朱棣十分重视，立即将宋晟升为后军都督府左都督。一年后的永乐元年（1403 年），朱棣又授予宋晟平羌将军，充总兵官，仍旧镇守甘肃。朱棣的做法无疑是高明的，宋晟通过适时的归附保住了自己在西北的政治利益，同时还获得了更多的政治资本，朱棣则通过给予了这位重臣相应的政治回报换得了西北地区的归附与稳定，应该说这是一种互惠互利的关系。虽然如此，双方也不是绝对不发生矛盾。

永乐二年（1404 年）十月，御史弹劾宋晟在西北"擅窃威权"。对此，朱棣的态度很值得注意，他对侍臣讲到："任人不专，则不能成功，况大将受边寄，岂尽拘文法？今当明与晟言，使之释疑。"随即给宋晟颁布了一道敕谕：

---

[1]　[明] 谈迁，《国榷》，卷十三，第 913 页，"永乐三年十月"。

前者，御史言卿专擅，此言官欲举其职而未谙事理。夫为将，不专则功不立。朕既付卿以阃外之寄，事有便宜，即行之而后以闻。自古明君任将，率用此道，而忠臣事君，亦惟在成国家之大事，岂拘细故况？朕知卿有素而委以重任，彼虽有言，不能间也。卿勿以置意，但尽心边务，终始一致，以副朕怀。①

此时朱棣的统治才刚开始两年左右，根基还未完全稳固，因此他对安抚边疆重臣十分看重。我们不能说御史对宋晟的弹劾完全是捏造的，宋晟长期镇守西北，根基牢固，"专擅"很可能是有的。但对此如何处理却全看皇帝本人的想法。显然，朱棣此前已经和宋晟建立起了互利的关系，他自然不愿意将之打破。因此，宋晟的"专擅"在朱棣这里就成了"任人不专，则不能成功"、"夫为将，不专则功不立"。给自己和宋晟都设立了一个完美的台阶，成功化解了危机。

一年后，永乐三年（1405年），"虏日益聚近边，公遣人谕以朝廷德意，其酋长把都帖木儿、伦葛儿反率部众五千，马、驼万六千来归，边境底宁"，这个把都帖木儿就是后来对明朝忠心耿耿的蒙古将领吴允诚。宋晟立下如此功勋，朱棣立即做出反应，"事闻，赐敕奖谕，命都督徐膺绪、尚书赵羾持节，即军中封西宁侯，赐'推诚辅运宣忠效力武臣、柱国'，仍后军都督府左都督，食禄千一百石，加赐田若干顷"②，从而进一步巩固了双方的关系。

除了官职、爵位、禄米，朱棣还通过联姻来巩固自己与宋氏的关系，朱棣的五位女儿中，有两位都嫁给了宋晟的儿子，三女安成公主嫁给了宋晟次子宋琥，四女咸宁公主嫁给了宋晟三子宋瑛，将自己近半数的女儿用来与宋晟联姻，足见朱棣对双边关系的重视，而让两个儿子成为驸马都尉，对宋晟也是有益无害。可以说，朱棣与宋晟之间的关系是永乐年间中央与边臣关系的典范，这也是整个永乐年间西北都相对稳定，朱棣还能在此基础上经营出关西七卫的基础。

比起西北的宋晟，西南的沐晟处理起来则要麻烦很多，因为沐氏有一位和朱棣

---

① 《明太宗实录》，卷三五，第611页，"永乐二年十月壬申"。

② ［明］杨士奇：《东里文集》，卷之十二，《神道碑铭·故推诚辅运宣忠效力武臣、柱国、后军都督府左都督、西宁侯宋公神道碑铭》，第172页。

对立并最终死在朱棣手上的亲戚——耿炳文。

笔者在上一章第三节中曾经谈到，长兴侯耿炳文在建文元年（1399年）与朱棣作战时于真定阵亡，为朝廷方面在靖难之役开始阶段损失的最重要的将领，而沐晟的母亲耿氏正是耿炳文的妹妹，两家的关系从乃父沐英开始就非常紧密。耿太夫人更是"拳拳以耿氏为念"，正是耿太夫人嘱咐沐晟收留了逃到昆明的自己表哥耿琦，并在耿琦去世后为他料理了后事。而朱棣即位后则在永乐二年（1404年）根据弹劾毁改了耿炳文的坟墓，这些都为双方的关系投下了阴影。

沐晟的父亲沐英，自幼被朱元璋收为养子，由马皇后抚养长大，与两人的感情十分深厚，马皇后去世时，据说沐英哭至呕血，后来更是因为皇太子朱标的去世而大病一场，最终没过多久也离世了。从这些可以明显看出，沐氏在靖难之役中是天然地亲朱允炆的，再加上沐氏与耿氏之间的姻亲关系，这种倾向只能更为明显。

正因如此，朱棣即位之初对沐晟是颇为防范的。为了牵制沐晟，朱棣采取了几项措施。第一项，就是命岷王朱楩在自己刚即位的六月立即就藩云南，就近挟制沐晟。不仅如此，朱棣还往云南加派军事力量，也是在六月，朱棣"命右军都督金事郑祥充统兵官，镇守云南，云南都指挥使卢旺充左副统兵、都指挥金事，欧庆充右副统兵，遇有军务，相机调遣。俟境宁谧，郑祥留掌云南都司事，卢旺、欧庆各就本职"[1]，这是直接针对云南。除此之外，朱棣还从四川、贵州、广西等临近云南的省份入手，进一步牵制身在昆明的沐晟。七月，朱棣"命左都督袁宇往四川、云南整肃兵备，抚安军民，俟边境宁靖，就镇守云南"[2]，同时还将袁宇调动的情况告知岷王，"今遣都督袁宇赴云南整肃兵备，镇抚一方，凡事可与计议而行。夫藩屏至重，贤弟宜慎出入，谨言节饮，庶诸夷有所瞻仰，而不负兄之所望"[3]。九月，"命右军都督同知韩观佩征南将军印，充总兵官，往广西整肃兵备，镇守城池，而节制广西、广东二都司"，虽然朱棣调动韩观的理由是"广西蛮民，易叛难服，杀之愈多而愈不治"，[4] 因此需要派遣大将前去镇守，但结合之前的一系列调动及广西与云南地理上的关系就可以知道，"蛮民"只是因素之一，制衡云南也是题中应有之义。

朱棣刚一即位，就在云南及其周边进行如此频繁的军事调动，而当时云南并没

---

① 《明太宗实录》，卷十上，第154页，"四年六月乙酉"。
② 《明太宗实录》，卷十下，第168页，"洪武三十五年七月癸卯"。
③ 《明太宗实录》，卷十下，第168—169页，"洪武三十五年七月癸卯"。
④ 《明太宗实录》，卷十二下，第216年，"洪武三十五年九月乙未"。

有发生大规模战事，也没有什么大的不安定因素。因此朱棣的调动显然不是为了配合沐晟稳定云南，只能是出于担心沐晟的政治态度，因此以此举挟制沐晟，迫使他就范。

当然，朱棣虽然在军事上积极准备，但他并没有把军事手段当成解决云南问题的唯一手段。朱棣深知，从沐英、沐春到沐晟，沐氏世代镇守云南已经经过了两代三人几十年，在当地军卫、有司乃至土司中都享有极高的威望，加之云南地处偏远，当年朱元璋调动大量兵力深入不毛才将云南纳入版图，自己倘若和沐氏开战，无疑并不划算。另外，以岷王为代表的藩王，有了朱棣这个榜样在前面，他们在永乐初年也并不安分，朱棣很快就开始了再度削藩，因此对于这个之前信任的岷王，此时朱棣的态度也发生了变化，这些都促使朱棣回到和平的手段上来。沐晟方面，朝廷已经易主，他自己又没有当皇帝的野心，一切以保证沐氏在云南的利益为上，自然也倾向和平，利益的一致性最终促成了朱棣与沐晟的和解。因此，就在朱棣在云南周边频繁动作的同时，他在建文四年（1402年）八月"命西平侯沐晟镇守云南，云南都司属卫听其节制"，同时给沐晟颁下了一道敕谕：

> 昔我皇考太祖高皇帝当扰攘之时，年二十余，尚未有子。尔父英才八岁，父母俱殁于兵，茕茕来依，皇考、皇妣怜之，抚育为子。既有朕兄弟，皇考以沐氏不可无后，命复本姓，承其宗祀，屡从征伐，积有功劳，封西平侯。云南既定，出镇十有余年，朝廷无西南之忧，所以累增产业，冀延子孙，永保富贵。尔父卒，追封黔宁王，以尔兄春嗣侯爵，春卒无子，命尔嗣之，历观群臣，受恩深厚未有过尔父子者也。间者尔为小人所惑，干犯岷王，朕念皇考、皇妣教育尔父之恩及尔父佐命开疆之功，不忍寘尔于法，姑宥不问，仍令镇守云南。尔当深思皇考、皇妣再造之大德，迪尔父之行，以图厥终，尔其念哉。①

朱棣给沐晟的敕谕刚柔并重，看似责备他不应该和岷王发生冲突，实则追溯历史，对他们父子兄弟给予了高度肯定，甚至将他们放在和自己平等的位置上，表示仍旧坚定地委任他镇守云南。反观朱棣此前就同样问题给岷王的书信中，"今晟所

---

① 《明太宗实录》，卷十一，第182页，"洪武三十五年八月甲子"。

为卤莽，间信小人干犯吾弟，固不可容。但念乃父佐命开疆之力，不忍罪之，特召至京，已惩戒之其下小人，亦不轻宥。兄又思云南重地，昔倚任其父而蛮夷率服，故仍遣晟往，欲其安边抚夷，必如乃父存日，庶几不负皇考之恩"①，也是同一个意思。实际朱棣此时对岷王的态度已经改变，其政策也逐步转向倚重沐晟镇守云南，这一结果也就很好理解了。关于岷王的问题，笔者会在后面宗藩的章节专门讲到。

朱棣既然已经绝对倚重沐晟，自然需要加强双方的关系。既然自己可以和宋晟联姻，和沐晟联姻自然也是可行的。永乐元年（1403年）六月，朱棣将五女常宁公主嫁给了沐晟的幼弟沐昕并给予他一年两千石的禄米，沐昕与其母耿太夫人后来长居南京。沐氏通过与皇家联姻，弥补了因为耿炳文问题在双方关系上产生的裂痕，沐氏家族成功被朱棣笼络。此后，随着岷王的进一步骄横跋扈，他最终在这年九月被削除三护卫，失去了兵权。到了永乐四年（1404年）四月，刑部右侍郎金纯弹劾沐晟"不禀命于朝，擅以籍没罪人妇女给配军士，男子安置广西，马、牛给军屯操，大臣专擅如此，渐不可长，宜正国典"，朱棣的答复则是简单的："尔言故是，然边远之事，朕尝一以付晟，可勿问。"②这和朱棣面对宋晟被弹劾"专擅"时的态度可谓如出一辙，可见此时朱棣对沐晟已经非常信任，双方的关系得到了完全的改善。实际正在此时，因为安南杀害明朝支持的陈天平，朱棣已经打算对安南用兵，而统帅云南、贵州、四川三省七万五千余大军的重任，朱棣全都委任给了沐晟，可见沐晟此时已经完全站在了朱棣一边。

与安抚宋晟、沐晟同时，也诞生了一项副产物，即镇守总兵的诞生。朱棣在安抚西北宋晟、西南沐晟的同时，也努力将自己的力量布署到全国各地。靖难之役后期，朱允炆派齐泰、黄子澄等人四出募兵，各地多有响应的，除了前面提到的姚善，江浙地区的镇、常、嘉、松等处页募集民兵响应，不过他们还未形成气候，朱棣就已经进入了南京，因此并未能够发挥作用。然而在朱棣刚建立其自己统治的这段时期，他们的威胁也不能忽视。除了这些反朱棣势力，地方还有另外一股势力也很令人头疼，这便是随着朱棣渡江，江南地区的农民纷纷起兵响应，他们四处攻打官府、富户，导致地方政府基本处于瘫痪状态。显然，朱允炆免除江南地区重赋的宽仁政策有利于富户发展，但对于底层的农民并没有切实的好处，因此他们听说朱

---

① 《明太宗实录》，卷十一，第180页，"洪武三十五年九月壬戌"。
② 《明太宗实录》，卷五三，第792页，"永乐四年四月甲戌"。

棣渡江，才会天真地起兵响应。

面对这种复杂的情况，朱棣同样采取了两项措施。对于起兵响应自己的农民，他毫不留情地痛下杀手，宣布"所获盗辄论死如法，不候奏报"，以至于地方上由此展开了一场大屠杀，吴江县"血流溁溁，湖口尽赤"①。对于地方反对自己的势力，朱棣一面下诏天下，宣布自己即位，散天下勤王兵，一边把自己的军事力量部署到各地。建文四年（1402 年）八月，朱棣"命右军都督府左都督何福佩征虏前将军印，充总兵官往镇陕西、宁夏等处，节制陕西都司、行都司、山西都司、行都司、河南都司官军；命右军都督同知韩观往江西等处操练军马、整点城池，广东毒死、福建行都司、湖广都司官军听其节制"②。何福镇陕西、宁夏，他又是曾经与朱棣敌对之人，灵璧之战被俘后归顺了朱棣，朱棣用他镇守地方，自然能够起到很好的作用，韩观的表现则更为直接，他一到江西，就迅速帮朱棣平定了"啸聚劫掠"③的庐陵西安民，稳定了江西的局势。这两人的派遣也是朱棣向地方派遣镇守总兵的开始。其后，朱棣有进一步完善这一最初只是临时措施的设置，以右军都督陈晖、旗手卫指挥李忠前往江西协助韩观，同时对其进行监视，最后在不到两年的时间里，先后在山东、云南、浙直、辽东、宁夏、广西、贵州、甘肃、大同、江西、广东、陕西等十三省、镇设立了镇守总兵，全面控制了局势。

镇守总兵普遍设立后，由于其派遣人员多为勋臣或都督府堂上官，因此在地方具有钦差的性质，地位压过了原来负责地方军政的都司、行都司。这巨大的权力自然让朱棣担心他们尾大不掉，失去控制。因此，作为制衡手段，在韩观由江西转镇广西，顾成受命镇守贵州等地的同时，朱棣又以亲信宦官随军监督，开启了明代"中官出镇"的历史，这一任命在朱高炽即位后逐步演变为制度性的"镇守中官"，这两者又和朱瞻基时期开始的"镇守文臣"共同逐步压过原来的地方省一级行政机构，被合称"三司"的承宣布政使司、提刑按察使司、都指挥使司而成为新的地方省一级行政机构——三堂。又随着镇守总兵地位的逐步下降，镇守中官的撤回，最终演变为巡抚都御使（即巡抚）主持地方军政事务。

经过即位初期的忙碌与杀戮，到了建文四年（1402 年）八月，事情基本告一段

---

① ［明］吴宽：《匏翁家藏集》，卷七一，《止庵吴府君墓表》。

② 《明太宗实录》，卷十一，第 178—179 页，"洪武三十五年八月己未"。

③ 《明太宗实录》，卷十一，第 183—184 页，"洪武三十五年八月甲子"。

落，朱棣颁布了另一份诏书：

> 皇帝敕谕天下文武群臣军民人等知道：
>
> 昔者，元末昏君，坏其祖宗成法，荒淫无度，奸臣擅权，涂炭生民，群雄并起，旷世无君，糜烂鼎沸。
>
> 天命我父皇高皇帝龙飞淮甸，扫除祸乱，救民水火之中，措之衽席之上。立纲陈纪，政令惟新，官守其职，民乐其生，天下太平三十余年。不幸太祖宾天，建文嗣位，荒迷酒色，不近忠良。作奇技淫巧以悦妇人，为禽兽之行，信任奸臣黄子澄、王叔英、齐泰等，改更祖宗法度。太祖不豫，不报各王，一日而殁，七日即葬。初崩之时，将鬼见愁、硫黄、雄黄调水遍洒满殿，使秽气触忤梓宫。及至发引，仗剑在后，谓人曰："我仗此剑，不畏强鬼。"矫称不许诸王会葬。如此诡秘，事皆可疑。居丧未及一月，便差内官往福建、两浙选取女子，将后宫拆毁，掘地二丈，大兴土木之工，军民不得聊生。溺于佛教，印经伤像，礼忏饭僧，糜费钜万。甚至改去公主名号，舍与道姑为徒，尼媪出入官[宫]闱，秽德丑露，渎乱人伦，灭绝天理。又将父皇母后御容尽行烧毁。上天怒其无道，灾于承天门，灾于乙字库，灾于锦衣卫，飞蝗蔽天，饿殍盈路。犹不改过，愈加为恶，起夫运粮，点民为兵，造作科征，天下被害。将欲成造炮架，雷火烧其木植；将欲练习水战，雷震其大将之船；将欲守城，雷雨震陷其城，屡修屡陷，数十余次。钦天监奏天象大变，占云国失山河。以其奏本掷于地，用脚蹉踏，怒骂上天，言："我如此念佛好善，天不护我到去护他？"如此逆天。又将吕太后之父吕本灵位与太祖皇帝同祀于西宫，判解亵渎，如此悖祖。残害一家骨肉，首谪周王于烟瘴，穴墙通食，体无完衣，妻子冻饿。及生一子，不与乳母，至以宝钞买一乳羊乳之，困苦何可胜言？不旋踵，又罪代王，出其官人，悉配于军。湘王无罪，逼令阉官焚死。齐王、岷王，皆其无辜降为庶人。绝亲亲之义，紊纲常之理，我被他谋害到至极处，无故调兵围我官城，杀我父子。到此之时，哀号痛哭，叩天呼地，无所控诉。图全性命，遂不得已，钦承祖训，兴兵诛讨在朝奸恶，为父报仇，保全骨肉，扶持宗社。四年之间，往来中原，进回再四，不肯长驱。观兵济南，振旅河北，朕之本心，惟欲使之悔悟。于是焚香告天，尽诚具奏，屡遣使者，恳求息兵。反以诏书辱骂，断绝不许。密敕其总兵者，获我父子

必尽诛戮，勿令赴京。必欲逞兵，不顾军士暴露寒暑，百姓转输劳困，无辜之人死者无算。朕深痛切于心，严约三军，不许妄杀一人。赖天地祖宗鉴佑，屡战屡胜，踰淮渡江，若履平地。入京之时，秋毫无犯。建文为阉竖逼胁，阖宫自焚。其奸臣黄子澄、齐泰等已凌迟处死，军民人等皆无侵扰。我今主宰天下，谨遵父皇太祖高皇帝成法，纤毫不敢改违。今天下文武官员军民人等，共守太祖高皇帝成法，为官者保守禄位，军民士庶，百工技艺，安分乐生。若不守太祖高皇帝成法，是尔等自取其祸，但有违犯，必难轻饶。省谕之后，依我言语，永为遵守，共享太平之福。故敕。

洪武三十五年八月　日。①

朱棣在这份诏书里说的内容和他在靖难之役中屡次上书及发布的檄文内容并无太大差别，不外乎声讨朱允炆的不孝，宣扬自己的正义。但是身处的环境则不可同日而语的，彼时自己乃是弱势，稍微失误就有被朝廷消灭的危险，不这样宣称自己就会失去起兵的基础。此时则不同了，他已经是大明的皇帝，并且已经革除了建文朝的历史，至少在他统治时期，他可以理直气壮地这样宣称了。这份口气强硬、理直气壮的诏书也从侧面反映，经过自己一系列举措，朱棣已经成功控制了全国，成为了名副其实的皇帝，明朝在经历了四年的战乱之后，终于进入了一个新的时期。

---

① ［明］宋端仪：《立斋闲录》，卷三，《靖难录》，第598—599页。

永乐之治

朱棣传

下 辉煌治世

李林楠／著

文化发展出版社

Cultural Development Press

第四章

集权与调整

1. 内阁与六部

朱棣即位之初，急需建立起一套自己的政府机构，他以藩王身份造反起家，手下人才不足，此时最方便的手段自然是笼络原来建文政府中的官员。然而建文旧臣却普遍持不合作态度，有像方孝孺、景清、陈迪等激烈反抗、不屈而死的，也有一些则是通过更为温和的手段表示拒绝合作。

这种不那么激烈的不合作者以两人的表现尤为典型。第一位是周是修，他本名周德，字是修，以字行，太和人。洪武年间，周是修被朱元璋安排到周王府任奉祀。建文初年，周王府事发，王府官员普遍受到处罚，周是修则因为经常劝谏周王而获免，被改派到朱标第四子朱允熥的衡王府任纪善，"预修纂于翰林，数论国家大计及指斥用事者，怒众，共挫拆之，是修屹不为动"，可见他对朱允炆的忠心。朱棣即位后，他在宫中起火的次日，"留书其家，别友人江中隆、解大绅、胡光大、萧用道、杨士奇，且付后事。暮，入应天府学自经，六月十五日也。又明日，太祖[宗]皇帝即大位"。对于周是修自尽的行为，有御史向朱棣弹劾说他这是"不顺天命，请追戮"，朱棣则表示："彼食其禄，自尽其心，一无所问。"[1]

除了周是修，效法这一行为的还有高巍。高巍在靖难之役中，先是独自前往北平劝谏朱棣，虽然此行不成功，但他并不气馁，而是南下济南，汇合铁铉、盛庸等共同防守济南，成功挫败了朱棣的进攻。当他听说南京失陷后，在驿站中自缢而死。

正是这些人的不合作，让朱棣在即位之初面临人才短缺的严重问题，他亟需建立起一套班子，而明朝的制度缺陷却加重了解决这一问题的难度，这便是朱元璋废除了丞相制度。

洪武十三年（1384年）正月，"左丞相胡惟庸、右大夫陈宁擅权坏法，俱伏诛于玄津桥。掘坑丈余，埋其尸。次日，复出之，支解于市，纵犬食之。録其家资，以妻子分配军士，子弟悉斩之。连及内外文武官员数万人，凡十五年间，党名始悉"[2]，朱元璋借中书左丞相胡惟庸案发的机会，不仅展开了一场持续到其统治末期

---

① [明] 宋端仪：《立斋闲录》，卷二，《靖难录·周是修》，第587—588页。

② [明] 俞本撰、李新峰笺证：《纪事录笺证》，卷之下，第414页，"洪武十三年"。

的大规模屠戮，更借机改革制度，颁布了著名的《废丞相大夫罢中书诏》，彻底废除了延续几千年之久的丞相制度：

> 朕膺天命，君主华夷。当即位之初，会集群臣，立纲陈纪，法体汉唐，略加增减，亦参以宋朝之典，所以内置中书、都府、御史台、六部，外列都指挥使司、承宣布政使司、都转运盐使司、提刑按察司及府州县，纲维庶务，以安兆民。朕尝发号施令，责任中书，使刑赏务当，不期任非其人，致有丞相汪广洋、御史大夫陈宁，昼夜淫昏，酣歌肆乐，各不率职，坐视废兴，以致丞相胡惟庸，拘群小寅（夤）缘为奸，或枉法以惠罪，或执政以诬贤，因是发露，人各伏诛。特诏天下，罢中书，广都府，升六部，使知更官定制，行移各有所归，庶不紊烦。於戏！周职六卿，康兆民于宇内，汉命萧曹，肇四百年之洪业，今命五府、六部详审其事，务称厥职。故兹诏谕。[①]

关于制度改革的具体内容，朱元璋在诏书中已经说的很清楚了，即"特诏天下，罢中书，广都府，升六部，使知更官定制，行移各有所归，庶不紊烦。於戏！周职六卿，康兆民于宇内，汉命萧曹，肇四百年之洪业，今命五府、六部详审其事，务称厥职"。要追溯朱元璋为何最后会决定罢中书省，可以追溯到洪武元年（1368 年）正月，笔者在第六章第二节就曾提到，朱元璋在洪武元年（1368 年）正月初七日就曾经阐述过自己心目中理想的政治制度，即"成周之时，治掌于冢宰，教掌于司徒，礼掌于宗伯，政掌于司马，刑掌于司寇，工掌于司空，故天子总六官，六官总百执事，大小相维，各有攸属，是以事简而政不紊，故治。秦用商鞅变更古制，法如牛毛，暴其民甚而民不从，故乱。卿等任居宰辅，宜振举大纲以率百寮，赞朕为治"[②]。从这段话可以明显看出，在朱元璋心中理想的政治制度是没有中书省的位置的，而是"天子总六官，六官总百执事，大小相维，各有攸属，是以事简而政不紊"，此后，朱元璋其实一直都在谋求实现这一目标。

洪武九年（1376 年），朱元璋已经完成了地方行政机构的一步重要调整，改行中书省为承宣布政使司，迈出了地方三司分立的重要一步，为最终在中央罢中书省

---

① ［明］朱元璋：《明太祖御制文集》，卷二，《废丞相大夫罢中书诏》。
② 《明太祖实录》，卷二九，第 487 页，"洪武元年正月戊寅"。

奠定了基础。后来，朱元璋又在洪武十年（1377 年）连续采取措施，一方面命韩国公李善长、曹国公李文忠共议军国重事，中书省、都督府、御史台都归他们节制，一方面又设立通政司，名义上是为了避免上下消息隔绝，其实仍旧是为了削弱中书省的权力，让军民言事奏章可以不经过中书省而直达御前。最后，更在洪武十一年（1378 年）规定奏式，要求此后奏疏不得再关白中书省，从而让中书省在实质上成了一个累赘，而胡惟庸案的发生最终促成了朱元璋对中枢机构的调整。

洪武十三年（1380 年）正月，朱元璋不仅罢中书省，还采取了两项措施，即"广都府"和"升六部"，包括改大都督府为五军都督府，升高六部地位，让他们直接对皇帝负责，不再统归中书省。随后，朱元璋进一步扩大改革，他规定御史台不再设立御史大夫，而将其下的御史中丞提升为御史台最高长官，五月，他干脆取消了御史台和各道按察司。洪武十四年（1381 年）至洪武十五年（1382 年），朱元璋设立都察院，其下设有监察御史，此时有八人，正七品，由秀才李原明、詹徽等人担任，都察院下设十二道监察御史，正九品。一年后的洪武十六年（1383 年）六月，朱元璋又将都察院改为正三品衙门，下面设有左右都御史，均为正三品官职。此前的御史中丞为正二品官职，此时都察院的地位才大体能够和御史台相当。至于按察司，终究不可能长期撤销，因此在洪武十四年（1381 年）三月得以复设。

从御史台到都察院只是一个比较次要的方面，罢中书省后，明朝在实质上就没有丞相了，又由于六部直接对皇帝负责，因此朱元璋在实质上兼任了丞相的职权。根据给事中张文辅统计，在罢中书省后的洪武十七年（1384 年）九月十四日至二十一日的八天里，朱元璋需处理内外诸司奏章共 1660 份，奏事 3391 件，这导致朱元璋不得不感叹："朕一人处此多务，岂能一一周通，苟致事有失宜，岂惟一姓之害，岂惟一身之忧，将为四海之忧。"[①] 在皇帝中堪称劳模的朱元璋都不堪重负，寻找补救措施就成为必然了。朱元璋采取的第一个方案是设立"四辅官"。洪武十三年（1380 年）九月，朱元璋祭告太庙，"仿周制"设立四辅官，"四"为四季，四辅官包括春、夏、秋、冬四官，此时王本、杜佑、龚敩为春官，杜教、赵民望、吴源为夏官，均为从一品高官，列在公、侯、伯、都督之后而在六部尚书之前，每月分上中下三旬轮流理事，秋、冬两官此时缺而未任，由春、夏官兼摄。

为什么要设置四辅官，朱元璋自己的说法是："朕尝思之，人主以一身统御天

---

① 《明太祖实录》，卷一六五，第 2544—2545 页，"洪武十七年九月己未"。

下，不可无辅臣，而辅臣必择乎正士，若尧舜匪咨四岳，政事不免于壅蔽，商辛能任三仁，启沃岂亡于裨益，故尧舜以得人而昌，商辛以弃贤而亡，此古今之龟鉴也。朕惟鉴兹，乃惟贤是求，卿等受斯重任，宜体朕怀，心常格神，行常履道，佐理赞化，以安生民。且卿等昨为庶民，今辅朕以掌民命，出类拔萃，显扬先亲，天人交庆。於戏，盛哉！故兹再谕，尚克念之"[1]。此后，朱元璋也确实赋予了四辅官相当的职权，不仅让各郡县举荐的人才聚集在端门让四辅官审视，刑部录囚也要送四辅官。但是，正如朱元璋自己所说，四辅官成员都是"昨为庶民，今辅朕以掌民命"，他们根本没有从政经验，这一先天不足注定了他们难以承担朱元璋的期望，一年后的洪武十四年（1381 年）正月，龚敩、杜佑、赵民望、吴源就相继致仕，四辅官只剩下两人，此后，四辅官又经过了一些人员调整，但终究难挽颓势，最终随着四辅官最后一人王本因罪被杀，四辅官就此退出历史舞台。四辅官失败了，朱元璋只得尝试其他补救措施，他又在洪武十五年（1382 年）十一月"仿宋制"设立殿阁大学士，由翰林院官员担任，皆为正五品职务，以备顾问，然而这一制度仍旧不成功，随着最后一位大学士文渊阁大学士朱善在洪武十八年（1385 年）去世，大学士之位遂空无一人，已经形同虚设。

虽然屡屡受挫，朱元璋仍旧继续寻求补救手段，最后，洪武十四年（1381 年）十月，他"命法司论囚，拟律奏闻，从翰林院给事中及春坊正字司直郎会议平允，然后复论决"[2]，十二月，又"命翰林院编修、检讨、典籍，左春坊左司直郎、正字、赞读考驳诸司奏启以闻。如平允，则署其衔曰：'翰林院兼平驳诸司文章事某官某'，列名书之"[3]。可以看出，朱元璋这次很务实，他将司法复审权和政务的初审权赋予了翰林、春坊官，这也是某种程度上的生杀大权，而翰林、春坊官职衔较低，与外廷没有公事往来，人员也不固定，更像是临时差遣，他们和大学士共同协调，既不能对皇权构成威胁，却又能够起到顾问的作用，终于基本满足了朱元璋的要求，也为日后内阁的出现奠定了基础。洪武二十八年（1395 年）九月，朱元璋在最终编订的《皇明祖训》中留下了那段著名的话："今我朝罢丞相，设五府六部、都察院、通政司、大理寺等衙门分理天下庶务，彼此颉颃，不敢相压，事皆朝廷总之，所以

---

① 《明太祖实录》，卷一三三，第 2115—2116 页，"洪武十三年九月丙午"。

② 《明太祖实录》，卷一三九，第 2194 页，"洪武十四年十月癸丑"。

③ 《明太祖实录》，卷一四〇，第 2209 页，"洪武十四年十二月丁巳"。

稳当"，并明确规定"不许立丞相"①，通过这种手段让丞相制度彻底走进了历史，从制度上完成了进一步的集权。

因此，当朱棣即位的时候，他即便想要迅速建立起一套顾问班子，也不可能在"恢复祖制"的大旗下恢复丞相制度，从而只能另辟蹊径。首先，虽然很多文臣通过各种手段为朱允炆守节，但并不是所有大臣都这么做，这些态度不同的人就成了朱棣争取的对象。胡广、金幼孜、黄淮、胡俨、解缙、杨士奇等人在建文年间都与周是修一殿为臣，相互的关系也不错，杨士奇在周是修自尽后为他写作传记，解缙为其写作墓志铭就可以证明。但在南京城破后，他们却选择了完全不同的道路，李贤在《天顺日录》中对此进行了记载并加以评论：

> 文庙过江时，胡广、金幼孜、黄淮、胡俨、解缙、杨士奇、周是修辈俱在朝。惟是修具衣冠诣应天府学，拜宣圣遗像毕，自为赞系于衣冠，自缢于东庑下，可谓从容就死者矣。诸公（指杨士奇等人）初亦有约同死，已而俱负约，真有愧于死者。后缙为志，士奇为传，且谓其子曰："当时吾亦同死，谁与尔父作传？"诸公不死建文之难，与唐之王珪、魏徵无异，后虽有功，何足赎哉？！缙才独高，使遇唐太宗，其所论岂下于魏徵？若留于仁宣时，事业必有可观者。士奇辈远不及也。②

固然，杨士奇等人辜负了朱允炆、周是修，确实有愧，但李贤将他们连同魏徵一同贬低，并说杨士奇等人甚至远不如解缙就未免太过书生意气了。我们且放开李贤的评论，从这段记载可以看出，在建文四年（1402 年）这个天崩地裂的年份里，并不是所有文臣都愿意为朱允炆守节。其中仍旧有像杨士奇、胡广、解缙这样颇有能力的文臣采取了更为灵活的态度，谋求在新朝得到重用。这也为朱棣解决即位之初的人才危机提供了方法。

朱棣即位不到两个月，就先后命解缙、黄淮、胡广、杨士奇、胡俨、金幼孜等七人直文渊阁，参预机务，这便是内阁作为一种建制开始出现的标志。对比前面他们与周是修选择的不同道路，这几乎是必然的结果。然而此时，这七人的职务其

---

① ［明］朱元璋，《皇明祖训·祖训首章》，第 4b—5a 页。

② ［明］李贤：《天顺日录》，第 1162 页。

实颇为不一，解缙是侍读，黄淮、杨士奇为编修，胡广为侍讲，杨荣为修撰，金幼孜、胡俨均为检讨，要说他们此时已经成为一个整体，无疑是不客观的。因此，到了永乐五年（1407 年），在统治已经稳固后，朱棣终于开始正式处理这几位大臣的职务问题。这年十一月，朱棣作出了一系列重要的人事任命：

> 升右春右庶子兼翰林院侍读胡广为翰林院学士兼左春坊大学士，庶子兼翰林院侍读黄淮为右春坊大学士仍兼侍读，右春坊右谕德兼翰林院侍读杨荣为右春坊右庶子，翰林院侍讲兼左春坊左中允杨士奇为左春坊左谕德，翰林院侍讲金幼孜为右春坊右谕德。荣、士奇、幼孜皆仍兼侍讲。翰林侍讲邹缉兼左春坊左中允，修撰曾棨、林环皆升侍讲，修撰梁潜兼右春坊右赞善，升翰林院检讨沈度、庶吉士彭汝器、王直、余鼎、王英、罗汝敬为修撰，仍命吏部臣曰："广等侍朕日久，继今考满，勿改外任。"①

朱棣进行这一系列任命时，解缙已经在当年二月获罪谪为广西布政司右参议，胡俨则出任国子监祭酒，离开了权力中心。此时朱棣不仅统一了胡广、杨荣、杨士奇、金幼孜、黄淮的职务，而且明确告知吏部："广等侍朕日久，继今考满，勿改外任"，他们遂成为了内阁稳定成员，内阁由此也才逐渐朝一个整体发展。

不过如今人们对于永乐年间初建的内阁，仍旧存在一些误解。首先，便是内阁办公地点的问题。从此前朱棣的一系列任命我们能够看出，内阁成员都带有翰林院职衔，而当时翰林院所在地就是文渊阁。故此，在弘治本（或称"正德本"）《大明会典》、万历本《大明会典》中，都通过不同的方式表达了文渊阁为内阁办公地点的观点，弘治本《大明会典》中为"永乐初，简命编修等官于文渊阁参预机务，谓之内阁"，万历本《大明会典》中则为"永乐初，简命编修等官直文渊阁，参预机务，谓之入阁办事"。无疑，万历本《大明会典》是在弘治本《大明会典》基础上改写而来，无论"于"还是"直"都暗示了文渊阁为内阁的办公地点。

然而永乐年间内阁初建之时，其办公地点并不在文渊阁。杨士奇在他自己所写《御书阁颂有序》中记载永乐初年内阁的运作情况：

---

① 《明太宗实录》，卷七三，第 1013—1014 页，"永乐五年十一月辛亥"。

> 太宗皇帝入继大统，首擢翰林编修，初建内阁于奉天门内，简任翰林之臣七人其中，所职代言，属时更新，凡制诏、命令、戒敕之文日夥，而礼典、庶政治议及事之关机密者咸属焉。车驾屡赐临幸，七人恒早朝退，即趋阁治职事，莫 [暮] 乃出。①

杨士奇去世后，他的同乡，后来也曾读书文渊阁的王直为他作传，再次指出内阁乃是在东角门内，同样不在文渊阁。这两人都是内阁创建的亲历者，其说法无疑是可靠的。实际上，即便没有这两人的证言，文渊阁此时也不具备成为内阁固定办公地的条件。文渊阁乃是翰林院所在地，供选入翰林院的人员读书之处，氛围颇为嘈杂，而内阁按照杨士奇的说法乃是"凡制诏、命令、戒敕之文日夥，而礼典、庶政治议及事之关机密者咸属焉"的机密重地，文渊阁无疑不可能成为内阁的所在地。综合起来，我们可以明确地说，内阁初建之时并不在文渊阁，而是在奉天门内、东角门内某处，不过具体是何处，两人都没有说明。

要考察永乐年间内阁究竟在何处办公，也有两份原始资料可供参考，这便是杨士奇撰写的《三朝圣谕录》和《明太宗宝训》，其中详细记载了永乐年间内阁的活动情况，其时间和地点可以列成下表：

时间	地点
永乐元年十二月	谨身殿
永乐二年四月	奉天门
永乐二年九月	右顺门
永乐四年正月	武英殿
永乐四年闰七月	奉天门
永乐五年冬	武英门、西角门、榻前
永乐十一年十二月	武英门
永乐十四年冬	东华门

见诸记载的召见一共十次，具体地点则为谨身殿一次、奉天门两次、右顺门一

---

① ［明］杨士奇：《杨文贞公文集一·御书阁颂有序》，第117页。

次、武英殿一次、武英门两次、西角门一次、榻前一次、东华门一次，可见此时内阁并没有固定的办公地点，主要还是根据朱棣的需要召集议事，和后来的内阁存在很大不同。而又由于当时的内阁成员都有翰林院职衔，因此也可以说此时的内阁实际上是翰林院的一个负有特殊职责的分支机构。当然，随着内阁权力的逐渐膨胀，翰林院自然是无法再管辖他们了。到了朱棣曾孙朱祁镇在位的正统七年，随着翰林院新官署的落成，翰林院正式搬出文渊阁，内阁才最终鸠占鹊巢，将文渊阁作为自己固定的办公地点，但这些都是后话了。

关于永乐年间内阁成员的具体情况，解缙和胡俨笔者将会在之后谈到永乐年间的宗藩问题时讲述，这里主要想谈的是永乐五年（1407年）内阁制度相对稳定后的五位成员。

胡广，字光大，吉安吉水人，建文二年（1400年）庚辰科进士第一名，被朱允炆赐名胡靖。朱棣即位后，胡广归附，朱棣命他恢复旧名。胡广在朱棣即位之初即被选入内阁，永乐五年（1407年）更是成为了内阁固定成员。在永乐年间相当长的时期里，胡广都在内阁中居于首要位置，"广惇惇慎操，履于事务，持大体，存心以爱人为要，上雅重之，特见信任，燕闲侍顾问，从容进对，多所裨益。居官慎密，所治职务，未尝退以语人。虽官清密，恩宠日盛，自处泊然，寡交游，自列从公，退杜门读书、赋诗而已，未尝退人以私，人亦不得以私干之。为文，下笔数百言立就，必宿于理，一时制命、典册，多出其手"[1]。正是因为深受信任，胡广得以在朱棣几次北巡北京及北征期间扈从并对此进行了记录，为我们保留下来了这些朱棣活动的第一手资料。

不过对于胡广的为官方式，后世并非没有异议。天顺年间的内阁首辅李贤就对胡广的为人进行了尖刻的批评：

> 胡颐庵急流中勇退，非有高尚志，实不欲居等辈下耳。观其居乡，犹倚当道，反声势自尊，宦其地者避之不较。其于诗文有作即刊，又未至好处，以此传世，果何益哉？适自暴其浅深而已。[2]

---

① 《明太宗实录》，卷二百，第2084—2085页，"永乐十六年五月丁巳"。

② ［明］李贤：《天顺日录》，第1161—1162页。

李贤从人格、才学两方面全面否定了胡广，这很可能是因为他同情周是修、方孝孺等人而与胡广立场对立而导致的偏激，但是李贤说胡广"急流中勇退，非有高尚志，实不欲居等辈下耳"则或许是有道理的，因为他在当时的内阁中确实有一位强力的竞争对手，这就是杨荣。

杨荣，字勉仁，初名子荣，同样是建文二年（1400 年）进士。关于他受知于朱棣最著名的故事就是他在朱棣准备即位时迎于马首，提醒朱棣先去拜谒乃父朱元璋的孝陵，宣示正统之后再即位。不过倘若仔细推敲这个故事，无疑会有些奇怪，朱棣在整个靖难过程中，始终宣示自己是乃父朱元璋的正统继承人，而且整个登极过程筹备周密，参与人员众多，很难想象都要进宫即位了却忘记拜谒孝陵这样一件大事。不过我们也不必完全否定这个故事，这至少说明了杨荣对政治准确的判断与过人的胆识，这和他之后为官的做法是非常吻合的。

杨荣后来与杨士奇、杨溥并称"三杨"，又因为其宅邸的位置被称为"东杨"。李贤对他有一段高度概括的评价，"东杨天资明敏，有果断之才。中官有事来阁下议，必问曰：'东杨先生在否？'知不在，即回。凡议事未尝不逊"。正是因为杨荣有"果断之才"，他在永乐年间的内阁中很快崭露头角，甚至超过了大他六岁的杨士奇以及长期居于内阁首位的胡广，"西杨（杨士奇）或执古以断，不可行也，已而卒断于东杨，灼然可行而无碍也。每秋敕文武大臣赴宪台审录重囚，自英国公（张辅）而下俱逊避，候二杨先生决之。西杨讯之未尝决，至不可了，东杨一问即决，庶几子路片言折狱之才，众皆叹服"。杨荣不仅在内阁中出尽风头，也很得朱棣倚重，"文庙英武，群臣奏对少能称旨，惟爱东杨先生之才。自编修同解缙、胡广等入阁议国政，未尝一日离左右，凡大事密计必参与焉。或大臣谋事未决，文庙不乐至发怒，东杨一至辄霁威，事亦随决"。[1] 正是因为这极大的倚重，杨荣不仅得以跟随朱棣北征，留下了宝贵的记录。甚至在朱棣最后一次北征于班师途中驾崩后，临机决断，与金幼孜等人合作，保证了大军顺利返回北京及朱高炽的即位。

如此杰出的杨荣，却也不是没有缺陷，这就是爱钱，杨荣"有济人利物之仁，而不忍却人之馈，人以为爱钱。文庙亦知之，每遂其所欲，盖用人之仁，去其贪也。或乡人来馈者，必访询贫富何如，若知其贫，亦不却其馈，但以别物与所馈相称酬之；若富者以十分为率，亦答其一二。或坐法乞救，或在卑求荐，必留意焉，

---

① ［明］李贤：《天顺日录》，第 1165 页。

报者相继而不厌也。自五府、六部、都察院，无不畏其威，听其说，使百职不能持正，亦由于此"①，杨荣对钱财的来者不拒不仅为朱棣所用，甚至在一定程度上影响到了吏治的清明，不过这在明初这样一个向上发展的时期，问题还不算严重，但这也凸显出朱棣用人的实用主义原则，他一面倚赖杨荣卓越的才能，却也控制着他的弱点，利用他喜爱钱财这一点，通过满足他欲望的方式让他更尽心尽力地为自己效力。

相比于杨荣在朱棣面前的活跃，"西杨"杨士奇在永乐年间则主要承担辅佐皇太子朱高炽的职责，正是他数次于危机关头挺身而出为朱高炽说话，才艰难稳固了朱高炽的储君地位。因此，当朱高炽即位后，杨士奇很自然在内阁中地位超过了杨荣，两人甚至在宣德年间因此发生了一些矛盾。

金幼孜，名善，字幼孜，以字行，他与杨荣有一个共同点，就是精于军务，因此也得以几次跟随朱棣北征，其进行的记录比杨荣、胡广更为原始。当朱棣在第五次北征班师途中驾崩后，杨荣驰告皇太子朱高炽，金幼孜则留下来总揽军务，保证了明军有秩序班师，直至皇太孙朱瞻基抵达军中为止。比起这四位，黄淮的境遇则大为不如，他在永乐十二年（1414 年）因为朱棣第二次北征班师途中引发的东宫迎驾事件而被下狱十年之久，直到朱棣驾崩后才被释放。

综观永乐年间的五位内阁成员，各有专才，除了黄淮也基本与朱棣相终始，他们之间虽然有矛盾，但大的方面仍旧能够相互合作，共同促进永乐朝政治的发展。实际上，朱棣对于自己的内阁评价是很高的，"天下事咸朕与若等同计，非若六卿之分理也"②。虽然如此，整个永乐年间内阁成员品秩都没有超过五品，挂翰林院官衔而没有公开身份，甚至"内阁"这个名称都还没有真正具备，与其说他们是一个机构，不如说更像朱棣的一个秘书班子。也正是因为这个性质，他的人员有时候也就不那么固定，一些外廷六部人员有时候也会被"顾问"，这就是我们接下来要谈到的朱棣对于六部的用人了。

由于朱元璋废除丞相制度，因此六部就直属于皇帝了，加之朱元璋又将不得复立丞相的条款明确写入《皇明祖训》中，因此后世皇帝也无法重新改变这一制度。但随着永乐年间内阁的出现，其与六部之间的关系就颇值得关注了。

①　[明] 李贤：《天顺日录》，第 1165 页。

②　[明] 黄佐：《翰林记》，卷二，《内阁亲擢》，第 2b—3a 页。

六部在洪武年间的地位上升经历了一个过程。洪武十一年（1378年），朱元璋设立通政司，赋予其沟通内外诸司与自己联系的职能。如此一来，这一原本属于中书省的职能就被夺走了，朱元璋又进一步规定今后六部奏事不再需要告知中书省，从而进一步将其架空，六部已经在实质上超越了中书省，开始直接对皇帝负责。

洪武十三年（1380年）正月，朱元璋废丞相，将六部提升为正二品衙门，直接对皇帝负责，从而将原中书省的权力上总于皇帝，下分于六部。四月，朱元璋罢御史台与各道按察使。洪武十五年（1382年）十月，朱元璋设立都察院及十二道监察御史，两年后又将都察院提升为正二品衙门。经过这一系列制度调整，最终完成了由吏、户、礼、兵、刑、工六部及都察院构成"七卿"，再加上通政司、大理寺最终构成"九卿"的完整制度。至于大都督府这一位高权重的机构，随着废除丞相，它也被解体为五军都督府，朱元璋最终完成了大权独揽。

朱棣即位后，虽然初步设立了内阁协助自己处理政务，但正如前文所说，此时的内阁更像皇帝的秘书班子，其形态还远未成熟，因此如何协调他们与六部之间的关系就很考验朱棣的政治才能了，朱棣的处理方式也是极富创造性的。

六部当中，吏部、户部、礼部三部地位较高，而在永乐年间长期掌管吏部、户部的正是朱棣十分倚重的两位臣子——蹇义、夏原吉。对于这两人，朱棣在实质上将他们吸收到了内阁当中。

夏原吉、蹇义两人参与内阁事务的方式十分特殊，黄佐在《翰林记》中记载为：

> 洪武中，批答与御前传旨为一事，当笔者所书即天语也。永乐、洪熙二朝，每召内阁造膝密议，人不得与闻，虽倚毗之意甚专，然批答出自御笔，未尝委之他人也。宣庙时，始令内阁杨士奇辈及尚书兼詹事蹇义、夏原吉于凡中外章奏，许用小票墨书，贴各疏面以进，谓之"条旨"。中易红书批出，上或亲书、或否，及遇大事、大疑，犹命大臣面议，议既定，即传旨处分，不待批答。当时公移每书曰："某学士某传于某殿某门，钦奉圣旨"，即孝宗谓大学士刘健曰："先生辈亦传得旨"是也。自正统后，始专命内阁条旨。[①]

"条旨"即票拟，黄佐的记载中提到并非内阁成员的夏原吉、蹇义在宣德年间

---

① [明] 黄佐:《翰林记》，卷二，《传旨条旨》。

被赋予了内阁成员才有的票拟权，而任何制度都是有一定延续性的，由此自然可以追溯永乐朝，夏原吉、蹇义已经开始参与内阁事务了，不过他们并没有带翰林衔，而是以户部、吏部尚书的身份参与的，也就是所谓"外兼台省，内参馆阁"，如此一来，他们二人在宣德年间获得票拟权也就顺理成章了。

当然，既然有外廷大臣参与内阁事务并最终获得票拟权，自然就会有内阁成员虽然身在内阁，但后来没有获得票拟权，这就是前文提到过的金幼孜。金幼孜虽然精于军事，但在能力的全面性上与在内阁的地位上都不如杨荣，即便在排位尚不分明的永乐年间，他在内阁里的地位也是相对靠后的。当然，我们也不妨将之看成朱棣乃至其后朱高炽、朱瞻基的平衡手段。

从总体来说，朱棣协调内阁、六部关系的做法是很成功的，在内阁这一新机构诞生之初，将六部中最为重要两部的主官吏部、户部尚书从实质上吸收进内阁，如此一来，六部其他各部自然不好进行非难，而六部本身也获得了参与机密的实际利益。正是如此，内阁这一制度虽然始终没有写入官方法典而合法化，其在明朝以后的历史里也与六部在权力分配上发生多次争端，但其存在已经不可动摇。可以说，朱棣不仅建立了一个新机构，还为它的稳定与发展做出了贡献。

既然永乐年间六部与内阁间有着如此特殊的关系，那么朱棣又是怎么挑选六部主官人选的呢？

对于自己的用人原则，朱棣是这么阐述的：

> 人君进一人，退一人，必须厌服众心。若进一人而天下皆知其善，则谁不为善。退一人而天下皆知其恶，则谁敢为恶。无善而进，是出私爱，无恶而退，是出私恶。徇私而行，将何以服天下？[①]

朱棣说这段话时是永乐二年（1404 年）三月，而在更早的永乐元年（1403 年）九月他还说过另一段话：

> 天下人才皆皇考所造就，为国家之用，朕即位以来，劝遵成宪，凡一才一艺悉用之。古称任官惟贤才，初兴之主，往往因材于前代，况出皇考所造

---

① 《明太宗实录》，卷二九，第 531—532 页，"永乐二年三月庚午"。

就，岂得因建文尝用而遂弃之？自今勿复分别，但随才擢用。[1]

可以看出，朱棣始终宣称的是一种圣人式的用人原则，不过在实际情况下，朱棣是无法做到这一点的，这一方面自然是因为大量建文旧臣不愿为朱棣所用，另一方面则是朱棣也无法不对"靖难功臣"有所偏向，这一切都导致朱棣采取了一种实用主义倾向更为明显的用人政策，这一点在他对六部主官的选择上表现得颇为明显。

在传统观念中，人可以分为君子与小人，朱棣与皇太子朱高炽之间恰好有一段关于君子、小人的有趣对话：

（朱棣问朱高炽）："何以君子难进易退，小人易进难退？"

（朱高炽）对曰："小人逞才而无耻，君子守道而无欲。"

（朱棣）又问："何以小人之势常胜？"

（朱高炽）对曰："此系上之人好恶，如明主在上，必君子胜矣。"

（朱棣）又问："明主在上都不用小人乎？"

（朱高炽回答）："小人果有才不可弃者，须常警饬之，不使有过可也。"[2]

朱棣对朱高炽整个过程中的回答十分满意，他后来就此对杨士奇说："朕时甚喜，其学问有进，尔等其尽心辅之。"可见，朱棣赞同并采取的正是这种"君子"与"小人"并用的原则。

户部尚书夏原吉、吏部尚书蹇义无疑是朱棣口中的两位"君子"。前文已经述及，这两人虽然不是内阁成员，但也深入参与了内阁事务。夏原吉永乐年间的政治生涯是从治水开始的。永乐元年（1403 年）六月，夏原吉受命前往苏松地区治理当地的水患，他准确地发现了当地水患的根源，进言说："苏松水患，莫甚如太湖，洩太湖之水，莫急于疏下流。今各处旧洩、水港、浦间有浅狭淤塞者，请及时疏浚从之"[3]，"臣等相视，得嘉定之刘家港，即古娄江，径通大海，常熟之白茅

---

[1]《明太宗实录》，卷二三，第 423—424 页，"永乐元年九月庚寅"。

[2]《明太宗实录》，卷八八，第 1168—1169 页，"永乐七年二月戊寅"。

[3]《明太宗实录》，卷三四，第 604—605 页，"永乐二年九月戊辰"。

港，径入大江，皆系大川，水流迅急，宜浚吴淞江南北两岸、安亭等浦港，以引太湖诸水入刘家、白茅二港，使直注江海。又松江大黄浦乃通吴淞江要道，今下流壅遏难流，口有范家洪之南跄浦口可径达海，宜浚令深阔，上接大黄浦，以达泖湖之水，此即《禹贡》三江入海之迹也。俟既开通，相度地势，各置石闸，以时启闭，每时水涸之时，修筑圩岸以御暴流，如此则事功可成，于民为便也"①。至永乐二年（1404 年）九月，"至是，浚苏州千墩浦、致和塘、安亨顾浦、陆皎浦、尤泾、黄泾共二万九千一百二十丈，浚松江大黄浦、赤鴈浦、范家浜共万二千丈，而下流疏通矣"，②这就是夏原吉在朱棣统治时期初次崭露头角。

永乐三年（1405 年）八月，前任户部尚书郁新去世，夏原吉很快便执掌了六部中地位举足轻重的户部。户部掌管全国户口、田赋等政令，兼具民政、财政两方面职能，正是因为户部繁重的执掌，它在设立之初，其下的属部就与众不同。洪武初建时，与户部同为"上三部"的吏部、兵部下均只设立三个属部，而"下三部"的礼部、刑部、工部下则设立四个属部，只有户部下面设立了总科、一科、二科、三科、四科五个属部。洪武二十三年（1390 年），朱元璋进行机构调整，为了让户部与地方十二布政司相对应，在户部下设立十二个部，后来又将十二部改为十二清吏司，这就是直到朱棣即位时户部的机构设置，让夏原吉掌管户部，可以说表现了朱棣对他极大的信任。

事实说明，朱棣并没有信任错人，在永乐年间这样一个耗费巨大的年代，夏原吉完全承担起了户部的责任，不仅保证了国家财政的正常运转，还不断为朱棣各种浩大的工程提供物资上的支持。不仅如此，夏原吉还在朱棣第一次北征期间辅佐皇太孙朱瞻基镇守北京，可以说在永乐年间占据着举足轻重的地位，"初建北京，采宫殿材于东南，命公自南京抵北京，督视运送，给以锦衣卫官校，且命有不率命，便宜行事，公于号令中备矜恤之意，人人效用。太宗（朱棣）巡狩北京，公预扈从，命兼行在礼部、都察院事。岁余，车驾亲征北虏，今上（朱高炽）以皇嫡长孙（朱瞻基）留守北京，命公辅导，庶事修举，京师肃然"③，更为重要的是，夏原吉在相当层面上是真心为朱棣考虑而不是盲从，关于这一点，我们在之后就能够看到。

---

① ［明］夏原吉：《夏忠靖公文集·苏松水利疏》，第 104—105 页。

② 《明太宗实录》，卷三四，第 604—605 页，"永乐二年九月戊辰"。

③ ［明］杨士奇：《东里文集》，卷十二，《少保、户部尚书、赠特进光禄大夫、太师、谥忠靖夏公神道碑铭》，第 179 页。

与户部地位不相上下的就是吏部，因为吏部掌管全国官吏的选授、封勋、考课等政令，因此被视为具有"古冢宰之职"，地位居于六部之首。永乐年间长期居于吏部尚书位置的是蹇义。蹇义在永乐年间的二十二年里一直稳居此职，管理者日渐庞大的文官团体，同时从永乐二年（1404 年）起，他还兼任太子詹事，承担辅导皇太子朱高炽的职责，也正因为此，他在永乐二十年曾被朱棣以未能匡正朱高炽的罪名下狱五个月，但这只是一段小插曲。

蹇义对官员的铨选有一套自己的观念，他在《铨官事宜疏》中自陈：

> 在京各衙门官，原有定额，近因事烦，额外添设，不无冗员。宜令各衙门依定额选留，余并送部别用。在外大小衙门官，亦多有设，宜令所隶上司严行考覆，其罢软不胜及老疾贪墨者，悉送赴部。[1]

可见蹇义始终坚持一套精简的官僚机构，对于临时添设的冗员他是持反对态度的，这对于一位能够从中获利的吏部尚书而言，无疑是非常难得的。

从上面的叙述可知，夏原吉、蹇义无疑是朱棣口中的两位"君子"，但是其他几部的情况就要复杂多了。其他几部虽然不像户部、吏部这样尚书长期由一人担任，但也有代表性的人物。

工部掌管全国百工营造及山川采捕之政令，永乐年间两位担任过工部尚书的人虽然始终不算得到了朱棣完全的信任，但朱棣也能有效运用他们。

首先就是名列朱棣"奸臣榜"中的黄福。黄福，字如锡，平度州昌邑人，洪武年间超升工部右侍郎，一直在建文朝廷中任职。朱棣靖难成功后，黄福名列"奸臣榜"，境遇岌岌可危。"太宗皇帝初临御，治齐、黄离间之罪，李景隆于上前并指公为奸臣属"，杨士奇在为黄福写的神道碑铭中将他被列入"奸臣榜"的责任推给李景隆的谗言，这未免是为朱棣开脱。朱棣进城之初颁布的名单里就有黄福，这不能完全说是李景隆的谗言。对于可能的治罪，黄福表现出了不屈的品格与胆识，他"声言臣罪应死，但目为奸臣则非"。黄福的这一做法刷新了朱棣对他的认识，"上知其正直，不问"。[2]

---

① ［明］蹇义：《蹇忠定公疏·铨官事宜疏》，第 99 页。
② ［明］宋端仪：《立斋闲录》，卷三，《靖难录·黄福·神道碑》，第 593 页。

不过朱棣对黄福的信任也仅限于此了，他虽然在永乐初年很快由工部右侍郎迁左侍郎，再迁工部尚书，但任职时间很短。永乐三年（1405 年），他遭到都察院左都御史陈瑛的弹劾，立即被调往北京，"北京初建，改北京刑部尚书"，一年后，黄福又因事被谪为办事官。直到永乐四年（1406 年）七月，朱棣决定征讨安南（今越南北部）时，黄福才得到了再度展现自己才华的机会，关于这部分，笔者会在后面的专门章节里讲述，这里就不展开了。

黄福之后，另一位重要的工部尚书就是宋礼了。他虽然也始终没有得到朱棣完全的信任，但他成功在永乐九年（1411 年）说服朱棣疏浚会通河，改善了南北漕运，为朱棣大规模营建北京并最终迁都创造了可靠的漕运条件，关于这一点，笔者在后面的章节也会专门讲到。

兵部掌管全国军官的选授考察、军队的训练调遣等政令，与吏部、户部并列"上三部"，而在永乐年间但任兵部尚书的较为著名的两人可以说是两个极端。

金忠，原名金世忠，浙江鄞县人，同在永乐年间归附朱棣的鞑靼王子也先土干也被朱棣赐名金忠，因此永乐年间先后存在两位金忠，但这是两位完全不同的人。金忠洪武年间就曾入燕王府，朱棣起兵靖难后，金忠"以布衣入见，论事称旨，命署纪善，日侍帷幄，赞理军务，升署长史"，属于较早追随朱棣的亲信之一。朱棣即位后，金忠先任工部右侍郎，赞守北京，很快就受召升为兵部尚书，同时兼任詹事府詹事，正是他在朱棣犹豫立谁为储时从容进言，在相当程度上推动了朱高炽最终获立为皇太子，从这里我们就可以看出金忠在朱棣那里重要的地位。金忠除了尽忠于朱棣，也尽心尽力辅佐皇太子朱高炽。因此当他在永乐十三年（1415 年）四月去世时，朱棣、朱高炽都表达了沉重的哀悼之情。[①]

相比而言，永乐年间另一位兵部尚书方宾的境遇就截然不同了，他虽然才能出众，但同时存在严重的贪污问题，因此当他在永乐十九年与夏原吉一同反对朱棣第三次漠北亲征时而触怒朱棣时，夏原吉从容地被罢官下狱，方宾则因为恐惧而自尽，成为了永乐年间六部尚书里结局最为悲惨的一位。

比起工部、兵部的复杂情况，永乐年间两位重要的礼部尚书都是传统意义上的"小人"。

礼部掌礼仪、祭祀、宴飨、贡举等政令，由于朱元璋一再宣称以礼治天下，因

---

① 《明太宗实录》，卷一六三，第 1845—1846 页，"永乐十三年四月甲申"。

此礼部同时肩负教化天下的职责，因此虽然兵部与吏部、户部并称"上三部"，但在六部实际排名中位居第三的却是礼部。不过永乐年间两位著名的礼部尚书则和他们担任的职务很不相符。

李至刚在建文年间曾坐事下狱，建文四年（1402年）七月，因为时任兵部尚书茹瑺的推荐，李至刚获朱棣升用为通政司右通政。十二月，李至刚进一步升为礼部尚书。应该说，李至刚为官是很有政治敏感性的，永乐元年（1403年）正月，正是他揣摩到了朱棣对北平的感情，进言建议朱棣同时立北平为京都，从而开启了永乐年间迁都北京的序幕。虽然如此，李至刚作为礼部尚书在相当程度上则是不合格的，因为他只是一味对朱棣迎合，与他进言朱棣改北平为北京同一个月，他因为月食没有按期发生，认为这是吉兆，请求率百官向朱棣进贺。对于李至刚这一溜须拍马的行为，朱棣毫不客气地回应说：

> 王者能修德行政，任贤去邪，然后日月当蚀，不蚀，适以阴雨不见耳，岂果不蚀耶？不许。[①]

朱棣显然看穿了李至刚的目的，果断予以了拒绝。而从前文李至刚弹劾李景隆一事我们也能够看到他对朱棣意图的迎合。当然，如果李至刚仅仅具有溜须拍马的能力，在用人上实用主义很强朱棣手下，也是很难站住脚的。朱棣之所以明知李至刚的秉性，仍旧任用他，正是看中了他在行政上的能力。就在李至刚的请求被拒绝一个月后，他在永乐元年（1403年）二月上言朱棣：

> 论道经邦，必求贤才，兴利除害，必开言路。昔太祖皇帝励精图治，听纳无遗，三十年间，化行俗美。皇主即位以来，悉遵成宪，广开言路，博采群谋，凡有可行，无不听纳。然无知小人，往往假此为名，或搜求细事，钳制诸司；或怀挟私仇，陷害良善；或妄称奏诉，躲避差徭；或驰骋小才，希求进用。甚者无稽泛言，烦渎圣德。虽称兴利除害，其实假公营私。诚宜榜示天下，果有益国便民之事，虽百工技艺之人，皆许具实陈奏，若官吏人等贪污，颠倒曲直，酷虐良善，及婚姻、田土、军役等事，必命自下而上陈告，

---

① 《明太宗实录》，卷十六，第295页，"永乐元年正月乙未"。

若有假以实封建言，蓦越上司径赴朝廷干冒者，治以重罪。①

　　李至刚的这段上言不能说没有他的私心，他担心下级越级上告从而影响到包括自己在内的六部主官的地位应该是他想要表达的重要内容。但是，他对于永乐初年因为朱棣对建文旧臣的残酷追究，从而告讦泛滥的问题也有敏锐的察觉，这就是李至刚在政治上的眼光了，他一面称赞朱棣广开言路的正确性，一面又提出"然无知小人，往往假此为名"，为朱棣撇清了责任，让朱棣对自己的上言易于接受，这又是李志刚的手段。正因如此，他的上言很自然得到了朱棣的应允，所有这些，都是李至刚的能力，这也是他能在永乐初年稳坐礼部尚书的原因。到了永乐二年（1404年）四月，李至刚更是进一步兼任左春坊大学士，得到了进一步的信任。

　　永乐初年，李至刚除了迎合朱棣，大部分时间还是认真履行了自己礼部尚书的职责，其中包括处理明朝与朝鲜、琉球、日本等国的外交事务，从总体来看，他的做法并无什么大问题。直到永乐三年（1405年）八月，他获罪下狱，才离开了礼部尚书的职务。虽然他后来还担任了礼部郎中，但其影响力已经和当初不可同日而语了。

　　李至刚之后，另一位较长时间担任礼部尚书的是吕震，他像李至刚一样，能够承担起繁重的行政工作，但是同时在为官上也并不被人称道。虽然身为礼部尚书，但吕震对于礼仪并不十分熟悉，这就让他在实际工作中会做出一些让朱棣都感到难以接受的事情。永乐十一年（1413年）五月，曹县向朱棣进献的一头"驺虞"，时任行在礼部尚书的吕震立即反应，他上奏称"驺虞上瑞，请明旦率群臣上表贺"。对此，朱棣并不以为然，他说："百穀丰登，雨旸时顺，家给人足，此为瑞。驺虞何与民事？不必贺。"孰料吕震对朱棣的意图毫无领会，"固请"进贺，朱棣只好更直白地说："大臣之道，当务为国为民，汝能效李沆为人，则善矣。"才让吕震退下。吕震离开后，朱棣对侍臣说："震可谓不学无术者也。"②可见吕震有时候无知与无法体会朱棣的意图到了什么程度，不过因为他的行政能力，特别是在永乐十九年夏原吉下狱、方宾自尽的情况下能够挑起六部大部分政务的杰出能力，他在永乐中后期一直稳居礼部尚书职务。

---

① 《明太宗实录》，卷十七，第303—304页，"永乐元年二月癸丑"。

② 《明太宗实录》，卷一四〇，第1686页，"永乐十一年五月丁未"。

除此之外，吕震也会为自己的未来进行政治投机。永乐十九年（1421年）正月二十八日，吕震向皇太子朱高炽进言说："殿下前在南京，数遣中官进保进奏牍，每至辄有殿下过失上闻，皆出其妄言，今宜疏此人。"对比前后记载，所谓进保当为后来和宦官黄俨一同谋划政变的江保，吕震对朱高炽说这番话，无疑是为了向朱高炽示好，确保自己未来的前程。对于吕震的示好，朱高炽很有节制地回答："过失人岂能无？今至尊既不信之，我又何与此人计较耶？"将事情放了过去。[1] 不过吕震也确实确保了自己的前程，得以在朱棣驾崩后继续担任礼部尚书。

刑部尚书的情况与礼部类似，刘观在刑部尚书任上以贪污而著名，他在永乐年间几经沉浮，却并未对其政治前途造成太大影响，这应当还是与他的能力有关。刘观最终在朱棣之孙朱瞻基在位的宣德年间才因为严重的贪污被罢官下狱，最终被谪戍辽东并死在那里。

无论朱棣怎样标榜自己按照古圣人的原则行政用人，他在内阁的建立和六部主官的人员选择上，实用主义的倾向都是十分明显的。这些人选中固然有传统意义上的"君子"，却也不乏各种"小人"。这固然有永乐初年由于大量建文旧臣不合作而造成的人才匮乏的因素，朱棣自己的政策比朱允炆更为务实才是其根本原因，这也有利于国家在靖难之役后迅速走上正轨及在政治上更为务实。这一切都奠定了永乐年间的政治基调，那就是比起建文年间的理想化，朱棣的政策更为实际。

---

[1] 《明太宗实录》，卷二三三，第2255—2256页，"永乐十九年正月辛卯"。

2. 国本之争

建文四年（1402 年）十一月十三日，朱棣在即位几个月后隆重地立燕王妃徐氏为皇后，朱棣在册文中说：

> 粤稽古典，内治之隆，妫汭嫔虞，涂山翼夏，姬周之盛，本自姜任，厚德承天，彝伦攸叙。昔我皇考太祖高皇帝，龙飞启运，身致太平，亦惟我皇妣孝慈高皇后，坤元合德，克相肇基，日月光华，照临下土，化成俗美，有关睢麟趾之风，淑庆方亨壸仪犹在。咨尔徐氏，中山武宁王徐达之女，为朕正妃，内助藩国二十余年，朕躬行天讨，无内顾之忧，济朕艰难，同勤开国。今寰宇肃清，朕登大宝，允赖相成，宜正位号。今特遣使奉金册金宝，立尔为皇后，以奉神灵之统，母仪天下，表正六宫。尔尚远遵古道，谨守高皇后之训，夙夜儆戒，永保贞吉，耿光万年。於戏！敬之。[1]

随后又在《立皇后诏》中对全国宣告：

> 皇帝诏曰：
>
> 朕荷天地神灵、祖宗敷佑，继承大统，华夏肃清。稽于古典，虞、夏、殷、周之盛，亦资内助，以致雍熙。朕皇考太祖高皇帝，肇修人纪，敦典庸礼，臻兹治平，薄海内外，室家相庆，功德兼隆，与天同运。亦惟朕皇妣孝慈高皇后，效法承天，肃雍显相，德配圣神，化家为国。朕正妃徐氏，开国元勋中山武宁王徐达之女，达佐朕皇考，咸有一德，格于皇天，惟申命用休，君臣笃庆，荣裕始终，毓兹贞淑，嫔于肇封，家政辑宁。朕恭行天讨，无内顾之忧，厚德嘉贞，壸仪懿范，同朕恭勤，保兹天命，君临尔万姓之上。是用于洪武三十五年十一月十三日，命使奉金册金宝立徐氏为皇后，正位中宫，

---

① 《明太宗实录》，卷十四，第 257—258 页，"洪武三十五年十一月壬辰"。

共承宗庙，布告天下，咸使闻知。①

虽然这两份重要文献都是出自解缙的手笔，但无疑均反映了朱棣的意思。朱棣毫不掩饰地夸赞了徐氏对自己的辅佐，"内助藩国二十余年，朕躬行天讨，无内顾之忧，济朕艰难，同勤开国"，通过前文，我们已经知道了徐氏在靖难之役中于固守北平抵抗李景隆之战中是实际上的主心骨，因此无论是个人感情还是政治报酬，朱棣都在即位后几个月内就册立徐氏为皇后，可谓迅速。但是与册立皇后的迅速形成鲜明对比的则是皇太子册立的严重滞后。

朱棣的长子朱高炽在洪武二十八年（1395 年）就已经被册立为燕世子，如果没有靖难之役，朱高炽日后理所当然应该继承燕王爵位。然而随着靖难之役的发生，朱棣身份成了皇帝，事情也就复杂起来了。按照传统礼法，朱高炽毫无疑问应该由燕世子变身为皇太子，文官们也是这么认为的。永乐元年（1403 年）正月，群臣上表请立皇太子，在他们看来，立朱高炽为皇太子是理所应当的，谁知朱棣的回答却令他们大吃一惊：

> 国家建储，自古所重。我太祖高皇帝开万年之洪业，基绪斯隆，本支实茂。允炆嗣位，几坠邦家。天眷朕躬，克清内难，奠安宗社，恢复寰区，虑缵承之弗堪，方兢兢于夙夜。卿等忠存体国，请建储贰，固于事体礼有宜，然今长子属当进学之时，俟其智识益充，道德益进，克膺付畀，议之未晚，所请不允。②

朱棣竟然委婉地回绝了群臣的立储请求，这不能不让众臣着实吃了一惊。朱高炽很早就被确立为燕世子，那时还是燕王的朱棣并没有以什么"今长子属当进学之时"来回绝，而朱高炽在靖难之役时留守北平，与其母燕王妃徐氏合作，数次化解李景隆的进攻，为朱棣营建出一个稳定的后方基地的上佳表现也说明他符合"克膺付畀"的条件，因此众臣自然不会因为朱棣的一次回绝就打消让其立朱高炽为皇太

---

① ［明］朱棣：《长陵诏敕·立皇后诏》；《明太宗实录》，卷十四，第 257—258 页，"洪武三十五年十一月壬辰"。

② 《明太宗实录》，卷十六，第 292—293 页，"永乐元年正月丙戌"。

子的念头。不过朱棣之所以敢于回绝或许还有另一个原因，即史书虽未明言，但从后来的整个立储过程来看，这里记载的"群臣"很有可能仅仅是文臣，武将很有可能并不在这个行列，或者即使在这个行列，心里也是打着和文官完全不同的算盘。众多武将心中属意而朱棣此时心中也有所偏向的这个人选就是朱棣的次子高阳王朱高煦，他和三子朱高燧也同为朱棣与徐皇后所生。

对于朱棣次子朱高煦的为人，《奉天靖难记》中多记载他的勇武，如他在白沟河之战的关键时刻支援朱棣，东昌之战救朱棣于危难之间，小河之战身先士卒，灵璧之战立下大功，浦口之战再度于危急关头救援朱棣，甚至让朱棣说出了"太子多疾"这类暗示性很强的话。然而到了《明太宗实录》《明宣宗实录》中，则多记载朱高煦的骄横跋扈，如他在逃离南京北返北平途中惹是生非，谗言中伤朱高炽等等。《奉天靖难记》成书于永乐初年，当时朱棣还心仪朱高煦，因此对他的记载多为正面，到了成书于宣德、正统年间的两份实录中，由于朱高煦已经造反被废，对他的记载自然就以负面为主了，对他在靖难之役中的功勋，大多也被抹去了。

朱高煦在前后记载中呈现出如此大的反差，让我们对他全面认识产生了一定困难，毕竟这些记载似乎是两个极端，但是朱高煦绝非一位起起武夫则是可以确定的。梁潜在《泊庵集·好古楼记》中记载了朱高煦为王樵雪好古楼题匾之事：

> 今汉王为书三大字，俾揭于楼上，雄伟飞动，见者悚目，由是严壑之间，鸟兽草木之微，皆光景焕发，而楼之胜亦隆隆然鲜与为比，于乎美哉！①

梁潜卒于永乐十六年（1418 年），直到他去世为止，朱高煦都还没有失势，因此梁潜这段叙述难免有些夸张。不过换个角度，正是因为朱高煦此时没有失势，梁潜的记载反而能在相当程度上折射出一个相对真实的朱高煦，那就是朱高煦不仅武勇，而且其文才、书法皆有可观之处，虽然未必如梁潜所说的那么夸张，但也算得上文武全才，朱棣对他有所偏爱，自有其道理。因此当众臣请求立皇太子时，朱棣的暧昧态度就可以理解了。

朱棣第一次拒绝群臣的立储请求后，立即开始重用次子朱高煦。永乐元年（1403 年）二月，朱棣"命郡王高煦率兵往开平操备，谕之曰"：

---

① ［明］梁潜：《泊庵集》，卷四，《好古楼记》。

> 边报虏欲寇边，方春兵民不得耕种，朕所深虑，命尔将兵驻开平，虏至即相机剿除，否则按兵待之，庶边境之人得以尽力屯田。然虏狡猾不可易视，万一蹉失，则损威招衅，不可不谨。①

朱高煦出发后，朱棣再度赐书告谕他说：

> 尔军起行，惟声言往大宁，既出关，然后北行，未至开平四十里即下营，先遣精骑往侦动静，勿令虏觉。如虏不知我军出塞，领众深入，则多用火器，遇夜令壮士劫其营，亦可获功。若与战，则令武安侯郑亨居中，安平侯李远居左，武城侯王聪居右，尔将精骑一二千往来策应，寇败获其人，勿轻杀，寇遁，毋利其牛马而穷追之，若虑有实意来降，误以为寇边而击之，则沮后来者之心，此须详审。然受降之时，尤须防其变诈，古云："受降如受敌"，制敌之策，大概如此。②

朱棣对朱高煦的信任与重用表现得十分明显，武安侯郑亨、安平侯李远、武城侯王聪等靖难功臣都受朱高煦节制，这一方面说明朱棣对朱高煦的重用与寄以厚望，另一方面也说明通过四年靖难之役的作战，朱高煦已经和朱棣手下的武将建立起了深厚的关系，这些都成为了朱高煦谋求皇太子之位的资本。朱棣不仅对朱高煦委以重任，同时还写信给当时镇守北京的世子朱高炽，让他配合自己的弟弟：

> 闻虏欲犯边，今命高煦将兵驻开平御之，尔镇守北京，于事宜用心经理，将士起行之际，赐宴及钞，仍遣人督运粮饷，随军而行，不可缓也。③

更看重谁，显而易见。因此，当我们回到群臣在永乐元年（1403 年）正月上言请立皇太子时，这里的"群臣"很可能仅仅是文臣，武将特别是众多靖难功臣并不

---

① 《明太宗实录》，卷十七，第 313—314 页，"永乐元年二月甲戌"。
② 《明太宗实录》，卷十七，第 314 页，"永乐元年二月甲戌"。
③ 《明太宗实录》，卷十七，第 314 页，"永乐元年二月甲戌"。

在这个行列，或者即使在这个行列，他们心里也是做着和文官完全不同的打算，也就是打算将自己与朱棣都属意的朱高煦扶上皇太子的位置。

朱高煦虽然有朱棣和众多靖难功臣武将的支持，但是废长立幼自古就是大忌，何况朱高炽早就已经是燕世子了，本人仁厚的性格也符合文官们的要求。因此虽然第一次上言遭到拒绝，文官们并不会轻易放弃让朱高炽成为皇太子。

永乐元年（1403 年）三月，也就是朱棣对朱高煦委以重任一个月后，文武百官再次上表请立皇太子，这次朱棣赐敕回答说：

> 览表具悉。朕嗣承大宝，思惟永图，负荷之艰，夙夜祇栗。矧在长子智识未广，德业未进，储贰之任，岂当遽承？必欲以正元良，宜预成其学问，尔等为国远虑，凡再有言，足亮乃忠。①

仍旧"未允所请"。很明显，朱棣敕书里所谓的"长子智识未广，德业未进，储贰之任，岂当遽承"只是托词，朱高炽在靖难之役中的表现证明他完全符合一位储君的要求，朱棣此时的推脱仍旧只能说明他是在为朱高煦营造条件。

然而朱棣的推脱并没能减弱立储的呼声，国本未立，整个政局都不能稳定。于是，藩王们也加入了劝说的行列中，这其中又以朱棣亲弟弟周王朱橚的分量最重。永乐元年（1403 年）四月，也就是在群臣第二次上表一个月后，周王上表请立皇太子。周王是皇室成员，又是朱棣亲弟，朱棣必须慎重对待，因此专门赐书答复他：

> 储贰之建，所以定国本，系人心，其任甚不轻也。间文武群臣表请至再，皆未听纳，今贤弟复以为言，贤弟所以为国家经远之虑至矣。顾长子虽有仁厚之资，而智识未充，行业未广，方容求贤达与之偕处，冀以汲养其德性，增益其学问，使日就月将，底于有成，而后正名，未为晚也。②

朱棣给周王的托词与他对群臣的答复大同小异，都是说朱高炽还需要进一步锤炼，现在就确立储君，还为时过早。可见，朱棣从即位之初起，就在考虑储君人选

---

① 《明太宗实录》，卷十八，第 319 页，"永乐元年三月戊寅"。

② 《明太宗实录》，卷十九，第 339—340 页，"永乐元年四月庚戌"。

问题，而且对此颇为犹豫，其犹豫之根本就是要在长子与次子之间做出选择。这种局面一直持续到了永乐二年（1404 年），一年之久还未确立皇太子，一切已经不能再拖下去了，三月，面对文武群臣及京师军民耆老的上表，朱棣答复：

> 朕为建储嗣以定国家之本，系华夷之望，此古今通制。比岁亲王数请建立，卿等亦屡以为言，忠诚恳至，皆欲固基本为宗社之计。今俯狥所言，以世子为皇太子，其令礼部卜日具仪以闻，定东宫仪仗。①

四月初四日，朱棣正式"册立世子（高炽）为皇太子，封第二子高煦为汉王，第三子高燧为赵王"②，储君之位才终于确定。那么究竟是什么原因导致朱棣在一年多的犹豫后最终决定遵循传统，立嫡长子朱高炽为皇太子呢？

朱棣之所以在犹豫一年之后仍旧遵循传统立法，立嫡长子朱高炽为皇太子，除了他自己的部分考虑外，最重要的还是朱高炽与朱高煦支持者的差异。朱高煦谋求储君之位最大的资本就是他在靖难之役中显赫的军功以及他与部分靖难功臣之间的私交，这其中尤其以靖难功臣之首淇国公丘福分量最重。《明宣宗实录》记载：

> 及太宗皇帝正大统，高煦自谓有扈从劳，窥觊储位，藩府从征诸将丘福等及驸马王宁皆与高煦善，屡言于太宗曰："二郡王有扈从功，宜为储贰。"③

虽然《明宣宗实录》这段记载是为了凸显朱高煦早就图谋不轨并借用之后朱棣夸奖朱高炽的话来为自己平定朱高煦赋予正义性，但是我们从这段记载里仍旧可以窥见朱高煦与不少靖难功臣之间通过战争磨炼出来的关系是很好的，丘福因为早就死了，并且身败名裂，王宁也因为很早就失宠于朱棣所以被明确记载了上去，但《明宣宗实录》成书时还有不少靖难功臣依旧健在并且地位颇高，故而这段记载只以"等"字带过。当然，这些"等"里包含谁我们也不难推测，比如朱高煦造反前曾秘密联络过后来的英国公张辅，而他在靖难之役中与成国公朱能也有不少交集，

---

① 《明太宗实录》，卷二九，第 524—525 页，"永乐二年三月己巳"。
② 《明太宗实录》，卷三十，第 539 页，"永乐二年四月甲戌"。
③ 《明宣宗实录》，卷二十，第 518 页，"宣德元年八月壬戌"。

因此可以合理推测这两人与朱高煦的关系也是不错的。

当然，在永乐初年的政局中，朱高煦支持者里最重要的人还是淇国公丘福、成国公朱能，毕竟这是靖难功臣中唯二的公爵。这一点从朱棣决定立朱高炽为太子后为他选择的辅佐官员人选就可以看出。永乐二年（1404 年）二月：

> 简东官官署，命淇国公丘福兼太子太师，成国公朱能兼太子太傅，吏部尚书蹇义兼詹事府詹事，升工部尚书金忠为兵部尚书兼詹事，兵部右侍郎墨麟、工部左侍郎赵毅俱兼詹事，升吏科都给事中朱原贞、刑科左给事中陆善俱为詹事府左丞。[①]

丘福、朱能都是支持朱高煦的，朱棣却在决定立朱高炽为皇太子后命他们二人一人为太子太师，另一人为太子太傅，这就十分耐人寻味了，因为这样一布置，丘福、朱能在名分上就都成为了皇太子朱高炽的辅官，此后就很难再公开支持朱高煦了。由此我们也可以反向推断，正是因为这两位强力人员支持朱高煦，因此朱棣在决定立朱高炽为储君后才需要进行这样的刻意安排。

至于驸马王宁，他是朱元璋女儿之一怀庆公主驸马，因为在建文年间暗地里将朝廷情报透露给朱棣而被下狱，因此朱棣靖难成功后，他也受到礼遇，有一定话语权，但完全不能和丘福、朱能相提并论。而且他很快便因为劝说朱棣念诵佛经、布施僧人以为朱元璋祈福而失宠，实质上是一个次要人物。王宁之外，朱棣手下的蒙古将领火真也是站在朱高煦阵营的，不过他与王宁类似，话语权不高。

以上就是朱高煦支持者的情况，除了几位地位重要的靖难功臣，他的势力其实比较单薄。反观朱高炽方面，情况就完全不同了。首先，大部分文官都站在朱高炽一边，内阁成员中的解缙、杨士奇、杨荣、黄淮，六部尚书中的蹇义等人，都是支持朱高炽的，除此之外，还有一位特殊人物，就是兵部尚书金忠。通过前文我们已经知道，金忠很早就追随朱棣，是靖难过程中很重要的谋士，深得朱棣信任。按照一般的划分，金忠似乎应该支持朱高煦，但是他却恰恰支持朱高炽，"初议建储，上以问忠，所对悉合上意。上喜，赐白金百两，詹事之除，盖旌其直云"[②]，金忠后

---

① 《明太宗实录》，卷三十，第 534 页，"永乐二年四月辛未"。

② 《明太宗实录》，卷一六三，第 1846 页，"永乐十三年四月甲申"。

来也是朱高炽的辅官之一并深得信任。文官集团加上一位特殊的金忠，形成了支持朱高炽的第一大势力。

朱高炽的支持者中还有一位分量很重的特殊人物，这就是姚广孝。姚广孝对朱棣的重要性已经不用多说了，而他也恰恰支持朱高炽。朱棣在安排好了丘福、朱能、金忠、蹇义等人辅佐朱高炽后，立即对姚广孝也进行了安排。姚广孝当时担任僧录司左善世，朱棣让他由释道衍恢复旧姓姚，赐名广孝，然后立即任命他为太子少师，在给姚广孝的敕谕中，朱棣这样说：

> 卿秉性笃实，学行老成，事朕藩邸，积有年岁。朕靖难之初，卿侍左右，谋谟弼赞，裨益良多。今建储嗣，简求贤辅，以卿旧人，特授太子少师。夫太子，天下之本也，必赖启迪匡正，辅成德器。卿尚勉尽厥职，副朕眷倚之重。钦哉！①

朱棣这样做，一方面是找理由封赏不肯接受其他官职的姚广孝，另一方面也是在丘福、朱能只能摆样子的情况下，在金忠之外，再给朱高炽配备一位重量级靖难功臣作为辅佐，以此强化他的地位。至于姚广孝，他不像之前推辞封赏，只接受僧录司左善世这一宗教职务那样推辞这次的任命，而他此后的做法也并未与朱高炽对立。凡此种种都可以看出，即便姚广孝不愿公开表示态度，但他实质上是站在朱高炽一边的，这也是朱棣专门做出这一任命的根本原因。

最后，在家族内部，也有一位很重要的人物支持朱高炽，这就是朱棣的结发妻子徐皇后。靖难之役中，徐皇后、朱高炽共同留守朱棣的根本之地北平，在朱高炽缺乏权威的情况下，徐皇后帮助他保卫北平，"太宗皇帝举兵靖难，奉命居守。时将士精锐者皆从征，城中所余老弱不及什一，且暮督治守备及御敌之具，抚绥城中兵民，人人欢悦，咨求老于兵旅及才识文吏，与之同事，推诚待之，皆为尽心。每四鼓以起，二鼓乃息，左右或以过勤为言者，答曰：'君父身冒艰险在外，此岂为子优逸时？且根本之地，敌人所必趋者，岂得不御备？而凡有所施为，必先禀命仁孝皇后"②，两人合作挫败了李景隆对北平的围攻。后来在朱高炽受到猜忌，有被朱

---

① 《明太宗实录》，卷三十，第534页，"永乐二年四月壬申"。

② 《明仁宗实录》，卷一，第2—3页。

棣下令杀掉的危险时，又是徐皇后站出来下令暂缓，为朱高炽赢得了时间，也让朱棣察觉到了这是朝廷的计谋。凡此种种，都可以看出徐皇后对这位长子的支持与扶持。因此，在永乐初年储君之位悬而未决之时，徐皇后对朱高炽的支持无疑也对朱棣最终下定决心起到了很重要的作用。

最后，我们再对拥护朱高炽的文臣进行观察，还能发现除了金忠这个特例，他们几乎都曾经在建文朝廷为官，而且多为南方人，如金忠为浙江鄞县（治所为今宁波）人，解缙为吉水（今属江西）人，杨士奇为江西泰和人，蹇义为四川人，黄淮为浙江永嘉人。固然，这其中最主要的因素是朱棣即位初期人才匮乏，对于这些归附的建文旧臣不得不充分运用，但这也间接造成了一个结果，即这些南方建文旧臣多少会对朱允炆时期不再对江南地区苛以重税的政策感到怀念，而一个与朱允炆有些类似的朱高炽自然比与朱棣十分相似的朱高煦更容易获得他们的支持。

至于朱棣，他作为明朝仅次于朱元璋的强权君主，说他会屈服于文官集团无疑并不恰当，但这些因素却也不能不对他造成影响。朱棣由藩王而为皇帝，由秩序的破坏者变成了秩序的维护者，他自然深知马上得天下不能马上治天下，要建立稳固的统治不可避免的要与文官达成合作，朱高炽无疑更能促成这一目的实现。另一方面，朱高炽本人在内还有徐皇后支持，加之他在整个靖难之役期间表现也堪称杰出，朱棣此时也找不到废黜他的理由。综合考虑之后，朱棣最终决定遵循传统礼法，立嫡长子朱高炽为皇太子，结束了永乐初年的国本之争。然而，野心勃勃的朱高煦并没有就此死心，不过这一阶段他暂时无法有所作为罢了，这一切随着时间的推移还会出现变化，这一点我们在后面的章节就能看到。

国本问题解决后，朱棣的统治算是稳固了，但是另一个问题又出现在了朱棣面前，这就是导致了朱允炆最终悲剧的藩王问题。

3. 宗藩荣辱

藩王，对中央政权始终构成威胁，对朱棣来说，不仅有历史上汉朝的七王之乱、晋朝的八王之乱作为前车之鉴，他自己就是活生生的例子。他自己正是利用朱允炆削藩策略的失当起兵造反，最终夺取了政权。因此他自然十分清楚藩王构成的潜在威胁。

然而也正是因为朱棣是以藩王身份夺取大统，因此处理起藩王问题来，他又不得不十分谨慎。朱棣在靖难之役期间反复遣责朱允炆厉行削藩，不念亲情，在那份布告天下的檄文中更是慷慨激昂地说："以流言而罪周王，破其家，灭其国，将周王次妃选有色者亦尽妻之未旋踵而罪代王，出其宫人，悉配军士。至于湘王无罪，听谗臣之言，赐其合 [阖] 宫焚死。齐王无罪，又听谗臣之言，降为庶人，拘囚在京，护卫侍从人等，尽行拨散。及乎岷王，又听奸臣左班文职、齐尚书等官之言，以金帛赏王之左右，使其诬告岷王，降为庶人，流于漳州烟瘴地面"。现在他自己即位了，自然得摆出友爱宗社的姿态，立即对自己的兄弟们下手当然是不合适的。

事实上，朱棣一开始确实是努力表现自己的宗亲的友爱。他刚一进入南京，就立即派兵将被囚禁在城内的周王朱橚、齐王朱榑保护了起来。周王作为朱棣亲弟弟，一开始不知道是谁派来的军队，"仓促惶恐"，得知是朱棣派来的人后，"乃喜曰：'我得生矣。'"朱棣很快恢复了周王、齐王、岷王等建文年间被削除藩王的旧封。除了这两位活着的，还有一位已经去世的藩王，这就是建文年间自焚而死的湘王朱柏，恼怒的朱允炆给了他一个"戾"的下谥。朱棣即位一个月后，改谥湘王"献"这一上谥，不仅如此，还"遣官赍谥册及宝祭于荆州坟园"并"亲制碑于墓"。[①]

这几位藩王在建文年间都或废或死，朱棣此时处理起来也就相对容易。而在他的众多兄弟中，此时最应该优先处理也最难处理的正是那位被他挟持入这场持续四年的战争的宁王朱权。

朱权自从建文元年于"大宁之变"中被朱棣挟持入关，跟随他靖难，并被许下了一个"事成中分天下"的空头愿望后，基本就处在一种身不由己的状态中。关于

---

① 《明太宗实录》，卷十上，第 155—156 页，"洪武三十五年七月丙戌"。

他在靖难军中的处境，虽然后来的《罪惟录》《明史》等书都记载他为朱棣起草檄文等文件，不过这些资料都出现得颇晚，未必十分可靠。虽然如此，这也符合朱权学识渊博、文笔优秀的特质。关于朱权在军中作为最可靠的记载出自朱权本人的著作《汉唐秘史》，朱权在该书序言中写到此书最终成书的过程：

> 乃因边务繁冗，越二年而未成，至己卯兵下塗阳，从军入关。又二年而书始完。□老子所谓"大器晚成"，不亦然欤？用序以纪其岁月。□时在□□[建文]辛巳三月上巳之一日也。书于燕山之旅邸。①

建文辛巳正是建文三年（1401年），《汉唐秘史》完成于这年三月，而此时朱棣正与盛庸于夹河血战，叔侄双方杀得难解难分。然而朱权作为宗亲中唯一一个被公开拉入朱棣阵营的人，此时却在埋头著书，无疑十分不可思议。实际朱权在靖难期间还不止完成了这一部著作，他的另一部著述《原始秘书》的序言最后落款时间为"□□改元之二年庚辰十一月初九日，书于燕山之旅邸"，也就是建文二年（1400年），比《汉唐秘史》早成书一年。

通过朱权在靖难期间这些可靠的作为我们可以从朱棣和朱权两方面来分析。朱权方面来说，他虽然被迫加入了朱棣方面，但这并不是完全自愿的，所谓"事成中分天下"云云，自然瞒不过"善谋"的朱权，因此，他在整个靖难之役中基本采取了消极态度，为朱棣起草文献或许是有的，但绝不是积极为朱棣谋划，虽然他完全有能力这样做。

至于朱棣，他通过大宁之变已经得到了至关重要的大宁的军队及大量物资，特别是战斗力十分强悍的兀良哈三卫，不仅解除了南下的后顾之忧，还大大加强了自己的实力。因此，对于这个落入自己手中已经无法反抗的弟弟，他也适可而止，没有进一步逼迫他，算是默认了朱权采取的消极态度。只要这个弟弟还在自己的阵营里，他就有宣传的资本，也没有必要去进一步刺激他。

但是，这种关系随着靖难之役的结束也就必然走到了尽头，朱棣由藩王成了皇帝，朱权由单纯的兄弟成了臣子，双方因此必须确立一种新的关系。

朱棣于建文四年（1402年）六月十八日即位，七月初一日颁布《即位诏书》，

---

① [明]朱权：《汉唐秘史·序》，第286页。

当时包括周王、谷王等多位藩王都在南京参加了这一系列重要的仪式，但是朱权却没有出席。朱权之所以没有出席，并不是他有意与朱棣作对，而是因为他压根就没有跟随朱棣进入南京，而是提前离开了北军。关于这一点，朱棣七月二十九日写给朱权的一封信是最好的证明：

> 吾到京即遣人将书来迎，不意为阉竖胡伯颜邀之兖州，虐害不胜，至击去其齿，焚所赍书，竟不得达。已将阉竖真之极刑，尚虑盗贼未息，路途犹梗，是以来迎之使迩日方发，今闻已起程，如行未远，可暂还，待秋凉与宫眷同来，如已远，则途中凡百谨慎，早至相见，以慰兄怀。①

建文四年（1402 年）七月二十九日，朱棣还给朱权写信盼望"早至相见，以慰兄怀"，可见朱棣即位时，朱权并不在南京。而从朱棣信中"吾到京即遣人将书来迎"来看，信中提到的那封没有送达的信是在六月送出的，由此又能推断朱棣进入南京时，朱权就已经不在军中了，他很可能在这之前一段时间就已经离开了北军。

那么，朱权大概是什么时候离开北军，又是留在了什么地方呢？关于这点，我们也能从这封信中得到一些信息。朱棣提到第一封信"不意为阉竖胡伯颜邀之兖州，虐害不胜，至击去其齿，焚所赍书，竟不得达"，兖州位于山东地区，属于北方。当然，因为使者是被"邀至兖州"，因此不能说朱权留在了兖州，但由此却可以判断使者是向北走的，朱权应该是留在靖难大军南下途中的北方某地。

那么朱权是何时离开北军的呢？姚品文老师考证这个时间应该是朱权正妻张妃去世的建文四年四月前后，朱权借口照顾病重的妻子而离开了大军，后来还可能陪伴重病的张妃或其灵柩去了南昌，这是有一定道理的，因为朱权就曾以妻子病重为借口拒绝了朱允炆要他南下进京朝见的要求，可惜这一推论缺乏证据，因此只能存为一说。不过朱权刻意回避即位大典，也就避开了那个"中分天下"的空头支票，也算解决了他和朱棣之间的一个结。

朱棣允许了朱权在靖难之役的最后阶段离开自己，甚至默许他不出席自己的即位大典，这可以说是双方平衡关系的另一种表现。但双方的关系不可能一直这样，随着即位大典的结束，双方关系的另一个关键问题就浮现出来了，这就是为朱权选

---

① 《明太宗实录》，卷十一，第 173—174 页，"洪武三十五年七月庚戌"。

择一个新的封地。

朱棣与朱权关于封地的交涉在朱权抵达南京前就已经开始了。很明显，朱棣七月的信件成功送到了朱权处，朱权也已经启程前来南京。由于朱棣向朱权表示可以让他自己选择封地，朱权便先向朱棣请求以苏州为封地，结果朱棣以苏州属于南京畿内之地为由拒绝了。八月，朱权又派人向朱棣"奏请封国，欲得杭州"，这次朱棣亲自写信回复：

> 杭州，昔皇考尝以封第五子为吴王[①]，后考古制，天子畿内不以封诸侯，遂改河南。建文不遵祖训，封其弟允熥为吴王，众论非之。往者尝许弟自择封国，吾未尝忘，今博咨于众，咸谓建宁、荆州、重庆、东昌皆善地，弟可于四郡内择一郡遣人报来，庶好经营王府。[②]

十月初二日，朱权抵达南京，他遵从了朱棣的指示，避开了炎热的夏天，等到天气凉爽了才进京朝见。朱权进京，当时还有很多藩王也在南京，其中还包括朱权的亲弟弟安王朱楹，兄弟两人难得相聚。不过对朱权来说，落实封地才是此行最重要的目的。

朱权两次请求封地被拒绝后，他和朱棣进行了怎样的进一步交涉我们不得而知。但是永乐元年（1403 年）二月十二日，朱棣正式宣布"以大宁兵戈之后，民物凋耗，改宁王府于南昌"[③]，确定了南昌作为宁王朱权的新封地，至于宁王封号，则维持不变。

朱权最终的封地不是从朱棣给出的建宁、荆州、重庆、东昌四地中进行选择，而是南昌。虽然我们无法得知最终作出这一决定的详细过程，但这必然是朱棣、朱权双方谈判妥协最后达成的结果，这个结果双方也都能够接受。具体到南昌这个地方，被称作物华天宝、人杰地灵之乡，作为封地也是合适的。加之朱权的岳父张泰就在南昌，而已经去世的正妻张妃的遗骸也在南昌，这些无疑都促使了朱权选择南昌作为自己的封地。

---

①　即明太宗朱棣同父同母的亲弟弟周王朱橚，他于明太祖朱元璋洪武三年（1370 年）受封为吴王，洪武十一年（1378 年）改封为周王。

②　《明太宗实录》，卷十一，第 177 页，"洪武三十五年八月戊午"。

③　《明太宗实录》，卷十七，第 306 页，"永乐元年二月己未"。

经过双方协调，最终确定了封地，接下来就该就藩了。朱棣对于这个结果无疑是比较满意的，他在宣布改封朱权于南昌当日就"遣王之国，赐一万锭，亲制诗送之"①。朱棣这么快就让朱权之国无疑有些急躁，但是因为王府的改建，朱权就藩等准备都不是一朝一夕就能完成的，因此朱权并没有立即离开南京，而是又在南京停留了一个月。永乐元年（1403 年）三月离开南京，溯长江而上，前往南昌。朱权就藩途中，心情也还不错，夜里停留鄱阳湖期间，朱权还在船上开展娱乐活动，凡此种种都能说明，改封南昌对朱棣、朱权来说都是当时局面下能够得到的最好结果。

朱权顺利抵达南昌，住进了由江西布政司衙门改建的新宁王府中，但这并不意味着他和朝廷之间交涉的结束。当年十一月，有人告发称朱权行"诽谤魇镇事"②，即行巫蛊诽谤之事。朱棣对此十分重视，虽然他派人秘密调查后发现并无此事，但他还是决定借题发挥，给朱权一个警告，从而防患于未然。朱棣表示这一定是朱权身边的小人作怪并几次派人前去南昌抓捕所谓的"小人"。由于并无其事，抓人行动自然并无收获。朱棣遂又以让朱权不可包庇亲信中的小人为主题赐书戒谕朱权：

> 兄弟同气至亲，数年躬履艰难，亦为保全骨肉，岂有他意哉？近者之事，既悉置不问，但欲去二三小人以示警尔，而固为遮蔽。《易》曰："开国成家，小人勿用"。盖用小人必害家国，所以决欲去之者，为贤弟计也。书至，更不必蔽，亦不得有所蓄疑。③

朱权算是有惊无险地度过了这次危机，此后，朱权在南昌西山构建精庐，晚年成为了一位著作等身的学者，他一生著述颇丰，涵盖历史、医药、道教、戏曲等很多方面，也算是找到了政治、军事之外的人生道路，在藩王中是结局颇为不错的一位。但是这并不意味着朱权就真的对往事完全放下了。他后来在永乐六年（1408年）给朱棣写了一份内容极其隐晦的家书，这就是他写的《神隐志》里的《上天府神隐家书》，这份家书内容极其晦涩难懂，格式也极为奇怪，这里转录如下：

---

① 《明太宗实录》，卷十七，第 306 页，"永乐元年二月己未"。
② 《明太宗实录》，卷二五，第 449 页，"永乐元年十一月丙子"。
③ 《明太宗实录》，卷二五，第 449 页，"永乐元年十一月丙子"。

末弟南极冲虚妙道真君涵虚子某百拜端肃

奉书

兄瑶极玄宫天老阁下　弟自玉华苑景，九光垂芒，五炁凝辉，岳灵炳焕，于是

诞膺下土。自别

太清，久离

天阙，不觉几更寒暑。满眼故人，皆为过客。逝者如斯，来之不已。人间虚

　幻，徒为一场大梦。缅思

玉京，此际

神风静默，

室气冲和，

天府官僚，咸陪

宸御。班中老臣，独某之不在，而旧之僚属，可曾为之念我耶？某自

太清初下

天阙之时，

　群真送之，友爱之情，眷念不已。临歧之嘱，某尚不忘。自谓

天地间，近世与吾同道者，未遇一人，故缄口无一字可道。每思

天上群真，不能携手一相笑耳。但日常仰瞻

南极，未尝不为之矫首兴叹。自恨凤缘未断，道力无成，于是留心泉石。数

年来未有一人来为报

天上消息，未知命何

天真来为指示，以脱我于尘网也。每有弃屣翀举之心，无由可得。今近有

青符使者自

太罗境来，致弟于䢍昏城之东门，其城萧条，野芜凄微，山川茫苍，四顾寂寥。

　彼时玄缄启钥，备言之矣。至今铭诸肺腑，未知果何如也。只恐老来跋

　涉，不胜劳碌，他时但

　望

众真一掌，便是不忘旧也。可为幸甚。某于是全身放下，提起曩时一个念头，与

三岛群真，便同一口气也。然如是，

天上人间而无间矣。乃作《神隐志》一书，志在与青山为邻，白云为友，天地为

家，风月为之故人，以快一世之情。故有志于辞荤特为

老兄发一大笑也。呵呵！知我者非

老兄其谁欤？书至，伏惟

天目亮瞩不宣。

年 月 日末 弟涵虚子 某百拜端肃

上书①

朱权这封独特的"家书"是为进献他的著作《神隐志》而写，而且放在卷首，可见其重要性。虽然标明"家书"，通篇内容却云山雾罩，让人难以完全明白其含义。虽然如此，我们也可以就其中一些信息进行一些推测。

朱权在家书中自称"末弟"，又提到"老兄"，而进献《神隐志》的对象自然是朱棣，因此可以认为，这个"老兄"就是身为皇帝的朱棣。朱权的"特为老兄发一大笑"等语，明显带有某种"调侃"意味，虽然难以确知朱权的感情，但这无疑在一定程度上反映了他和朱棣之间的特殊关系。

另外一点，就是朱权在这封家书里提到了他就藩之前的一些细节，其中"某自太清初下天阙之时，群真送之，友爱之情，眷念不已。临歧之嘱，某尚不忘"，结合朱权就藩前曾在南京与诸位兄弟小聚，他的亲弟弟安王朱楹还为他的新书《汉唐秘史》写跋等事，这里的"友爱之情"无疑是指的兄弟们之间的感情，而所谓"临歧之嘱，某尚不忘"则很可能是就藩前诸位藩王对朱权的劝告，这其中很可能反映了朱棣的某些嘱咐。

总的来说，这封家书通篇充满隐语，外人是看不明白的，但是朱权、朱棣两人则应该是明白的，这应该是两人之间独特的交流方式之一。永乐十五年（1417年）

---

① 姚品文：《王者与学者：宁王朱权的一生》，第四章第三节，第103—104页，引朱权《神隐志·上天府神隐家书》。

正月，朱权再度朝见朱棣，停留两个多月后返回南昌，得到了朱棣大量的赏赐。总的来说，这是一次颇为友好的兄弟见面，也可以看出经过这些年，两人之间的隔阂即便没有完全消除，也得到了相当程度上的缓解，这也是朱权最终能得以善终的一个很重要的原因。

与宁王朱权类似，周王朱橚也是永乐年间一位特殊的藩王。周王虽然在建文年间遭到削废，但朱棣在即位当月就恢复了他的封爵，岁禄增加五千石。不仅如此，朱棣对周王的厚待是十分明显的。建文四年（1402年）七月初八日，朱棣赏赐周王"钞二万一千锭"，初九日，又"赐周王橚生日礼物：冠一通、天犀带一、彩币三十疋、金香炉合各一、玉观音、金、铜佛各一、钞八千锭、马四匹、羊十羫、酒百瓶"①。当月稍晚，朱棣又"赐谷王橞乐七奏、卫士三百、金银枪、大剑、金三百两、银三千两、彩币三百匹、钞三万锭、马四匹、金笼鞍辔二副，岁增米三千石"，同时"赐周王橚钞八万锭、齐王榑二万锭"②。可见，在同一时期，仅有开金川门迎降的谷王朱橞能够享受到同等规模的赏赐，其他建文年间被废的齐王诸王获得的赏赐远远不能和周王相比，可见朱棣对这位亲弟弟的厚爱。

永乐元年（1403年）正月，随着周王之国河南开封，朱棣虽然一度想让将他改封到洛阳，但最终没有实行。周王之国后，仍不时能得到朱棣的赏赐，逢其生日，更是会有特别赏赐。然而事实说明，周王和乃兄颇为类似，建文年间的苦难经历也并没让他有太多改变，他在永乐年间仍旧并不安分。到了永乐七年（1409年），事态的发展已经让朱棣不得不专门防范了。这年五月初二日，朱棣专门赐书告谕皇太子朱高炽：

> 比伊王来言，前经汴梁，见周王出语忿恨，心不可测，尔宜加意防慎。此敕可示蹇义、金忠（兵部尚书）、黄淮、杨士奇，余人勿泄。③

当时朱棣身在北京，朱高炽留在南京监国。朱棣专门为了周王的事情写信给朱高炽，让他要对周王"加意防慎"，并且规定这封敕书只能给蹇义、金忠、黄淮、

---

① 《明太宗实录》，卷十上，第157页，"洪武三十五年七月乙〔己〕丑、庚寅"。
② 《明太宗实录》，卷十下，第164—165页，"洪武三十五年七月丁酉"。
③ 《明太宗实录》，卷九二，第1200页，"永乐七年五月癸酉"。

杨士奇四人看，这四人都是朱棣的心腹，当时留在南京辅佐朱高炽，朱棣如此保密，可见事情的严重性。从此时开始，朱棣对周王的提防就日益升高了，不过周王毕竟是自己的亲弟弟，他也不能采取太过火的手段。

这种局面一直维持到了永乐十八年（1420 年），在这个朱棣筹划最终迁都北京的关键年份，周王最终因为涉嫌谋反被朱棣召至北京，削去三护卫。失去护卫，周王也就失去了造反最重要的资本——军队，朱棣并没有像朱允炆那样废黜周王，而是准许他返回封地，此后周王终于大为收敛。

周王与宁王类似，既然政治上不得意，就将人生目标转为著书立说，他主持编写了中医方剂学著作《普济方》与灾荒时应用的中药学著作《救荒本草》，特别是《救荒本草》，对于灾荒年间治病救人作用很大，周王以藩王之尊，却能关心到黎民百姓的如此细节，可见他本身在政治上的抱负确实是不小的。除了中医药学，周王还亲自著有《元宫词》百章。凡此种种，都是他政治上失意后精神上的寄托。

当然，并不是所有的藩王想周王这样图谋不轨都能够幸免于难。如前文所述，谷王朱橞因为开金川门迎降的大功，受到了朱棣的特别赏赐，封国改至南昌，岁禄也增加了二千石。永乐三年（1405 年）九月，谷王朝见朱棣时不仅享受到朱棣亲自赐宴的待遇，当他辞归时，朱棣更是亲自送至三山门，这是其他藩王难以获得的礼遇。

然而受到如此礼遇的谷王在封地长沙却是胡作非为，他不仅强占民田、侵吞税赋、滥杀无辜，甚至连朝廷官员也不放过。靖难功臣忠诚伯茹瑺路过长沙，因为没去拜谒谷王，谷王立即弹劾茹瑺无礼，联动陈瑛也弹劾茹瑺违背祖制，结果造成茹瑺服毒自尽。这一方面说明永乐初年藩王地位的重要，另一方面看出了谷王在地方作威作福的程度。

谷王在封地的作为不是没人担忧，谷王府长史卢庭纲（亦作：虞廷纲）曾就此多次规劝谷王，结果被谷王以诽谤的罪名磔杀。谷王的做法并不是没人向朱棣报告过。谷王府随侍都督张兴因奏事前往北京就曾向朱棣密奏谷王图谋不轨，他说："橞阴养死士，造战船，有不臣之心，宜豫为之备。"朱棣则对此表现出了相当的谨慎，他回答说："朕待橞厚于诸王，岂当有此？"朱棣当然未必就真的如此信任谷王，不过是他对于张兴也不能轻易信任罢了。然而张兴深知问题的严重性，而且这还关乎到他自己的性命，于是他进一步进言："愿陛下察之，有如臣言不实，甘就显戮。"朱棣仍旧谨慎地答复说："朕徐察之。"张兴见朱棣这样，只能返回，他经过南京时，觉得很不放心，又进城去见皇太子朱高炽，恳切地再次禀报了谷王的问题，结尾还说："臣已具言于上，上以至亲之故，若有未信。臣言者，今言于殿下，幸他日免臣连坐也。"话已经说得相当诚恳了，朱高炽将张兴的话转告了朱棣，朱棣仍旧没有轻易下决定。①

总的来说，朱棣一开始对谷王表现了相当的容忍，这其中自然有谷王曾在靖难之役最后关头立下大功，处理他必须十分谨慎的原因，另一方面也是朱棣标榜自己优待藩王的政策让他在处理藩王时都必须有充分的理由，仅仅凭借张兴为求自保的密奏，他自然不可能轻易下手。

这种局面维持到了永乐十四年（1416 年）七月。这个月，蜀王朱椿派遣自己的仪宾顾瞻进京向朱棣上奏谷王"谋不轨"。蜀王为什么会被卷入谷王谋反之事呢？蜀王、谷王乃一母同胞，因此谷王在谋划之时自然希望拉上蜀王，"盖橞萌异志久矣，以椿同母兄，独尝一再遣人诣蜀言之。椿不听，然犹未忍发，但严书戒止之"。②谷王、蜀王封地毗邻，他之所以频繁联络蜀王，除了两人为一母同胞之外，也很容易联想到朱棣拉拢和他毗邻的宁王朱权。然而时移世易，蜀王不同于宁王，谷王更加不是朱棣，这也就注定了谷王的谋划不可能成功。

谷王虽然拉拢蜀王不成，但永乐十四年（1416 年）发生了一件意外的事情。蜀王朱椿治家严格，结果他的第三子崇宁王朱悦燇从乃父那里获罪后逃到了谷王那里。谷王大喜过望，他立即拿此事大做文章，宣称"建文君初实不死，今已在此"。蜀王听说了这件事，终于明白事情已经到了危急存亡的关头，立即将所有事情都禀奏了朱棣：

> 椿闻之，遂具奏于上，并奏其他事，谓橞恃宠纵横，有无君之心，藏匿亡叛，造作舟舰、弓弩、器械，教习兵法、战斗之事，大建佛寺，造天成阁，私度僧千人，昼夜所祷祝诅。又与都指挥张成、宦者吴智等日夜谋议，踪迹诡秘，又莫之知。号张成为师尚父，捏造图谶，谓已于亲王中，次在十八，与谶相应，传报于人。又密遣典宝刘信献带宝于椿，藏所为谶语，于带匣示之，复致书于椿，有曰："德苍时，不可言桓文之事，桓文时，不可言德苍之

---

① 《明太宗实录》，卷一七八，第 1942—1943 页，"永乐十四年七月辛亥"。
② 《明太宗实录》，卷一七八，第 1942—1943 页，"永乐十四年七月辛亥"。

施。"辞意含蓄，往往类此。又令巧匠制灯于上元节，献于朝，就俾请内府架构，侦伺动静。又选壮士习音乐，拟献于朝，供应殿庭，以图闲隙。前长史卢庭纲屡谏不听，反诬以诽谤，具奏磔杀之，王府僚属，遂无敢复谏者。指挥唐彰、舍人覃常泄其事，咸被捶叙，又于长沙山林、池沼、竹木、花果、鸟兽、鱼鳖之利尽专之，税及六畜、粪壤，若奇花、怪石之类，不以远近，尽移入府内，为游观之具，长沙之民苦之。①

朱棣拿到了蜀王上奏的这一系列谷王图谋不轨的证据，仍旧没有立即下手，只是说："朕何如待穗，乃有此心？"又说："蜀王忠孝，人宜不见欺，且张都督尝有言矣。"于是"遂遣中官赍敕谕穗，令送崇宁王还蜀，且察其所为"。他之所以没有立即下手，无疑是担心谷王因此狗急跳墙，虽然这样也无法对自己造成什么威胁，但无疑会增加平定的难度。

此后，朱棣等待了约两个月，不动声色地以敕符、金牌召谷王来朝，当谷王于十月抵达后，朱棣命人将他送至府邸，然后将蜀王的奏章拿给他看。谷王此时才知道自己落入了朱棣的圈套，此时自己身在北京，远离封地，完全是人为刀俎，我为鱼肉的局面，只能"惭惧慄慄，无一言自辨，但曰：'死罪，死罪，惟上天地大恩全其生耳"。朱棣此时则毫不客气，立即将谷王的罪状交给群臣讨论，以成国公朱勇、都察院左都御史刘观为代表的文武群臣都认为"切闻封建亲支，藩屏宗社，传之万年，相为悠久，此圣王之制也。其有包藏祸心，谋为不轨，如周官之管蔡，汉之淮南，必至于割恩正法者，亦圣王之制也，诚以宗社之安危，生民之休戚，公义所存，不以私废"，"皇上虽笃于亲亲，有所不忍，其如天下公义何伏？请割恩正法，必不可宥，谨昧死以言"，为了把戏做足，群臣就此上奏了五六次，最后朱棣表示"朕自有处置"。②

随后，朱棣还命诸王、勋戚大臣共同讨论谷王的罪名。永乐十五年（1417年）二月，经过充分酝酿，几乎所有人都认为应该严惩谷王之后，朱棣才正式将谷王及其二子废为庶人，这位反复无常的藩王终于得到了应得的结局。

"谷王逆案"作为永乐年间最大的一起藩王谋反事件，也是朱棣再次削藩过程

---

① 《明太宗实录》，卷一七八，第1943—1944页，"永乐十四年七月辛亥"。
② 《明太宗实录》，卷一八一，第1960—1962页，"永乐十四年十月癸未、甲申"。

中采取的最大动作之一，这一事件为整个永乐年间的再度削藩行动画上了一个句号。由此我们回顾整个永乐年间朱棣再次削藩的行动，总结一下这些身为朱棣兄弟的藩王们的结局，能够看出一些有规律性的东西。

我们将朱元璋诸位儿子的情况列成一个表：

排行	姓名	封号	封地	结局
一	朱标	立为皇太子		洪武元年立为皇太子，洪武二十五年去世。
二	朱樉	秦王	西安	洪武三年封，洪武十一年就藩，曾被朱元璋召回，后得免，洪武二十八年去世，怀疑被毒死。
三	朱棡	晋王	太原	洪武三年封，洪武十一年就藩，颇得朱元璋器重，洪武三十一年三月去世。
四	朱棣	燕王	北平	洪武三年封，洪武十三年就藩，建文元年起兵靖难，建文四年夺取南京，即位称帝，改元永乐。永乐二十二年驾崩。
五	朱橚	周王	开封	洪武三年封吴王，洪武十一年改封周王，建文年间被废，朱棣即位恢复旧封。永乐十八年因图谋不轨被削去三护卫，洪熙元年去世。
六	朱桢	楚王	武昌	洪武十四年就藩，参与平定南方叛乱，永乐二十二年去世。
七	朱榑	齐王	青州	洪武三年封，洪武十五年就藩，建文年间被废，永乐初年恢复旧封，多不法，永乐八年因图谋不轨被废为庶人。
八	朱梓	潭王	长沙	洪武三年封，洪武十八年就藩，因岳父牵连入胡惟庸案，心不自安，朱元璋召其入京，与妃自焚而死。
九	朱杞	赵王	未就藩	洪武二年生，洪武三年封，洪武四年去世。
十	朱檀	鲁王	兖州	洪武三年生，两个月后受封，洪武十八年就藩。有文才，善诗歌，因服食丹药伤目。洪武二十二年去世。

十一	朱椿	蜀王	成都	洪武十一年封，洪武二十三年就藩，朱元璋称之为"蜀秀才"，雍容儒雅，治蜀有方。永乐十四年举报谷王谋反，得到朱棣嘉奖。永乐二十一年去世。
十二	朱柏	湘王	荆州	洪武十一年封，洪武十八年就藩，好读书，喜道家学说，自号"紫虚子"。建文年间因"府中阴事"被告发，阖宫自焚而死。
十三	朱桂	代王	大同	洪武十一年封豫王，洪武二十五年改封代王，但年就藩。建文年间被废为庶人，朱棣即位后恢复旧封，不久被告发三十而罪，被革去护卫、官属。正统十一年去世。
十四	朱楧	肃王	兰州	洪武十一年封汉王，次年改封肃王，洪武十二年就藩平凉，洪武二十八年就藩兰州。永乐六年因妄杀卫卒并私自接收哈密贡马，逮其长史官属。永乐十七年去世。
十五	朱植	辽王	广宁	洪武十一年封卫王，洪武二十五年改封辽王，数立战功。靖难之役爆发后，遵守朱允炆诏令由海路返回南京。朱棣即位后，改封荆州。永乐十年削其护卫。永乐二十二年去世。
十六	朱㭎	庆王	宁夏	洪武二十四年封，洪武二十六年就藩，有文才，成化五年去世。
十七	朱权	宁王	大宁	洪武二十四年封，洪武二十六年就藩，在北方屡立战功。靖难之役爆发后，不遵朱允炆诏令，没有南下，被削去护卫。后被朱棣劫持加入靖难。朱棣即位后，改封南昌，与朝廷有一定摩擦，但总体关系良好。正统十三年去世。
十八	朱楩	岷王	岷州	洪武二十四年封，洪武二十八年改封云南。建文年间被废为庶人，朱棣即位后恢复旧封，因多行不法，永乐六年削其护卫，罢其官属。景泰元年去世。
十九	朱橞	谷王	宣府	洪武二十四年封，洪武二十八年就藩。靖难之役爆发后，南下回到南京。开金川门迎降朱棣，获得奖赏，改封长沙。永乐十五年，因冒用朱允炆旗号谋反，和其子都被废为庶人。
二十	朱松	韩王	开原	洪武二十四年封，未就藩，永乐五年去世。
二十一	朱模	沈王	潞州	洪武二十四年封，永乐六年就藩，宣德六年去世。
二十二	朱楹	安王	平凉	洪武二十四年封，永乐六年就藩，永乐十五年去世。

二十三	朱桱 唐王	南阳	洪武二十四年封，永乐六年就藩，永乐十三年去世。
二十四	朱栋 郢王	安陆	洪武二十四年封，永乐六年就藩，永乐十二年去世。
二十五	朱㰘 伊王	洛阳	洪武二十四年封，永乐六年就藩，好骑射，常驰逐郊外，无故伤人。永乐十二年去世。
二十六	朱楠		洪武二十六年生，逾月夭折。

　　除了洪武、建文年间就已经去世的懿文太子朱标、秦王朱樉、晋王朱棡、潭王朱梓、赵王朱杞、鲁王朱檀、湘王朱柏和夭折的朱楠。永乐年间几位遭到废削的藩王，基本都是朱棣拿到相对确凿的证据后才下手的。除了前文提到的周王、谷王，列表里还有几为藩王的情况也很典型。

　　代王朱桂，他曾被朱允炆废为庶人。朱棣即位后，他恢复了封爵并于永乐元年（1403年）返回封地大同。然而仅仅一个月后，朱棣就听说代王"在国纵杀戮，取财物，人甚苦之"[①]，朱棣先赐书告诫他"吾弟纵恣暴戾如此，独不记建文时拘囚困苦之辱耶？……有之则速改，以从善果，若无之，亦须戒慎以弭人言，庶副同气友爱之情"[②]。朱棣以建文时被废黜的经历提醒代王，话已经说得相当重。然而代王在之后并未有所收敛，他继续擅自调动军民大兴土木，终于在永乐元年（1403年）五月有人正式告发后被朱棣"赐敕条其三十二罪以让之，且俾悔过迁善云"[③]，最终在六月，朱棣将代王朱桂"削其三护卫，止给校尉三十人随从"[④]。

　　与代王朱桂被削除三护卫几乎同时，岷王朱楩也由于在封地云南擅调民力并与镇守云南的沐晟大搞摩擦而遭到朱棣的戒斥并受到降低岷王府官属并夺其册宝的处罚。虽然朱棣念其复爵未久很快又还给了他册宝，沐晟也同时被朱棣戒谕，但岷王仍旧怙恶不悛。朱棣于是于永乐元年（1403年）九月革去其部分护卫并最终于永乐六年（1408年）正月以其"慢侮无礼，屡训不悛"[⑤]而"削其护卫官军，悉调防边，

---

① 《明太宗实录》，卷十七，第304页，"永乐元年二月乙卯"。
② 《明太宗实录》，卷十七，第305页，"永乐元年二月乙卯"。
③ 《明太宗实录》，卷二十下，第368页，"永乐元年五月乙未"。
④ 《明太宗实录》，卷二一，第378页，"永乐元年六月壬子"。
⑤ 《明太宗实录》，卷七五，第1029—1030页，"永乐六年正月丁巳"。

存军士校尉各百人随之，罢其长史司、审理等官"①，使他如一介平民。

相比于代王和岷王，更惨的是齐王朱榑。他同样在建文年间被废为庶人，朱棣即位让其复爵后，他却在封地"阴畜刺客，招异人术士为咒诅，辄用护卫兵守青州城，并城筑苑墙断往来，守吏不得登城夜巡"②，地方官李拱、曾名深向朱棣上书告变，竟然遭齐王灭口。永乐三年（1405年）九月，朱棣决定勿谓言之不预，连续两度赐书戒谕齐王，希望"如王有迁善之美，俾兄亦全友爱之道"③。然而一个月来齐王都没有任何表示，而此时朱棣也已经拿到了齐王不轨的确凿证据，于是"封告词示之"④并再度赐书戒谕他"非分之思，不可数得，王其省之，毋后悔"⑤。之后，恰逢周王朱橚上表谢罪，朱棣于是将周王的上表一并送给齐王，齐王终于在永乐三年（1405年）十一月上表谢罪，朱棣赐书表示原谅，于是，齐王又于次年五月亲自来朝谢罪。但是当齐王来朝后，众官员却群起弹劾，齐王则口出不逊之言，朱棣遂借机削去齐王护卫及爵位并将他囚于南京。齐王在永乐三年（1405年）上书谢罪后，众臣竟然群起弹劾，从而使朱棣借机削除齐王，这不能不让人感到这一切都是朱棣设计的一个陷阱，将齐王诱至南京，再借群臣之手解决掉他，自己则居于幕后以撇清自己。这一手，他在对付梅殷、盛庸、李景隆时都用过，实在不足为奇。

当然，也不是没有得到朱棣嘉奖的藩王，蜀王朱椿就是这样一位。蜀王朱椿个性孝友慈祥，博览群书，被明太祖称为"蜀秀才"，"盖宗室为最贤"⑥，他不仅将四川治理得很好，作为藩王也很安分。永乐三年（1405年），朱棣戒谕不法的代、宁、秦、晋、高平、平阳诸王，但独独赞扬了蜀王。当其举报谷王谋反后更受到朱棣赞扬为"贤弟此心，周公忠存王室之心也"⑦并受到大量赏赐。永乐二十一年三月，蜀王朱椿去世，朱棣"哀悼之，辍视朝七日，赐祭，谥曰'献'，命有司治丧葬"⑧，成为少有的善始善终的藩王。

---

① 《明太宗实录》，卷七五，第1029—1030页，"永乐六年正月丁巳"。

② ［清］张廷玉等：《明史》，卷一一六，《诸王一·朱榑传》。

③ 《明太宗实录》，卷四六，第712—713页，"永乐三年九月乙巳"。

④ 《明太宗实录》，卷四七，第718页，"永乐三年十月丁卯"。

⑤ 《明太宗实录》，卷四七，第719页，"永乐三年十月丁卯"。

⑥ 《明太宗实录》，卷二五七，第2376页，"永乐二十一年三月戊申"。

⑦ 《明太宗实录》，卷一七八，第1945页，"永乐十四年七月癸丑"。

⑧ 《明太宗实录》，卷二五七，第2376页，"永乐二十一年三月戊申"。

　　总的来说，虽然朱棣出于兑现自己"友爱宗社"的宣言，在即位初期努力做出善待藩王的姿态，"盖文皇矫建文疏忌宗室，倍加恩礼"①，积极鼓励藩王来朝，营造出了"永乐朝，亲王入觐者不绝"②的局面。但在实际上，他对这些能够对皇位提出合法要求的兄弟们防范是很严的，而整个永乐年间朱棣的再度削藩政策也是一直持续的，并且因为几大强藩在建文年间已经遭到削弱，因此如前文所述，朱棣再度动手时，几乎没有遇到什么阻力，大量藩王的护卫遭到削减，他们失去了可以依靠的私人军队，自然也就失去了起兵造反最大的基础。与此同时，朱棣还禁止藩王干预地方事务，将地方军民钱粮事务划归有司，这样一来，藩王除了一个空名，在地方就几乎没有实权了，藩王在地方失去影响力，想要造反，自然就难上加难了。

　　除了废削藩王，朱棣还采取了一项重要政策，就是把大量边境重镇的藩王内迁。如前所述，宁王由塞外长城大宁内迁南昌，谷王也从大同内迁长沙，而东北地区的另一位重要藩王辽王，因为他在建文年间配合朱允炆回到了南京，因此当朱棣即位后，他也很识时务地请求改封，结果被朱棣内迁改封于荆州。而因为藩王内迁而空出来的边境地区，朱棣则以自己任命的镇守总兵进行充实，除了西北地区几位地位偏弱的藩王外，大量塞王内迁，这样就潜移默化地将整个边境防线及其军队纳入了自己的控制，藩王守边的历史一去不复返了。

　　随着朱棣再度削藩，他十分讽刺地完成了这项他之前一直反对的由朱允炆发起的行动。此后，藩王政治、军事各方面的权力都遭到削弱，虽然明朝此后仍旧出现了各种图谋皇位的藩王造反事件，但其破坏力已经无法达到朱棣的程度了。而随着明朝宗藩人口的大量繁衍，到了明代中后期，宗藩不再是政治问题，而是演化为了一个严重到能够拖垮国家财政的经济问题，但这已经是后话了。永乐年间宗藩的荣辱可谓明朝宗室发展道路上的一个转折点。

---

① ［明］沈德符：《万历野获编》，卷四，第140页，《亲王来朝》。
② ［明］沈德符：《万历野获编》，卷四，第140页，《亲王来朝》。

4. 卫所与亲征军：京营

明朝因为朱元璋独特的起家经历，拥有自己独具特色的军事制度，而这一制度到了永乐年间又发生了影响深远的变化。因此，在开始分析永乐年间明朝军事制度的发展前，我们有必要先对此前的情况进行一下追溯。

朱元璋组建自己的军事机构始于至正十五年（1355 年）郭子兴去世后，朱元璋所在的濠州红军因为无法形成一个统一的领导体系，权衡利弊后归附了当时由韩林儿、刘福通领导的龙凤政权，朱元璋被任命为左副元帅，而郭子兴之子郭天叙为都元帅，另一位实权人物张天祐为右副元帅。因为元朝尚右，各红军政权也多沿袭了这一传统，因此朱元璋此时凭借手下强大的军事力量在濠州红军中实际位居第三。其"元帅"这个职务当继承自元朝宣慰使司都元帅府制度，元朝宣慰使司在需要用兵时可以管理都元帅府和元帅府，红军"元帅"之职当沿袭于此。郭子兴在世时就是"元帅"，朱元璋此时也成为"元帅"，从而成为了全军领袖之一。由此，濠州红军开启了郭天叙为名义上的最高统帅，张天祐掌握政治权力，朱元璋负责军事的格局，构成了濠州红军的三根支柱。这一时期，朱元璋因为实力有限，因此机构建制并不完整，而且带有很明显的元朝特色。

随后，朱元璋渡过长江，夺取元朝控制的太平路，将之改为太平府，同时设立太平兴国翼元帅府，朱元璋自任"太平兴国翼大元帅"。翼元帅府的设立是一个重要标志，以此为节点，日后明朝独具体色的军事制度开始形成。元朝在行省下设道，道下设路，为第三级行政区划。红军每攻克一路，都要改路为府，府这一新的行政区划延续到了明朝。那么既然有了府，为何又要设一个翼元帅府呢？这就要说到红军的制度了。元末红军在各地实行两套制度并行管理，除了设立管民的府外，还要设立管军的翼元帅府。而如前所说，翼元帅府来源于元朝宣慰司都元帅府和元帅府，为龙凤政权综合元朝的元帅府与翼千户所设立的，翼元帅府的任命有时也和其上的都元帅府出现混淆。最终，翼元帅府成为了后来明朝卫所的雏形。朱元璋本为濠州红军的左副元帅，此时又兼任太平兴国翼大元帅，虽然在名义上仍旧低于郭天叙的都元帅和张天祐的右副元帅，但实际情况已经完全不同了。和州之战后，朱元璋手下已经掌握了三万余人马，彼时郭子兴手下才万余人马，此时朱元璋又以濠州红军第三号人物左副元帅之职兼任太平兴国翼大元帅，守御太平，虽非全军首领，但实力无疑已经凌驾于主帅之上。因此俞本称"是时，三帅虽共府置事，运筹决策皆自上裁。将士乐战，军民倾向，权归于上矣"[1]。这是当时情况的真实反映。

开府太平后的另一个重要事件就是江南等处行中书省的设立。至正十六年（1356 年）三月，朱元璋夺取元朝集庆路，最终将之改为应天府，这里就是日后明朝的京师——南京，这一胜利是朱元璋一生事业发展的关键一步。七月，朱元璋被龙凤政权任命为江南等处行中书省平章政事。元朝制度，行中书省下有行省丞相、行省平章，均为从一品高官，但由于行省丞相经常设而无人，因此平章通常被视为行省最高长官。升任江南行省平章是朱元璋一生中极为关键的一步，此前朱元璋的职务都是武职，此时转为文官，从中央派遣到地方作战的武将一跃成为主持一省军政的封疆大吏，身份产生了质的变化。事实上，朱元璋也确实好好利用了自己的新身份，他在几个方面采取了措施，平衡了各方势力，逐步树立了自己在全军中的独尊地位，慢慢实现了独立于龙凤政权的目的。

具体到军事制度的发展上，就是帐前亲兵都指挥使司的设立，在其中任职的几乎全都是朱元璋的亲信。冯国用被任命为帐前亲兵都指挥使司都指挥使，康茂才因为率领大量苗军归降的大功任副指挥。与此同时，朱元璋还设立左右翼元帅府和五部都先锋，华云龙、唐胜宗、陆仲亨、邓愈等朱元璋手下著名将领都升任元帅。此外，朱元璋颇为欣赏的常遇春也在五翼军中任职。可以看出，对于帐前亲兵都指挥使司这样一个统帅全军主力的重要机构，朱元璋嫡系人员在其中占有绝对优势，这也保证了此后朱元璋对主力部队的绝对控制。

此时的另一个重点就是所谓"五部都先锋"了，这一设置是朱元璋初步建立完整军事制度的发端，关于其内涵颇有些琐碎，笔者对比俞本所著《纪事录》及官修《明太祖实录》，对其有了一个相对清晰的认识，下面涉及这一制度的引文都出自这两部资料，因为比较琐碎，就不一一注明了。

这次确立军制肇始于至正十六年（1356 年）七月江南行省建立之时，当时，朱元璋"置帐前总制亲兵都指挥使司""置左右等翼元帅府""置五部都先锋"，之后随着朱元璋军事实力的进一步扩充，他终于以此为基础进一步完善了军队制度，而其完善，主要就是从"五部都先锋"和"左右等翼元帅府"两个方面入手的。关于

---

[1]　俞本撰、李新峰笺证：《纪事录笺证》，卷之上，第 38 页，"至正十五年"。

这次军事制度的确立，俞本因为亲身参与其中，故而留下了颇为直接的记载，不过俞本的记载比较混乱，需要结合其他史料才能明白是怎么回事。

朱元璋最关注的自然是自己的亲卫部队，这也正是俞本身处其中的"守御士"。这支部队又称"帐前黄旗先锋"，由帐前亲兵都指挥使冯国用负责组建，选用的都是"年壮、英勇、多历战阵者"，大约有三百六十人。对这些人，朱元璋非常看重，均"赐衣甲，悬象牙牌"，在象牙牌背面，刻有朱元璋亲书"守御士"三字，每人姓名刻在象牙牌侧面。又因为"用黄绢尺幅印以朱字"，故也号"帐前黄旗先锋"。这支部队的作用顾名思义，是保卫朱元璋的出入，作为朱元璋的亲随部队。当时俞本也在其中，故此朱元璋后来称俞本为"曾跟朕小厮"。从这些记载似乎会让人觉得这支部队非常特殊，其实不然。负责组建这支军队的人是帐前亲兵都指挥使冯国用，因此"黄旗先锋"必然隶属于"帐前总制亲兵都指挥使司"，而朱元璋在设立帐前总制亲兵都指挥使司时同时设立了左右等翼元帅府和五部都先锋。再考察朱元璋手下将领的升迁过程，严德升都先锋后掌黄旗军，狄崇由右部先锋升帐前都先锋，周显由前部先锋升帐前都先锋。从朱元璋的机构设置和手下将领的升迁过程我们可以知道帐前总制亲兵都指挥使司下辖五部都先锋，五部都先锋则管理黄旗先锋。

另外四支同样隶属于五部都先锋部队中的三支与三支特殊的部队有关，分别是花枪军、青军和长枪军。花枪军当时活动于湖州长兴、武康、广德一带，曾与张士诚交战。濠州红军占领广德后，逐步收纳了活动于这一带的花枪军。朱元璋此时以花枪军为基础组建了被俞本称为"大号先锋"的部队。青军的情况则稍微复杂，这支部队虽然"号名'青军'"，但"其党张监骁勇善用枪，又号'长枪军'"。这支部队归降朱元璋经过了一个漫长的过程，最早开始归降可以追溯到至正十六年（1356 年）十月左右，但整个青军、长枪军的归附则迟至至正十七年（1357 年）底。朱元璋以这两支军队中的精锐组建的军队被称为"铁甲士"，命都先锋陈德元统领。不仅如此，朱元璋还将剩下的青军也充分利用起来，以青军王老哥为首又组建了"骁骑士"。最后，除了"黄旗先锋"（"守御士"）、"大号先锋"（花枪军）、"铁甲士"（长枪军）和"骁骑士"（青军）外，五部都先锋中还有一支常以"银牌先锋"之名出现的部队。就这样，朱元璋在左、右、中、前、后五翼元帅府后又逐步建立了与这五部对应的五部都先锋，而五部都先锋又按照职能、兵种分为"黄旗先锋"（"守御士"）、"大号先锋"（花枪军）、"铁甲士"（长枪军）、"骁骑士"（青军）和"银牌先锋"，一个成系统的军队制度基本建立了起来。

此后，朱元璋经过曲折的发展，直到于鄱阳湖决战击败陈友谅，至正二十一年（1361年），他因为西征陈友谅的巨大功劳，获得龙凤政权加封吴国公这一爵位。朱元璋也利用这一机会对制度进行了改动。具体到军事方面，朱元璋改枢密院为大都督府，枢密院同金朱文正为大都督并节制中外诸军事。大都督府这一机构延续到了日后的明朝，仍旧作为最高军事领导机构，直到朱元璋废除丞相为止。于至正二十四年（1364年）正月自立为吴王，迈出了称帝前的最后一步。而他也借着这一机会，对制度进行了一次重要调整。具体到军事制度方面，三月，朱元璋对吴军的军事机构进行了一次重大的调整，他确立了大都督府的官制。大都督府在至正二十一年（1361年）已经设立，但彼时制度颇不完善。经过至正二十四年（1364年）这次官制确立，大都督府自此与中书省一样，都延续到了随后建立的明朝，直到朱元璋罢中书省为止，可谓影响深远，基本奠定了日后明朝的军事制度。这一制度直到洪武四年（1371年）至洪武七年（1374年）才再度进行调整。

大都督府中的最高官职为大都督，品秩从一品。朱元璋的侄子朱文正在至正二十一年（1361年）以来一直担任大都督之职，此时《明太祖实录》没有记载朱元璋任命别人担任大都督，故朱文正应当凭借防守洪都的巨大战功和朱元璋侄子的亲信身份继续留任大都督之职。大都督之下设有左右都督，均为正二品职位，其下还设有同知都督（从二品）、副都督（正三品）、金都督（从三品）等职位。

然而明确大都督府官制只是开始，朱元璋接下来又进行了一系列军事制度的完善。朱元璋在明定大都督府官制的同一个月，即三月很快又明确了各卫亲军指挥使司指挥使—同知指挥—副使，千户所千户—副千户—镇抚—百户等具体隶属关系及品秩。随后，他设立"武德、龙骧、豹韬、飞熊、威武、广武、兴武、英武、鹰扬、骁骑、神武、雄武、凤翔、天策、振武、宣武、羽林十七卫亲军指挥使司"[1]，原来的统军元帅郭子兴[2] 被任命为鹰扬卫指挥使，傅友德被任命为雄武卫指挥使，原右翼副元帅金朝兴担任龙骧卫指挥同知，陆续健全了设置。随着卫所制度的建立，原本设在各地的翼元帅府自此正式走入历史，卫所取而代之并成为有明一代独具特色的军事制度并一直延续到清朝中期。既然卫所制度已经建立，翼元帅府已经走入历史，相关配套设置也应跟着完善。于是，朱元璋紧跟着便在四月"立部伍

---

① 《明太祖实录》，卷一四，第185页，"甲寅年三月"。

② 这个郭子兴不是朱元璋最初投奔的滁阳王郭子兴，而是朱元璋手下的同名将领。

法"①。鉴于此前对归降将领仍旧沿用他们的旧有官职造成的制度混乱，朱元璋此时明下令旨规定：

> 为国当先正名，今诸将有称枢密、平章、元帅、总管、万户者，名不称实，甚无谓。其核诸将所部，有兵五千者为指挥，满千者为千户，百人为百户，五十人为总旗，十人为小旗。②

通过这一举措，朱元璋完成了对手下军队的一次全新整编，将他们整齐划一地纳入新的军队制度中，建立了严格的等级制度和隶属关系，结束了此前军队中名实不符、隶属关系不明等在作战时可能产生纠纷的问题，为下一阶段的作战乃至建国后更进一步的制度确立打下了非常良好的基础。这一时期，正是朱元璋逐步建立起独具特色的军事制度的时期，而其中很多设置都不同程度地延续到了明朝，其中带有的元朝特色也逐渐淡去。

洪武元年（1368年），朱元璋在应天称帝，军事制度的变革才迎来了又一个重要节点，随着战争的进行，为了对地区军事进行协调管理，朱元璋设立了一些大都督府分府形式的机构，比如在河南就设立了河南行都督府，后来又设立了陕西、北平、山西行都督府。洪武二年（1369年），随着统一战争的告一段落，朱元璋在各地普遍设立行省。随着行省制度的确立，朱元璋明确了由中书省直辖的地区，下面的卫所由大都督府与中书省共同直接管理，而在各行省境内的卫所则由行省管理，最后上统于省、府、台灯中央最高机构。这样一来，原来在战时设立的行大都督府就逐渐变得多余了，因此到了洪武三年（1370年）后，除了中书省境内地位特殊的中都凤阳新设了一个行大都督府外，别的行都督府都逐渐销声匿迹，明朝军事制度进入了卫都指挥使司时代。

卫都指挥使司，简称"都卫"，在一定程度上是后来地方三司之一都指挥使司的前身。到洪武六年为止，明朝共设立了十七个都卫，除了对应当时国内的十二个行省外，其他五个设在大同、建宁、辽阳、甘州、河州等军事重镇，同时在京师设置了留守都卫。然而到了洪武八年，随着朱元璋集权的需要，都卫已经不能满足他

---

① 《明太祖实录》，卷一四，第193页，"甲寅年四月"。
② 《明太祖实录》，卷一四，第193页，"甲寅年四月"。

的要求了，因此他从这年开始逐步将"卫都指挥使司"改为"都指挥使司"，虽然名称上只少了一个"卫"字，但内在变化却是极大的。以陕西、山西为例，西安都卫改为陕西都指挥使司，西安行都卫为陕西行都指挥使司，太原都卫为山西都指挥使司，大同都卫为山西行都指挥使司。可以看出，除了去掉了一个"卫"字，地名也从城市名变为一省之名。而当我们把目光放得更广阔一些，则还能看出，都卫改都司是朱元璋在全国范围内进行政治体制变革的一部分。

随着明蒙战争大局已定，兼顾军民职权的行省制度已经不符朱元璋日益上升的中央集权的需求了，他开始酝酿取消行省，在地方分立三司，即处理民政的布政使司、管辖军政的都指挥使司和掌一省刑名、司法的按察使司。都卫本身为卫，同时又统辖一众卫所，身份尴尬，自然首当其冲成了朱元璋实验的对象。都卫改都司后，都司以省命名，卫所以地点命名，明确了都司统辖卫所的上下级关系，这在政治上无疑是有利的。

以上是明朝独具特色的都司制度的建立，而卫所在明朝建立后也经历了一定的调整。洪武五年（1372年），明军三路北伐败逃草原的北元政权，结果遭遇了前所未有的惨痛失败，为了重新充实兵力，整顿军伍，朱元璋陆续采取了简并卫所、重新整顿的政策。

洪武初年，卫所仍旧延续了军队编制单位的性质，还没有演变为后来的军事管理机构。因此，在漠北之战遭受惨重损失的情况下，此前建立的卫所编制势必难以维持。朱元璋自至正二十四年（1364年）创设卫所制，共设立十九个卫亲军都指挥使司，这十九个卫又分为三个档次，其中金吾、羽林、虎贲三卫为朱元璋的侍卫部队，地位最为尊贵。其次为"内八卫"，包括龙骧、凤翔、豹韬、鹰扬、武德、天策、骁骑八卫，再次为"外八卫"，包括英武、雄武、广武、宣武、威武、振武、神武、兴武八卫。此后这些卫所的名号和设置虽然有一定变化，卫所的数目和规模也大为扩大，但基本格局仍旧延续了下来。再从各卫主官的背景来看，又能看出明显的派系分野，这一特点在内外八卫主官中的表现最为典型，根据李新峰的总结，内八卫中，天策、骁骑卫的主官均为朱元璋的同乡亲信，武德卫的主官常遇春虽然属于后来归附朱元璋的将领，但是他身份特殊，很快获得了朱元璋极高的信任，这三个卫所与朱元璋的关系无疑最为亲密。豹韬、鹰扬、飞熊三卫的主官，主要为定远人或者早期隶属濠州红军而非朱元璋嫡系的将领，关系稍微疏远。而龙骧、凤翔两卫的主官则属于巢湖水军，与朱元璋关系最为疏远。同样的特点也表现在外八卫中，英武、兴武最亲，主官来自濠州红军，振武、威武两卫稍次，宣武、雄武、广武、神武最下。[①] 既然亲疏有别，那么洪武五年（1372 年）的简并卫所也就不可避免的带上了派系色彩。

简并分两次进行，第一次便是在洪武五年（1372 年）漠北之战惨败后，第二次则是在洪武八年（1375 年），通过这两次大规模简并，至洪武十三年（1380 年），卫所制度基本定型并逐步行政化。在洪武五年（1372 年）这次重要的简并中，朱元璋将兴化卫并入钟山卫，天长卫并入定远卫，振武卫并入兴武卫，和阳卫并入神策卫，通州、吴兴二卫并入龙骧卫，后来很快又恢复和阳、神策二卫，将骁骑前卫并入左卫，将中卫并入右卫。可以看出，洪武五年（1372 年）此次简并卫所，朱元璋采取的基本政策是尽量保存亲军卫设置，将损失巨大的其他卫所并入其中，从而保持亲军卫人员的充足，对亲信将领的照顾此时还是颇为明显的。不过无论朱元璋此时有怎样的派系考虑，通过此次简并卫所，朱元璋重新整顿了行伍组织，取消了多余的编制，集中了有效兵力，为采取下一步行动打好了基础。当然，简并卫所固然为一时之军事需要，但朱元璋在此后继续延续了这一举措，大量增设、改并亲军卫，最终在洪武十三年（1380 年）前后形成了上直卫、亲军卫和普通卫三个层级，最终奠定了有明一代的卫所制度。可以看出，发展到洪武中期，明朝独具特色的都司、卫所制度已经建立起来，但这并不是结束，随着中书省的罢废，明朝的制度再次迎来一番震荡。

洪武十三年正月，朱元璋在《废丞相大夫罢中书诏》中明确说："特诏天下，罢中书，广都府，升六部，使知更官定制，行移各有所归，庶不紊烦"，大都督府自此改为五军都督府，并且随着朱元璋对功臣屠戮的继续，五军都督府中最重要的左、右都督，都不再由高级勋臣担任，也不再拥有开国功臣那种"同知军国重事"的加衔，仅剩下统领卫所、执行命令的资格，失去了参预决策的权力。其下的卫所，也随着胡惟庸案、蓝玉案两次屠杀，性质发生了重要的转变。胡党案整个从洪武十三年（1380 年）至洪武二十三年（1390 年）逐渐爆发的过程中，牵连其中的勋贵包括李善长、唐胜宗、陆仲亨、费聚、赵庸、黄彬、郑遇春、胡美、顾时、陈德、华云龙之子、王志、杨璟、朱亮祖、梅思祖、金朝兴等人，都是很早就跟随朱元璋共同起家的。在整个追究胡党案的过程中，基本没有涉及洪武三年（1370

---

① 李新峰：《明前期军事制度研究》，第二章．北京：北京大学出版社，2016 年，第 96 页。

年）之后才逐渐崛起的新贵。而蓝党案则不同，被蓝党案牵连的几乎都是洪武三年（1370 年）之后才逐渐崛起的新贵，比如蓝玉、常遇春之子常升、张翼、陈桓、曹震、朱寿、谢成、张温、曹兴、孙兴祖之子孙恪、韩政之子韩勋、曹良臣之子曹泰，甚至纳哈出之子察罕、濮英之子濮屿、桑世杰之子桑敬、何真之子何荣都被牵连了进去。

一般认为，朱元璋即位后对功臣的清洗是为求江山永固，特别是为了让他们不给自己的继承人造成麻烦。不过通过对比朱元璋前期和后期对功臣的清洗，特别是胡党案和蓝党案则能够看出不同的特点。在胡党案及其爆发中被屠戮的功臣，包括李善长、徐达、汤和、陆仲亨、费聚、廖永忠、华云龙等人，他们很多都是与朱元璋同起于微末，后来随着朱元璋的崛起，他们才逐渐与朱元璋建立了主从关系，甚至像徐达、汤和这些人，参加红军比朱元璋还早，而像廖永忠所代表的巢湖水军，他们最初加入的是濠州红军，而不是归附朱元璋个人，他们与朱元璋建立主从关系就更晚，关系也更为生疏，这种亲疏有别在很大程度上决定了这些功臣后来命运的不同，这一点在洪武三年（1370 年）十一月大封功臣时的不同待遇上已经表现了出来。

而这一问题表现在明初，还有一点就是这些将领很多在军队中都是自己的基本部队，这是因为这些将领在自己的军旅生涯中长期率领一部分军队作战，而卫所最初又是在这些军队的基础上编成的，这就使得这种在军队中存在的派系延续到了后来的卫所制度中，比如龙骧卫长期为金朝兴掌握，丁德兴长期掌握凤翔卫，豹韬卫为华云龙，飞熊卫为王志，武德卫则是常遇春和蓝玉的基本部队，天策卫为孙兴祖，骁骑卫或骠骑卫为陆仲亨，英武卫长期是吴祯、吴良兄弟掌控，雄武卫为傅友德，广武卫为沐英等等。为了强化自己的绝对权力，建立自己对军队的绝对控制，朱元璋势必要消除这种军队中存在的派系，加之功臣们自己的一些违法表现，就为朱元璋提供了清洗功臣的借口。通过胡党案，初封功臣几乎被清洗殆尽，蓝党案后，续封功臣也遭到大规模清洗。傅友德和冯胜的死，可以说是为洪武年间整个清洗功臣的行动划上了一个血腥的句号。通过这一些列行动，至洪武中后期，卫所军队在初期那种具有明确来源的派系现象基本消失，朱元璋已经可以将他们打乱并随意调动了，卫所也逐渐由军队编制单位蜕变为军队管理单位。可以说，朱元璋完满的达成了自己的目的。这就是洪武后期制度的变化，也只朱棣即位之时面对的制度。

朱棣发动四年靖难之役，对社会结构造成了巨大破坏，使朱元璋对社会结构的设计濒于解体。因此，朱棣一夺取皇位即开始努力重建社会秩序，其中最重要的一项即是促使流民复业，而农民自然是其中的主体。对此，朱棣主要采取了两项措施：重建里甲与恢复屯田，而这其中恢复屯田一项就和永乐年间卫所制度的发展有着密切关系。

明朝屯田分为军屯、民屯和商屯，其中商屯并不稳定，出现时间也有限，这里不再多说，民屯即通过将人多田少地区的百姓或获罪之人强行移往人少田多之处屯种，相关机构会对其进行管理。相比与民屯，军屯更为重要。军屯是出于朱元璋使军队能够自给自足的构想，让军队在不打仗期间从事耕作，是一种兵农复合体，这一制度的基础就是已经从军队编制单位转化为军队管理单位的卫所。明朝土地分为官田与民田，明太祖洪武二十六年（1393 年），官田占全国土地的七分之一，官田除了用于保障政府的各种营建之外，即主要用来保证军屯，然而这一比例并未包括明初各都司直接管理的大量土地，这些土地用于军屯的全部属于"官田"，而由卫所内民户耕种的则既有"官田"也有"民田"。由于明初各都司、卫所掌握了数量相当可观的"军田"，而其屯田所得也是作为军事系统的"屯田子粒"与行政系统的"赋税粮"分开征收。而各军屯的具体情况也是记入与一般黄册相独立的"屯田黄册"，因此明初的都司、卫所具有军事单位与地理单位的双重性质。[①]

永乐三年（1405 年）正月，朱棣"命天下卫所以去所定屯田赏罚例，用红牌刊识，永为遵守"[②]。朱棣之所以在此时将之形成制度，乃是因为正月宁夏屯田取得了很好的效果，宁夏总兵何福为此受到了朱棣的嘉奖。既然效果不错，朱棣遂正式制定了自己的屯田条例。

朱棣制定的屯田赏罚条例为每位屯田士兵皆会分得一块土地从事屯种，"岁食米十二石外余六石为率"[③]，"所收子粒内除十二石准作本军月粮，仍纳余粮六石上仓"[④]，"多者赏钞，缺者罚俸"[⑤]，每个屯田单位的生产配额和赏罚等情况都会在树立的"红牌"（红色布告）上进行记录。当然，朱棣也考虑到各地土地肥沃与贫瘠情

---

① 关于明初都司、卫所的相关问题，参见顾诚的《明前期耕地数新探》，此文收入顾诚《隐匿的疆土——卫所制度与明帝国》，北京：光明日报出版社，2012 年，第 1—32 页。

② 《明太宗实录》，卷三八，第 646—647 页，"永乐三年正月"。

③ 张廷玉等：《明史》，卷 77，《食货一》。

④ ［明］马文升：《马端肃公奏疏二·清屯田以复旧制疏》，第 519 页。

⑤ 张廷玉等：《明史》，卷 77，《食货一》。

况的不同以及士兵生产力的区别，在各地具体执行上又会有所调整。具体的调整方法朱棣在永乐三年（1405 年）三月命户部进行了商讨，最后决定征收的粮食数量"十减四五"[①]，这种减轻主要针对新开垦的荒田，并且朱棣还为这种减轻政策制定了期限，即"三年后依红牌考较"[②]。

为了使征收粮食的数量有所参考，朱棣还命令设置各种"样田"，以样田每年收获的粮食数量为参考对相应地区的军屯进行征收。

正是在这样的制度背景下，宁夏总兵何福才会在永乐三年（1405 年）正月因"天下屯田积谷，宁夏最多"[③]而受到朱棣的赐敕褒美。

另一方面，朱棣也对朱元璋制定的屯田与守备的比例进行了调整，它规定边疆险要之处，守多于屯，而地方偏僻，运输不便之处，屯多于守，此外，对于地方虽然险要但运输困难的地方，屯亦多于守。[④]这种调整所希望达到的目的自然是既维持边境明军相当的战斗力，使之不至于完全蜕变为农民，又使闭塞地区的屯卒能够自给自足以免除运输粮食的困难。对于六十以上的屯卒及残疾、年幼者，朱棣免除对他们的征收，屯军因执行公务而耽误耕种，朱棣也免于征收，不仅如此，朱棣还会划拨粮食给他们。当然，这是理论上的情况，在实际执行中，因为各种变数的存在，这种比例并没有得到严格执行。

朱棣的大规模屯田政策一度取得了很好的效果，至永乐九年（1411 年），陕西都指挥使司的存粮足够十年之用而明朝的边境部队也多能实现自给自足。不仅如此，朱棣还通过在东北、西北、西南少数民族地区甚至新吞并的交阯大兴屯田加强了对这些地区的控制，维持了疆域的稳定。但随着军屯的发展，卫所军不可避免地出现了战斗力与机动性的下降，因此，为了维持足够有力的国防力量，朱棣组建了京军三大营作为主要机动部队，他们分别是以京卫、中都、山东、山西、河南、陕西、大宁各都司及江南、江北诸卫所番上军士组成的五军营，以边外降卒及蒙古人组成的三千营以及在张辅平定交阯后，明朝得交阯火器法，朱棣用前安南胡朝国师黎澄为工部官，专司督造，立营肄习，改进了明朝已经拥有的火器技术，从而最终建立的神机营。三大营平时各为教令，自备营操，出征时则由朱棣本人担任最高统

---

① 《明太宗实录》，卷四〇，第 667 页，"永乐三年三月甲寅"。

② 《明太宗实录》，卷四〇，第 666—667 页，"永乐三年三月甲寅"。

③ 《明太宗实录》，卷三八，第 640 页，"永乐三年正月乙巳"。

④ 《明太宗实录》，卷三十，第 552 页，"永乐二年四月甲午"。

帅，永乐年间，其总兵力有近七十万人，逐渐形成了明军卫所制与营兵制并存的体系。关于这一点，笔者将在之后谈到京军时再专门探讨。

但是，由于军屯制度本身不够系统且细致的规定不仅使地方官员有空子可钻，导致屯田兵被强迫从事各种劳役，而朱棣的各种对外战争均会耽误屯种，加之异地屯军与强制移民也使人民出现逃亡从而降低了生产力，最后，贵族、宗教人士及富商对土地的兼并更是削减了关键的用于屯种的土地。因此，永乐十三年（1415 年）以后，军屯粮食开始逐渐减产，如《明太宗实录》记载永乐十三年（1415 年）全国屯田子粒一千零三十五万八千二百五十石石，而到了朱棣去世的前一年——永乐二十一年（1423 年），全国屯田子粒仅为五百一十六万九千一百一十五石石，几乎已经减少了一半，而行政系统的"赋税粮"则始终维持在 3100 万石的水平。可见，在永乐年间遭到破坏的主要是军屯，行政系统的"赋税粮"并未受到影响。朱棣在位时期明朝"赋税粮"及"屯田子粒"的收入如下表所示：

朱棣在位时期（1402 年—1424 年）明朝年"赋税粮"与"屯田子粒"

（单位：石）

年份	赋税粮	屯田子粒
建文四年（洪武三十五年，1402 年）	30, 459, 823	缺
永乐元年（1403 年）	31, 299, 704	23, 450, 799
永乐二年（1404 年）	31, 874, 371	12, 760, 300
永乐三年（1405 年）	31, 133, 993	22, 467, 700
永乐四年（1406 年）	30, 700, 569	19, 792, 050
永乐五年（1407 年）	29, 824, 436	14, 374, 240
永乐六年（1408 年）	30, 469, 293	13, 718, 400
永乐七年（1409 年）	31, 005, 458	12, 229, 600
永乐八年（1410 年）	30, 623, 183	10, 368, 550
永乐九年（1411 年）	30, 718, 814	12, 660, 970
永乐十年（1412 年）	34, 612, 692	11, 781, 030
永乐十一年（1413 年）	32, 352, 244	9, 109, 110
永乐十二年（1414 年）	32, 574, 248	9, 738, 690

年份	赋税粮	屯田子粒
永乐十三年（1415 年）	32，640，828	10，358，250
永乐十四年（1416 年）	32，511，270	9，031，970
永乐十五年（1417 年）	32，695，864	9，282，180
永乐十六年（1418 年）	31，804，385	8，119，670
永乐十七年（1419 年）	22，248，673	7，930，920
永乐十八年（1420 年）	32，399，206	5，158，040
永乐十九年（1421 年）	32，421，831	5，169，120
永乐二十年（1422 年）	32，426，739	5，175，345
永乐二十一年（1423 年）	32，373，741	5，171，218
永乐二十二年（1424 年）	32，601，206	缺

建文四年（洪武三十五年，1402 年）至永乐二十一年（1423 年）数据自《明太宗实录》，永乐二十二年（1424 年）数据自《明仁宗实录》。

永乐十三年（1415 年）二月，朱棣鉴于山西、山东、大同、陕西、甘肃、辽东军士屯田怠惰而派遣指挥刘斌、给事中张磐等 12 人前往督察时对他们说的一番话很能表明当时军屯衰落的情况：

> 朕即位之初于操习屯种已有定法，然久而玩玩而废，数年以来，徒为虚文。尔等往考其实，操习者必睹其骑射击刺之能，屯种者必视其储积多寡之实，悉具来闻，以行惩劝，庶几振起颓弊，尔等亦务廉公，乃称任使。[1]

朱棣虽然在此时认识到了他制定的屯田制度已经"徒为虚文"从而有心"振起颓弊"，但制度本身的缺陷以及朱棣强烈的扩张欲望造成的巨大消耗使他无法使屯田恢复到永乐初年的情况，而永乐中后期屯田的衰落与各地饥荒的扩大和民变的日益频繁也是同步的。正因如此，从总体来看，永乐年间的明朝仅仅达到了粗安的水

---

[1] 《明太宗实录》，卷一六一，第 1823—1824 页，"永乐十三年二月癸酉"。

平，还称不上是盛世。

正是因为卫所在永乐年间战斗力出现的问题，而朱棣又持续发动战争，因此维持一支战斗力稳定、规模庞大的军队就是必须的了，这就促成了常备军的出现，这就是永乐年间独特的亲征军，这支军队在朱棣驾崩后发展为京营三大营，成为了明朝又一项独具特色的军事制度。

我们知道，朱棣在靖难初期，行伍组织是比较初级的，直到他夺得了大宁的军马后才分设了中、左、右、前、后五军，这当然是模仿五军都督府的设置。又根据都穆《壬午功赏别录》的记载，靖难中的赏格，分为"五军"、"大旗下"、"哨马营"、"守城"、其他杂类五大部分，每一类中又分为奇功、首功、次功等不同等级，倘若同类、同功的军官，又分为领队、随伍。具体来说，这几部分的赏格如下：

五军功赏：

奇功

领队指挥，其升二级，其赏白金五十两、文绮八表里、钞六百贯。千户、卫镇抚、仪卫正副，其升俱二级，其赏俱白金三十两、文绮六表里、钞五百贯。百户、所镇抚、典仗，其升俱二级，其赏俱白金二十五两、文绮四表里、钞四百贯。总旗，其升二级，其赏俱白金十八两、绢三疋、布四疋、绵花五斤、钞三百贯。小旗，其升二级。其赏白金十五两、绢三疋、布四疋、绵花五斤、钞三百贯。

随伍指挥、千百户、旗军，其升俱二级，其赏俱白金十三两、绢三疋、布四疋、绵花五斤、钞二百五十贯。

首功

领队指挥，其升一级，其赏白金二十两、文绮六表里、钞四百贯。千户、卫镇抚、仪卫正副，其升俱一级，其赏俱白金十五两、文绮四表里、钞三百贯。百户、所镇抚、典仗，其升俱一级，其赏俱白金十三两、文绮三表里、钞二百五十贯。总旗，其升一级，其赏白金十二两、绢三疋、布四疋、绵花五斤、钞二百五十贯。小旗，其升一级，其赏白金十两、绢三疋、布四疋、绵花五斤、钞二百贯。

随伍指挥，千百户、旗军，其升俱一级，其赏俱白金八两、绢二疋、布四疋、绵花五斤、钞一百五十贯。

次功

领队指挥，其赏白金十五两、文绮四表里、钞三百贯。千户、卫镇抚、仪卫正副，其赏白金俱十三两、文绮三表里、钞二百五十贯。百户、所镇抚、典仗，其赏白金俱十二两、文绮二表里、钞二百五十贯。总旗，其赏白金七两、绢三疋、布四疋、绵花五斤、钞二百贯。小旗，其赏白金五两、绢二疋、布四疋、绵花五斤、钞一百五十贯。

随伍指挥、千百户、旗军，其赏俱白金四两、绢二疋、布四疋、绵花五斤、钞一百贯。

大旗下功赏：

把总、都指挥视都督，其赏白金二百五十两、文绮十六表里、钞二千贯。散都指挥视五军把总、都指挥，其赏白金二百两、文绮十二表里、钞一千五百贯。

奇功

领队指挥，其赏白金一百两、文绮十表里、钞一千贯。千户、卫镇抚、仪卫正副，其赏俱白金六十两、文绮八表里、钞九百贯。百户、所镇抚、典仗，其赏俱白金五十两、文绮六表里、钞八百贯。

随伍官旗军，其赏俱白金四十五两、文绮四表里、绢四疋、布五疋、绵花五斤、钞七百贯。

首功

领队指挥，视奇功千户，其赏白金六十两、文绮八表里、钞九百贯。千户、卫镇抚、仪卫正副，视奇功百户，其赏俱白金五十两、文绮六表里、钞八百贯。百户、所镇抚、典仗，其赏俱白金四十两、文绮四表里、钞七百贯。

随伍官旗军，其赏俱白金三十两、文绮二表里、绢三疋、布三疋、绵花五斤、钞五百贯。

次功

领队指挥，视首功千户，其赏俱白金五十两、文绮六表里、钞八百贯。千户、卫镇抚、仪卫正副，视首功百户，其赏俱白金四十两、文绮四表里、钞七百贯。百户、所镇抚、典仗，其赏俱白金三十五两、文绮三表里、钞六百贯。

随伍官旗军，其赏俱白金二十五两、文绮一表里、绢二疋、布二疋、绵花五斤、钞四百贯。

哨马营功赏：

奇功

领队指挥，其赏白金四十五两、文绮七表里、钞五百四十贯。千户、卫镇抚、仪卫正副，其赏俱白金三十一两、文绮五表里、钞四百五十贯。百户、所镇抚、典仗，其赏俱白金二十二两、文绮三表里、绢一疋、钞三百六十贯。总旗，其赏白金十六两、绢二疋、布四疋、绵花四斤八两、钞二百七十贯。小旗，其赏白金十三两、绢二疋、布四疋、绵花四斤八两、钞二百七十贯。

随伍指挥、千户、旗军，其赏俱白金十一两、绢二疋、布四疋、绵花四斤八两、钞二百二十五贯。

首功

领队指挥，其赏白金十八两、文绮五表里、钞三百六十贯。千户、卫镇抚、仪卫正副，其赏俱白金十三两、文绮三表里、绢一疋、钞二百七十贯。百户、所镇抚、典仗，其赏俱白金十一两、文绮二表里、绢一疋、钞二百二十五贯。总旗，其赏白金十两、绢二疋、布四疋、绵花四斤八两、钞二百二十五贯。小旗，其赏白金九两、绢二疋、布四疋、绵花四斤八两、钞一百八十贯。

随伍指挥、千百户、旗军，其赏俱白金七两、绢二疋、布三疋、绵花四斤八两、钞一百三十五贯。

北京等处守城功赏：

洪武三十二年至三十五年都指挥，其赏白金五十两、文绮八表里、钞八百贯。

领队指挥，其赏白金十五两、文绮四表里、钞三百贯，奇功加赏白金五两、文绮二表里、钞一百贯，首功加赏文绮一表里、钞一百贯。千户、卫镇抚、仪卫正副，其赏俱白金十三两、文绮三表里、钞二百五十贯，奇功加赏白金五两、文绮一表里、钞一百贯，首功加赏文绮一表里、钞一百贯。百户、所镇抚、典仗，其赏俱白金十二两、文绮二表里、钞二百五十贯，奇功加赏白金五两、文绮一表里、钞五十贯，首功加赏文绮一表里、钞一百贯。总旗，其赏白金七两、绢三疋、布四疋、绵花五斤、钞一百贯，奇功加赏白金五两、首功加赏钞一百贯。小旗，其赏白金五两、绢二疋、布四疋、绵花五斤、钞一百五十贯，奇功加赏白金五两，首功加赏钞一百贯。

随伍官，其赏白金四两、绢二疋、布四疋、绵花五斤，钞一百贯、文绮一表里，奇功加赏白金五两，首功加赏钞五十贯。旗军，其赏白金四两、绢二疋、布四疋、绵花五斤、钞一百贯，奇功加赏白金五两，首功加赏钞五十贯。编伍舍、余人等，其赏钞俱二百五十贯，奇功加赏钞五十贯，首功加赏钞三十贯。

洪武三十三年至三十五年都指挥，其赏白金四十两、文绮六表里、钞六百贯。领队指挥，其赏白金十三两、文绮三表里、钞二百五十贯，奇功加赏白金五两、文绮二表里、钞一百贯，首功加赏文绮一表里、钞一百贯。千户、卫镇抚、仪卫正副，其赏俱白金十二两、文绮二表里、钞二百五十贯，奇功加赏白金五两、文绮一表里、钞一百贯、首功加赏文绮一表里、钞一百贯。百户、所镇抚、典仗，其赏俱白金十四两、文绮一表里、钞二百贯，奇功加赏白金五两、文绮一表里，首功加赏文绮一表里、钞一百贯。总旗，其赏白金五两、绢二疋、布二疋、绵花五斤、钞一百五十贯，奇功加赏白金五两，首功加赏钞一百贯。小旗，其赏白金一两、绢一疋、布四疋、绵花三斤、钞一百贯，奇功加赏白金五两，首功加赏钞一百贯。

随伍官，其赏绢一疋、布一疋、绵花二斤、钞一百贯、文绮一表里，奇功加赏白金五两，首功加赏钞五十贯。旗军，其赏绢一疋、布一疋、绵花三斤、钞一百贯，奇功加赏白金五两，首功加赏钞五十贯。编伍舍、余人等，其赏俱钞一百贯，奇功加赏钞五十贯，首功加赏钞三十贯。优给幼官，其赏白金一两五钱、钞五十贯、文绮一表里、绵花三斤。旗军，其赏白金一两五钱、钞五十贯、布二疋、绵花二斤。

（以下各杂项不再一一列出）[①]

对比这些繁琐的记载我们可以很明显看出，与"五军""大旗下""哨马营"对应的"征讨""征讨卫驾""从征哨马营"赏格是远远高于守城和其他杂类的，因此这三部分构成了朱棣靖难军的主力部分。那么，五军、大旗下、哨马营三部分之间

① 　[明]都穆:《壬午功赏别录》，第576—579页。

又是否存在区别呢？答案是肯定的。我们观察这三部分中军官的级别，能够发现五军、哨马营中的普通军官主要是指挥、千百户，而大旗下里面则存在级别较高的都指挥，他们之间赏格的对比能够发现一些问题。

"大旗下"的"把总都指挥"对应"五军"中的"领队指挥"，而把总都指挥的赏格明显高于领队都指挥，以获得的白金为例，把总都指挥为二百五十两，领队指挥只有五十两，仅为把总都指挥的零头。"哨马营"里的"领队指挥"则是四十五两，基本和五军中的领队指挥相当。而这三者都普遍高于"北京等处守城"中的"都指挥""领队指挥"。如此一来，靖难军中的等级就十分明显了，"大旗下"显然就是朱棣最为信任的"精锐"，无疑也是前述靖难之役过程中不离朱棣左右的最重要部队，这些精锐甚至亲信如张玉都未必能统帅，这也是张玉在东昌之战中会稀里糊涂阵亡的原因之一。位于"大旗下"之后的就是"五军"，五军虽然精锐程度不如大旗下，但却是规模最大的一部分，也是构成朱棣靖难军的主要部分。"哨马营"地位略低于"五军"，但身份特殊，主要承担侦查、巡哨等任务，一般不直接参战，属于承担特殊任务的特殊部队。

靖难军的这种编制体系凭借其惯性延续到了永乐初期，其下限则为永乐八年（1410 年）朱棣第一次亲征漠北组建的亲征军。永乐八年的亲征军为朱棣即位后第一次组建亲征军，其可参考的最近例子只有靖难军，因此保留一定靖难军的特点自在情理之中，不过朱棣身份毕竟已经发生了变化，因此亲征军的编制也有所发展。

永乐八年的亲征军中，朱棣沿袭靖难军的编制，仍旧分五军设立了中军、左右哨、左右掖等编制，而哨马营则变成了游击将军统领的前哨。不过，在这次的亲征军中，有一个独特的编制，就是朱棣所在的"大营"。李新峰先生结合金幼孜、黄福等人对"大营"模糊的记载认为所谓大营此时只是对皇帝所在营伍或五军大众的随意称呼，不是正式编制，对此，我非常赞同。因为朱棣本人对大营的范围此时也没有一个明确的界定，而是时而指称自己所在的中军大帐，如他说"哨马营离大营三十里"[1]，此时的"大营"无疑指的是自己所在的中军大帐，时而又将五军大众和自己所在的大帐合并称为"大营"，如"大营中军有粮米，务要均匀接济"[2]，此处则是将五军大部也纳入了进来。总的来说，永乐八年的亲征军仍旧是由靖难军编制发

---

[1] [明] 王世贞：《弇山堂别集》，卷八八，《诏令杂考·北征军情事宜》，第 1678 页。

[2] [明] 王世贞：《弇山堂别集》，卷八八，《诏令杂考·北征军情事宜》，第 1685 页。

展来的由皇帝精锐、五军各营、哨马营等组成的，靖难军色彩浓重。

有了永乐八年的经验，到了永乐十二年亲征军第二次组建时，编制就发生了较大的变化，而日后明军中一些富有特色的编制也从此时开始出现，因此，这也是永乐年间最为重要的一次亲征军编制。

永乐十二年亲征军的编制，单纯从编制记载来看，和永乐八年似乎没有什么区别，也是分为大营、中军、左右哨、左右掖、先锋等部分，但是这只是表面现象。我们同样从这次北征结束后的赏格入手，能够看出亲征军内涵发生的深刻变化。根据《明太宗实录》的记载，这次亲征结束后的赏格分为以下层级：

随驾三千官军内：
　　领队者、随伍官；

领神机铳手：
　　其摆队内：领队者；
　　其守营：领队者、随伍官；

大旗大营马队并哨马官人等：
　　领队；
　　接应者；
　　其摆队内：领队、守御；
　　守御：领队、随伍官；

领围子手：
　　把总都督；

随侍幼官、幼军并旗手卫旗鼓手；

五军：

马队官军曾下马当先杀贼者、马步队齐力接应官军者、马步队摆队官军、马步队守营官军；

传令营：

把总指挥；

舍人、随营举什器及革除戍守并运粮官军。①

这次赏格层级很明显，所有将士的功劳都可以分为直接参加战斗者、接应者、摆队者和守御者，除了依旧存在的五军等编制外，这次的赏格中最值得关注的就是"随驾三千官军内"和"领神机铳手"，他们和"五军"最终发展成了明军京营三大营的三千营、神机营、五军营。

"随驾三千官军"最早的记载见于《明太宗实录》永乐十一年（1413年）内的记载。这年年底，"右军都督同知薛斌言：'都督吴成等于斌所领随驾官军随驾三千马队官军内，多选旧鞑靼人隶其麾下，致原任多缺'上命与在京及直隶扬州、高邮、泗州诸卫，并浙江各都司，选精壮者补之"②。从这段记载我们很明确能够知道，这三千官军全部都是骑兵，而且多为鞑靼人。从永乐十二年北征赏格他们居首则可以认为他们正是朱棣的亲卫部队，这一类型部队靖难之役中也是存在的，但是此时终于正式分化出来了，这就是日后明军三大营之一的三千营。

虽然如此，我们还能看出此时这三千人还不是固定编制。最明显的一点，吴成当时担任区区后军都督佥事，是明军中再普通不过的一名高级将领。如此身份的他竟然能够随意调动朱棣十分重视的这些精锐人员，朱棣既没有事先阻止也没有事后责罚，仅仅是从各地都司、卫所中选取军士补充。这就反映出了一个问题，就是"随驾三千官军"虽然此时已经逐渐从明军中分化出来，并且在战时是以朱棣亲卫部队的身份受到极高信任与倚重，但他们还不是固定编制，他们只有在战时才会根据亲征军的情况进行编成，一旦战事结束，他们还是会回归各地都司、卫所进行管

---

① 《明太宗实录》，卷一五四，第1777—1784页，"永乐十二年八月丙辰"。

② 《明太宗实录》，卷一四五，第1716页，"永乐十一年十一月乙未"。

理，这也是吴成可以进行调动的制度基础。称此时三千营这个编制开始出现是正确的，但说此时三千营已经形成则是不恰当的，因为他们还没有形成稳定的编制。

与"随驾三千官军"类似的就是"领神机铳手"了，他们形成了后来明军三大营的神机营。这支部队在永乐十二年北征的决战忽兰忽失温之战中立下了最重要的功勋，可见其精锐程度。但这并不是火器部队第一次出现在朱棣的亲征军中。永乐八年第一次北征时，柳升就曾经统帅持有火器的部队充做先锋，但是在各种关于这次北征的记载中，多是骑兵立功，火器部队并没有什么出色的表现。正是因为神机铳手在第二次北征中令人眼前一亮的表现，导致后世多认为朱棣是因为击败安南后，通过从安南学习到的火器技术才组建起了神机营。这不能说全无道理，然而却是不全面的。

诚然，明军在永乐五年（1407 年）灭亡了安南胡朝，将胡朝宗室几乎全部俘虏。在浩大的献俘仪式后，朱棣单单赦免了其中的黎澄、黎芮，用他们为工部官。可以相信，他们确实帮助明军改善了当时明朝拥有的火器技术，这也最终促成了永乐十二年北征中立下重要功勋的火器部队。关于这一点，从李诩关于投靠明朝的安南人邓明的记载可以得到佐证：

> 上乃命户部郎中王进、指挥陶弘乘传趣公至京，锡［赐］之筵宴，拜资善大夫、行在工部尚书，赐第京师，仍给钞锭、白金、衣襦、器用。命扈驾北征，乃与同附大鸿胪陈公季暄、工部尚书黎公澄创神机营，建盔甲厂，制神枪神铳，退鞑虏于九龙山下。未已遘疾，以永乐十年五月初一日卒于王事，享年六十有一。[1]

李诩提到的邓明"扈驾北征"指的是永乐八年的第一次北征，则邓明之归附必然是在明军第一次平定安南之后，和黎澄、黎芮一同被朱棣任用。但倘若就此就要说明军的火器技术是得自安南则是不恰当的。从朱元璋起家直到靖难之役这段时间的历史记载中，明军的前身及明军已经有了很多使用火器的记载，不过那时火器部队并没有单独成军，而多是配属其他主力部队使用。说安南的技术改善了明军的火器是准确的，但是说明军火器技术完全得自安南则是一种误解。

---

[1]　［明］李诩：《戒庵老人漫笔》，卷六，《安南邓尚书》，第 220 页。

另一点值得关注的是，"领神机铳手"与"随驾三千官军"类似，此时虽然已经出现，但也没有形成稳定的编制。虽然李诩记载说邓明等安南人"创神机营，建盔甲厂，制神枪神铳"，并"退轶虏于九龙山下"，似乎神机营从永乐八年之后已经形成了稳定的建制。这其实是一种误解，因为这段记载中同时提到"建盔甲厂，制神枪神铳"，这就提示了这个所谓的"神机营"此时更可能指的是制造、维修、操练火器的机构，并非一个固定的行伍建制。对此，除了永乐十二年的北征中虽然屡次提到神机铳手，但他们并不是作为一个独立建制出现，而是分别隶属朱棣及一些高级将领麾下，仍旧同"随驾三千官军"一样，属于战时临时编成性质。

事实上，神机营这一配属性质到了永乐后期连续的三次北征中有了更进一步的发展，在这三次的北征中，神机部队稳定配属各营使用，这无疑是永乐十二年制度的发展，同时，"随驾三千官军"亲随部队的地位也在这三次被征中得到了进一步确立。但即便如此，这两支部队此时仍旧属于战时编成，虽然随着皇帝在战争中角色的变化得到了发展，但在和平时期尚未形成稳定建制。

随着"三千营""神机营"概念的出现，"五军"的角色也发生了变化。永乐十二年第二次北征中，"大旗大营马队及五军总兵官"基本对应了永乐八年第一次北征中的"大旗下""哨马营"。但与第一次北征中朱棣将"大营"与"五军"混称不同，这次北征中不仅朱棣将大营交给柳升统领，他自己在各种命令中也总是将"大营"与"五军营"分开称呼，这一记载很明显反映出此时的"大营""五军"比起第一次北征中混称的情况已经成为了两个分化出来的独立概念，成为了两个独立的军队编制，哨马营则不再独立成营，而是改为上统于大营，大营此后特指统领骑兵、围子手、神机部队等特殊部队的机构，"五军"则代指了精锐的主力部队，如此一来，"五军营"的最终诞生也就顺理成章了。

那么，既然"五军营""三千营""神机营"在永乐年间大部分时期都是作为战时编制存在于亲征军中，那么有这三部分构成的"京营"又是怎么形成的呢？

所谓"京营"，是作为常驻京师以备征伐的大军，其最大的特点就是它具有的常备训练体制，是明朝的一支常备军，与朱元璋建立的战时成军，平时还卫的卫所制度形成了对比。正是基于这个特点，又如前文所述，组成京营的三大营既然在永乐年间只是作为战时编制，并没有确实形成，因此京营本身自然不可能在永乐年间明确形成。但是，京营的建立却又和朱棣有脱不开的关系。

"京营"在永乐年间的发展过程有两个重要标志。第一个就是随着永乐八年、永乐十二年两次北征组建亲征军，"五军营""三千营""神机营"的编制逐渐出现并清晰化，这就为"京营"的最终出现奠定了最重要的编制基础。但是永乐八年、永乐十二年北征结束后，亲征军大部都解散了，并没有继续维持常备军的形态。既然在战后和平时期没有继续维持，自然也就不能说此时形成了"京营"。如此一来，就是第二点了。随着永乐十九年朱棣正式迁都北京，他所携带的庞大的驻京部队再没有解散，朱棣在晚年的永乐二十年、永乐二十一年、永乐二十二年又连续三年发动北征，因此每次战争结束后，亲征军自然也来不及解散。虽然这是非常时期的非常措施，并非朱棣真正确立了常备军制度，最明显的一点便是在《明太宗实录》中，除了战时，亲征军中各营的名称是不出现的，可见在和平时期，虽然大军并未解散，但也并未保留编制。虽然如此，朱棣这一做法却在朱棣驾崩后成为了"故事"，成为了明朝"祖制"的一部分。因此，永乐二十二年（1424年）随着朱棣驾崩，亲征大军返回北京，即位的朱高炽并未将大军解散，而是保留其编制并将其留在京师，就此正式形成了"京营"，故此，我们也可以说，正是朱棣的非常措施最终促成了京营的形成。

统观朱棣在位时期明朝军事制度的发展，他和乃父一样，都是因时而动，根据需要改变着王朝的制度。朱棣虽然一再宣称自己严格遵守祖制，但他在军事制度上的做法和他在许多其他方面的做法一样，都并没有严格恪守祖制。朱元璋顺应形势，在元朝与红军制度的基础上，创立了明朝独具特色的军事制度：卫所制度。朱棣因为通过非常手段继承皇位，注定了他不可能像其父后期那样统治，即依靠藩王、卫所的国防体系。又随着迁都北京，京师靠近北方边界，在京师维持一支庞大的军事力量成为必须。因此，永乐后期已经逐渐形成一定编制制度的亲征军就不再解散，而是常驻京师，最终在朱棣驾崩后以"故事"的原则形成了明朝相当重要的一直常备军事力量——由"五军营""三千营""神机营"构成的"京营"，也称"京军"或"京军三大营"。虽然京营制度在景泰、嘉靖年间又有变化，但其根本制度正是朱棣在位的永乐年间确立的。

我们不难看出，由高级将领分别统领的京营作为明朝一支重要的军事力量，这些将领的权力是相当大的。朱棣作为一位雄才之主，自然不会放松对他们的控制，这就要说到永乐年间继续发展的以锦衣卫、东厂为代表的明朝特色的司法制度了。

5. 从锦衣卫到东厂

在探讨明朝闻名遐迩的锦衣卫、东厂两个组织时，有一点是我们需要明确的，这便是无论锦衣卫还是东厂，他们本质上属于明朝的司法机关，不过由于其与皇帝关系的密切，让他们显得十分特殊。

锦衣卫的前身是拱卫司下属的仪鸾司。拱卫司设立的时间很早，时间正是朱元璋自立为吴王的至正二十四年（1364 年），此时是正七品衙门。随着朱元璋对制度的完善，拱卫司改名拱卫指挥使司，品秩也跟随调整为正三品，后来再改称都尉司，最终在洪武三年（1370 年）随着朱元璋一系列制礼作乐的行动改名为亲军都尉府，当时管辖左、右、中、前、后五卫。洪武十三年，明朝发生了影响深远的胡惟庸案，两年后的洪武十五年，朱元璋罢仪鸾司，正式改设锦衣卫，品秩由正五品升为从三品。

初一设立的锦衣卫就地位不凡，位列亲军上十二卫之首，设立指挥使一人、指挥同知二人、指挥佥事四人。下属有"御椅"等七人，品秩均为正六品。在洪武年间，出任锦衣卫指挥、同知、佥事的多为勋戚，由此进一步拔高了锦衣卫的地位。另一方面，锦衣卫的编制也是破格的。锦衣卫本身是一个卫所，明朝制度，一个卫所下面一般领有五个千户所，但是锦衣卫下面的所却有十七个之多，相当于三个卫还有多。

锦衣卫设立的时间是胡惟庸案后的震荡期，可见朱元璋此时设立这个机构与他胡惟庸案后的政治需要是密切相关的，这也就注定了锦衣卫并非像其他卫所那样单纯是一个军事机关或者是一个兵农复合体。锦衣卫的职权分为几部分，首先，作为侍卫亲军第一卫，锦衣卫在朝会、巡幸等场合，都要负责卤簿、仪仗，其下的大汉将军还要扈从皇帝，宿卫则是分番入直。除了负责皇帝的事务，五军官舍比试武艺，锦衣卫指挥使、兵部尚书或侍郎也要出席。这些都是锦衣卫符合其名称的职权。另一方面，就是我们熟知的锦衣卫的职权了，也就是负责侦缉、司法，这些内容，锦衣卫需要和刑部、都察院、大理寺构成的三法司共同执行，再加上锦衣卫从皇帝那里获得特权掌管诏狱，就让锦衣卫成为了直接对皇帝负责的有一定独立司法权的特殊机构，其中诏狱由锦衣卫北镇抚司专门负责。

可以说，锦衣卫在朱元璋后期清洗功臣的各种行动中都有突出的表现，但是朱元璋在洪武后期却下令焚毁了锦衣卫刑具，关闭了诏狱。一般我们将之理解为朱元璋在功臣已经清洗得的差不多后的安抚之举。这无疑是其中因素之一，但却并不全面。朱元璋此举当在蓝玉案结束之后，而锦衣卫在洪武二十六年（1393 年）的蓝玉案中，将广加株连的做法发挥得淋漓尽致，从而成就了朱元璋又一次对功臣的大规模清洗，因此在这一切结束后，朱元璋对卫所派系、功臣子弟的调整都已经结束，确实没有必要继续维持锦衣卫这一酷政，做出一个焚毁刑具、关闭诏狱的姿态也在情理之中。

另一方面，锦衣卫中也有官员深入介入到了蓝玉的行动中去。我们审视朱元璋主持编纂的记载蓝玉案诸人供词的《逆臣录》中，能够发现锦衣卫指挥陶幹的名字。锦衣卫作为朱元璋逐步发展起来的专司侦缉的特殊机构，理应是皇帝的绝对亲信，但是竟然也有人牵连进蓝党案，无疑对朱元璋造成了极大震动。根据锦衣卫指挥佥事陶幹的供词，他曾在洪武二十六年（1393 年）二月初七日去蓝玉家中拜访，蓝玉对他说："陶指挥，我有一件事与你商量，我如今要反也，你也来从我。"陶幹应允了蓝玉后返回。[1] 不仅如此，陶幹还招供他曾在洪武二十六年（1393 年）正月十八日同都督张政等人在蓝玉家饮酒，蓝玉对他们说："张政你如今做了都督了，大军权在你每手里，我有一件大事与你每商量。我亲家靖宁侯为胡党事一家都废了，料想也有我的名字，不如趁早下手做一场，久后事成了时，我着你每都享大富贵。"张政则回答："不妨，大人尽向前，我每摆布军马听候。"[2] 张政正是五府中前军都督府的都督，通过这几段供词能够看出蓝玉已经开始对五府都督、锦衣卫等相关人员进行整合，计划已经深入到了相当的程度。而锦衣卫有官员卷入其中无疑也提醒了朱元璋，这样一个由卫所脱胎而来的机构，不可能完全不受功臣的影响，这与上面的因素共同促使了锦衣卫在洪武末期的境遇。

这一情况随着朱棣的即位发生了改变。朱棣通过非常手段登上皇位，因为夺取权力手段的非法性，让他对锦衣卫这类机构的需求显著提高，因此他很快就恢复锦衣卫的设置，还加强了其权力。永乐年间最著名的锦衣卫指挥使自然是闻名遐迩的纪纲。但是朱棣任用酷吏的开端却并不是纪纲，而是另一个人——都察院左都御史

---

[1] 《逆臣录》，第三卷，《锦衣卫指挥陶幹等》，第 154 页。

[2] 《逆臣录》，第三卷，《锦衣卫指挥陶幹等》，第 155 页。

陈瑛。

陈瑛与朱棣在建文年间就已经有交集了，笔者前面曾经谈到，建文元年（1399年）三月，陈瑛到任北平按察使，作为地方三司之一的按察使拥有极大的权力，朱棣便试图结交陈瑛。没想到陈瑛十分配合，他欣然接受了朱棣赠送的金钱，结果很快被北平按察司佥事汤宗向朝廷告发，陈瑛被逮至京师，贬谪广西。[①] 陈瑛从此对建文君臣刻骨仇恨。当然，当时的陈瑛或许不会想到，朱棣有朝一日竟然真的成为了皇帝，自己也因此迎来了翻身的日子。

建文四年（1402年）七月，也就是朱棣即位不满一个月，陈瑛被任命为都察院左副都御史。都察院为明朝国家最高监察机关，这一性质使得都察院的权力可以渗透到明朝国家权力结构的各个环节中。都察院长官若任用得人，可以对国家官员起到很好的监察作用，但倘若以酷吏掌之，则会成为君主进行政治清算的工具。朱棣在这个位置上任命陈瑛这样一位对建文君臣怀有深刻仇恨的人，自然不能说他是无意的，这必然是一种刻意的安排，目的则是为了方便自己将要进行的政治清算。

陈瑛虽然为朱棣进行的政治清算做出了不可磨灭的"贡献"，但身为都察院官员的他，即便是诬陷，也还是要寻求所谓"合法"根据来符合其拥有的检察权力。从前文所述陈瑛对盛庸、耿炳文、李景隆的弹劾中我们能够明显看出，即便十分牵强，他的弹劾也都是有根据的，不过这种根据被他对建文君臣的仇恨严重扭曲了。甚至在驸马梅殷的奇特案件中，我们也能看到陈瑛的影子，不过他与后来官方多从私德方面攻击梅殷不同，他弹劾梅殷的罪名是说梅殷畜养亡命，图谋不轨，甚至对朱棣行诅咒诽谤之事。

在担任都察院左副都御使后，《国榷》有一段明确的记载：

> （陈）瑛性残刻，怨革朝甚深。暨入朝，曰："不以叛逆处彼，则我辈何名？"举朝大吏皆不答。[②]

虽然在陈瑛任都察院左副都御使后不久朱棣就宣布"禁执无辜人幸赏"[③]，但对

---

① [明] 李贽，《续藏书》，卷五，《逊国名臣·汤宗》，第88页。

② [明] 谈迁，《国榷》，卷十二，第866页，"建文四年七月"。

③ [明] 谈迁，《国榷》，卷十二，第866页，"建文四年七月"。

比此后的情况可知是否"无辜"，其弹性其实很大，从其后刑部尚书侯泰、苏州知府姚善被诛，吏部尚书张紞亦因朱棣一言而自尽，吏部左侍郎毛泰亦死，胡闰的案件中，陈瑛更是"所籍数百家，号冤声彻天"，可知此说法之讽刺。

永乐元年（1403年），陈瑛又升任都察院左都御史，成为都察院的最高长官。十月，朱棣反复阐述了自己用刑谨慎和宽大的思想，然而他却将落实这一思想的任务交给了陈瑛。事实也证明，陈瑛在此后的表现不仅不宽大，反而日趋严厉。永乐八年朱棣结束第一次北征后，陈瑛看准了朱棣已经不再信任曾经夸奖过的屯田有功的何福，于是抓住机会对其发起弹劾，最终促成了何福自尽。此时已经是朱棣即位八年之后了，何福虽然曾为建文朝廷效力并与朱棣对抗，但被俘后归降较为干脆，永乐年间他作为镇守总兵也十分称职。如果不是因为他在北征中太抢风头的表现，他是不会失去朱棣的信任的。而我们可以想见的是，如果何福没有失去朱棣的信任，陈瑛未必会在此时对他穷追猛打。因此，清修《明史》中对陈瑛做法的总结可以说是非常精辟的：

> （陈）瑛为都御使数年，所论劾勋戚、大臣十余人，皆阴希帝指。[1]

勋戚、大臣之中，盛庸、耿炳文、李景隆、梅殷、何福等人无疑全都包含其中，而"皆阴希帝指"一句更十分明显，若无朱棣指示，纵使陈瑛再如何弹劾，也不能弹劾得动。陈瑛为朱棣政治清算中打手的身份，可谓十分明显了。朱棣利用陈瑛心中的仇恨以之为打手，既能对建文旧臣进行报复又不用亲自承担恶名，这也注定了陈瑛在失去利用价值后的悲惨结局。

然而历史人物都是人，陈瑛也并非一个脸谱化的残忍酷吏，非黑即白地看待历史人物往往会使人走入误区。陈瑛固然是酷吏，然而其人亦颇有经济学知识。永乐二年（1404年）八月，鉴于纸钞贬值，钞法不通，陈瑛向朱棣进言：

> 岁比钞法不通，皆缘于朝廷出钞太多，收敛无法，以致物重钞轻。[2]

---

[1]　[清]张廷玉等：《明史》，卷308，《陈瑛传》。

[2]　《明太宗实录》，卷三三，第589页，"永乐二年八月庚寅"。

这段话是对经济学概念"通货膨胀"的完美阐释，而陈瑛其后提出的"户口食盐之法"①对于回收纸钞有一定成效，经户部对细节稍加调整即在全国实行了，虽然这一措施因为没有触及"大明宝钞"贬值问题的根本，因此并不能真正解决问题，却也能够看出陈瑛并不是一个脸谱化的酷吏。不过陈瑛在这方面的表现是很有限的，在永乐年间的大多数时间，他仍旧以朱棣打手的形象出现。对此，皇太子朱高炽亦不敢加以干涉，足见陈瑛之得势。

永乐九年（1411 年），随着整肃的告一段落与陈瑛的过分自我膨胀，二月，陈瑛被弹劾入狱，死于狱中，其家也被籍没，"天下快之"②。陈瑛在被朱棣充分利用后又做了朱棣平息天下舆论的牺牲品。陈瑛的悲剧，在于他既未认清自己的地位也未看清朱棣。他始终只是朱棣的工具，用时自然恩宠备至，失去价值时就弃如敝屣了。后来的内阁成员解缙曾对陈瑛有过一个评价，说他"刻于用法，而能持廉"③，这应该说是一个很中肯的评价了。然而解缙或许看清了陈瑛，但他却忽略了另一个人并最终死在了他手上，这就是永乐年间的锦衣卫指挥使纪纲。

纪纲，济南临邑人，幼年曾受学于王省，后来因为不守本分被逐出师门。朱棣靖难经过济南，纪纲主动投效，"由郡庠生从上平内难，累官锦衣卫指挥使，升都指挥金事，日渐信任"④。纪纲执掌锦衣卫后，为朱棣干了很多脏活累活，其中最著名的莫过于害死解缙。

解缙因为反对朱棣进攻安南，而且作为皇太子朱高炽一派，他也深受朱高煦的忌恨。永乐五年（1407 年），解缙被谪为广西布政司右参议，次年四月又被谪为交阯布政司右参议。永乐八年（1410 年），解缙回朝奏事，恰逢朱棣第一次北征，他谒见皇太子朱高炽后即返回了，这一点终于使他激怒朱棣而获罪入狱。永乐十三年（1415 年），纪纲上囚籍，朱棣见解缙姓名，便问纪纲："缙犹在耶？"⑤纪纲得此暗示，便请解缙喝酒，待解缙喝醉后将其埋入积雪中冻死，解缙时年四十七岁。

同样死在纪纲手上的还有著名的廉吏浙江按察使周新。纪纲派遣一位锦衣卫千户前往浙江侦缉，这位千户自然利用这一机会作威作福，收取贿赂。周新得知此

---

① 《明太宗实录》，卷三三，第 589 页，"永乐二年八月庚寅"。

② ［清］张廷玉等：《明史》，卷三〇八，《陈瑛传》。

③ ［明］解缙：《解学士文集》，卷十，《皇明阁学记》。

④ 《明太宗实录》，卷一七八，第 1940 页，"永乐十四年七月乙巳"。

⑤ ［清］张廷玉等：《明史》，卷一四七，《解缙传》。

事后，决定逮治这个千户。然而这件事情不幸泄密，这位千户得到消息，逃回了京师。后来，周新因公入京，结果在涿州正好遇上这个千户，他毫不犹豫地将其抓捕并关入涿州狱中。本来这件事情这样就可以结束了，却又发生了变故，周新还没进京，这位千户却从狱中逃脱提前赶到了北京。纪纲有了准备，待周新进京，立刻对其进行诬告，朱棣大怒，立即下令逮治周新。"旗校皆锦衣私人，在道榜掠无完肤。既至，伏陛前抗声曰：'陛下诏按察司行事，与都察院同。臣奉诏擒奸恶，奈何罪臣？'帝愈怒，命戮之。临刑大呼曰：'生为直臣，死当作直鬼。'竟杀之"①。周新直到纪纲失宠被杀后才获得平反。

纪纲深受朱棣信任，权势如日中天，不可避免地开始了自我膨胀。"而时思骄横，朋比罔上。与指挥佥事庄敬等兴贩私盐，居处、服食、器皿，僭拟上用。畜歌童、舞女于家，出入迎导。诈传诏旨，役临邑之民，营创私擅，作威福以危法中人，受四方赂遗及侵盗官物不可胜纪，气势倾中外"②，这其中最著名的事件就是纪纲和驸马都尉薛禄争夺一个女道士，纪纲本来想纳这位女道士为妾，结果被薛禄先得到了。恼羞成怒的纪纲在内廷遇上薛禄，竟然直接用铁锤向他砸去，导致薛禄"脑裂几死"。发生如此恶行事件，薛禄却拿纪纲无可奈何，可见纪纲声势之盛了。

对于纪纲的所作所为，朱棣未必完全不知道，不过纪纲作为自己的打手，朱棣无疑有意无意包庇了这位锦衣卫指挥使，这也是纪纲声势能够达到如此地步的根本原因。当然，这也是纪纲最后覆灭的根源。既然纪纲的权利得自朱棣，那么当朱棣想要收回去的时候，纪纲就全无还手之力了。永乐十四年（1416 年）七月，在异己分子已经清洗得差不多后，继续留着纪纲这个民愤极大的鹰犬已经没有必要了，"事觉，时敬在海上，逮至。上命磔纲、敬于市，籍其家，无少长咸谪戍边"③，又一次"天下快之"。

通过陈瑛、纪纲的例子，朱棣显然觉得外臣始终是难以完全依靠的，要想贯彻自己的意图，必须另觅人选，而这一人选就是宦官。朱棣重用宦官可谓由来已久，通过前面的章节我们已经知道，还在燕王时期，朱棣就重用女真宦官刘通、刘顺兄弟为自己刺探情报，而这两人在后来的靖难之役中都建立了不小的功勋。刘通：

---

① ［清］张廷玉等：《明史》，卷一六一，《周新传》。

② 《明太宗实录》，卷一七八，第 1940—1941 页，"永乐十四年七月乙巳"。

③ 《明太宗实录》，卷一七八，第 1941 页，"永乐十四年七月乙巳"。

岁己卯（建文元年、1399 年），随驾肃清内难。公奋身郊 [效] 劳，首平九门；攻取雄县、漠州，收捕永平、刘家口；复大宁，回还郑村坝大战；继克大同、蔚州、广昌等处。明年庚辰（建文二年、1400 年），大战白沟河；取济南，平沧州，定东昌。辛巳（建文三年、1401 年），鏖战藁城，击西水寨。壬午（建文四年、1402 年），破东河、汶上，征小河、齐眉山，讨灵璧，攻泗州。夏五月，过淮河，伐盱眙，屠扬州，戮仪真。六月，渡大江，夺金川门，平定金陵，肃清宫禁。节次大战，屡著功能。上登大宝，授公尚膳监左监丞。①

从刘通的这份墓志的记载可以看出，他几乎参加了靖难之役的全过程并在其中屡立战功，因此当朱棣即位后，获得了尚膳监左监丞这一职位作为封赏。他的弟弟刘顺在靖难之役中的经历也与之类似：

靖难兵起，公与诸将夺九门，鏖郑村坝，鏖白沟，大战东昌、灵璧，遂渡江，克金川门，皆有功。②

刘顺因为自幼为朱棣抚养，最后官至御马监太监这一高位，甚至超过了他的兄长刘通。不仅如此，刘通、刘顺兄弟后来还跟随朱棣亲征蒙古，继续发挥自己的作用。在靖难之役中，立功的宦官不止刘氏兄弟，内侍狗儿（王彦）也曾在白沟河大战中拼死作战，而最著名的一人则是后来七下西洋的郑和。根据佚名所著《郑和传》记载：

郑和，云南人，初以奄人事燕王于藩邸，王举兵，和从军有功，暨即帝位，擢为太监。和有智略，知兵习战，帝甚倚信之。③

关于郑和的事迹，笔者将会在后面的章节专门谈到，这里通过这段不长的记载

① [明] 陈骏：《故太监刘公墓志铭》，收入《北京图书馆藏中国历代石刻拓本汇编》，中州古籍出版社（河南），1989 年，第 51 册，第 75 页。

② [明] 王直：《太监刘公墓表》，收入《北京图书馆藏中国历代石刻拓本汇编》，中州古籍出版社（河南），1989 年，第 51 册，第 105 页。

③ 郑鹤声、郑一钧编：《郑和下西洋资料汇编·第一章郑和的家世、宗教信仰和才能·第三节郑和的才能》，第 49 页；《古今图书集成·明伦汇编·宫闱典》，第一百三十二卷引《明外史》。

能够看到他在靖难之役中同样从军有功。通过这四人的例子可以透视出朱棣靖难军中这类从军宦官不在少数，应该是一支专门的势力。当然，宦官在靖难之役中的贡献还不止于此，因为朱允炆驾驭宦官十分严格，建文朝廷中很多宦官看不到出路，他们又知道朱棣对宦官的重用，因此在战争后期有不少朝中宦官逃到朱棣处，正是他们将南京城内兵力空虚的情报告诉了朱棣，促使朱棣最终下定决心不在山东继续纠缠而是绕道长驱南京，最终取得了这场内战的最终胜利。这些因素综合起来，共同促成了宦官势力在永乐年间的正式崛起。

既然朱棣重用宦官由来已久，那么当他即位成为皇帝后，延续这一政策就是理所当然的了。朱棣即位后，任命了一批从军有功的宦官担任要职，前面提到的刘通、刘顺、郑和都是其中的成员，郑和更是当时宦官衙门中最重要的内官监太监，品秩正四品。关于郑和的事迹，笔者将在后文详述，这里就不多谈了。实际在永乐年间，像郑和这样担任外交使节的宦官不止一个，除了因为七下西洋而著名的郑和外，还有他的副手王景弘，二人在朱棣驾崩后还共同镇守南京。此外还有五次出使中亚的李达，他和明朝著名外交使臣陈诚共同出色完成了与中亚帖木儿帝国建立外交关系的任务。司礼监少监侯显不仅为朱棣出使南亚，更重要的是他促成了乌思藏噶举派领袖哈立麻来朝，为朱棣加强对乌思藏地区的控制做出了杰出的贡献。上面提到的这些宦官，不仅才能出众，人格也颇多值得称道之处。由此可见，并非宦官就一定与邪恶等同。当然，永乐年间也不是没有臭名昭著的宦官，其中的代表就是专门为朱棣出使朝鲜的黄俨，他因为出使期间的贪得无厌而在两国之间造成了颇为恶劣的影响。更为恶劣的是，他在永乐后期还为图谋皇位的赵王朱高燧策划政变，关于这件事情，笔者同样会在后面的章节专门谈到。

在中央，宦官不仅承担外交使节任务，更作为朱棣权力的手足。永乐八年（1410年），随着朱棣第一次漠北亲征的进行，亲征军第一次组建，这为日后经营的出现奠定了基础。也就是在这时，为了加强对这些被赋予了更大权力的将领们的控制，朱棣派遣宦官王安负责对这些将领进行监视，虽然此时京营还远未成形，但这也被认为是日后宦官监视京营的开端。这与靖难时期并无明显区别，由此可见，宦官从来就是朱棣的手足。

既然中央的军队有宦官监视，地方军队朱棣自然也不会放过。前文曾经提到，朱棣即位后为了弥补废除藩王守边后国防出现的问题，在边防、腹里要地设立镇守总兵，这些镇守总兵多由都督府堂上官担任，有些甚至是靖难功臣。他们在地方具有钦差性质，有利于整合权力不统一的布政司、都司、按察司三司。但是，这样一来，镇守总兵的权力就显得过大了，而在宣德年间巡抚出现前，朱棣采取的措施除了为这些镇守总兵派遣副手进行协调外，就是派遣宦官对其进行监视并分享部分权力了。

根据《明太宗实录》的记载，建文四年（1402年）八月，刘真、何福受命镇守辽东、宁夏，韩观、顾成则分别在九、十月前往广西、贵州镇守，在他们出发之时，已经有宦官与他们同行。由此可见，宦官出镇较他们监视京营要早很多，最初甚至可以追溯到朱棣刚刚即位之时，而这批最早出镇的宦官中就有前面提到的在靖难之役中立下功勋的王彦（狗儿），王彦直到朱祁镇正统九年卒于辽东任上，时间可谓长久。

不过有一点我们需要注意，即永乐年间这些出镇的宦官和永乐年间朱棣很多政策一样，也是没有形成制度的。就像京营在永乐年间虽然基本形成，但并未正是完成一样，宦官虽然在永乐年间已经开始出镇各地，但这也并未形成制度，反而多是临时差遣，属于负有特殊使命，事毕即回。其中典型的诸如永乐三年郑和率二万七千余人出海，永乐六年正月王安前往西北别失八里探寻鞑靼可汗本雅失里的去向，用了八年十二月马靖巡视甘肃等地，皆是此类。后来，随着王彦、王安这类宦官长久驻守一地，"中官出镇"开始向"镇守中官"转变，但朱棣仍旧并未将至形成制度。这一制度的稳定，同样是朱棣驾崩后作为"故事"才逐渐成为了明朝制度的一部分。

我们已经知道，宦官在永乐年间承担了各种各样重要的政治、军事任务，而要承担这些任务，没有一定的文化知识肯定是不行的。这就必须提到明代宦官接受教育的问题了。又因为《明史》等书记载朱元璋不仅严厉禁止宦官接受教育，甚至明立铁牌禁止宦官参政，因此将明代宦官干政的开端归咎于朱棣重用宦官和他的孙子朱瞻基开设内书堂让宦官接受系统教育。其实我们只要回到当初史料就能发现，这种说法是严重失实的。

根据《明史》记载，朱元璋为了驾驭宦官，"尝镌铁牌置宫门曰：'内臣不得干预政事，预者斩'，敕诸司不得与文移往来。有老阉供事久，一日从容语及政事，帝大怒，即日斥还乡"，"初，太祖制，内臣不许读书识字。后宣宗设内书堂，选小内侍，令大学士陈山教习之，遂为定制"。[1] 因为《明史》极强的流传性，这两个结

---

[1]　[清] 张廷玉等：《明史》，卷三百四，《宦官一》。

论几乎成了定论。不过讽刺的是，明代宦官参与政治与接受教育的开端恰恰就是朱元璋在位的洪武年间。

王世贞在《弇山堂别集》中考证，吴元年朱元璋设置的内官制度中有：

> 吴元年九月丁亥，置内使监，秩正四品，设监令，正四品，丞正，正五品，奉御，从五品，内使，正七品，典簿，正八品，皇门官，秩正五品，设皇门使，正五品，副从五品。①

这里面值得关注的就是"典簿"，后来制度调整后，典簿的品秩由正八品提升为正七品，此外，朱元璋还设立了"纪事"职务，品秩为正六品。顾名思义，典簿、纪事都涉及文书工作，因此承担着一工作的宦官自然得识字。到此，已经不符合《明史》中"内臣不许读书识字"的描述了。当然，洪武初年的宦官很多是因罪受腐刑遭到阉割文人。但是随着时间的推移，宦官来源发生变化，朱元璋就开始对宦官进行教育了。

洪武十七年（1384 年），朱元璋"更定内官诸监"，在这次制度调整中，内官监明确了自己宦官衙门第一署的地位，执掌为"通掌内史名籍，总督各职，凡差遣及缺员，具名奏请"，而"所掌文籍，以通书算小内使为之"。后来崛起成为内官衙门第一署的司礼监此时"掌宫廷礼仪"，还比较符合它此时的名称。② 很明显，因为内官监特殊的执掌，其成员不接受一定程度的教育是不可能的，所谓"通书算小内使"就明白了，既是小内使，又要通书算，自然只可能是自幼入宫并在宫内接受教育的。洪武二十八年（1395 年），朱元璋再度对内官衙门制度进行调整，内官监地位有所下降，司礼监则获得了掌管御前勘合的重要权力，这一执掌同样需要宦官具有文化。

当然，我们不必因为朱元璋其实对宦官进行了培养教育就否定《明史》中他禁止宦官干政的记载。事实上，洪武年间制度变化频繁，朱元璋的很多政策都带有一定随意性，正如废除丞相后他对制度的反复调整。因此，他完全可能因为一时的愤怒将一名老宦官罢黜，但又因为实际需要而对小宦官进行教育。虽然我们因为资料

---

① ［明］王世贞：《弇山堂别集》，卷九十，《中官考一》，第 1721 页。
② ［明］王世贞：《弇山堂别集》，卷九十，《中官考一》，第 1721 页。

的缺乏无法得知洪武年间宦官接受教育的具体方式，但对宦官进行培养并让他们承担一定政治任务无疑正是从朱元璋开始的。

有了朱元璋的"故事"，随着朱棣对宦官的重用，他们接受教育的程度自然也发生了变化。朱棣曾让亲信宦官郑和跟随姚广孝学习就是例子之一。陆容在《菽园杂记》中多宦官接受教育情况的变化有一个总结：

> 洪武中，内官仅能识字，不知义理。永乐中，始令吏部听选教官入内教书。正统初，太监王振于内府开设书堂，选翰林检讨、正字等官入教，于是内官多聪慧知文义者。①

陆容是正统至弘治时人，距离明初距离很近，这段记载颇为可靠。由此可见，洪武时期对宦官的教育比较随意，程度也较低。从永乐年间开始，才是命吏部选教官对宦官进行系统教育，这应该被视为宦官在明代系统接受高等教育的开始。事实上，朱棣不仅为自己培养可用的宦官，还为皇太子朱高炽储备人才，这其中的代表就是交阯人范弘，"英国公（张辅）以交童之美秀者还，选为奄"②。因此，综合来看，朱棣只是在自己重用宦官的基础上，将对宦官的教育系统化了，而他的孙子朱瞻基则通过设立内书堂将之制度化了。实际明代宦官接受教育在朱元璋还没称帝时很可能就已经开始了。

谈完了这一问题，我们就可以回到永乐年间朱棣重用宦官的最高峰，也就是东厂的设立了。

既然朱棣用宦官承担侦缉、刺事任务由来已久，而他又已经对锦衣卫也不能完全信任，那么设立一个由宦官掌管的特殊机构也就顺理成章了，这个机构就是东厂。围绕东厂的第一个疑问就是这个机构设立的时间。谈迁在《国榷》中对于东厂设立的时间留下了永乐七年（1409 年）、永乐十八年（1420 年）两条互相矛盾的记载。永乐十八年这个时间并非谈迁独创，而是沿袭自王世贞。王世贞在《弇山堂别集》中记载：

---

① ［明］陆容：《菽园杂记》，第 1652 页。
② ［清］张廷玉等：《明史》，卷三百四，《宦官一》。

（永乐）十八年立东厂，命内官一人主之，刺大小事情以闻。案，此不见正史、会典。据大学士万安奏，成化十二年增立西厂，疏内云东厂设自文皇帝，至于今五十六年，故考订于此。①

王世贞确定东厂设立于永乐十八年的理论基础是基于成化年间内阁首辅万安的奏疏，根据他的说法，万安在成化十二年（1477年）增立西厂时所上奏疏中提到东厂设立至今五十六年，如此逆推回去，则东厂设立于永乐十八年。王世贞的结论后来被清修《明史》沿用了下来，如今也几乎成了定论。不过如果我们跳出王世贞的既有结论，王世贞的结论是否正确的一个关键性的问题则是万安的奏疏究竟是怎么说的。好在这份奏疏原文保存在《明宪宗实录》中，时间是在成化十八年（1482年）而非成化十二年，万安在请罢西厂的奏疏中说：

> 仰惟太宗文皇帝建立北京，防微杜渐，无所不用其极。敕令锦衣卫官校暗行缉访谋逆妖言、大奸大恶等事。犹恐外官狥情，随设东厂，令内臣提督控制之，彼此并行，内外相制，行之五六十年，事有定规，人易遵守。②

从万安的奏疏内容可以看出，他只是提到东厂至成化十八年"行之五六十年"，并非五十六年，王世贞显然是写错了这个关键性的对时间的描述，将一个虚数时间弄成了一个准确的五十六年，从而得出了东厂设立于永乐十八年的结论。因此，当我们回到万安的奏疏，可以推出的结论只能是东厂设立于朱棣迁都北京后，但未必就是迁都的永乐十八年。因为官书对东厂这一组织的讳莫如深，我们至今仍旧无法考证出它设立的准确时间。

东厂，全名东缉事厂。关于东厂这一机构内部的设置与运作情况，我们还是不得不依靠《明史》，其中记载：

> 凡中官掌司礼监印者，其属称之曰"宗主"，而督东厂者曰"督主"。东厂之属无专官，掌刑千户一，理刑百户一，亦谓之"贴刑"，皆（锦衣）卫

---

① ［明］王世贞：《弇山堂别集》，卷九十，《中官考一》，第1727页。
② 《明宪宗实录》，卷二二五，第3860页，"成化十八年三月壬申"。

官。其隶役悉取给于卫，最轻黠猥巧者乃拨充之。役长曰"档头"，帽上锐，衣青素褪褶，系小绦，白皮靴，专主伺察。其下番子数人为干事。京师亡命，诳财挟仇，视干事者为窟穴。得一阴事，由之以密白于档头，档头视其事大小，先予之金。事曰"起数"，金曰"买起数"。既得事，帅番子至所犯家，左右坐曰"打桩"。番子即突入执讯之。无有左证符牒，贿如数，径去。少不如意，搒治之，名曰"干醉酒"，亦曰"搬罾儿"，痛楚十倍官刑。且授意使牵有力者，有力者予多金，即无事。或靳不予，予不足，立闻上，下镇抚司狱，立死矣。每月旦，厂役数百人，掣签庭中，分瞰官府。其视中府诸处会审大狱、北镇抚司考讯重犯者曰"听记"。他官府及各城门访缉曰"坐记"。某官行某事，某城门得某奸，胥吏疏白坐记者上之厂曰"打事件"。至东华门，虽黄夜，投隙中以入，即屏人达至尊。以故事无大小，天子皆得闻之。家人米盐猥事，宫中或传为笑谑，上下憚憚无不畏打事件者。卫之法亦如厂。然须具疏，乃得上闻，以此其势不及厂远甚。[1]

我们可以看出，东厂的运作是与锦衣卫密切配合的，因此后世也将之合称为"厂卫"，东厂主要负责侦缉，锦衣卫则以执掌的诏狱相配合，同时，锦衣卫也会派官至东厂任职，两者可谓互为表里，相互配合。当然，因为其职权某种程度上存在重合的地方，因此也会因为权力分配的问题进行斗争，这时就要看两者的长官谁更强势了。除此之外，提督东厂的宦官人选的选择也可以看出皇帝有意平衡权力的考量。随着司礼监逐渐崛起，司礼监掌印太监逐渐成为了宦官中权力最大的人物，虽然这种情况在永乐年间还并不明显，永乐年间有名的宦官出自司礼监的仅仅司礼监少监侯显一人，永乐年间很多用事的宦官并非出于后来声名显赫的司礼监，而在永乐朝，司礼监在宦官机构中也并非最重要的，负责掌各种宫廷礼仪、御前勘合等事务的司礼监位列掌管内官人事任命的内官监[2]之后，仅为宦官一般衙门，而内官监

---

① [清] 张廷玉等：《明史》，卷九五，《刑法三》。

② 根据《万历野获编》中的记载，明宣宗宣德年间之前，"内官监视吏部，掌升选差遣之事"，宣德后随着司礼监的崛起，内官监才退居为司礼监之后，《明史》中类似工部的"掌木、石、瓦、土、塔材、东行、西行、油漆、婚礼、火药十作，及米盐库、营造库、皇坛库，凡国家营造宫室、陵墓，并铜锡妆奁、器用暨冰窖诸事"的宦官衙门。《万历野获编》紧接着也记载内官监"今虽称清要，而其权俱归司礼矣"。明确记载了内官监职权的变化。见沈德符：《万历野获编》，补遗卷一，第814页，《内官定制》；张廷玉等：《明史》，卷七十四，《职官三》。

才是宦官第一署，郑和就曾担任内官监的长官——内官监太监，品秩正四品。但是提督东厂的宦官却在之后形成制度，也就是只能由司礼监秉笔担任，之所以不让司礼监掌印兼任提督东厂，无疑是为了避免其权力过大，是一种有意的平衡策略。

虽然后来成化皇帝朱见深曾设立西厂，正德皇帝朱厚照曾设立内行厂，但这两个机构都时设时废，唯有东厂几乎与明朝相终始，其影响自然也最为深远。

笔者至此需要专门将一个问题提出一说，即对于朱棣这样一位威柄自操的君主，虽然他信任并任用宦官担任各种职务，但这种信任不是无原则的，一旦他们的作为超出了某些界限，朱棣就会毫不犹豫地对他们进行打击，正如锦衣卫指挥使纪纲的倒台一样。

永乐十年（1412年）七月，鉴于一些派往地方的中官出现较为严重的越权现象，朱棣明确晓谕都察院：

> 比者朕虑在外诸司行事或于民有不便，间遣中官往询之，未尝有所委任。况在外有都司、布政司、按察司及巡按御史，事之当行者，所司自行奏请，何与中官事？比闻中官多有干与有司事者，自今不许，即移文中外知之。[①]

从永乐九年（1411年）闰十二月朱棣令五府六部"条析利弊"时对地方情况的了解来看，这些派往地方的中官很可能是他重要的情报来源，而当这些中官越权介入地方事务后，朱棣则毫不犹豫地对其进行打击，因为他知道，若无上命，地方官是不敢干涉中央派往地方的中官的。

正是由于以朱棣为代表的明朝皇帝对宦官既利用又控制，因此他们或许权力很大，却始终无法反奴为主，这样就确保了皇帝统治的稳固，这也是永乐朝中官的基本情况。

---

① 《明太宗实录》，卷一三〇，第1611页，"永乐十年七月癸卯"。

6. 事必躬亲

笔者在内阁那一节曾经提到，朱元璋罢中书省后，身兼皇帝、宰相两者的职权，由此承担了超负荷的工作量，根据当时给事中张文辅的统计，洪武十七年（1384 年）九月十四日至二十一日这八天里，内外诸司奏章共一千六百六十份，奏事三千三百九十一件，给朱元璋造成了沉重的负担。正因如此，朱元璋才不断试验，经过四辅官、殿阁大学士，最后发展到翰林学士办事，最终在朱棣即位后发展出内阁。

明初的诸位皇帝，履行职责堪称勤奋，朱元璋更是劳模，简单来说，就是事必躬亲。这一点突出表现在两个方面，一项是视朝，一项是祀天。明初，特别是洪武年间，视朝是皇帝每天处理政务的必修课，除非因为重大变故免朝，皇帝每天都必须举行早朝。关于早朝开始的时间，虽然没有明确记载，但仍旧有一些概括性称呼，朱元璋为"夙兴视朝，日高始退"，不仅如此，还"至午复出，迨暮乃罢"[①]。也就是说，朱元璋每天不仅要进行一个持续时间漫长的早朝，午后还有一个漫长的晚朝，通过这两次视朝，才能基本处理完一天的事务，即便对于一位皇帝，这也是一项非常累人的工作，更何况这还是每天都要进行的。

到了朱棣在位的永乐年间，情况也没有太大变化，朱棣在永乐四年（1406 年）正月对于自己每天视朝的情况有过一段论述，他说：

> （正月）丙辰（二十五日），上（朱棣）御右顺门晚朝。百官奏事毕，皆趋出。上召六部尚书及近臣谕曰："早朝四方所奏事多，君臣之间不得尽所言。午后事简，卿等有所欲言可就从容陈论，勿以将脯，朕倦于听纳。盖朕有所欲言者亦欲及此时与卿等商确。"
>
> 又曰："朕每旦四鼓以兴，衣冠静坐。是时神清气爽，则思四方之事、缓急之宜，必得其当，然后出付所司行之。朝退未尝辄入宫中，闲取四方奏牍，一一省览，其有边报及水旱等事，即付所司施行。宫中事亦多，须俟外朝事

---

① 《明太祖实录》，卷一七三，第 2635—2636 页，"洪武十八年五月戊寅"。

毕，方与处置，闲暇则取经史览阅，未尝敢自暇逸，诚虑天下之大，庶务之殷，岂可须臾怠惰，一息惰即百废弛矣。卿等宜体朕此意，相与勤励，无厌斁也。自今凡有事当商略者，皆于晚朝来，庶得尽委曲。"[①]

朱棣视朝为"四鼓以兴"，与朱元璋不相上下。同样不相上下的还有有一点，就是朱棣在早朝外也会于举行"晚朝"，"午后事简，卿等有所欲言可就从容陈论"。除了外朝事务，朱棣的话里还透露出了更多内容，"宫中事亦多，须俟外朝事毕，方与处置"。对于一位皇帝来说，国亦是家，即便如此，他也还有一个自己的"小家"，这便是宫内事务。朱棣自述除了处理国家大事的早朝、午朝，当他回到宫中后还有大量"家事"要处理，处理完家事还要"闲暇则取经史览阅，未尝敢自暇逸"，可谓几乎没有什么自己的时间。

既然视朝如此累人，那么其处理政务的效果如何呢？十分遗憾的是，视朝因为其繁琐的程序，处理政务的效果并不好，特别是坚持时间最长的早朝。朱元璋在洪武二十四年（1391年）、洪武二十九年（1396年）两次规定早朝制度，其中洪武二十九年十月的制度延续到永乐初年也没有太大变化，具体来说是这样的：

> 诏定各司奏事次第。礼部会议：凡奏事，一都督府、次十二卫、次通政使司、次刑部、次都察院、次监察御史、次断事官、次吏户礼兵工五部、次应天府、次兵马指挥司、次太常司、次钦天监。若太常司奏祀事，则当在各司之先。每朝，上御奉天门，百官叩头毕，分班序立，仪礼司依次赞：某衙门奏事，奏毕复入班，伺各司奏毕俱退。若上御殿，奏事官升殿，以次奏毕先退，其不升殿者俱于中左中右门外两廊伺候。奏事官出，则皆出。若于文华殿启事，则詹事府在先，余次第并同前。凡晚朝，唯通政使司、六科给事中、守卫官奏事，其各衙门有军情重事者许奏，余皆不许。诏从之。[②]

很明显，与其说早朝是处理政务的场合，不如说早朝更像是一场有着严格秩序的仪式，每个部门按照既有的程序履行自己在仪式中的义务，简单来说，就是按

---

① 《明太宗实录》，卷五〇，第 756—757 页，"永乐四年正月丙辰"。

② 《明太祖实录》，卷二四七，第 3590 页，"洪武二十九年十月丁酉"。

照次序一步一步进行，在时间、场合固定的情况下，先后由先由五府奏事，六部九卿①奏事，十二卫兵马司奏事，言官、断事官奏事，太常寺、钦天监奏事。各上朝官员不奏事或奏事毕也不能早退，必须等待朝退。而皇帝，则必须始终以饱满的精神处理各衙门事务。值班卫士则需要在上朝之前进行清场，和官员一样伫立廊阶，忍受日晒雨淋之苦。这样一场仪式，无论是对于皇帝还是对于臣子，都是一场十分辛苦甚至吃力不讨好的事情。而因为这一严格的程序，所有官员即便奏事完毕也不能退下办事，更降低了早朝的效率，这就更让早朝的弊病凸显了出来。这样冗长的仪式，即便励精图治如朱元璋、朱棣，到了他们的晚年也显示出明显的疲惫。朱棣长期身体不好，这一问题就更加明显了。

相比于早朝繁冗，晚朝在洪武年间就已经显示出了它的优越性，洪武二十九年的制度中规定"凡晚朝，唯通政使司、六科给事中、守卫官奏事，其各衙门有军情重事者许奏，余皆不许"，因为晚朝限制了参与人员的范围，让朱元璋能够更有针对性地处理政务。这一点到了永乐年间更加明显地表现了出来，前引朱棣自述中就专门提到"早朝四方所奏事多，君臣之间不得尽所言。午后事简，卿等有所欲言可就从容陈论，勿以将脯，朕倦于听纳。盖朕有所欲言者亦欲及此时与卿等商确"，朱棣明确道出了早朝因为"四方所奏事多"，反而"君臣之间不得尽所言"的弊病，而"午后事简"，朱棣反而可以与群臣"从容陈论"，商定国家大政。

既然早朝制度并不合理，进行调整也就势在必行了。朱棣在自述中说"自今凡有事当商略者，皆于晚朝来，庶得尽委曲"，这已经开始显示出视朝改革的苗头，而晚朝的位置右顺门也为其后制度改革提供了一个重要根据。

永乐七年（1409 年），朱棣第一次北巡北京，北京比南京更为寒冷的冬天为朱棣正式提出视朝改革提供了契机。

永乐七年（1409 年）十月十七日，朱棣对行在（北京）礼部尚书赵羾说：

> 北京冬气严凝，群臣早朝奏事，久立不堪。今后朝见毕，欲于有顺门内便殿奏事，尔于群臣斟酌可否。②

---

① 吏、户、礼、兵、刑、工是为六部，六部加上都察院、通政司、大理寺是为九卿。
② 《明太宗实录》，卷九七，第 1283 页，"永乐七年十月乙卯"。

这段话对大臣而言无异于一大恩典，于是赵羾立即会同户部尚书夏原吉、翰林学士胡广商议，向朱棣提出方案如下：

> 近古百官每日于正衙常参，今每日常朝，上御奉天门，百官行叩头礼，侍班鸿胪寺官引谢恩。见辞者行礼毕，驾兴右顺门内便殿，百官有事奏者以次为奏，无事者退治职务。朔望朝如常仪。[①]

这一方案除了每月朔望仍旧维持旧制早朝，对视朝作出了重大改革，它不仅使早朝时间缩短，变得更加人性化，同时也提高了明朝政府的效率，具有积极意义。从此，大臣不用有事无事皆须等待朝退，现在，早朝行礼毕，皇帝移驾右顺门内便殿，大臣有事则以次上奏，无事则可回衙署办公，有利于提高效率。对于皇帝来说，这一方案也让其有充足的时间可以与众从容议政，制定国家大政方略。

这样一份对君臣双方皆有利的方案，朱棣自然是欣然同意，"制曰：'可。'命自十一月朔始行之。"[②]从此，右顺门内便殿议政逐步代替在奉天殿、华盖殿或奉天门举行的早朝成为实质性的议事地点与权力中心。但直至朱棣之孙明宣宗在位时期，右顺门内便殿议政仍旧属于视朝的一部分，明英宗时期内阁票拟制度正式确立后，早朝遂逐渐演变为"虚应故事"的官样文章，而右顺门内便殿议政也与早朝逐渐分开。

除了视朝，明朝皇帝还有一项十分辛苦的任务，这便是"祀天"。《汉书·五行志》曰："国之大事，在祀与戎。"[③]十分明确地道出了治理国家的两件大事，朱棣"戎"的军事部分笔者将在后面的章节专门论述，这里主要谈谈主要叙述"祀"之祭祀部分。君主必须通过敬天法祖的祭祀仪式使其身份合法化，对于起兵夺取侄子皇位的朱棣而言，祭祀这一仪式就显得更为重要了。

在众多祭祀活动中，最重要的便是祀天。《大明集礼》开篇即云："天子之礼，莫大于事天。"[④]皇帝每年能否亲自祀天不仅在确立自己合法身份上有重要意义，更能反映皇帝的亲政态度。朱棣在刚即位的建文四年（1402 年）六月就向礼官表示：

---

① 《明太宗实录》，卷九七，第 1283—1284 页，"永乐七年十月乙卯"。

② 《明太宗实录》，卷九七，第 1284 页，"永乐七年十月乙卯"。

③ 班固，《汉书》，卷二七，中之上，《五行志中之上》。

④ 《大明集礼》，卷一，《吉礼第一，祀天，总叙》。

> 祭天严父，国家第一事，必以恭敬为本。①

从这段话将祀天定位为"国家第一事"及朱棣刚即位就从百忙之中专门对礼官阐述自己对祀天的定位可以清楚看出朱棣对祀天的重视。朱棣在为自己的著作《圣学心法》亲自写的序中也说：

> 盖为治莫大于事天，天者，至尊无对。②

在祀天过程中，要求皇帝暴露于风霜雨露中，十分辛苦。然而朱棣除了永乐八年（1410 年）、十二年（1414 年）、十三年（1415 年）、十四年（1416 年）、十七年（1419 年）、十八年（1428 年）因为北巡北京或亲征漠北等原因命皇太子朱高炽代祀外，其余每年都是由朱棣本人亲祀，包括其去世的永乐二十二年（1424 年），这又进一步表明了朱棣对祀天的高度重视。

在祀天制度上，朱棣仍旧遵循朱元璋于洪武十一年（1378 年）确定的"天地合祀"制度，即祀天、祭地合二为一，共同进行。而在此之前，朱元璋实行的是天地分祀制度，即将祀天、祭地分开进行，此时化繁为简、合二为一也可看出祭祀的辛苦。

朱棣祀天的地点，以永乐十八年（1428 年）迁都北京为界有所变化。虽然史书的记载均为"南郊"，然而迁都北京之前的南郊是指南京南郊的大祀殿，迁都北京后南郊就转为北京正阳门外圜丘的大祀殿了。

朱棣每年的祀天通常是在正月上辛日（也可是前后几日），在这日的前一日，朱棣先御奉天殿，文武群臣在这里接受誓戒。次日，朱棣亲赴南郊大祀殿祭祀天地，向天地虔诚祈祷。然后，朱棣还御奉天门，文武百官在这里行庆成礼。第三日，朱棣以祀天大礼完成会大宴文武群臣及外国使臣。至此，整个祀天大典宣告完成。可以看出，这是一项非常繁琐与辛苦的仪式。

以今日的眼光看来，或许会觉得这些繁琐的仪式没有必要，但这种以今度古的

---

① 《明太宗宝训》，卷一，第 4 页，"洪武三十五年六月己卯"。
② ［明］朱棣：《圣学心法·序》，第 5a 页。

想法是不客观的。方志远先生的一段话十分清晰地道出了这些仪式规矩的重要性：

> 某些仪式或形式其实又是规矩，是规范人们行为和心理的底线。家庭的协调、政权的巩固、社会的稳定，正需要大量看上去可有可无的形式上的事情，但这些事情恰恰又是不可或缺的。祀天即是。①

在明朝后期，随着皇帝在祀天上越发的不积极，祀天遂逐渐成为"虚文"，这种"礼崩"也可以从另一个方面看出明朝的亡国之兆。

总的来说，明朝发展到永乐年间，虽然这个时代是以一场血腥的战争作为开幕，但这仍旧是一个励精图治的时期。朱棣在最大程度上践行了其父朱元璋事必躬亲的传统，他一面加强集权，一面对其父的制度在许可的范围内进行调整，最终完成了一套适合自己的统治制度。而在这套日后也会成为明朝"祖制"一部分的制度下，朱棣才算真正开始了自己的统治时期，他要建立一个新的秩序。

---

① 方志远，《明代国家权力结构及运行机制》，第六章，第 109 页。

第五章

新的秩序

1. 新都北京：北疆体系

迁都北京无疑是永乐年间的一件大事，而伴随着朱棣逐步实现自己迁都北京的最终目标，明朝一个新的北疆体系也逐渐形成了。

众所周知，朱元璋虽然建都南京，但他其实颇为犹豫，北伐途中他就亲自考察过开封作为都城的可能性，甚至一度以开封为"北京"，后来他又考虑以家乡凤阳为京师并将其立为"中都"并开始了一系列营建工程，但最终因为强大的阻力而作罢。到了朱元璋晚年，他还派遣皇太子朱标前往山西考察西安作为都城的可行性，不过这一计划随着朱标返回后不久病逝而搁浅，加之当时江南业已成为当时全国的经济重心且地理条件优越，背靠钟山，又有长江天堑，因此朱元璋虽几度产生迁都的想法，最终却仍以南京为京师。

一般认为，朱元璋之所以对以南京为京师有所犹豫及其后朱棣迁都北京，乃是因为南京位置过于靠南，虽为经济重心，但不足以对北方形成稳固的控制，尤其不足以控制西北，不利于维持国家的稳定。

然而这一说法却未必完全正确，朱元璋正是以南京为基础击败了元朝，何以见得不能控制北方？另一方面，若论之前定都南京的吴、刘宋、南齐、南梁、陈皆为偏安一隅的短命王朝，则朱元璋一度心属的关中，立国于彼的汉、唐等朝固然均有数百年寿命，但秦、隋也是转瞬即逝。定都在哪里与王朝寿命并无一定的关系，正如方志远先生引用朱鸿所言：

> 只要位于南京的朝廷具绝对的权威，能有效地节制藩王及沿边将领，一如洪武朝之情形，定都南京并不一定会造成权力结构的不稳定，使帝国面临危机。[1]

朱棣以藩王入继大统，很快就有了迁都北京的想法，这是出于他自己的一整套

---

[1] 蔡小平、方志远：《南京地震与明朝定都北京》，载《江西社会科学》，2011 年 4 月刊，第 146—151 页。

考虑，并非单纯因为以南京为京师的所谓"不足"。

朱棣一生都对退回草原的蒙古势力倾尽心力，采取各种政策对其进行分化瓦解，甚至不惜五次亲征给予打击。而出兵打击蒙古，从南京出发与从北京出发，孰优孰劣十分明显。朱棣一生五次漠北亲征，永乐八年（1410 年）与永乐十二年（1414 年）的两次是在迁都北京之前，朱棣均是先由南京北巡至北京再从北京出发北征的，长途跋涉，耗费民力。永乐二十年（1422 年）、二十一年（1423 年）与二十二年（1424 年）三次北征已在朱棣迁都北京之后，准备与出发均方便了很多，以至于他能够连续三年对蒙古用兵。朱棣决定迁都北京与他打击蒙古的军事需要是密切相关的。

另一方面，北京本身也有着优越的建都条件。北京不仅在地理上有燕山、太行山之险，朱棣将边境藩王内迁后在北方构建的多层防御体系也能有效保护北京的安全，真定以北直至永平，分布有百十余个关口，其中居庸关、紫荆关、山海关等关口更是要塞。永乐九年（1411 年）会通河开通后，南北漕运畅通，加之永乐二年（1404 年）朱棣营建的天津卫又沟通了海运，再结合陆路运输，从而有效解决了江南物资北运的问题，北京成为京师的条件更为成熟了。

最后，朱棣为燕王时即开始经营北京，其后又是从北京南下靖难夺取皇位，北京作为朱棣的"龙兴之地"，个人感情因素也不能说在朱棣决心迁都北京的过程中没有发挥作用。

然而迁都北京作为一项牵一发而动全身的大事并非是能够一蹴而就的，特别是经历了四年靖难之役的北平地区，民生凋敝，百废待兴。因此，朱棣在即位后很快就开始了对北平的一系列营建工作。

朱棣对北平的营建从永乐元年（1403 年）即已开始了。首先即是确定北平的地位，永乐元年（1403 年）正月，朱棣升北平为北京：

> 礼部尚书李至刚等言："自昔帝王，或起布衣平定天下，或繇外藩入承大统，而于肇迹之地皆有升崇。切见北平布政司实皇上承运兴之地，宜遵太祖高皇帝中都之制立为京都。"
>
> 制曰：可。其以北平为北京。[①]

[①]《明太宗实录》，卷一六，第 294 页，"永乐元年正月辛卯"。

李至刚显然是揣摩到了朱棣心里对北平的感情，以朱元璋营建家乡凤阳为中都为理论依据，建议朱棣立北平为京都，朱棣自然顺理成章地改北平为北京，北京作为行在的地位开始建立。

二月，朱棣又改北平府为顺天府，改北平道为北京道，北京的一整套行部机构也陆续建立了起来，北京在朱棣正式迁都之前作为"行在"的地位至此基本确立。

对于北平地区人口不足和流民的问题，朱棣也着手处理。朱棣一方面安抚流民复业，另一方面也从山西等地向北京地区迁移百姓并给予优惠政策。在迁移人口的同时，朱棣也对前往北京任职的官员给予赏赐，这些全方位的优惠政策对北京的营建无疑是非常有利的。此外，朱棣还于永乐元年（1403年）八月"简直隶苏州等十郡、浙江等九布政司富民实北京"[1]，朱棣实行强行迁富民以实北京的政策的目的除了充实北京地区的人口外，另一个很重要的原因就是借此机会对地方强宗大族进行打击从而保证明朝国家权力在地方基层的贯彻，然而这也造成了此后明朝上百年的"富民"和"逃户"问题。

为了给北京地区增加人口，朱棣甚至向官员开刀。永乐二年（1404年）七月，朱棣将裁汰的冗员462人发往北京为民种田，当然，朱棣也给予了耕具的支持。九月，朱棣又从山西太原、平阳等地迁徙了100户百姓以实北京。十一月，朱棣"设天津卫"[2]，天津卫的营建不仅成为接收海运的要地，也对北京起到了重要的拱卫作用。

北京地区人口、屯田的恢复固然很重要，但这些不过是北京最终成为明朝京师的基础条件，朱棣的计划要想实现，还有两项问题必须要解决，这便是北京地区的安全以及如何降低向北方运送物资的成本的问题。这两项中的无论哪一项对于朱棣来说都并不容易。

北京距离蒙古很近，朱棣既然要将都城迁往北京，北京北方的安全无疑是不能忽视的。洪武年间，北京的北方有一道重要的屏障，就是当时宁王朱权镇守的大宁。大宁都司作为长城外的长城，是当时明朝北方边防线的重要一环，关于这一点，笔者在前面的章节已经论述过了，这里就不再重复了。但这一切都在建文元年

---

[1] 《明太宗实录》，卷二二，第415页，"永乐元年八月甲戌"。

[2] 《明太宗实录》，卷三六，第628页，"永乐二年十一月己未"。

（1399 年）被改变了，朱棣突袭大宁，将大宁军队、资源席卷一空，毁掉了大宁城，劫持宁王入松亭关。等到朱棣即位后，朱权被改封南昌，大宁则持续荒芜，对于这个边防重镇怎么处理，就成了一个非常重要的问题。

永乐元年（1403 年）三月，朱棣正式对大宁地区进行了调整：

> （永乐元年三月）壬午（初五日），（北平）行都指挥使司为大宁都指挥使司，隶后军都督府，设保定左、右、中、前、后五卫，俱隶大宁都司。调营州左屯卫于顺义，右屯卫于苏州，中屯卫于平峪，前屯卫于香河，后屯卫于三河，卫设左、右、中、前、后五所，仍隶大宁都司。[①]

这段记载可以说是十分清楚的，原北平行都司（即原大宁都司）被再度改回大宁都司，但是具体设置却发生了重要变化。原大宁都司治所始终都是塞外的大宁城（今内蒙古自治区赤峰市宁城县境内的大明镇），但是朱棣此番一调整，在其下设立保定左、右、中、前、后五卫，又将一些其他内地卫所纳入其中，而原大宁城又荒废已久，所以从此时起，大宁都司的治所实际就由塞外大宁内迁到了保定。

朱棣的这一做法在他驾崩后逐渐引发了争议，逐渐演变出了朱棣以大宁畀[②]兀良哈的说法，一般认为较早可见这一说法的是朱棣曾孙朱祁镇在位的天顺年间编纂而成的《大明一统志》中，《大明一统志·保定府》下中确实有这次治所变迁的记载：

> 大宁都司：在府治西，洪武二十年建北平行都司于大宁，隶后军都督府，三十四年始迁于此。永乐初改为大宁都司，今领卫十一、千户所一，有建在各府者。[③]

《大明一统志》中这段记载看似简洁明了，其实颇多误记。首先，它关于大宁都司在洪武年间的发展的记载就很不准确。根据《明太祖实录》的记载，朱元璋于洪武二十年（1387 年）八月"置大宁卫指挥使司"[④]，九月，"置大宁都指挥使司及大

---

① 《明太宗实录》，卷十八，第 320 页，"永乐元年三月壬午"。

② 畀：给予之意。

③ ［明］李贤：《大明一统志》，卷二，《保定府·大宁都司》，第 177 页。

④ 《明太祖实录》，卷一八四，第 2769 页，"洪武二十年八月"。

宁中、左、右三卫"①。次年，也就是洪武二十一年，七月，朱元璋将大宁都指挥使司改为北平行都指挥使司，"置北平行都指挥使司于大宁"②。因此《大明一统志》说朱元璋在洪武二十年就在大宁建立北平行都司无疑是混淆了朱元璋初设大宁都司与将其改为北平行都司这一过程。

接下来的"三十四年始迁于此"就是问题的发端了。所谓"三十四年"即洪武三十四年，也就是建文三年，正是靖难之役进行得如火如荼的时候。当时无论朱棣还是朱允炆都是无暇顾及大宁都司的建置的，因此这段记载前不靠朱棣突袭大宁，后不接朱棣即位后内迁大宁，可谓不伦不类。其后《兀良哈》条下的记载倒是准确了很多：

> 本朝洪武二十二年征败北胡，来降者众，诏以兀良哈之地置泰宁、朵颜、福余三卫以处之，为东北外藩，命其长为指挥使、指挥同知，各领所部。自是每岁朝贡。③

这段记载与《明太祖实录》中朱元璋于洪武二十二年（1389 年）五月"置泰宁、朵颜、福余三卫指挥使司于兀良哈之地以居降胡"④的记载高度吻合，较之上一段记载，可谓准确多了，加之"兀良哈"条下又将明朝原大宁卫的城池、山川、名胜、物产一一列入，直接表示当时兀良哈已经控制了大宁地区。因此，这段记载和上一段记载的时间点以及此后关于朱棣改大宁都司于保定的记载综合起来，却成为了"畀地"说法的来源，到了明朝中期的《卢龙塞略》中，就将"畀地"出处归于《大明一统志》了：

> 自宣德后大驾不征，正统后大师无成国之出塞，景泰后天臣无肃愍（指于谦）之经略，则天顺《一统志》后而有畀地予夷之说矣。⑤

---

① 《明太祖实录》，卷一八五，第 2777 页，"洪武二十年九月"。
② 《明太祖实录》，卷一九二，第 2888 页，"洪武二十一年七月"。
③ [明] 李贤：《大明一统志》，卷九十，《兀良哈》，第 5574 页。
④ 《明太祖实录》，见一九六，第 2946 页，"洪武二十二年五月辛卯"。
⑤ [明] 郭造卿：《卢龙塞略》，卷八，《纪部（四）·洪宣正景经略》，第 275 页。

但是这一说法是否恰当，则是可以讨论的。要弄清楚永乐时期大宁的状态以及朱棣对其的态度，我们最好还是回到永乐年间。朱棣最早明确表示自己对兀良哈三卫的政策是在永乐元年（1403 年）十一月十七日，也就是内迁大宁都司的同年底，他给兀良哈三卫下达了一道敕谕：

> 朕承天眷，君临天下，赏 [尝] 遣使赍诏谕尔，尔等闻命，即遣人来朝，其诚可嘉。今仍旧制，设泰宁、福余、朵颜三卫，俾尔等统属军民，镇守边境；旧尝授官者，列名以闻，咸复之。若头目人等，前未授官，于今当授者，亦第其名来闻，朕即授之，俾世居本土，安其生业。[①]

朱棣在敕谕中提到"今仍旧制，设泰宁、福余、朵颜三卫，俾尔等统属军民，镇守边境"，意思应该很明白，就是不改变洪武年间三卫设立的地点。而洪武年间的原"兀良哈之地"，指的就是"东接海西，西连开平，北抵北海，南达蓟辽"的"元千户故地"[②]，在大宁以北，并非大宁。于此可见，朱棣在内迁大宁都司的同时封赏兀良哈三卫进行大规模笼络安抚，但是却并未允许他们南下大宁，自然更谈不上赐地。

由此就引申出了另一个问题，即论及朱棣畀地必然谈到朱棣在靖难之役中借助了兀良哈三卫精锐的骑兵力量，赠予大宁乃是一种政治报酬。要分析这个问题，也需要回到最初。通过前文我们知道，朱棣在大宁之变后收编了宁王朱权手下的几乎所有军事、经济物资，由此才能在进入松亭关后建立五军，这其中自然包括了早就和朱棣互相熟悉并在大宁之变中进行了配合的兀良哈三卫。但是兀良哈三卫在靖难之役中真的发挥了这么大的作用吗？

笔者在论及朱棣身世时曾引用一份蒙古史料《黄金史纲》，其中记载：

> 汉帝之君，第一代即洪武皇帝。其子建文皇帝，在位四年之后，弘吉剌哈屯之子永乐皇帝，统帅自己少数护卫与山阳之六千兀者人、水滨之三万女真人以及黑城的汉人整兵来伐，擒获汉家洪武皇帝之子建文皇帝，捺银印于

[①] 《明太宗实录》，卷二五，第 454 页，"永乐元年十一月辛卯"。

[②] [明] 郭造卿：《卢龙塞略》，卷一五，《贡酉考》，第 490—491 页。

颈而废逐之。于是，乌哈噶图可汗之子永乐皇帝为君，而汉家却认为"真正吾皇之子作了皇帝"，号曰永乐大明。以拥立之功而赐与六千兀者人以三百"大都"、女真人以千六百"大都"，云云。①

虽然这段对朱棣身世的记载错得离谱，但却道出了兀良哈蒙古人参加靖难之役的事实，即"以拥立之功而赐与六千兀者人以三百'大都'、女真人以千六百'大都'，云云"，在谈及靖难之役时笔者引用的《朝鲜太宗恭定大王实录》中也有一段记载提到太宗二年（建文四年、1402年）三月"贺圣节使参赞议政府事崔有庆回自京师。有庆启曰：'燕兵势强，乘胜远斗，帝兵虽多，势弱，战则必败，又有鞑靼兵乘间侵略燕辽间，中国骚然。'"②也明确提到了"鞑靼兵"在燕京、辽东间出没，根据地理位置来看，这些人必定有兀良哈人，两者合参，证明了兀良哈三卫确实在靖难之役中为朱棣出过力。

以上都是"外国"史料，那么朱棣方面有没有记载呢？其实也是有的，《奉天靖难记》中出现了胡骑都指挥白义、王真，胡骑指挥观童、省吉、款台等大量名字，这些蒙古人固然未必都是兀良哈人，却也说明朱棣军中是有相当数量的蒙古人的，因此需要设立专门的指挥、都指挥对其进行管理，而这类蒙古军士类似于雇佣军，他们既可以服务于朱棣，也可以服务于朱允炆，这在笔者前文提到的投降朱棣的蒙古军士被杀也可以明白。因此，在某种程度上可以说朱棣"借兵"兀良哈，但是否因为"借兵"而导致"畀地"呢？这就是另一个问题了。

郭造卿在《卢龙塞略》中有一段专论谈到这一问题说：

> 今言大宁者，率谓我成祖以畀兀良哈，盖未之考耳。当宁藩既袭，环卫有其故种，藉为先驱；及顺，戍卒归情耳，未尝尽驱三卫以行也。难靖来朝，仍设卫如故，诏其镇守边境，世居本土，曷尝以大宁畀乎？无论永乐壬寅师，即宣德之东狩，其巢穴非我故藩，可考焉。但营、兴诸卫既移，其贡道必由此行。我之烧荒日近，而哨捕久不举，彼逐水草居，遂渐车而有之耳。若谓

---

① 佚名著，贾敬颜、朱风译《黄金史纲》，内蒙古：内蒙古人民出版社，1985年，第47—48页。

② 《朝鲜王朝太宗恭定大王实录》，卷三，第12b页，"二年三月癸丑"。

以大宁畀兀良哈，则其二皆有分地，岂甘自屏广宁外，岁借路于朵颜哉！故鸣銮镇成之谕，灭虏而守大宁者，非既畀而复背之？本我地而我守之耳。乃犁庭甫毕，而榆木变作；经略未遑，固宜永叹。所可憾者，宣德辅臣远弃安南，近弃开平，当英武之朝，不能赞成先志，喜峰凯旋而已矣。三卫永若河套，是谁之咎欤？[1]

我们结合这段分析，再配合其他一些记载，就能够认识到永乐年间大宁的真实状态，弄清了这一问题，朱棣有没有"畀地"也就自然清楚了。

郭造卿这段评论主要从明朝、兀良哈两方面论述了所谓"畀地"的问题。首先，郭造卿话中"当宁藩既袭，环卫有其故种，藉为先驱；及顺，戍卒归情耳，未尝尽驱三卫以行也。难靖来朝，仍设卫如故，诏其镇守边境，世居本土"这段前文已经论述过了，朱棣确实在靖难之役中借助了兀良哈的力量，但并非将全数兀良哈人携带南下，靖难之役结束后，他沿袭的仍旧是洪武年间的原地册封策略，并没有允许兀良哈南下占据大宁地区。这段论述里关于明朝方面最值得关注的是"永乐壬寅师"和"宣德之东狩"。

所谓"永乐壬寅师"指的是永乐二十年（1422 年）朱棣第三次漠北亲征。朱棣此次出征本为打击鞑靼阿鲁台，但是阿鲁台已经先于朱棣遁去。朱棣出师无功，遂在班师途中迁怒于此前首鼠两端的兀良哈三卫，于屈裂儿河（今吉林省西北部归流河）突袭驻扎在那里的兀良哈部众，迫使他们再度输诚。"宣德之东狩"说的则是朱棣之孙朱瞻基在位的宣德三年（1428 年），朱瞻基率军出喜峰口，至宽城（今喜峰口外宽城镇）、会州（今河北省平泉县南察罕城）击败兀良哈南下部众。从这两段记载可知从永乐后期直至宣德初年，兀良哈都并非在大宁这一明朝旧有疆土，故而"其巢穴非我故藩，可考焉"，如此一来，不仅证明了朱棣并未改变兀良哈三卫的封地，兀良哈至少直至宣德初年也没有擅自南下占据大宁。

除了明朝方面，"畀地"这一说法对兀良哈方面也存在问题。虽然我们一般称呼"兀良哈三卫"，但他们其实是三个卫所，即泰宁卫、福余卫、朵颜卫，根据洪武年间初设时的情况，本为泰宁卫居首，但后来因为朵颜卫独大，因此三卫也被合称为"朵颜三卫"。

① ［明］郭造卿：《卢龙塞略》，卷七，《纪部（四）·洪宣正景经略》，第 257—259 页。

虽然如此，他们毕竟还是三个卫所，其分布、内部人员是有区别的。三个卫所的分布都和他们的名字有关，泰宁卫之名来源于元朝的泰宁路，遗址有两个说法，其一是吉林省大安县的他虎城，其二为吉林省洮南县的城四家子古城。福余卫来源于元朝的浦峪路屯田万户所、灰亦儿等处怯怜口千户所，遗址位于今黑龙江省乌裕尔河北岸克东县大古城。朵颜卫的名字最为简单明了，来源于朵颜山，也称"额客多延温都儿"，即"母亲的朵颜高地"，元朝在这里设立了朵因温都儿兀良哈千户所，又设置朵颜元帅府。至于这个朵颜山，则是兴安岭之一峰，位于今内蒙古自治区札赉特旗以北百二十里的朵云山。因此，所谓"兀良哈三卫"，其实只有朵颜一卫全是兀良哈人。[1] 当然，兀良哈三卫毕竟是游牧民族，他们的活动范围，还有黑岭鸦山、彻彻儿山、兀良哈秃城、屈裂儿河、答兰纳木儿等众多地区，但是景泰之前没有一处是和大宁有关的，可见即便从兀良哈方面入手，他们也没有从朱棣手中得到大宁。

两方面都谈完了，就应该将他们结合起来看了，这有利于我们进一步认识到永乐年间大宁地区的现状。在通常"畍地"的说法中，关于此后兀良哈三卫的分地势这样的，自古北口至山海关为朵颜卫，自辽东广宁前屯卫至广宁白云山为泰宁卫，自白云山至开原为福余卫。随着永乐元年（1403年）营州前后卫（在今辽宁省朝阳市）、营州右卫（在今辽宁省建平县东公营子）、营州中卫（在今辽宁省喀左县南公营子）、兴州五卫（在今河北省承德市滦河镇）相继内迁，辽东方向就成为了兀良哈三卫入贡的必经之路，三卫逐渐南下活动属于正常行动，与占据大宁不可相提并论，同时按照"畍地"的说法，这一道路完全被朵颜卫占据，正如郭造卿所说"若谓以大宁畍兀良哈，则其二皆有分地，岂甘自屏广宁外，岁借路于朵颜哉"，这从兀良哈三卫方面来讲也是说不通的。

那么明朝方面呢？朱棣出于迁都北京的需要，对于大宁这一边防重要关隘，实则不仅没有放弃，还是认真经营的。关于这一点，我们能从朱棣第一次北征中说的一段话得到最明显的信息，这便是郭造卿所说的"鸣銮镇戍之谕"。

永乐八年（1410年）二月朱棣第一次亲征漠北打击鞑靼，金幼孜在他的《北征录》中记录了自己跟随此次朱棣的经历及朱棣在各种场合说的话。二月二十一日，

---

[1] 贾敬颜：《明成祖割地兀良哈考辩——〈卢龙塞略〉书后之一》，《蒙古史研究（第一辑）》，内蒙古：内蒙古人民出版社，1985年，第30页。

朱棣从宣府出发，晚上抵达宣平，他将金幼孜等随驾大臣召来对他们说了一段话：

> 今灭此残虏，惟守开平、兴和、宁夏、甘肃、大宁、辽东，则边境可永
> 无事矣。[1]

　　对照地图可以知道，朱棣口中所说的"大宁"只能是原大宁城所在地，并非内迁后大宁都司所在的保定，否则明朝的北方防线会呈现出一种奇怪的"S"形态，这显然是不合理的。当然，如果仅凭朱棣这一句话自然是不行的，朱棣不仅这么说，他也是这么做的。永乐元年（1403 年）三月，朱棣于辽东设立建州卫，永乐二年（1404 年）二月，朱棣于东北设立奴儿干卫并最终在永乐九年（1411 年）正式设立奴儿干都司；永乐四年（1406 年）二月，复设开平卫于塞外并命兵部"以有罪当戍边者实之"[2]，九月又于宁夏复设东胜卫，而朱棣为了复设东胜卫，更是在永乐元年（1403 年）三月内迁大宁都司的同时就"复设东胜中前后三千户所于怀仁等处"[3]；永乐二十年（1422 年）因鞑靼阿鲁台攻陷兴和而发动第三次漠北亲征，率先收复兴和以及在西北于永乐三年（1405 年）三月设立沙州卫，永乐四年（1406 年）三月复设哈密卫及于此前后设立安定卫、曲先卫、阿端卫等种种行动均可明显看出朱棣一直是在认真落实自己对金幼孜构想的"惟守开平、兴和、宁夏、甘肃、大宁、辽东"的战略构想，从未有过放弃大宁的想法，而开平、东胜诸卫南迁的复设亦非朱棣的保守，而是出于构建自己的北方防线的总体构想，其效果也成功维持了明朝北方的稳定，朱棣还能以此为根据地主动出击蒙古。

　　除了积极经营边防线并通过亲征打击蒙古，朱棣时期还延续了几项对蒙古的虐政，包括"烧荒""捣巢"等等，这也是导致双方消长的因素之一，关于这一点笔者将在后面涉及蒙古的章节中再谈，这里就不再赘述了。总的来说，正如郭造卿所说，"故呜銮镇戍之谕，灭虏而守大宁者，非既界而复背之？本我地而我守之耳"，大宁从来就被朱棣看作自家疆域，当然不可能轻易将其赐给兀良哈了。大宁最终归于兀良哈，乃是因为朱棣在第五次漠北亲征班师途中驾崩，而他后面的皇帝除了朱

---

① ［明］金幼孜：《北征录》，第 33 页。（《明代蒙古汉籍史料汇编·第一辑》校对本）。

② 《明太宗实录》，卷五一，第 763 页，"永乐四年二月壬申"。

③ 《明太宗实录》，卷十八，第 320 页，"永乐元年三月壬午"。

瞻基曾出喜峰口打击兀良哈外再没有人能够像朱棣那样采取积极的对蒙古政策，随着土木之变的发生，至景泰年间，明朝逐渐默认了兀良哈南下占据大宁的事实，并将之记入《寰宇通志》中，后来又延续到了《大明一统志》里，最终几乎作为定论流传了下来。

因此，当我们回到永乐年间，发现了实际情况并非如此。正如杨守谦在《大宁考》中总结的那样：

> 谦（即杨守谦自称）按：
>
> 大宁之弃，非成祖（即朱棣）之初意也。永乐八年，北方至鸣銮戍，语大学士金幼孜曰："今灭此残虏，惟守开平、兴和、大宁、辽东、宁夏、甘肃，则边境永无事矣。"守大宁、辽东而曰"永无事"，是知弃大宁非成祖之初意也。[①]

如此一来，随着永乐中期这道北方防线的完成，北京作为京师的安全问题算是基本解决了。不过要将都城正式搬到北京，朱棣还面临一个问题，就是江南物资如何更有效率的运往北方。

因为经济中心的南移，到了明朝，如何保证江南物资有效率的向北方运输就成了一个必须面对的课题。洪武年间，朱元璋在保证陆路运输的同时，也着力开发海运。但由于倭寇等海盗势力的持续出没，海运的安全性始终成为问题，为此，朱元璋通过巡海对其进行保护，他先在洪武六年对此进行了实验，取得了不错的效果后，朱元璋在洪武七年大规模提升了巡海的规格，"诏以靖海侯吴祯为总兵官，都督佥事于显为副总兵官，领江阴、广洋、横海、水军四卫出海巡捕倭寇，所统在京各卫及太仓、杭州、温、台、明、福、漳、泉、潮州沿海诸卫官军悉听节制"[②]。此后，大规模巡海战略一直延续到洪武中期，随着汤和加强沿海卫所的修建，舰队出海一度停止，但沿海战备仍旧没有放松。洪武末期，舰队再度出海护卫运输船队，这与倭寇的死灰复燃存在关系。

到了朱棣即位的永乐年间，海运面临的问题仍旧没有获得根本的解决，而与洪武年间只是单纯为了补给北方不同，朱棣计划将都城迁到北京，这就让北方需

---

① ［明］杨守谦：《大宁考》，第 544 页，见北京图书馆古籍珍本丛刊 11：《名臣宁攘要编》。
② 《明太祖实录》，卷八七，第 1546 页，"洪武七年正月甲戌"。

要的物资总量急剧上升，运输线面临的压力就更大了。平江伯陈瑄虽然每年运粮四十九万石赴北京及辽东，但海上风浪猛烈，船只常被吹走或沉没。不仅如此，还不时有倭寇等海盗出没骚扰，又更增加了海运的困难，每次由海路运粮，损耗均很大。因此在海运之外，朱棣也在陆路运输上下了很大功夫，明朝在沿途设置了八个递运所，每所留民丁三千人，车二百余辆，负责往来转运。但陆路运输同样存在问题，虽然明朝设置递运所以方便往来转输，但日久天长，"民困其役"[①]，车夫常有逃亡，且长途转运，不仅运量有限，车夫也要耗粮，往往也事倍功半。仅靠海运与陆路运输，难以满足北方在物资上日益升高的需求，同时也为朱棣大规模营建北京造成了极大的困难。

既然仅靠海路、陆路都难以解决问题，第三个方案自然就被提上了议事日程，这就是河运。为什么明朝一开始不采用河运呢？这是由当时运河的情况决定的，众所周知，隋朝开凿京杭大运河，有力沟通了南北漕运，使其后由南向北运粮便利了很多。但由于隋炀帝开凿大运河有较强的个人目的，因此隋朝的大运河以洛阳为中心，南北不平直，在一定程度上降低了运河的效率与实用性。至元朝，粮食愈加依赖江南，遂又开凿济州河、会通河与通惠河三段河道，使南北平直，不再绕行洛阳，由此进一步便利了由江南向华北的漕运。

然而元代大运河的主体会通河济宁至临清段在元末即因水量不足的问题已废而不用。洪武年间，会通河沙石堤岸被冲毁而导致河道淤塞，会通河遂彻底荒废。实际由于运输的需要，永乐初年即"屡有言开河便者"[②]，但当时国内民生凋敝，朱棣需要一定时期休养生息，如此浩大的工程，还无力进行，因此朱棣以"重民力"[③]为由并未批准。至永乐九年（1411 年），明朝综合国力已经得到了相当程度的恢复与发展，国家在永乐八年（1410 年）已经能够进行北征蒙古这样浩大的军事行动，加之营建北京愈加迫切的需要，疏浚会通河也就顺理成章了。

再度提出此事的正是漕运重地山东的官员——山东济宁州同知潘叔正。他上言朱棣说：

---

① 《明太宗实录》，卷一一三，第 1444 页，"永乐九年二月己未"。
② 《明太宗实录》，卷一一三，第 1444 页，"永乐九年二月己未"。
③ 《明太宗实录》，卷一一三，第 1444 页，"永乐九年二月己未"。

> 会通河道四百五十余里，其淤塞者三之一。浚而通之，非惟山东之民免转输之劳，实国家无穷之利。[1]

潘叔正在适当时机的适宜进言触动了朱棣，但他仍旧需要知道这一工程的可行性以及"浚而通之"之后究竟能够提供多大便利。于是，朱棣派遣工部尚书宋礼与都督金事周长前往漕运重地山东视察。二人调查归来后均"极陈疏浚之便"[2]，宋礼的分析尤为透彻：

> 海运经历险阻，每岁船辄损败，有漂没者。有司修补，迫于期限，多科敛为民病，而船亦不坚。计海船一艘，用百人而运千石，其费可办河船二百石者二十，船用十人，可运四千石。以此而论，利病较然。请拨镇江、凤阳、淮安、扬州及兖州粮，合百万石，从河运还给北京。其海道则三岁两运。[3]

宋礼以明确的利弊对比说服了朱棣，朱棣最终下定决心疏浚会通河，而关于开工时间，宋礼称此时"天气和霁，宜极时用工"[4]。于是朱棣于永乐九年（1411年）二月二十八日下令发民十六万五千人疏浚会通河，免其田租，以宋礼总督河工，此次疏浚的正是会通河中淤塞的济宁至临清段。

三月，为了解决黄河水患，让黄河回归故道，朱棣又下令开中滦河，以宋礼兼督二河。

六月二十六日，会通河疏浚完成，此次共疏浚三百八十五里，宋礼加深加宽了河道，使之深二丈、广三丈二尺。为了解决元朝会通河经常水量不足的问题，宋礼听从水利专家白英的建议，引汶河水入会通河作为水源并将沿岸低洼地收归国有，设置四大"水柜"并设置水闸十五个，利用其季节性存水结合水闸来调节夏秋与春冬的水量差异，从而保证了永乐以后会通河始终水量充足，大大便利了南北漕运。而对于徐、吕二流中的怪石，宋礼基于冲刷泥沙的考虑而并未加以移除，但这样却

---

① 《明太宗实录》，卷一一三，第1444页，"永乐九年二月己未"。

② 《明太宗实录》，卷一一三，第1444—1445页，"永乐九年二月己未"。

③ ［清］张廷玉等：《明史》，卷一五三，《宋礼传》。

④ 《明太宗实录》，卷一一三，第1445页，"永乐九年二月己未"。

会引发洪水。嘉靖年间将其尽数移除，虽然"徐、吕不复有洪"[1]，但从此"运道易淤"[2]，由此亦可以看出宋礼考虑的全面。

七月二十六日，中滦河也顺利完工，"自是（黄）河循故道，与会通河合，而河南水患息矣"[3]。在整个两河工程中，朱棣疏浚会通河共征用军民三十万人，用时五个月，而开中滦河共征用民丁十一万又四百余人，也用时五个月。此后，南北漕运遂主要通过河运，但海运仍旧继续维持了一段时间，至永乐十三年（1415年）三月，朱棣正式宣布罢海运，海运至此完全为河运所取代，此后明朝虽也断续保有局部海运，但规模大大缩小，性质也与明初大为不同，而会通河的疏浚，在这一过程中起到了举足轻重的作用。

随着北方边防体系的确立与河运的重新开通，迁都的事情总算可以正式提上日程了。实际与这两项工作同时，朱棣也没有放松对北京的营建，经过几年的经营后，北京已经初具规模。于是，永乐四年（1406年）闰七月：

> 文武群臣淇国公丘福等请建北京宫殿以备巡幸。[4]

这个建议正中朱棣下怀，他当即以工部尚书宋礼负责此事，开始筹划营建北京宫殿。显然，北京的燕王府旧宫殿已经不能满足朱棣对于北京作为首都的要求。

八月，朱棣又定北京兵马夜巡铜牌一如南京，从而进一步加强了北京的地位。永乐五年（1407年）七月，朱棣妻子徐皇后去世，朱棣迟迟未在南京周围营建陵墓，这一反常做法的谜底在永乐七年（1409年）随着他第一次北巡北京才揭晓。

永乐七年（1409年），朱棣第一次北巡北京，他此次北巡的主要目的是筹划第一次亲征漠北，但他的另一个目的也同样值得注意，五月，朱棣以徐皇后未葬，最终确定顺天府昌平县以东的黄土山为自己与徐皇后未来的山陵，同时将黄土山改名天寿山，开始营建自己与徐皇后的陵墓，这就是日后明十三陵的第一陵——长陵。

---

① ［明］谈迁：《国榷》，卷十五，第 1063 页，"永乐九年六月"。
② ［明］谈迁：《国榷》，卷十五，第 1063 页，"永乐九年六月"。
③ 《明太宗实录》，卷一一七，第 1491 页，"永乐九年七月乙酉"。
④ 《明太宗实录》，卷五七，第 835 页，"永乐四年闰七月壬戌"。

永乐十一年（1413 年）正月，在天寿山陵墓地下玄宫建成后，朱棣亲自定陵名为长陵。[1] 长陵成为天寿山下的第一座明朝帝陵，其后又有十二位明朝皇帝安葬于此，这就是如今的明十三陵[2]，而长陵就是这十三座帝陵的主陵，其以大量采自四川的珍贵金丝楠木按照中国古代建筑最高规制修建而成的重檐庑殿顶、面阔九间、进深五间、雄伟壮丽的祾恩殿自永乐十四年（1416 年）三月初一日建成至今保存完好，为十三陵中唯一一座至今保存完好的明朝修建的祾恩殿。朱棣不在南京而在北京为自己建陵，这一信号十分明显，在他心中，北京才是自己满意的京师，迁都的信号可以说已经完全公开化了。但此时北京营建尚未完成，迁都条件尚未成熟。因此，朱棣在永乐八年（1410 年）亲征击败鞑靼班师回北京后不久即返回了南京。

永乐十年（1412 年）十二月，朱棣第二次北巡北京，他这次北巡主要目的和第一次相似，为筹划第二次亲征漠北，打击瓦剌马哈木。但另一方面，随着长陵主体——地下玄宫的完工，朱棣通过这次北巡将徐皇后正式葬入长陵地下玄宫也不容忽视，徐皇后的下葬可以说标志着北京未来京师地位的确定。

朱棣此次在北京停留了相当长的时间。永乐十二年（1414 年）北征瓦剌结束后仍旧继续留在北京而没有像永乐八年（1410 年）那样很快返回南京。朱棣此次在北京一直待至永乐十四年（1416 年）才因为不得不处理在南京的汉王朱高煦日益自我膨胀的问题而返回南京，而在返回南京之前他已经在为下一次北巡北京做准备了。八月底，朱棣命工部在北京营建西宫为日后在北京新宫未完成之前他在北京的视朝之地，关于这件事，《明太宗实录》记载：

（永乐十四年八月）丁亥（二十八日），作西宫。初，上御北京，仍御旧

---

[1] 《明太宗实录》，卷一三六，第 1660 页，"永乐十一年正月"记载："永乐十一年春正月……是月，天寿山陵成，命名：长陵"。

[2] 明朝自明太祖朱元璋在南京建国至明思宗朱由检于北京煤山（今景山）自缢，一共十六位皇帝，其中十三位皇帝均葬于北京昌平天寿山脚下，即今明十三陵。未埋葬在天寿山脚下的 3 位皇帝情况各不相同，明太祖朱元璋葬于南京钟山脚下，即今明孝陵。明惠宗朱允炆在靖难之役后下落不明，陵墓自然也不知位于何处。明代宗朱祁钰在明英宗朱祁镇于土木之变被瓦剌俘虏后即位，曾在天寿山下为自己营建陵墓。但夺门之变后，明代宗被废，明英宗复辟，命工部尚书赵荣率长陵、献陵、景陵三陵陵卫官军将明代宗为自己营建的陵墓捣毁，原址遂又被称为"景泰洼"，此处后来成为营建明光宗朱常洛的庆陵之处。而明代宗去世后被葬于北京金山，为亲王墓规格。明宪宗朱见深即位后，恢复明代宗的皇帝地位，也恢复其陵墓的帝陵地位，这就是如今的景泰陵。

宫。及是，将撤而新之，乃命工部作西宫为视朝之所。[1]

从这段记载我们可以看出，西宫是在燕王府旧宫的基础上翻新修建而成，是朱棣在北京宫城正式完工之前的临时生活办公场所。

永乐十五年（1417 年）三月二十日，朱棣将汉王朱高煦贬居乐安，而赵王朱高燧已在前一年由北京改封彰德。在南京已经没有后顾之忧的情况下，朱棣立即在三月二十六日第三度北巡北京，其迫不及待，可见一斑，而且此次北巡北京并没有漠北亲征的任务，几乎完全是为了筹划迁都去的。四月二十七日，朱棣还在北巡途中，北京西宫完成：

> 西宫成，其制中为奉天殿，殿之侧为左右二殿，奉天（殿）之南为奉天门，左右为东西角门，奉天（门）之南为午门，门之南为承天门，奉天殿之北又后殿、凉殿、暖殿即仁寿、景福、仁和、万春、永寿、长春等宫，凡为屋千六百三十余楹。[2]

颇为壮丽的西宫成为了朱棣在永乐十八年（1420 年）北京宫城正式完成、宣布迁都之前于北京的工作生活之处。永乐十五年（1417 年）五月初一日，朱棣抵达北京，在新完成的西宫接受百官的朝贺。此次北巡北京后，他再未返回南京，直至永乐十九年（1421 年）正式迁都。

永乐十七年（1419 年）十一月，朱棣拓展北京南城二千七百余丈，这是自徐达缩建北京城后的第一次扩建，从而让北京更符合都城的规制。永乐十八年（1420 年）九月初四日，北京宫殿即将完工，此即现今的北京故宫。北京宫城自永乐十五年（1417 年）六月开始营建，至永乐十八年（1420 年）十二月二十九日终告完成，虽"规制悉如南京"[3]，但"高敞壮丽过之"[4]，其采木工作从永乐四年（1406 年）即已开始，动用大量人力物力，集中用时四年完工，其后，北京宫城遂成为明清两代四百余年中国的权力中心。

---

① 《明太宗实录》，卷一七九，第 1953 页，"永乐十四年八月丁亥"。
② 《明太宗实录》，卷一八七，第 2000—2001 页，"永乐十五年四月癸未"。
③ 《明太宗实录》，卷二三二，第 2244 页，"永乐十八年十二月癸未"。
④ 《明太宗实录》，卷二三二，第 2244 页，"永乐十八年十二月癸未"。

永乐十八年（1420 年）九月初四日，在北京宫城即将完工之际，朱棣遣户部尚书夏原吉召在南京的皇太子朱高炽与皇太孙朱瞻基俱赴北京，这是为迁都做最后的准备。九月二十二日，朱棣正式颁诏礼部：

> 自明年正月初一始，正北京为（京）师，不称行在，各衙门印有"行在"字者悉送印绶监令，预遣人取南京各衙门，皆加"南京"二字，别铸印遣人赍给。①

十一月初四日，朱棣在北京宫城正式颁布《迁都诏》，宣告自永乐十九年（1421 年）正月初一日起，北京取代南京正式成为明朝的京师。此外，北京道亦在永乐十八年（1420 年）被罢除。在这份重要的《迁都诏》中，朱棣说：

> 开基创业，兴王之本为先，继体守成，经国之宜尤重。昔朕皇考太祖高皇帝，受天明命，君主华夷，建都江左，以肇邦基。肆朕缵承大统，恢弘鸿业，惟怀永国。眷兹北京，实为都会，惟天意之所属，寔卜筮之攸同。乃做古制，狥 [徇] 舆情，立两京，置郊社、宗庙，创建宫室。上以绍皇考太祖高皇帝之先志，下以贻子孙万世之弘规。爰自营建以来，天下军民乐于趋事，天人协赞，景贶骈臻。今已告成，选永乐十九年正月朔旦，御奉天殿朝百官，诞新治理，用致雍熙。於戏！天地清宁，衍宗社万年之福，华夷绥靖，隆古今全盛之基。故兹诏示，咸使闻之。②

朱棣这份诏书可谓写的相当有水平，将自己迁都北京这件事说成是"乃做古制，狥 [徇] 舆情"之举，并且自己的做法是"上以绍皇考太祖高皇帝之先志，下以贻子孙万世之弘规"，将自己的父亲朱元璋拉了进来，说这是继承父亲的志愿，如此一来就不算违背祖制了，而这一行动开始后，"爰自营建以来，天下军民乐于趋事，天人协赞，景贶骈臻"，这就算是有了民心的支持，迁都之举就成了继承先志的众望所归之举，可谓高明。

---

① 《明太宗实录》，卷二二九，第 2227—2228 页，"永乐十八年九月丁亥"。
② 《明太宗实录》，卷二三一，第 2235—2236 页，"永乐十八年十一月戊辰"。

十一月初八日，在皇太子朱高炽与皇太孙朱瞻基均已到达北京后，朱棣开始对北京各官署机构进行调整，除了革去北京行部并所属六曹清吏司外，主要是将北京各机构前的"行在""行""北京"等字去掉，如北京行太仆寺改称太仆寺，北京国子监改称国子监等，军事机构上，北京五城兵马指挥司分为东城、西城、南城、北城、中城五兵马指挥司。

永乐十九年（1421 年）正月初一日，朱棣以隆重的礼仪宣布正式迁都北京，并在北京宫城奉天殿接受百官朝贺并举行宴会，同时宣布大赦天下。

然而朱棣虽然迁都北京，但北京作为京师的地位并未完全稳固。永乐十九年（1421 年）四月，北京宫城奉天、华盖、谨身三大殿在建成几个月后即遭大火焚毁，此事对朱棣触动很大，他认为是自己触怒了上天，于是数度下诏求臣下直言以助他改过，在四月初十日的第一份诏书中，朱棣说：

> 朕躬膺天命，祇绍鸿图，爰仿古制，肇建两京。乃永乐十九年四月初八日，奉天等三殿灾，朕心惶惧，莫知所措，意者于敬天事神之礼有所息钦？或祖法有戾而政务有乖钦？或小人在位贤人隐遁而善恶不分钦？或刑狱冤滥及无辜而曲直不辨钦？或谗慝交作谄谀并进而忠言不入钦？或横征暴敛剥削掊克而殃及田里钦？或赏罚不当蠹财妄费而国用无度钦？或租税太重，徭役不均而民生不遂钦？或军旅未息，征调无方而馈饷空之钦？或工作过度，征需繁数而民力凋毙钦？或奸人附势，群吏弄法，抑有司阘茸罢愞贪残恣纵而致是钦？下厉于民，上违于天，朕之冥昧未究所由。尔文武群臣受朕委任，休戚是同，朕所行果有不当，宜条陈无隐，庶图悛改，以回天意。[1]

四月十三日，朱棣又下了第二份诏书，其中宣布了一系列宽惠措施：

> 朕恭膺天命，统御华夷，夙夜祇承，罔敢怠忽。比循往制，肇建两京，惟在安民以隆鸿业。乃永乐十九年四月初八日，奉天等三殿灾，朕怀兢惧，莫究所由。固朕不德之所致钦？抑任用匪人而致然钦？今诏告中外，凡有不便于民及诸不急之务者，悉皆停止，用苏困毙，仰答天心。所有事宜条示于后：

<hr>

① 《明太宗实录》，卷二三六，第 2263—2264 页，"永乐十九年四月壬寅"。

一、各处永乐十七年以前拖欠税粮课程盐课马草等项及十八年被灾田地粮草悉皆蠲免；

一、各处逋负各项钢铁、颜料、席麻木植等物及倒死各项头匹，亏欠一应仓粮、盐课等项并广东追陪真珠，悉皆蠲免；

一、各处闸办金银课，除已煎销见收在官外，其余暂行停止，旧额岁办课银并差发全不在此例；

一、各处买办一应物料，除军需急用，其余不急之物暂行停止，敢有指此为由，仍复科害民者，治罪不饶；

一、陕西、四川攒运茶课，暂且停止，其有已起运者，仍令运赴所指茶马司交收；

一、各处钞造及买办纸劄，暂行停止；

一、下番一应买办物件并铸造铜钱买办麝香、生铜、荒丝等物，暂行一往，诸番国宝舡及迤西、迤北等处买马等项，暂行停止；

一、有被水旱缺食贫民，有司取勘赈济；

一、逃移人户，招回复业，优免杂泛差勘一年，仍将本户递年拖欠税粮等项蠲免；

一、法司所问囚人，今彼一依《大明律》拟罪，不行深文，妄行榜文、条例；

一、军官有犯笞、杖、徒、流、迁徙杂犯死罪，有降职及发遣各处充军并充军立功哨了等项者，俱复原职；

一、官吏人等，但因营造买办物料及失误违限等项得罪者，悉皆宥免，各还职役；

一、营造军夫、人匠，但有伤故者，有司加意抚恤其家，免其杂泛差役；

一、诸司官吏及差使人员，贪赃害法，故将平民苦虐者，许所在按察司及巡御史就便擒拿赴京，连家小发边远充军；

一、诸司吏卒、引兵、皂隶、牢子，多有久恋衙门，浸润官长，起灭词讼，说事过钱，虐害良善者，所在按察司及巡按御史就便擒拿，连家小发边远充军；

一、自今官吏，敢有不遵旧制，指以催办为由，辄自下乡科敛害民者，许里老具实赴京面奏，处以重罪；

一、各处摆站囚人，有年限满者，即令发司拨替疎放宁；

一、北京太仆寺并各卫见养孳生马匹，今后有亏欠马驹者，照例追钞；

一、修造往诸番舡只，暂行停住，毋得重劳军民。

於戏！奉承天戒，敢忘脩省之诚，惠绥烝民，用举宽仁之政。故兹诏示，咸使闻知。[1]

值得关注的不是朱棣在第一份诏书中列举了多少自己可能的过错，在第二份诏书中宣布了多少补救的措施，而恰恰是朱棣通过列举这些内容，变相小心翼翼地限制了"直言"的范围，即直言的内容不得和迁都北京有关，建议他还都南京的建言是断然不能接受的，这与迁都过程中一直存在的反对意见有关。果不其然，诏书一下，邹缉等人就借机建议朱棣还都南京，惹得朱棣大怒，主事萧仪即因借着朱棣下诏求直言的机会建议还都南京而被下狱，最终在永乐二十一年（1423年）卒于狱中，但由此也可以看出当时始终有还都南京的思潮存在，这一思潮也确实在朱棣驾崩后一度发挥了作用。

永乐二十二年（1424年）七月十八日，朱棣驾崩。十天后，皇太子朱高炽即位，是为明仁宗，他立即停止在北京的各种营建并强调南京才是国家的根本，这与朱高炽即位前长期待在南京从而对南京怀有特殊的感情是密切相关的。洪熙元年（1425年）三月，朱高炽复南京为京师，北京回归"行在"地位，他计划次年春天正式还都南京。然而朱高炽在位不足一年即于洪熙元年（1425年）五月突然驾崩，皇太子朱瞻基即位，是为明宣宗。与其父长期待在南京不同，朱瞻基自幼即长期跟随朱棣待在北京，对南京并无特殊感情，加之南京在此期间频繁地震，因此朱瞻基虽未明令再以北京为京师，但他也停止了还都南京的准备工作及对南京的营建，转而再度开始强化北京的地位。然而终洪熙、宣德两朝，北京仍旧只是行在的身份，南京才是明朝的京师。

宣德十年（1435年）正月，朱瞻基驾崩，皇太子朱祁镇即位，是为明英宗，他再度开始营建北京并在正统五年（1440年）开始重建三大殿。九月，三大殿完成。十一月，朱祁镇颁诏大赦天下，宣布定都北京，不再称"行在"。至此，北京作为明朝京师的地位才最终确立。其后，虽然朱祁镇于"土木之变"中为瓦剌俘虏，朝

---

[1] 《明太宗实录》，卷二三六，第2266—2268页，"永乐十九年四月乙巳"。

廷复有人建议回都南京，但在兵部尚书于谦的反对下已难成气候。

应该说，迁都北京确实并不是朱棣一人的意愿，他十分信任的内阁成员杨荣就是迁都北京的积极支持者，他在《题北京八景卷后》中说：

> 予尝考天下山川形胜，雄伟壮丽，可为京都者，莫逾于金陵。至若地势宽厚，关塞险固，总握中原之夷旷者，又莫过于燕蓟。虽云长安有崤函之固，洛邑为天地之中，要之帝王都会，为亿万年太平悠久之基者，莫金陵、燕蓟若也。昔太祖高皇帝受天明命，混一九有，以金陵龙蟠，踞长江天堑，遂定都焉。迨我皇上继承大统，又以燕蓟左环沧海，右拥太行，内跨中原，外控朔漠，宜为天下都会，乃诏建北京焉。及今十余年，车驾凡两巡狩，荣叨禄翰林，既尝历观金陵之胜，今而复忝扈从，得以追陪文臣之末，随侍皇上遍阅北京山川之概，退而与诸僚友讨论，莫不称叹，以为斯文千载之奇逢。一日翰林学士兼左春坊大学士胡公光大，偕翰林侍读兼左春坊左中允邹公仲熙，考求其迹，以替人有燕山八景之作，而简册无闻。今圣朝天下一统，皇上建都于兹，诚非往昔之比，不可无赋咏以播于无极。于是仲熙倡为北京八景之诗，学士胡公两和其韵，而又序之，僚友同赋者凡十三人，荣亦厕名其间，亦何幸哉！[①]

杨荣对比了南京、北京、长安、洛阳，最终肯定了朱棣迁都北京"诚非往昔之比，不可无赋咏以播于无极"，关键的是，他对北京的肯定完全是从北京的条件出发的，他并不否认南京"金陵龙蟠，踞长江天堑"，本身有着优越的建都条件，但是北京"燕蓟左环沧海，右拥太行，内跨中原，外控朔漠，宜为天下都会"，并且他对两地的对比都是建立在亲身经历的基础上，"荣叨禄翰林，既尝历观金陵之胜，今而复忝扈从，得以追陪文臣之末，随侍皇上遍阅北京山川之概"，凡此种种，都让杨荣的评价更具有说服力。而明朝后来的历史也证明了，朱棣当初的决定是正确的。

---

① ［明］杨荣:《杨文敏公集·杂著·题北京八景卷后》，第137页。

2. 开拓西南

朱棣在乃父朱元璋的基础上建立起新的秩序，其中对西南地区的开拓正是其中十分重要的一项。而在整个开拓西南的过程中，又以对乌思藏，即今西藏地区的经略最为重要。

西藏地方自蒙古大汗窝阔台时期开始，就被纳入了蒙古帝国的版图之内，这一关系为后来建立元朝的元世祖忽必烈所继承，他继续通过自己扶植的萨迦政权管理西藏。之所以称为萨迦政权，乃是因为其领袖八思巴属于藏传佛教中的萨迦派（即所谓"花教"）。八思巴于忽必烈至元二年（1265 年）在萨迦寺设立喇让，任命本钦，开始了萨迦政权在元朝支持下统治西藏的历史，一直延续到元顺帝妥欢帖木儿至正十四年（1354 年）被噶举派（即所谓"白教"）的帕木竹巴万户长绛曲坚赞推翻，维持了八十九年。绛曲坚赞设首府于乃东，自称第悉，正式建立了帕木竹巴政权并很快在整个乌思藏建立起了统治权威。

绛曲坚赞在内部改革行政管理制度，打破萨迦政权的"万户"制，建立了属于自己的"宗"制度并在统治区内建立起十三个宗，取代了萨迦政权时期的十三万户。帕木竹巴万户府作为当年的十三个万户之一，绛曲坚赞自然深知这一制度的弊端，进行改革自在情理之中。除了改革行政制度，绛曲坚赞还对在推翻萨迦政权过程中有功的家臣封赐谿卡、制定法律、鼓励属民植树造林并在宗教上重新振兴噶举派。不仅如此，绛曲坚赞也获得了元朝的承认，直至他于 1364 年去世为止，其对乌思藏的经营可谓非常成功。

绛曲坚赞去世后，接任帕竹政权第悉的是他的侄子释迦坚赞。对于他来说，面临一个十分严峻的问题，这就是曾经的宗主元朝此时已经处于风雨飘摇之中，朱元璋在 1368 年建立了明朝，很快又将元顺帝逐出了大都。如何面对这个新兴的王朝，就是释迦坚赞面临的最大问题。

应该说，朱元璋对于联系乌思藏是非常主动的。洪武二年（1369 年），徐达率大军进军西北，击败这里的蒙元残部，控制了河州地区。在这一过程中，朱元璋已经开始了对乌思藏的招抚，他在五月遣使诏谕吐蕃：

> 昔我帝王之治中国，以至德要道，民用和睦，推及四夷，莫不安靖。向者，胡人窃据华夏，百有余年，冠履倒置，凡百有心，孰不兴愤？比岁以来，胡君失政，四方云扰，群雄分争，生灵涂炭。朕乃命将率师，悉平海内，臣民推戴，为天下主，国号大明，建元洪武，式我前王之道，用康黎庶。惟尔吐蕃，邦居西土，今中国一统，恐尚未闻，故兹诏示。[①]

朱元璋向乌思藏通报了自己起家的经过，敦促乌思藏尽快归附，但因为当时蒙元还在西北拥有相当实力，整个战争局势尚不明朗，因此乌思藏方面没有做出积极回应。朱元璋很快又加派陕西行省员外郎许允德前往乌思藏，同样没有达成积极成果。不仅如此，当时的乌思藏地方甚至趁明军大军撤离西北的空白期勾结河州地区土著领袖何锁南在十一月对明军发动进攻，最终被镇守临洮的明军将领韦正击败。洪武三年（1370年）四月，徐达率军返回西北，在定西之战中大破元军名将扩廓帖木儿，最终奠定了明朝在西北的统治地位，洪武四年（1371年）十月，明朝设立朵甘卫指挥使司，开始对部分藏区进行管理。又一年后，乌思藏终于与明朝进行了第一次接触。

洪武五年（1372年）四月，朱元璋根据河州卫的进言，承认了乌思藏章阳沙加的从元朝那里得来的灌顶国师头衔，遣使对其进行赏赐。这位章阳沙加就是前面提到的帕竹政权第二位第悉释迦坚赞，这是明朝册封乌思藏首领的最早记载，也是两者之间第一次有记载的正式联系。八个月后，即洪武五年十二月，乌思藏方面派遣元摄帝师喃加巴藏部来朝，双方才算建立了最初的使节往还。次年，释迦坚赞正式遣使朝贡，这是帕竹政权对明朝的第一次正式朝贡，由此标志着明朝与乌思藏君臣关系的建立。

洪武六年（1373年）二月，明廷自洪武三年（1370年）以来对乌思藏持续的招抚终于取得了阶段性成果。月初，朱元璋下诏设立乌思藏、朵甘卫指挥使司，这是在洪武四年（1371年）九月设立的朵甘卫指挥使司的基础上进一步完善的，下辖两个宣慰司、一个元帅府、四个招讨司、十三个万户府和四个千户所，卫指挥使司下的官员多任用元朝旧官和本土僧官，"以故元国公南哥思丹八亦监藏等为指挥同知、金事、宣慰使、同知、副使、元帅、招讨、万户等官，凡六十人。以摄帝师喃

---

① 《明太祖实录》，卷四二，第827页，"洪武二年五月甲午"。

加巴藏卜为炽盛佛宝国师"①。明廷对乌思藏的怀柔政策取得了可喜的成果。洪武七年（1374 年），卫指挥使司全面改革为都指挥使司、行都指挥使司，乌思藏、朵甘二卫指挥使司为行都指挥使司，最终乌思藏更变为都指挥使司。

以上就是朱元璋对乌思藏地区的经略，这段历史还有一个尾声，就是洪武二十一年（1388 年），朱元璋根据乌思藏方面的请求，批准帕木竹巴灌顶国师锁南扎思巴噫的称病请求，准许由他的弟弟吉剌思巴监巴藏卜代职，这个锁南扎思巴噫就是第四位第悉索南札巴，而吉剌思巴监巴藏卜就是第五位第悉扎巴坚赞。这一行为向我们传达了一个明显的信号，就是此时明朝已经继承了元朝曾经对乌思藏的全部宗主权，乌思藏地方政权领袖的传承必须要获得明朝的册封。两者之间的这种关系到了永乐年间迎来了一些新的改变。

永乐四年（1406 年）三月，朱棣"遣使赍诏封乌思藏巴里藏卜为灌顶国师、阐化王，赐螭纽王印、诰命，仍赐白金五百两、绮衣三袭、锦绮五十疋、彩绢百疋、茶二百斤，其所隶头目并必力工瓦国师大板的达律师锁南藏卜，颁赐彩币衣服有差"②，巴里藏卜就是前面提到的帕竹政权第五位第悉扎巴坚赞，他被封为阐化王是明朝在乌思藏封王的开端，当然，扎巴坚赞就成为了朱棣在藏区册封的第一位王，这也开启了此后朱棣在乌思藏实行的僧官制度，帕竹政权此后历任第悉都从明朝皇帝那里获得"灌顶国师""阐化王"两个封号，直至万历年间帕竹政权被推翻为止。

除了"阐化王"，朱棣对乌思藏其他重要的宗教领袖也大力加以笼络，这其中以对同为噶举派的上师哈立麻册封最为典型。朱棣还是燕王时就听说乌思藏上师哈立麻"道行卓异"③。因此，在即位后的永乐元年（1403 年）正月，朱棣即派遣中官司礼监少监侯显携带他本人的敕谕前往乌思藏征召哈立麻前来南京与自己会面。

侯显经过四年不懈的跋涉，终于不辱使命，在永乐四年（1406 年）底促成了哈立麻来朝。为了表示自己对哈立麻的尊重，朱棣派遣驸马都尉沐昕前去迎接。永乐四年（1406 年）十二月二十四日，哈立麻入朝朱棣于南京奉天殿，朱棣亲自接见了这位在乌思藏负有盛名的藏传佛教领袖。

永乐五年（1407 年）正月，朱棣赐哈立麻仪仗与诸王相同。这一看似极高的礼

---

① 《明太祖实录》，卷七九，第 1437 页，"洪武六年二月癸酉"。

② 《明太宗实录》，卷五二，第 775 页，"永乐四年三月壬辰"。

③ 《明太宗实录》，卷十七，第 310 页，"永乐元年二月"。

遇其实能够看出两层含义。首先，这表现了朱棣对哈立麻的极高礼遇，但在另一方面，朱棣也借此将哈立麻的地位放在自己之下。朱棣凭借哈立麻在乌思藏极高的威望，自然可以通过他和乌思藏都司进一步实现自己对乌思藏的效控制。也就是这年[永乐五年（1407 年）] 正月，朱棣致书哈立麻：

> 大明皇帝致意法尊大乘尚师哈立麻：
>
> 　朕劳尚师远来，已慰所望。尚师又以马进，厚意深至，朕领受之，不胜欣喜，用致书酬答，以申朕意。尚师其亮之。
>
> 永乐五年正月十八日 ^①

二月，哈立麻在南京建灵谷寺，为朱元璋及马皇后祈福。二月二十七日，朱棣开始对乌思藏僧人进行大规模册封。三月三日，朱棣正式册封哈立麻为"大宝法王"，其封号全称为"万行具足十方最胜圆觉妙智慧善普应佑国演教如来大宝法王西天大善自在佛、领天下释教" ^②，同时赐予他印信与诰命。哈立麻在内地停留了两年，于永乐六年（1408 年）四月辞归，朱棣则派遣中官一路护送。哈立麻是藏传佛教诸派上师中第一位接受明朝册封的，朱棣虽然对他表示了极高的礼遇，但他从实际利益出发，也不可能对其他教派的领袖视而不见。果然，就在哈立麻辞归后不久，藏传佛教另一派格鲁派领袖宗喀巴的特使释迦也失也到达了南京。有意思的是，释迦也失的身份与哈立麻不同，哈立麻是当时噶举派的最高宗教领袖，然而释迦也失却不是格鲁派的最高领袖，他的身份是格鲁派创建者宗喀巴的弟子。那么何以宗喀巴没有像哈立麻那样亲自来朝，而是派释迦也失作为特使呢？

事实上，朱棣邀请的确实是宗喀巴本人，他在永乐十一年（1413 年）仍旧以侯显为使，颁布了一道诏书给宗喀巴，邀请他前来内地：

> 大明皇帝圣旨：
>
> 谕上师罗桑扎巴
>
> 鉴于你证道的功德极为高深，清净宏大，依止慈悲之心，利益一切有情

---

① 十三陵长陵博物馆所藏明太宗致哈立麻书信照片（汉藏文合璧）。
② 《明太宗实录》，卷六五，第 915 页，"永乐五年三月丁巳"。

众生，引导彼等入大乘之道。因此之故，朕思念你的清净功德，为时已久。今派遣以太监侯显为首之使者，从政教二规前来迎请于你。望你为佛教弘传着想，前来中原，以完成朕之心愿。

此诏。

随赐礼品：金刚铃杵、鎏金禅杖1柄；碰铃全套；象牙珠1串；檀香木1段；嵌红玉细竹丝帽1顶；十彩法衣全套；大红无花半月形大氅1件；红缎无花大氅1件；肉色内衣1件；红色素绫1匹；蓝色水纹大宝花卉图案缎子1疋；绣金团纹缎3疋；大红如意绣花缎1疋；松绿色四季花卉缎1疋；大缎7疋；淡花蓝色缎1疋；绣花图纹缎1匹；深绿素缎1匹；纱灯红绫绸1匹；茶叶50斤；白瓷无花茶壶两把；白瓷碗7个；黑色靴子1双；素蓝绸作面的白色羊毛袜1双；彩绫7匹等。

永乐十一年二月十一日 [①]

"罗桑扎巴"即宗喀巴，然而流传至今的《宗喀巴大师传》中宗喀巴给朱棣的回信落款时间则是永乐六年（1408年）：

奄！祈愿吉祥安乐！

依伟大福德之力，如法抚治四海之内的大地之人主（皇帝）驾前，住于西方雪山境域之卫地的释迦之比丘罗桑扎巴贝敬启：

大法王之福德，犹如须弥之高巍！诸臣民之安乐，有如天界之美满。政令之威严，为诸小邦所顶戴。正于此时，为了增长二宝之威力，派遣金字使者来此处，赐给诏书即碎花云纹红色、青色、绿色缎3疋；彩绸7疋；大缎袈裟、帽，上衣，长坎肩，水晶念珠，金刚杵即铃两副，磁碗1对，佛像罩衣两件，手巾3幅，围裙，曼荼罗饰品3件，腰带，碰铃两副，靴袜等，茶叶50斤，檀香木1段等物，我已收到，衷心感激。

大皇帝之旨意，盼我前来你处一遭，其中缘由，金字使者及王（指阐化

---

① 恰白·次旦平措、若章·吴坚、平措次仁著，陈庆英、格桑益西、何宗英、许德存译：《西藏通史——松石宝串·第六章帕木竹巴统治西藏时期·第二节明朝对西藏政权的管理·二明朝对西藏高僧的封授》，西藏：西藏古籍出版社，1996年，第457—458页。

王扎巴坚赞）已认真转达，我皆领会于心中。余非不知此是大地之大主宰为佛法着想之谕旨，亦非不遵不敬陛下之诏书，但我每与人众相遇，便发生重病，故不能遵照圣旨而行，惟祈陛下如虚空广大之胸怀，不致不悦，实为幸甚！陛下如往昔出世之诸大法王执掌利益今世之法规及利乐后世之教规，余等多次闻得当今之世大皇帝心愿清净，以奇异之功业使天界世间皆欢喜称赞，即与此方多数僧侣中之胜者，以清净之念，常为大皇帝祈祷圣寿无疆，皇图永固！此情伏希鉴察。至于大地之主之事业如何护持，此为大法王你所自知，非是我等者所能详言。恭呈御览之书，随奉礼品：由李域迎请之观世音菩萨像1尊，释迦摩尼金像1尊，文殊室利如来金像1尊，如来佛增生舍利3颗，普通舍利1颗，又如来舍利1颗，从对印藏两地佛教弘传具大恩德之印度大成就者觉卧钦波（阿底峡尊者）遗骨上所生舍利1颗。

鼠年六月十九日于卫地方所上书信。[1]

这两份文件之间最难以解释的就是时间差，如果按照当前文献的时间，则成了宗喀巴回信在前，而朱棣邀请在后，这无疑是不合理的。对比诏书与宗喀巴回信中提到的礼品，也并不完全符合，故此一般认为朱棣邀请宗喀巴不止一次，因此宗喀巴的回信对应的并非留存到现在的这份朱棣的诏书。洛桑次成在《宗喀巴传》，阿旺达扎在《色拉寺与大慈法王》中都持这种观点，虽然他们提出的邀请次数不同，但都不止一次。从明朝方面来说，这种说法也是有道理的，朱棣永乐十一年的诏书提到是派遣侯显前去邀请宗喀巴，同样是侯显，曾在永乐四年促成了噶举派上师哈立麻来朝。由此可知，侯显为朱棣专门经营乌思藏，负责邀请当地重要宗教领袖前来内地不止一次。侯显促成哈立麻来朝的永乐四年和宗喀巴回信的永乐六年间隔不远，而侯显一次任务只邀请一位哈立麻无疑效率太低，故此可以认为侯显在永乐四年到六年也曾邀请过宗喀巴，宗喀巴请辞的回信正是此次邀请的结果，而永乐十一年则是另一次邀请了。

从哈立麻及其他教派领袖纷纷入朝的结果可知，入朝对于宗喀巴来说是有利无弊的，那么他为什么拒绝了朱棣呢？这其中的原因当然不是他自己说的"但我每与

---

[1] 拉巴平措：《大慈法王释迦也失·〈大慈法王传汇编〉译注·藏汉合璧历史文献》，北京：中国藏学出版社，2012年，第140—141页。

人众相遇，便发生重病，故不能遵照圣旨而行"，而是和格鲁派这一教派当时的情况有关。

就在朱棣频繁邀请的这一时期，宗喀巴正在忙于建立教派的几件大事，包括广收徒弟，扩大队伍，格鲁派中十分重要的一员克珠杰就是在这一时期被宗喀巴收为徒弟的，此外宗喀巴还忙于著书立说，筹办在拉萨的祈祷大法会，这一法会在永乐七年（1409 年）举办，还修建了甘丹寺作为格鲁派的祖寺。正是因为组建教派的众多重要事务，才使宗喀巴在权衡之后回绝了朱棣的邀请。但是回绝归回绝，完全不作出回应无疑也是不利的。因此，宗喀巴采取了一个折中策略，派遣自己的得意弟子释迦也失作为特使前来内地朝见朱棣。

释迦也失也称释迦益西，1354 年生于贡塘，比他后来的师傅宗喀巴还要大三岁。他是在宗喀巴来到蔡贡塘地方时成为其徒弟的，作为宗喀巴早期的徒弟，释迦也失不仅资历老，很快也因为自身杰出的资质脱颖而出。因此当宗喀巴需要派遣一位特使代替他去朝见朱棣时，释迦也失就成为了当然的选择。

现存第一份朱棣明确颁给释迦也失的圣旨时间是永乐十二年（1414 年）十一月十五日，内容为：

> 皇帝圣旨：
>
> 谕上师释迦也失
>
> 你功德证悟高妙，学识渊博，誓愿法力深广，具有佛陀如来之证悟，以善巧方便教化众生。因你的弘法功业多至不可思议，故朕遣以太监侯显为首之人，携带诏书前来迎请。今闻上师你已离西土，不顾途中风雨烈日寒暑，渐次已行数万里程，前来此处，朕心甚悦，难以言喻。现今复遣人于途中赠礼迎接，以示缘起，以表朕心。随诏赐给你袈裟全套并带帽、靴、袜等。其数量为：毡面大红金丝里子的尖顶帽，三法衣服，坐具四件，长坎肩一件，禅裙一件，靴袜等。
>
> 永乐十二年十一月十五日 [①]

---

① 拉巴平措：《大慈法王释迦也失·〈大慈法王传汇编〉译注·藏汉合璧历史文献》藏汉合璧历史文献》，北京：中国藏学出版社，2012 年，第 146—147 页。

朱棣这份诏书的时间与留下来的他给宗喀巴的诏书的时间只差了一年，并且朱棣明确在这份圣旨中提到之前派遣侯显为代表前来乌思藏迎请，可见这份诏书所叙之事正是承接永乐十一年的诏书。朱棣在得知宗喀巴无法成行并派遣释迦也失为特使后，专门给已经在路上的释迦也失颁布了这道圣旨。释迦也失在永乐十一年底至十二年方才动身前来内地，而宗喀巴第一次婉拒朱棣的邀请则是永乐六年，即便以朱棣最后一次给宗喀巴诏书的永乐十一年计算，释迦也失也隔了将近一年才得以动身，这也从一个侧面佐证了朱棣邀请宗喀巴当不止一次，而宗喀巴选定释迦也失作为特使也颇费了一番工夫。

释迦也失从乌思藏出发后，于永乐十二年十一月抵达了成都，在此受到了成都府地方大小头目及驻军的欢迎，接到朱棣的圣旨也是此时。[1] 抵达成都后，释迦也失下一步是去了南京还是北京则出现了争议。根据拉巴平措的总结，《东噶藏学大辞典》《西藏历史文化词典》《西藏地方与中央政府关系史》都认为释迦也失在永乐十二年十二月抵达南京朝见朱棣，而《佛学词典》独树一帜，认为释迦也失第一次是抵达的北京。至于拉巴平措自己，他综合哈立麻的朝见活动及明朝永乐十九年（1421 年）才正式迁都北京的历史断定释迦也失此次入京朝见必然是抵达的南京。

其实要弄清楚释迦也失此次入京是抵达哪里并没有这么麻烦，既然包括《明太宗实录》在内的众多史料都记在释迦也失是在永乐十二年十二月入朝朱棣的，那么我们只需要搞清楚一个问题就行了，即永乐十二年十二月朱棣身在何处。释迦也失此行是朝见朱棣，因此他自然是前往朱棣所在之处。拉巴平措以哈立麻的活动为参考，但是哈立麻朝见的永乐四年至永乐五年距离释迦也失入朝的永乐十二年中间间隔颇长，且哈立麻入朝时朱棣身处南京，故以之推论释迦也失是不合适的。至于拉巴平措以明朝永乐十九年才正式迁都北京断定释迦也失肯定是前往南京也存在问题，即朱棣虽然在永乐十九年才正式迁都，但他并非一直等到这时候才长驻北京。

从上一节内容我们已经知道永乐十年（1412 年）十二月，朱棣第二次北巡北京，筹划第二次亲征漠北，打击瓦剌马哈木。他此次在北京停留了相当长的时间。永乐十二年（1414 年）北征瓦剌结束后仍旧继续留在北京而没有像永乐八年（1410

---

[1]　拉巴平措：《大慈法王释迦也失》，上篇，《大慈法王考》，第二章，《生平考》，北京：中国藏学出版社，2012 年，第 29 页。

年）那样很快返回南京，而是在北京一直待至永乐十四年（1416年）才因为不得不处理在南京的汉王朱高煦日益自我膨胀的问题而返回南京。故此，结论就显而易见了，释迦也失入朝的永乐十二年朱棣身处北京，释迦也失自然是前往北京朝见朱棣，阿旺达扎在《色拉寺与大慈法王》中关于释迦也失在北京的驻锡地等情况可能和他宣德年间第二次入京相混淆，但他关于释迦也失第一次是抵达北京的考证则是无误的。

释迦也失抵达北京后，先朝见了朱棣，然后奉命于永乐十三年（1415年）二月开始筹备，至五月九日举行了为期三个月的法会，还得到朱棣允许在北京营建寺庙，招募僧众，这些活动都与当年哈立麻所行如出一辙。而在此期间，朱棣也对释迦也失进行了册封。永乐十三年四月初三日，朱棣"命尚司释迦也失为妙觉圆通慧慈普应辅国显教灌顶弘善西天佛子、大国师，赐之诰命"[1]，这道朱棣颁给释迦也失的册封圣旨，藏文史料方面也有记载：

> 皇帝圣旨：
> 谕法王上师释迦也失
> 在六日之吉祥时刻，特遣宦官颁赐金印宝诰。免礼，切记。
> 永乐十三年四月五日。[2]

这道圣旨称释迦也失为"法王上师"，这不是藏文文献的后代修饰就是翻译的失误，因为释迦也失获得"大慈法王"封号是在朱棣之孙朱瞻基在位的宣德年间，永乐年间他的封号只是"大国师"。朱棣没有册封释迦也失为法王也很好理解，毕竟他不是格鲁派的领袖，"法王"这个封号本应属于宗喀巴，释迦也失作为宗喀巴的特使，自然要降低一等册封。而在朱瞻基在位的宣德年间，宗喀巴已经圆寂，没有了这层顾虑，同时为了对释迦也失进行进一步笼络，就将他进一步册封为"大慈法王"了。

释迦也失完成了在北京的活动后去了五台山，这一时期，朱棣颁下了不少圣旨

---

① 《明太宗实录》，卷一六三，第1843页，"永乐十三年四月庚午"。
② 拉巴平措：《大慈法王释迦也失》，中篇，《〈大慈法王传汇编〉译注》，第二章，《藏汉合璧历史文献》，北京：中国藏学出版社，2012年，第148—149页。

给释迦也失，多是对其生活起居进行关心并颁赐礼物的内容，其中最值得关注的是落款时间为永乐十三年六月二十七日的一道圣旨：

> 皇帝圣旨
>
> 谕妙觉圆通慧慈普应辅国显教灌顶弘善西天佛子大国师释迦也失：
>
> 昔日番僧反叛，抢劫朝廷金字使者，现捉拿归案，来到京城，已按刑律对他们治罪……已让其知罪。现遣他们到五台山朝拜，忏悔其罪恶，弃恶从善。悔罪之后，剃度为僧，让他们在京城诵佛念经。请你切记。
>
> 永乐十三年六月二十七日 [1]

朱棣将抓获的反叛番僧先按照明朝律法治罪，然后再遣送五台山交给释迦也失处理，如此一来，既落实了明朝的律法，也尊重了乌思藏方面，这也正是朱棣在乌思藏大量册封法王、僧官的原因，通过他们，可以在低成本上实现对乌思藏的管理，从而不用大费周章将明朝军队派往极为艰苦的世界屋脊，释迦也失在内地一直停留至永乐十四年（1416 年）才返回乌思藏。

我们应该看到，朱棣对藏传佛教的崇奉更多是出于统治需要，故而朱棣虽然对乌思藏高级僧侣表现出极大的尊重，但却未必是真的信仰藏传佛教，他对无论汉传佛教还是藏传佛教更多都是出于自己实用主义的利用。

以哈立麻为例，永乐四年（1406 年）十二月，哈立麻入朝，朱棣本来计划"躬劳之"[2]，即亲身慰劳，夏原吉却在这时上言表示"宜示以君臣礼"[3]，即劝谏朱棣不应亲身慰劳哈立麻而失却身份，朱棣的回答与做法则颇为有趣：

> "卿欲韩愈耶？"赐金银钞币甚腆。[4]

韩愈正是因为劝谏唐宪宗勿迎佛骨而遭贬谪的唐朝著名大臣，朱棣的这一回

---

① 拉巴平措：《大慈法王释迦也失》，中篇，《〈大慈法王传汇编〉译注》，第二章，《藏汉合璧历史文献》，北京：中国藏学出版社，2012 年，第 152 页。

② ［明］谈迁，《国榷》，卷十四，第 983 页，"永乐四年十二月"。

③ ［明］谈迁，《国榷》，卷十四，第 983 页，"永乐四年十二月"。

④ ［明］谈迁，《国榷》，卷十四，第 983 页，"永乐四年十二月"。

答十分清楚地表明他并非真正崇奉佛教而只是基于政治利益对其进行利用。既然如此，也就注定了他对佛教采取的捧打两手策略。捧已如前述，而打的一方面则主要表现为朱棣始终限制国内的僧人数量。

1402 年十一月，朱棣下令全国寺院与道观洪武十五年（1382 年）前的予以保留，此后的复归原本建筑作用。永乐元年（1403 年）正月，朱棣恢复了僧人三年一给度牒的制度，拥有度牒的僧人才是被国家承认的合法僧人。其后，朱棣陆续给予云南等少数民族聚集地区僧人度牒并设立僧纲司等机构进行管理，这是他对少数民族进行的"教化"政策的一部分。

但这一政策仅限于少数民族集中的地区，对于汉族为主的地区则不然了，这些地区僧人的数量始终受到严格的限制。

永乐五年（1407 年），就在哈立麻在南京大建灵谷寺时，武昌僧人请修观音阁却得不到批准。而当浙江私自剃度的一千八百余人向朱棣请求度牒时，朱棣勃然大怒，他以明太祖规定的民间男性四十岁以上始能出家为依据将这些人尽数充军辽东和甘肃。在中国古代，出家人可以免除赋税和徭役，因此时常有人通过出家来躲避徭役，朱棣作为一国之君自然是决不能允许这种情况出现的，僧人数量受到限制也就可以理解了。

另一方面，也正是因为相当数量目的不纯的人员混入出家人人队伍，也导致了整个出家人群体素质下降。永乐十五年（1412 年）五月，朱棣对礼部戒饬佛道二教的一段话很能说明这个问题：

> 佛道二教本以清净利益群生，今天下僧道多不守戒律。民间修斋诵经，动辄较利厚薄，又无诚心，甚至饮酒食肉，游荡荒淫，略无顾忌。又有一种无知愚民，妄称道人一概，蛊惑男女，杂处无别，败坏风化。洪武中僧道不务祖风及俗人行瑜珈法称"火居道士"者俱有严禁。即揭榜申明，违者杀不赦。[1]

正是出家人队伍中这种良莠不齐的状况使朱棣很难对佛教抱有真正的好感。因此，他对官员诵经的行为往往大加斥责。永乐五年（1407 年）三月，朱棣戒斥守卫官诵经之举。五月，他再度戒斥侍佛，称祸福不由佛，应该更注重事奉先人，这在

---

[1] 《明太宗实录》，卷一二八，第 1592 页，"永乐十年五月丙戌"。

当时算是十分前卫的说法了。九月二十日，直隶苏州嘉定县上奏称旧有僧人六百余人，朱棣下令仅留下一半，对于百姓希望出家并请求度牒的要求也不予批准。不仅如此，朱棣更是直斥：

> 国家之民，服田力穑，养父母出租赋以供国用，僧坐食，于民何补？国家度民为僧，旧有禁令，违者必罪！①

而对于拜佛以求长生，朱棣也直斥：

> 人但能清心寡欲，使气和体平，疾疢自少。如神仙家说，服药导引，亦只可少病，岂有长生不死之理？近世有一种疲精劳神，佞佛求寿，又愚之甚也！②

以上种种足以表明朱棣对于佛教仅仅是出于维护自己统治的目的加以利用。因此他不仅关注到了当时掌控乌思藏政权的噶举派，新兴的生命力旺盛的格鲁派，对除此之外的一些教派他也尽量做到雨露均沾，在永乐十一年（1413 年）册封曾经统治乌思藏的萨迦派领袖昆泽思巴为"大乘法王"。又因为朱棣此前册封的帕竹政权阐化王实际只能控制乌思藏主体地区，因此朱棣又先后分封了赞善王（灵藏）、护教王（馆觉）、阐教王（必力工瓦）、辅教王（思达藏），从而实现了对几乎整个西藏地区的羁縻，这是政治上。经济上，明朝也以长久以来的茶马古道与西藏地区进行物资交换，互通有无，维持着稳定的经济关系。总的来说，永乐年间朱棣通过积极的手段强化了明朝中央政府在西藏地区的权威，形成了一种特殊的宗藩关系。

不过无论朱棣怎样积极经略乌思藏，明朝对乌思藏终究停留在羁縻统治的层次。朱棣在位年间开拓西南最重大的事件还要属结束了贵州长久以来的土司制度，建立了贵州承宣布政使司。

改土归流，即以中央政府的流官取代地方的世袭土司，是中央政府加强对地方控制的一种手段。明初在地方设立的宣慰司、长官司等行政机构即是土司自治机构。朱棣即位之后，通过对土司机构的一些调整安插入中央政府派出的流官。永乐

---

① 《明太宗实录》，卷七一，第 996—997 页，"永乐五年九月庚午"。
② 《明太宗实录》，卷七一，第 997 页，"永乐五年九月庚午"。

二年（1404 年）二月，朱棣设立散毛、施南二长官司，除了设置土司管理外朱棣还各设置流官吏目一员。二月底，他又借着八百大甸宣慰司土司来朝的机会增设了两个军民宣慰司以分化削弱原来的宣慰司。这两手潜移默化的改土归流政策贯穿了永乐朝的始终且时常都能见到，如紧接着朱棣又在永乐三年（1405 年）改湾甸长官司为湾甸州并设流官吏目一员。长官司是土司机构，而州则是中央派遣流官管理的行政机构了，这应该是一个不小的进展。但从总体来说，这种潜移默化的政策只能从基层入手，不仅耗时很长且改动程度也很有限，流官长期只能处于土司的从属地位。因此，进行大规模而彻底的改土归流往往要采取其他手段。永乐年间规模最大而彻底的改土归流——贵州建省，即是通过利用地方宣慰司的内部矛盾以战争方式实现的。

明朝对贵州的经略，自洪武年间就已经开始了。明朝立国后，朱元璋以乌江为界将贵州从实际上一分为二，以宋氏管理乌江以东，以安氏管理乌江以西，稳定了贵州混乱的局势。洪武十五年（1382 年），朱元璋一度于贵阳设立布政使司，以马烨为都督。然而马烨的歧视政策及其与安氏奢香夫人之间战争的胶着使明朝对贵州西部的改土归流于洪武十八年（1385 年）失败，朱元璋在与来朝的奢香夫人会面后召回了马烨并以奢香夫人为宣慰使管理贵州西部并每年向明廷纳粮贡马，后来马烨被朱元璋处死。

朱棣即位后，对贵州的关注转向了乌江以东的宋氏。永乐四年（1406 年），宋氏一度拒绝向明廷纳粮，朱棣派出军队前去招抚，但由于他当时的精力主要集中于征伐安南，贵州问题并没有获得根本的解决。

当时的乌江以东，有宋氏的思州、思南两个宣慰司，思州宣慰使为田琛，思南宣慰使为田宗鼎。从永乐八年（1410 年）开始，这两位久有仇怨的宣慰使开始因争夺贵州的矿权而再度开始互相攻杀，贵州陷入民不聊生的境地。

内斗初期，思州宣慰使田琛利用田宗鼎与其原副使、当时已改任辰州知府的黄禧的矛盾与黄禧联合击败了思南宣慰使田宗鼎，田宗鼎携家出走，田琛杀害了田宗鼎的弟弟，挖掘了田宗鼎的祖墓并屠戮了田宗鼎母亲的尸体。田琛大肆抢掠思南宣慰司的人口、牲畜及资财，所过之处，生灵涂炭。田宗鼎穷促之下向朱棣求救并申诉田琛在思南宣慰司的暴虐行径。而田琛此时也自我膨胀，自称：天主，以其妻为地主，以黄禧为大将，贵州土司内斗逐步演变为一场叛乱。

接到田宗鼎求救与申诉的朱棣并没有立即对田琛诉诸武力，而是令田琛与黄禧

"赴阙自辨"①，但二人"皆拒命不至"②并"遂有逆谋"③。其"逆谋"乃是以一个名为张胜的人联合教坊司官吏史勉伺机对朱棣不利。事觉后朱棣不再犹豫，以行人蒋廷瓒先行前往招抚，并派遣镇远侯顾成领军五万前往平定贵州叛乱。顾成在靖难之役中于真定之战被朱棣俘虏后投降，其后顾成立下大功，获得了朱棣的信任，其人勇而有谋，出征贵州时，已是一员八十三岁的老将了。

顾成"以兵五万压其境，凶党叛散，琛等相继就擒，与黄禧相继械送京师，皆引服"④，轻而易举地平定了田琛，擒获田琛、黄禧械送南京。田琛虽然被擒，他强悍的妻子冉氏却再度聚众反抗明廷，冉氏招纳台罗等寨苗人普亮等，声势一度颇大，希望以此要挟明廷派遣田琛回贵州招抚从而赦免田琛的死罪。朱棣得知后一面立即下令将田琛等人严加监禁起来，另一面则打算派田宗鼎返回贵州，"以宗鼎虽横恣，然穷蹙自归，得未灭，使复职归思南"⑤，然而田宗鼎却在此时向朱棣奏请希望能彻底报仇雪恨，杀田琛、黄禧以斩草除根。田宗鼎的奏请触动了朱棣的神经，一个如此暴戾的人，如若放他回贵州复职，则他不仅会以报仇雪恨为名继续荼毒贵州百姓，且他也必然不会甘心听从明廷的诏令，贵州势必又将陷入不稳定中，"上以其素凶恶，今幸免祸，尤不自惩，而欲逞忿，民将有不胜其害者"⑥。于是朱棣改变了主意，他将田宗鼎留在了南京，给予他俸禄，实际是将他软禁在了南京。而朱棣将贵州彻底改土归流从而实现其父朱元璋未能实现的目标的决定，或许也正是在此时最终确定，然而此时他还欠缺一个将实现贵州改土归流的最后一道障碍——田宗鼎彻底整治的借口。

田宗鼎的如意算盘本来是将田琛、黄禧斩草除根，然后自己就可以独霸贵州了，没想到如今事与愿违，自己被软禁在了南京。于是田宗鼎转而希望换个方式达成自己的目的，田宗鼎接着又向朱棣举发称自己的祖母曾和黄禧有奸情，表示这才是导致贵州内乱的根本原因，他希望以此获得朱棣的信任而得以回贵州复职。与此同时，田宗鼎还裁减其祖母的衣食，企图将其杀害灭口。田宗鼎没想到他的这一举

---

① 《明太宗实录》，卷一三七，第 1662 页，"永乐十一年二月辛亥"。
② 《明太宗实录》，卷一三七，第 1662 页，"永乐十一年二月辛亥"。
③ 《明太宗实录》，卷一三七，第 1662 页，"永乐十一年二月辛亥"。
④ 《明太宗实录》，卷一三七，第 1662 页，"永乐十一年二月辛亥"。
⑤ 《明太宗实录》，卷一三七，第 1662 页，"永乐十一年二月辛亥"。
⑥ 《明太宗实录》，卷一三七，第 1662 页，"永乐十一年二月辛亥"。

动却最终葬送了自己。在性命随时不保的境遇下，田宗鼎的祖母此时反过来也向朱棣举发称田宗鼎曾有"缢杀亲母，渎乱人伦等事"[1]。朱棣本来正愁找不到名目整治田宗鼎，田宗鼎祖母的这一举发可谓正中下怀。既然田宗鼎犯了有悖人伦的大罪，朱棣遂正好借此机会将他解决。朱棣公布田宗鼎的罪状，命刑部明定其罪以正法纪，又对户部尚书夏原吉等人说：

> 朝廷初命田琛、田宗鼎分治思州、思南，正欲安其土人，乃皆为土人之害。琛悖逆不道，构扇旁州，妄开兵衅，屠戮善良，抗拒朝命，已正其罪。宗鼎尤为凶鸷，绝灭伦理，罪不可宥。其思州、思南三十九长官司宜加意抚绥，可更置府、州、县而立布政司总辖之，其原设长官司及差税悉仍旧，所当行之事，卿等详议以闻。[2]

既然贵州的两大宣慰使均被罢黜，贵州改土归流的条件也就最终成熟了，一套改土归流的方案很快便得以出台。朱棣于永乐十一年（1413 年）二月在贵州设立承宣布政使司，管理贵州行政事务，任命蒋廷瓒担任左布政使，孟骥担任右布政使。贵州布政司"总八府，仍与贵州都司同管贵州宣慰司，其布政司官属俱用流官，府以下参用土官"[3]，贵州改土归流终于完成，贵州就此建省。贵州建省之时，贵州承宣布政使司与贵州都指挥使司均已经具备，其后，朱棣又于永乐十五年（1417 年）设立贵州等处提刑按察使司。由此，布政司管行政，都司管军政，按察司管刑名的地方三司制度在贵州完全建立。

顾成此后则驻守贵州，他首先面对的问题就是田琛妻子冉氏掀起的叛乱。对于这次叛乱，朱棣一开始希望能够招抚，他虽然派遣镇远侯顾成、都督梁福等率湖广、贵州二都司即武昌三护卫官军三万人于永乐十一年八月前往镇压，但也同时指示顾成说："蛮夷叛服无常，盖其素性。今讨之非难，但虑杀伤过多耳。卿等至境上，且按兵不动，已遣人赍敕招谕，如招谕不服，进师未晚。"[4] 当然，这并非朱棣真实的想法，他当时正在筹划第二次北征，为了避免多线用兵，因此才在贵州暂

---

① 《明太宗实录》，卷一三七，第 1662 页，"永乐十一年二月辛亥"。
② 《明太宗实录》，卷一三七，第 1663 页，"永乐十一年二月辛亥"。
③ 《明太宗实录》，卷一三七，第 1663 页，"永乐十一年二月辛亥"。
④ 《明太宗实录》，卷一四二，第 1699 页，"永乐十一年八月乙丑"。

时采取招抚策略。当然，既然朱棣无法满足普亮等人的条件，招抚自然是不可能成功的。

一个月后，贵州的叛乱没有平息的迹象，顾成也没有消息，朱棣有些焦急，他担心顾成手下兵力不足，于是又增调贵州都司军马一万，"期以今冬平贼"①。十月，朱棣再度敕谕顾成：

> 前命尔等征讨蛮寇，兵力不足，于贵州添调一万。今武当发回辰沅五闻等九卫官军万二千余人亦可选，用又令播州宣慰使杨昇选调土军六千，如选不及数，必得四千听尔调用，尔等宜同心画策，必以今冬平除，必寇毋执偏见，以误事机。②

在朱棣的反复督促下，顾成与贵州布政司参议江英相互配合，终于如期将贵州叛乱镇压了下去，在永乐十二年（1414 年）初献上普亮的人的首级，平定了思州，而在这一过程中，贵州布政司已经开始发挥作用，证明了朱棣决策的正确。永乐十二年（1414 年）五月，顾成去世，享年八十五岁，赠：夏国公，谥：武毅。

贵州土司统治的结束让此后贵州得以得到更充分的发展并避免了大规模内斗，朱棣借此巩固了明廷对西南地区的控制。加上朱棣委任沐晟稳定了对云南的统治，再加上四川、广西等处，又共同促进了朱棣对乌思藏的经略，而这些都对朱棣在安南（今越南北部）的战争有利。而就在安南被明朝纳为交阯前后，朱棣对中南半岛的经略也逐渐达到了明朝建立以来的一个高峰。

永乐元年（1403 年）十月，朱棣根据沐晟的奏报，"命兵部设缅甸宣慰使司，以那罗塔为宣慰使，遣使赐之冠服、印章"③。永乐二年（1404 年）四月，朱棣又"设老挝军民宣慰使司，以土官刀线歹为宣慰使，命礼部铸印给之"④。六月，朱棣又设八百大甸宣慰使司，而在今缅甸北部靠近印度一侧，朱棣在同一个月还设立了大古剌宣慰使司、底马撒宣慰使司等一系列建置。直至朱棣驾崩的永乐二十二年（1424 年），他还设立了底兀剌宣慰使司。虽然这些宣慰司与明朝政府的关系更像宗

---

① 《明太宗实录》，卷一四三，第 1707 页，"永乐十一年九月丙午"。

② 《明太宗实录》，卷一四四，第 1709—1710 页，"永乐十一年十月庚戌"。

③ 《明太宗实录》，卷二四，第 439 页，"永乐元年十月丙辰"。

④ 《明太宗实录》，卷三〇，第 554 页，"永乐二年四月己亥"。

主国与藩属国的关系，并不像明朝内地宣慰司与中央政府关系那样紧密，而且随着朱棣驾崩，明朝之后统治者政策转向保守，这些地区很快就脱离了控制。但这些宣慰司的存在仍旧是永乐年间明朝积极扩张政策与由此建立起的新地区秩序的一部分。至今在缅甸、老挝境内留下的这些宣慰司城池的遗址就是这段历史最鲜活的证据。

无疑，朱棣对西南地区的开拓是成功的，那么位于对角线上的东北的情况又如何呢？

3. 对东北的开拓与经略

位于西南几省对角线上的东北地区，同样是明朝着力经略的一块重要疆域。实际上，明廷对辽东的经略从很早就开始了，但对辽东的最终平定却拖了很久。洪武元年（1368 年）明朝建立并攻克大都。随后，朱元璋便开始着手经略辽东。当时的辽东局势颇为复杂，除了朝鲜半岛上的王氏高丽对辽东怀有觊觎之心外，故元残部也在辽东拥有相当的力量，元朝将领高家奴固守辽阳山寨，哈剌张屯驻沈阳古城，也先不花驻军开元，即今辽宁开原。而其中最大的一股势力，就是聚兵金山的纳哈出，他节制了数十万人马，成为了东北地区原元朝势力中最强大的一股。这些势力在辽东互相声援，自然成为明朝进军辽东的极大威胁。

元末明初的辽东地区，地处边陲，百姓以渔猎为主，农业并不发达，加之战乱频仍，这就给了北元残部生长的空间。他们不仅与明朝为敌，还互相攻杀，甚至由此导致辽阳古城几乎成为一座空城，根据《全辽志》记载，当时辽南地区，"兵寇残破，居民散亡，辽阳州郡鞠为榛莽"，可谓凋敝已极。

正因如此，朱元璋在经略辽东的过程中，正是选取了辽东南部地区作为第一步。朱元璋采取的是招抚与用兵相结合的策略，以强大的军事力量为后盾进取辽东。洪武三年（1370 年）秋，朱元璋命曾经劝降过纳哈出的断事官黄俦"赍诏宣谕辽阳等处官民"[①]。洪武四年（1371 年）二月，故元辽阳行省平章刘益于得利赢城（今辽宁复县西北得利寺）接受招抚，归降明朝。刘益随后派董遵、杨贤奉上辽东州郡地图和兵马钱粮的册籍。最终，朱元璋在洪武四年（1371 年）二月二十八日设立辽东卫指挥使司，任命刘益为指挥同知，成为了明朝在辽东地区设立地方军政权力机构的开始。朱元璋在诏书中明确表达了自己设立辽东卫指挥使司的目的：

> 曩因元政不纲，群雄角逐。朕起布衣，提三尺剑，命我中国英豪削平僭乱，抚恤黔黎，逾二十年，天下已定，中原无兵革之虞。间者，命将出师，东征西伐，摧强抚顺，惟欲薄海内外，咸底治安。于是识时务者，率众来归，

---

① 《全辽志》，卷八，《杂志》。

共成大业。前辽阳行省平章刘益，能审察时几，推诚归朕，以辽东州郡地图，遣右丞董遵等奉表朝献，朕甚嘉焉。虽汉窦融，何专前美，今特置辽东卫指挥使司，授尔益同知指挥事，尔其恪遵朕意，固保辽民，以屏卫疆圉，则尔亦有无穷之誉。[1]

朱元璋在诏书中说的很明白，他设立辽东卫都指挥使司并任命刘益为指挥同知是为了"固保辽民，以屏卫疆圉"。然而辽东局势远比朱元璋想象的复杂，刘益很快遭到不满的故元平章洪保保、马彦翚谋杀，随后，故元右丞张良左、左丞房暠又率部下杀害了马彦翚并开始继续追杀洪保保，洪保保走投无路，只能依附纳哈出而去。张良左、房暠立即向明廷上书奏报辽东军情，提出洪保保依附纳哈出后必定会举兵进犯，请求在刘益被杀后留下明廷断事官吴立总管辽东卫指挥使司。明廷顺水推舟，任命吴立、张良左、房暠三人位辽东卫指挥佥事，从而谋求加强对辽东卫的统一管理。

洪武四年（1371年）六月，朱元璋果然收到了纳哈出将要进犯辽东南部地区的消息。朱元璋一开始还是决定先尝试招抚，他再度派出了与纳哈出有渊源的黄俦持书至金山宣谕纳哈出，希望纳哈出能够投降。这次纳哈出显得非常强硬，他不仅拒绝投降，还扣留了黄俦。朱元璋此时无疑意识到了纳哈出不会轻易投降，明廷必须诉诸武力了，他立即派遣马云、叶旺由山东经登莱沿海路北上辽东，直接在旅顺登陆并立即直奔金州屯兵。与此同时，为了保证辽东明军的粮饷供应，朱元璋专门派遣靖海侯吴祯沿海路率舟师自山东向辽东运粮。马云、叶旺抵达金州后，先尝试对高家奴进行招抚，然而高家奴不从，明军遂进军平顶山，攻破高家奴据守的老鸦山寨（今辽阳市东），随后相继占领盖州、辽阳，基本扫清了除纳哈出外辽东地区的其他残元势力。

洪武四年（1371年）七月，朱元璋设立定辽都卫指挥使司，马云、叶旺很自然地成为了都指挥使，就地镇守。明军完成了一轮攻势，接下来就轮到纳哈出了。自洪武五年（1371年）至洪武八年（1375年），纳哈出频繁南下袭扰明朝控制区。洪武五年（1371年）十一月，纳哈出大举南下，劫掠牛家庄（今辽宁昌图），烧毁粮草十余万石，明军陷没五千余人，损失惨重，都督佥事仇成因为没能布置好防御被

---

[1]　《明太祖实录》，卷六一，第1192—1193页，"洪武四年二月"。

降为永平卫指挥使。次年，纳哈出又率军进犯辽阳，叶旺、马云领军大破纳哈出，一路追至浑河，纳哈出逃往开原。洪武七年（1373年），纳哈出再次进犯辽阳，被明朝千户吴寿击退。洪武八年（1374年）十二月，纳哈出再次大规模南下入侵辽东，此时辽东的机构已经在当年十月改为辽东都指挥使司。在这次对阵中，因为朱元璋已经做了充分准备，纳哈出大败而回，明军"获其士马无算，纳哈出仅以身免"，取得了辉煌的胜利。①

明军获此大胜，却并没有乘胜进军彻底消灭纳哈出。这其中的原因不在辽东，而在明朝其他地区，同时期，明廷先集中军力平定四川，之后又被西北叛乱所困扰，西北平定后，明廷又倾全力进军云南，这些事务吸引了明廷大量的精力与军力，辽东此时明廷已经设立了辽东都司，加之纳哈出遭受重创，一时无力南下，因此才被明廷暂时放过了。

然而暂时放过并不意味着辽东就被明廷无视了。随着洪武十六年（1383年）云南基本平定后，辽东的纳哈出再度走进了朱元璋的视野。为了最终北征彻底消灭纳哈出，朱元璋在云南平定后针对辽东做了一系列准备工作。自洪武十八年（1386年）起，朱元璋通过海运向辽东运送大批粮米，积极备战。不仅如此，朱元璋还从北平、山东、山西、河南等北方各府征调粮米和民夫，动员能够动员的力量为最终的战争做准备。

洪武二十年（1387年）正月，朱元璋正式命宋国公冯胜为征虏大将军，颍国公傅友德为左副将军，永昌侯蓝玉为右副将军，赵庸、王弼为左参将，胡海、郭亮为右参将，商暠为参赞军事，率师二十万北征辽东纳哈出。六月，冯胜进至辽河之东，在这里擒获了纳哈出的屯兵三百余人和四十余匹战马，进驻金山之西，已经对纳哈出构成了极大的威胁。冯胜也了解纳哈出此时穷蹙的情况，知道是个招降的好机会，于是让此前被明军俘虏的乃剌吾回到松花河面见纳哈出。纳哈出本来以为乃剌吾已经死了，没有料到他还能够活着回来，不禁大喜过望，乃剌吾则趁此机会转达了明廷仍旧愿意招降的原则。纳哈出终于有些心动了，他决定利用这个机会刺探一下明朝的虚实，于是"即遣其左丞刘探马赤、参政张德裕随使者张允恭等至胜军献马，欲因以觇我"②，冯胜很明智的将纳哈出的使者尽数送回南京交给朱元璋。至

---

① 《明太祖实录》，卷一〇二，第1727—1728页，"洪武八年十二月"。

② 《明太祖实录》，卷一八二，第2746页，"洪武二十年六月"。

于乃剌吾，则被送回北元在沙漠上的朝廷，好不容易才捡回一条命，但也同时动摇了北元不少臣子的内心，让他们产生了归降明朝的意思。

冯胜并没有被纳哈出的使者束缚住手脚，而是继续进兵，在女真所在的苦屯接受了纳哈出部将全国公观童的投降，随后驻军金山东北，派遣蓝玉对纳哈出的大本营发动最后一击。纳哈出当时分兵为三营，"一曰榆林深处，一曰养鹅庄，一曰龙安一秃河，辎重富盛，畜牧蕃息，虏主数招之不往"①，可谓纳哈出的根本所在。蓝玉以大军进逼，加上此前招抚的效果，蓝玉再最后加上一把火，在纳哈出已经大为动摇之际派遣指挥马某至纳哈出处再度招抚，终于说动纳哈出同意归降明朝。

当然，在归降过程中还发生了一些波折，纳哈出遣使至冯胜处纳款的同时仍旧怀有刺探明军虚实的目的，冯胜看穿了纳哈出的谋划，于是让蓝玉火速前往三营之一的一秃河受降，将生米煮成了熟饭，一营人马自此不复为纳哈出所有。纳哈出得知这一情况，只能仰天长叹："天不复与我有此众矣！"②终于正式率众向蓝玉投降。纳哈出归降后被朱元璋封为海西侯，最终得以善终。纳哈出的归降表明明朝在辽东地区占有了绝对的优势，随后朱元璋又令总兵官都指挥使周兴领军北上大漠，由斡难河（今鄂嫩河）、兀者河一路进至彻彻儿山，大破元军，肃清了残元势力，统一了这一地区。虽然后来因为蓝玉没有处理好与纳哈出的关系以及常遇春之子常茂的莽撞，导致辽东局势又发生了一些波折，但在冯胜的主持下，辽东还是最终安定了下来。等到朱棣即位后，他对东北地区的继续经略正是在其父朱元璋的遗产上进行的。

朱棣对东北经略的终点就是对当地女真首领的笼络，而其结果就是一系列卫所的设立。朱棣与女真人的接触很早，在他还是燕王时，就纳建州女真首领阿哈出的女儿为妾，这件事情朝鲜方面也知道，还将其写进了自己的实录里：

> 初，帝位燕王时，纳于虚出女。及即位，除建州卫参政，欲使招抚野人，赐书慰之。③

"于虚出"即阿哈出，这一区别是两国翻译差异所致。阿哈出是较早受到朱棣

---

① 《明太祖实录》，卷一八二，第2749页，"洪武二十年六月"。
② 《明太祖实录》，卷一八二，第2749页，"洪武二十年六月"。
③ 《朝鲜太宗恭定大王实录》，卷八，第31a页，"太宗四年十二月庚午"。

笼络的女真首领，因此朱棣即位后也给予了他恰当的政治报酬，永乐元年（1403年）十一月：

> 女直（即女真）野人头目阿哈出等来朝，设建州卫军民指挥使司，阿哈出为指挥使，余为千百户，所镇抚赐诰印、冠带、袭衣及钞币有差。设建州卫经历司署经历一员。[1]

建州卫初设的地点，位于旧开元（巨阳城、开元城），也就是在图们江北、珲春附近[2]，这也是明朝经略东北及女真的特点之一，就是无可避免地与邻国朝鲜产生了千丝万缕的联系，关于这个问题，笔者将在后面谈到。阿哈出，作为建州卫第一任指挥使，又与朱棣早有姻亲关系，因此很自然成了女真人中一位很有势力的人物，后来又得到朱棣赐名"李思诚"。永乐八年（1410年），阿哈出的儿子释家奴也获得朱棣赐名"李显忠"，后来接替其父成为了建州卫指挥使，阿哈出之孙李满住又从释家奴那里接过了指挥使的职位，直到他后来死在朝鲜手里。有了阿哈出的先例，很多女真卫所就在随后的日子里陆续建立了起来。次月，朱棣又在东北设立兀者卫，建州卫与兀者卫的设立是朱棣在东北设立军政机构全面管理女真的开始。

两年后的永乐三年（1405年）十二月，毛怜等处女真头目六十四人来朝，朱棣顺势设立毛怜卫，毛怜卫初设时位于今日朝鲜境内图们江下游江北地域，同样与朝鲜颇多牵扯，以至于同样在后来引发了两国之间的一些争端。1933年，毛怜卫印在吉林省延边和龙县智新乡长财村出土，这是一枚铜铸方形印，边长三寸，厚八分，印文为篆文的"毛怜卫指挥使司之印"，印背镌刻"礼部造永乐三年十二月□日"[3]，与《明太宗实录》的记载完全吻合，这一珍贵文物的出土进一步佐证了这段历史，明朝后来还在毛怜卫麾下设立了温下卫、岐山卫。

毛怜卫设立以来就和建州卫有脱不开的关系，女真人把儿逊成为了毛怜卫第一任指挥使，但他在永乐八年（1410年）被朝鲜杀害。一年后，明朝任命当时建州

---

① 《明太宗实录》，卷二五，第460页，"永乐元年十一月辛丑"。

② 杨旸主编：《明代东北疆域研究》，长春：吉林人民出版社，2008年，第201页。

③ 杨旸主编：《明代东北疆域研究》，长春：吉林人民出版社，2008年，第206页。

卫指挥使释家奴之弟猛哥不花为毛怜卫指挥使，猛哥不花出身于与明朝亲近的建州卫，自然全力为朱棣效力，他因为多次跟随朱棣北征蒙古有功，升为明朝的右军都督佥事。毛怜卫在永乐后期迁至鸭绿江以西，佟家江地面，之后就成为了建州卫的一部分。至于建州卫，同样在永乐二十一年（1423年）西迁至婆猪江一带，所谓婆猪江，即鸭绿江的支流佟家江，此时的建州卫指挥使正是前面提到的李满住。

同样在永乐年间设立的还有一个建州左卫，因为其第一任指挥使猛哥帖木儿正是后来清太祖努尔哈赤的先祖，因此入清后对这段历史讳莫如深，以至于建州左卫设立于何时都不太清楚。不过其第一次见于《明太宗实录》的记载是在永乐十四年，此时记载来朝的猛哥帖木儿的职务时第一次记载为"建州左卫指挥猛哥帖木儿"，因此其设立当在此之前，又猛哥帖木儿在永乐十一年来朝时职务还是建州卫指挥使，故而基本可以将建州左卫设立的时间限定在永乐十一年至十四年之间。至于建州左卫初设的地方，位于今日朝鲜境内的会宁，虽然猛哥帖木儿后来一度迁至江北，但在永乐二十一年（1423年），他再度迁回会宁。建州卫、建州左卫及正统七年设立的建州右卫共同构成了后来的建州三卫，而在整个建州女真地区，除建州右卫是正统七年设立外，除了建州卫、建州左卫，于永乐年间设立的还有童宽山卫、古鲁浑山卫、卜忽秃河卫，可见朱棣对这一地区的重视。

至永乐六年（1408年）四月，明朝管理的女真人口已经达到了相当的规模。于是，当出现不少想离开辽东地区的女真人时，朱棣将辽东为安置女真人而建立的自在、快活二城升为自在、安乐二州。六月初八日，朱棣又在二州任命了同知、判官各一员，加强了对迁居辽东地区的女真人的管理。其后，再未看见女真人要求离开辽东地区的记载，反而出现了很多女真人请求移居辽东自在、安乐二州的记载。

随着明朝在东北实力的增强，到了永乐七年（1409年），朱棣进行了自己在位期间经略东北过程中最重要的建制，即开始设立奴儿干都司，前文提到的建州诸卫乃至属于蒙古人的兀良哈三卫后来都被纳入奴儿干都司的管辖之下。奴儿干都司是辽东都司之后明朝在东北设立的第二个都指挥使司，也是明代东北疆域辖治体制中最后设立的一个都指挥使司。这一机构的雏形可以追溯到永乐元年（1403年），这年，朱棣派遣邢枢协同知县张斌前往奴儿干，成功招抚了当地的海西、建州、野人女真诸多酋长。永乐二年（1404年），随着邢枢等人的返回，很多女真首领也被带到了南京，朱棣顺势设立了奴儿干卫：

忽剌温等处女直野人头目把剌答哈来朝，置奴儿干卫，以把剌嗒哈剌孙等四人为指挥同知，古驴等为千户，所镇抚赐诰印、冠带、袭衣及钞币有差。[1]

奴儿干卫某种程度上正是后来奴儿干都司的雏形，不过此时的建制只是一个卫，和都司还有很大不同。奴儿干卫的设立是明廷在黑龙江下游地区进行行政建制的开始，为后来奴儿干都司的设立奠定了基础，此后，明朝不断加强对奴儿干卫的管理，从他们那里征纳贡赋，奴儿干卫定期来朝，随后的永乐三年三月、永乐四年二月都能见到奴儿干卫头目朝贡，明朝给予赏赐的记载。另一方面，明朝也在奴儿干卫的基础上，开始在鄂嫩河、嫩江、黑龙江、松花江、精奇里江、格林河、亨滚河、乌第河、乌苏里江等广大地区广置卫所，置永乐七年筹建奴儿干都司时为止，明朝在这里先后设置了130多个卫所[2]，关于永乐年间朱棣在东北建置卫所的情况，根据时间顺序可以大致列成下表，从表中我们可以一窥朱棣对东北地区的大力经略。

永乐年间于东北设置卫所情况

时间	设置情况	备注
永乐元年（1403年）	十一月，置建州卫军民指挥使司。	
	十二月，置兀者卫。	
永乐二年（1404年）	二月，置奴儿干卫、兀者左卫。	奴儿干卫为奴儿干都司雏形。
	十月，置兀者右卫、兀者后卫、兀者托温千户所。	兀者托温千户所设流官吏目一人。
永乐三年（1405年）	二月，置撒力卫。	
	三月，置兀者稳勉赤斤千户所，置失里绵卫、虎儿文卫。	
	八月，置兀者揆野木千户所，置屯河、安河二卫。	
	十月，置海剌儿千户所。	
	十二月，置毛怜卫。	

---

[1] 《明太宗实录》，卷二八，第504页，"永乐二年二月癸酉"。

[2] 杨旸主编：《明代东北疆域研究》，长春：吉林人民出版社，2008年，第68页。

时间	设置情况	备注
永乐四年（1406 年）	正月，置右城卫。	
	二月，置塔山卫，置哈三、哈剌哈、古贲河三千户卫。 置嘉河、哈密、斡难河三卫，兀的罕千户所。 置塔等木、苏里河、阿苏江、速平江四卫所。	此哈密卫非西北关西七卫之哈密卫。
	三月，置吉河卫。	
	闰七月，置双城、撒剌儿、亦马剌、脱伦、卜颜五卫。	
	八月，置兀兰、亦儿古里、扎木哈、脱不何、福山五卫，置扎木哈卫。	
	九月，置肥河卫。	
	十月，置密陈、撒儿忽、罕答河三卫。	
	十二月，置木鲁罕山卫。	
永乐五年（1407 年）	正月，置喜温河、木阳河、哈兰城、可令河、兀的阿古河、撒只剌河、依木河、亦文山、木兰河、阿资河、甫里河十二卫。 得的河、奥石河二千户所。 置朵儿必河卫。置纳木河、甫门河卫。	
	二月，置哥吉河、野木河、纳剌吉河、亦里蔡河、答剌河五卫。 置阿赐山、随满河、撒秃河、忽兰山、古鲁浑山五卫。	
	二月，置考郎兀、亦速里河二卫。置野儿定河、卜鲁丹河二卫。	
	十二月，置喜剌乌卫。	
永乐六年（1408 年）	正月，置秃都河、实山、忽里吉山、列门河、莫温河、阮里河、察剌秃山、呕罕河八卫。	
	二月，置弗朵秃河、斡兰河、薛列河、希滩河、克默而河、阿直河、兀里奚山、撒义河、阿者迷河、木忽剌河、钦真河、同宽山十二卫。	
	三月，置兀鲁罕河、答罕山、木兴河、益实、者帖列山、乞忽、剌鲁、牙鲁、发帖九卫。	
	六月,辽东自在、快活二城升为自在、安乐二州。	
	七月，置乞塔河卫。	

续表

时间	设置情况	备注
永乐七年 （1409年）	三月，置葛林、把城、札河、忽石门、孔岭、木吉坐、哥吉河、纳剌吉河、忽儿海、木东河、好屯河十一卫。	四月，设奴儿干都司，然而至永乐九年才正式建立。
	四月，置伏里其、乞勒尼二卫，敷答河千户所。	
	七月，设爱河、把河二卫。	
	九月，设禾屯吉、失里木二卫。	
	十月，设阿伦卫、塔麻速二卫。	
永乐八年 （1410年）	二月，置甫儿河、使坊河、亦麻河三卫，置法用河、兀应河、古木河三卫。	
	三月，置葛称哥卫。	
	十一月，置喜申卫。	
	十二月，置兀列河、朵儿必河、木里吉、卜鲁兀、乞塔河五卫。	
永乐九年 （1411年）	二月，置都罕河卫。	
永乐十年 （1412年）	八月，置只儿蛮、兀剌、顺民、囊哈儿、古鲁、满经、哈儿蛮、塔亭、也孙伦、可木、弗思木十一卫。	
永乐十二年 （1414年）	三月，置卜忽秃河、阿儿温河、可河三卫。置葛可河卫。	
	九月，置塔速儿河、五屯河、玄城、和卜罗、老哈河、兀列、兀剌忽、哈儿分八卫。	
	十二月，置失儿兀赤卫。	
永乐十三年 （1415年）	十月，置忽鲁爱、渚各河、札真、兀思哈里四卫。	
永乐十四年 （1416年）	八月，置亦马忽山卫、置札真卫。	
永乐十五年 （1417年）	二月，置亦东河、亦速河二卫。	
	十二月，置阿真同直卫。	

从表中可见，到了永乐七年（1409 年），随着东北卫所数量的激增，设立一个上级机构对其进行管理就是十分必要的了。永乐七年（1409 年）闰四月，明廷正式决定设立奴儿干都司：

> 设奴儿干都指挥使司。初，头目忽剌冬奴等来朝，已立卫。至是复奏其地冲要，宜令（立）元帅府，故置都司。以东宁卫指挥康旺为都指挥同知，千户王肇州等为都指挥佥事，统属其众，岁贡海青等物，仍设狗站[①] 递送。[②]

根据这段记载，明朝任命的都指挥同知为东宁卫指挥康旺，都指挥佥事为王肇州，他们都来自东宁卫，至于这个东宁卫，是朱棣在永乐元年（1403 年）招抚并安顿东北地区流民、逃民政策而重设的，他曾为此专门颁布了一道敕书：

> 皇帝敕谕东宁卫漫散官员军民人等：太祖皇帝开设东宁卫，好生安养你每。后来建文苦得你每没奈何，漫散出去。如今天下太平了，我只遵着太祖皇帝的法度安养。你每都回来东宁卫里来住，官仍旧做官，军仍旧做军，民仍旧作民，打围种田做生理，听从所便，休要害怕惊疑。若一向执迷，漫散不来，恐久后悔时迟了！故敕。[③]

这份敕书保存在朝鲜方面的《朝鲜王朝实录》中，这是因为这些逃民有些逃到了朝鲜并被其收留，因此朱棣也将敕书送到了朝鲜，要求朝鲜遣返这些人员，因此为我们保存下来了这份资料。朱棣以东宁卫官员为基础筹建奴儿干都司，恰恰说明了此时条件的有限，加之鞑靼势力的干扰，因此奴儿干都司在永乐七年其实没能立即建立起来。永乐七年的这段记载，只能说明明朝此时已经决定在这一地区设置明代最高一级的地方军政机构，从而在法理、法律角度说明这一地区已经可以被看作明朝的疆域。然而直到永乐九年（1409 年）春，在鞑靼已经在前一年遭到朱棣亲征打击的背景下，经过充分准备，明廷派遣宦官亦失哈护送此前委任的康旺、王肇州

---

① 狗站：驿站的一种，指用狗拉雪橇来传递公文等。
② 《明太宗实录》，卷九一，第 1194 页，"永乐七年闰四月乙酉"。
③ 《朝鲜太宗恭定大王实录》，卷五，第 2a 页，"太宗三年正月辛卯"。

前往奴儿干都司衙署就任，奴儿干都司才算是正式建立了起来，而他的种种职能也开始运转。

奴儿干都司治所为元代东征元帅府旧址，即所谓特林地方，为黑龙江下游东岸，亨滚河口附近的特林（今俄罗斯境内的蒂尔）。蒂尔即特林的音转，"特林，下距庙尔，又名庙街（今尼古拉耶夫斯克）250余里。距黑龙江口300余里，西南距三姓（伊兰）3500余里"。[①] 不仅如此，明廷还在特林山崖上造寺塑佛，建立了永宁寺，亦失哈后来于永乐十一年（1413年）再度来到这里，在寺前立了一座纪事石碑，这即是第一块永宁寺碑，因其立于永乐年间，故也被称为永乐碑。第二块石碑立于朱棣之孙朱瞻基在位的宣德八年（1433年），同样为亦失哈所立，他因为见到第一块石碑已经倾圮，因此重建了一块石碑，这块石碑又被称作宣德碑。

实际亦失哈作为一名宦官，他在东北的作为不仅是护送奴儿干都司官员就任及塑立两方石碑这么简单。亦失哈在朱棣开拓东北的过程中实际发挥了巨大的作用，然而因为他宦官的身份，官修史书中对他疏于记载，如今人们通过对两方永宁寺碑的解读才能对他的事迹有了一定的了解。

亦失哈本为海西女真人，同为女真人的身份让他在经略东北的过程中有着先天的优势。他为明朝开拓东北到达的最远之处便是库页岛，明朝当时称之为苦兀。明朝先在永乐八年（1410年）十二月在库页岛中部设立兀烈河卫，永乐十年（1412年）八月，在亦失哈的努力下，"奴儿干、乞里迷、伏里其、兀剌、囊加儿、古鲁、失都哈、兀失奚等处女直野人头目准土奴、塔失等百七十八人来朝贡方物，置只儿蛮、兀剌、顺民、囊哈儿、古鲁、满泾、哈儿蛮、塔亭、也孙伦、可木、弗思木十一卫，命准土奴等为指挥、千百户，赐诰印、冠带、袭衣及钞币有差"。[②] 乞里迷又被称为乞列迷、吉列迷、吉列灭、吉里迷、吉列迷，也就是如今俄罗斯的尼夫赫，根据《寰宇通志》记载，乞里迷包括四种，分别为囊家儿、福里期、兀剌、纳衣，前三者我们也能从《明太宗实录》的引文中看到。因为乞里迷就分布在黑龙江下游或库页岛，那么作为其四种之一的囊哈儿自然也在这两处中的一处。而从《明宣宗实录》中"海东囊哈里（即囊哈儿）"的记载则可以进一步确证，囊哈儿位于奴儿干"海东"的库页岛上，囊哈尔卫设立在黑龙江口对岸，库页岛西北部的郎格

---

① 杨旸主编：《明代东北疆域研究》，长春：吉林人民出版社，2008年，第69—70页。
② 《明太宗实录》，卷一三一，第1618页，"永乐十年八月丙寅"。

里地方，属于在明朝奴儿干都司下设立于库页岛上对其进行管理的军政机关。如今，当初明朝颁发的囊哈尔卫铜印已经出土，印文为"囊哈儿卫指挥使司印"，更加生动地佐证了这段历史。

奴儿干都司虽然是一个特殊的都司，但其在官署设置上与明朝其他都司并没有本质上的区别，设有都指挥使（正二品）、都指挥同知（从二品）、都指挥佥事（正三品）等官员，至于明朝此时在奴儿干都司任命的官员，从之前的记载能够知道，此时明朝没有任命都指挥使，而是以都指挥同知为最高长官，而第一任奴儿干都司都指挥同知就是康旺，康旺也是女真人，他是从东宁卫指挥使的职务上调任的，此后在奴儿干都司任上干了相当长时间，在朱瞻基宣德二年（1427 年）获升为都指挥使。

朱棣还给康旺配备了两名副手，这两位副手也是清一色的女真人，第一名副手此前的记载中我们已经见到了，就是与康旺一同从东宁卫调任的王肇州，任奴儿干都司都指挥佥事，同样在宣德二年，随着康旺的升迁，王肇州也被提升为奴儿干都司都指挥同知。除了王肇州，还有一位《明太宗实录》中没有记载的人，叫佟答剌哈，担任奴儿干都司都指挥佥事，关于他的记载，见于《三万卫选簿》，他是在洪武十六年（1383 年）归顺明朝的，并且与王肇州同出一处。宣德二年，他同样获得升迁为奴儿干都司都指挥同知，至于他留下的都指挥佥事一职，此时则由一位名叫索胜格的人继承。

以上是奴儿干都司的高级官员，除此之外，明朝还在奴儿干都司设立了经历司，置经历一员，由刘兴担任，负责出纳文移等日常事务。凡是明朝委任到奴儿干都司的官员，都颁给诰、印、冠带、袭衣，这其中最重要的为"诰"、"印"。所谓"诰"，即诰敕、敕书，是明朝封授地方职官的证明文件，在上面写明官职名称、品秩，而"印"即印章，都司官员为银印，下面的经历司、卫所官员为铜印，均由明朝礼部制造颁发，为官员行使权力的凭据。在这两者中，印信因为容易保存，其中一些流传到了现在，成为了重要的考古证据，前面提到的毛怜卫印、囊哈尔卫印就是其中之二。

从上面的任命我们能看出一个明显的特点，朱棣为了便于管理，因地制宜，多任命归顺明朝的女真人担任职官。不仅如此，明朝还允许他们脱离不可继承的"流官"，获得可以世袭的"世官"地位，也就是他们担任的官职可以在自己的家族中一代一代传下去，这不仅限于奴儿干都司下面的卫所官职，像康旺、王肇州他们担任的都司高级官职同样可以世袭。如此一来，明朝就不需要支付他们太高的薪俸，只需要给他们较高的礼遇就行了，他们往来京师可以享受驿站接送，在京师则居住在接待外国使节的会同馆，饮食由明朝政府中专门的光禄寺负责备办，可谓极高的礼遇了。

这样的制度就在奴儿干都司一直延续了下去，奴儿干都司建立后，按时朝贡，永乐十二年（1414 年）、永乐十九年（1421 年）都能够见到奴儿干都司官员进贡的记载。朱棣在永乐二十二年（1424 年）驾崩后，这种关系继续延续了下去，朱瞻基甚至提升了奴儿干都司官员的职位，进一步加强控制，至正统皇帝朱祁镇土木之变前，奴儿干都司下辖 184 个卫、20 个所，但这个数据并不包含兀良哈三卫，若将至也算上，则为 187 个卫，可谓地域辽阔，直到万历皇帝朱翊钧在位的万历三十六年（1608 年）仍旧有关于奴儿干都司的记载，此时距离其设立，已经过去了两百多年。

辽东都司、奴儿干都司为明朝开拓东北做出了最大的贡献，但在这一过程中，还有一个因素不得不提到，这就是在前文中已经反复出现过的与明朝一衣带水的邻国——朝鲜。

4. 典型的宗藩秩序：朝鲜

朱元璋建立明朝时，朝鲜半岛上的政权还是高丽王朝，因为国王姓王，因此也被称为王氏高丽。高丽国王，因为与元朝之间的姻亲关系，历来与元朝关系密切，甚至曾派兵帮助元廷镇压红军起义。其政策的改变是从历经波折终于于1352年即位的恭愍王王颛（初名祺，后改名颛）开始的。恭愍王即位后，先后进行了四次改革，通过这些改革，恭愍王加强了王权、缓和了社会矛盾，而表现在外交上，恭愍王在国内打击亲元势力，努力摆脱元朝的干涉。作为这项政策的一部分，恭愍王利用元末元朝国内大乱的机会，积极与元末群雄取得联系，张士诚、方国珍皆与高丽之间有使节往还，朱元璋也不例外。当时元朝国内局势尚不明朗，恭愍王自然只能采取这一策略。

随着朱元璋逐渐崛起，最终建立明朝，恭愍王逐步调整政策，谋求与明朝建立正常的外交关系。随着明军在洪武元年（1368年）占领大都，朱元璋遣使高丽，双方逐渐建立起了正常的朝贡关系，恭愍王在国内停止使用元朝"至正"年号，改为使用明朝"洪武"年号，使得两国关系开始走上正轨。

然而明朝和高丽两国之间的关系也是不稳定的，特别是高丽对辽东的图谋以及辽东地区北元势力的持续存在。辽东局势的不确定性正是两国之间最不稳定的因素。洪武五年（1372年）明军三路北伐惨败，终于在两国关系之间引发了剧烈的震荡。洪武六年（1373年）二月，北元派遣波都帖木儿和丁山不花作为使者来到高丽下诏说：

> 顷因兵乱，播迁于北，今以扩廓帖木儿为相，几于中兴。王亦世祖之孙也，宜助力复正天下。[1]

明军在漠北惨败的事实以及北元使臣的诏书在高丽国内引起轩然大波。《高丽

---

[1] ［朝鲜王朝］郑麟趾等：《高丽史》，卷四十四、世家卷四十四，《恭愍王十七》，"二十二年二月"。

史》记载，恭愍王面对两位北元使臣，本来计划派人直接将两人杀掉，但是遭到群臣极力反对，于是改为将两人拘留后放还。从这一点我们可以明显看出，虽然恭愍王在国内屡次推行改革，打击亲元势力，谋求让高丽获得更加独立的地位，奉行相对亲明的政策，但国内亲元势力仍旧具有相当的影响力。此时受明军漠北惨败的刺激，亲元势力必然再度谋求掌控政局。恰在此时，朱元璋开始进一步经略辽东，引发了和高丽之间的进一步冲突，从而进一步激化了高丽国内亲明势力与亲元势力之间的矛盾，最终导致了恭愍王于洪武七年（1374年）被弑，辛禑即位，再度倒向北元，中断了和明朝之间正常的朝贡关系。

此后，两国之间又出现了朱元璋派遣的使臣在高丽遭到毒杀等一系列事件，导致两国关系持续恶化。不仅如此，明丽两国间还逐渐发生了领土纠纷，高丽经过数代的北进政策，此时两国边界早已不是当初的大同江，而是越来越接近鸭绿江、图们江流域，高丽几乎占领了整个元朝征东行省的领土，等到朱元璋即位，谋求收复这一地区以设立铁岭卫，终于进一步激化了双方的矛盾，这一矛盾终于导致了朝鲜半岛上的政权更迭。

洪武二十一年（1388年），明丽两国围绕铁岭卫问题，关系日趋紧张。高丽方面经过争论，决定接受门下侍中崔莹的建议，组建了近四万人的部队进军明朝辽东地区，任命曹敏修为左军都统使，李成桂为右军都统使，发起了高丽后期又一次声势浩大的北进。五月，高丽军队抵达鸭绿江附近的威化岛，李成桂认为以高丽目前的实力，攻辽行动是一次彻头彻尾的军事冒险，于是以"前有大川，因雨水涨"等理由建议班师，但遭到了崔莹和高丽王王禑（即辛禑）的拒绝。

李成桂没有办法，便以自己一派的力量先迫使曹敏修方面同意自己的意见，然后从威化岛断然回军。李成桂其人，早在恭愍王时期就被任命为东北面兵马使，还曾击败过纳哈出，后来又和崔莹联手击败了元朝派来废黜恭愍王的军队，至回军之时，他已经在高丽拥有了相当的实力。而从这些内容看来，李成桂又无疑是亲明朝的，故而此次回军，让他获得了攫取最高权力的机会。

李成桂以绝对的军事实力回军，很快就掌握了高丽的最高权力，他转而再度抛弃北元，臣服于明朝。李成桂还通过追究征辽的责任，将王禑流放黄丽府，后来又废黜了曹敏修拥立的王禑之子王昌，两人后来都被李成桂杀害，而李成桂拥立的最后一位高丽王就是恭让王王瑶。最终，洪武二十五年（1392年），李成桂在众人的拥戴下，接受了恭让王的禅让，即位为国王，开创了此后统治朝鲜半岛五百余年的朝鲜王朝，恭让王后来也被李成桂派人绞死。

李成桂在朝鲜进行了易姓革命，自然迫切希望得到明朝的承认，对此，朱元璋的态度十分有趣，他在十一月给朝鲜的圣旨说：

> 我如今教礼部与文书去，尔回备细与他说。在前汉、唐、宋时，差官到尔国守御。差去者，爱酒恋色，以致害民，尔国人便行致害，何益于事？为是，朕不教人去。尔恭愍王死，称其有子，请立之，后来又说不是。又以王瑶为王孙正派，请立之，今又去了。再三差人来，大概要自做王。我不问，教他自做，自要抚绥百姓，相通来往。①

朱元璋对李成桂冷淡的态度源于他此前和高丽打交道的经验，明使在高丽被害以及双方频繁发生的外交领土争端都让他不能忘怀，同时，在朱元璋看来，李成桂的行为无疑是犯上作乱，颠覆了此前已经臣服明朝的高丽政权。然而，由于李成桂此时对明朝恭敬的态度，朱元璋对他也不是全无回馈。李成桂希望朱元璋帮助他确定新政权的国号，对此，朱元璋在颁布前引冷淡不愿册封的圣旨的同时同意了帮助李成桂确定新国号的请求：

> 高丽前者差人来奏本国情由，今览来辞，不过前日之事。然我中国纲常所在，列圣相传，守而不易。高丽限山隔海，天造东夷，非我中国所治。尔礼部回文书，声教自由，果能顺天意、合人心，以妥东夷之民，不生边衅，则使命往来，实彼国之福也。文书到日，国更何号，星驰来报。②

李成桂接到圣旨后立即召集百官商讨国号，最终确定了"朝鲜""和宁"（李成桂故乡）两个供朱元璋裁定。朱元璋在十二月以"东夷之号，惟朝鲜之称美，且其来远，可以本其名而祖之。体天牧民，永昌后嗣"③，正式确定"朝鲜"为李成桂新政权的国号，朝鲜王朝正式建立，朱元璋准许李成桂改名李旦，李成桂则很快上交

---

① 《朝鲜太祖康献大王实录》，卷二，第15b页，"太祖元年十一月甲辰"。
② 《朝鲜太祖康献大王实录》，卷二，第15a—15b页，"太祖元年十一月甲辰"。
③ 《朝鲜太祖康献大王实录》，卷三，第3b页，"太祖二年二月庚寅"。

了此前元朝册封的金印等物。

一般来说，随着国号的确定，两国关系就该逐步走上正轨了。但事实上并非如此，因为朱元璋始终本着不愿意支持犯上作乱的原则，不肯册封李成桂为朝鲜国王，这导致李成桂在和明朝交往时只能使用"权知高丽国事""权知朝鲜国事"这两个称谓。这不仅让两国关系长期处于不正常状态，也损害了朝鲜对明朝的感情。

不仅如此，朱元璋和朝鲜之间还持续发生争端。诸如朱元璋要求朝鲜只需三年派一次使节即可，但朝鲜坚持要求一年派三次使节。在洪武后期，朱元璋更在洪武二十六年（1393年）、洪武二十八年（1395年）和洪武三十年（1397年）三次因为朝鲜所上表笺中的文句问题而对朝鲜大发雷霆，要求朝鲜将表笺起草人员送来南京发落，这一风波直到朱元璋驾崩才告一段落。三次表笺风波极大损害了两国之间的关系，直接导致李成桂在位后期不仅通过让朝鲜士兵假扮倭寇骚扰明朝山东沿海以刺探情报，更在重臣郑道传的主张下出现了"辽东征伐"计划，这一计划最终因为朝鲜国内王子之乱的爆发，郑道传被杀，李成桂被迫退位才最终夭折。而在朱元璋方面，他在后期对朝鲜的不信任业发展到了极致，他在洪武三十年（1397年）曾晓谕身在辽东协助修建辽王府的中军都督佥事陈信等人说：

> 高丽地界辽左，其国君臣畏威而不怀德，此以诚抚，彼以诈应，此以仁义待之，彼以谲诈来从。昔尝诱我辽东守将李谥为叛，朝廷先觉，故不能为害，今不可不为之备。此夷不出则已，使其一出，必有十万之众，定辽境土与之相接，宜阴戒斥堠以防其诈，凡事有备，庶不失机，其慎之哉。[①]

不信任之情，已达极限。两国关系之所以最终没有破裂，乃是因为两国最高统治者都发生了改变，明朝方面，自然是朱元璋在洪武三十一年（1398年）驾崩，继位的朱允炆采取了更为温和的政策，而朝鲜方面，则是李成桂在亲生儿子李芳远发动的军事政变中被迫退位。

李成桂之所以能够在朝鲜半岛上进行易姓革命，自然是因为他此前在高丽已经拥有了深厚的势力，拥有大量支持者。因此在李成桂即位成为新王朝的国王后，他自然对这些功臣进行了封赏。但是，虽然封赏的功臣多达五十二人，李成桂时期真

---

① 《明太祖实录》，卷二五三，第3652页，"洪武三十年五月"。

正掌握大权的功臣其实并不多，算来仅有郑道传、赵浚、南闾等少数高层官员。如此一来，功臣内部之间权力分配的不平衡很自然就产生了矛盾，而激化这一矛盾的则是李成桂对王位继承人的选择。

李成桂按照高丽王朝的习俗，拥有两位正妻，较早的乡妻神懿王后韩氏生了李芳雨、李芳果、李芳毅、李芳干、李芳远、李芳衍六兄弟，后来的京妻神德王后康氏生了李芳蕃、李芳硕两兄弟。按照传统礼法，李芳雨应该是当然的继承人，但是他在威化岛回军时就被崔莹杀害了，因此到了李成桂即位时，所存儿子中最年长的就是李芳果，但是在李成桂崛起过程中功劳最大的却是五子李芳远，他为了给乃父李成桂登上王位扫清道路，在明洪武二十五年（1392 年）动用私兵在开城谋杀了高丽忠臣郑梦周，成为李成桂最终登上王位道路上极为关键的一步，后来李芳远也积极参与了朝鲜王朝建立过程中的各种活动。然而当李成桂易姓革命成功后，面对立谁为世子的问题时，却接受亲信重臣郑道传一派的意见，立自己喜爱的幼子李芳硕为世子。显然，李芳远的功绩不仅没有获得应有的承认，反而因为功劳太大而遭到了父亲李成桂及郑道传一派的猜忌。即便如此，李成桂公然废长立幼的做法无疑也是很不明智的，这等于将神懿王后一脉完全推到了自己的对立面，李芳硕又年幼无知，政治局势就变得十分敏感了。

李成桂显然也意识到了这一点，他以郑道传辅佐李芳硕，将之作为世子最坚强的后盾，同时逐步对王子们手下的私兵下手，开始削夺。其意图很明显，就是针对李芳远手下那曾经为自己立下大功的私兵。不仅如此，郑道传认为李芳硕势力单薄，难以与诸位年长的王子相抗衡，因此他还建立了铲除神懿王后一脉王子的阵营，计划将他们召至宫廷然后发动突然袭击。

无论是权力分配的不均还是世子问题上的偏袒，都让李芳远无法无动于衷。洪武三十一年（1398 年），矛盾最终爆发，李芳远团结了神懿王后韩氏所生诸子、宗亲，忠于自己的武人，遭到冷落的部分开国功臣，以郑道传破坏传统长幼之序为由，率领私兵在汉阳街头与郑道传短兵相接，发动了第一次王子之乱，也被称为"戊寅靖社"。李芳远先发制人，率先领兵闯进景福宫，杀害了世子李芳硕，取得了最关键的胜利，郑道传此时还在家中，丝毫没有察觉，随后整个郑道传一派都被铲除，李芳远取得了胜利，郑道传、李芳硕都被定为谋反。此后，在李芳远的策划下，其兄李芳果被立为世子，李成桂则被迫将王位让给了李芳果，李芳果即朝鲜定宗，李芳远通过第一次王子之乱掌握了朝鲜实权。

李芳远掌握实权后，延续了乃父李成桂罢免王子、功臣拥有私兵的政策，于是激化了自己与功臣之间的矛盾。对李芳远不满的功臣又团结在四子李芳干周围，在建文元年（1400 年）发动了第二次王子之乱，也被称为"庚辰靖社"，双方在开城街头激战，最终李芳干一派因为势单力薄而落败。此后，李芳远不仅彻底铲除了敌对势力，被李芳果立为世子，还将兄长李芳毅、李芳干的私兵全部占有，已经不用再躲在幕后了。于是李芳果在当年就将王位禅让给李芳远，李芳远即位，即朝鲜太宗。此时，明朝也因为皇位争夺发生了靖难之役，两国关系再度走到了一个关键点。

李芳远即位后，他面临一个他的父亲、兄长都曾经面对过的问题，就是想办法获得明朝的承认，靖难之役的发生刚好帮了李芳远一把。朱允炆在靖难之役初期接连在真定、白沟河败给朱棣，局势的需要让他改变了他祖父朱元璋对朝鲜的冷漠态度，转而采取怀柔政策，开始厚待朝鲜使臣并对李成桂威化岛回军之事大加赞赏，认为这是对上国的忠诚。正是在此基础上，朱允炆在建文元年赐给了李芳果印信、诰命，但是当明朝使臣抵达朝鲜后才发现李芳果已经退位，李芳远成为了新的国王。虽然李芳远向明朝奏报是因为李芳果患病，不能理事，才将王位让给自己的，但是朱允炆对此深表怀疑，决定调查清楚朝鲜的情况后再决定是否册封李芳远。李芳远方面则展开积极的外交，他向明朝使臣赠以重礼，终于在建文三年（1401 年）闰三月得到了朱允炆的正式册封：

> 建文三年正月十六日，准本国咨："权知国事李讳【芳果】，因患风疾，眩于视听，于建文二年十一月十一日，令弟【芳远】，权署国事。"本月十七日早朝，本部官于奉天门奏奉圣旨："朝鲜本礼文之国，辞位袭职之事，前已敕尔礼部移文，报他知道。今其使臣到，恁礼部家再回文书去他。若果无亏天理悖人伦的事，任他国中自主张。①

从朱允炆圣旨中"若果无亏天理悖人伦的事，任他国中自主张"一句能够看出，他未必对朝鲜国内发生的真实情况一无所知，但是他不愿意为此继续和朝鲜纠缠，因此采取了睁一只眼闭一只眼的态度，仍旧册封了李芳远。朱允炆这么做有很现实的考虑，朝鲜与辽东相邻，而辽东正好位于朱棣大本营北平的后方，在靖难之

---

① 《朝鲜太宗恭定大王实录》，卷一，第 21a 页，"太宗元年闰三月甲辰"。

役初期是朱允炆用以牵制朱棣的一支重要的军事力量，这段历史通过前面的章节想必大家都已经很清楚了。倘若朝鲜被朱棣拉了过去，此时对辽东进行骚扰，对于朱允炆无疑是非常不利的。另一方面，朱允炆非常依赖从朝鲜那里获取战马，这些因素综合起来，让朱允炆不得不拉拢朝鲜。在册封了李芳远之后，朱允炆又给了李芳远穿着九章冕服的待遇。朝鲜国王相当于明朝的郡王，按照规制只能穿着七章冕服，朱允炆这样做自然还是为了拉拢李芳远，即便不能让朝鲜从后方牵制朱棣，至少不让李芳远站在自己的对立面。

朱允炆给予李芳远各种超规格待遇，自然不可能毫无所求，其中最重要的一点就是从朝鲜购买战马。建文三年（1401 年）九月，两国在商定了马匹交易价格后，朝鲜选定了一万匹战马以帮助朱允炆，最后实际支付了九千五百四十八匹，可谓一笔非常巨大的交易了。然而，朝鲜方面在交易过程中其实是耍了滑头的，不仅马价出了问题，马匹质量也存在严重的问题，即以次充好，结果导致官军在靖难之役中败北时，乘坐朝鲜战马的骑兵竟然跑不过朱棣方面的步兵。虽然这种做法洪武年间也存在，但李芳远此时这样做却不仅是耍滑头，他是以此平衡自己与朱允炆、朱棣的关系。

李芳远与朱棣很早就相互认识了。洪武二十六年（1393 年）至洪武二十七年（1394 年），因为两国关系的恶化，朝鲜在这两年间频繁受到朱元璋的警告、指责，涉及说诱女真人、挑起边境纷争，先行礼于辽王、宁王，后进表于朝廷，颠倒尊卑，图谋进军辽东，进贡马匹质量拙劣，在表笺中言辞不当等诸多方面。面对持续恶化的两国关系，李成桂决定派李芳远为代表率团出使明朝，以此打开两国关系。

李芳远于洪武二十七年（1394 年）八月出发，十一月返回，获得"帝引见再三，殿下敷奏详明，帝优礼遣还"的成果，顺利改善了两国关系。也正是在这次出使过程中，李芳远在经过北平时结识了当时已经是燕王的朱棣。关于两人的这次相识，《朝鲜王朝实录》中有一段简略的记载：

> 殿下过燕府，燕王亲见之，旁无卫士，唯一人侍立。温言礼接甚厚，因使侍立者馈酒食，极丰洁。殿下离燕在道上，燕王乘安辇朝京师，驱马疾行，殿下下马见于路侧，燕王停驾，亟手开辇帷，温言良久乃过行。后殿下见钦差内官黄俨，问："昔见帝于燕府之日，侍立者为谁？"俨曰："庆大人，温良人也。

帝最亲信者，今已亡矣。"①

通过这段不长的记载，我们可以得知一些颇为关键的信息。其一，就是朱棣、李芳远两人至少见过两次，第一次是李芳远经过燕王府所在的北平，获得了朱棣的接见，第二次则是与朱棣相见于朱棣入京的路上。而第二次见面显然应该是在李芳远前往南京途中。由此这两次会面都应是李芳远出使过程中发生的，而不是返回途中发生的。

其二，第一次会面无疑是非常私密的，在会面过程中，不仅没有卫士在旁守卫，甚至朱棣只留下了一名亲信陪同，李芳远更对这位亲信留下了深刻印象，不仅当时就赠送酒食，及至多年之后还就此询问了出使朝鲜的宦官黄俨。正是因为会面如此私密，因此我们至今无法得知两人究竟谈了什么。虽然如此，从第二次会面中"燕王乘安辇朝京师，驱马疾行，殿下下马见于路侧，燕王停驾，亟手开辇帷，温言良久乃过行"的记载能够明显看出这两位天生的阴谋家已经成为了朋友。

正是建立在这种关系上，因此当靖难之役爆发后，李芳远也没有放松对朱棣的关注，他对双方的势力消长有着清醒的认识，前引建文四年（1402 年）三月"贺圣节使参赞议政府事崔有庆回自京师。有庆启曰：'燕兵势强，乘胜远斗，帝兵虽多，势弱，战则必败，又有鞑靼兵乘间侵略燕辽间，中国骚然。'"②的记载就是其中的典型，因此李芳远虽然接受当时的合法朝廷朱允炆的册封，为他提供战马，却也没有和朱棣站在对立面，甚至在战马贸易中耍滑头，以此作为日后和朱棣交往的资本。果然，朱棣取得了靖难之役的最终胜利，明鲜关系得以在一个相对好的基础上进入一个新的时期。

明朝的政局变更让李芳远再度面临一个很现实的问题，就是他从朱允炆那里获得的册封无疑已经无效了，他必须再度获得朱棣的承认。应该说，李芳远此时面对的局势对自己是颇为有利的，朱棣通过非常手段登上皇位，迫切需要获得各方面的承认，而明朝的重要藩属国朝鲜无疑是其中很重要的一环。因此，朱棣在六月即位，八月就颁诏朝鲜通报了明朝的相关情况，在明朝使臣还没抵达时，已经得到消息的朝鲜在十月初就停止使用建文年号，十月十二日，明朝使臣都察院金都御史俞

---

① 《朝鲜太祖康献大王实录》，卷六，第 17a 页，"太祖三年十一月乙卯"。

② 《朝鲜王朝太宗恭定大王实录》，卷三，第 12b 页，"二年三月癸丑"。

士吉，鸿胪寺少卿汪泰，内官温全、杨宁携带朱棣的诏书抵达朝鲜，正式通报了明朝国内的情况：

> 奉天承运皇帝，诏曰：
>
> 昔我父皇太祖高皇帝临御天下垂四十年，薄海内外，皆为臣妾。高皇帝弃群臣，建文嗣位，权归奸慝，变乱宪章，戕害骨肉，祸几及朕。于是钦承祖训，不得已而起兵以清慝恶。赖天地祖宗之灵，将士之力，战胜攻克。初不欲长驱，始观兵于济南，再逗留于河北，近驻淮泗，循至京畿，冀其去彼奸回，悔罪改过。不期建文为权奸逼胁，阖宫自焚。诸王、大臣、百官、万姓，以朕为高皇帝正嫡，合辞劝进，缵承大统。朕以宗庙社稷之重，已于洪武三十五年六月十七日即皇帝位。大赦天下。改明年为永乐元年。嘉与万方，同臻至治。念尔朝鲜，高皇帝时常效职贡，故遣使诏谕，想宜知悉。[1]

朱棣在诏书内的意思很明白，宣布了自己取代朱允炆的"正义"性，要朝鲜表态。李芳远显然领会了朱棣的意图，接到诏书后在当月就派遣以左政丞河仑为代表的使节团前往南京祝贺朱棣登极。河仑等人在南京朝见了朱棣，通过礼部侍郎赵礼向朱棣请求颁发新的诰命、印信等物，由此表达出了朝鲜的态度，即承认朱棣为上国明朝的正统皇帝，希望能够获得新帝的册封。

永乐元年（1403 年）二月，朱棣正式派出以左通政赵居任为首的册封使节团，其成员还包括日后长期出使朝鲜的宦官黄俨，朝鲜籍宦官朱允端、韩帖木儿，明朝都指挥高得等人。使团一行于四月初八日抵达汉阳，李芳远亲率群臣在西郊张设山棚，亲着冕服迎接明朝使者，随后将明朝使团迎至阙下，明朝使臣宣读朱棣的圣旨，正式册封李芳远为"朝鲜国王"：

> 奉天承运皇帝，制曰：
>
> 朕惟王者受命，混六合为一家，天道同仁，视万方为一体，所以地无遐迩，人咸景从。我皇考太祖高皇帝，诞膺天命，肇造寰区，薄海内外，悉皆臣顺。尔朝鲜国，居东藩，聿先声教，职贡之礼，少有愆违背，故在朝廷屡

---

[1] 《朝鲜太宗恭定大王实录》，卷四，第 16a 页，"太宗二年十月壬戌"。

> 降宠锡。肆朕统御之始，尔讳深念皇考之恩，遵承乃父之训，即陈表奏，效职来庭。眷此忠诚，良足嘉尚。兹用命尔为朝鲜国王，锡以印章，永胙茅土。於戏！保国安民，恪守畏天之道，作藩树屏，式谋贻后之规。厥位寔艰，朕言惟允，毋怠毋荒，尔其钦哉！[①]

由此，李芳远以朱棣赐予的印信、诰命替换朱允炆当年赐给他的印、诰，成为朱棣册封的"朝鲜国王"。李芳远接受册封后，随即派遣使节团前往明朝谢恩，于是又获得朱棣赐予金印、诰命、九章、圭玉、佩玉等一系列物品。李芳远也从朱棣那里获得了穿着九章冕服的待遇，朝鲜国王为郡王级，按照制度本来只能穿着七章冕服，九章冕服为亲王的待遇。朱棣这一举措无疑是对朝鲜极快承认自己的一种政治酬劳，与当初朱允炆对朝鲜的笼络并没有本质上的区别。

朱棣、李芳远如此迅速完成互相承认其实毫不令人奇怪，这两人都在国内通过非常手段登上权力顶点，朱棣方面来说，他需要属国的承认，从而在外部巩固自己的地位，至于李芳远，就更好理解了，宗主国的承认对于属国国王来说是不可或缺的。对此，李芳远有着很清醒的认识。永乐元年（1403年）三月，李芳远在太平馆宴请明朝使臣黄俨后对近臣说了一段很有意思的话：

> 予问黄俨曰："皇帝何以厚我至此极也？"俨曰："新登宝位，天下诸侯未有朝者，独朝鲜遣上相进贺，帝嘉其忠诚，是以厚之。"左政丞尝曰："如此时，臣须朝贺。"不惮行役之劳，遂往，是政丞之功也。俨之言，须使政丞知之。[②]

李芳远话中提到的政丞正是此前出使明朝的河仑，无论李芳远还是黄俨，都认同朱棣因为"新登宝位，天下诸侯未有朝者，独朝鲜遣上相进贺，帝嘉其忠诚，是以厚之"，因而对朝鲜特别厚待这一结论。当然，朱棣与李芳远早年建立的私交也不能说在这中间没有发挥作用，也正是因为这一点，在某种程度上促成了后来朱棣不断寻求与朝鲜联姻。

---

① 《朝鲜太宗恭定大王实录》，卷五，第14b—15a页，"太宗三年四月甲寅"。

② 《朝鲜太宗恭定大王实录》，卷六，第24a—24b页，"太宗三年十一月丙子"。

　　李芳远接受了朱棣的册封，但他就两国关系进行了更为长远的考虑，这就是要让自己册立的世子也获得朱棣的承认，从而稳定自己国内的王位传承，这正是宗藩关系的一种典型表现。宗藩关系并不单纯地表现为朝贡与册封，宗主国与藩属国之间具有相当紧密的关系，因此，宗主国也会对属国的政治有相当深入的介入，这一点，在明朝与李氏朝鲜的关系上表现得尤为典型。朝鲜是一个典型的明朝属国，他们深受明朝中国文化的影响，认真奉行小国侍奉大国的以小事大之事大主义原则，其国君不称皇帝而只称国王且要接受明朝的册封。他们也没有自己的年号而是奉明朝年号，是为"奉大明正朔"，而一年的几次朝贡更是从来不会忘记。但更能体现两国宗藩关系的特点在笔者看来还不是这些，而是明朝对朝鲜王位继承的介入与两国联姻的尝试。

　　朝贡、册封甚至奉正朔，都有可能是临时且不稳定的，受郑和下西洋影响前来明朝进贡的国家很多都是这种情况，在永乐年间这样一个积极扩展自己影响力的时代，他们由于有利可图而奉明朝为宗主国，但随着永乐之后人亡政息，这些国家也就逐渐不再与明朝联系了。

　　但朝鲜则不同，他始终以属国的身份与明朝保持着密切的关系。这除了因为朝鲜与明朝接壤且深受中国文化熏陶这些原因之外，也与明朝对朝鲜政治的深入介入是分不开的，而这其中最典型的一点就是朝鲜的王位继承人——王世子，也必须要获得明朝的册封才行。对属国国王进行册封只是控制了属国的现在，但对属国王位继承人的册封则是控制了属国的未来，其意义丝毫不亚于，甚至高于对属国国王的册封。

　　那么永乐年间朝鲜的王位继承是怎样的情况呢？通过两次王子之乱的血腥杀戮登上王位的李芳远自然不希望自己身后再出现王室成员自相残杀的情况，因此他希望在朝鲜确立嫡长子继承制。此前王子之乱之所以发生，很大程度上就是由于朝鲜太祖李成桂废长立幼，从而给了李芳远口实，对此，李芳远可以说是深有感触。因此，李芳远与元敬王后闵氏所生的嫡长子李禔就成了世子之位当然的选择。李芳远于永乐二年（1404 年）八月"封元子（李）禔为王世子，下教书布告中外宥境内"①。然而李芳远在国内完成册立世子并不意味着就大功告成了，李禔还必须得到朱棣的承认才行，只有获得明朝的承认，李禔日后才能更为顺利地接班。于是，李

---

　　①《朝鲜太宗恭定大王实录》，卷八，第 3a 页，"太宗四年八月乙亥"。

芳远对明朝的一系列公关行动由此展开。

　　首先，李芳远在国内册立世子四个月后，即永乐二年（1404 年）十二月，派遣李来为使臣来到明朝向朱棣"奉表请立其长子（李）褆为世子"①，李芳远这一恭敬的态度让朱棣感到自己受到了足够的尊重，加之朱棣经过反复思量才于当年四月册立自己与仁孝文皇后徐氏所生的嫡长子朱高炽为皇太子，相似的经历使他对李芳远的想法可以说是深有体会，因此朱棣十分干脆地"诏从之"②。

　　然而李芳远的公关行动并未就此结束，因为他深知，仅凭一纸诏书还不能使李褆的地位完全稳固，最好能让他与朱棣建立起私人友谊，从而进一步巩固李褆的地位，由此也可以看出明朝对朝鲜强大的影响力。

　　为了达到这一目的，朝鲜方面经过精心准备，朝鲜世子李褆于永乐五年（1407 年）九月率朝鲜朝贡使节团来到明朝向朱棣"奉表贡马、金银器及方物"③。虽然朝鲜是属国，但对于朝鲜世子亲自来访，朱棣也非常重视，他或许也想借此观察一下这位朝鲜世子的成色。李褆入境后，朱棣先派遣锦衣卫指挥、千户，率千余骑将其迎入江东驿馆，随即又加派遣礼部尚书郑赐、宦官黄俨前往慰劳。李褆入京后，入住外国使臣常规入住的会同馆，朱棣又派遣礼部尚书赵羾前去慰问。关于李褆在南京的活动，《朝鲜王朝实录》对此有颇为详细的记载，从中我们可以一窥朱棣对这位朝鲜世子的重视，下文关于李褆朝见期间的活动记载的引用，不注明出处的都出自《朝鲜太宗恭定大王实录》。

　　李褆进京，在南京会同馆住下后，很快就第一次朝见了朱棣。朱棣在宫城西角门赐食，李褆表示他还想拜见皇太子朱高炽、汉王朱高煦，但是朱棣免去了这一请求，让他直接返回了会同馆。当日晚间，朱棣又派遣宦官黄俨、吏部尚书蹇义前去会同馆"对夕饭"，实际还是赐宴，一切安排都十分周到。

　　朱棣接连赐宴，李褆自然得在稍后入宫谢恩，这次朱棣仍旧在西角门接见李褆。朱棣这次先询问了李褆路上的情况，然后问他是否读书。此时李褆已经没有刚来时的拘束，回答："读书。"朱棣问完后仍旧让李褆返回会同馆，当日晚间，户部尚书夏原吉、宦官黄俨、朝鲜籍宦官韩帖木儿、尚宝司丞奇原来到会同馆"对夕

---

　　① 《明太宗实录》，卷三七，第 634 页，"永乐二年十二月壬午"。
　　② 《明太宗实录》，卷三七，第 634 页，"永乐二年十二月壬午"。
　　③ 《明太宗实录》，卷七五，第 1029 页，"永乐六年正月庚戌"。

饭",这是朱棣专门安排的,即每日都以众臣至会同馆赐宴一次,"自是,俨等人每日一至,六部尚书以次而来"。

很快,朱棣第三次召见李褆。升陛后,朱棣盯着李褆看了很久,说:"貌似乃父,但身长稍异。"朱棣与李芳远早就相识,这一反应也属正常。随后,朱棣赏赐李褆徐皇后所著《劝善书》一百五十本、《孝慈高皇后传》一百五十本。徐皇后在前一年已经去世,朱棣此举自然含有缅怀结发妻子并将其著作流传至属国的意图。很快就到了永乐六年(1408年)正月初一日,这是正朝的日子,朱棣在奉天门接受百官朝贺,李褆也参与了这次朝会,鸿胪寺根据朱棣的指示,将李褆的位置安排在六部侍郎之下。后来朱棣于南郊祭天时,李褆的位置是在公侯之后,祀天结束,朱棣接受朝贺时,李褆的位置又在六部尚书之后,侍郎之前,这都是根据不同场合进行调整的常规的位置。除了这些公开活动,李褆还祭祀了徐皇后停灵的殡殿。

以上都是李褆在南京的礼仪活动,除此之外,朱棣对李褆的业余生活也多所关注。他一次对李褆说:"终日在馆,无乃寂寞乎?可游观朝天宫、灵谷寺、天禧寺、天界寺、能仁寺。"朱棣给李褆推荐的景点都是佛寺,与这一时期朱棣正在大力修建佛寺,笼络乌思藏各派宗教领袖等政策是相关的。同样的,朱棣除了因公事召见李褆,也曾为一些更为随性的原因接见他。一次,朱棣在武英殿召见李褆,赐给他御制诗一篇让他读过,然后对他说:"朕犹尔父也。"这句话可谓非常亲切了,能够看出朱棣对这位朝鲜世子是非常满意的,厚爱之情见乎言辞。朱棣又对陪同李褆的朝鲜使臣李天祐等人说:"朕作诗与你世子,不是秀才诗赋。此诗有益于汝国,在此秀才,宜各和一首。"然后赐给李褆《通鉴纲目》《大学衍义》各一部,这些都是朱棣自己用以教导继承人的教材的一部分。

当李褆正月二十七日前后辞归时,又获得了朱棣的大量赏赐,包括"赐马四匹,又赐乾马二、乾羊八、乾鹅二十、圆眼荔枝、橘、椰、瓢、鱼醢总十六担、宝钞一千贯、墨五丁。凡赐物,帝必亲视,然后使黄俨押送于馆",朱棣"亲制诗赐之,并赐白金、锦绮、书籍、笔墨、鞍马"[1],还"遣中官黄俨送至其国"[2],甚至连当时的朝鲜国王李芳远也跟着受到了朱棣的赏赐。朱棣对李褆的满意与寄予厚望已十分明显,而李芳远让李褆通过此次出使而巩固其世子地位的目的可以说是完满

---

① 《明太宗实录》,卷七五,第1034页,"永乐六年正月庚午"。

② 《明太宗实录》,卷七五,第1034页,"永乐六年正月庚午"。

达成了。

朱棣的皇太子朱高炽虽历经风波，但仍旧顺利继承了朱棣的皇位，而朝鲜世子李禔却最终令朝鲜太宗李芳远失望了。虽然朝鲜方面宣称的更立世子的原因及向明朝报告的原因均是李禔纵欲、暴力、残酷与乖张，但根据《朝鲜王朝实录》中李禔的种种表现，真正的原因或许是因为李禔过于随性的性格以及由此的一系列作为让李芳远经过反复思考后最终认定他不足以承担朝鲜未来君主的重任。

永乐十六年（1418年），李芳远虽然已经决定废掉李禔的王世子之位并更立符合儒家规范的第三子李祹为世子。但李禔是朱棣承认的朝鲜世子，要更立世子必须也要获得朱棣的批准才行。因此，永乐十六年（1418年）七月，李芳远正式遣使向朱棣奏称：

> 世子（李）禔骄恣不肖，弟（第）三子（李）祹孝弟（悌）力学，国人之所属望，请立为嗣。①

李芳远的文书可以说是斟酌再三，先力陈李禔"不肖"，再强调李祹之贤良以及众望所归，最后恭敬地向朱棣请求更立世子，堪称属国向宗主国的文本典范。对此，朱棣自然难以拒绝，他敕谕回答李芳远：

> 立嗣以嫡长，古今常道。然国家盛衰，实系子之贤否，今欲立贤为嗣，听王所择。②

朱棣十分干脆地同意了李芳远的请求，李禔被废为让宁大君，李祹成为新的世子。李祹成为世子仅三个月，李芳远即在永乐十六年（1418年）十月禅位给李祹，李祹即位，是为朝鲜世宗，李芳远成为了太上王，仍掌握军政大权。李芳远此举无疑是以自己的实际行动支持自己的儿子，而李祹也很快在李芳远的请求下获得了朱棣的册封。正是在李祹时期，朝鲜实现了文化繁荣，历史证明了李芳远的决定是正确的。而纵观永乐年间李氏朝鲜整个王位继承人的决定过程，作为宗主国的明朝始

---

① 《明太宗实录》，卷二〇二，第2095页，"永乐十六年七月丙子"。
② 《明太宗实录》，卷二〇二，第2095页，"永乐十六年七月丙子"。

终具有不可忽视的作用，这也是体现明朝与朝鲜紧密宗藩关系的重要一点，而永乐年间中朝关系的另一件大事乃是朱棣与李芳远联姻的尝试及双方在领土、百姓上的一些争端，这一点体现了宗藩关系的另一面——宗主国与藩属国关系的敏感性。

朱棣在自己的身份还是燕王时，即已与朝鲜女子有所接触，加之他与李芳远早已建立的私人友谊，因此，朱棣在即位后即向李芳远提出了两国联姻的建议。有自己与李芳远的友谊及元朝与高丽长期联姻的先例，朱棣有充分理由相信李芳远对此不会拒绝，然而结果却大出他的意料。

李芳远拒绝了朱棣。虽然出于事大主义的原则，李芳远不能直言拒绝，但他在永乐元年（1403 年）九月匆匆嫁出了自己的第二个女儿。之所以说匆匆，是因为此时李芳远二女儿要下嫁的赵大临正值其母亲去世后的丧期，因此大臣建议李芳远等赵大临丧期结束后再举行婚礼，但李芳远让朴锡命向自己的大臣所做的传命充分表达了他之所以这么做的原因：

> 谏院所论，固合于礼。然向者使臣黄俨及今来石璘等言，帝（指朱棣）有结婚于我之意。此非予所愿，故如此其急，予志已定，宜勿复言！①

之后，李芳远让骊江君闵无咎主持了他二女儿的婚礼，这实际是拒绝了朱棣的联姻建议。而李芳远对于后来自己的大臣向明朝使臣黄俨表示希望朱棣嫁公主于朝鲜世子为其世子嫔的情况，李芳远得知后不仅立即找到黄俨以世子已经结婚②为由婉拒联姻，对于私相议论的大臣，李芳远也将其投入监狱。李芳远拒绝与朱棣联姻，其实是可以理解的，朝鲜虽然是明朝的属国，但毕竟并非明朝的一部分。王氏高丽由于与元朝联姻而长期受到元朝的控制而完全无法自主，李芳远出于维护内政独立性的目的，不愿意重蹈王氏高丽的覆辙，因此不惜冒着损坏自己与朱棣友谊及对方报复的风险仍旧拒绝与朱棣联姻。后来的事实证明，朱棣确实对朝鲜进行了报复，这就是不断从朝鲜索要贡女、宦官，关于这点，我们后面再讲。

当时明鲜两国之间，除了联姻未果一事外，还存在领土上的争端。洪武二十年

---

① 《朝鲜太宗恭定大王实录》，卷六，第 14b—15a 页，"太宗三年九月辛卯"。

② 实际当时的朝鲜世子李褆并未结婚，《朝鲜太宗恭定大王实录》明确记载李芳远私下表示自己谎称世子已婚的原因正是"世子未婚，而予汲汲与使臣言已婚者，正恐其联姻上国也"（加注释：《朝鲜太宗恭定大王实录》，卷十三，第 37b 页，"太宗七年六月甲辰"。）。

（1387年），明军击败元将纳哈出，打通前往黑龙江流域的通路，开始经略女真，设置东宁、三万、辽海等卫所对女真人进行安置。也正是在此年，朱元璋又着手恢复鸭绿江以东的铁岭卫，直至元朝，中朝二国始终以大同江为界，因此，元朝于鸭绿江以东、今朝鲜东北部设立铁岭卫。元末，王氏高丽利用中国内乱之机北进吞并了铁岭卫。

朱元璋此时希望收回铁岭卫土地的要求引起了高丽的强烈不满，由此促成了高丽派遣李成桂征伐辽东，引发"威化岛回军"。由于李成桂掌权后改变之前高丽敌视明朝的政策，不再臣服于北元，转而恢复臣服于明朝，完全成为明朝的属国。朱元璋考虑到这些，不仅将朝鲜列为十五个"不征之国"之一，也放弃了对鸭绿江以东土地的要求，改置铁岭卫于辽东奉集堡（今辽宁省沈阳市东南奉集堡），洪武二十六年（1393年），又迁铁岭卫于银州（今辽宁省铁岭市）。不过，铁岭卫问题不是当时两国间唯一的领土问题，到了永乐年间，又发生了新的争端。

永乐二年（1404年）四月，辽东千户王可仁奉命出使朝鲜，传达朱棣的敕谕：

> 敕谕叁散、秃鲁兀等处女真地面官民人等知道：
>
> 今朕即大位，天下太平，四海内外，皆同一家。恐尔等不知，不相统属，强凌弱，众暴寡，何有宁息之时。今听朕言，给与印信，自相统属，打围放牧，各安生业，经商买卖，从便往来，共享太平之福。今招谕叁散、秃鲁兀等十一处：溪关万户宁马哈、叁散千户李亦里不花、秃鲁兀千户佟叁哈、佟阿芦、洪肯千户王兀难、哈兰千户朱蹯失马、大伸千户高难都、夫失里千户金火失帖木、海童千户董贵洞、阿沙千户朱引忽、斡合千户刘薛列、阿都歌千户崔咬纳、崔完者。①

王可仁，故乡即朝鲜东北地区，"本我朝东北面向化人"，他最初跟随李成桂，在李成桂的提拔下官至枢密。朱元璋后来将他召回明朝，改名修。朱棣此时派他前去朝鲜，自然是看上了他曾经和朝鲜的这层不浅的关系。至于这份敕谕所提到的内容，其实正是在王可仁和女真遗民佟景和等人的奏请下颁布的，他们向朱棣奏报，表示朝鲜咸州迤北，曾是辽、金等政权的疆域，朱棣便顺应这一请求，派遣王可仁

---

① 《朝鲜太宗恭定大王实录》，卷七，第12a—12b，"太宗四年四月甲戌"。

前往朝鲜，一面向朝鲜国王传达这一问题，一面对这一地区的女真人进行招抚。

王可仁等人提到的这一地区大致位于今鸭绿江、大同江之间，之前提到的铁岭卫问题也位于这一地区。因为这一地区是高丽、朝鲜历代北进政策的重要部分，故而他们当然不肯就这样服从朱棣。另一方面，因为高丽、朝鲜经略这里已历数代，这一地区还是李成桂的祖居地，因此朝鲜在这里的根基是相当深厚的，王可仁的经略收到的回馈十分稀少，这也进一步给了朝鲜底气，不能放弃这里。但是，给明朝一个能够接受的答复也是必须的，因此在一个月后，朝鲜的奏本送到了朱棣手中：

照得，本国东北地方，自公崄镇历孔州、吉州、端州、英州、雄州、咸州等州，俱系本国之地。至辽乾统七年，东女真作乱，夺据咸州迤北之地。高丽睿王王俣告辽请讨，遣兵克复。及至元初戊午年间，蒙古散吉普只等官，收付女真之时，本国叛民赵晖、卓青等，以其地迎降，以赵晖为总管，卓青为千户，管辖军民。由是女真人民，杂处其间，各以方言，名其所居，吉州称海阳，端州称秃鲁兀，英州称三散，雄州称洪肯，咸州称哈兰。至至正十六年间，恭愍王王颛，申达元朝，並行革罢，仍以公崄镇迤南，还属本国，委定官吏管治。圣朝洪武二十一年二月，承准户部咨，该侍郎杨靖等官，钦奉太祖高皇帝圣旨节该："铁岭迤北、迤东、迤西，原属开原，所管军民，仍属辽东所管。钦此。"本国即将上项事，因差陪臣密直提学朴宜中，赍擎表文，前赴朝廷控诉，乞将公崄镇迤北，还属辽东；公崄镇迤南至铁岭，还属本国。至当年六月十二日，朴宜中回自京师，承准礼部咨，该本部尚书李原明等官，于当年四月十八日，钦奉圣旨节该："铁岭之故，王国有辞。钦此。"仍旧委定官吏管治。今奉钦差东宁卫千户王脩赍来敕谕内："招谕叁散、秃鲁兀等处女真地面官民人等。钦此。"窃详，叁散千户李亦里不花等一十处人员，虽系女真人民，来居本国地面，年代已久，累经胡人纳哈出等兵及倭寇侵掠，凋瘁殆尽，其遗种存者无几。且与本国人民交相婚嫁，生长子孙，以供赋役。又臣祖上曾居东北地面，玄祖先臣安社坟墓，见在孔州；高祖先臣行里、祖先臣子春坟墓，皆在咸州。窃念小邦遭遇圣朝以来，累蒙高皇帝诏旨，不分化外，一视同仁。又钦准圣朝户律内一款："其在洪武七年十月以前，流移他郡，曾经附籍当差者勿论。钦此。"小邦既在同仁之内，公崄镇迤南，又蒙高皇帝王国有辞之旨，所据女真遗种人民，乞令本国管辖如旧，一国幸甚。为此，今差陪臣艺文馆提学金瞻，赍擎奏本及地形图本，赴京奏达。[1]

朝鲜使臣金瞻偕同王可仁持奏本到达南京向朱棣奏请将上述地区划归朝鲜管理，同时金瞻还对明朝礼部表示"若考辽、金《地理志》，则虚实自明矣。"明朝礼部"乃考二国之志，果无十处地名"。礼部上奏朱棣，朱棣口谕表示："朝鲜之地，亦朕度内，朕何争焉？今兹准请。"[2]金瞻于永乐二年（1404年）十月携带朱棣的敕书回到朝鲜：

> 敕朝鲜国王李芳远。省奏言，叁散千户李亦里不花等十处人员准请，故敕。[3]

正是本于此，姜龙范、刘子敏在《明代中朝关系史》中即认为"然而，尽管李朝的表文满篇皆是荒唐之言，永乐皇帝并未认真对待，竟然轻易地被朝鲜给骗了过去，下令批准了朝鲜的请求，从而丢掉了图们江以南的大片领土"[4]。无疑，朝鲜在这一过程中采用了混淆历史与现状的手段试图蒙骗明朝，而明朝自朱元璋以来就混淆了王氏高丽和此前的高句丽是两个完全不同的国家，永乐年间明朝礼部也没弄清楚这个问题，对朝鲜的请求做出了错误的判断。朱棣根据礼部的意见做出决定，自然不免也受到了混淆的影响。然而对于朱棣丢掉领土这一论断仍旧需要具体分析。

首先，从朝鲜方面给朱棣的奏本可以看出，此时朝鲜已经实际控制了这些地区，即便朱棣对朝鲜的请求不予批准，明朝要想重新控制这些地区，也只能通过武力。而此时的朱棣即位未久，又正在和李芳远谋求互相承认，自然不适宜动武，这也就为朱棣采纳礼部的结论打下了基础。另一方面，此类领土交涉在明朝也有先例可循。王氏高丽及此后的李氏朝鲜就曾就实际占领的原属中国的铁岭卫问题与明太祖展开交涉。朱棣虽然一度谋求恢复铁岭卫，但最终出于难以保障军队如此长距离的后勤及李成桂易姓革命成功后对明朝的恭敬态度，最终放弃了恢复铁岭卫，将之

---

① 《朝鲜太宗恭定大王实录》，卷七，第20b—21b页，"太宗四年五月己未"。

② 《朝鲜太宗恭定大王实录》，卷三五，第45a—45b页，"太宗十八年五月癸丑"。

③ 《朝鲜太宗恭定大王实录》，卷八，第16b—17a页，"太宗四年十月己巳"。

④ 姜龙范、刘子敏：《明代中朝关系史》，黑龙江：黑龙江朝鲜民族出版社，1999年，第147页。

内迁，承认了朝鲜占领这些地区的既成事实。既然已有先例可循，朱棣做出这个决定也就并不突兀了。这算是对朝鲜既成事实的承认而不能算是放弃土地。

最后，我们还要在相关的历史环境中去考虑问题。永乐初年，朱棣为了稳固自己在国内的统治，自然需要国际上的支持，因此他谋求和同样通过非正常手段即位的李芳远互相承认。但即便在这种情况下，朱棣做事仍旧留下了余地。他虽然在口谕中表示"朝鲜之地，亦朕度内，朕何争焉？今兹准请"，然而到了正式颁给朝鲜的敕书中却绝口不提"朝鲜之地"，转而仅仅着眼于"叁散千户李亦里不花等十处人员"了。正是这一余地，为朱棣在此后处理女真与朝鲜的边境冲突时站在了女真一边，最终迫使朝鲜放弃了庆源府。而朱棣在位时期对东北地区的大力开拓经略也与明太祖虽然放弃了恢复铁岭卫，但对于明军已经控制的辽东地区则积极经营也是一脉相承的。同理，朱棣对让朝鲜遣返明朝辽东逃民的执着与对女真各部的大力经营也有出于维护明朝在东北地区主权的考虑。无论朱棣还是朱元璋，都绝非领土意识淡漠之人，我们只要在当时的历史环境中进行分析，就不难得出正确的结论。

除了领土的争端，明鲜两国之间还存在明朝逃民问题和对女真人的争夺。朱棣在即位后不仅对国内流民的招抚、安定予以特别关注，海外逃民他也没有放松。永乐元年（1403 年）六月，泉州卫金门千户抓获了一批劫掠沿海的逃民请求朱棣诛杀。但是朱棣不仅释放了他们，还给予安置，他这么做的原因很明白：

或者其窘于贫，不然则有司失于绥抚，逃聚为盗，盖非得已。[1]

而当朱棣闻知海外还有逃民未归时，他更专门派官员外出招抚，这些海外逃民很快归国，这种国内海外一视同仁的政策是永乐年间相对开放的海洋政策的一个缩影。不过相比于对海外逃民的招抚，朱棣更看重也更复杂的是对辽东地区逃民的招抚。之所以更为看重，是因为这些逃民中有军人，这使得朱棣必须将这些人招抚回国。而更复杂的原因正是因为这涉及到一个国家：朝鲜（包括今朝鲜与韩国）。

对这些逃民的招抚需要取得朝鲜的配合。因此，在国内局势基本稳定后，永乐元年（1403 年）正月，朱棣即派遣辽东千户王德名和百户王迷失帖向朝鲜发去了一道敕书，这即是上一节中我们见到过的那份重建东宁卫的圣旨：

---

[1] 《明太宗实录》，卷二一，第 390 页，"永乐元年六月丁卯"。

> 皇帝敕谕东宁卫漫散官员军民人等：太祖皇帝开设东宁卫，好生安养你
> 每。后来建文苦得你每没奈何，漫散出去。如今天下太平了，我只遵着太祖
> 皇帝的法度安养。你每都回来东宁卫里来住，官仍旧做官，军仍旧做军，民
> 仍旧作民，打围种田做生理，听从所便，休要害怕惊疑。若一向执迷，漫散
> 不来，恐久后悔时迟了！故敕。①

这份敕书看来与朝鲜没有关系，是朱棣敕谕东宁卫漫散官员军民人等回东宁卫
安心生活的敕书，朝鲜方面也是这样认为。但前往朝鲜宣布敕书的辽东千户王德名
一语道破玄机：

> 此国（指朝鲜王朝）乃漫散军之所在。②

这些军民主要即是逃往了朝鲜，而朝鲜之所以接受这些人与他们对辽东的固
有野心有关。此后，明朝与朝鲜展开了复杂的交涉，虽然朝鲜作为明朝的属国一直
表示将尽快遣返这些人，但他们实际是以各种理由延缓这一过程，每当明朝催促一
次，他们才会遣返一部分。即便在永乐元年（1403 年）二月朱棣正式册封李芳远为
朝鲜国王之后也是如此。

朱棣在敦促李氏朝鲜放回明朝辽东逃民上是不遗余力的。就在王德名给朝鲜送
去敕书的当月，朝鲜就遣返了辽东军士 36 人。朱棣此后又立即督促朝鲜：

> 奉圣旨：
> 恁都府便将文书与朝鲜国差来使臣赍回去，说与国王知道：但是这等逃去
> 的人，着他那里挨究，都拿将出来，差人送予辽东都司，休要容留他。钦此。③

之后，朝鲜又陆续遣返了一百多名逃到那里的中国人。但这个过程仍旧非常曲
折。因此朱棣借着永乐元年（1403 年）二月册封李芳远为"朝鲜国王"的机会再次

---

① 《朝鲜太宗恭定大王实录》，卷五，第 2a 页，"太宗三年正月辛卯"。
② 《朝鲜太宗恭定大王实录》，卷五，第 2b 页，"太宗三年正月辛卯"。
③ 《朝鲜太宗恭定大王实录》，卷五，第 2a—2b 页，"太宗三年正月辛卯"。

催促朝鲜：

> 建文手里多有逃散的人，也多有逃去别处的。有些走到你那里，你对他每说道，回去对国王说，一介介都送将来。[1]

从这道圣旨可以看出，朱棣关注的不仅是对辽东民心的收复，同样也很关注逃民中有建文的支持者会对他不利，这两个原因使得他必须要让朝鲜将相关人员遣返中国。逃民问题构成了永乐元年（1403年）两国外交的主轴。终于，逃民问题的解决随着明朝册封使节团的到来得到了推进，永乐元年（1403年）四月二十四日，通事张弘寿率"漫散男女六十名赴辽东"[2]，遣返逃民得到了进一步落实。然而，这仍旧不意味着辽东逃民这一问题获得了根本的解决。

永乐二年（1404年）六月，兵部向朱棣报告称现在招复了辽东逃民一万又七百余人，但"未复者尚多"[3]。朱棣于是借此时朝鲜入贡的机会再度催促朝鲜尽速遣返明朝的辽东逃民，由此我们可以看出辽东逃民之众多与招抚工作的曲折。直至永乐三年（1405年）九月之后，对辽东逃民的招抚才终于告一段落。

至于双方对于女真人的争夺，我们从上一节明朝对东北的经略已经能够看出一部分了，最典型的两件事就是建州卫、毛怜卫与朝鲜之间的边境争端及两国对建州左卫指挥使猛哥帖木儿的争夺。

明朝设立建州卫、毛怜卫后，朝鲜方面认为这些女真人倒向明朝对自己构成一定威胁，因此十分提防这两部女真人。永乐四年（1406年）二月，双方因为边界交易的断绝爆发了冲突：

> 兀狄哈、金文乃等，寇庆源之苏多老，兵马使朴龄击却之。初，野人至庆源塞下，市盐、铁、牛、马。及大明立建州卫，以于虚出为指挥，招谕野人，庆源绝不为市，野人愤怨，建州人又激之，乃入庆源界抄掠。龄易之，率数十骑赴之，野人以骑兵从傍突出，龄惊，策马而退。俄而官兵继至，龄

---

[1] 《朝鲜太宗恭定大王实录》，卷五，第15a—15b页，"太宗三年四月甲寅"。

[2] 《朝鲜太宗恭定大王实录》，卷五，第19b页，"太宗三年四月辛未"。

[3] 《明太宗实录》，卷三二，第568页，"永乐二年六月甲申"。

率以战。有一人献计曰："野人善射，难与争锋。若执短兵鏖战，则胜负决矣。"即突阵而入，众从之，杀文乃子，野人乃掠牧马十四匹而去。官军死者四人。[①]

可以看出，双方之所以发生冲突的原因是在明朝设立建州等卫后，朝鲜出于担心，切断了双方原本在庆源进行的贸易，由此导致女真愤而进入庆源地区劫掠。苏多老冲突后，朝鲜知道单纯的冲突解决不了问题，更何况他们也需要拉拢图们江地区的女真人，于是在镜城、庆源重开贸易，谋求缓和双方关系。虽然如此，双方的根本矛盾并未解决，加之苏多老冲突中，女真酋长金文乃的儿子被朝鲜所杀，永乐八年（1410年）二月，金文乃再次领兵袭击庆源府，这次冲突被牵扯进去的还有毛怜卫：

兀狄哈、金文乃、葛多介等，结吾都里、兀良哈甲兵三百余骑，寇庆源府，兵马使韩兴宝与战败死。毛怜卫指挥甫乙吾，使人谓兴宝曰："闻诸建州卫指挥阿古车云：'有贼兵侵庆源。'宜预知备御。"兴宝不之信。翌日黎明，贼兵已至城外，兴宝苍黄[皇]帅戍兵百人出战，兴宝所骑马，中矢而毙。兴宝中三矢，仅得入城，三日而死。官军死者十五人，马死者五匹。贼遂围木栅不克，焚栅外庐舍、蓄积殆尽。[②]

女真金文乃为了报仇再度进攻朝鲜，不仅导致朝鲜兵马使韩兴宝阵亡，还牵连毛怜卫指挥受牵连而死，双方仇恨越结越深。李芳远虽然对朝鲜北境官员的报复行为进行了限制，同时奏报明朝进行解释。然而女真方面却并不讲这些道理，他们在之后的岁月里频繁展开报复，建州左卫猛哥帖木儿、建州卫阿哈出等重要女真首领都参与了进来。激烈而频繁的冲突最终迫使朝鲜放弃了庆源府，退守镜城郡。可以说，正是因为这难以完全释怀的矛盾，导致朝鲜对明朝东北地区女真人的招抚始终难说成功，与明朝对东北的成功经略形成了鲜明的对比。正是在这样的背景下，建州卫、毛怜卫、建州左卫也因为战乱而在永乐后期不得不迁移时都是向着明朝一侧

---

① 《朝鲜太宗恭定大王实录》，卷十一，第7b—8a页，"太宗六年二月己卯"。
② 《朝鲜太宗恭定大王实录》，卷十九，第9b—10a页，"太宗十年二月庚子"。

迁移，虽然建州左卫后来又迁回了靠近朝鲜的原驻地，但依旧与明朝保持关系，没有被朝鲜拉拢过去。

从上面的论述我们已经能够认识到，明鲜两国间绝不是一团和气的局面，国家层面有领土争端、逃民问题、女真问题，私人方面又有联姻的失败。凡此种种都导致了朱棣对朝鲜的报复，由此产生的还有朱棣对派往朝鲜使臣的特殊选择。

朱棣对朝鲜最为人所知的两项虐政就是"贡女"与"火者之贡"。所谓"贡女"，即朱棣向李芳远频繁索要朝鲜处女以充实自己的后宫。每当此时，朝鲜就需要在全国下达禁婚令进行选美以满足明朝的需求。明朝对贡女的需求对朝鲜造成了极大的扰动，成为朝鲜的一个沉重负担，甚至引起了朝鲜国内男女比例的失调。明朝的这一虐政直至朱棣曾孙朱祁镇时才停止。"贡女"资源的枯竭也反映在送到明朝的贡女的质量上。

永乐七年（1409 年）五月初三日，一件啼笑皆非的事在朝鲜发生了。这天，明朝宦官使臣太监黄俨、监丞海寿、奉御尹凤抵达汉阳，李芳远亲率百官于慕华楼出迎。双方抵达昌德宫后，明朝使臣开始宣读敕书：

> 今遣太监黄俨、监丞海寿、奉御尹凤，特赐王及王妃礼物，至可领也。特赐国王银一千两、纻丝一百匹、彩绢一百匹、马一十五匹、鞍二副，王妃纻丝、线罗、银丝纱各一十匹、彩绢二十匹。[①]

这是很常规的内容。谁知宣读完毕后，黄俨又"口宣圣旨"：

> 去年尔这里进将去的女子，每胖的胖，麻的麻，矮的矮，都不甚好。只看尔国王敬心重的，上头封妃的封妃，封美人的封美人，封昭容的封昭容，都封了也。王如今有寻下的女子，多便两个，小只一个，更将来。[②]

今天我们似乎很难想象，这样的内容竟然是堂堂明朝皇帝的"口谕"，然而这却明明白白留在了史料中，朱棣可以选择宦官黄俨传达这一口谕无疑也是不想让其

---

① 《朝鲜太宗恭定大王实录》，卷十七，第 35b 页，"太宗九年五月甲戌"。
② 《朝鲜太宗恭定大王实录》，卷十七，第 35b—36a 页，"太宗九年五月甲戌"。

为众人所知。朝鲜在选择贡女时丝毫不敢马虎的，而朱棣一度十分喜爱的权贤妃也正是在这年来到明朝的。因此我们可以认为，这恰恰反映了朝鲜国内"贡女"资源的枯竭，导致他们无法选出全部"合格"的处女送往明朝，这一政策对朝鲜的恶劣影响也就不言而喻了。

当然，在永乐年间来到明朝成为朱棣后宫的众多朝鲜籍嫔妃中，也不是没有留下名字的，最著名的一人在永乐七年（1409 年）初来到明朝，这就是恭献贤妃权氏，她是当时朝鲜进贡的多名女子之一，时年十九岁。永乐七年（1409 年）二月，他被朱棣册封为贤妃，他的父亲权永均也被朱棣任命为光禄卿。由于她"资质稣粹，善吹玉箫"[1]，很快获得朱棣的宠爱并在永乐八年（1410 年）跟随侍奉朱棣第一次漠北亲征。然而权氏并不长命，永乐八年（1410 年）十月，她在朱棣班师途中于临城（今属河北）病逝，年仅二十岁，朱棣赐谥"恭献"并厝于峄县（今属山东）。

在朱棣驾崩后，这些朝鲜籍嫔妃有些也免不了殉葬的命运。这其中，康惠庄淑丽妃韩氏由于自己的妹妹后来成为了明宣宗的女官并获封恭慎夫人，自己的弟弟韩确之女后来成为了李氏朝鲜德宗（追封之国王，即懿敬世子李暲）的昭惠王后（即仁粹大妃）而著名。在朱棣驾崩后，虽然她苦求即位的朱高炽放她回朝鲜赡养老母，但并未获准，仍旧被迫殉葬。贡女命运之无常，大略如此。

"贡女"之外，另一项更为严酷的虐政就是"火者之贡"，即朱棣不仅向朝鲜索要大量贡女，还索要大量阉人来到明朝做宦官，这对于朝鲜的负担不言而喻。这些宦官中如朱允端、金兴、崔安等人在获得朱棣的信任后甚至奉命出使其本国朝鲜。

"火者之贡"的残酷性，我们以一次进贡为例就可以看出。永乐元年（1403 年）十一月初一日，朱棣派遣使臣韩帖木儿偕同朝鲜籍宦官朱允端来到朝鲜，宣谕"选年少无臭气火者六十名以遣"[2]。这批火者在十一月十七日挑选完毕，"使臣韩帖木儿还。率被选火者三十五人而赴京也。上为饯于西郊，宦者等皆涕泣"[3]。之所以明朝要求六十名，朝鲜最后却只选送了三十五名，并非朝鲜故意抵触，而是这一过程极端残酷，找到愿意接受阉割的人已属不易，而在当时的条件下，阉割及其后的死亡率也很高，因此这三十五名其实已经是朝鲜竭力满足所能达到的数目了。而"上为饯于西郊，宦者等皆涕泣"更是当时情况的生动反映，无论是李芳远还是选送的

---

① ［清］张廷玉等：《明史》，卷一一三，《后妃》。

② 《朝鲜太宗恭定大王实录》，卷六，第24a 页，"太宗三年十一月乙亥"。

③ 《朝鲜太宗恭定大王实录》，卷六，第29b 页，"太宗三年十一月庚申"。

火者，对于这一残酷的背井离乡都是异常悲伤感慨的。当然，这还不是这次"火者之贡"的结束。次年四月十八日，朱棣派遣使臣掌印司卿韩帖木儿、鸿胪寺序班邬修、行人李荣等来到朝鲜传达明朝礼部的咨文，其中专门有一条谈到去年的这次"火者之贡"：

> 其一，为进贡事。近该朝鲜国咨，送火者三十五名，差司译院副使康邦祐，管送赴京。除中途病故二名外，见到罗万等三十三名，进送内府收讫。永乐二年二月二十三日，本部尚书李至刚等官，晚朝于右顺门，题奏前因，奉圣旨是："内中有不干净的，还教领回去。说与国王，别选几个好的来。钦此。"除今来使康邦祐领去外，拟合移咨本国，钦依施行。①

可见这三十五名也并非全部或者到达了明朝，中途又病故两名，再度从侧面见证了当时阉割后极高的死亡率。而朱棣对这三十三人却并不满意，"内中有不干净的，还教领回去。说与国王，别选几个好的来"，对朝鲜来说，这又是一次雪上加霜的扰动。

朱棣对朝鲜的这些虐政不能说其中没有双方因为联姻失败、边界争端而引发的报复，但从根本来说，其原因实为永乐年间双方不太正常的外交来往导致的，其最典型的就是朱棣对出使朝鲜使臣的选择，也是永乐年间很有特色的"太监外交"。

朱棣延续了乃父朱元璋的做法，即以文臣、宦官两种人出使朝鲜。有些职权他们两者都能履行，比如诏谕、行赏、和解一类，但有些任务则只能选其中一种人选担任，比如册封使一般以文臣为主，宦官为辅，而采购使则多由宦官担任。正是因为两者担负任务的区别，朱棣对这两类人选的选择与要求也是不同的。文臣方面，朱棣的要求与皇帝对使臣的通常要求没有太大区别，即严格遵循"人臣无外交"的原则，不得擅自允诺朝鲜的请求，不得私自接受朝鲜君臣的馈赠等。相比而言，因为宦官承担的多是满足朱棣私欲一类不好明言的要求，因此朱棣对宦官的要求也放宽了很多，对他们在朝鲜的胡作非为往往采取睁一只眼闭一只眼的态度，永乐年间专门出使朝鲜的宦官黄俨正是因此臭名昭著。我们以永乐元年（1403 年）明朝册封使节团出使朝鲜的情况为例，可以对这两类使臣的区别有个清晰的认识，下面一段

---

① 《朝鲜太宗恭定大王实录》，卷七，第 14a 页，"太宗四年四月戊子"。

内容所引史料都出自《朝鲜太宗恭定大王实录》太宗三年四月部分，下文不再每处单独注明。

永乐元年（1403 年）四月初八日，明朝册封使节团抵达朝鲜，明朝使团成员十分全面，武官为都指挥高得，文臣为左通政赵居任，他在《明太宗实录》中也是使团首脑。除了这两位，还有两位明朝宦官，分别是黄俨、曹天宝，两名朝鲜籍宦官，分别是朱允端、韩帖木儿，这四位宦官中，以黄俨为首。从后面的记载我们就能知道，这次的使节团与其说是赵居任居首，不如说是赵居任、黄俨形成二头，他们各自履行各自的任务，互不干涉。

使团"赍诰命、印章、敕书至"，李芳远"设山棚结彩备傩礼，上具冕服，率群臣迎于西郊，至阙行礼仪，受诰命、印章"，之后，赵居任代表朱棣宣读了册封李芳远为朝鲜国王的诰命：

> 奉天承运皇帝，制曰：
> 朕惟王者受命，混六合为一家，天道同仁，视万方为一体，所以地无遐迩，人咸景从。我皇考太祖高皇帝，诞膺天命，肇造寰区，薄海内外，悉皆臣顺。尔朝鲜国，居东藩，聿先声教，职贡之礼，少有愆违背，故在朝廷屡降宠锡。肆朕统御之始，尔讳深念皇考之恩，遵承乃父之训，即陈表奏，效职来庭。眷此忠诚，良足嘉尚。兹用命尔为朝鲜国王，锡以印章，永胙茅土。於戏！保国安民，恪守畏天之道，作藩树屏，式谋贻后之规。厥位寔艰，朕言惟允，毋怠毋荒，尔其钦哉！

在册封诰命宣读完毕后，黄俨出来宣谕了另一道圣旨：

> 建文手里，多有逃散的人，也多有逃去别处的，有些走在尔那里。尔对他每说知道，回去对国王说，一介介都送将来。同日礼部尚书李至刚于本部说道上位有圣旨，但是朝鲜的事，印信、诰命、历日。恁礼部都摆布与他去，外邦虽多，尔朝鲜不比别处，君臣之间、父子之际，都一般有孝顺识理的孩儿，有五逆不孝不识理的孩儿。不识理的孩儿，有不是处呵不怪他，识理的孩儿，九遍至心孝顺呵，一遍有些不是处，连那九遍的心，都不见了。如今上位件件事，都依效着太祖行，每日把那洪武二年、三年以来发去外邦的文

书。外邦来的文书，太祖做的诗，都每日看尔那里，也将洪武二年、三年以来文书字细看，几时的文书有好话，几时的文书有怪的话，恐怕因走去的小人儿有些不是处，把从前的孝顺，都不见了。这件最是打紧的事，尔把这旨意的话，对国王说，休要撇了上位的厚恩。

很明显，黄俨作为一名宦官，他所传达的圣旨内容与赵居任册封诰命的官话有着很大的不同。朱棣引用朱元璋的话，先把朝鲜定义为"识理的孩儿"，然后强调"识理的孩儿，九遍至心孝顺呵，一遍有些不是处，连那九遍的心，都不见了"。很明显，当时的朝鲜在朱棣看来就属于这种处于"一遍有些不是处，连那九遍的心，都不见了"的"识理的孩儿"。而这其中的症结，正是因为靖难之役造成的逃民问题，朱棣借着这个比喻要求朝鲜落实"建文手里，多有逃散的人，也多有逃去别处的，有些走在尔那里。尔对他每说知道，回去对国王说，一介介都送将来"，要求朝鲜对这些人员进行遣返。

通过这一个过程，朱棣对文臣、宦官的分工已经较为明确了，即文臣负责台面上的事情，宦官则负责台面下的交易，而两者在此后的使命中，表现也是截然不同的。四月十三日，李芳远在无逸殿设宴款待明朝使臣，赵居任、黄俨、曹天宝、朱允端、韩帖木儿四人出席。谁知黄俨一来就要求谒见李芳远的妃子，这是黄俨第二次提出这一要求了，就在册封当天，黄俨宣读完朱棣关于逃民问题的圣旨后就曾说："皇后有教于贤妃，入宫亲传。"要求谒见李芳远的贤妃，李芳远以"妃子产后疾未痊未差，差则当复命"为由委婉地挡了回去。黄俨此时再度请求，无疑显得十分无礼，但李芳远面对上国使臣，却不好发作，只能问黄俨妃子以何种礼仪答礼。此时，朱允端出来说："使臣谒妃子，举手小屈。"李芳远便抓住这一礼节做文章，说："妃子不习此礼，予欲行本国礼。"最终"乃答拜，俨等笑之"。

这一风波后，宴会继续，黄俨继续给李芳远难堪，"上每御膳，与之击目，俨等稍有不平之色。进抛毬乐，东边妓中者四，西无中者。俨等乐，使人言于上：'吾边皆中，国王边如何不中乎？'上笑。每酒进，俨等劝上必饮"，这些行为，无论怎么看都不是一位合格的使臣所应该做的，相对而言，赵居任的表现就完全不同了，"俨及天宝性行甚倨，居任亦在坐"。面对黄俨强行劝李芳远饮酒的事情，"居正独不然，言于上曰：'己所不欲，勿施于人。'"李芳远面对赵居任出来解困，答复说："圣天子即位，命大人驰驿万里，来锡诰命、印章，我子孙当与皇孙，共享富贵于千万世矣。虽不劝酒，我何敢辞！" 最终"极欢而罢"。

第二天，李芳远又赠送明朝使臣衣帽、靴子，只有赵居任不受。赵居任还答复说："向者使于此者，皆年少之辈，沉于酒色，以辱朝廷，故今使老臣去。" 至于黄俨，他却嫌弃衣帽不够精美，进而要求李芳远赠送马匹给他。两者在品格上的对比更为明显。四月二十六日，李芳远前往明朝使臣居住的太平馆设宴，赠送每名使臣两匹马、黑麻布、白苎布、人参、花席等物，这显然是满足黄俨之前的要求，而在明朝使臣中，又只有赵居任没有接受。至于黄俨、曹天宝两人，黄俨说给自己的两匹马中有一匹不好，于是李芳远又给他换了一匹，曹天宝则嫌弃食物没有能吃的，大闹了一番，可谓十分丢脸。

最后，使节团再五月初三日返回时，"赵居任、高得、黄俨、曹天宝等还，上（李芳远）饯于迎宾馆，赠俨、天宝、得细白纻布、黑麻布各十匹；太上王（李成桂）赠白纻布、黑麻布各五匹；上王（李芳果）赠各二匹。上初各赠鞍马，临别又赠一匹，又赐伴人十马各一匹。赵居任不受，但请纸数张曰：'欲为诗轴也。'左政丞河仑赠以人参，居任独不受曰：'不受殿下之赠，而受卿之赠乎？'"

很明显，赵居任完美履行了一位使臣应该有的操守，除了几张纸，没有接受朝鲜君臣的任何礼物，在朝鲜也没有任何出格的举动，当然，他在使节团中的作用也是有限的，除了选读册封诰命这一主要使命外，他在其他场合也并没有与朝鲜方面太多的交锋，因此朝鲜很喜欢他，朱棣也对他十分满意。在他回国后，因为圆满完成使命且没有接受朝鲜君臣的礼物而受到了朱棣的嘉奖。次年出使朝鲜的鸿胪寺右少卿汪泰就因为私自接收朝鲜权贵的馈赠而隐匿不报被朱棣所杀，可见朱棣对文臣的操守是非常看重的。相比而言，朱棣对黄俨等宦官在朝鲜的为非作歹却没有进行类似的惩罚，甚至黄俨在此后专门出使朝鲜并因为种种骄横跋扈的举动在朝鲜臭名昭著，比如他在永乐四年（1406 年）的出使中就因为为朱棣求取铜佛一事在朝鲜引起轩然大波，他自己也没少要赏赐，其他如"贡女""火者"等等，前文已经讲过，这里就不重复了。

不过换一个角度，虽然宦官在朝鲜骄横跋扈，但他们却也为朱棣完成了很多具体的任务，因此可以说朱棣与这些宦官建立了某种特殊的"合作关系"，朱棣默许宦官的某些越轨行为，宦官则尽全力为朱棣达成目标，无论这些目标是国家层面的还是仅仅是朱棣的私欲。"太监外交"这种不正常的使节往还直至"土木之变"后才逐渐退出历史舞台，彼时，明鲜两国关系也就步入了稳定交往的下一个阶段。

总的来说，明鲜两国是当时典型的宗藩关系，双方既有文化、艺术等方面各种交流的和谐，也充满了宗主国对属国内政的介入与属国在背后的小动作。而我们认识、审视朝贡宗藩关系，既要站在历史的角度认识到当时出现这种制度的必然性与合理性，也应看到这并非一种平等的国与国关系，更不能以现代国家关系的某些概念强行代入，只有这样，我们才能相对客观地分析当时的外交。

5."日本国王源道义"

如果说与明朝一衣带水的朝鲜是"识理的孩儿"，那么隔海相望的日本就毫无疑问是"不识理的孩儿"，在相当长的历史时期里，这都是一个游离于中国宗藩体系之外的国家，而在明朝初年，除了日本依旧游离于以明朝为主的东亚秩序之外，还存在骚扰明朝沿海的倭寇问题。

与明朝中后期的倭寇多为明朝本国人不同，元末明初的倭寇确实来自日本，他们主要来自日本对马岛、壹歧岛、九州西北部（西海道）肥前松浦一带岛屿，合称"三岛倭寇"，又因为地理位置的关系，明初倭寇主要袭扰明朝北部沿海，因为山东半岛、辽东半岛突出的位置，这两地所受骚扰尤其严重。朱元璋称帝一年后，"倭人入寇山东海滨郡县，掠民男女而去"[①]，倭寇问题正式浮现出来，在其后的岁月里，更是频繁出现倭寇骚扰的记载，如洪武三年六月，倭寇先袭扰山东，又转向温、台、明州，一直到了福建。一年后，山东即墨、诸城、莱阳等县受到劫掠，凡此种种，不一而足。

为了有效解决日益严重的倭寇问题，朱元璋除了在国内禁止百姓出海、在沿海冲要地带建立卫所进行军事防御外，还决定从根本下手，直接与日本交涉。洪武二年（1369 年）二月，朱元璋派遣杨载等人出使日本，携带一封玺书前去交给"日本国王"：

> 上帝好生，恶不仁者。向者，我中国自赵宋失驭，北夷入而据之，播胡俗以腥膻，中土华风不竞，凡百有心，孰不兴愤？自辛卯以来，中原扰扰，彼倭来寇山东，不过乘胡元之衰耳。朕本中国之旧家，耻前王之辱，兴师振旅，扫荡胡番，宵衣旰食，垂二十年。自去岁以来，殄绝北夷，以主中国，惟四夷未报。间者，山东来奏，倭兵数寇海边，生离人妻子，损伤物命，故修书特报正统之事，兼谕倭兵越海之由。诏书到日，如臣，奉表来庭，不臣则修兵自固，永安境土，以应天休。如必为寇盗，朕当命舟师扬帆诸岛，捕

---

① 《明太祖实录》，卷三八，第 781 页，"洪武二年正月"。

绝其徒，直抵其国，缚其王，岂非代天伐不仁者哉？惟王图之。[①]

　　显然，朱元璋很清楚，正是元末明初中国大乱给了日本倭寇袭扰的机会，因此他在玺书中宣告自己已经建立起了新的王朝，日本要求要么主动朝贡，要么守土自保，限制倭寇，如果一意袭扰明朝沿海，自己将发兵征讨。

　　杨载等人在日本九州岛登陆，将玺书交给了怀良亲王。这位怀良亲王为日本后醍醐天皇之子。当时的日本仍旧处于南北朝时期，室町幕府掌控的北朝在战争中已经逐渐取得优势，怀良亲王作为南朝为了挽回局面的一手，于1336年被派到九州，以征西大将军的名分积蓄力量，一度取得了对室町幕府的优势。为了扭转局势，室町幕府派遣今川了俊为九州探题，在九州对抗怀良亲王。今川了俊施展自己的手段，逐渐掌控了大局，怀良亲王虽然没有被赶出九州，但实力已经大不如前。为了稳固自己的地位，他不得不与海盗集团建立起了密切的联系，某种程度上成为了他们的保护人。因此，杨载将玺书交给怀良亲王，恰如要求倭寇之首通过自残的方式限制倭寇，根本就是找错了对象。

　　果不其然，朱元璋火药味浓重的玺书激怒了日渐式微的怀良亲王，杨载一行七人有五人被处死，杨载作为使团首脑，在被关押了三个月后才获释回国。

　　杨载一行没有取得成果，但朱元璋也没有因为使臣被杀而真的"命舟师扬帆诸岛，捕绝其徒，直抵其国，缚其王"，反而在洪武三年（1370年）三月再度遣使日本，这次的使臣是莱州府同知赵秩，这次，朱元璋直接将怀良亲王当成了"日本国王"。按照道理来说，杨载在日本被关押了三个月，无论如何也该弄明白怀良亲王既不是南北两朝任何一方的天皇，也不是北朝的幕府将军，实在和"日本国工"扯不上关系，但是明朝依旧闹出了这样一出乌龙，只能说是杨载无能或者他为了减轻自己出使失败的责任，对朝廷进行了有意的欺瞒。

　　不过这次出使虽然闹出了乌龙，但还是取得了一些成果。赵秩显然比他的前任杨载更有能力，他迫使怀良亲王改变了对明朝的敌视态度，洪武四年（1371年）十月，怀良亲王派遣僧人祖来前来明朝，送回了从明州、莱州掳来的男女七十余口，也接受了明朝赐予的大统历，表示臣属。由此，明朝与怀良亲王之间算是建立起了关系，双方此后还进行了多次贸易交往。但因为怀良亲王与海盗势力之间的特殊关

---

① 《明太祖实录》，卷三九，第787页，"洪武二年二月辛未"。

系，困扰明朝的倭寇问题不仅没有获得解决，双方的贸易往来反而有可能资助了倭寇。

随着祖来一行来到明朝，明廷终于逐步弄清楚了日本国内分裂的局势，也知道了怀良亲王并非所谓"日本国王"。由此，朱元璋决定改变方针，直接和北朝方面进行交涉。洪武五年（1372 年）五月，朱元璋派出僧人祖阐、无逸克勤为使，送祖来回国。当明使一行于博多登陆时，怀良亲王已经败给了今川了俊，当地官员换成了北朝官员，他们看见明使与祖来一同登陆，认为他们是怀良亲王向明朝求援带回来的使节，因此加以拘辱，后来又将他们送到京都，几人在京都滞留两个月后启程回国。在回国途中，祖阐一行经过怀良亲王控制的区域，又遭到拘辱，因为怀良亲王认为他们私自入京是对自己的背叛，同时颁布《大统历》有臣服的含义，明使一行一直拖到洪武七年（1374 年）五月才回到南京。

虽然祖阐一行在日本始终陷入阴差阳错的境地，但也不是没有成果，即他们最终成功通过日本天台座主将朱元璋的意图传达到了北朝执政者手中，这份明朝瓦官寺长老无逸克勤写给天台座主的书信现在保存在日本方面史料《善邻国宝记》中，信中提到朱元璋的部分内容能看出他此时与北朝沟通的态度：

> 朕三遣使于日本者，意在见其持明天皇。今关西（指怀良亲王）之来，非朕本意，以其关禁，非僧不通，故欲命汝二人密以朕意往告之曰：中国更主建号大明，改元洪武，卿以诏来故，悉阻于关西，今密以我二人告王知之。大国之民，数寇我疆土，王宜禁之，商贾不通，王宜通之，与之循唐宋故事，修好如初。又命曰：朕闻其君臣上下，咸知奉佛敬僧，非汝僧不足以取信，彼有禅教僧欲访道中国，悉使之来，无禁，惟汝二人往哉。[①]

虽然信息经过几道转换，我们已经看不出朱元璋原始的文字了，但是他传达给日本的要求还是很明白的，其一为禁绝倭寇，其二为恢复往来。另外，无逸克勤提到朱元璋对他说遣使是"意在见其持明天皇"，似乎说明明朝此时已经基本弄清楚了日本国内的政局。但从此前朱元璋册封怀良亲王及接待祖来等情况来看，这更可能是无逸克勤自己被扣留在日本后通过了解情况而做出的假托行为，朱元璋未必知

---

① ［日］瑞溪周凤：《善邻国宝记》，卷上，"应安六年癸丑"，第 20b—21a 页。

道。这从无逸克勤的信中称日本为"大国"，称日本统治者为"皇"等不符合明朝风格的做法都能得到佐证。

而就在祖阐一行终于回到南京的一个月后，北朝派出的使节也抵达了南京。对北朝来说，这可谓极快的速度了，之所以如此，乃是因为此时北朝受连年征战影响，财政已经出现问题，他们迫切希望通过恢复中日贸易来缓解自己的财政危机，所以他们很快便接受了祖阐传达的意图。不幸的是，室町幕府派出的这批使节的命运比祖阐好不了多少，他们出发时没有携带正式国书，此时又恰逢北朝征南战争失利，道路不通，虽然好不容易来到明朝，但被明廷怀疑为商人假冒，拒绝接待，最终无功而返。

一年后的洪武八年（1375 年），怀良亲王方面再度遣使朝贡，但是此时朱元璋已经对日本局势有了一定了解，他知道怀良亲王与倭寇实为利益共同体，绝无可能协助明朝加以禁绝，加之表文内容十分傲慢，也让朱元璋不满。至于北朝方面，明廷也了解到他们虽然急切盼望通商，同时也愿意协助明朝禁绝倭寇，但是道路被南朝阻断。至于一些日本地方势力派出的使节和商人，则根本不能代表日本政府，与他们打交道自然也毫无意义。如此一来，明初朱元璋恢复中日关系的努力就走进了一个死胡同。洪武十三年（1380 年），正式亲政的日本室町幕府第三位将军足利义满派遣僧人明悟、法助携带自己的书信前来朝贡，这次难得的机会再度被朱元璋以信中语句"辞意倨慢"[1]为由，拒绝接受朝贡。此后，明朝转而全力加强海防、巡海以抵御倭寇，日本方面则忙于南朝衰落后的统一战争，双方联系逐渐减少，最终，日本虽然名列《皇明祖训》的十五个"不征之国"内，实则仍旧游离于明朝建立的朝贡体系之外。

足利义满在 1392 年，也就是明朝洪武二十五年完成了南北朝的统一。明朝皇帝换成朱允炆后，足利义满抓住机会再度主动联系明朝，他在 1401 年，也就是明朝建文三年派遣博多商人肥富、僧人祖阿前来明朝，至于他用的称号为"日本国准三后源道义"，足利氏出于源氏，"道义"则为足利义满出家后的法名。足利义满此时没有使用"日本国王"这个称呼应该说是很谨慎的，因为当时明朝承认的"日本国王"还是那个已经去世的怀良亲王。对于足利义满的示好，朱允炆采取了接纳的态度，他接受了足利义满的表文，同时也提出了要求日本严厉禁绝倭寇的要求。至

---

[1] 《明太祖实录》，卷一三三，第 2112 页，"洪武十三年九月甲午"。

于足利义满，则在国内以很隆重的仪式接受了朱允炆的诏书，这等于变相承认了自己是明朝册封的"日本国王"。然而，这段关系最终仍旧没有结果，因为朱允炆当时已经自身难保了，次年，他就被自己的叔叔朱棣推翻了。

朱棣对于海外诸国对自己的承认十分看重，明日关系自然也走进了他的视野。永乐元年（1403 年）八月，左通政赵居任奉命出使日本。结果赵居任还没出发，急于建交的足利义满派遣的使者坚中圭密一行三百余人已经抵达了宁波。足利义满因为明朝国内局势尚不明朗，还特意准备了两份表文，一份是给朱允炆的，另一份则是给朱棣的。正当朱棣不知日本此次会否延续在其父洪武年间的强硬态度时，是年十月，赵居任不辱使命，他几乎没费什么功夫就带领日本室町幕府将军足利义满派出的使团回到了京师：

> 日本国王源道义遣使圭密等三百余人奉表贡马及铠胄、佩刀、玛瑙、水晶、硫磺诸物。[1]

坚中圭密自然只拿出了那份给朱棣的表文，足利义满在表文中写道：

日本国王臣源 表

臣闻太阳外（升）天，无幽不烛。时雨沾地，无物不滋。矧大圣人明并曜英，恩均天地，万方响化，四海归仁。矧惟大明皇帝陛下，绍尧圣神，迈汤智勇。勘定弊乱，甚于建瓴。整顿乾坤，易于反掌。启中兴之洪业，当太平之佳期。虽垂旒深居北阙之尊，而皇威远畅东滨之外。是以谨使僧圭密、梵云、明空，通事徐本元，仰观清光，伏献方物。生马二十四、硫磺一万斤、玛瑙大小三十块计二百斤、金屏风三副、枪一千柄、大刀一百把、铠一领、匣砚一面并匣扇一百把。为此，谨具表闻。

臣源

　　　　　　　　　　年号　　　日　　　日本国王臣源[2]

---

[1] 《明太宗实录》，卷二四，第 438 页，"永乐元年十月乙卯"。

[2] ［日］瑞溪周凤：《善邻国宝记》，卷中，第 2a 页，"同（应永）九年"。

足利义满入贡且在给朱棣的表文中自称"日本国王臣源"，这表示他已向明朝称臣，这一成果让朱棣十分兴奋，虽然顺水推舟继续承认足利义满"日本国王"的身份等于变相承认了此前朱允炆的封赠有效，但这丝毫不对朱棣造成困扰，他此后像对待朝鲜那样通过再度册封并重新颁发印信解决了其中的矛盾。朱棣此时决定趁热打铁，赐予足利义满冠服、龟纽金印。龟纽金印为明朝藩王所用之印的规格，朱棣的这一信号十分明显，他要确定明朝与日本的宗藩关系，让足利义满在实质上接受自己的册封，成为自己的臣子。朱棣在永乐元年（1403 年）十一月颁给足利义满的诏书中说：

> 奉天承运皇帝，制曰：
>
> 天地之中，华夷一体，帝王之道，远迩同仁。昔者，虞德诞敷，外薄四海，咸建五长。周室方兴，无有远迩。毕献方物，不能外于范围，咸得蒙其福泽也。咨尔日本国王源道义，知天之道，达理之义。朕登大宝，即来朝贡，归向之速，有足褒嘉，用锡印章，世守尔服眷。兹海甸密迩东郊，素称文物，慕尚诗书。朕今命尔，惟谦勤可以进学，惟戒惧可以治心，惟诚敬可以立身，惟仁可以抚众，惟信可以睦邻，惟忠顺可以事上，惟德可以动天地、感鬼神。於戏！朕守帝王之道，仰承天地之仁，坚事大之心，亦有无穷之福，永惟念哉！毋替朕命。
>
> 永乐元年十一月一十七日[①]

朱棣的做法与对朝鲜如出一辙，就是通过重新颁赐印章的方式对日本进行再度册封，不过朝鲜是主动请求，日本则没有这么做，因此日本使团将朱棣所赐之物反诏书带回后，日本在一年时间内没有做出反应，而在这期间，倭寇并没有收敛。永乐二年（1404 年）四月，倭寇以十二艘船进犯宁波穿山，明朝百户马兴阵亡，其后，这股倭寇又进犯苏松地区，为此，朱棣在五月专门命丰城侯李彬率军往镇广东等处，同时又令清远伯王友为总兵官都指挥金事，加强沿海巡哨，剿捕寇贼，直至九月，王友才因天气转寒，海寇难来且士兵冬衣未备而率领巡海军士返回南京。

就在王友返回南京一个月后，永乐二年（1404 年）十月，日本方面终于做出了

---

① 　[日] 瑞溪周凤：《善邻国宝记》，卷中，第 3a—3b 页，《同十年·大明书》。

回应：

> 日本国王源道义遣使梵亮奉赍贡马及方物，谢赐冠带、印章。[①]

至此，足利义满正式成为了接受朱棣册封的"日本国王"，向明朝称臣。足利义满之所以如此，实际也是贸易利益使然，而赵居任则因出使日本的成功且没有接受日本方面的馈赠而受到朱棣的嘉奖。

对于日本的顺从态度，朱棣很快做出积极的回馈，日本通过明朝颁发的勘合得以每年以朝贡的形式与明朝进行一次贸易。足利义满则充分利用这个机会，每年都会组织一个三百余人的庞大使节团前来与明朝进行贸易，朱棣对日本使节团也抱持了相当程度上的宽容，一些日本人私自贩卖日本刀这种违禁品，朱棣也仅是命官方买下而并未对日本人进行处罚。

关于双方之间进行的勘合贸易，是明朝朝贡体系下一种特殊的贸易方式。具体到明日两国之间，勘合为一百道，分为"日"字、"本"字两种，编号均为一到一百，它们在加盖明朝的印章后一分为二，左半部分作为证明使节真伪的符信，右半部分被制作成"底簿"。也就是说，一份底簿是由一百道勘合的右半部分构成的，称为一扇，一式两份。一百道"日"字勘合由明朝礼部保管，两份底簿则一份保存在明朝礼部，一份保存在日本政府手中。一百道"本"字勘合由日本政府保管，两份底簿则分别保存在明朝礼部、浙江布政司。当日本派遣船队来明朝朝贡时，他们每一艘船都会按照编号顺序携带日本保管的"本"字勘合，船队到达宁波后，首先将勘合与浙江布政司保存的底簿进行核对，进京后还要和礼部的底簿再进行核对，核对完成后，日本使节所持的勘合会被明朝收回，如此算是完成了一次勘合贸易。之所以如此繁琐，正是为了避免假冒贡使的商船混入其中，这在当时的日本并不少见。

在中日官方往来稳定后，朱棣也致力于加强自己与足利义满的私人关系。足利义满努力在日本国内巩固自己地位的同时也十分信奉佛教，同时为了对日本日益庞大的寺社势力进行压制，足利义满在日本京都（今日本京都府京都市）北山修建了富丽堂皇的金阁寺（即鹿苑寺，足利义满的"北山第"，后改称"北山殿"）以吸引日本的重要僧侣。不仅如此，足利义满还十分希望与大国明朝的高僧交流，在得知

---

① 《明太宗实录》，卷三五，第611页，"永乐二年十月壬申"。

了这些消息后，朱棣立即派遣赵居任同僧人道成一同出使日本，而足利义满方面也投桃报李，他不仅穿着朱棣赐给他的明制衣冠，使用朱棣授予他的印章，更重要的是，他动用日本政府的力量打击限制倭寇，甚至将擒获的倭寇送往明朝。朱棣一次将二十名日方所献的倭首交还日使，让日本人自行处理这些倭首，日使遂安本国法律在宁波（今浙江省宁波市）将他们蒸杀。在日本的积极配合下，骚扰明朝沿海的倭寇问题得以消退，对于足利义满的恭敬与配合，朱棣十分高兴与满意，他在一道嘉奖足利义满的敕谕中这样夸奖他：

> 敕日本国王源道义：
>
> 王忠贤明信，敬恭朝廷，殄戮凶渠，远献俘获，使海滨之人咸得安息，厥功之茂，古今鲜俪。兹特赐王礼物以示旌嘉之意，王其受之。
>
> 故敕。
>
> （下为礼物单，从略）[1]

而在另一道给日本使臣圭密、中立的敕谕中朱棣则如此夸奖足利义满：

> 敕日本国正史圭密、副使中立：
>
> 尔国王源道义忠贤乐善，上能敬顺天道，恭事朝廷，下能祛除寇盗，肃清海邦。王之诚心，惟天知之，惟朕知之。朕君临万方，嘉于万物，同囿泰和，惟尔王能知朕心。今尔将王命远至京师，达王悃欵。敬恭使职，朕甚尔嘉，特赐敕奖劳，仍赐时果四品，尔其受之。[2]

不仅如此，朱棣还在永乐四年（1406年）封日本的阿苏山为"寿安镇国之山"并亲自撰写碑文，这是宗主国对藩属国极高的礼遇，可见当时两国关系有好的情况。明朝初期的中日关系，在朱棣与足利义满的共同努力下，进入了最好的时期。然而在永乐六年（1408年）十二月，五十岁的足利义满不幸去世的消息传来，朱棣立即派遣中官周全前往日本祭奠并赐足利义满谥号：恭献，表达了自己对这位友好

---

[1]　朱棣给足利义满之敕谕的照片。

[2]　朱棣给足利义满之敕谕的照片。

的日本将军的哀悼。从这份祭文我们能从一定程度看出朱棣对足利义满的整体评价：

> 维永乐六年，岁次戊子，十二月甲戌朔，越二十一日甲午。皇帝遣内官周全渝祭于故日本国王源道义之灵曰：
>
> 惟王慈惠温淑，聪明特达，持身有礼，处事有义，好善恶恶，始终一心，敬天事上，表里一诚，负弘伟之度，怀卓荦之才，仁厚治于国人，贤德昭乎远迩。自朕御极，倾心归向，益修职贡之礼，有隆无替，恭承朝命，斯须不稽，竭力殚心，唯恐弗及，用是殄寇盗于海岛，安黎庶于边隅，並海之地，鸡犬得宁，烽警不作，皆王之功也。盖王忠顺之诚，皎若日星，坚若金石，上逼于天地，幽彻于鬼神，自日本有国以来，其士贤明，未有如王者盛矣！正当永享与安荣，何意奄然而遽没，讣音之至，实切悼伤，耿贤德之难，忘怅中心，其曷已！虽然有生者必有死，阴阳昼夜，皆理至常也。王今殁于天年，而贤德之著腾于东藩，扬于朝廷，勒之青史，垂之后世，殆与天地相为无穷，王又何憾焉。兹特遣人赐祭，九原有灵，庶克享之。[①]

从祭文能够看出，朱棣对足利义满最为满意的两点，其一为在自己刚即位时，以很快的速度归向自己，接受了自己的册封，让自己将日本这个长期游离于中华体系之外的国家纳入了明朝的宗藩体系之中，其二即为协助明朝禁绝倭寇，"用是殄寇盗于海岛，安黎庶于边隅，並海之地，鸡犬得宁，烽警不作，皆王之功也"。因此，对于这位日本将军的去世，朱棣无疑是非常惋惜的。不过，两国关系还是得继续维持下去，因此，朱棣也进行了后续动作，足利义满之子，日本室町幕府第四位将军足利义持也接受明朝册封为"日本国王"。

足利义满在去世前的1394年（明洪武二十七年，日本应永元年）就已经将将军之位让给了足利义持，自己则很快出家，法号"道有"，后改"道义"，从而得以在更超脱的地位上控制日本政局。但足利义持种种与自己的不一致让足利义满打算废掉足利义持，改立足利义持同父异母的弟弟足利义嗣，然而这一计划还未来得及实施足利义满就因"急病"于"北山殿"中去世了。足利义持实际掌权后仅两年，就改变了其父对明朝的恭敬态度，由此，中日官方关系再度断绝。而随着日本的放

---

① ［日］瑞溪周凤：《善邻国宝记》，卷中，第5b—6a页，《同十五年》。

松，骚扰明朝沿海的倭寇再度死灰复燃。

足利义持在永乐六年（1408年）其父足利义满去世从而实际掌握日本政权后还维持了一段时间的对明友好政策。由于沿海倭寇始终难以完全肃清，于是朱棣敕谕足利义持要求他协助明朝，对倭寇严加剿捕。足利义持则在永乐八年（1410年）四月遣使明朝，除了感谢明朝的册封外还献上了擒获的倭寇，这让朱棣一度十分满意。然而当朱棣于永乐九年（1411年）派遣中官王进到达日本时，足利义持已经听从家臣的建议，决定停止对明朝恭敬的政策，王进不仅得不到足利义持的接见，甚至在兵库港（今日本神户）遭到扣留，王进最后在走私商人的帮助下才得以从另一条路逃回明朝，而足利义持也在其后中断了向明朝的朝贡。不仅如此，足利义持在日本国内也努力表现出自己与父亲的区别，他很快搬出足利义满为将军时居住的"花之御所"，迁回其祖父足利义诠为将军时居住的三条坊门邸，以示与其父足利义满在施政方针上的区别，而对明外交在相当的日本官员看来，正是足利义满的屈辱政策，故而对其进行改变也就毫不奇怪了。

由于日本政府的放松，一度消退的明朝沿海的倭寇问题再度显现，永乐八年（1410年）至永乐十五年（1417年），倭寇先后成规模进犯明朝盘石（今浙江乐清县西南）、松门（今浙江温岭县东南）、金乡（今浙江平阳县南）、平阳（今属浙江）等地，清远伯王友在剿捕时由于兵力不足甚至要通过募集民兵来加以协助。

倭寇的再度猖狂让朱棣对足利义持十分不满，甚至一度对朝鲜使臣表示了"蕞尔倭奴，侵略我边境，当发船万艘，往讨之"①这样的征伐日本的念头。加之永乐十五年（1417年）被掳华人倪观音保回国报告称日本易于征伐且将有倭寇乘八十余艘船来犯，更坚定了朱棣的想法。幸而明军对这批倭寇作战胜利，俘虏数十人，因此朱棣决定先礼后兵，他在永乐十五年（1417年）十月再一次遣使日本，明朝刑部员外郎吕渊携带这些俘虏作为使臣前去告谕日本足利义持：

> 尔父道义能敬天事大，恭修职贡，国人用安，盗贼不作。自尔嗣位，反父之行，朝贡不供，屡为边患，岂事大之道？天生斯民，立之主宰，大邦小国，上下相维，无非欲遂民之生耳。尔居海东蕞尔之地，乃凭恃险阻，肆为桀骜，群臣屡请发兵问罪，朕以尔狗盗鼠窃，且念尔父之贤，不忍遽绝，曲垂宽贷，冀尔悔悟。比日本（之人）复寇海滨，边将获其为首者送京师，罪

① 《朝鲜太宗恭定大王实录》，卷二五，第17a—17b页，"太宗十三年三月"。

当弃市，朕念其人或尔所遣，未忍深究，姑宥其罪，遣使送还。尔惟迪父之行，深自克责，以图自新，凡比年并海之民被掠在日本者悉送还京，不然，尔罪益重，悔将无及！①

这份敕谕态度严厉、证据明确、要求清晰，堪称宗主国责备藩属国的文本典范。足利义持在次年作出回应，日本遣使随吕渊来到明朝，向朱棣表示：

日本蕞尔小邦，自臣祖父以来，受朝廷命，霶被恩德，不敢背忘。比因倭寇旁午，遮遏海道，朝廷之使，不能上达。臣自知有负大恩，而境内之人肆为鼠窃者，皆无赖逋逃之徒，实非臣之所知，既尽为天兵所擒，皇上天地之量、父母之恩，曲赦其罪，悉皆遣还。臣之感戴，莫尽名言。伏望贷臣之罪，自今许其朝贡如初，不胜虔恳之至。②

朱棣见足利义持态度良好，于是礼遇日使，允许日本照常前来朝贡。但足利义持这次仅仅是开了一张空头支票，其后既不见日本朝贡，倭患也没有减轻。这无疑有些奇怪，细查日本《善邻国宝记》中一分以称光院（称光天皇）名义发出的给朝鲜君臣以求希望其作为中介以告知明朝的《大明书》在一定程度上解答了这一问题：

使臣吕渊去岁奉国命赍敕书，就带倭人来日本国公干。令人通报国王，命古幢长老到海滨，未曾审详来意，长老旋车。后一向信息不闻。以此赍敕书回京师。续有本国日向州人驾船一只，装硫磺、马匹进京，因无国王文书，不领。今复蒙遣赍捧敕书，就带进贡番人一十六名同先来八名重来。今有忠信之言，将为贤大夫告。空重译弗详，故笔诸书，付贤大夫、王左右，幸详说之万一。

> 永乐十七年七月十三日
> 余千户、郭千户通事周笔③

---

① 《明太宗实录》，卷一九三，第2035—2036页，"永乐十五年十月乙酉"。
② 《明太宗实录》，卷一九九，第2077页，"永乐十六年四月乙巳"。
③ ［日］瑞溪周凤：《善邻国宝记》，卷中，第7a页，"应永二十六年"。

从这份文件能够看出，吕渊一行并未见到足利义持，而仅仅能与足利义持的使者古幢长老进行交涉，然而并不顺利。所谓向朱棣请罪的日使一行，其实也并非足利义持派出，因此，之后中日关系并未恢复也就说得通了。但《大明书》中说"日向州人"因为"无国王文书，不领"，《明太宗实录》则记载朱棣"特恕其罪，命行在礼部宴赉其使，遣还"①，两者仍旧存在一些目前尚无法解释的矛盾之处。

而足利义持的真正态度通过吕渊在永乐十七年（1419 年）再次出使日本时，他通过西容堂转达给吕渊等人的两道谕令能够充分反映出来，其一为：

> 谕大明使者：
>
> 征夷大将军某告元容西堂：今有大明国使臣来说两国往来之利，然而有大不可为者。本国开辟以来，百皆听神。神所不许，虽云细事，而不敢自施行也。顷年我先君惑于左右，不详肥官口辩之怨，猥通外国船信之问。自后神人不和，雨阳失序，先君寻亦殂落，其易箦之际，以册书誓诸神，永决外国之通问。孰辜先君告命而犯诸神宪章哉？去岁既命古幢长老往谕此意。今有使而至，盖前谕之未达也。又责以海岛人民数侵边围，是实我所不知也。今倘云止之，则前亦知而专之也。岂有人主教民为不善乎？何不思之甚也！虽然逋逃亡命或窜身于夐绝之海岛，时时出害边民者恐有之，当命沿海之吏制焉。西堂以此款款说之。
>
> 应永廿六年七月廿日②

其二为：

> 同君曰：夫与邻国通好，商贾往来，安边利民，非所欲乎？然而余之所以不肯接明朝使臣者，其亦有说。先君之得病也，卜云诸神为祟，故以奔走精祷。当是时也，灵神托人谓曰：我国自古不向外邦称臣。比者，变前圣王之为，受历受印而不却之，是乃所以招病也。于是先君大惧，誓乎明神，今

---

① 《明太宗实录》，卷一九九，第 2077 页，"永乐十六年四月乙巳"。

② ［日］瑞溪周凤：《善邻国宝记》，卷中，第 7b 页，"应永二十六年"。

后无受外国使命，因垂诫子孙，固守毋坠。其后僧使坚中（即坚中圭密，亦称圭密）与明朝行人偕来，余欲不接之，以其未以如上事谕使臣，亦为吊先君来，故违誓迎之。及乎使臣之归，令坚中为谕此意，不知未详通乎？去岁使船重来，亦使等持长老重传此，趣使臣归到本国，胡不以此意达尔主耶？

余所以不接使臣兼不遣一介者，非敢恃险阻不服也，顺明神之意，奉先君之命行事耳。昔元兵再来，舟师百万，皆无功而溺于海，所以者何？非唯人力，实神兵阴助以防御也。远闻是事，必为怪诞。古来吾国之神灵验，赫不恐乎？事详国史。

今闻将以使者不通为辞，用兵来伐，使我高深城池。我不要高我城，亦不要深我池，除路而迎之而已。至夫寇掠边围，则逋逃之徒窜于海岛之间者所为也。欲讨，电灭飚逝；师还，则乌合蚁聚，而不受吾命这，奚必带而来哉？

来书亦云使臣至中国，或拘留或杀戮，听尔所为。是何谓哉？吾不欲拘杀使臣，只要彼不来此不往，各保封疆。庄子曰：民至老死而不相往。若此之时，则至已不亦休。西堂以此意谕明朝行人，速回舟楫。幸甚！①

　　足利义持通过这两道由西容堂转给吕渊等人的谕令借明神和其父足利义满的名义表达了"永决外国之通问"，"我国自古不向外邦称臣"等要与明朝断绝联系的思想，要求两国"只要彼不来此不往，各保封疆"，同时就倭寇问题表了个态并回应了朱棣的战争威胁。因此，朱棣清楚再希望日本加以配合已不可能，要想消除倭患只能靠明朝自己了，而这一目标，最终是由明朝辽东总兵官、都督刘江实现的。这就是"望海埚大捷"。然而在刘江取得这次重要的胜利之前，朱棣已经对沿海防务进行了一系列工作，包括恢复洪武后期一度衰落的海上舰队巡逻并为海运船队提供专门舰队护卫，同时在沿海要地设立备倭寇都司。在漕运重地山东，朱棣更是给予特别关注。明廷一方面于永乐六年（1408年）在登州设立备倭都司，负责协调指挥山东地区的沿海防卫，都指挥王荣被任命为备倭都司首任主官，其后山东都指挥金事卫青此后长期统领山东备倭都司，永乐十八年（1420年），卫青率备倭军主动

① ［日］瑞溪周凤：《善邻国宝记》，卷中，第8a—8b页，"应永二十六年"。

参加镇压山东唐赛儿起义，他率军解安丘（今山东省安丘市）之围而立功。起义被镇压后，卫青因功升山东都指挥使并继续统领山东备倭都司直至明英宗正统元年（1436年）六月十三日于任上去世。另一方面，明廷于永乐二年（1404年）于山东半岛南部设立即墨营，于永乐七年（1409年）于山东半岛北部设立登州营。二营与宣德四年（1429年）设立的文登营并称山东半岛的"三营"，在宣德八年（1433年）明廷对三营职权进行调整前，三营一直遵循朱棣"不得分散势力"[①]的原则，在秋冬季，三营部队统一集中于登州操练备战，而在夏季倭寇侵扰高发时则回归本营执行战备任务。三营部队因此高度野战化并具有快速反应能力，对此后山东半岛沿海防卫体系的构建发挥了重要作用，这些都为明朝最终取得望海埚大捷打下了坚实的基础。

刘江自永乐八年（1410年）以来除了跟随朱棣北征外，长期镇守辽东。他除了要防备鞑靼与瓦剌的进犯并监视兀良哈三卫外，由于辽东临海，他的另一个任务就是防备倭寇。刘江镇守辽东以来，多次与来犯的倭寇作战，虽互有胜负，但始终不能重挫抢了就跑的倭寇。

永乐十六年（1418年）八月，刘江对辽东各岛倭寇经常出没之地进行巡视后发现"至金州卫金线岛西北望海埚上其地特高，可望老鹳嘴、金线、马雄诸岛，其旁可存千余兵守备"[②]，在询问当地人后他更得知"凡有寇至必先过此，实为滨海襟喉之地"[③]，于是刘江在这里筑城守备并立烟墩瞭望。

果然，次年——即永乐十七年（1419年），六月的一日，哨兵报告称望海埚东南王家山岛夜里有人举火，刘江估计是倭寇来了，于是加派步兵、骑兵上望海埚防备。次日，倭寇二千余人果然分乘三十一艘船登陆，向望海埚进发。刘江亲率诸将伏兵于望海埚外之山下，待倭寇围住望海埚城堡后，刘江伏兵尽起，都指挥钱真等人率骑兵截断倭寇的退路，都指挥徐刚等人率步兵向倭寇发起攻击。倭寇腹背受敌，大败逃入樱桃园空堡中，最终为明军全部歼灭，生擒103人，斩首1500余级，只有留守船只的400余倭寇侥幸逃回对马岛。

这次胜利令朱棣十分高兴，刘江随后被封为广宁伯，子孙世袭。刘江之前因

---

① 《明宣宗实录》，卷一〇六，第2368页，"宣德八年九月丙午"。

② 《明太宗实录》，卷二〇三，第2099页，"永乐十六年八月癸未"。

③ 《明太宗实录》，卷二〇三，第2099页，"永乐十六年八月癸未"。

代其父服兵役而冒用其父之名，此时也得以恢复其本名刘荣。而倭寇经此一役，元气大伤，长期不敢再为害辽东。此后虽仍不时有小股倭寇出没，但"为（刘）江所挫，敛迹不敢大为寇"[1]，倭患得以缓解。

另一个导致永乐年间明朝倭寇问题最终缓解的原因是朝鲜在明朝取得"望海埚大捷"的同一年发动"己亥东征"，征讨日本对马岛守护宗贞盛，以期达到肃清侵扰朝鲜的倭寇根源的目的。最终，对马岛主宗贞盛向朝鲜投降并请求停战，朝鲜也在接受投降后撤军。

明朝与朝鲜在同一年几乎同时进行的两场军事行动虽然并未有意配合，但在客观上却正好达成默契，结果使"中、朝两军的意外合作，给倭寇以沉重打击，彻底改变了十四、十五世纪之交东北亚的海上局势，对维护中、朝两国的海防安全都产生了深远影响"[2]。至于中日两国的关系，在经历了永乐年间短暂的高潮后，又恢复了往日若即若离的状态。

---

① ［清］谷应泰：《明史纪事本末》，卷五五，《沿海倭乱》。
② 张金奎：《明代山东海防研究》，第二章第二节，北京：中国社会科学出版社，2014年，第148页。

6. 帖木儿帝国与关西七卫

　　洪武二十年（1387 年）前后，朱元璋开始尝试与当时中亚的帖木儿帝国建立联系。洪武二十七年（1394 年），明朝的使臣带回了帖木儿致朱元璋的书信，不过这封信一年后才到达南京，信中内容十分谦卑：

　　　　恭惟大明大皇帝受天明命，统一四海，仁德洪布，恩养庶类，万国欣仰。咸知上天欲平治天下，特命皇帝出膺运数，为亿兆之主。光明广大，昭若天镜，无有远近，咸照临之。臣帖木儿僻在万里之外，恭闻圣德宽大，超越万古。自古所无之福，皇帝皆有之。所未服之国，皇帝皆服之。远方绝域，昏昧之地，皆清明之。老者无不安乐，少者无不长遂，善者无不蒙福，恶者无不知惧。今又特蒙施恩远国，凡商贾之来中国者，使观览都邑、城池，富贵雄壮，如出昏暗之中，忽睹天日，何幸如之。又承敕书恩抚劳问，使站驿相通，道路无壅，远国之人咸得其济。钦仰圣心，如照世之杯，使臣心中豁然光明。臣国中部落，闻兹德音，欢舞感戴。臣无以报恩，惟仰天祝颂圣寿福禄，如天地永永无极。[①]

　　如果从这封信的内容来进行分析，无疑两国关系是在朝着好的方向发展，而且帖木儿此时似乎并不在意以"进贡"的名义与明朝进行贸易。但是，关于帖木儿此时对明朝使臣的态度，却也存在截然相反的记载。当时就在帖木儿身边的西班牙使臣克拉维约所著《克拉维约东使记》中关于帖木儿对明朝使臣的态度记载与此完全不同：

　　　　卡斯提亚（即卡斯蒂利亚）国王命我们赍送之表文，现握于帖木儿手中，

---

　　① 张星烺编注、朱杰勤校订：《中西交通史料汇编》，第五册，《第十一章、明代中国与中亚之交通·一、撒马儿罕》，北京：中华书局，1977 年，第 197—198 页。

随员阿洛芳庇斯及通译一同近前，由阿洛芳庇斯读原文，通译在旁译出。读毕，帖木儿谓："将来需要再读一次时，仍将召阿洛芳庇斯前来，"等语，我们此时起立，有侍役引至帖木儿御座右方座位上。此座先为中国帝国之专使坐处，中国专使来此之使命乃向帖木儿催纳欠贡，帖木儿之左右原曾考虑到我们应坐之地位问题，近侍将我们排列在中国专使的下首。但帖木儿不愿我们坐在下首，命移坐上首。落座之后，有王公一人走向中国专使之前，传帖木儿之旨："帖木儿现与西班牙国王亲善，帖木儿待之如子。视中国专使如敌寇，为帖木儿之敌人，今日特引见西班牙使团于中国专使之前者，即以示帖木儿不悦中国之意。关于帖木儿与中国之交涉，应俟其恩典，不日将予解决。但今后中国无须再派人来此催索贡赋，因此种种，帖木儿已将对中国专使之恩赐宠遇，转赐与西班牙使者云。"王公传命之后，帖木儿又命通译将原文转译给我们听。①

无疑，这两段不同视角截然相反的记载为我们认识当时的真实情况造成了不小的困难。但却也不是完全没有头绪。为此，我们需要先分析一下帖木儿崛起的过程。

"跛子"帖木儿是一位野心勃勃的统治者，是一位突厥化的蒙古贵族。洪武三年（1370年），帖木儿推翻了西察合台汗国大汗忽辛，成为了西察合台汗国的统治者。随后，他开始连年征战，脚步遍及东察合台汗国、东伊朗、花剌子模等地，最终在14世纪末统一中亚，建立起了帖木儿帝国。但是，帖木儿这一崛起过程中最重要的事件并非发生在洪武后期，而恰恰是朱允炆在位的那四年。建文元年（1399年），帖木儿率军入侵小亚细亚，建文四年（1402年），帖木儿在安卡拉之战中战胜并俘获了当时颇为强盛的奥斯曼帝国的苏丹巴耶塞特一世，帖木儿帝国达到了他的极盛期。相对的，在洪武二十八年（1395年）前后，帖木儿正在谋划入侵印度、小亚细亚，实际上是无力东顾的。作为一名精明的外交家，帖木儿此时对明朝采取看起来谦卑的守势是合情合理的。至于他在西班牙使节前的刻意表演，我们也不必否认，因为从后来的情形来看，帖木儿确实对明朝并无好感。

---

① ［西班牙］罗伊·哥泽来兹·德·克拉维约著，［土耳其］奥玛·李查译，杨兆钧译：《克拉维约东使记·第十二章·撒马尔罕（一）》，北京：商务印书馆，1985年，第127页。

事实上，就在洪武二十八年（1395 年）的书信来到不久，两国关系就瞬间逆转了。朱元璋派去的第二批使臣傅安等人被帖木儿扣留，一去不回。洪武三十年（1397 年），朱元璋再派陈德文前去了解傅安的情况，结果同样一去不回。随着次年朱元璋驾崩，明朝国内爆发靖难之役，自然没人再关心与帖木儿帝国之间关系骤变的问题。直到四年后朱棣即位，此时帖木儿已经俨然成为了中亚霸主，两个国家终于再度碰撞。

朱棣即位后，向帖木儿帝国派出了一个使节团尝试恢复关系，其结果与洪武年间类似，没有回音。这一情况让朱棣对西北边境的局势颇为担忧。永乐元年（1403年）四月，朱棣以天象为由敕谕镇守甘肃的宋晟在守边时要特别警省，不要轻率。至于帖木儿，他在大破奥斯曼帝国后东归的途中就决定要东征明朝了。经过一年多准备，帖木儿在永乐二年（1404 年）底亲率大军二十万，踏上了远征明朝的征程。第二年二月，朱棣得知了这一消息，他立即敕谕甘肃总兵官、左都督宋晟：

> 回回倒兀言：撒马儿罕回回与别失八里沙迷查干王假道率兵东向。彼必未敢肆志如此，然边备常不可怠。昔唐太宗兵力方盛，而突厥径至渭桥，此可鉴也。宜练士马，谨斥堠，计粮储，预为之备。[①]

随后，朱棣为甘肃、宁夏两处补充了火药，进一步加强了宁夏的军事力量，认命了两名军事指挥官驻守延安，除此之外，朱棣还加强了对别失八里的招抚与对关西七卫的经营。就在朱棣为可能到来的战争做着准备之时，帖木儿已经在这年东征进至讹答刺（位于今哈萨克斯坦南哈萨克斯坦州奇姆肯特市阿雷思河与锡尔河交汇处）时病逝，这场声势浩大的东征行动最终无疾而终。

帖木儿的去世让他的帝国一时陷入了混乱之中。根据帖木儿的遗命，由他的长孙皮儿摩哈美德（Pir Mohammed）继承撒马儿罕汗位。皮儿摩哈美德为帖木儿长子哲汗吉儿（Jehanghir）之子。与此同时，帖木儿还将他的第四子沙哈鲁（Shah Rokh）封于哈烈（即赫拉特）。但是，帖木儿的这一安排在他去世后却没有得到切实执行。帖木儿前脚去世，他的三子米兰沙（Miran Shah）之子哈里（Khalil，也译为哈力尔、哈里勒）不遵遗命，篡位自立于撒马儿罕。但是哈里掌权时间也不长，

---

① 《明太宗实录》，卷三九，第 658—659 页，"永乐三年二月庚寅"。

仅仅四年就被曾经拥立他篡位的原帖木儿手下重要将领柯对达胡桑尼（Khodaidad Husseini）废黜，哈里被放逐到了别失八里（即所谓蒙古里斯坦）。直到永乐七年，胡桑尼被别失八里汗所杀，哈里才得以回国。然而此时撒马儿罕已经被沙哈鲁占领了。哈里最终没能复位，沙哈鲁在永乐七年重新完成了对全国的统一，迁都于哈烈，此后，帖木儿帝国在《明太宗实录》里的称呼就由"撒马儿罕"变为了"哈烈"。帖木儿帝国内部忙于争夺汗位，自然更谈不上东征明朝了。

相对的，帖木儿帝国的内乱却给朱棣提供了机会。哈里篡位之初，就感受到了他的叔叔沙哈鲁对他构成的强烈威胁。为了让自己不至于腹背受敌，他释放了傅安、郭骥等明朝使臣。傅安、郭骥被帖木儿扣留多年，在被扣留期间，帖木儿不仅将他们用来在西班牙使节面前演戏，还让人带他们在自己的帝国内游历，以夸耀自己国土的广大。当然，帖木儿想不到的是，这些明朝使臣竟然等到了回国的这一天，而他们在帖木儿帝国内游历时的所见所闻正好作为重要的情报被带回了。

就在傅安等人回国后不久，陈德文也回到了明朝。陈德文被扣留期间写成的一首《见雁怀友诗》流传到了现在：

> 上林书札为谁将？汉节苏卿忆帝乡。
> 万里承恩来房地，何年归觐列鹓行。
> 绣衣尘满关山杳，骢马星驰道路长。
> 此日云边看雁字，老怀无计附同窗。[1]

陈德文以汉朝被匈奴扣留的苏武自况，表达了自己不忘使命及对故国的思念，其风骨也得到了朱棣的尊重。大量的异域见闻、情报也令朱棣激动，同时也让他在今后与帖木儿帝国的交往中占到了先机。朱棣对傅安的返回及帖木儿帝国重新向明朝遣使感到非常高兴，傅安被任命为礼科给事中，他向朱棣详细汇报了帖木儿帝国的政局变动，使朱棣对这个中亚国家有了较为清晰的了解。而对于帖木儿帝国，朱棣仍旧将其视为自己的属国，他厚待哈里的使者并遣使前往帖木儿帝国祭奠帖木儿并赐予哈里玺书及银币，明朝与中亚开始恢复贸易。

傅安在回到明朝一年后于永乐六年（1408年）四月再度奉命出使帖木儿帝国赏

---

[1]　[明] 严从简:《殊域周咨录》，卷十五，《撒马儿罕》，第 484—485 页。

赐哈里，实际此时沙哈鲁已经控制了撒马儿罕，哈里复位的希望已经十分渺茫了。当傅安于次年六月回到明朝时，他不仅带回了沙哈鲁出于友好派遣的使臣，他带回的情报让朱棣在其后与帖木儿帝国的交往中占得了先机。第二年，沙哈鲁又向明朝派遣了一批使臣。

永乐八年（1410 年）二月，最终击败包括自己侄子在内的反对力量，再度统一全国的沙哈鲁向明朝遣使。虽然沙哈鲁此次遣使主要是贸易利益使然而并无任何臣服之意，但朱棣从去年傅安出使而带回的情报中了解了帖木儿帝国激烈的汗位斗争，他也知道，此时沙哈鲁虽然已经登上了汗位，但他国内此时的情况还不算完全安定，此时帖木儿帝国对明朝西北疆域的威胁可以说已经解除，而朱棣对帖木儿帝国的情报优势使他堂而皇之地以帖木儿帝国的宗主国自居并站在这一身份上分别向沙哈鲁和哈里等人发出敕谕，要求他们休兵并和睦相处。朱棣派遣的使臣白阿儿忻台等人在永乐九年（1408 年）抵达了哈烈，他们没有拘泥于明朝的礼仪，而是遵从帖木儿帝国的礼节，同沙哈鲁的臣子一样趋前持吻沙哈鲁的手，然后呈上朱棣给沙哈鲁的敕谕，内容为：

> 天生民而立君以长之，使各遂其生。朕统御天下，一视同仁，无间遐迩，屡尝遣使谕尔，尔能恭修职贡，抚辑尔民，安于西陲，朕甚嘉之。然比闻尔与侄哈里构兵相雠，朕为恻然。夫一家之亲，恩爱相厚，足制外侮。亲者尚形乖戾，疏者何得和同？自今宜休兵息，保全骨肉，共享和平之福。[1]

朱棣在通过靖难之役夺取自己侄子的皇位时，并没有顾及什么"夫一家之亲，恩爱相厚，足制外侮"，"保全骨肉，共享和平之福"，他此时对沙哈鲁等人说这种话，自然不是为了显示自己的高尚。在他看来，一个分裂的帖木儿帝国显然比一个统一的帖木儿帝国更能使明朝拥有安全感，而他给沙哈鲁反对者的敕谕也由于失去记载而让人充满遐想，虽然此时反对者的力量已经可以忽略不计了。不过，朱棣这道敕谕的总体语气仍旧是温和的。如果回看几年前两国还几乎兵戎相见，这仍旧是不容易的。朱棣利用自己情报上的优势压了沙哈鲁一头，但沙哈鲁对朱棣以自己的君主自居的做法并不以为然，他最终重新统一了帖木儿帝国，将首都由撒马儿罕迁

---

[1] 《明太宗实录》，卷一〇一，第 1316 页，"永乐八年二月丙午"。

往了赫拉特（位于今阿富汗西北部）。

另一方面，朱棣总体的态度固然是友好的，沙哈鲁方面的回馈也是温和的，他在白阿儿忻台出使后很快献给了朱棣狮子、西马、文豹等物。虽然这未必就是表示臣服的意思，但朱棣却可以堂而皇之地将之视为朝贡。

傅安、白阿儿忻台之后，中官李达承担了出使帖木儿帝国的任务，他至少五次奉命前往帖木儿帝国传达朱棣的意图，但与李达相比，在他五次出使时为他担任副手的陈诚则更为著名。陈诚曾在明太祖洪武二十九年（1396年）奉命前往今日新疆地区复立安定卫并出色地完成了任务。作为一位杰出而老练的外交官，陈诚不仅帮助李达顺利完成了出使任务，更将整个出使过程记录了下来，写成了《西域行程记》与《西域番国志》二书，成为了今人研究明初明朝与中亚各国关系的重要资料。

在陈诚的几次出使中，发生了朱棣、沙哈鲁两人交往中很重要而有趣的几件事。在永乐十二年（1414年）的第一次出使后，陈诚在永乐十四年（1416年）第二次出使帖木儿帝国，他此行的目的是向沙哈鲁传达朱棣建议两国永久友好并准许民间互相贸易的建议。这对于本身就在谋求贸易利益的沙哈鲁来说自然是求之不得的。不仅如此，此次陈诚还带去了大量礼品，其中包括一幅白马图，画的正是此前沙哈鲁献给朱棣的那匹。沙哈鲁见到后大喜过望，让自己的儿子乌格·拜格多次设宴招待陈诚一行。根据陈诚在《西域番国志》中的记载，沙哈鲁的打扮为"国主衣窄袖衣及贯头衫，戴小罩刺帽，以白布缠头，髯髪后髻。服色尚白，与国人同，国人皆称之曰锁鲁檀"[1]。陈诚十分准确地描绘了一位穆斯林的打扮及服色喜好，而所谓"锁鲁檀"，即我们如今翻译的"苏丹"。无论从哪方面来说，陈诚都是一位十分杰出、称职的使臣。完成了此次使命后，沙哈鲁又派遣使臣阿儿戴细儿塔瓦斯吉陪同陈诚返回明朝。不仅如此，沙哈鲁还亲自写了一封信给朱棣，劝朱棣"崇奉真主的旨意，皈依伊斯兰教"。朱棣当然不会皈依伊斯兰教，但太过生硬的答复也不利于两国关系。因此，朱棣的回信按照惯例以中文、波斯文、蒙古文三种文字写成，内容热情洋溢，但避开了宗教话题：

> 大明国大皇帝致书算端（即苏丹）沙哈鲁：
> 朕深悉天赋尔聪明善德，政行回邦，故人民丰富宴乐。尔聪敏才能，回

---

[1]　[明] 陈诚:《西域番国志·哈烈》，第65页。

邦之冠。克顺天命，敬勤所事，故能得天佑也。朕前遣爱迷而赛雷李达（即李达）等至尔国。李达等归报，蒙隆礼优待。尔使拜克不花（Beg Buka）等偕李达等归朝，并带来尔所献缟玛瑙、野猫、天方马等，朕皆检阅一过。尔之诚敬，朕已洞悉。西方为回教发源之地，自昔以产圣贤著名于四方。惟能超过尔者，恐无人也。朕承天命，爱育黎元。西域之人，来中国者，皆善为保护礼遇。相隔虽远，而亲爱愈密，心心相印，如镜对照。天岂有不乐人之相爱者乎。交友之道，礼让为先。不独如是，更有甚焉者也。朕今遣吴昌国（音译）等会同尔国使拜克不花等，携带菲礼鹰七头、文锦若干匹以赐尔。鹰乃朕常亲玩者也，不产中国，来自东海边，之为稀罕，彼人常进献于朕，故朕有鹰甚多。闻尔国无此，故择良者赐尔七头也。尔既雄猛，鹰即所以象德也。其为物也虽小，然用以表情则诚，尔其受之。愿自是以后，两国国交，日臻亲睦。信使商旅，可以来往无阻，两国臣民，共享安富太平之福也。朕望上天，更使尔我得知其慈善也。书不尽言。[①]

正是在朱棣与沙哈鲁双方的积极努力下，双方使节频繁往返并最终建立起了稳固的贸易关系，而且既然明朝与帖木儿帝国之间已不会再爆发战争，中亚黑水城（高昌）、吐鲁番、阿尔马雷克、养夷（今属哈萨克斯坦）、达失干、渴石（帖木儿诞生于此）、八答黑商、俺都淮等国也在其带动下纷纷与明朝展开贸易。而沙哈鲁在永乐年间最后一次遣使于永乐十九年（1421年）抵达北京，他们记载下了朱棣正式迁都这年北京新宫城三大殿被大火烧毁的事情，"几天后，在主马答第一月二十日（5月23日）宣布，已故皇后（徐皇后早已去世，疑为土贵妃）要在次日安葬。这天晚上，由于天意，碰巧发生大火，其起因是空中雷电击中了皇帝新建的宫室屋顶"[②]，这正是三大殿大火，而在这批使臣返回哈烈两年后，朱棣就驾崩了。随着朱棣的驾崩，明朝的外交政策全面转向保守，从西域而来的使臣数目也就急剧缩减，不复往日的辉煌了。

当然，明朝与帖木儿帝国之间关系发展还有一个副产品，这就是朱棣对西北地

---

① 张星烺编注、朱杰勤校订：《中西交通史料汇编》，第四册，北京：中华书局，1977年，第272—273页。

② 哈菲兹·阿卜鲁著，何高济译：《沙哈鲁遣使中国记》，北京：中华书局，1981年第134页。

区的进一步开拓。为了经营西北从而实现与西域的稳定沟通及对抗蒙古，朱棣在明朝西北先后设置了七个卫所，它们分别是哈密卫、安定卫、曲先卫、阿端卫、沙州卫、赤斤卫与罕东卫，因均在嘉峪关以西，故也合称"关西七卫"。

朱棣最初注意到西北应当正是因为帖木儿东征。虽然由于永乐三年（1405 年）帖木儿病逝征途使得这次东征无疾而终，帖木儿的继承人哈里也改变了其祖父的扩张政策转而寻求与明朝建立和平友好的贸易关系，但这无疑还是给了朱棣一个警示，让他察觉到了在西北构建一道屏障的重要性。

哈密卫是朱棣经略西北的重中之重。朱棣与哈密恢复关系的努力可以早至永乐元年（1403 年），是年，朱棣派遣使臣亦卜刺金等前往哈密（位于今新疆哈密）招抚哈密首领安克帖木儿，双方在十一月恢复了马匹贸易，哈密恢复定期向明朝贡马。

永乐二年（1404 年）六月，朱棣正式册封安克帖木儿为忠顺王，这是安克帖木儿主动向明朝请求册封的结果。至此，朱棣在朱元璋于洪武十三年（1380 年）册封哈密后再度将哈密纳入了明朝的控制，哈密成为明廷的羁縻国。其后，双方关系日益密切，哈密开始定期来朝，哈密不仅忠诚地充当明朝与帖木儿帝国之间的屏障，还为朱棣提供蒙古的各种情报以利明朝作出相应的应对策略。

安克帖木儿与明朝日益友好的关系引起了鞑靼首领鬼力赤的极度不安。永乐三年（1405 年）三月，安克帖木儿被鬼力赤下毒害死，这对朱棣来说无疑是一个挫折。但朱棣敏锐地抓住了这个时机，利用安克帖木儿死后无嗣，朱棣支持安克帖木儿兄长的儿子、自幼为明朝俘虏的脱脱前往哈密承袭了忠顺王，虽然朱棣也寻求了在哈密的脱脱祖母速哥失里的支持，但扶持这样一位自幼为明廷俘虏的王子回去继承王位，无疑显示了明廷对哈密的控制力和积极介入的政策。

随着明朝与帖木儿帝国贸易关系的稳定及帖木儿帝国由于内部权力斗争而无力东征，朱棣经营西北的目的由阻遏帖木儿帝国优先逐步演变为对抗蒙古优先。关西七卫本身也是当初蒙古帝国的势力，对他们实行有效的笼络与控制对明廷削弱鞑靼与瓦剌是十分有利的。

然而在永乐四年（1406 年）正月，忠顺王脱脱因内部政变为其祖母速哥失里驱逐。这次政变很难说背后没有鞑靼施加的影响。面对这一局面，朱棣表现得十分沉着。首先，朱棣给予了哈密一道明确的敕谕，表示：

……。朕念此事，初非出汝本心，故特敕往谕尔等，宜即归脱脱，俾复其位，尔等尽心赞辅之，善事祖母，孝敬如初，则尔哈密之人亦永享太平之福于无穷。[1]

不过朱棣也十分清楚此时不宜与整个哈密硬碰硬，因此，他充分利用了哈密的现状，相反的在永乐四年（1406 年）三月，朱棣正式设立哈密卫，以其头目、当时哈密的实际掌权者马哈麻火者等为指挥乃至千百户，给予他们印信。不仅如此，朱棣还以周安为忠顺王长史，刘行为纪善，"以辅脱脱"[2]。这一措施不仅为朱棣在其后让脱脱复位打下了基础，汉官在哈密任职也对日后哈密卫的稳定与明廷对哈密卫的有效控制大有裨益。

五月，忠顺王脱脱祖母速哥失里并哈密卫大小头目终于向明廷上表谢罪，脱脱得以复位。朱棣化祸为福，展现了自己不凡的政治智慧。而这次事件还让安克帖木儿被下毒事件的凶手浮出了水面。永乐五年（1407 年），脱脱平定了内部叛乱，朱棣应邀派军队帮助脱脱守卫哈密，明廷的军事力量得以进入哈密，而安克帖木儿的妻子却在此时逃走依附鞑靼鬼力赤。这让人终于能清楚地看出安克帖木儿的妻子很有可能就是下毒害死安克帖木儿之人或者至少是此次事件的参与者，因为只有与安克帖木儿如此亲近的人才有能力做到向安克帖木儿下毒之事，此时事泄，她遂逃归鬼力赤。

永乐八年（1410 年）十一月，脱脱暴卒，朱棣以都指挥哈剌哈纳为都指挥金事镇守哈密，之后又以脱脱从弟免力帖木儿为忠义王。此后，哈密卫在明朝的控制下走上了稳定的发展道路，哈密国王为哈密卫最高长官，指挥使掌兵权，另有汉官长史。朱棣之后，随着明朝政策日趋保守，哈密卫不断受到兴起的吐鲁番汗国的蚕食，最终于明武宗正德年间，哈密卫完全被吐鲁番汗国吞并，明军至此完全退守嘉峪关。

哈密卫对明廷经略西北十分重要，但朱棣并非仅仅依靠哈密卫。位于今新疆的安定卫设立于明太祖洪武三年（1370 年）。洪武八年（1375 年），安定卫首领、前蒙古亲王卜烟帖木儿正式被明太祖册封为安定王，他不仅管理安定卫，还节制相邻的阿端卫。然而至洪武十年（1377 年），由于安定卫内部的权力倾轧，其部众衰

---

① 《明太宗实录》，卷五〇，第 759 页，"永乐四年正月辛酉"。
② 《明太宗实录》，卷五二，第 787 页，"永乐四年三月丁巳"。

落。洪武二十五年（1392 年），蓝玉西征，再度与安定卫恢复了联系。因此，洪武二十九年（1396 年），陈诚奉命前往复立安定卫，这是这位日后被朱棣派遣出使西域的著名使臣的第一次表现。陈诚复立的安定卫位于今新疆天山南麓一带，东与罕东卫相邻，北与沙州卫相近，南与乌思藏相接。

朱棣即位后，仍旧与安定卫保持了稳定的关系。永乐二年（1404 年）三月，安定卫如期前来朝见，这时安定卫的首领叫哈三，他与明廷建立的稳定的马匹贸易贯穿了整个永乐朝。永乐四年（1406 年），安定卫在得到明廷许可后迁居至今日塔里木盆地西端的苦儿丁。此后，朱棣与安定卫建立起了更为密切的关系，安定卫成为明朝使臣出使帖木儿帝国的重要中转站，陈诚于永乐十二年（1414 年）、永乐十四年（1416 年）、永乐十八年（1420 年）三度出使帖木儿帝国，均以安定卫为驻节地。朱棣去世后，随着明朝政策向保守转变，至明孝宗弘治三年（1499 年），安定卫为蒙古劫掠，部众散亡，其卫遂废。

相比于安定卫，阿端卫在洪武十年（1377 年）与明朝失去联系后，直至永乐四年（1406 年）冬，其酋长小薛忽鲁札来朝才得以再度与明朝建立起联系，他被任命为指挥金事，阿端卫复卫。然而，弱小的阿端卫在朱棣的皇太子朱高炽即位为明仁宗后的洪熙元年（1425 年）前后被更为强大的曲先卫同化。

曲先卫初设于明太祖洪武七年（1374 年）至洪武九年（1376 年）间，后一度并入安定卫。永乐四年（1406 年），朱棣以吐鲁番频繁骚扰安定，决定仍分安定、曲先为二，在药王淮（近朵斯库勒湖西南）复设曲先卫。之后，曲先卫与明廷建立起了稳定的朝贡关系。

朱棣之后，曲先卫由于与吐鲁番长期的战争最终迁往今青海地区，明武宗正德七年（1512 年），曲先卫被蒙古亦不剌所摧毁，其卫遂废。安定、阿端、曲先三卫所在地区长期被明朝合称为"撒里畏兀儿"，这或许也从另一个角度反映了三卫分分合合、错综复杂的关系。

永乐三年（1405 年）十月，朱棣"设沙州卫，以归附头目困即来买住一人为指挥使，给赐印诰、冠带、袭衣。沙州卫与赤斤卫接境云"[①]，沙州卫正式设立，它位于今日敦煌地区。永乐八年（1410 年），困即来买住又被升任都指挥金事，朱棣还复建阳关与红山关。其后沙州卫长期充当明朝通向西域的门户并帮助明朝对抗蒙古

---

① 《明太宗实录》，卷四七，第 720—721 页，"永乐三年十月癸酉"。

的劫掠。永乐之后，面对蒙古与哈密日益升高的威胁与环境的恶化，沙州卫最终在正统九年（1444年）内迁甘肃甘州（治所位于今甘肃省张掖市），失去了作为西北边卫的作用，而沙州乃为罕东卫所占据。

罕东卫设立于洪武三十年（1397年），位于嘉峪关西南，在赤斤卫以南，其酋长锁南吉剌思被明太祖任命为指挥佥事。永乐元年（1403年），他又被朱棣升任指挥使，与明廷建立了稳定的朝贡关系。但罕东卫与安定卫之间的冲突一度让朱棣颇为恼火，永乐十六年（1418年），朱棣甚至专门派遣中官邓诚出使罕东卫以调解其与安定卫之间的冲突。永乐之后，随着沙州卫的内迁，罕东卫占据沙州，成为东罕东卫。其后随着关西七卫其他卫所的陆续废弃，东罕东卫最终也在明武宗正德十一年（1516年）后中断了与明朝的朝贡关系。

位于罕东卫以北，今日玉门地区的赤斤卫又称赤斤蒙古卫，它是关西七卫中位置最靠东的。朱棣在永乐二年（1404年）九月设立赤斤蒙古千户所，以其首领塔力尼为千户。永乐八年（1410年），朱棣升赤斤为卫，塔力尼被升任指挥佥事。永乐十年（1412年），塔力尼因接纳从明朝叛逃的蒙古首领老的罕而一度与明朝关系紧张，但在朱棣派遣杨荣前往甘肃与时任甘肃总兵官丰城侯李彬共同经略下，塔力尼最终擒获老的罕献给朱棣，获升为指挥同知。赤斤卫长期为明朝提供优良马匹。朱棣去世后，赤斤卫在哈密与吐鲁番长期的打击下日趋衰落，最终在明武宗正德八年（1513年）被吐鲁番彻底摧毁。

纵观明朝关西七卫，只有在朱棣这样一个积极的时期能够稳定的存在。朱棣的继承人采取日趋保守的政策使关西七卫陆续东迁、废弃。明孝宗最后一度恢复哈密卫后，至明武宗时期，吐鲁番最终占据原来关西七卫之地，明朝只能转而对吐鲁番采取消极的"闭关绝贡"政策。

7. 怀柔远人与郑和下西洋

郑和下西洋作为明朝永乐年间海外探索的一项壮举，长期为后人所研究。首先，西洋乃是相对于东洋而言，在明朝永乐年间郑和所下的西洋是指交阯（今越南北部）、真腊（今柬埔寨）、暹罗（今泰国）以西，包括如今马来半岛、苏门答腊、爪哇、小巽他群岛，及至印度、波斯、阿拉伯在内的国度与海洋，可以说包括了如今南中国海及印度洋地区的众多国度，郑和对这些地区进行的访问在明朝可谓是空前绝后的。不过除了郑和下西洋的具体过程外，还有一个人们十分关心的问题，就是朱棣为什么要派郑和下西洋？郑和下西洋的目的何在？这首先需要认识一下郑和其人。

郑和，原姓马，为云南昆阳（今晋宁昆阳）人，生于明朝洪武四年（1371年），为家中次子。根据李至刚在永乐三年（1405年）撰写的《故马公墓志铭》记载，郑和父亲"公字哈只，姓马氏，世为云南昆阳州人"，"娶温氏，有妇德。子男二人，长文铭，次和"。洪武十三年（1381年）冬，明军平定云南，10岁的郑和被明军副统帅蓝玉掠走。作为幼童的他在南京被阉割后送入了朱棣的燕王府服侍当时还是燕王的朱棣，"和自幼有材志，事今天子，赐姓郑，为内官太监"。[1]不过跟随朱棣与赐姓并非同时进行的，根据《郑和年谱》记载，"公和始事于永乐二年正月初一，御书郑字，以为姓，乃名郑和，选为内官监太监"。[2]在后来的靖难之役中，郑和为朱棣立下战功，由此益得朱棣信任。朱棣即位后，郑和先于永乐元年（1403年）被重臣姚广孝收为弟子并取法名福吉祥，永乐二年（1404年）又被朱棣赐名郑和并被任命为当时的内官衙门之首的内官监太监，品秩正四品，深受朱棣信赖。另外，郑和还曾于永乐初年出使暹罗等国，积累了一定的外交经验。

此外，关于朱棣选择郑和的原因中还有一个重要的问题，这就是郑和的宗教信仰。虽然《泉州灵山回教先贤墓行香碑》将郑和归为回教徒，《西安府志》也记载

---

[1]　郑鹤声、郑一钧编：《郑和下西洋资料汇编》上册，《故马公墓志铭》，山东：齐鲁书社，1980年，第8页。

[2]　郑鹤声、郑一钧编：《郑和下西洋资料汇编》上册，《郑和年谱·郑和三使西洋事条》，山东：齐鲁书社，1980年，第2页。

郑和在永乐十一年（1413 年）重修了县东北的清真寺，但是我们并不能因此就单纯化郑和的宗教信仰。事实上，郑和对佛教、道教都或多或少有所信仰，甚至他对这两者的信仰比对回教还要更为明显。佛教方面，因为他曾作为姚广孝的徒弟，这就让他与佛教有了不可切断的联系，姚广孝在为刊印《佛说摩利支天经》所写《题记》中写道："今菩萨戒弟子郑和，法名福善，施财命工部刊印流通，其所得胜报，非言可尽矣"①，可见，郑和不仅是姚广孝的徒弟，还受了戒并出资让工部刊印佛经，显然对佛教已有较为深入的信仰。关于郑和出资刊印佛经的记载也并不仅有姚广孝一条，郑和自己在为《优婆塞戒经》所写的《题记》中有一段自述：

> 大明国奉佛信官内官太监郑和，法名速南吒释，即福吉祥。切念生逢盛世，幸遇明时，谢天地覆载，日月照临，感皇上厚德，父母生成。累蒙圣恩，前往西洋等处公干，率领官军宝船，经由海洋，托赖佛天护持，往回有庆，经置无虞。常怀报答之心，于是施财，陆续印造大藏尊经，舍入名山，流通诵读。伏愿皇图永久，帝道遐昌。凡奉命于四方，常叩恩于庇佑。次冀身安心乐，福广寿长，忏除曩劫之供，永享现生之福。出入起居，吉祥如意。四恩等报，三有齐资，法界群生，同成善果。今开陆续成造大藏尊经，计一十藏。②

郑和这段自述将他源自姚广孝的佛教信仰表露无遗，他自称"大明国奉佛信官内官太监郑和"，甚至将自己下西洋能够平安往返归之于"托赖佛天护持，往回有庆，经置无虞"。而在《大藏经》印成后，郑和又将之舍于故乡云南五华寺长期供养，表现了虔诚的将佛教经典在云南进一步推广的感情。郑和甚至在下西洋过程中也不忘宣传佛教，《布施锡兰山佛寺碑》开篇即为"大明皇帝遣太监郑和、王贵通等，昭告于佛世尊曰"③，可见因为郑和是回教徒因此派他出使国家大多信奉伊斯兰教的东南亚国家的说法并不是全无漏洞的。

---

① 郑鹤声、郑一钧编：《郑和下西洋资料汇编》上册，《姚广孝题记〈佛说摩利支天经〉》，山东：齐鲁书社，1980 年，第 34 页。

② 郑鹤声、郑一钧编：《郑和下西洋资料汇编》上册，《〈优婆塞戒经〉卷七后刻郑和〈题记〉》，山东：齐鲁书社，1980 年，第 35 页。

③ 郑鹤声、郑一钧编：《郑和下西洋资料汇编》上册，《布施锡兰山佛寺碑》，山东：齐鲁书社，1980 年，第 37 页。

不过，即便郑和对佛教表现出了如此虔诚的信仰，这也不是他唯一的宗教信仰，郑和《天妃灵应之记》《娄东刘家港天妃宫官石刻通番事迹碑》中的这位天妃就是一位与出海平安有关的道教人物，因此，郑和对道教多少也有些涉及，这除了可以说他本人因为长期出海的原因对这位道教神仙有一定信仰外，姚广孝本人杂家的属性或许也是原因之一。总的来说，郑和宗教信仰上的表现是多样化的，以偏概全是不能解决问题的，回教信仰也不是朱棣选择他出使西洋的根本原因。

朱棣选定郑和这样一位有外交经验的自己的亲信太监出使西洋显然是经过了仔细考虑，由此我们也能清楚感知到郑和下西洋背后的政治目的，关于郑和下西洋的目的，清修《明史》中的记载非常著名，即：

> 成祖（即朱棣）疑惠帝（即朱允炆）亡海外，欲踪迹之，且欲耀兵异域，示中国富强。[①]

按照《明史》的说法，朱棣之所以派遣郑和下西洋，乃是因为怀疑朱允炆逃往了海外，希望寻找他，同时向海外诸国宣示明朝的强盛。

将郑和下西洋的目的归结为单纯的寻找朱允炆似乎太过小题大做，难以服人，而且寻找朱允炆这样一个敏感人物，本应像胡濙那样秘密进行，如此声势浩大，也不合理。然而《明史》的说法也并非是毫无根据，郑和下西洋的目的确实与朱允炆有一定关系，只是并非是为了寻找他。说他与朱允炆有关，很直接的一条证据就是郑和六下西洋后，朱棣于永乐二十一年（1423 年）从胡濙口中得知了朱允炆确切的不会再为患的消息后，郑和下西洋的活动也停止了，郑和第七次，也是最后一次下西洋是在朱棣之孙朱瞻基在位的宣德年间进行的。这并不能简单地看成是一个巧合，郑和下西洋必定和朱允炆有关，因此朱棣在得知朱允炆不会再威胁自己后也就没有必要再派郑和下西洋了。

不过郑和下西洋的目的并不是寻找朱允炆，其真正的目的从朱棣于永乐七年（1409 年）三月通过郑和给海外诸国的一道敕谕中可以看出一些：

> 皇帝敕谕四方海外诸番王及头目人等：

[①]　[清] 张廷玉等：《明史》，卷 314，《宦官一》。

朕承天命，君主天下，一体上帝之心，施恩布德。凡覆载之内，日月所照，霜露所濡之处，其人民老少，皆欲使之遂其生业，不致失所。今遣郑和赍敕普谕朕意。尔等祇顺天道，恪守朕言，循礼安分，勿得违越，不可欺寡，不可凌弱，庶几共享太平之福。若有撹诚来朝，咸锡皆赏。故兹敕谕，悉使闻知！

永乐七年三月 日 ①

朱棣在敕谕中十分明确地阐述了他派遣郑和下西洋是为了让海外诸国"祇顺天道，恪守朕言，循礼安分，勿得违越"，并且"若有撹诚来朝，咸锡皆赏"。意思很明显，朱棣是希望通过郑和下西洋让海外诸国安分守己并奉明朝为正朔、向朱棣进贡，朱棣以此获得海外诸国的承认，从而实现他万国来朝、为四海君主的理想，而海外诸国也可借此从明朝获取巨大的商业利益。当然，在实现这一目的同时，朱棣也实现了自己的另一个隐蔽的目的——在海外消除朱允炆的影响，或者说，确保朱允炆不会在海外作乱。这就是郑和下西洋与朱允炆相关的部分。

朱允炆是否活着并逃到了海外其实并不重要，他通过明太祖合法继承人身份而产生的号召力才是真正具有威胁性的，也是朱棣真正担心的。因此，朱棣派遣郑和下西洋使海外诸国向朱棣朝贡并从而建立起相对稳定的朝贡关系。海外诸国既然已经因为利益的吸引而承认了朱棣，朱允炆对他们自然就没有吸引力了，他在海外的影响力自然也就被削弱乃至消除了，只要朱允炆在政治上成了一个死人，那么他即使还活着也无法再对朱棣构成威胁了。

正是在这样多重的目的下，郑和开始了他在永乐年间的六下西洋之旅并留下了众多的传奇。郑和一下西洋的出发时间是在永乐三年六月十五日，公元 1405 年 7 月 11 日。关于郑和出发的记载，《明太宗实录》的记载极其简略：

遣中官郑和等赍敕往谕西洋诸国并赐诸国王金织文绮、彩绢各有差。②

---

① 郑鹤声、郑一钧编：《郑和下西洋资料汇编》中册，《郑和家谱·敕谕海外诸番国条》，山东：齐鲁书社，1980 年，第 851—852 页。

② 《明太宗实录》，卷四三，第 685 页，"永乐三年六月己卯"。

关于此次航行的人员配备及船队装备情况，永乐三年这次出使因为是试验性的第一次，第一手的准确记载很难寻找。有一个广泛流传的二万七千人的数字，但这一数字的两个可靠出处说的都不是永乐三年这次出航。马欢在《瀛涯胜览》中记载的是永乐十一年（1413年）第四次下西洋的人员情况，"计下西洋官校、旗军、勇士、力士、通士[事]、民稍、买办、书手，通共计二万七千六百七十员名"[①]。马欢在永乐十一年（1413年）、永乐十九年（1421年）、宣德六年（1431年）三次以通事身份跟随郑和下西洋，这份文稿则是在永乐十四年（1416年）他第一次跟随郑和回国后写成的，因此其记载应当是可靠的。有趣的是，费信在《星槎胜览》中对永乐七年（1409年）第三次下西洋的人员记载同样是二万七千人，作者费信也确实跟随郑和在永乐七年出航，因此也没有理由怀疑他的记载。因此，朱棣为郑和组建的团队的成员数目很有可能是相对恒定的，即始终维持在二万多人。关于这一点，用在永乐三年第一次下西洋上也不是没有痕迹可以寻找。《明太宗实录》记载船队永乐五年归来后接受赏赐的情况可以让我们一窥第一次船队的人员配置：

> 赏使西洋官军旧港擒贼有功者，指挥钞一百锭、彩币四表里，千户钞八十锭、彩币三表里，百户、所镇抚钞六十锭、彩币二表里，医士、番火长钞五十锭、彩币一表里，校尉钞五十锭、棉布三匹，旗军、通事、军伴以下钞布有差。[②]

《明太宗实录》中提到的"指挥"、"百户"、"所镇抚"、"医士"、"旗军"等职位几乎都出现在了《瀛涯胜览》的人员记载中，而每一个职位下的人员配备则是相对固定的，因此说郑和船队的人员数目相对恒定，永乐三年亦是如此并非全无根据。正是在这样的背景下，郑和从苏州刘家港起航，开始了自己一下西洋的旅程。

郑和七次下西洋究竟到了哪些地方，他在后来的《天妃灵应记》中有一段总结：

> 皇明混一海宇，超三代而轶汉唐，际天极地，罔不臣妾。其西域之西，迤北之北，固远矣，而程途可计。若海外诸番，实为退壤，皆捧琛执贽，重

---

① [明]马欢：《瀛涯胜览》，第5页，"宝船与人员"。

② 《明太宗实录》，卷七一，第999页，"永乐五年九月己卯"。

译来朝。皇上嘉其忠诚，命和等统率官校、旗军数万人，乘巨舶百余艘，赍币往赉之，所以宣德化而柔远人也。自永乐三年奉使西洋，迨今七次，所历番国，由占城国、爪哇国、三佛齐国、暹罗国，直逾南天竺、锡兰山国、古里国、柯枝国，抵于西域忽鲁谟斯国、阿丹国、木骨都束国，大小凡三十余国，涉沧溟十万余里。[1]

这段话里提到了很多国名，不把他们和现今的国家、地区对应起来，我们很难形成一个明确的地理概念。因此，笔者将《天妃灵应记》中提到的国家与如今国家、地区对照列成下表，其他涉及国家情况在正文中再补充：

明代国名	今日国家、地区
占城国	今越南南部沿海地区，其始终自号"占婆"，唐末中国始称其"占城"，后代沿用。
爪哇国	今印度尼西亚爪哇岛，"古阇婆国"。
三佛齐国	即《瀛涯胜览》中的"旧港国"，今印度尼西亚苏门答腊岛巨港，朱棣在这里设立了"旧港宣慰司"。
暹罗国	今泰国。
满剌加国	今马来西亚马六甲。
南天竺	今印度南部。
锡兰山国	今斯里兰卡，为印度半岛南端印度洋中的一个岛国。
古里国	今印度南部西海岸喀拉拉邦的卡利卡特。
柯枝国	今印度南部西海岸的科钦。
西域忽鲁谟斯国	今属伊朗，位于阿曼湾与波斯湾之间霍尔木兹海峡中格仕姆岛东部的霍尔木兹岛。
阿丹国	今阿拉伯半岛也门首都亚丁。
木骨都束国	今非洲索马里首都摩加迪沙。

郑和一下西洋到访了占城、爪哇、旧港、暹罗、满剌加、柯枝、古里、黎代、

---

① 北京图书馆金石组编：《北京图书馆藏中国历代石刻拓本汇编》，河南：中州古籍出版社，1989年，第51册，第65页，《天妃灵应记》。

南渤泥（今苏门答腊南巫里）、榜葛剌（今孟加拉）、天方（今麦加）等一系列国度，于永乐五年九月初二日，公元 1407 年 10 月 2 日返回明朝。

关于郑和一下西洋，明朝嘉靖时人顾起元将之誉为与西汉张骞凿空西域、明朝永乐同时代陈诚出使西域同样伟大的事情，同时顾起元也认为朱棣之所以派遣郑和下西洋并不单纯只是希望得到海外的珍宝而是有更深的含义，而从郑和此次航行的情况来看也确实如此。

为了保证航行的安全，郑和船队是有武装的，但在爪哇还是因为爪哇的内部纷争对郑和船队造成了误伤。虽然郑和保持了克制，但爪哇方面十分惊恐，其西王、东王很快向明朝入贡谢罪，朱棣虽然斥责爪哇并要其纳金赎罪，但最终还是宽容了爪哇。与爪哇相应，地处海路要冲的满剌加不仅向明朝入贡，还求来了朱棣亲自为其撰写镇国山碑，满剌加的臣服可以说确保了此后明朝船队的海路畅通，而渤泥（今文莱）、苏门答剌（今苏门答腊）、古里等国的来朝不仅为双方带来了巨大的商业利益，也让朱棣体会到了切实的万国来朝的荣耀感，朱棣为了容纳更多来使而扩建会同馆正是在这之后。但在郑和这次航行中最重要的一件事还当属剿灭了旧港的海盗头目陈祖义，陈祖义的覆灭消除了明朝设立旧港宣慰司的最后一道障碍。

明朝与旧港一直有所联系。永乐三年（1405 年），旧港华人领袖梁道明就在朱棣的招抚下回到明朝与妻子儿女团聚。在梁道明回国后，施进卿成为了旧港华人的领袖，他仍旧与明朝保持着联系并在永乐四年（1406 年）七月遣人来朝，但由于陈祖义的存在，施进卿始终受到掣肘，进贡也是以两人共同的名义进行的。当郑和航行至旧港时，终于能够解决这一问题了。郑和最初打算和平招抚陈祖义，孰料陈祖义打算通过诈降劫掠郑和船队，郑和识破其伎俩，将计就计，大破陈祖义，"杀贼党五千余人，烧贼船十艘，获其七艘及伪铜印二颗，生擒（陈）祖义等三人"[①]，郑和后来在《天妃灵应之记》里总结说"永乐三年，统领舟师，至古里等国。时海寇陈祖义，聚众三佛齐国，劫掠番商，亦来犯我舟师，即有神兵阴助，一鼓而殄灭之，至五年回"。郑和将胜利归之于"神兵阴助"显然是过谦了，从后来郑和在锡兰山国作战的情况我们就能够明白，此战之所以能胜利，根源在于郑和对局势的准确判断与杰出的军事指挥才能。

陈祖义等三人被带回南京后，朱棣下令将三人全部处斩，同行来到明朝的苏门

---

① 《明太宗实录》，卷七一，第 987 页，"永乐五年九月壬子"。

答剌、古里、满剌加等国的使者则受到了丰厚的赏赐，朱棣这一做法进一步促进了海外诸国陆续来朝。更为重要的是，陈祖义覆灭后，施进卿于永乐五年（1407年）九月初八日遣使入贡，朱棣遂正式设立旧港宣慰司，施进卿被任命为宣慰使，朱棣赐给施进卿印诰、冠带，旧港由此成为了明朝最南方的领土。虽然施进卿出于切身利益的考虑仍旧服属爪哇，但朱棣仍旧由此拥有了一个稳定的海外据点。施进卿去世后，他的子孙仍旧承袭了宣慰使的职务，直到永乐之后随着明朝政策日趋保守，旧港向明朝进贡的次数也就越来越少了。

在一下西洋取得巨大成功后，朱棣再接再厉，就在永乐五年（1407年）郑和返回这年立即又派他二下西洋，第二次下西洋同样耗时两年，在永乐七年（1409年）回到明朝。而朱棣显然来了兴致，朱棣在永乐七年返回当年又受命第三度出航了。

无疑，郑和的二、三两次下西洋，行程更远，也为朱棣带来了更多的荣耀。但更值得一提的一件事，乃是郑和在第三次下西洋时与锡兰山国发生的冲突。

当郑和航行至锡兰山时，其国王亚烈苦奈儿不仅对郑和"侮慢不敬"[1]，甚至欲加害郑和，郑和察觉后立即离开了锡兰山，并没有动武。郑和此时的处理与他一下西洋时在爪哇采取的克制态度如出一辙，可以说是保持了虽然实力雄厚但绝不主动寻衅的和平态度。《明太宗实录》在记载郑和离开锡兰山继续航行后记述锡兰山国王亚烈苦奈儿"又不辑睦邻国，屡邀劫其往来使臣，诸番皆苦之"[2]，其后则是"及和归，复经锡兰山"[3]。这一段记载可以说透露了很多信息，本不欲为难锡兰山的郑和很可能在其后的航行中从其他国家那里得知了锡兰山积极扩张自己地区影响力的做法，他们可能进一步向郑和寻求帮助，这些情报让郑和意识到锡兰山已经成为影响明朝在东南亚进一步扩张影响力并促使东南亚国家向明朝进贡的障碍，这种损害明朝利益的行为是郑和无法容忍的，这与爪哇的误伤完全不同。另外，自己若在此时对这些国家施以援手，无疑可以进一步加快促使他们臣服于明朝。结合锡兰山国王此前对自己的无礼，于是郑和决定在回程途中专程再至锡兰山解决这个国家桀骜不驯的问题。如此，《明太宗实录》中相对散乱的记载在逻辑上也就通顺了。

面对再度来到自己国家的郑和，亚烈苦奈儿决定采取绑架的策略，他将郑和及

---

① 《明太宗实录》，卷一一六，第1477—1478页，"永乐九年六月乙巳"。

② 《明太宗实录》，卷一一六，第1477—1478页，"永乐九年六月乙巳"。

③ 《明太宗实录》，卷一一六，第1477—1478页，"永乐九年六月乙巳"。

其一部分护卫队迎至国内，郑和此时或许也希望不动武就能解决这一问题，因此他没有拒绝，率领自己的一部分护卫队进入了锡兰山。但亚烈苦奈儿却让其子纳颜向郑和索取金银宝物，为郑和拒绝后，亚烈苦奈儿发兵五万余向郑和船队发起抢劫，同时"伐木拒险，绝（郑）和归路，使不得相援"[1]，这显然是希望以郑和为人质迫使郑和船队就范。深谙军旅的郑和察觉了亚烈苦奈儿的阴谋，于是立即领军返回船队，当他发现归路被锡兰山军队阻断后，郑和知道冲突已不可避免，他清晰地分析了局势，认为：

> 贼大众既出，国中必虚，且谓我客军孤怯，不能有为，出其不意攻之，可以得志。[2]

于是郑和一面派人潜回船队要明军"尽死力拒之"[3]，一面亲自领军两千急攻锡兰山国王亚烈苦奈儿所在的土城，一举破城，生擒亚烈苦奈儿。其后进攻郑和船队的锡兰山军队返回救援，也为郑和击败。郑和后来在《天妃灵应之记》中这样叙述他在锡兰山国的战斗："永乐七年，统领舟师，往前各国，道经锡兰山国，其主亚烈苦奈儿负固不恭，谋害舟师，赖神显应知觉，遂生擒其王，至九年归献，寻蒙恩宥，俾归本国。"虽然郑和将战斗的胜利归之于神灵，但费信显然不这么认为，他在《星槎胜览》中对郑和的军事指挥才能赞不绝口，在叙述锡兰山之战时他这么说：

> 其王亚烈苦奈儿负固不恭，谋害舟师。我正使太监郑和等深机密策，暗设兵器，三令五申，使众衔枚疾走，夜半之际，信炮一声，奋勇杀入，生擒其王，至永乐九年归献阙下。[4]

费信的记载丰富了《明太宗实录》中没有详细记载的郑和是如何奔袭锡兰山国都城的，从而让这次战斗的更多细节为我们所知，郑和谋划的周密也更为具体。费信并没有因为郑和是宦官而对他进行歧视性记载，无疑是非常可贵的。郑和于永乐

---

① 《明太宗实录》，卷一一六，第 1477—1478 页，"永乐九年六月乙巳"。
② 《明太宗实录》，卷一一六，第 1477—1478 页，"永乐九年六月乙巳"。
③ 《明太宗实录》，卷一一六，第 1477—1478 页，"永乐九年六月乙巳"。
④ ［明］费信：《星槎胜览·前集·锡兰山国》，第 30 页。

九年将亚烈苦奈儿及其家属作为俘虏带回了明朝，虽然群臣奏请诛杀亚烈苦奈儿，但亚烈苦奈儿作为外国国王毕竟不同于本为明朝人却至东南亚做海盗的陈祖义，因此朱棣赦免了亚烈苦奈儿并给予他衣食，将他留在明朝。与此同时，朱棣命礼部就锡兰山国王空位的情况"议择其属之贤者立为王以承国祀"[①]。朱棣的意图非常明显，他要在锡兰山培养一个听话的政权，这也从一个侧面显示通过郑和三次下西洋，明朝已经在东南亚具有了极高的影响力，不过即便如此，明朝也没有在东南亚干出随意吞并他人国家之事，很多情况下仍旧限于所谓"兴灭继绝"的范畴。

永乐十年（1412年）七月，朱棣根据锡兰山方面的意见封亚烈苦奈儿支属耶巴乃那为锡兰山国王并赐予诰命、印信，朱棣在册封耶巴乃那的诏书中说：

> 朕统承先皇帝鸿业，抚驭华夷，嘉与万方，同臻至治。锡兰山亚烈苦奈儿，近处海岛，素蓄祸心，毒虐下人，结怨邻境。朕尝遣诏使谕诸番国，至锡兰山，其亚烈苦奈儿敢违天道，傲慢弗恭，逞其凶逆，谋杀朝使，天厌其恶，遄被禽俘。朕念国中军民，皆朕赤子，命简贤能为之统属。尔耶巴乃那，修德好善，为众所推，今特封尔为锡兰山国王。於戏！惟诚敬可以立身，惟仁厚可以抚众，惟忠可以事上，惟信可以睦邻。其钦承朕命，永崇天道，无怠无骄，爰暨子孙，世享无穷之福。钦哉。[②]

朱棣诏书中"朕念国中军民，皆朕赤子，命简贤能为之统属"一句让我们能够很明显的看出，朱棣很可能在某种程度上并没有将这些海外国家完全当成是外国，而是将其统统看成应该接受自己所建立的宗藩秩序的藩属。因此，他在锡兰山国所做的事情就与他在安南、朝鲜等明朝相对固定的藩属国所做的事情并没有什么本质的区别了。正是本着这种华夷观，朱棣才一再的让郑和前去诏谕西洋诸国。册封了新的锡兰山国王后不久，亚烈苦奈儿也被送回了锡兰山。其后，终永乐一朝，锡兰山都臣服于明朝。

当然，在整个郑和下西洋的过程中，这种激烈的武装冲突只是插曲，在绝大多数时候，郑和忠实地扮演了和平使者的角色。郑和于永乐九年（1411年）三下西洋

---

① 《明太宗实录》，卷一一六，第1477—1478页，"永乐九年六月乙巳"。

② 《明太宗实录》，卷一三〇，第1608—1609页，"永乐十年七月丙申"。

返回明朝后又于永乐十年（1412 年）至永乐十三年（1415 年）、永乐十五年（1417年）^①至永乐十七年（1419 年）、永乐十九年（1421 年）至永乐二十年（1422 年）进行了自己的第四、五、六次下西洋。郑和永乐年间的六下西洋为明朝带来了丰厚的成果，朱棣得以见到很多异域特产，正是郑和第五次下西洋，使榜葛剌（今孟加拉）遣使随郑和来到明朝向朱棣进贡麒麟，朱棣对于得到这一中国传统的瑞兽非常高兴，明朝翰林院修撰沈度专门为此绘制了《瑞应麒麟图》，现在从画中看来，所谓麒麟其实是长颈鹿，不过在当时，这仍旧是明朝的一件喜事。

当然，我们也还应该看到，因为东南亚除了明朝之外还存在暹罗一类地方霸权，加之西洋诸国与明朝在宗教信仰上的差异，这些都注定了郑和的航行想要完全一帆风顺也是不现实的。除了爪哇、旧港、锡兰山的风波外，郑和至少在苏门答腊还进行了一次军事行动，不过这次军事行动有些特殊，因为这次并非郑和本人受到了威胁后的反击，而是郑和主动介入了苏门答腊国内部的纷争。根据郑和在《天妃灵应之记》中的记载，这次战斗发生在永乐十一年（1413 年）第四次下西洋之时，马欢刚好参加了这次下西洋，根据他在《瀛涯胜览》中的记载，我们得以知道郑和此次船队的规模，船队共二万七千八百七十余人，宝船六十三艘，大的宝船长四十四丈四尺，阔一十八丈；中等的宝船也长三十七丈，阔一十五丈^②，堪称一支大军。郑和在《天妃灵应之记》中记载了这次纠纷的原因及他介入的过程：

> 永乐十一年，统领舟师，往忽鲁谟斯等国，其苏门答腊国有伪王苏斡剌，寇侵本国，其王宰奴里阿比丁，遣使赴阙陈诉，就率官兵剿捕。赖神默助，生擒伪王，至十三年归献。是年，满剌加国王亲率妻子朝贡。

郑和的记载太过简略，读起来让人一头雾水。首先，苏门答腊就是《瀛涯胜览》里的苏门答剌国，这个国家并不是指的今日苏门答腊全岛，而是指印度尼西亚苏门答腊岛西北角的一个古国。马欢因为参加了这次下西洋全程，因此对郑和如何介入这次冲突有颇为详细的记载。马欢提到，"其苏门答剌国王先被那孤儿国花面

---

① 朱棣令郑和第四次下西洋的敕令在永乐十四年（1416 年）即已经发出，郑和其后经过漫长的准备，于次年正式出发。

② [明] 马欢:《瀛涯胜览》，第 5 页，"宝船与人员"。

王侵掠，战斗身中药箭而死"。这个"苏门答剌国王"指的就是永乐三年（1405 年）曾来朝贡的宰奴里阿必丁。至于所谓"那孤儿国花面王"，乃是因为这个国家的人都在脸上刺字三尖青花为号，所以国王被称为"花面王"。

宰奴里阿必丁死的时候已经有了一个儿子，但是年纪太小，无法继位。于是，宰奴里阿必丁的妻子便对众人立誓说："若有能报夫死之仇，得全其地，吾愿为妻，王主国事。"无疑，这是她保全自己与儿子的最好方法，依靠一位能够为先王报仇的强人，才能够保全自己儿子的继承权。因此，当她说完后，当地一位渔翁慷慨激昂地说："我亦能报。"果然，这位渔翁并不是一般人，他"遂领兵众，当先杀败花面王，复雪其仇。花面王被杀，其众退伏不敢侵扰"。宰奴里阿必丁的妻子也兑现诺言，以自己的政治资本嫁给了这个人，将他尊为"老王"，这无疑是一桩互利共赢的政治联姻，"家室、地赋之政悉听老王裁决"。永乐七年（1409 年），这位老王还曾遣使朝见朱棣。

然而在永乐十年（1412 年）郑和再度到达这里时，情况却发生了他意料之外的变化。此时，宰奴里阿必丁之子已经成年，他联络部领杀掉了老王，夺回了王位，这就是后继为国王的锁丹罕难阿必镇。这一事件恰好说明了此前宰奴里阿必丁妻子忍辱负重谋划的高明。但是，老王的儿子苏干剌也已经长成了，他不甘心自己的父亲被谋害，"领众挈家逃走消山，自立一寨，不时率众侵，复父仇"。这也就是郑和提到苏门答腊方面遣使请求明朝帮助的事情，不过郑和说求援的苏门答腊王是宰奴里阿必丁就记错了，应该是锁丹罕难阿必镇。另外，郑和真正来到苏门答腊解决问题已经是永乐十三年（1415 年）了，也就是第四次下西洋的后期，"永乐十三年，正使太监郑和等船到彼，发兵擒获苏干剌，赴阙明正其罪。其王子荷蒙圣恩，常贡方物于朝廷"。[①] 朱棣不选择曾向自己朝贡的老王之子苏干剌，而是以军事力量为宰奴里阿必丁之子锁丹罕难阿必镇扫清了障碍，这显然是正统思想作用造成的结果，朱棣不可能在国外支持犯上作乱，因为这等于在国内鼓励造反。郑和这次根据请求主动介入苏门答腊内政的做法大大提升了明朝在东南亚地区的威望，满剌加，也就是如今的马六甲就是这次跟随郑和前来朝贡的。

很明显，郑和下西洋绝不只是为了一些外国土特产，在朱棣软硬兼施、恩威并重的政策下，越来越多的国家响应郑和前来向明朝朝贡，明朝在南中国海及印度洋

---

① 　[明] 马欢：《瀛涯胜览·苏门答剌国》，第 44 页。

地区的影响力达到了一个前所未有的高峰，一些外国国王甚至亲自率团前来朝见朱棣，更有两位国王在中国去世，留下了明朝外交史上的一段佳话。

第一位来到明朝的是渤泥（今文莱）国王麻那惹加那乃，渤泥在郑和一下西洋后不久就于永乐三年（1405年）派遣使团来到南京向朱棣朝贡。三年后，永乐六年（1408年）八月，为了进一步巩固双方的关系，渤泥国王亲自率领包括自己家人在内的使团来朝见朱棣。对于渤泥国王的来访，朱棣自然非常高兴，渤泥的恭敬让他体会到了自己在海外的权威，他准许渤泥国王用亲王礼并热情地招待他。渤泥国王在明朝一直停留至十月，于会同馆中病逝。朱棣得知后，妥善料理了渤泥国王的后事，将其安葬于南京安德门外，赐谥号：恭顺。对于渤泥王位，朱棣册封麻那惹加那乃之子遐旺为渤泥国王并派人将他护送回国继位，同时朱棣还给予了渤泥国封其山为镇国山的极高待遇，而对于渤泥向爪哇进贡片脑之事，在遐旺的请求下，朱棣也移文爪哇让其停止向渤泥索取，对此，爪哇是不敢拒绝的。

其后渤泥向明朝朝贡不断，永乐十年（1412年）九月，新国王遐旺再度亲自率团前来朝见朱棣。直至明宣宗宣德年间以后，由于明朝积极海外活动的停止，两国关系才逐渐断绝。

永乐十五年（1417年）八月，苏禄国（今菲律宾）王也来到明朝朝见朱棣。此次来到明朝的苏禄国王实际是三位，他们分别是苏禄东国国王巴都葛叭刺、苏禄西国国王麻哈刺吒葛刺丁及苏禄去世的峒王之妻叭都葛叭都葛巴刺卜，他们各率其部署及随从共九千三百四十余人来朝见朱棣。他们的来访为已经来到北京为迁都做最后准备的朱棣增添了荣光，朱棣非常友好地接待他们并正式分别册封三人为苏禄国东王、西王及峒王，赐予他们诰命、袭衣、官服和印章。然而当苏禄国使团于九月启程回国时，东王在德州病故，朱棣得到消息后立即遣官赐祭，赐谥号：恭定，并以王礼安葬苏禄国东王于德州，同时留下其妃妾及仆从数十人为其守墓，三年后再回国，至今德州仍有苏禄国王后裔。苏禄国东王之子都麻含被朱棣册封为新的苏禄国东王并送其回国继位。1987年中菲合拍的电影《苏禄国王与中国皇帝》讲述的正是这一段历史。

郑和下西洋为朱棣在海外树立了极高的权威，他营造出的万国来朝的局面使朱棣感受到了为四海共主的无上荣光，这有助于他在心理上摆脱篡位的阴影，而明惠宗在海外的阴魂也得以消除。郑和对南海诸岛的经营也对现在影响深远，至今西沙群岛的一部分仍旧被命名为永乐群岛。但当朱棣于永乐二十二年（1424年）七月去世后，新即位的明仁宗立即停止了下西洋，郑和被派往南京镇守，直至明宣宗即位，郑和才得以在宣德五年（1430年）进行了自己第七次也是最后一次下西洋。正是在这次下西洋中，郑和航行至了非洲东海岸。但在返程途中，劳累过度的郑和于宣德八年（1433年）四月于古里（今印度科钦）病逝，享年六十五岁。船队在副使王景宏的率领下最终于当年返回明朝。郑和之后，再无郑和，明朝官方的积极海外探索由此基本终结，直至100多年后明朝中期葡萄牙人东来，才再度与明朝在海上发生碰撞。郑和及其功业，至今仍常常为人畅想。

第六章

南北烽烟

1. 郡县交阯

洪武二十八年（1395年），随着安南陈朝上皇陈艺宗驾崩，权臣黎季犛利用陈艺宗丧期这一借口，"杀宗室抚军司元渊、恭正王师贤庶子元胤，以居艺宗丧，常谈日章事之故，并士人阮符杀之"，其后，陈顺宗再也无法制约黎季犛，黎季犛则"入内为辅政太师、平章军国重事、宣忠卫国大王，带金麟符号"。① 次年，黎季犛开始为迁都展开一系列营建工作，到了当年十一月，黎季犛正式逼迫陈顺宗迁都清化，此时，黎季犛想要篡位的野心已经是路人皆知了。洪武三十一年（1398年），黎季犛逼迫陈顺宗禅位给太子，也就是陈少帝，陈少帝当时才三岁，又是黎季犛外孙，这自然是为篡位做最后的准备。

陈少帝即位后，黎季犛的权力进一步提升，"自称钦德兴烈大王，榜文曰'中书尚书省奉摄政该教皇帝圣旨云云'"。② 建文元年（1399年）四月，黎季犛为了彻底消除退位的陈顺宗这个障碍，将其缢死，又平定了太保陈沆、上将军陈渴真等除掉自己的计划。六月，黎季犛"自称国祖章皇，服蒲黄色，居仁寿宫。依太子例，出入用黄盖十二柄"，榜文一律用"奉圣旨国祖章皇"，自称"予"，距离皇帝的位置只差一步了。建文二年（1400年）二月底，黎季犛逼陈少帝退位，自立为皇帝，建元圣元，国号大虞，改姓胡，陈少帝则被废为保宁大王，越南陈朝就此结束，胡朝建立。③ 待国内基本安定后，黎季犛遣使明朝称陈氏已绝，希望明朝能够承认自己。但当时的朱允炆受靖难之役困扰，并没有给安南以积极回应。当黎季犛终于等来明朝使者时，明朝的皇帝已经换成了朱棣，而中越历史的又一段纠葛也由此展开。

实际上，黎季犛在国内的做法明朝并非不知道。朱元璋就对此非常不满，他拒绝再接受安南的朝贡，但由于安南国王仍为陈氏，且他"不欲劳师远征，乃纳之"④。

等到黎季犛最终篡位自立之时，中国明朝正陷于靖难之役中，黎季犛一方面向

---

① 《大越史记全书》，卷八，《陈纪·顺宗皇帝》，第410页。
② 《大越史记全书》，卷八，《陈纪·少帝》，第416页。
③ 《大越史记全书》，卷八，《陈纪·少帝》，第418—420页。
④ ［清］张廷玉等：《明史》，卷三二一，《安南传》。

明朝遣使，通过隐瞒实际情况的方式希望获得明朝的承认，另一方面也利用明朝无暇顾及安南的空隙在国内全面推行改革，打击原陈朝反对势力。此外，黎季犛改革中很重要的一项就是加强军备，为了抵御明朝潜在的威胁，他不仅大量扩军，要求男子两岁以上即必须向官府登记，十七至六十岁之间的男丁都必须服兵役，还在北方大量修建防御工事及生产兵器，凡此种种都透露出他对明朝这个北方邻居的担忧。

建文四年（1402 年）六月，朱棣在靖难之役中获胜，于南京即皇帝位。次年四月，已经即位的黎季犛之子黎苍立即上表明朝表示希望得到册封，当然，他自然需要寻找一个冠冕堂皇的理由以掩盖其篡位在名义上的不正。黎季犛给明朝的说法是由于陈少帝去世之后陈朝绝嗣，他为陈氏之外甥，"为众所推，权理国事"[1]，如今已有四年，请求明朝册封从而向明朝朝贡，而黎苍在上表中的署名也是使用的"安南权理国事"[2]这一称呼而未敢自称"安南国王"，他在上书中使用的名字为"胡查"。

对于黎季犛的请求，朱棣怀有相当的疑虑，这不仅是因为安南"远夷荒忽难信"[3]，更是因为原陈朝支持者多次向明朝陈述希望在安南恢复陈氏的统治。于是，为了弄清楚安南的真实情况（或许也有为可能必要的出兵作战前侦查的目的），朱棣决定派遣使臣前往安南进行调查。

根据《大越史记全书》的记载，此次奉命来到安南的明朝使臣是邬修，他此行不仅是为了调查安南国内的情况，还负有向黎季犛、黎苍父子传达明朝国内政局变动的任务，也正是在此时，一首诗流传到了安南，内容说的正是明朝的靖难之役：

> 江上黄旗动，天边紫诏回。
>
> 建文年已没，洪武运重开。
>
> 朝士遭刑戮，宫娥睹劫灰。
>
> 谁知千载后，青史有余哀。[4]

安南甚至认为这首诗为解缙所写，而解缙后来之所以获罪于朱棣正是因为这首

① 《明太宗实录》，卷十九，第 337 页，"永乐元年四月丁未"。

② 《明太宗实录》，卷十九，第 337 页，"永乐元年四月丁未"。

③ 《明太宗实录》，卷十九，第 337 页，"永乐元年四月丁未"。

④ 《大越史记全书》，卷八，《陈纪·少帝》，第 425 页。

诗，这未免联想能力太过丰富。不过，当时朱棣为了了解安南国内的具体情况，确实派了不止一批使臣前去，明朝的一些诗歌流传到安南也是很正常的。而对于明朝的使臣，黎季犛父子陷入了一种颇为窘迫的境遇，《大越史记全书》记载：

> 是时，明使往来，络绎道路，有徵求者，有责问者，汉苍随方救解，疲于奔命。①

黎季犛父子之所以如此，除了他向朱棣隐瞒了他在国内夺权篡位的真实情况外，也与他此时同明朝在海上发生了一些冲突有关，而这些冲突又涉及到一个国家，这就是位于安南南方，同样也是明朝属国的占城。作为安南南方邻国的占城是一个相当印度化的国家，这与深受中国影响的安南非常不同，不过这两个国家同为中国属国。安南有限的耕地难以满足国内的粮食需求，这就使安南确定了其传统的向南扩张政策，洪武年间，占城一度在战争中占据了优势，占城四度进攻安南，更一度摧毁了安南首都升龙。黎季犛建立胡朝，经过一系列强化军备的政策，逐步扭转了在与占城战争中的形势，当时的占城国王为占巴的赖。就在邹修出使安南后不久，黎苍就以元瑰总领水陆大军对占城发动了攻击，虽然安南军最终因为粮草问题被迫退回，但占城已经感到自己难以应对安南日后的攻击。为了自保，占城决定向明朝求救。

对于占城的求救，明朝派出九艘船前去支援，正好在海上遇见了班师途中的安南大军。明朝方面派人对元瑰说："可速班师，不可久留。"元瑰此时没有得到命令，也不敢随便对明朝方面开战，于是顺势退回了安南国内。令元瑰没想到的是，他回去后却遭到了黎苍的责骂，"以不能尽戮明人之故"。黎苍这么做，足以说明他知道自己的做法是不能为明朝知道的，否则只能取祸。既然没能阻止明朝得知他与占城之间的纠纷，黎苍接下来就陷入了一种神经严重过敏的状态中。永乐元年（1403年）十月，他杀害了在明朝做宦官的阮箫等人的亲属。阮箫等人都是洪武年间因为朱元璋的索取而被安南进贡到明朝的，当时进贡的有宦官、僧人、"按摩女"，后来，僧人、秀女都被放还，但宦官被留了下来。等到朱棣即位后，黎季犛父子认为明朝肯定要南侵，加之朱棣又派出阮箫等安南籍宦官出访故国，访问他们的亲属，于是

---

① 《大越史记全书》，卷八，《陈纪·少帝》，第426页。

就流传出了这些宦官秘密告诉自己的亲属"如有北兵来，揭黄旗，题内官某人姓名亲属，必不被害"，这些事情被早已紧张过度的黎苍得知后，这些亲属全部遭到了杀害。①

这些安南籍宦官就在明朝，确实很有可能知道一些内情，对自己的亲属说一些预防的话也很有可能，但是要因此就说朱棣早就想占领安南则是缺乏证据的，因为接下来朱棣又很快册封了黎苍。另一方面，派遣外国籍宦官出使他们的故国是朱棣常用的外交手段，他对朝鲜就是如此，经常出使朝鲜的宦官朱允端、海寿等人都是朝鲜籍，但朱棣并没有因此就对朝鲜发动进攻。因此，黎苍这里明显是紧张过度了。

经过多批明朝使臣的反复出访，双方经过一系列复杂的外交交涉，明朝使臣回来汇报称黎苍所说属实，朱棣虽未完全打消对黎季犛的怀疑，但他最终还是决定承认黎氏。永乐元年（1403年）十一月，朱棣派遣礼部郎中夏止善前往安南正式册封黎苍为安南国王，从册封诏书的内容我们可以看出此时朱棣对安南的态度：

> 覆载之中，皆朕赤子，立之司牧，惟顺民情。昔尔安南，乃中国边隅列郡，宋因众志，肇锡王封，密迩中州，向慕声教。朕皇考太祖皇帝，临御之初，率先归附。朕嗣大宝，尔胡�≚输诚效职，奏谓前国王陈氏嗣绝，尔以外孙主祀，于今四年，询之于众，所言亦同。特命尔为安南国王。於戏！作善降祥，厥有显道，士大恤下，往罄乃诚。钦哉！②

安南看起来似乎成功瞒过了明朝，但这并不意味着问题已经解决了。黎苍的神经紧张并非没有道理，因为黎苍此时正在同时对他的南北邻国采取敌对行动。安南持续对同是明朝属国的占城的进攻，与此同时，还对明朝广西思明府与云南宁远州地区进行蚕食。这些事情再度让朱棣的疑虑日重，埋下了日后明朝进攻安南的导火线。

让朱棣对黎季犛疑虑再度上升的事件就是黎季犛的扩张行为，面对在安南进攻下日益不利的局面，占城国王决定向明朝求救。永乐二年（1404年）八月，即在朱棣正式册封黎苍后不到一年，占城借入贡的机会向朱棣进行了非常沉痛的陈述：

① 《大越史记全书》，卷八，《陈纪·少帝》，第426页。
② ［明］李文凤：《越峤书》，卷二，《书诏制敕》，第693—694页。

前奏安南攻扰地方，杀掠人畜，仰蒙降敕，谕使息兵。而其国王胡奎不遵圣训，今年四月又以舟师侵入臣境，民受其害，近朝贡人回所赉赐物皆被拘夺，又逼与臣冠服、印章，使为臣属，且已占据臣沙离牙等处之地，今复攻劫未已，臣恐不能自存，愿纳国土，请吏治之。①

朱棣在听了占城的陈述后十分愤怒，特别是安南强迫占城解除与明朝的宗藩关系并转而臣服于自己的行为对十分看重四方宾服、承认自己的朱棣来说是一种严重的挑衅，而明朝广西思明府地区与云南宁远州地区反复遭受安南蚕食的报告又进一步刺激了他，朱棣遣使斥责安南道：

前以尔屡侵占城，故谕尔讲信修睦，及得尔奏云自今以往敢不息兵，朕嘉尔能改过，复降敕慰勉。近占城复奏尔今年又以水军攻掠其境，拘虏人民，其朝贡人回所赉赐物皆被邀夺，及逼与冠服、印章，使为臣属，越礼肆虐，有加无已。而广西思明府亦奏尔夺其禄州、西平州、永平寨之地，此乃中国土疆，尔夺而有之，肆无忌惮，所为如此，盖速亡者也，朕未忍遽行讨罪，故复垂谕，鬼神祸淫，厥有显道，尔亦速改前过，不然，非安南之利也。②

这是一道杀气腾腾的敕谕，安南立即表示谢罪，但安南这种阳奉阴违的行为显然已经不能平息朱棣的怒气。恰在此时，两件对安南雪上加霜的事情来临了。

朱棣刚斥责了安南，自称安南"故臣"③的裴伯耆前来向朱棣告急，他向朱棣陈述了黎季犛在国内弑主篡位的真相并请求朱棣"兴吊伐之师，隆继绝之义，……，禽（擒）灭此贼，荡除奸凶，复立陈氏子孙，使主此土"④，而他自己"窃效申包胥为人，敢以死罪请，伏望陛下哀矜"⑤。申包胥为中国春秋后期为救楚国向秦国哭庭借兵，击败吴国，终使楚国复国之人，朱棣听后颇受感动，命给裴伯耆衣食，好生

---

① 《明太宗实录》，卷七三，第582—583页，"永乐二年八月庚午"。
② 《明太宗实录》，卷三三，第583页，"永乐二年八月壬申"。
③ 《明太宗实录》，卷三三，第584—585页，"永乐二年八月乙亥"。
④ 《明太宗实录》，卷三三，第584—585页，"永乐二年八月乙亥"。
⑤ 《明太宗实录》，卷三三，第584—585页，"永乐二年八月乙亥"。

安顿他。

　　同月底，老挝军民宣慰使刀线歹护送自称陈艺宗之子的陈天平来到明朝，陈天平不仅向朱棣进一步陈述了黎季犛大杀陈朝宗室即篡位的事实，还告诉了朱棣胡一元与胡查的真名为黎季犛与黎苍，他同样恳求朱棣"伐罪吊民，兴灭继绝"①。朱棣命礼部好好招待陈天平，他决定测试一把安南。

　　永乐二年（1404 年）十二月，当安南贺正旦使来到南京朝见朱棣时，朱棣命礼部官员带出了陈天平，安南使臣认出了陈天平，"皆错愕下拜者，感泣者"②，裴伯耆也在此时对安南使臣责以大义。至此真相大白，朱棣的怒火再度爆发，他怒斥安南"其国与民共为欺蔽，是一国皆罪也，如何可容？！"③

　　对于朱棣的愤怒，黎季犛立即作出反应，他派遣使臣来明朝反复谢罪并陈述请求迎回陈天平以奉之为王。朱棣虽对黎季犛仍有怀疑，但派往安南的使臣聂聪极言安南可信，于是，朱棣同意了这一方案，于永乐三年（1405 年）十二月命都督金事黄中充广西左副将军与广西右副将军吕毅一同领兵五千护送陈天平归国，朱棣同时封黎苍为顺化郡公，但裴伯耆没有随行。

　　永乐四年（1406 年）三月，明军进入安南境内，安南陪臣黄晦卿等人前来迎接，但黄中、吕毅等人没有见到黎苍，黄晦卿对此解释为黎苍"有微疾"④，不能远出，将在其后迎接。黄中在预先侦查前路无异常后继续前行，与此同时，他也催促黎苍速来。当黄中度过鸡陵关，将至芹站之时，山路险峻，树林茂密，明军不得成列，此时十余万安南伏兵大起，远近相应，劫走陈天平并杀害，黄中欲整兵作战，但安南军已将桥梁毁掉，黄中无法进军。此时安南军统帅遥拜称：

　　　　远夷不敢抗大国，犯王师。缘天平实疏远小人，非陈氏亲属，而敢肆其
　　巧伪，以惑圣德，劳师旅，死有余责，今幸得而杀之，以谢天子，吾王即当
　　上表待罪。天兵远临，小国贫乏，不足以久淹从者。⑤

---

① 《明太宗实录》，卷三三，第 594—596 页，"永乐二年八月丁酉"。
② 《明太宗实录》，卷三七，第 635—636 页，"永乐二年十二月壬辰"。
③ 《明太宗实录》，卷三七，第 636 页，"永乐二年十二月壬辰"。
④ 《明太宗实录》，卷五二，第 782—783 页，"永乐四年三月丙午"
⑤ 《明太宗实录》，卷五二，第 782—783 页，"永乐四年三月丙午"。

黄中欲进不能，只得引兵回国。当然，对于明朝送陈天平归国一事，安南方面有一套自己的说法。安南方面认为，"明遣征南将军右军都督同知韩观，参将都督同知黄中领广西兵十万来侵，假送伪陈王添平（即陈天平）还国"。我们从明朝方面史料已经知道，朱棣派遣护送陈天平归国的军队只有五千，如果说朱棣认为仅凭借这五千军队就足以灭掉安南，将陈天平扶上王位的话，朱棣就未免太过天真了。《大越史记全书》这里记载明军多达十万之众，无疑是一种事后夸大的行为，用以渲染明朝早有侵略安南之心。不过安南方面对于陈天平究竟是如何从明军手上落入安南手上的记载却也有些参考价值。根据安南方面的记载，黄中于四月初八日进至冷泾关，击败了防御此处的安南军。从《明太宗实录》的记载我们知道，黄中在三月就已经在安南陷入进退两难的困境，四月的战斗我们可以理解为黄中为了带着陈天平这个筹码全身而对而做的努力。四月八日的战斗中，双方在水陆两条战线都进行了战斗，黄中一度取得优势，但随着安南左圣翊军胡问率领援军抵达，右圣翊军将胡射、北江圣翊军将陈挺又截断了黄中的退路支棱关，黄中彻底陷入了进退维谷的困境。[①]

为了让自己全身而退，黄中只能牺牲陈天平。于是，黄中主动将陈天平解送给了安南方面，还写了一封书信派军医高景照前往安南方面向胡射说明情况：

> 黄总兵官差小人前来，达官人知这事情。先为陈天平走到朝廷，奏他正是安南国王子。以此差大军来招。不期彼处百姓俱各不服，显是虚诞。今退官军回奏，遇关隘去处守把，路寨不通。今将天平来献，放去幸甚。[②]

安南方面的目的本来就是陈天平，面对黄中以献出他作为自己安全退回明朝的筹码，自然求之不得。胡射与黄中达成了协议，黄中献出陈天平，自己得以率军返回国内。应该说，从这一刻起，明朝与安南之间的战争就不可避免了，剩下的不过是什么时候爆发而已。

四月，朱棣得知陈天平被劫杀的消息后大怒，对成国公朱能等人说道："蕞尔小丑，罪恶滔天，犹敢潜伏奸谋，肆毒如此！朕推诚容纳，乃为所欺，此而不诛，

---

① 《大越史记全书》，卷八，《陈纪·少帝》，第 430—431 页。

② 《大越史记全书》，卷八，《陈纪·少帝》，第 431 页。

兵则奚用？！"①朱能等人皆表示："逆贼罪大，天地不容！臣等请仗天威一举殄灭之！"②另一方面，安南也不是没有做避免战争的努力，黎苍派遣三江安抚使陈恭肃来到明朝求和并解释陈天平之事，但是毫无效果，陈恭肃还被明朝扣留，直到安南胡朝灭亡后才被放回。

朱棣既已决定征伐安南，紧接着便开始了紧张的战前准备。永乐四年（1406年）四月二十三日，朱棣视朝后驾临右顺门召见成国公朱能与新城侯张辅，在再度痛斥安南罪大恶极后，以朱能为东路军统帅，张辅副之，率军由广西进攻安南，与此同时，西平侯沐晟被任命为西路军统帅，率军由云南进攻安南。关于此次战争明军出动了多少兵力的问题，虽然明军号称八十万，但显然实际兵力并没有这么多，《明太宗实录》记载的西路军包括朱棣于四月令沐晟在云南选军七万并结合蜀王朱椿选出的护卫五千，约七万五千余人，东路军则计有朱棣于五月由浙江、福建、广西、湖广调往集结于广西之八万人，由镇江、苏州、镇海等处调往广西之一万人，整个东路军应有九万余人，而整个明军约有近二十万人应当是可信的。

在集结军队的同时，朱棣也在进行其他方面的准备，在永乐年间为朱棣成功平定江西、广西叛乱，深受朱棣信任，时任广西总兵官、都督同知的韩观被任命负责统筹明军军饷，黄福等杰出的行政人才也被派往军中以备对占领的安南地区进行管理，而安南"故臣"裴伯耆也被朱棣赐给冠带从征安南。

永乐四年（1406年）七月，朱能正式配征夷将军印统总兵官，沐晟配征夷副将军印为左副将军，两路明军正式出发，朱棣亲自到长江边为东路大军送行，明朝这台巨大的战争机器正式开动。

另一方面，安南也在为即将到来的战争进行准备。黎苍同样在七月"命诸路树栅大江南岸，自多邦城至嚼江、谅江至住江，以为守备之计"，还将"三带、北江之民储蓄过江，于荒闲处营造营房室，将徙居焉"。③

以今天的眼光来看，明朝对安南的战争无疑是一场干涉他国内政、带有侵略性质的战争，然而这种以今度古的做法是不符合历史唯物主义的，我们不能要求古人有超出其所在时代的意识。在明朝人看来，明朝作为安南的宗主国，安南服从自己

---

① 《明太宗实录》，卷五三，第791页，"永乐四年四月辛未"。

② 《明太宗实录》，卷五三，第791页，"永乐四年四月辛未"。

③ 《大越史记全书》，卷八，《陈纪·少帝》，第432页。

是理所当然的，而属国对宗主国的欺瞒是不能被容忍的，何况安南的做法早已越过了明朝的红线。因此，当时不仅明朝认为自己大义凛然，安南也认为自己理亏就正是这一观念的反映。

七月二十九日，朱棣给朱能送去了一道十分特殊的敕谕，表达了自己对于进军安南的总体态度：

> 敕总兵官征夷将军成国公朱能等：
>
> 朕料黎贼父子闻大军至，率其逆党经往占城，夺其土地以为巢穴。此虽未必然，亦不可不防。师入安南之境，须禁伐人坟墓、园林，焚人庐舍，虏人妻女。且宜抚绥其民，其国中老者，待之以礼。如此，则人心自安，乐其生业，黎贼父子之头，不日可悬于麾下，传于京师。《兵法》不曰："百战百胜，非战之善者也。不战而屈人之兵，战之善者也"。此举盖不战而屈人之兵也矣。师行之际，凡一应大小事务，须要处置谨慎周密，勿致疏虞。已遣人赍敕谕占城国王，令水陆防备。就录敕稿一本来与前观，庶知此意。故敕。
>
> 续一件：军入贼境及临阵之际，务在十分谨慎，切不可轻看贼兵，越容易越以为难，虽事平后，更须用心无怠。无怠。[①]

朱棣的这道敕谕透露出了两层意思，其一，很明显，此时朱棣并不打算给黎氏父子活路，彻底消灭他们及他们建立的政权无疑是这次战争的主要目标。其二，为了以尽量低的成本达成这一目的，朱棣此时很看重安南国内民心的笼络。因为黎氏父子篡位的行为及此后一些列加强军备的做法本身就在安南国内不被广泛认同，朱棣的这一做法无疑是非常有利的。最后，朱棣考虑到了黎氏父子在狗急跳墙的情况下很有可能南下侵略占城以获得缓冲空间，因此他适时与占城展开沟通，让他们配合自己作战。至于朱棣给占城国王的敕谕，则在一个月后发出，内容同样十分详细：

> 敕谕占城国王占巴的赖：
>
> 往者，尔为安南贼人黎季犛父子暴虐凶征，屡肆兵祸，侵据尔土地，杀掳尔人民，毒害欺凌，不一而足，陈词哀诉，朕甚悯之。已持降敕戒谕，俾

---

① ［明］李文凤：《越峤书》，卷二，《书诏制敕》，第693—694页。

悉还所侵之地，黎贼略不省咎，诡词饰过，固执不还。近者，前安南国王陈氏之孙被其戕害，逊入京师。黎贼上表请迎归国，朝廷不逆其诈，即遣使护送出境。黎贼预于境上设伏藏众，阻遏使者，竟执前王之孙而杀之。惟黎贼父子凶悖恣肆，下则痛毒国人，上则诳骗朝廷，天地不容，神人共怒，自取灭亡。已于七月十六日命征夷将军成国公朱能等率兵八十万前往安南诛灭贼人黎季犛父子，以抚绥安南官吏、军民，复立陈氏之后。惟尔占城与之接境，被其祸害亦既有年，斩刈凶残，所宜奋力，可预发兵于水陆虫咬界境上，就为防过。遇有安南贼人逃来，即便擒戮。果系贼人黎季犛父子及教诱党恶之人，毋得容匿。今特遣内官杨进保、礼部侍郎李琦、鸿胪寺丞吕渊等赍敕谕意，王宜敬遵朕命，勉尽乃心，以共灭凶贼，暴恶黎季犛父子，以永安良善，以雪尔国中数年之愤。故谕。[1]

朱棣给占城国王的敕谕颇可玩味。占城虽然受到安南的反复入侵，但此时面对明朝这样一个庞然大物进军安南，占城自然也会担忧朱棣不过是"假途灭虢"，顺势将自己也灭掉。因此，我们可以看到，朱棣在给占城国王的敕谕里反复强调黎季犛父子对安南、对明朝所做的罪恶，而他的目标甚至不是灭亡安南，只是为了消灭凶恶的黎季犛父子，只要将黎氏父子消灭，他甚至会在安南"复立陈氏之后"，这些都是为了让占城放心。在此基础上，朱棣要求占城对自己进行协助，"可预发兵于水陆冲要界境上，就为防过。遇有安南贼人逃来，即便擒戮。果系贼人黎季犛父子及教诱党恶之人，毋得容匿"。既然自己也是为占城报仇，同时对占城并没有野心，占城自然没有包庇安南黎氏父子的理由，朱棣如此要求也在情理之中。事实证明，朱棣确实成功拉拢了占城，占城在随后的战争中封闭了安南人南下的道路，甚至主动北上收复失地。

安顿好了占城国王，朱棣又立即给朱能发去一通敕谕，列出了他在军中应该特别注意的十件事，其中几条特别值得注意：

一、兵入安南，凡其府库、仓廪所储及户口、田赋、甲兵籍册、郡邑图志，并令尚书刘儁掌之，尔总其大概。

---

[1]　[明] 李文凤：《越峤书》，卷二，《书诏制敕》，第694—695页。

一、兵入，除释道经板、经文不毁外，一切书板文字，以至礼俗童蒙所习，如上大人乙巳之类，片纸只字悉皆毁之。其境内凡有古昔中国所立碑刻则存之。但是安南所立者，悉皆坏之，一字勿存。

一、国中诸色匠人及乐工，连家属尽数起送赴京。[①]

朱棣虽然对占城表示他要为陈氏复国，但他给朱能的这两道敕谕都没有提到此事。而他第二道敕谕中的这三条更凸显了他此时的野心。他委派曾在明朝国内任兵部尚书的刘儁负责安南的府库、粮储、户口、田赋等事情，是为了在占领后便于展开统治。他下令只留下中国在安南留存的碑刻、文字，凡是安南方面自己撰写的，上至国家文献，下至启蒙读物，全部焚毁，"一字勿存"，这是为了抹去安南从中国独立后发展出来的独特文化，同样是为了对其进行同化。最后，他将安南国内工匠全部送往明朝更是一种人才掠夺。凡此种种，都说明朱棣"兴灭继绝"的战争理由只是一种宣传，他很可能一开始就做好了彻底将安南纳为明朝郡县的打算。

其后，朱棣还几度去书给朱能，对他这次作战进行了颇为细致的告诫，明显地给予厚望。然而在十月初，朱能还未进入安南即在广西龙州病逝，东路明军面临大军未动，主将先亡的危急局面，此时，副指挥右副将军张辅临危继任，代总大军。朱棣在得知这一消息后立即正式任命张辅为征夷将军、总兵官，并鼓励他：

皇考太祖高皇帝命大将军开平王常遇春、偏将军岐阳王李文忠等率师北征，而开平王卒于柳河川，偏将军岐阳王率诸将扫荡残胡，终建大勋，著名青史。尔等宜立志自强，取法前人，乘来冬月瘴厉肃清，同心协谋，殄除逆贼，建万世勋名，以副朕之委任。[②]

在此后的战争中，张辅也确实做到了这一点，开始展现出自己卓越的军事才华。张辅由凭祥进入安南，大祭安南山川并公布黎氏"弑君虐民，内侵上海（笔者：此或为笔误，当为"海上"）"[③]的二十大罪，传檄安南国内，进一步争取支持。

---

① [明] 李文凤：《越峤书》，卷二，《书诏制敕》，第 695 页。

② 《明太宗实录》，卷六十，第 878 页，"永乐四年十月丁未"。

③ 《明太宗实录》，卷六十，第 866—867 页，"永乐四年十月乙未"。

这份檄文很长，堪称典范：

安南密迩中国，自我太祖高皇帝肇膺天命，统一寰区。其王陈日煊率先归顺，锡爵颁恩，传序承宗，多历年所。贼人黎季犛父子，为其臣辅，擅政专权，久怀觊觎，竟行弑夺。季犛易姓名为胡一元，子黎苍为胡奎，谬托姻亲，益张威福，手弑其主，戕及阖家，肆逞凶暴，虐于一国，草木禽兽不得其宁，天地鬼神之所共怒。皇上即位之初，隆怀远之德，黎贼父子遣使入朝，挟奸请命，称陈氏宗族已绝，己为其甥，暂权国事。朝廷惟务推诚，未尝逆诈，而前安南王之孙为所迫逐，逃入老挝，转诣京师，诉其罪恶。朝廷初未之信，后因安南使人识其非伪，悲喜慰劳，不忘故主，遂以玺告谕，且欲兴师。黎贼父子知国主之有后，虑天兵之下诛，遣使陈词，乞赦诬罔，请迎归国，以君事之。朝廷信而不疑，略其旧过，嘉与自新，悉从所请，遣使者以兵伍千护送还国。而黎贼父子包藏祸心，设伏境上，遮拒天兵，阻遏天使，执杀前安南国王之孙。使臣以闻，皇上震怒，特命将八十万讨除逆贼，惟兹伐暴之师，必著声罪之实：

贼人黎季犛父子两弑前安南国王，以据其国，罪一也；

贼杀陈氏子孙宗族殆尽，罪二也；

不奉朝廷正朔，僭改国名大虞，妄称尊号，纪元元圣，罪三也；

视国人如仇雠，淫刑峻法，暴杀无辜，重敛烦徵，剥削不已，使民手足无措，穷饿罔依，或死填沟壑，或生逃他境，罪四也；

世本姓黎，背其祖宗，擅自改易，罪五也；

凭籍陈氏之亲，妄称暂权国事，以上罔朝廷，罪六也；

闻国王有孙在京师，诳词陈请，迎归本国，以臣事之。及朝廷赦其前过，俯从所请，而益肆邪谋，遮拒天兵，阻遏天使，罪七也；

其安南国王之孙，始被迫逐，万死一生。皇上仁圣矜悯存恤，资给护送，俾还本土，黎贼父子不思感悔，竟诱杀之，逆天灭理，罪八也；

宁远州世奉中国职贡，黎贼恃强夺其七寨，占管人民，杀虏男女，罪九也；

又杀其土官力吉罕之婿，力猛慢虏，其女襄亦以为驱使，强徵差发银两，驱役百端，罪十也；

威逼各处土官趋走执役，发兵搜捕夷民，致一概惊走，罪十一也；

侵占思明府、禄州、西平州、永平寨之地，及朝廷遣使索取，巧词支吾，所还旧地，十无二三，罪十二也；

还地之后，又遣贼徒据西平州，劫杀朝廷命官，复谋来寇广西，罪十三也；

占城国王占巴的赖遭新遭父丧，即举兵攻其旧州格列等地，罪十四也；

又攻占城板达郎、白黑等四州，尽掠其人民孳畜，罪十五也；

又加兵占城，取其象百余只，及占沙离牙等地，罪十六也；

占城为中国藩臣，既受朝廷印章、服物，黎贼乃自造镀金银印、九章冕服、玉带等物，以逼赐其王，罪十七也；

占城国王惟尊中国，不重安南，以此一年凡两兵加，罪十八也；

天使以占城使者同往本国，黎贼以兵劫之于尸毗柰港口，罪十九也；

朝贡中国，不遣陪臣，乃取罪人假以官职使之，为使如此欺侮不敬，罪二十也。

斯其大者，余不悉言，惟黎贼父子不臣之罪，滔天罔既，理不能容，其诸国人遭罹荼毒，积有岁年，深可怜悯。天兵之来，政为吊尔民之困苦，复陈氏之宗祀。已严饬将士秋毫无犯，可皆按堵如故，勿妄惊疑。其胁从官吏，本出威逼，实非必从，可各安职役，皆不加罪。若曾同恶协谋，今能改心易虑，幡然效顺，亦许自新。原任官职，亦仍其旧，其有各国之人见在安南经商或被拘留者，可悉赴军门自陈，即与护送还国。其有愿留买卖者，听。若能为一国之人造福，生禽黎贼父子送至军门者，重加爵赏，敢有昏迷不悛，助恶拒命，天戈一指，扫荡无遗。待黎贼父子就禽之日，即会集尔官员、将吏、国人、耆老，选求陈氏子孙，复其王爵，雪幽冤于地下，解倒悬于国中，上以副皇上之心，下以慰尔民之望。[①]

张辅的檄文显然是根据朱棣的意图写成的，其中提到的安南黎氏父子的罪名大多我们已经知道了。不过这份檄文着重体现的罪名可以概括为三个方面，其一，檄文首先强调的就是黎氏父子在国内篡位的行为，这对于本身就是通过篡位方式登上皇位，如今更为执着强调正统的朱棣来说无疑是不能容忍的，而不仅篡位，还欺瞒宗主国，无疑就更加重了朱棣的不满。其二，就是安南对明朝疆域的蚕食，这与

---

① 《明太宗实录》，卷六十，第867—871页，"永乐四年十月乙未"。

第一点类似，都是对宗主国的严重侵犯。其三，就是安南对占城的入侵，更进一步逼迫占城接受自己的册封。朱棣即位后，努力扩大自己的影响，无论是向中亚的遣使、郑和下西洋还是努力恢复与日本的关系，都是基于这一点，安南却在此时企图挖明朝的藩属国，无疑是往枪口上撞。至于提到黎氏父子在国内的暴虐行为，这并不能说不存在，黎季犛父子为了篡位，在国内的很多做法并不受欢迎，而他们为了应对与占城、明朝的战争而强化军备的做法也在民间扰动很大，黎氏父子此时实际已经不得人心，朱棣以此争取安南民心，再把陈朝搬出来，以"待黎贼父子就禽之日，即会集尔官员、将吏、国人、耆老，选求陈氏子孙，复其王爵，雪幽冤于地下，解倒悬于国中，上以副皇上之心，下以慰尔民之望"的许诺加以诱导，确实在接下来的战争中为他争取到了不少安南的民心。

因此，为了让这份檄文在安南国内广为流传，张辅将之刻在木板上顺红河漂流以争取安南不满黎氏者的支持，《大越史记全书》也记载明军此举使得早已不满黎氏的安南人"诸军见者，谓其必然，且厌胡氏苛政，罔有战心"[①]。同时，张辅更积极派出间谍以收集安南方面的情报，为进入安南后的第一战做充分的准备，西路军沐晟由于路途较近，此时已先于东路军进入安南，朱棣让其先勿与安南军进行大的会战，等待东路军的到达。

关于张辅搜集情报、派遣间谍的问题，作为办事官随军的黄福发挥了极大的作用，他在给广西思明府支付黄广成的信中说：

> 尔思明列大边藩，密迩交土，侏僭相喻，有无懋迁，未必无不可为乡导之人，未必无不可为行间之士，储积有日，备御有方。[②]

除了重要的向导、间谍，黄福也很看重大军的后勤，他这一时期给兵部尚书刘儁等人写了大量书信，主题都是为了保证大军的兵员、后勤，可以说，张辅能够有后来杰出的表现，一半的功劳都是黄福的。与明军相对的同心同德比起来，安南的情况已经如前文所说，内部本来就不统一，离心离德，这也就注定了战争最后的结局。

---

① 《大越史记全书》，卷八，《陈纪·少帝》，第432页。

② ［明］黄福：《黄忠宣公文集》，卷三，《书·与广西思明府知府黄广成》，第239页。

十月中旬，张辅令吕毅攻破隘留关，击败三万安南军，打响了进入安南后的第一仗，其后，朱荣攻破了鸡陵关，但大部分安南军逃走了。为了大量歼灭安南有生力量，张辅在进入鸡陵关后停了下来，在这里，他通过安南降臣与自己的缜密侦查，得知了黎季犛在东、西都与多邦城布有重兵，同时在安南主要河流边设置各种障碍。而在多邦城，安南更动用了自己的王牌——象阵，所谓象阵，即以大象列阵，能够形成强大的冲击力。安南在多邦城苦心经营，集结了大量兵力，"水陆号七百万"[①]，安南希望以坚城、险隘挫败明军，待明军师劳兵疲后再徐图进取，由此，多邦城之战成为了决定安南局势的重要一战。此时沐晟也已兵至白鹤，能够配合张辅作战了。

这一时期，明朝对安南的攻心战也取得了成效，"莫迪、莫邃、莫远及阮勋冒姓莫者，皆不得志，迎降于明，明并授以官"[②]。至于张辅，看破了安南心思的张辅将明军由新福移驻三带州，造船以图进取，至十二月，明军才再度展开行动，张辅的谨慎可想而知。沐晟攻过宣江，进抵洮江，率先抵达了多邦城，张辅方面的情况则稍微复杂，为了渡过洮江，张辅以朱荣在下游十八里之嘉林江迷惑安南军，使之分兵。安南果然中计，于是明军上下游皆取得胜利，张辅于上游渡过了洮江，朱荣于下游渡过了嘉林江，与沐晟于多邦城下会师，决战的时刻来临了。

永乐四年（1406年）十二月十一日，多邦城之战正式开始。面对防御坚固的多邦城，张辅与沐晟合兵一处，二人先以死士乘夜登城燃火吹号作为信号，张辅与沐晟按计划由张辅从西南方向，沐晟从东南方向突破多邦城，"城下将士俱奋勇继登，贼众仓皇失措，矢石不得发，皆跃下城散走，我军遂入城"[③]，成功攻入城内。但此时对明军的考验才刚刚开始，城内的安南军出动了象阵，然而对此张辅早有准备，明军"以画象（像）蒙马，神机将军罗文等以神机铳翼而前，象皆股栗，又为铳箭所伤，皆退走"[④]，明军将马蒙上猛兽画像冲击象阵，又以火铳掩护发起进攻，安南军的大象受到惊吓，不仅未冲击明军，反而回过头来冲击了安南军自己，明军乘势而进，安南军由是大败，明军长驱而进一直攻至伞图，斩杀安南将领梁民献、蔡伯乐，多邦之战明军取得全胜。此后，明军完全掌握了战场主动权，黎氏已不可为。

---

① 《明太宗实录》，卷六十，第874页，"永乐四年十月庚子"。

② 《大越史记全书》，卷八，《陈纪·少帝》，第432—433页。

③ 《明太宗实录》，卷六二，第894页，"永乐四年十二月丙申"。

④ 《明太宗实录》，卷六二，第894页，"永乐四年十二月丙申"。

对于这场战争中这场至关重要的战役，安南方面的记载也没有太大区别，"十二日早，明人张辅率都督黄中，都指挥蔡福攻多帮城之西北，沐晟率都督陈濬等攻城之东南，积尸将与城齐，犹且进战，无敢止者。天长军将阮宗杜等穴城以出象。明人以火箭射之，象退缩。明人随象以入，城遂陷"①。除了突出明军的伤亡外，记载几乎与明朝方面一样。

张辅在多邦之战取胜后，立即由富良江南下直捣东都，黎季犛知道东都已不可守，于是放火烧毁东都宫室，乘船逃遁，明军攻克东都。东都失守后，西都也不可免，这座黎季犛苦心经营的都城在丰城侯李彬与云阳侯陈旭的联合进攻下被攻陷，西都宫室也被付之一炬，黄中则由水路进攻，于生厥江、潭舍江数度击败安南军，安南三江路、宣江、洮江等处州县陆续降明，大量安南官员也投降明朝，安南大局底定。

永乐五年（1407 年）正月，张辅再接再厉，与沐晟联合于筹江、困牧山、万劫江、赖山数度击破安南军，斩杀了三万七千余安南军，安南左相国胡澄、胡杜、胡射等人狼狈逃往闷海口，黎季犛父子退往清化。此后的张辅已经能从安南得到足够的补给，因此朱棣停止由广西向张辅供应军粮，而负责此事的韩观则在二月转向国内事务，回到广西平定柳浔地区的少数民族叛乱。

在初步稳固了占领区后，张辅向黎季犛发起了最后的进攻，而黎季犛也决心利用自己在水上的军队做最后一搏，"京路多从贼以叛，胡杜、胡射弃平滩，过太平、大全至闷口，并力筑垒，铸火器、造艨艟以拒敌。募登者赐身爵，丁男妻宗姬，给田十亩"②，做了拼死一搏的准备。三月下旬，张辅与沐晟配合，采用诱敌之计，在富良江上彻底击溃了黎季犛的水军，"斩其伪翊卫将军胡射等及将卒数万，江水为赤"③，明军长驱直抵黎氏的根据地闷海口，黎季犛仅以身免，其官署机构被彻底摧毁。五月，张辅击败了黎季犛最后的抵抗，擒获黎氏父子及其宗族成员，将他们送往南京。永乐五年（1407 年）九月初五日，朱棣在南京举行了浩大的献俘仪式，朱棣宣布他们的罪名，将黎氏父子等一干人等下狱。关于朱棣与黎季犛的会面，《明太宗实录》没有记载，《大越史记全书》里却留下了一段有趣的记载。朱棣先问黎

---

① 《大越史记全书》，卷八，《陈纪·少帝》，第 433 页。

② 《大越史记全书》，卷九，《后陈纪·简定帝》，第 435 页。

③ 《明太宗实录》，卷六五，第 923 页，"永乐五年三月辛巳"。

氏父子："中国如此，何不畏服，而敢凭陵抗拒？"黎氏父子回答自己不知，朱棣又说："尝告诸来使者，不为不知。"① 根据张辅的统计，整场明朝平定安南的战争，"通前所平州府四十八处，县一百八十六处，户三百一十二万五千九百，所获象一百一十二，马四百二十，牛三万五千七百五十，船八千八百六十五"②

对于已经被平定的安南应该如何处理，张辅在四月就开始在安南国内寻找陈氏子孙以立为国王，这算是履行檄文中的承诺。但是经过一个月的寻找，至三月仍旧没有结果，此时，安南各县耆老尹沛等一千一百二十人在张辅派出寻求陈氏后人的安南降臣莫邃的率领下至张辅军门陈情道：

> 伏蒙给榜遍谕国中宣布圣天子德意，令官复原职，军复原伍，民复原业。访求陈氏子孙嫡而贤者一人，为之奏请，复其王爵，以主国人。谨分诣诸处，宣布抚谕，官吏军民安业如故，惟陈氏子孙向被黎贼歼夷已尽，无有遗类，莫可继承。安南本古中国之地，其后沦弃溺于夷俗，不闻礼义之教。幸遇圣朝扫除凶孽，军民老稚得睹中华衣冠之盛，不胜庆幸。咸赖复古郡县，庶几渐革夷风，永沾圣化。邃谨同耆老人等具表文一通请献于朝，以达下民之情。③

莫邃此举并不能单纯看作是为了自己的前程而讨好明朝的作秀之举，安南国内一直有一股重新并入中国的思潮，而安南人对胡朝的不满更增加了他们对明朝的好感，这道请求并入明朝的表文正是这一情感的具象化表现。加之莫邃等人早已归降明朝并被授予官职，此时通过这种手段无疑也可以为他们自己捞取更大的政治资本。

张辅收到表文后也认为安南不宜长期处于无政府状态，于是立即将奏报并表文一同驰送朱棣，然而当朱棣在四月收到张辅的奏报后却表现出了相当的谨慎，虽然黎季犛现在已是瓮中之鳖，朱棣仍表示"俟黎贼父子悉就擒，而后处置"④ 此时朱棣或许已经坚定并安南为郡县的心思，但他还不能肯定安南的局势，因此他还要再观察一阵。不过从朱棣战前给朱能敕谕中抹去安南文化上的各种存在的做法来看，他寻找陈氏后人的做法未必多么诚心，更多的或许只是为了不食言而做出的一种姿

---

① 《大越史记全书》，卷九，《后陈纪·简定帝》，第438页。
② [明] 张辅：《定兴张忠烈王集·进平南献俘露布》，第98页。
③ 《明太宗实录》，卷六五，第916—917页，"永乐五年三月辛酉"。
④ 《明太宗实录》，卷六五，第932页，"永乐五年四月癸卯"。

态。这从后来安南又能自己拥立出陈頠、陈季扩等人也能得到侧面的证明。

六月，在黎氏父子就擒，安南平定后，朱棣也下定了决心，他颁布《平安南诏》：

朕祗奉皇图，恪遵成宪，弘敷至化，期四海之乐康，永保太和，俾万物之咸遂，夙夜兢业，弗敢怠遑。仰惟皇考太祖高皇帝混一天下，怀柔远人，安南陈日煃，慕义向风，率先职贡，遂封为安南王者，世有其土。比者，贼臣黎季犛及子苍，弑其国主，戕及阖家，毒痛生民，怨声载路，诡易姓名为胡一元，子为胡𡗨，隐蔽其实，诡称陈甥，言陈氏绝嗣，请求袭爵。朕念国人无统，听允所云，幸成奸谋，肆无忌惮，自谓圣优三皇，德高五帝，以文武为不足，法周孔为不足，僭国号曰大虞，纪年元圣，自称两宫皇帝，冒用朝廷礼仪，招纳逋逃，阳奉正朔，觊觎南诏，窥伺广西，据思明府之数州，侵宁远州之七寨，掳其子女，殴其人民，欺占城屏弱，夺其土疆，逼与章服，要其贡赋。累使晓谕，怙恶弗悛，安南王孙，奔窜来诉，黎贼谬陈诚款，请迎君之，乃伏兵要杀于途，拒辱朝使。朕遣人赐占城礼物，又却使臣而夺之，蠢兹凶竖，积恶如山，四海之所不容，神人之所愤怒。兴言至此，盖然伤怀，寔不得已，是用兴师，期伐罪吊民，将兴灭而继绝，爰命总兵官征夷将军新城侯张辅等，率师八十万讨之，飞度富良，深入逆境，桓桓虎旅，威若雷霆，业业凶徒，势如拉朽，七百万之众，须臾而尽，二千里之国，次第皆平，生擒逆贼黎季犛及子黎苍、黎澄与其家属并伪将相官僚黎季貔、胡杜等，抚纳降附，绥辑良善，遍求陈氏子孙立之，其国之官吏、耆老人等咸称为黎贼杀戮已尽，无可继承，又称安南本古交州，为中国郡县，沦污夷习，及兹有年，今兹泛扫，櫱枪划磏芜秽，愿复古郡县，与民更新。朕俯狥舆情，从其所请，置交阯都指挥使司、交阯等处承宣布政使司、交阯等处提刑按察使司及军民衙，设官分理，廓清海徼之妖氛，变革遐邦之旧俗，所有合行事宜，条列于后。

安南王陈氏为黎贼所杀，犯于非命，宜与赠谥，慰其幽冥。其子孙宗族有为黎贼所害者，宜赠以官，有司皆具名来闻，陈氏子孙既为黎贼尽戮，宗祀废绝，有司宜与建祠，其坟墓芜废，宜与修治，祠坟各给民三十户供祭埽。安南官吏、军民人等为黎贼驱迫死亡者众，暴露可悯，有司即为埋瘗，安南郡县官吏皆陈氏旧人，为黎贼威胁，本非得已，诏书到日，凡在职役者悉仍其旧，然民久染夷俗，宜设官兼治，教以中国礼法。黎贼数年以来为政苛猛，毒虐其民，今悉除之宣布　朝廷政令，以安众庶。安南各处关隘，有结系人民守把营寨及逃避海岛者，诏书到日，即便解散，其民罹黎贼困苦已久，有司宜善抚恤，使安生业，无致失所。其官吏、军民有为黎贼所害或黥刺徒配，或全家流徙，不得其所，及一应被害之人，诏书到日，悉放回原籍复业，所在有司即便起发，毋得停留。其有囚系于狱者，即时放遣。安南境内，凡有高年硕德，有司即加礼待，及鳏寡孤独之人，无依倚者，为立济院以存恤之。有怀才抱德、可用之士，有司以礼敦遣至京，量才于本土叙用，安南与占城、百夷等处接界，宜各守疆境，毋致侵越，亦不许军民人等私通，境私自下海贩鬻番货，违者依律治罪。於戏！威武再扬，岂予心之所欲？元恶既殄，实有众之同情广施，一视之仁，永乐太平之治。布告中外，咸使闻知。[①]

朱棣按照计划宣布恢复安南古郡县，改安南为交阯，设立三司，黄福兼署布政、按察二司，吕毅掌都指挥使司，在安南设立四十七州一百五十七县，安南自此在独立四百余年后再度并入了中国的版图。张辅在永乐六年（1408 年）六月班师还朝，七月，张辅进封英国公，沐晟则进封黔国公，仍镇云南。明朝由此开始了对交阯二十年的统治。

---

① 《明太宗实录》，卷六八，第 943—946 页，"永乐五年六月癸未"。

2. 交阯得失

　　永乐五年（1407 年）六月，朱棣并安南为郡县，更名交阯，安南再度被纳入中国版图，之后，朱棣立即开始征召交阯地区的人才，十月初七日，张辅征召的第一批交阯人才九十人到达南京，朱棣一如既往地给予了他们衣物支持，随后朱棣又从交阯征召了七百七十名工匠。对交阯的管理，除了高级官员由明廷直接派遣外，基层官员明廷多任命交阯本土人员担任。明廷除了在交阯设立四十七州一百五十七县外，也在交阯维持相当的军事存在，张辅在交阯设十卫二千户所，明军驻守交阯的兵力约四万七千余人，在张辅班师还朝后，交阯地区的明军主要由交阯都指挥使吕毅掌握。

　　为了稳定对交阯的管理，交阯布政使兼按察使黄福一眼看出了新附的交阯各地赋税征敛轻重不一，需要制定一个统一的章程。永乐六年（1408 年）三月，黄福正式向朱棣上言：

　　　　交阯初平，其地徵敛不一，请酌量轻重为定制。①

　　对黄福的建议，朱棣加以肯定并明确答复：

　　　　比除交阯郡县官，朕数谕之为宽政、务宽简，以绥新附之民。尤重徵敛，重敛者，驱民之策也。福所言良合朕意。②

　　户部于是根据朱棣的指示针对交阯制定了"务从轻省"③的赋税政策，朱棣的这一政策似乎是已经看出了交阯并不好统治从而对症下药制定的政策，实际在张辅尚未班师的永乐五年（1407 年）六月，交阯广源即已经爆发叛乱，而这正是明廷大量

---

　　① 《明太宗实录》，卷七七，第 1043 页，"永乐六年三月庚申"。
　　② 《明太宗实录》，卷七七，第 1043 页，"永乐六年三月庚申"。
　　③ 《明太宗实录》，卷七七，第 1043 页，"永乐六年三月庚申"。

征发交阯人加入明军所导致的。这次叛乱虽然很快被张辅平定，但也导致了明军前军都督金事高士文阵亡。

与此同时，黄福还敏锐地看到了交阯被纳为郡县后最大的问题，那就是经过多年的独立，交阯文化与中国文化的异质性已经相当严重，因此在交阯一边实行宽和的政策，一边稳步推进移风易俗就显得十分重要了。黄福在《贺交阯平定表》及《谢恩表》中都提到了此事。他在《贺交阯平定表》中说：

> 拜命惟谨，懼德弗堪，易俗移风，勉承流而宣化，彰善瘅恶，担激浊以扬清，远慕皋夔之良，尚隆唐虞之治。①

他在《谢恩表》里也谈到了相似的问题：

> 兴继于今，郡县复古，绾章纡绶者，思为良吏，被发左衽者，乐齿编氓。……愿倾葵藿之诚，馨竭驽骀之力，承流宣化，俾仁政以发施，激浊扬清，务纪纲之振举。②

黄福在这两篇上给朱棣的表文中都表达了一个共同的思想，就是既要在交阯实行宽政以笼络民心，同时也必须要进行移风易俗，只有再度将交阯同化，明朝在那里的统治才能够稳固，而他自己深感朱棣再度启用的知遇之恩，愿意一力承担这一任务。正是因为黄福卓越的眼光，《大越史记全书》中也称赞他"福为人聪慧，善应变，有治民才，人服其能"③，来自敌对方的肯定无疑更为可贵。

永乐六年（1408 年）六月，张辅班师还朝，八月，朱棣就接到了交阯陈頠举兵叛乱的消息。陈頠在明军征讨胡朝之时以"陈氏故官"④的身份投降明军，安南平定后，明军将这些陈朝旧官皆送往南京，然而陈頠在途中与陈希葛逃走了。陈頠逃至化州，在邓悉、阮帅等一些不服明朝管理的旧安南官员的拥立下以陈艺宗次子身份于长安州谟渡称帝，建元兴庆，拥军数万，公开反叛明朝，当时的时间是永乐六年

---

① [明]黄福：《黄忠宣公文集》，卷六，《表·贺交阯平定表》，第 290 页。
② [明]黄福：《黄忠宣公文集》，卷六，《表·贺交阯平定表》，第 290 页。
③ 《大越史记全书》，卷九，《后陈纪·简定帝》，第 439 页。
④ 《明太宗实录》，卷八二，第 1101 页，"永乐六年八月乙酉"。

十月初二日。这一政权在越南历史上被称为后陈朝，陈頠被称为陈简定帝，陈頠能迅速聚集数万之众与明廷在平定安南后即从交阯征调大量贵重金属并因此给交阯人民造成极大的负担是密切相关的，而这一政策在陈頠反叛后就停止了。

关于陈頠的身份，《大越史记全书》记载为"艺宗次子也。旧号简定，胡氏改封日南郡王"①。因为缺乏更多关于他身份的资料，我们无法断然否定《大越史记全书》的记载。倘若陈頠真的是陈艺宗次子且被黎季犛封为日南郡王，那么张辅寻找陈氏后人的行动无疑就十分敷衍了，因为一个身份如此显著且当时已经为明军掌握的人物竟然没有被发现。换个角度，倘若张辅、朱棣明知此人身份，仍旧坚持将他送往南京，则说明朱棣压根就不打算在安南复兴陈朝，他的打算从一开始就是将其纳为郡县，寻找陈氏后人云云，则完全就是作秀了。如此一来，陈頠半路逃走，朱棣要求朱能抹去安南独立痕迹的各种记载就能够吻合了，不过这一论点仍旧缺乏直接证据，无法完全确证。

无论陈頠的身份是否属实，他的反叛都是实实在在的。得知消息后的朱棣不仅令交阯都指挥使吕毅立即就地进行镇压，还另发云南、贵州、四川三处兵四万，以黔国公沐晟为征夷将军率领前往交阯与吕毅共同平叛，朱棣深知此时"交阯初入版图，人心未固"②，因此对这种叛乱必须尽快镇压下去，否则将会动摇明朝对整个交阯的统治，而朱棣以沐晟负责此事显然是考虑到云南临近交阯且沐晟在平定安南的战争中立有大功，若他能担负起这个职责，则不仅指挥方便，补给也很方便。

陈頠自立为帝后，明廷在交阯的驻军立即对其发动进攻，但遭到击退。初战告捷的陈頠向西进至安南中部重要的义安暂驻。沐晟独自领军来到安南，其军事才能的不足在其后的平叛过程中暴露无遗，失去了张辅领导的沐晟并不能独当一面。永乐六年（1408 年）十二月，沐晟率明军与陈頠大战于生厥江，陈頠乘潮汐与强风向明军发起进攻，沐晟战败，吕毅、刘儶、刘昱皆阵亡，在局势万分危急之时，明军援军赶到，将沐晟接应回去。陈頠虽然通过这次胜仗将战线推进至升龙，但因为邓悉的坚决反对，陈頠未能进一步扩大战果，而沐晟的大败使朱棣清醒地认识到，以云南就近经营交阯的方案已经行不通了，能够扭转交阯局势的只有一个人，他就是张辅。于是，永乐七年（1409 年）正月，朱棣在接到沐晟求援的奏报后，再度命张

---

① 《大越史记全书》，卷九，《后陈纪·简定帝》，第 435 页。

② 《明太宗实录》，卷八二，第 1102 页，"永乐六年八月乙酉"。

辅挂帅领军四万七千前往交阯平定叛乱。

关于张辅赶赴交阯的时间问题，《明太宗实录》为永乐七年初，《大越史记全书》则为永乐六年正月。关于这一分歧，我们能从双方资料的记载进行判别。《越峤书》中有一份永乐五年四月十九日朱棣给张辅、沐晟的敕谕，当时两人都还留在交阯，这份敕谕中明确谈到了两人之间的矛盾。朱棣告诫张辅的部分说：

> 尔等与西平侯各有印信，今后军中处置事务，必须齐心协力，和同计议而行。凡具奏及行移文书，毋得共一纸金押，庶省尔等牧童忿争之气。[①]

而在给沐晟的部分里，朱棣的话说得更为直白：

> 敕西平侯沐晟：
> 朕以新城侯张辅与尔，皆国家之亲，命同征讨黎贼，新城侯年少，能奋勇战斗，抚循士卒，亲当矢石，克尽勤劳。尔乃不能抚慰之，遂谋事不和。昔开平王能奋力勇战，中山王又善抚慰之，所以事皆和同，卒能成平定之功。今尔等乃自相毁骂，效牧童子所为，使外国人闻之，徒资其笑耳。今后一应大小事务，必和同谋议。若仍效牧童所为，定治以国法，略不加恕。尔其省之。[②]

可以看出，当时两人之间的矛盾已经到了非常激烈的程度，被朱棣比喻为就像是两个牧童之间的争吵。朱棣虽然明显偏袒张辅，仅仅让张辅不要再和沐晟同用一份文书，而是用各自的印信分别上奏，却给予了沐晟严厉的警告，甚至威胁要用国法惩治沐晟。因此，到了陈頠反叛时，朱棣不可能在一开始就派遣这两位本来就有严重矛盾的人再度同赴交阯，而是按照就近原则启用了沐晟。这一点，在《大越史记全书》中同样能从侧面得到证明。《大越史记全书》虽然记载张辅永乐六年正月就到了交阯，但是在记载十二月他们对明军取得的巨大胜利时，却只记载明军统帅为沐晟，丝毫没有提及张辅，而倘若张辅此时已经抵达交阯，则他们完全可以将张

---

① ［明］李文凤：《越峤书》，卷二，《书诏制敕》，第706页。
② ［明］李文凤：《越峤书》，卷二，《书诏制敕》，第706页。

辅纳入作为吹嘘自己胜利的更高资本，这也从侧面说明此时张辅还没有来到交阯。

就在张辅抵达交阯之时，陈頠集团内部却发生了内讧。永乐七年（1409 年）二月，身在黄江的陈頠接到密奏称"阮景真、邓悉专权予夺，若不早图，恐后难制"，陈頠相信了这一密奏，"帝召二人至，扼杀悉，真奔上岸，力士追斩之"。至于他们君臣间的矛盾由来，则可以追溯到前一年十二月大破沐晟的那一战。当时安南军取得大胜，明朝兵部尚书刘儁、交阯都指挥使吕毅全部阵亡，"独沐晟走脱，奔古弄城"。面对如此大好局面，陈頠对诸军说："乘破竹之势，席卷长驱，疾雷不及掩耳，进攻东关城，破之必矣。"主张利用这次胜利最大限度扩大战果，但是他的这一决定遭到了邓悉的反对，他认为："且收余寇，毋致后患。"双方无法达成共识，最终沐晟等到了东关的援兵，全身而退。随后，邓悉又分军包围明军驻守的城池，还越俎代庖，"檄诸路行军讨贼"。[1] 邓悉是拥立陈頠的重要功臣之一，还将自己的女儿嫁给了陈頠，因此获封"国公"。但到底他只是臣，陈頠才是君，邓悉这种公开反对主君甚至僭越的行为自然会引起陈頠的不满。且不论陈頠乘胜追击的策略是否合理，邓悉的反对是否正确，这都不是他身为一个臣子所应该采取的做法，君臣的分裂可以说是必然的结果。

但令陈頠始料未及的是，他的这一做法不仅没有强化自己的权威，反而导致了后陈朝高层进一步的分裂，阮景真之子阮景异与邓悉之子邓容领顺化军返回清化，与阮帅共同在支罗拥立陈頠之侄陈季扩为帝，改元重光，陈季扩是为陈重光帝，他们尊陈頠为太上皇，阮帅担任太傅，阮景异为太保，邓容为同平章事，阮章为司马，陈季扩驻守御天城，陈军则各据江河，不时出没袭击明军。四月，后陈朝发生了进一步的内讧，后陈朝中亲陈頠的黎截、黎元鼎计划袭击陈季扩，但事泄被陈季扩杀掉，陈季扩遂借此机会命阮帅进军俘虏了陈頠，将之带至乂安软禁。

张辅进入交阯后，朱棣在五月二十日发给了他一道敕谕，让他吸取沐晟的教训，务必彻底消灭后陈朝势力：

敕总兵官征虏副将军英国公张辅、副总兵清远侯王文：

前者，黔国公总戎失律，挫损军威，遂至凶徒啸聚充斥，残寇邓悉既阴被殛，余孽奔溃，渐已荡平。今闻八百、老挝运粮不息，未审供馈何人。且

---

[1] 《大越史记全书》，卷九，《后陈纪·简定帝》，第 442—443 页。

虚言有象五百歉。敌官军谓将帅皆易与尔。盖因前失策，启蛮夷轻视朝廷，欺蔑无良帅，故为贼遥张声。尔等可差人缉探，严加防捕，扫清余寇，毋劳再举。故敕。①

朱棣一方面看到了后陈朝内部的分裂，同时还注意到了因为沐晟的失败，导致东南亚不少安南曾经的邻国此时都蠢蠢欲动，通过各种手段声援后陈朝，交阯的局势颇为复杂，既有战机，也存在风险。面对这一时机，张辅同样表现出了相当的慎重，他在五月二十二日给朱棣的奏报中充分分析了当时交阯的局势，提出了自己的战略：

叛寇简定等自相谋害，贼党阮帅等各怀疑贰，今推简定为伪上皇，别立陈季扩为伪皇，纪元重光，窃据江河，出没为患，必用舟师，庶可成功。即今驻营北江府仙游县，就此览山取材造舟，招谕谅江、北江、太原等府避寇人民，使皆复业。②

张辅充分认识到了后陈朝内部的分裂以及他们对江河的依赖，驻军北江府仙游县，建造舟师以图进取。同时他还安抚当地交阯人民以巩固明廷在当地的统治基础，双管齐下，做着下一阶段战斗的准备。

永乐七年（1409 年）六月底，准备充分的张辅进军交阯慈廉州，攻破唱门江粉社营，进逼广威，陈季扩手下黄巨敛败逃。这次失败刺激了后陈朝，陈季扩计划向明军发起一次进攻。《大越史记全书》为了营造后陈朝内部团结的形象，称"二帝出师讨贼。上皇分兵下洪，帝师进平滩驻营"③，但陈頵此时分兵至下洪，在这里弃船上岸，进至天关镇，陈季扩还遣阮帅追赶，最终没能赶上，才只好作罢，所谓"帝疑上皇有异志"④云云，正是这一事实的反应。无论如何，后陈朝内部严重的分裂并没有得到弥合。

八月，陈军在阮景异率领下向明军扼守的要地盘滩发动猛烈的进攻，明朝都

① ［明］李文凤：《越峤书》，卷二，《书诏制敕》，第 714 页。
② 《明太宗实录》，卷九二，第 1224 页，"永乐七年五月癸巳"。
③ 《大越史记全书》，卷九，《后陈纪·简定帝》，第 445 页。
④ 《大越史记全书》，卷九，《后陈纪·简定帝》，第 445 页。

指挥同知徐政率军力抗，身负重伤，终于将陈军击退，徐政伤重而亡。由于徐政奋力保住了盘滩，邓景异的这次进攻并未对大局产生影响。八月二十一日，张辅在鹹子关击败了陈季扩，邓景异进攻不成，退保南策州卢渡江。张辅进兵鹹子关，明军水陆并进，乘风以密集的火器击溃了邓容集结于此的二万军队，擒获陈军将领二百余人，夺取了四百余艘战船，陈季扩退回义安。至八月底，交州、北江、谅江、新安、建昌、镇蛮诸府皆为张辅平定，一举扭转交阯战局。

九月初，张辅进军太平海口。阮景异正在此处出没劫掠明军，张辅进军，先遇见了陈军哨船，"追杀俱尽"。解决了前哨，张辅继续深入，终于发现了对方主力战船三百余艘停泊的海洲南岸。张辅没有犹豫，立即派遣都督指挥方政、李龙等率军"往捣之"，陈军则分兵迎战，以一半战船迎战，"官军鼓噪齐进，矢石俱发，奋锐直前，与贼连舰，短兵接战，贼大败，斩贼首五百余级，溺死无算，生擒三百余人，余船皆不战而溃，擒伪宁卫大将军范必栗"[1]，只有阮景异仍旧逃脱了，张辅随即兵至清化。此战之后，交阯开始流传起了各种关于张辅的恐怖传说，比如《大越史记全书》就记载：

> 辅所至多行杀戮，或积尸为山，或抽肠系树，或煎肉取膏，或炮烙为戏，至有剖胎为二馘以应令者。[2]

张辅被妖魔化成了一个活脱脱的怪物。至于实际情况如何，张辅无疑并不是这样的，因为陈季扩面对接连遭遇的失败，很快就在十月致书张辅联络，称自己实乃陈氏后裔，请求封爵，而张辅的回答十分干脆：

> 陈氏子孙往者为黎氏所戮，尝遍求国中，无有存者，今奉命讨贼，不知其他！[3]

无论之前张辅对陈氏后人的寻找是真心还是作秀，这都成了一个很好的挡箭

---

① 《明太宗实录》，卷九六，第1268页，"永乐七年九月庚午"。
② 《大越史记全书》，卷九，《后陈纪·简定帝》，第445页。
③ 《明太宗实录》，卷九七，第1281页，"永乐七年十月"。

牌。张辅斩陈季扩使者，以朱荣、蔡福率陆军先行，自总水军进军大安海口，于福成转入神投海口，与朱荣会师清化。清化为陈季扩守卫自己乂安老巢的最后一道防线，但此时陈季扩已经逃至乂安，陈颙逃至演州，张辅轻松击败阮景异，攻取清化。

十一月，张辅与沐晟配合，张辅先将目标锁定已经势单力薄的陈颙，他进军地册，率军进抵天关镇，而沐晟则进军巨勒册。然而当明军抵达时，已知天关镇不可守的陈颙已经逃往杯册，张辅追至美良县，陈颙逃入山中，张辅将山包围，通过搜山将陈颙擒获，跟随陈颙的后陈朝官员也被俘虏，张辅将陈颙械送南京。永乐八年（1410年）正月三十日，陈颙在南京伏诛。至此，交阯只剩下了陈季扩残部，形势对明军一片大好，然而正在此时，张辅却突然奉调回朝。

朱棣之所以在此关键时刻调张辅回朝乃是因为他即将进行第一次漠北亲征，而张辅是需要跟随自己北征的将领。关于这一点，朱棣在这一时期给张辅的敕谕中明确到达了这层含义。朱棣在永乐七年十一月初一日的第一道敕谕中明确了让张辅在交阯基本稳定后立即还朝的意图：

> 敕总兵官征虏副将军英国公张辅等：
> 交阯余孽闻斩已藩平，尔度无他虞，即班师回京。如彼中事势未可即离，止令清远侯王文、都督朱荣、蔡福、林帖木儿先回，北征胡寇，有能领马、指挥、千百户，度彼不用，亦遣其同回。故敕。[1]

虽然朱棣在这道敕谕中让张辅在交阯局势无虞后再行返回，但他真实的考虑显然并非如此。很快，朱棣在十一月十八日、十一月二十八日又发出两道敕谕给张辅。十一月十八日的敕谕再度强调了一遍初一日的内容，而二十八日的那道敕谕则已经是让张辅还朝的死命令了：

> 敕总兵官征虏副将军英国公张辅：
> 敕至，尔即启程赴北京往征。[2]

---

① [明]李文凤：《越峤书》，卷二，《书诏制敕》，第714页。
② [明]李文凤：《越峤书》，卷二，《书诏制敕》，第714页。

可见朱棣此时的急切。而对于张辅在此时回朝，谈迁后来无比扼腕地评论道：

> 陈季扩、邓景异（即阮景异）尚在演州、乂安，遽还英公，则北征亟之也。假得须臾少缓，将攻其心，交人不复反矣！噫！[1]

无疑，倘若此时张辅没有回朝，陈季扩则难以出现之后的死灰复燃，但也很难"交人不复反矣"，因为这需要明朝制定一整套适合交阯的统治政策，对于这一点，明廷在相当时间内做得并不好。

张辅回朝，继续平定陈季扩的责任自然再度落在了沐晟肩上。虽然两人之间存在尖锐的矛盾，张辅为了确保自己走后沐晟不会出现手足无措、兵力不足的局面，还是留下了江浩、俞让、花英、师祐率领部分兵力协助沐晟，并以自己的副手云阳伯陈旭为沐晟副手以辅佐沐晟。同时，他还在永乐八年（1410 年）正月继续进兵宜阳社，击败阮师桧，斩四千五百余级，俘两千余人。面对交阯此前一度出现的兵民不分、土官降而复叛的情况，张辅干了一件在当时也算是非常暴虐的事情，将这两千多俘虏"皆斩之，敛其尸为京观焉"[2]，这无疑加重了交阯人对张辅的恐惧，此举虽然在当时确实能够起到震慑作用，但延续到后来，反作用也是不容忽视的。张辅在永乐七年（1409 年）十一月即接到回朝的命令，但至永乐八年（1410 年）二月一切安排妥当后才正式启程回朝。

然而计划似乎永远赶不上变化，张辅离开交阯仅一个月，陈旭即于交阯军中病逝，沐晟失去了这一有力的副手。然而这一切对黄福并没有什么影响，他一直着眼于稳固明廷在交阯的统治基础，永乐八年（1410 年）四月，黄福提交了一份重要奏本，谈到了为了在交阯建立稳固统治所应行的五件事，总结起来：

> 其一，为了改善大军在交阯地区的交通问题，黄福经过勘察，发现了更为便捷的道路，"今询得泸江北岸小河直通盘滩，下至新安府、靖安州、万宁县，抵广东钦州，水路止十站。钦州至灵山县，灵山县入广西横州，陆路止

---

① ［明］谈迁，《国榷》，卷十五，第 1035 页，"永乐八年正月"。

② 《明太宗实录》，卷一〇〇，第 1304 页，"永乐八年正月甲戌"。

三站，通计十三站，比旧行之路水路减半。乞令广东、广西二布政司差官量道里，设水马驿站、递运所，并相其要害去处，设卫所、巡检司，镇御盗贼，既免瘴疠，又便往来"；

其二，因为交阯长年战火不断，人民大量逃亡，不得屯种，粮食产量不足，大军就地征集粮草出现困难，中央朝廷通过海运运输粮草也不能完全保证大军的供给，因此"乞诏云南等处定例开中盐粮，庶使商贾通行，粮食不乏"；

其三，黄福考虑到了交阯本土官员的问题，"窃见交阯官吏军民多于原籍携家前来，间有事故，遗下人口，欲还乡里，路远艰难，乞为定例，给与脚力、行粮，庶不失所"；

其四，同样是大军的供给问题，黄福考虑到不能单纯依靠内地供给，也需要逐步在交阯实现大军自给自足，因此建议"曩为交阯军储不足，奏请住支军民衙门官吏月粮，量拨荒田，俾自种食。其军职有于原任支俸者及各卫所首领官吏典，仍支食米，即今仓无积粟，宜将食米并行住支，照例拨田，种食为便"；

其五，赏功罚罪也需要明确，"本处所设大小军民衙门官员，有随军征进立功办事后，定授职名者，有自愿出仕远方除授者，有调除升用者，内有将及一考，欲循内服官员三年考绩事例，起送赴京给由"。[1]

应该说，黄福的奏疏非常全面，对交阯地区的考虑也非常深入，他高水平且全面的建议自然为朱棣所采纳，不过由于当时朱棣正忙于北征鞑靼，因此这些建议能被执行到什么程度就不得而知了，不过，我们能够通过《大越史记全书》知道屯田政策在交阯得到了较好的贯彻，"黄福请拨土官职田，随其品秩，召人代种，收租代禄。流官听供兵，种田收谷，开支食米"[2]。

另一方面，黄福的建议再好，也要以交阯不能长期战乱为前提，因此，沐晟必须尽快解决陈季扩。永乐八年（1410 年）五月，沐晟继续追击陈季扩于虞江，但陈季扩已经跑了，沐晟于是又追至灵长海口，斩杀陈军三千余人，但他仍旧没能抓住陈季扩。与此同时，沐晟的胜势也未能持久，很快，他就在鲁江被阮景异击败，明

---

① 《明太宗实录》，卷一零三，第 1335—1337 页，"永乐八年四月戊戌"。
② 《大越史记全书》，卷九，《后陈纪·重光帝》，第 446 页。

军都指挥孙全战死。沐晟的攻势被遏制，陈季扩则乘势进军平滩，烧毁了明军船寨，交阯清化地区也掀起了一股反明风潮，但这些反明势力互不统属，没有统一指挥，在张辅回到交阯后，很快就都溃散了。

陈季扩虽然遏制住了沐晟的攻势，但他也十分清楚凭借自己此时的势力是无法与明朝相抗衡的。于是，他在十二月向朱棣上表请降。北征胜利结束后正在处理善后事宜的朱棣同意了陈季扩的请求，授陈季扩为交阯布政使，其部属也被授予相应的官职，阮景异、邓容均为都指挥。从这里我们能够看出，倘若交阯有招抚的可能性，朱棣还是更愿意采取这一相对温和的政策。关于陈季扩请降一事，明越双方都有记载，《明太宗实录》中记载了朱棣接受陈季扩请降后颁布的诏书：

> 尔等上表请降，今从所请，各授以官，果能输诚，则一方受福，永享太平。若怀诈不诚，大军必进，是尔贻祸于众，悔将无及。①

朱棣是政治家而非慈善家，他显然也察觉到了这或许只是陈季扩的缓兵之计，因此在诏书中留出了足够的再度兴兵的余地。至于越南方面，《大越史记全书》中记载了这一时期明朝颁布给交阯不同对象的多道诏书。首先，明廷颁布了一道针对交阯军民全体的诏赦：

> 交阯既属于职方，连岁未臻于休息。悯兹困弊之后，特敷宽恤之恩。庶使兆民，咸霑恩德。②

这是对交阯全员进行宽免。同时，明廷还颁布了一道给交阯军民的谕旨：

> 交阯之人，皆为天民。既以抚之，皆朕赤子。彼一时从寇徒者，朕闻受戮，实恻然伤怀，岂忍使其如此。但作恶者，止有数人。海滨山岗，百姓为其所逼胁，或助与粮食，或带领同行，到处为寇。皆出于不得已，为其所误，非由本心。若能幡然自悔，咸与维新。为恶止数人，于百姓无罪。其间挺然

---

① 《明太宗实录》，卷一一一，第1425页，"永乐八年十二月戊午"。
② 《大越史记全书》，卷九，《后陈纪·重光帝》，第446页。

有勇敢见识之士，能执此数人来献，必与之高官，加以重爵。若此等人能洗心涤虑，改过自新。不但宥释其罪，又必荣之以官。[1]

很明显，朱棣此时在一定程度上意识到了前一阶段明朝统治交阯政策上的某些失误，因此在这道谕旨中着重进行了弥补，而其中最重要的就是将交阯百姓与后陈朝进行分别，对交阯民心着力进行笼络。所谓"彼一时从寇徒者，朕闻受戮，实恻然伤怀，岂忍使其如此"云云，很容易让人联想到此前张辅在交阯屠杀俘虏以筑"京观"的事件，而现在朱棣对他们都表示了赦免，甚至鼓励他们"其间挺然有勇敢见识之士，能执此数人来献，必与之高官，加以重爵"。最后，对于陈季扩等人的请降，他也进行了回应，授予他们官爵就是其中之一。不仅如此，朱棣还专门对交阯地区土官进行了嘉奖，其中一份为：

尔以魁杰之才，敦厚之质，明达先见。昔输诚效力，尽忠朝廷。抚念尔劳，特加显职。今闻尔能修厥职，竭力建功，剿戮叛贼，固守境土。眷兹忠诚，岂胜嘉悦。兹者，余寇未宁，尔尚益懋乃功，戮力剿荡，以绍前绩。特遣人劳赐，尔其钦哉，服此宠命。[2]

《大越史记全书》虽然没有记载这位土官是谁，但我们从敕书内容也能看出他正是因为在后陈朝起兵期间依旧坚定站在明朝一边并为明朝作战才得到了这一嘉奖，这同样是朱棣为了笼络交阯人心而付出的一种政治酬劳。三份诏书都不约而同反映了这一时期朱棣对交阯宽恤的政策，而之所以会出现这一政策调整，无疑与陈季扩的请降是分不开的，同样在《大越史记全书》中也记载陈季扩曾两度向明朝"求封"，不过结果并不理想，这可以理解为另一种为尊者讳了。

既然陈季扩并非真心归降，朱棣也对他并不信任，那么战端再开就只是时间问题了。永乐九年（1411年）正月，在北征善后事宜处理完毕后，张辅第三度挂帅赴交阯，他带去了两万四千大军，而对于交阯官员的入朝述职，朱棣也只让布政、按察二司官员入朝，留下了都司官员，朱棣更在二月专门敕谕张辅要他仔细辨别陈季

---

① 《大越史记全书》，卷九，《后陈纪·重光帝》，第446—447页。

② 《大越史记全书》，卷九，《后陈纪·重光帝》，第447页。

扩归降的诚意：

> 陈季扩表奏伏罪，朕推诚待之，已可其奏，遣人赍敕抚谕。如果能至诚归顺，即赦其罪。若怀诈不诚，尔等务在协谋平贼，庶不负朕之委任。①

三月，张辅抵达广西南宁。有趣的是，在此之前的正月，张辅给交阯各土官的指示就已经传达到了交阯，而此时张辅很可能刚从明廷出发，而朱棣任命陈季扩为交阯布政使也不过一个月，而就在一个月后，朱棣还在给交阯诏书中宣扬和平。由此我们可能充分看出这次议和双方其实都没有诚意，都仅仅将之作为一种缓兵之计罢了。张辅在正月"刬各府土官，以为从征之役，有府、州土官带管者，有置千百长隶，以为指挥、千户者"②，预先做着战争准备，如此实在很难让人相信张辅抱有可以与陈季扩和平解决的希望。

四月，张辅坚定地向朱棣表示陈季扩的归顺并不可靠："交阯反贼陈季扩，外示顺服，中实诡诈。阮帅等逆状显著，终无悛心，请进兵讨之"③，表示只能进兵讨伐。这一结果很好理解，前文已经谈到陈季扩才挫败了沐晟，很难诚心归降，不过结合张辅此前对陈季扩"今奉命讨贼，不知其他"的态度，他或许根本没想过能和平解决陈季扩问题，另一方面，朱棣其实也并没打算真的和陈季扩和平相处。在判断陈季扩诚心的过程中，黄福也发挥了他身在交阯多年的经验，他在这一时期写给明朝派到交阯的第二位兵部尚书陈洽的信中谈到陈季扩"至于今日，始而遣人入贡，实无诚心，不过欲老我师而阴为求全复举之计"④，这些都最终促成了明廷中央的政策调整。

七月，交阯底江大水，张辅则抓住这一机会联合沐晟向陈季扩发动攻势，张辅率舟师，沐晟率步骑，双方分道进至九真州结悦县之月常江。而陈季扩为了应对张辅，这次也派出了豪华阵容，不仅阮帅、阮景异等重要将领尽皆出动，还"树椿江中四十余丈，江口两岸皆置栅，延亘二三里，江内列船三百余艘，设伏于山之右"⑤。

---

① 《明太宗实录》，卷一一三，第 1441 页，"永乐九年二月癸卯"。

② 《大越史记全书》，卷九，《后陈纪·重光帝》，第 446 页。

③ 《明太宗实录》，卷一一五，第 1468—1469 页，"永乐九年四月丁巳"。

④ ［明］黄福：《黄忠宣文集》，《复陈贰卿》，第 153 页。（《明经世文编》）。

⑤ 《明太宗实录》，卷一一七，第 1488 页，"永乐九年七月丙子"。

面对陈军的攻势，张辅"调都督同知朱广、都督指挥张胜、俞广领划船官军拔椿以进"，张辅自己则"率都指挥方政等以步队剿其伏兵，攻破排栅，追至江岸"，对陈军构成水陆夹攻，最终"贼大败，阮帅等各散走，生擒伪金吾将军管领、翊虎军邓宗穆、伪宁卫将军黎德彝、伪武卫将军管领、雄边军阮忠、伪威卫将军阮轩等，斩贼众四百余人，溺水死者甚众。获贼船百二十余艘，得邓景异伪入内司空及演州镇抚军大将军印"，明军取得了决定性胜利。①

十一月初，张辅继续追击陈季扩于生厥江，陈季扩此时已经仅能集结五千余人迎战，张辅将陈军轻松击败，"枭首千五百余人以徇"②，此战之后，"余贼散走林莽泥泽中，追杀殆尽"③，明军陆续捕获大量陈季扩下属官员，但还未抓获陈季扩本人，不过陈季扩大势已去，交阯慈、广、福、安诸州县相继为张辅平定。十一月十五日，韩观被任命为征夷副将军，移镇交阯以协助张辅，同时稳定由广西向交阯的粮运。不过对张辅而言，尽快抓住陈季扩更为重要。

时间到了永乐十年（1412年）。这年正月，陈季扩面临的局势已经十分恶劣，"时京路皆附于明，百姓当差纳粮，以从守任之差发。土军造船屯田，以助总兵之役，演州以南不得耕种"④。六月，张辅、沐晟共同对陈季扩的统治中心义安发动进攻，"遇阮帅、阮景异、邓容等于谟渡。容、辅皆殊死战，未决胜负。帅、景异漂海而走，胡贝弃船登岸，容孤军无援，遂轻船越海而遁"，最终因为协同作战失败，陈军再度战败，至七月，明军陆续占领了清化、演州。八月，张辅屯兵安谟海口，陈季扩率残部出神投海，张辅以舟师乘风进攻，击败陈军，将俘获的敌将邓汝戏等三十五人槛送南京。其后，张辅继续对陈季扩穷追不舍，至永乐十一年（1413年）正月，包括陈季扩从子在内的五十四名陈季扩亲信皆为明军擒获，但陈季扩仍旧逃脱了。为了恢复交阯的生产，张辅在永乐十一年（1413年）除了仍旧继续追剿陈季扩外，更多的开始恢复交阯的农业生产，收拾人心，以断绝陈季扩隐藏的基础。

永乐十年（1412年）十二月，交阯大局已定，朱棣颁布了一道给交阯布政司、州、府、县官吏、耆老等人的谕旨：

---

① 《明太宗实录》，卷一一七，第1488—1489页，"永乐九年七月丙子"。

② 《明太宗实录》，卷一二一，第1523—1524页，"永乐九年十一月癸亥"。

③ 《明太宗实录》，卷一二一，第1523—1524页，"永乐九年十一月癸亥"。

④ 《大越史记全书》，卷九，《后陈纪·重光帝》，第449页。

朕承天命，统治天下，惟天下之民，举得其安。交阯远在海滨，旧为中国之地，今已复古，军民归化，于兹有年，已立牧守令，及军卫司，选任忠良贤能者，以抚治之。朕夙夜在念，尚虑地远民繁，化有不浃，不得已被国家爱养恩泽。今尔等皆忠良之臣，务体朕奉天爱民之意，兴民之利，除民之害，顺其好恶，而革其奸弊。教民以耕桑，使之不违其时，则衣食有所养。教民以孝悌忠信，导民以礼义廉耻，则风俗有以成。死丧患难，相恤相助，困穷颠连，相赒相扶。老以训其幼，少以事其长。各循其性，无悖于礼。勿为盗窃，勿为欺罔。毋舞文以弄法，毋徇私以灭公。使之安生乐业，永为无事之天民，共乐太平之盛治。则尔等克慎乃职，克共乃事，克承朕代天子民之德意。媲古之循良，名垂耀于青史，岂不伟哉。①

在这道谕旨中，朱棣关注的已经不是交阯的战事了，而是交阯战事结束后明廷在那里移风易俗的问题。显然，已经为交阯被纳为郡县后很快就爆发了大规模叛乱，因此黄福在当天全面推行移风易俗的建议并没有得到很好的推行。此时，朱棣意识到这已经是刻不容缓的了，因此专门颁布了这道谕旨。

永乐十一年（1413年）四月，张辅再度对乂安发起攻击，陈季扩逃往化州。穷促不已的陈季扩此时再度派遣台官阮表到张辅处"求封"。陈季扩尚有优势时，求和尚且遭到拒绝，此时求和，张辅自然不会同意，他直接将阮表扣留在明军。阮表无法回去复命，情急之下，大骂张辅："内图攻取之计，外扬仁义之师。既许立陈氏子孙，又设置郡县。不惟掠取货宝，抑且残害生民，真虐贼也。"结果遭到张辅杀害。② 不过阮表所说在某种程度上也是事实，明朝在复立陈氏后人这点上确实没多少诚心，这也是交阯相当一部分人对明朝逐渐失望的主要原因。他们因为对胡朝的不满而支持明朝介入，又因为未能如愿在交阯复兴陈朝而逐渐走到了明朝的对立面。

在永乐十二年（1414年）剩下的岁月里，双方继续发生冲突，但整体强度较一年前大为降低。六月，张辅、沐晟之间就是否夺取化州发生了争论，沐晟认为："化州山高海阔，未易图也。"张辅则不这么看，他表示："生我也是化州，作鬼也是化州。未平化州，我何面目见主上乎？"于是发兵进攻顺化州城。九月，张辅、阮帅

---

① 《大越史记全书》，卷九，《后陈纪·重光帝》，第450页。
② 《大越史记全书》，卷九，《后陈纪·重光帝》，第449页。

再度于蔡茄港交战，两军南北相持。邓容再度拿出了大象，乘夜偷袭张辅营寨，结果因为夜色太黑，根本找不到张辅所在。张辅在夜色掩护下先乘小船退走，在确定陈军兵力不多，特别是大象不多的情况下率军反攻，邓容所部彻底崩溃，"自是窜伏山谷"。①

十一月，张辅终于擒获了陈季扩手下最为重要的两员将领——阮景异、邓容。不过关于这两人被张辅擒获的时间，明、越双方史料存在区别，《明太宗实录》为永乐十二年正月，而《大越史记全书》为永乐十一年十一月，差了一个月。《明太宗实录》对两人被擒过程有详细记载。张辅进军至政平州政和县，在这里侦查得知"邓景异、邓镕领为龙虎大将军黎蟾等七百余人逃遁蛮昆蒲册"，于是立即进兵抵达罗蒙江，结果发现这里"皆悬崖侧径，扪萝可上"。张辅果断决定，"舍骑而进，将士皆步后，比至昆蒲册"。然而当张辅抵达时，阮景异已经逃走了，张辅决心不放过阮景异，继续穷追不舍，"又追吒蒲捺册贼及其土人，皆遁，不知所之，遂大索。夜四鼓，行二十余里，闻更鼓声，辅率都指挥方政等御[衔]枚赴之，黎明至吒蒲干册江北，贼据南岸立寨，官军渡江，围而攻之，贼不能拒，飞矢连中景异，伤其胁，遂擒之。邓镕遁，政领军追捕，并其弟邓锐擒之，尽获贼徒黎蟾及景异等伪印"，随后又在南灵抓住了阮帅，陈季扩陷入彻底的孤立状态。②

相对而言，《大越史记全书》则对几人被擒过程记载简略，反而对阮景异被擒后与张辅的对话记载十分详细。阮景异见到张辅时，已经身受重伤，他大骂张辅："我欲杀尔，反为所擒。"骂不绝口，张辅则"杀之而啖其肝"。③对于张辅虐杀阮景异的问题，《明太宗实录》也并不避讳，直接记载"景异创甚，遂剐之，函其首及镕兄弟送京师，悉斩狗"。④越南方面不过是将张辅凌迟阮景异之事进一步夸张化了。如此一来，双方都没有刻意胡乱记载，否定哪一方都不恰当。因此，再从《明太宗实录》出发，我们又能够发现，它所记载的时间，邓容等人已经送到京师处斩了。因此，结合起来，《大越史记全书》所记时间为几人被擒时间，而《明太宗实录》所记则是几人送达时间。其后关于陈季扩被擒的时间同样存在这样的时间差，其原因也是一样的。

---

① 《大越史记全书》，卷九，《后陈纪·重光帝》，第 451 页。

② 《明太宗实录》，卷一四七，第 1727—1728 页，"永乐十二年正月庚寅"。

③ 《大越史记全书》，卷九，《后陈纪·重光帝》，第 452 页。

④ 《明太宗实录》，卷一四七，第 1728 页，"永乐十二年正月庚寅"。

阮景异、阮帅、邓容等人全军覆没，彻底孤立的陈季扩逃入了老挝，张辅在与老挝进行外交交涉未果后攻入老挝并终于擒获了陈季扩。永乐十二年（1414 年）三月，陈季扩在北京伏诛，然而越南史籍《大越史记全书》则称陈季扩、阮帅在被押赴北京途中先后投水自尽。① 至是，交阯再度为张辅所平定。此后，张辅在交阯新设升华、思义四州，这是黎季犛当年侵占的占城土地，张辅讨伐黎季犛时，占城也利用此次机会北上收复了这些土地。不过张辅在平定陈季扩的过程中出于作战需要又重新占领了这些地方，并在战后设立了四个新州。占城付出了土地的代价，这也就有了后来占城对升华地区的骚扰与明朝对占城的警告。

闰九月，张辅、沐晟自交阯班师，留军五千由都指挥廖春率领驻守交阯。永乐十三年（1415 年）二月，张辅与沐晟入朝接受了朱棣封赏后，沐晟还镇云南，张辅则于四月被朱棣委以征夷将军身份返回交阯镇守。朱棣的这一任命无疑是非常明智的，交阯也由此进入了一个相对稳定的时期，直至张辅复又离开交阯。

后陈朝灭亡后，在张辅与黄福的共同镇守下，交阯迎来了一段相对稳定的由明朝统治的时期。明廷除了让张辅继续征召交阯人才外，开始对交阯实行一系列同化政策，黄福在交阯各州县设立儒学、文庙等教育机构及风云、山川、无祀等祭祀设施，教以中国礼教。同时，明廷也命令交阯人民改变自己的生活习俗，交阯人不得再剪发、穿短衣长裙，而是要遵守明朝习俗，留全发、着明制衣冠。

从后陈朝灭亡至黎利蓝山起事之间这段时期在《大越史记全书》中被称为"属明纪"，因为这几年在越南没有一个成系统的政府与明朝对抗，是一段相对和平的时期。然而这段时期明朝对交阯的统治却存在一些争议，后世普遍认为正是这一时期明朝对交阯统治政策的失误导致了后来的蓝山起事，最终促使交阯再度从明朝独立出去。那么，这一时期明朝对交阯的统治究竟如何呢？要分析这一问题，一个人

---

① 《明太宗实录》载明太宗于永乐十二年（1414 年）七月第二次漠北亲征结束后于"八月辛丑（初一日）朔，车驾至京师"（《明太宗实录》，卷一五四，第 1775 页，"永乐十二年八月"。），同样是八月"壬寅（初二日），交阯总兵官英国公张辅执送贼首陈季扩、阮帅至京师伏诛"（《明太宗实录》，卷一五四，第 1775 页，"永乐十二年八月"。）。若严格论，此时明朝的"京师"当为南京，北京为"行在"。但考之《明太宗实录》，明太宗此次北征结束后乃是返回北京，至永乐十四年（1416 年）才返回南京。同时，越南史籍《大越史记全书》也记载陈季扩、阮帅被张辅俘虏后是送往北京。而且陈季扩、阮帅这种敌人首脑解送明太宗也更合理。综合来看，《明太宗实录》中此二处"京师"当是指北京而非南京。

物是无论如何都绕不开的，这就是黄福，从他这一时期所写的各种信件中我们能够窥见明朝统治交阯的真实情况。

根据《大越史记全书》的记载，黄福在永乐十二年（1414 年）交阯平定后立即按照明廷的指示，在九月"榜示各府、州、县，设立文庙、社稷、风云、山川、无祀等神壇，时行祭礼"，"禁男女不许剪发，妇女穿短衣长裙，化成北俗"。十月又"开设学校，及劄访求儒、医、阴阳、僧道"。[1] 当然，这些总体政策，作为掌管交阯行政的黄福来说自然是要做的，不过与胡朝灭亡时黄福单纯主张对交阯进行同化不同，此时的黄福还很看重对交阯重要地区的控制，他主张在控制交阯冲要地区的前提下，兼用明朝流官、交阯土官，对交阯民心加以笼络，逐渐稳固明朝在那里的统治。他在这年二月初三日写给明廷派到交阯参与军务的兵部尚书陈洽的信中就谈到了这一问题，黄福先对明军在交阯过度扩张，甚至占据了一部分占城土地的做法进行了有限的批评，认为明朝应该在交阯稍加收缩，稳固交阯固有区域，不要过分贪多，"况交州至于生蕨、清化，及于九真、演、乂，远于新平、化州、海口、风涛、山林、瘴疠，迢迢数千里，殆不可以近地目也。若以谓恤我军力，不可以有用之军而守无用之地，惜我人才，不可以可使之才而治不可使之民。以演、乂、新平为彫弊之所，升华、顺化为寂寞之地，置于度外，属之邻对，而止清化以里，量其要冲，添置卫所，经营旧疆，此非君子远大之言，开拓疆宇之事也"。随后，黄福详细阐述了他对如何统治交阯的看法：

> 愚以谓，既得其地，必保其民哉。保其民，必守以兵。为守之道，岂有他图必也。自演、乂至于新平，由新平及于清化，量其山海之要冲，度其里路之远近，当置卫者置卫，可立所者立所，多拨守兵，悉令足伍，有必汉与夷等俾，总握者得人，星罗棋布，务声势以相应，拨此间流、土官，同彼处旧酋长、土官鈗治与有民之所，流官遥治与驻兵之地，仍择有智识、有力量都司官三二人、布政司官一二人，置于乂安，总司控制，徐用官兵，参彼土兵以巡沿海之盗，就运东都之粮，兼行守哨，撙节食用，待其民情。既定治道，颇张将所在，官军专为操守，以示全胜之武威，留守土军分拨屯田，以为足食之长计，仁土人之劳，养我军之锐，食足兵强，何为不可？诚如是，

---

[1] 《大越史记全书》，卷九，《属明纪》，第 454 页。

久而不更，四三年后，必有可观者焉。①

黄福的意见可谓非常全面，首先，明朝既然已经将交阯纳为郡县，就应该把交阯与内地行政区划等同看待，也就是要"保其民"。但交阯又不同于内地，因为其新附的特殊性，明朝必须要以军队为后盾才能稳固在那里的统治。然而明朝所用兵力有限，这一时期朱棣又忙于北征蒙古，不可能将大量兵力派到交阯，张辅、沐晟撤军后，仅仅留下五千人的记载就是这一问题的鲜活反映。也正是如此，综合起来，黄福才会提出"量其山海之要冲，度其里路之远近，当置卫者置卫，可立所者立所，多拨守兵，悉令足伍"，也就是说，一方面在交阯控制要点，另一方面已经派到交阯的明军建置一定要尽量满员，保证在交阯的明军有相对充足的兵力，这显然是黄福综合考虑后的方案。

除了依靠官军，黄福也提到了必须利用交阯本土官民，即将官军、土军混合编成，以官军、流官为主导，加强对交阯本土人员的控制力。同时壮大官军声威，以土军屯田供应官军粮草，综合起来，明朝就能够逐步稳固在交阯的统治了。黄福在信件最后也提到了，如果不按照他的方案来，而是像之前一样过分信赖交阯本土官员，"他日又不免有如阮帅者也"。应该说，黄福凭借自己身在交阯多年的亲身经历及卓越的头脑，提出的方案从各方面看都是最有利于明朝的方案。然而这样一份方案在交阯的执行情况又如何呢？"四三年后"的交阯的情况为我们提供了答案。

首先，关于明军收缩防守核心区的问题，根据《大越史记全书》的记载，明军确实采取了类似的行动，"明张辅、沐晟招抚新平、顺化，拨官分治，与土官同办事，取勘人口，攒造户册。升华府虽有设官，而占城犹有长路占管，明但载空名而已"②。可见，明朝与占城在南方新设四州的管理权问题上，最终还是达成了妥协，明朝让出了升华部分土地，用以换取新平、顺化的稳定。然而关于黄福提出的非常重要的保民问题，明朝做的则并不好。明朝对交阯特产的需求在一定程度上激发了后陈朝的反抗，而当交阯再度平定后，朱棣似乎并没有吸取这方面的教训，仍旧从交阯征集大量特产。根据《明太宗实录》的记载，仅永乐十四年（1416年）一年，交阯就"供绢千六百六十八匹，漆二千斤，苏木千五百斤，翠羽二千，纸扇一万，

---

① ［明］黄福：《黄忠宣公文集》，卷四，《书·答陈贰卿》，第266—267页。

② 《大越史记全书》，卷九，《属明纪》，第453—454页。

沈［沉］速安息等香二十三品"①，长年如此，交阯并不广阔的土地是很难负担的。而明廷从交阯的征索还不止这些：

> 明取勘金银场，起夫淘採，及捕白象，余珍珠。重科厚敛，民不聊生。海滨盐场禁民私卖，并令内官管闸，又设立本场局使副，以分管之。府、州、县置税课司，河泊所副使。
>
> 明开盐法，先令本场使副都督人煎煮，每月若干，送提举司收贮。内官募商出金领布政勘合，大勘合开盐十斤，小勘合开盐一斤，方得发卖。如无，同私盐法。又禁行人例，得盐三碗，鹹一堋而已。②

《大越史记全书》里提到的这些政策从永乐十三年就开始了，当时交阯平定刚刚一年。因为张辅在这年回到了交阯镇守，因此虽然明朝的政策并不恰当，但是交阯也没有再发生大的动乱。不过这里有一个人物，就是《大越史记全书》里提到的"内官"。这个内官就是马骐，正是他作为朱棣的代表在交阯执行了与朱棣表态的"轻省"完全背道而驰的政策。由此我们也可以看出，虽然朱棣听从黄福的建议要求对交阯征收赋税要"务从轻省"，但对于这个新纳入的行政区划各种特产的索取使这一政策在很大程度上口惠而实不至。无疑，中官马骐作为皇帝的代表在其中扮演了极坏的角色，他一味想着如何满足朱棣而不顾交阯新附需要稳定的实际，对此，黄福经常上书批评马骐的荒唐与暴虐，但朱棣对交阯特产的爱好或者他对黄福固有的不信任感或许使他有意无意的忽视了这些奏报。

然而将这一切错误全都归罪于马骐也不客观，他仅仅是朱棣政策在交阯的最高执行者，因此，对交阯问题，朱棣是负有责任的，而明廷在交阯的大量官员在这一过程中也难辞其咎。我们再次审视交阯后来的后黎朝开国君主黎利对黄福说的那句话"中国遣官吏治交阯，使人人如黄尚书，我岂得反哉！"则又能读出一层含义，这句话不仅反映出黄福在交阯之得人心，也可看出明廷在交阯的官吏并非"人人如黄尚书"。朱棣郡县交阯之后，这里就成了明廷谪戍犯错官员的一个主要地方，这些官员为了自己的前程，自然在交阯拼命迎合朱棣以求早日离开交阯。因此，被认

---

① 《明太宗实录》，卷一八三，第 1975 页，"永乐十四年十二月"。

② 《大越史记全书》，卷九，《属明纪》，第 454—455 页。

为是朱棣在交阯的代言人的马骐的横征暴敛才会得到如此深入的贯彻，然而在朱瞻基放弃交阯后，他们又不能批评朱棣，于是他们就更愿意将者一切责任都推到一个名声本来就不好的宦官头上，这或许也是黄福上书主要只责难马骐的原因之一，当然，另一个原因也是马骐是明廷政策在交阯的最高执行者，从他入手才有可能让朱棣从根本上改变对交阯的政策。

明廷除了对交阯征索过度，没有做到保民。黄福要求的交阯军伍尽量满员的提议也没有得到执行。这一问题黄福在张辅还没班师回朝时写给他的信中就曾专门提到：

> 交阯平定以来，八年之内，已有三变，而兵亦三加矣。原其所自，皆由恶本未尽除，守兵不足用故也。黎氏虽除而简定存，简定虽去而季扩在。今季扩既擒，帅、镕、景异之徒，又以悉在网罗而无漏者，似为无事矣。然驭之有道，则可以渐安，守之无法，不免再变。[1]

黄福对于交阯的现状显然非常焦虑，他特别提到的"守兵不足用"正是后陈朝起兵之初交阯本土明军无法应对的重要原因。虽然如此，黄福仍旧表示了"然驭之有道，则可以渐安，守之无法，不免再变"。在信件的后面，黄福还列出了自己认为应该在交阯目前的现状及应该进行的事情，其中关于兵力不足的问题提到了两点：

> 一、本处地方，前者贼未就擒，蒙调三总戎大军到来征守，犹必三年之久，而始克清大憝。今交阯都司、卫所，原守官军，见在既少，而演、义、新平、顺化地方又阔，迢迢千里，无一兵守，而止以土兵者。若谓羁縻于一时则可，若谓长治久安，则未之信也。三总戎若留一镇守，犹为庶几，倘皆振旅而归，恐俘献未至京阙而警报已彻圣聪矣。乞蚤图之；
>
> 一、交阯原留守九卫一所七分之数，通该四万七千余人，在全盛之时，而犹且不能御侮，以致烦兵屡举。今事故其数，四去其三，以如此险远之地，反歹之民，而以旧日所遗一分之兵守之，实未见其可也。必须添置军卫，补

---

[1]　[明] 黄福：《黄忠宣文集》,《奉总兵官英国公》, 第 158 页。(《明经世文编》)

完空伍，庶免复艰。今将各设卫所去处，开列于后。[①]

黄福信中谈到的交阯军力的情况可以说已经到了触目惊心的地步，这一严峻的问题在张辅回到交阯镇守后得到了一定程度的缓解，没有出现"俘献未至京阙而警报已彻圣聪矣"的情况，但是张辅在明朝的地位又注定了他不可能长期驻守交阯，因此在张辅离开交阯之时，交阯的矛盾必然再度爆发，黄福的预言不幸一语成谶，张辅离开交阯不久，就爆发了黎利领导的蓝山起事。

黄福尽力想让朱棣罢免马骐从而改变明廷对交阯横征暴敛政策的努力并没有成功，他在交阯强化军事力量的建议也只得到了部分执行，明军在交阯兵力不足的问题并没有得到完全的解决。同时，永乐十四年（1416 年），张辅奉诏还朝，李彬于永乐十五年（1417 年）代替张辅率军驻守交阯。终于在永乐十六年（1418 年），交阯爆发了由黎利领导的蓝山起事。

朱棣召张辅还朝自然是因为有更重大的事务，即对蒙古的战争需要张辅，而代替张辅以征夷将军总兵官身份镇守交阯的李彬虽然能力不如张辅，但也是永乐年间的一位著名且能干的将领，在靖难之役中他立有大功，朱棣即位后，他因功获封丰城侯。在张辅灭安南胡朝的战争中他也随军参战，他与云阳伯陈旭配合攻克了安南西都。战争结束后，他又相继镇守甘肃与陕西，在与蒙古势力的交锋中也有不错的表现，更在永乐十二年（1414 年）跟随朱棣第二次漠北亲征，于忽兰忽失温击败瓦剌马哈木，立下大功，在北征结束后受上赏。因此，朱棣在必须召回张辅而云南沐晟又无足够能力处理交阯的情况下以李彬镇守交阯可以说是在当时形势下的最佳选择。朱棣在以李彬镇守交阯的同时让兵部尚书陈洽也继续留在交阯参预军事。

关于黎利其人，为清化梁江蓝山乡人。《大越史记全书》为了突出他的自始至终反抗明朝的色彩，渲染他早期就反抗明朝的统治，记载他在陈季扩时期一方面认为陈季扩懦弱，不足成事，因此遁走山林，另一方面又独自举兵反抗明朝，他甚至对身边的人说："我之举兵讨贼，非有心于富贵，盖欲使千载之下，知我不臣虐贼也。"[②]而在黎利蓝山起事后，又记载"明人常以官职以诱之，帝不屈，慨然有拨乱之志。尝曰：'丈夫生世，当济大难，立大功，流芳千载，何乃屑屑为人役使

① ［明］黄福：《黄忠宣文集》，《奉总兵官英国公》，第 158 页。（《明经世文编》）
② 《大越史记全书》，卷十，《黎皇朝纪·太祖高皇帝》，第 458 页。

乎？'"① 不过颇为讽刺的是，《明太宗实录》中记载黎利起兵时，他有一个"清化府俄乐县土官巡检"②的头衔，这显然是明朝在交阯任命的土著官员的职衔。至于黎利起事前的经历，则记载为"利从初 [初从] 陈季扩反，充伪金吾将军，后束身归降，以为巡检"③。事实上，《大越史记全书》虽然记载黎利在后陈朝时期也曾举兵，但关于他在这一时期起兵后究竟有何作为，也没有记载，可见黎利这一时期的作为其实并不显著。综合起来，黎利曾经接受明朝官职的可能性是很高的，《大越史记全书》对其的渲染更可能是一种后期的美化。

黎利起事后，自号"平定王"。《大越史记全书》记载黎利起兵后，率先击败了明朝宦官马骐率领的军队，"明内臣马骐等举大兵，逼帝于蓝山。帝乃退兵，屯落水，设伏以待之。十三日，骐等果至，帝乃大纵伏兵，冲击贼军。帝侄黎石与诸将丁蒲、黎银、黎理等，身先陷阵，斩首三千余级，获军资、器械以千数，乃移军至灵山"④，《明太宗实录》则记载李彬派遣都督朱广前去迎战黎利，"广等兵至，斩首六十余级，生擒范晏等百余人，利遁去"⑤。这两段截然相反的记载无疑让人十分恼火。《大越史记全书》记载这次战斗的时间是永乐十六年正月初九日至十三日，《明太宗实录》的记载则是初三日。如果说黎利才在初三日打了一场败仗，又立即在几天后大破明军的话，无疑令人难以置信。因此，这两段记载所记的战斗无疑应该是同一场。那么，究竟哪一方的记载更为准确呢？《明太宗实录》记载李彬在这一战之后，"奏请以晏等就交阯戮以徇众，从之"，可见明军确实有所斩获，这也才有李彬奏请之事。相对的，《大越史记全书》的记载也很有趣。根据记载，黎利在十三日才大破明军，然而在仅仅三天后的十六日，就因为一个不知道姓氏的叛徒为明军带路，导致大军后路被明军袭击，"没其家属及军民妻子甚众。军士稍稍沮散。帝乃与黎礼、黎闹、黎秘、黎炽、黎踏等潜栖山上"，二月甚至因为粮草断绝不能举火，只能在蓝山修筑堡垒防御。一直到次年七月交阯爆发大规模叛乱为止，黎利都处于低潮期，时间近一年。我们很难想象黎利在一场大破明军的胜利之后居然会瞬间困窘到如此地步。故此，明军固然不会全然没有损失，《大越史记全书》的记载

---

① 《大越史记全书》，卷十，《黎皇朝纪・太祖高皇帝》，第458页。

② 《明太宗实录》，卷一九六，第2054页，"永乐十六年正月甲寅"。

③ 《明太宗实录》，卷一九六，第2054页，"永乐十六年正月甲寅"。

④ 《大越史记全书》，卷十，《黎皇朝纪・太祖高皇帝》，第458页。

⑤ 《明太宗实录》，卷一九六，第2054页，"永乐十六年正月甲寅"。

则显然过分夸大了。

相对的，明军在开初这一战后，反而一直占据主动地位。李彬在永乐十七年（1419年）五月再度向黎利的据点可蓝栅发起进攻，他再度击败黎利并将其任命的禁卫将军阮个立等人擒获，黎利逃往老挝。李彬认为黎利大势已去，留下都指挥黄成与朱广守备可蓝堡后就撤军了。但他没想到黎利竟很快复出，"杀王局巡检梁珦等而去"，明军将领黄诚立即对黎利展开追击，虽然"贼皆败走"，但明军"缘暑雨水溢，岚瘴方作，请候秋进兵"，朱棣也知道交阯此时恶劣的气候，因此批准了李彬的计划。①

黎利此时几乎是屡战屡败，但他屡败屡战且始终能坚持下来的行动仍旧给了交阯对明朝不满之人以极大的鼓励。于是，以永乐十七年（1419年）七八月间乂安土知府潘僚反叛明朝为开端，交阯反抗四起，到处开花，局势颇为混乱并终于在十一月震动了朱棣，他下令让李彬专心平定交阯出现的严重叛乱。关于潘僚其人，他与明军其实颇有渊源。潘僚为潘季佑之子，潘季佑曾在陈季扩手下担任少保职务，面对明军大军征进，潘季佑穷促之下派潘僚来到张辅军中投降。张辅虽然对陈季扩抱着必须剿灭的策略，但对于潘季佑的归降则是乐见的，他根据朱棣授予他的权限以潘季佑为交阯按察司副使，同时掌乂安府事，潘僚也跟着父亲从明朝那里得到了官职。潘季佑死后，潘僚就接替了父亲的官职，这也就是他"乂安土知府"官职的由来。潘僚为何此时突然反叛，《明太宗实录》并不避讳是因为"为中官马骐非理凌虐，遂反"②，《大越史记全书》的说法也如出一辙，"以明内官逼取金银，乃率众擒杀流官，以兵围乂安城"③，这个"明内官"无疑就是马骐。固然，我们不能否认双方史料共同指证的马骐在其中肯定发挥了极为恶劣的作用，但当时乂安的局势也是促成潘僚反叛的重要因素。黄福在一年前三月写给驻守乂安的徐奇斋的信中就谈到了当时乂安糟糕的局势，"盖民之所藉者兵，兵至所仰者食。乂安积粮二十万斛而乃置于下湿之地，雨作而劳疏杀，河溢而督隄防，其能不潆浸而漂流者，侥幸尔"，而乂安又是黄福口中"民物繁阜，水路要冲，为升、化之根抵，清、演之门屏，盖不可于他郡概论也"的地方，因此他表达了出极大的担忧，给了徐奇斋很多劝诫。④

①《明太宗实录》，卷二一二，第2137页，"永乐十七年五月丙午"。

②《明太宗实录》，卷二一五，第2152页，"永乐十七年八月癸未"。

③《大越史记全书》，卷十，《黎皇朝纪·太祖高皇帝》，第460页。

④ [明] 黄福：《黄忠宣公文集》，卷四，《书·奉守乂安徐宪副奇斋》，第271—272页。

可见，马骐仍旧只是激化了矛盾，明朝对乂安管理的不善才真正给了潘僚等人以可乘之机。即便潘僚不反，在这种局面下，也难保其他人不会反，潘僚起兵后交阯各地受到鼓励，很快反抗四起就是明证。

受到朱棣严令的李彬不敢怠慢，他决定由他亲自对付最先出头的潘僚，其他明军将领也各有任务，分工明确，在当月就将这些反抗全部镇压了下去。李彬出色的在交阯扮演了救火队长的角色。然而在十二月，交阯各地又出现了新的反抗，黎利也死灰复燃，李彬则继续各处灭火，荣昌伯陈智也被派往交阯协助李彬。

交阯的局势看似已经一塌糊涂，然而李彬并没有慌乱，他深知，黎利才是交阯所有叛乱的源头。于是，他将黎利锁定为主要目标。永乐十八年（1420年）二月，李彬从乂安返回东关，四月击败了起兵于石室的路文律。六月，李彬留下陈智镇守奉化府道，随即又击败了陆续起兵的陈太冲、范玉等人。十一月前后，李彬正式开始对黎利作战。《大越史记全书》记载这期间的两次战役都是黎利大获全胜，大破李彬率领的十余万大军，李彬越发窘迫。然而此处双方的记载又出现了矛盾。根据《明太宗实录》的记载，到了永乐十九年（1421年）九月，李彬再次将黎利赶进老挝，李彬继续"领兵追捕"[①]，攻入老挝，在老挝忙心河将其击败，初步恢复了交阯的平静。并且这次李彬决心不放过黎利，一定要将他擒获，甚至为了解决后勤问题，他向朱棣请在交阯实行官田、民田参错屯田，这一方案得到了朱棣的批准。

要弄清这一阶段双方记载谁更加可靠，我们仍旧可以回到《大越史记全书》，且不论明军留守交阯的兵力总数都没有十余万，其在记载黎利于永乐十八年（1420年）十月大获全胜后，整个永乐十九年（1421年）的记载都没有黎利乘胜追击的内容。到了十一月，突然出现明军陈智"领交州等卫及伪党共十万余人，攻逼帝于波凛栅劲弄隘"。黎利此时只能对部将说："彼众我寡，彼劳我逸，兵法所谓'胜败在将不在乎众寡'。今彼军虽众，而吾以逸待劳，破之必矣。"仍旧丝毫看不出优势。当夜及次日中午，黎利虽然挫败了陈智的进攻，但斩获不多。此时突然出现哀劳的三万大军及一万大象，他们名为帮助黎利，实则进行偷袭，倒是黎利十分艰难才将他们击退，自己还损失了平章黎石。黎利随后还攻入哀劳，迫使对方求和。[②]综合双方记载，《大越史记全书》中的"哀劳"就是《明太宗实录》中的"老挝"。回到李

---

① 《明太宗实录》，卷二四一，第2289—2290页，"永乐十九年九月辛未"。

② 《大越史记全书》，卷十，《黎皇朝纪·太祖高皇帝》，第462—463页。

彬方面，他在老挝境内击败黎利后就停留老挝与老挝方面展开了交涉，然而老挝方面虽表示会自动献上黎利，却始终毫无动静。于是，李彬与朱棣都察觉到了老挝充当了黎利的保护伞，明朝一面诘问老挝，一面也做好了继续进攻老挝的准备。老挝感到恐惧，向李彬表示自己将逮捕黎利以献上。然而就在此时，李彬因长期征战而患病，次年，即永乐二十年（1422年）正月，李彬去世，享年六十一岁，追封茂国公，谥刚毅。明军新丧，进军不能，于是，老挝也就不再提献上黎利之事了，黎利又逃过一劫，得以喘息。

综合起来，我们可以大致得出一个判断。即在永乐十八年（1420年）底，黎利或许对明军作战取得了一些胜利，但规模绝没有他们宣传的那么大。因此进入永乐十九年（1421年）后，双方的大体态势并没有出现太大变化，仍旧是明军攻，黎利守。老挝的加入，既有可能是明朝的主动联络，也有可能是想趁火打劫。从后来老挝在献出黎利问题上的反复我们又可以知道，黎利虽然对明军不占优势，但他对老挝至少没有处于劣势，这也是老挝无法献出黎利的重要原因。

李彬之后，荣昌伯陈智继任镇守交阯。黎利自然又趁机死灰复燃。不过在永乐二十年（1422年）十二月，因为老挝再度倒向明朝，陈智抓住机会，联合老挝对黎利"腹背交攻"，黎利所部"多伤死，乃潜退塊册"，再度开始逃亡。陈智则继续进逼，包围了黎利。《大越史记全书》记载黎利在重围中率领众将齐心协力，殊死战斗，击破了陈智、老挝的联军，顺利返回灵山。但他们在灵山的境遇也并无明显好转，"军士绝粮二月余，惟食菜根蔬笋而已。帝杀象四只及所乘马，以飨军士。然往往犹有逃亡者，帝乃严加束约，捕得逃亡者，斩之以徇，军复整肃如故"，甚至出现了部将们纷纷劝说黎利求和的情况，黎利也不得不答应，与陈智议和，可见这次胜利仍旧没有越南方面吹嘘的那么大。[1] 回到明朝方面，陈智在永乐二十年十二月因为"交阯叛寇黎利久未获"[2] 而遭到了朱棣的切责。结合判断，当时双方当是处在一种谁都难以更进一步的局面，黎利不得不议和，陈智则是私下议和，显然没有得到朱棣的准许。

进入永乐二十一年（1423年），因为双方都并非真的希望和平，战端再开，但双方此时依旧不能突破去年底形成的均势，整个永乐二十一年双方都是这种有来有

---

① 《大越史记全书》，卷十，《黎皇朝纪·太祖高皇帝》，第464页。

② 《明太宗实录》，卷二五四上，第2359页，"永乐二十年十二月辛卯"。

往的小规模冲突。这种局面持续到永乐二十二年（1424 年）七月，朱棣在第五次漠北亲征班师途中驾崩，这一消息无疑给此时十分困窘的黎利注入了一针兴奋剂，对明军来说，则是一位坚定主战派的离去，双方士气消长出现变化。

明仁宗朱高炽即位后，召回了黄福，黄福的职务由陈洽接替，而黎利则在此时进军乂安，开始在交阯中部日益坐大。因为朱高炽在位时间短暂，因此作为并不明显，等到明宣宗朱瞻基即位，他对交阯有着与他的祖父并不一致的看法。关于这一点，他在即位后很短的时间内就有了明确的表现。洪熙元年（1425 年，当时朱高炽已经驾崩，朱瞻基即位，尚未改元）十一月，朱瞻基召见杨士奇、杨荣，明确告知二人自己欲放弃交阯之意，他对二杨说的话清楚地记载在《明宣宗实录》里：

> 卿二人但知朕意，勿言。三二年内，朕必行之。[①]

五个月后，朱瞻基再度召集二杨与夏原吉、蹇义共同商议交阯问题。夏原吉与蹇义立即表示反对放弃安南：

> 太宗皇帝平定此方，用费多矣。今小丑作孽，何患不克。若以二十年之勤力，一旦弃之，岂不上损威望。愿更思之。[②]

既然朱瞻基已与二杨已先有了默契，此时自然理所当然地征询二杨的意见。二杨显然早已经过充分准备，以一系列论据论述了放弃安南的合理性：

> 陛下此心，固天与祖宗之心。交阯于唐虞三代，皆在荒服之外。当时不有其地，而尧舜禹汤不失为圣君。太宗初欲立陈氏，所以为圣。汉唐以来，交阯虽为郡县，然叛服不常，丧师费财，不可殚记，果尝得其一钱一兵之用乎？陛下天下之父母，何与豺豕辈较得失耶？[③]

---

① 《明宣宗实录》，卷十一，第 315—316 页，"洪熙元年十一月壬戌"。
② 《明宣宗实录》，卷十六，第 421 页，"宣德元年四月丙寅"。
③ 《明宣宗实录》，卷十六，第 421—422 页，"宣德元年四月丙寅"。

夏原吉和蹇义完全被打了个措手不及，由此可以看出，朱瞻基从一开始就对继续固守交阯持消极态度。但是完全不作战就撤出交阯，朱瞻基也不好交待，因此他于宣德元年（1426年）以王通为征夷将军征伐黎利，但由于计划泄漏加之大雨滂沱，明军在崒洞被黎利击败，陈洽身负重伤，自刎而死。此时张辅曾请求派他前往交阯并表示他有信心荡平黎利，然而朱瞻基没有允许。除了有张辅已经贵为三朝元老，有功高震主的问题外，张辅倘若真的平定了黎利，则朱瞻基放弃交阯的计划就难以施展了。因此综合各方面，朱瞻基选择了明显能力不足的王通而不是张辅。

王通败亡后，明廷一度与黎利议和，但已经拥有了充分实力的黎利自然不会满足于明朝给予的官职，他继续向东都进发，宣德二年（1427年），明廷遂又以柳升率军征交阯以援助王通。但柳升能力的不足在永乐十八年（1420年）镇压唐赛儿起义时已表现得很明显。在交阯，他又中了黎利的诱敌深入之计，在支棱被黎利打败，柳升阵亡。

得知柳升败死后的朱瞻基对交阯局势彻底失去了信心，他早已与杨士奇、杨荣预先定下了放弃交阯的决定，而此时黎利又找到了一个叫陈暠的人称其为陈朝后裔，请求册封。朱瞻基心知其诈，但欲借此息兵，于是同意了，明军由此撤出交阯，黎利则颁布《平吴大诰》，"惟我大越之国，实为文献之邦。山川之封既殊，南北之风俗亦异"[1]，宣布安南摆脱了明朝的统治，陈暠被明宣宗册封为"安南国王"，黎利也权且先奉陈暠为王，其时为宣德二年（1427年）。但黎利终于在宣德三年（1428年）弑杀陈暠，自立为大越皇帝，在东都即位，建元顺天，国号大越，以东都为东京（今越南河内），建立越南历史上的后黎朝，黎利是为黎太祖。明宣宗虽对黎利弑杀陈暠感到不满，但他不欲再动刀兵，于是最终在黎利献上两尊"代身金人"赎罪并请求册封的情况下于宣德六年（1431年）册封黎利为"安南国王"，明朝与安南又恢复了原来的宗藩关系。

实际在宣德年间，交阯并非完全不可收拾，明军虽然屡遭败绩，但情况还未恶化到永乐六年（1408年）陈颙鼎盛时期的情况。虽然王通在柳升败亡后擅自与黎利议和并向朱瞻基请求撤军，但这与他之前在自己战败后与黎利议和一样，仅为权宜之计，若朱瞻基此时再以得力将领征讨，是可能扭转局势的，也正因如此，张辅才会再度请缨，然而朱瞻基早就计划撤出交阯，因此他自然不能用张辅，反而在张辅

---

① 《大越史记全书》，卷十，《黎皇朝纪·太祖高皇帝》，第493页。

帮助自己平定了汉王朱高煦叛乱后于宣德四年（1430年）以"保全功臣"为名解除了张辅的军权，授以光禄大夫、左柱国的虚职。这是明宣宗的第一个失着。

另一方面，户部尚书夏原吉反对放弃交阯说明明廷的国库能够支持继续对交阯的战争，否则夏原吉是不会反对撤军的，这从他在永乐二十年（1422年）以国库用度不支冒死反对朱棣第三次漠北亲征而被下狱可知。朱瞻基不接受夏原吉之语，而是与和他的保守政策相配合的杨士奇、杨荣，从不仅放弃了南方的交阯，连北方对抗蒙古的重要据点开平也放弃了，明朝北方防线从此开了缺口，结果遗害无穷。

由于朱瞻基的保守，安南在被明朝统治了二十余年后再度独立，明朝的总体政策也越来越保守。曾四至交阯，立下大功的张辅则为明朝尽忠到了最后。明宣宗之后，张辅继续辅佐明英宗朱祁镇，他与擅权的宦官王振相对抗。正统十四年（1449年），朱祁镇在王振的诱导下亲征蒙古瓦剌，年逾七十的张辅也默默随行，一路无话，最终于土木之变中阵没，享年七十四岁，追封定兴王，谥忠烈，明朝永乐年间积极政策的最后一道霞光就此熄灭。

3. 北方的忧患

作为明朝"北虏南倭"之患中的"北虏"，蒙古是明朝统治者面临的一个主要外部威胁，有明一代都受其困扰，而永乐年间的蒙古问题，又有其独特的时代特点。

建文四年（1402 年）六月朱棣登上皇位之时，蒙古已经不是能够勉强维持统一的北元，而是分裂为鞑靼、瓦剌与兀良哈三部。众所周知，自元顺帝妥欢帖木儿被迫放弃大都北逃，元朝灭亡后，元顺帝仍旧保留着元朝国号，史称北元。元顺帝"顺"这一谥号是朱元璋给予的，但朱元璋并没有给予他庙号，他的庙号"惠宗"正是北元方面给予的。元顺帝去世后，其子元昭宗爱猷识理达腊继承了皇位，但从他的儿子天元帝脱古思帖木儿开始，北元开始日益摆脱中原王朝的制度，而明朝的进一步打击也使北元日益衰落。但无论北元如何衰落，内部如何权力斗争，其君主均为成吉思汗后裔，即他们都属于黄金家族。

这一局面最终在建文四年（1402 年）被改变，就在这一年，鬼力赤杀害了北元君主坤帖木儿，自己成为了鞑靼可汗，自此，北元势力正式分裂。关于鬼力赤的上台，明朝方面称他并非黄金家族成员，通过篡位的手段夺取了汗位。不过在蒙古方面的记载中，情况则有所不同。在《蒙古源流》里，"鬼力赤"这个人物对应的人物是"鄂勒泽特木尔"，《蒙古源流》关于他的记载十分简单，称他是坤帖木儿的弟弟，"己未年生，岁次癸未，年二十五岁即位，在位八年，岁次庚寅，年三十二岁崩"[1]。"癸未"为永乐元年，"庚寅"则为永乐八年，虽然和《明太宗实录》方面记载的鬼力赤死于永乐六年有两年差距，但他也是最接近明朝方面鬼力赤这一人物的了。不过双方记载仍旧存在矛盾，即蒙古方面记载的鄂勒泽特木尔并不是篡位上台的。而在另一份蒙古方面的史料《黄金史纲》里，符合"鬼力赤"记载的则是另一个人，即"乌格齐哈什哈"，记载"可汗在位之六年，即蛇年，巴图拉丞相、乌格齐哈什哈二人杀死额勒伯克可汗。以巴图拉丞相、乌格齐哈什哈二人为首的四万卫喇特，叛离而去，故蒙古之正统，乃为卫喇特所篡夺"[2]。蛇年即建文三年，也和鬼

---

① 萨囊彻辰著，道润梯步译：《蒙古源流》，卷五，第 239 页。

② 佚名著，贾敬颜、朱风译《黄金史纲》，第 52 页。

力赤篡位上台时间很接近，但是矛盾依旧存在，即《黄金史纲》中这位乌格齐哈什哈是"卫喇特"的领袖，而"卫喇特"即瓦剌，与明朝方面记载鬼力赤为鞑靼领袖也不符合。更为有趣的是，《蒙古源流》中出现的"鄂勒泽特木尔"在《黄金史纲》中也有记载，只是因为汉译的不同，记载为"额勒特穆尔"，但是他的在位年数变成了十三年，同样死于虎年，即永乐八年。

从上面的记载我们能够感受到，即便是蒙古方面自己的记载，也显得十分紊乱，互相矛盾。因此要确定明朝方面的这位"鬼力赤"究竟是谁，其实是很困难的事情。不过根据贾敬颜等前辈的考证，关于额勒特穆尔的记载更接近于后来为阿鲁台拥立的鞑靼可汗本雅失里，而乌格齐哈什哈则无论从上台手段还是最终被阿鲁台所杀的结局上都更接近于鬼力赤。虽然这样对应仍旧在双方记载上存在分歧，但这种分歧是历史环境造成的，我们如今也不必强行解释，只需要知道朱棣此时是以招抚蒙古方面的最高统治者为目标就可以了。

分裂后的三股蒙古势力中，最弱小的为兀良哈蒙古。关于他们的情况，笔者在前面的章节中已经谈到过。兀良哈蒙古在明太祖洪武年间即已归附明朝，明太祖设立朵颜、泰宁、福余三个卫所以安置兀良哈蒙古，虽然仅朵颜卫一卫是兀良哈人，但这三个卫所仍被合称为兀良哈三卫，后因朵颜卫独大，又被称为朵颜三卫。在洪武二十二年（1389年）初设之时，朵颜卫位于屈裂儿河（今内蒙古兴安盟归流河）上游和朵颜山（今内蒙古扎赉特旗境内）一带，泰宁卫位于塔儿河（今洮儿河）流域，这里即是元朝设立的泰宁路，而福余卫则位于嫩江和福余河（今乌裕尔河）流域，朱元璋通过授予三卫首领以明廷官职对其进行羁縻管理。

建文年间，朱棣劫宁王朱权以从靖难，而宁王之下的兀良哈三卫也就归入朱棣旗下并派兵协助其靖难。朱棣登上皇位后，虽然并未以大宁界兀良哈三卫而是让兀良哈三卫仍居原地，但他确实给了三卫更大的自治权力与优惠政策，他不仅将兀良哈大小头目皆授予军职，每年还给予兀良哈各部耕牛、农具与种子支持，以帮助兀良哈各部开展农业生产。在永乐年间，虽然兀良哈也不时和鞑靼暗通款曲，但总体上仍与明廷保持着友好的关系，充作明廷的北方屏障。

鞑靼在永乐初年是蒙古三部中最强大的一部，位于鄂嫩河、克鲁伦河、贝加尔湖以南地区，时常出兵骚扰明朝边境地区。从整个永乐年间来看，鞑靼也是明廷最大的威胁，这也是朱棣五次漠北亲征有四次是针对鞑靼的原因。

瓦剌为蒙古别部，位于鞑靼以西，活动于科布多河、额尔齐斯河流域以及位于其南面的准噶尔盆地一带。瓦剌与鞑靼之间由于错综复杂的原因而时常互相争战，但在相当时期内瓦剌的势力不如鞑靼。

要应对蒙古，明朝先要解决一些内部的问题。朱元璋一建立明朝就开始消除元朝蒙古人对汉族服装、发型及礼仪所造成的影响，要求百姓恢复汉唐衣冠并重定礼乐制度。然而中国毕竟已经经历了蒙古人九十余年统治的影响，虽然蒙古人并没有强迫汉族人改易服饰与发型，但这种影响也是难以避免的。朱元璋致力于消除这种影响，但这项工作不是能够一蹴而就的，朱棣即位后仍然面临这一问题，因此，在刚登上皇位几个月的建文四年（1402 年）十月，朱棣就敕谕礼部：

> 太祖高皇帝临御，命所司历考礼乐制度，参酌古今，上自朝廷，下及臣民，冠昏（婚）丧祭之仪服，舍器之用制皆有等差，著为定式，颁布中外行之久矣。朕虑今有司因循苟且，奉行弗谨，致有非分，违法干犯刑宪，非朕所以爱民之道。尔礼部其以洪武中所定一切制度图示中外，俾人知遵守，庶几亨（享）太平之福。[①]

朱棣一即位就命礼部重申明太祖制定的仪器礼服制度，自然是看到了建文改制和靖难之役造成的混乱，加上国内的蒙古风本身又还未完全消除，因此他才会在即位几个月就重申朱元璋制定的巾服礼乐制度，这不仅是他恢复洪武旧制的一部分，也是他对自己父亲消除蒙古影响政策的延续。这一政策不仅是朱棣蒙古政策，也是整个明朝蒙古政策的重要组成部分。只有重新明确汉蒙区别，才能强化汉族意识，分清敌我，以此为基础，明朝的蒙古政策才有执行的基础。这一政策在当时蒙古还具有相当实力并对明朝持敌视态度的情况下是具有积极意义的，因此，朱棣贯彻这一政策也是不遗余力的。永乐四年（1406 年）九月，他因为发现"京师军民狃于习俗，多戴圆帽癞头，非本等巾服之制，乖于礼制"[②]，命礼部"申明民巾服之制"[③]，由此我们也可看出要改变一种已经形成的习俗的困难。

在永乐初年，朱棣对蒙古采取的是较为保守的防御政策，对蒙古首领，他也更

[①] 《明太宗实录》，卷十三，第 232 页，"洪武三十五年十月丁巳"。

[②] 《明太宗实录》，卷五九，第 855 页，"永乐四年九月戊午"。

[③] 《明太宗实录》，卷五九，第 855 页，"永乐四年九月戊午"。

乐于采取招抚政策，而鞑靼可汗鬼力赤无疑是其中的重点。

永乐初期，朱棣主要着力于加固北方以开平、兴和、宁夏、甘肃、大宁、辽东构成的防线，在必须对蒙古进行战争时，他也尽量将其限制于将其击败即可，不可穷迫的程度。建文四年（1402 年）九月，蒙古入寇辽东开原，明军于城下抵御住蒙古军后，蒙古军退走五里，明军主动出击，但由于明军指挥张恂、李冕弃军而走，蒙古军乘势进攻，明军与蒙古陷入互相杀伤相当的胶着局面且双方均有一定数量的将领阵亡，幸亏另一位明军指挥庄济一直坚持督军作战，即使在自己负重伤的情况下仍旧坚持督战，才终于迫使蒙古军退却。十月，朱棣处斩了张恂、李冕并敕谕镇守辽东左都督刘贞以自己防御蒙古的方针：

> 古之驭夷狄者，严兵守境，使不得为寇。若其入寇，驱之则已。今既不能严备，使遂至城下，驱而去之，足矣，何必追袭？既以兵袭之，则当力战，而张恂、李冕乃弃军先走，致伤吾将士。其张恂、李冕即斩以徇，将士死伤者优恤其家。仍督缘边诸将严兵守备，寇来则驱之，慎勿与战也。[①]

朱棣这一番话可以说是对他初期防御蒙古政策的一个全面阐释。他很注意将明军应对蒙古对边境骚扰的作战限制在严守边备的前提下对蒙古人 "驱之则已"、"驱而去之，足矣"、"寇来则驱之，慎勿与战也" 的层次，这也是永乐八年（1410 年）以前朱棣对蒙古作战的总方针。为了确保这一方针能够得到贯彻，朱棣在建文四年（1402 年）十一月再度敕谕镇守辽东左都督刘贞：

> 向虏未入寇之时，屡敕尔等严守备，勿轻忽。今闻虏入境劫掠，此不用朕命故也。其即收集各屯人畜于近城暂住，严固边备，审度事机，可发军则发，不可即止，务在万全，慎毋轻率，前过深可为戒矣！[②]

在应对蒙古的过程中 "务在万全" 可以说是朱棣此时最为看重的，而要想 "务在万全"，朱棣也深知单纯在边境防御是不足的，这样只会陷入敌主动我被动，疲

---

① 《明太宗实录》，卷十三，第 236—237 页，"洪武三十五年十月甲子"。
② 《明太宗实录》，卷十四，第 249 页，"洪武三十五年十一月辛巳"。

于应付的局面。明朝必须在防御的同时主动出击，但在不能大举征伐的情况下，朱棣采取的主动出击方式就是对蒙古首领进行招抚，若鞑靼、瓦剌可汗能归顺明朝，则蒙古对边境的威胁就自然消除了。即使招抚鞑靼、瓦剌可汗不能成功，若一些蒙古中高级军官能够归顺，利用他们熟知蒙古情况的优势，朱棣也可以通过他们"以房制房"，减轻边境的负担。

于是，从永乐元年（1403年）二月开始，朱棣就以当时蒙古最强盛的鞑靼部落的可汗鬼力赤为中心，展开了对鞑靼的招抚。朱棣认为鬼力赤有争取的可能性，于是在永乐元年（1403年）二月，以遣使告知鬼力赤自己已经继承明朝皇位的名义派遣朵儿只等人对鬼力赤展开了第一次招抚与赏赐，朱棣表示：

> 元运既衰，我皇考太祖皇帝受天下，抚有天下。朕，太祖嫡子，奉藩于燕，恭承天眷，入继大统，嘉与万邦，同臻安乐。比闻北地推奉可汗正位，特差指挥朵儿只恍惚等，赍织金文绮四端，往致朕意。今天下大定，薄海内外皆来朝贡。今天下大定，薄海内外皆来朝贡，可汗能遣使往来通好，同为一家，使边城万里烽堠无警，彼此熙然，共享太平之福，岂不美哉？[1]

在招抚鬼力赤的同时，朱棣也对包括鞑靼知院阿鲁台在内的众多鞑靼首领进行了往来交往的致意与赏赐，"并遣敕谕房太师、右丞相马儿哈咱，太傅、左丞相也孙台，太保、枢密知院阿鲁台等，以遣使往来之意，赐马儿哈咱等文绮各二，及赐朵儿只恍惚等白金、钞币、衣服有差"，堪称一次对鞑靼高层全体的怀柔行动。但由于此时鞑靼势力还颇为强盛，朱棣"共享太平之福"的美好愿望此时自然没有得到鞑靼方面的积极回应。但朱棣并没有就此放弃，他在永乐元年（1403年）七月再度致书鬼力赤，这份诏谕充分表现了朱棣此时的招抚诚意：

> 自昔有天下者必得天命，故运祚兴衰，事机成败，人心去留，皆非智力所能与，冥冥之中，寔有为之主宰者。宋失天命，元世祖入而代之，立国垂统，将及百年，得天命也。逮后嗣荒纵，致以乖乱，天命不畀，海内兵起，国势土崩。天乃眷求有德，命我皇考太祖高皇帝削平祸乱，统御华夷，立纲

---

① 《明太宗实录》，卷十七，第306—307页，"永乐元年二月己未"。

陈纪，制礼作乐，治道昭明，万方宁谧，此岂人力所能臻？天命所在也！肆
朕仰承天休，入正大统，尝遣使臣朵儿只等赍书币往报，重念帝王之治，以
天下为家，可汗远处沙漠，当知天命废兴之故，遣（使）往来讲好修睦。窃
闻有所觊觎，是特自生衅端，盖违天逆命，非善者也。古语"顺天者昌，逆
天者亡"，可汗博古知今，宁不鉴此？今再遣指挥革来、完者帖木儿等赍书谕
意，并致仪物。可汗其审之。[①]

　　朱元璋以"驱除胡虏，恢复中华，立纲陈纪，救济斯民"[②]为口号起兵反元，朱
棣此时在诏谕中充分肯定元世祖忽必烈，肯定他以元代宋是"得天命"是非常不易
的，这无疑对退回草原的鞑靼是一个极大的安慰，也充分显示了朱棣此时招抚的诚
意。虽然这次鬼力赤仍旧没有对朱棣递出的橄榄枝作出积极的回应，但越来越多的
蒙古贵族已经在朱棣的吸引下归向明朝。其中，鞑靼知院马剌沙于永乐二年（1404
年）九月率部驻于哈敦不剌之地，派遣属民里不花等至南京向朱棣请求入朝。朱棣
自然非常高兴，立即让里不花等回去作为马剌沙的向导带他来朝见自己。当然，朱
棣也没有放松警惕，他同时"敕镇守大同江阴侯吴高遣兵纳之，耳（尔）今纳束所
遣将士，毋有侵扰"[③]。

　　对于归顺的蒙古人，朱棣改变其父融合而不同化——不允许他们把姓名改为汉
族姓名并让他们充分保留自己民族习俗的政策，转而采取同化政策。张佳认为，蒙
古人在洪武年间的主动同化政策下"加速汉化"[④]。这是有一定道理的，朱元璋确曾
早在吴元年（1367 年）十月告谕境内的少数族裔"如蒙古、色目，虽非华夏族类，
然同生天地之间，有能知礼义、愿为臣民者，与中夏之民抚养无异"[⑤]，但洪武年间

---

　　① 《明太宗实录》，卷二一，第 397—398 页，"永乐元年七月庚寅"。

　　② 《明太祖实录》，卷二六，第 402 页，"吴元年十月"。

　　③ 《明太宗实录》，卷三四，第 597 页，"永乐二年九月壬寅"。

　　④ 张佳：《新天下之化——明初礼俗改革研究》，第三章第二节，上海：复旦大学出版社，
2014 年，第 132 页。

　　⑤ 《明太祖实录》，卷二十六，第 404 页，"吴元年十月"。

朱元璋对归顺蒙古人的同化政策，更多的是赐予汉族衣冠。虽然在洪武九年（1376年）三月也有蒙古人火你赤在被任命为翰林蒙古编修后被朱元璋赐予汉名霍庄的特例①，但这仍就显得极为个别。朱元璋让归顺的蒙古人改着汉族衣冠的政策与他在立国之初面对士人普遍只顾"君臣大义"，不顾"夷夏之辨"而怀念元朝，对新生的明朝态度冷淡乃至敌视的环境是分不开的。朱元璋实行一系列衣冠复古政策正是为了重新强调汉族的族群意识，从而为明朝取代元朝寻求合法性，对蒙古人实行"同衣冠"也可以看成这一政策的延续。因此，朱元璋对归顺蒙古人的政策，仍旧更接近于融合而不是同化。这一政策在朱棣即位后发生了改变。

然而我们也应看到，朱棣即位后的政策转变并非是突兀的，处处以恢复祖制自居的朱棣在对待归顺蒙古人的政策上也是和朱元璋的政策有渊源的。朱元璋虽然在洪武三年（1370年）四月专门发布诏令"禁蒙古、色目人更易姓氏"②。然而在明初"用夏变夷"的政策大背景下，他又几乎同时实行着强迫归顺明朝的少数族裔与汉族通婚，赐予他们汉族衣冠等政策。而包括蒙古人在内的少数族裔在明初全面恢复汉族儒家制度的背景下为了迎合统治者，也愿意将姓名更改为汉式姓名。同时，朱元璋本人对自己的诏令也没有严格遵守，洪武年间，他不仅有赐予翰林蒙古编修火你赤汉名霍庄的特例，还存在不少赐予蒙古、色目军人汉名的例子。因此，洪武三年（1370年）禁止蒙古、色目人更易姓氏的诏令实行程度实际是很有限的。也正因如此，在朱棣即位后的永乐元年（1403年），他即表示"各卫鞑靼人多同名，无姓以别之，并宜赐姓如是"③，兵部领会了朱棣的意图，立即奏请"如洪武故事，编置勘合，给赐姓名"④，给朱棣想要实行的赐予归顺蒙古人汉名的政策以祖制上的支持，朱棣即以此为根据开始了大规模赐予归顺蒙古人汉名的大规模同化政策，这也是归顺明朝的少数族裔的汉化过程从洪武至永乐呈现由被动到主动，由个体到群体发展趋势的根本原因。对归顺的蒙古人，朱棣不仅主动赐予他们汉名，也要求他们穿着汉服。他这种淡化消磨他们民族属性的方法自然是因为要让这些人为明廷所用，为明廷与蒙古人作战。这种同化政策的规模有时是非常大的，如朱棣曾在永乐三年（1405年）十月一次赐给一百九十位归顺明朝被任命为千户或百户的蒙古人汉名。

---

① 《明太祖实录》，卷一〇五，第1754页，"洪武九年三月"。

② 《明太祖实录》，卷五十一，第999页，"洪武三年四月"。

③ 《明太宗实录》，卷二十三，第427页，"永乐元年九月庚子"。

④ 《明太宗实录》，卷二十三，第427—428页，"永乐元年九月庚子"。

然而在众多归顺的蒙古首领中，最著名的还是吴允诚。

吴允诚，原名把都帖木儿，在鞑靼任平章之职。永乐三年（1405 年）七月，他率部五千余人向明朝当时镇守甘肃的将领西宁侯宋晟请求归降，朱棣接纳了他，赐其汉名为吴允诚并任命他为右军都督佥事，让他仍率部居甘肃凉州，归宋晟节制，让其成为明朝对抗蒙古的边防力量的一部分。

为了考验吴允诚的忠诚度，朱棣随后又敕谕宋晟待吴允诚所部在凉州安定下来后"选其中壮勇或二百、三百、五百，参以官军三倍，于塞外侦逻，非但耀威，亦以招徕未附者"[①]。这种掺沙子政策使他成功控制住了大量归附的蒙古军官，吴允诚其后忠心耿耿的为朱棣效力，对付自己曾经的同胞——蒙古人。永乐六年（1408 年）二月，吴允诚领军从征卜哈思之地，因功升右都督。永乐八年（1410 年），他跟随朱棣第一次漠北亲征，帮助朱棣击败鞑靼可汗本雅失里并紧接着于永乐九年（1411 年）四月升为左都督。其后，吴允诚又于当年（永乐九年，1411 年）与中官王安共同出征擒获了叛逃的蒙古人火脱赤。永乐十年（1412 年）正月，吴允诚得封恭顺伯。其后，吴允诚更再次跟随朱棣北征并长期驻守凉州，其家人也在归顺的少数民族出现叛乱时坚定地站在明朝一边，帮助明朝平定了叛乱，吴允诚也因此受到了朱棣的嘉奖。永乐十五年（1417 年），吴允诚去世，明朝赠邠国公，赐谥"忠壮"。

像吴允诚这样忠心耿耿为明朝服务的蒙古人不在少数。永乐三年（1405 年）九月，我们能看到一些蒙古人在明朝担任较高级别的官员，他们甚至得以在皇帝十分亲信的锦衣卫中任职，并从千户一直干到指挥佥事，而鞑官李丑驴更被任命为明朝在边境对抗蒙古重要一环的辽东都指挥佥事。朱棣虽然始终未能成功招抚鞑靼可汗鬼力赤，但他对鞑靼贵族的招抚怀柔政策可以说是颇见成效的。

与明朝对蒙古招抚政策的初见成效及明朝国力日渐恢复相对，蒙古内部却变乱不断，这就使得朱棣转而逐渐对蒙古采取更为积极的政策并最终走向了全面战争。

实际上，就在朱棣与蒙古的关系走向全面战争之前，明朝长期存在三项针对蒙古的虐政，分别是"烧荒""捣巢""赶马"。所谓"烧荒"，指的是明朝派遣军队出境二三百里或四五百里，将当地野草、林木进行焚烧，希望达到让蒙古人的马匹不得驻牧的目的。"捣巢""赶马"则包含在"哨捕"中，即哨探、巡捕之意，做法是

---

① 《明太宗实录》，卷四四，第 695 页，"永乐三年七月己酉"。

趁蒙古壮丁远出的机会杀掠其老弱妇孺，同时驱走其马匹，谋求削弱其力量。如今看来，这些举措无疑是损人不利己的做法，但在当时则是明廷的一项常规政策，双方的关系从来就谈不上和平，更是充满了不信任，这在某种程度上也注定了朱棣与蒙古之间的关系必然走向战争。

永乐二年（1404 年）七月初，朱棣先从归降的鞑靼人里不花那里得知了鞑靼将要南下入寇的消息，他丝毫不敢怠慢，立即敕谕镇守宣府的武城侯王聪、同安侯火真，要他们"整饬所领将士，严固备御"[1]。月中，更多的消息传来，促使朱棣采取了更多的行动，他先敕谕镇守甘肃的左都督宋晟：

> 近兀良哈有人来言，虏酋也孙台、阿鲁台、马儿哈咱，各怀异见，去年大败瓦剌，今春瓦剌亦败鬼力赤，又云鬼力赤部落比移向北行。胡人谲诈，未可遽信。以朕度之，彼或觇知武城侯军出，故遣游说以怠我军。若我军轻信而骄，即堕其计。尔宜比常加慎，昔隋长孙晟毒水上流以败突厥，宋刘锜亦毒颍水以败兀术，此皆前代名将所为。尔可官给米麹，令诸屯多酿酒，如探知虏寇将至，即置毒酒中河井亦然，而退以避之。彼饥渴之际，人马受毒，可不战而毙也。兵家之事，以权取胜，此而或济，不犹愈于杀人以逞乎？其斟酌行之，尔若别有奇略，则不必尔也。[2]

朱棣从兀良哈人那里得知了去年被鞑靼击败的瓦剌在今年春天重整旗鼓，终于打败了鞑靼，鞑靼向北遁走。而朱棣的反应则十分有趣，他出于对兀良哈始终与鞑靼藕断丝连而产生的不信任，这一消息反而让他产生了严重的不安全感。朱棣认为这很有可能是鞑靼的诈术，佯装北逃，让明军放松，实则趁此机会南下。因此，他下令宋晟在甘肃实行坚壁清野，为了尽量在不作战的情况下阻止鞑靼人，朱棣甚至想出了在甘肃地区河流、水井中下毒的方法。不得不说，及至此时，朱棣的蒙古政策仍旧是以守为主，尽量避免与蒙古正面交锋。而他对兀良哈人传达的消息的态度也反映出他对兀良哈根本不信任，这也埋下了后来他对兀良哈作战的伏笔。

朱棣不仅考虑到了西北甘肃的宋晟，北部的宣府地区也在他的考虑之内，他在

---

① 《明太宗实录》，卷三三，第 576 页，"永乐二年七月癸卯"。

② 《明太宗实录》，卷三三，第 579—580 页，"永乐二年七月庚申"。

敕谕宋晟的同时还让敕谕宣府备御武城侯王聪、同安侯火真共同巡视开平：

> 或言虏南来，或言北行，皆未可信。但常加防慎，密遣人觇伺声息，相机而行，务出万全，不可怠忽。①

与单纯要求宋晟坚壁清野不同，虽然这一布署在总体上仍然限于防御层次，但巡视之举，已有开始转向积极出动的苗头了，这也是由于宣府距离明朝内地更近，朱棣有条件这样做。然而这次朱棣多虑了，鬼力赤一心找瓦剌复仇，并非以诈术南下。

随着鬼力赤不仅不听招抚，反而做出毒杀朱棣册封的哈密忠顺王安克帖木儿这种挖明朝墙角的事，朱棣对鞑靼的不满与日俱增，他可能已经预感到明朝和鞑靼之间或许难免一战，因此，为了做好准备，他在永乐三年（1405 年）命武安侯郑亨在宣府等地构筑了大量用于守备的城堡。其后，朱棣又改变了让缘边将领对进犯的蒙古人"驱而去之"即止的策略，让他们在时机成熟的情况下对进犯的蒙古人不仅要击败，更要加以追击歼灭，这一信号已十分明显，朱棣的蒙古政策已经日趋积极。

永乐五年（1407 年）五月，鞑靼内部终于发生巨变。被瓦剌击败后势力日益衰落的鞑靼可汗鬼力赤为部下阿鲁台废黜，阿鲁台拥立本雅失里为汗，自为太师，掌握了鞑靼的实权，一年后，阿鲁台杀鬼力赤。

鞑靼的内乱让朱棣找到了一个机会对蒙古各个击破。在得知鬼力赤被废的消息后，朱棣立即致书鞑靼的死对头——瓦剌首领马哈木，对马哈木晓以"天命有归及福善祸淫之意"②，同时对瓦剌包括马哈木在内的各首领进行了赏赐。朱棣显然是本着"敌人的敌人就是朋友"的原则在此时拉拢瓦剌从而进一步孤立鞑靼。

当然，对于先遭瓦剌击败，后又内耗自损实力的鞑靼，朱棣也没有放松招抚，维持草原分裂与蒙古各部均势以保证明朝的优势地位始终是朱棣的根本政策。永乐六年（1408 年）春，朱棣虽然知道了本雅失里成为了鞑靼可汗，但他还不知道本雅失里被害，因此又给鞑靼方面写了一封信，再度劝谕鬼力赤归顺。不过因为此时鞑靼的掌权者已经换成了阿鲁台，因此朱棣自然没有得到自己想要的答复。到了当年

---

① 《明太宗实录》，卷三三，第 580 页，"永乐二年七月庚申"。
② 《明太宗实录》，卷六七，第 937—938 页，"永乐五年七月丙寅"。

十二月，朱棣得知阿鲁台杀鬼力赤后立即遣使前往鞑靼尝试对此时鞑靼新的实际掌权者、太师阿鲁台进行招抚。此时明朝在明蒙关系中已日趋强势，朱棣此次在招抚鞑靼的同时还以军队巡边，而正是此次对瓦剌和鞑靼招抚的完全不同的结果终于引发了朱棣的第一次漠北亲征，朱棣的蒙古政策也由此从以防御招抚为主全面走向以战争解决问题。

4. 逆命必除：一征漠北

朱棣对瓦剌的争取在永乐六年（1408 年）阿鲁台杀害鬼力赤后取得了关键的进展。在鬼力赤为鞑靼可汗时，鞑靼与瓦剌已经矛盾重重，在双方的互相攻杀中，瓦剌在总体上处于劣势，如今鞑靼陷入内乱，阿鲁台杀害鬼力赤，以本雅失里为汗，要求瓦剌也对本雅失里加以承认，马哈木自然不会服从。于是，马哈木在自身实力不足的情况下为了对抗鞑靼，很自然地接过了朱棣递出的橄榄枝。

永乐六年（1408 年）十月，马哈木正式向明廷请求册封，朱棣大喜，已经北巡抵达北京的他于永乐七年（1409 年）五月册封马哈木为特进金紫光禄大夫、顺宁王，瓦剌的另外两个首领——太平被封为特进金紫光禄大夫、贤义王，把秃孛罗被封为特进金紫光禄大夫、安乐王。

在瓦剌接受明朝册封后，鞑靼可汗本雅失里也遣使向明朝贡马以示友好，朱棣对蒙古各部的招抚怀柔政策似乎取得了可喜的进展。然而鞑靼的实际掌权者并非可汗本雅失里而是太师阿鲁台——一个对明朝比鬼力赤更为强硬的人。朱棣在永乐六年（1408 年）十二月派通好使者给事中郭骥送回之前被俘的本雅失里部署二十二人，同时对本雅失里、阿鲁台等鞑靼重要首领给予赏赐。朱棣在给本雅失里的信里再次建议双方保持和平：

> 边将得尔部下完者帖木儿等二十二人来，其言众巳推立尔为可汗，尔欲遣使南来通好，朕心甚喜。今遣都指挥金塔卜歹、给事中郭骥等赍书谕意。可汗诚能顺上天心，下察人事，使命来往，相与和好。朕生中国，可汗王朔漠，彼此永远相安无事，岂不美哉？彩幣六表里，用致朕意。完者帖木儿等，朕念其有父母、妻子，均给赐，就令使臣送归，可体朕至意。[1]

郭骥在洪武年间奉命出使帖木儿帝国并遭到长期扣留，但他不辱使命，在永乐年间才同傅安等一同回到明朝，应该说在出使方面很有经验，朱棣派他前往鞑靼，

---

[1] 《明太宗实录》，卷九十，第 1186 页，"永乐七年四月丁丑"。

应该是经过了慎重考虑的。孰料阿鲁台不仅不为所动，反而杀害了明朝使者。

两军交战，尚且不斩来使，何况朱棣此次的信件确实表达出了充分的和平诚意。阿鲁台究竟何以采取如此激烈手段我们已经不得而知，然而当朱棣在永乐七年（1409 年）七月得知不仅自己的使者被杀且鞑靼为瓦剌打败后准备南下进攻内属明朝的兀良哈蒙古时，他对鞑靼的怒火终于爆发，愤怒地斥责鞑靼：

> 朕以至诚待之，遣使还其部署，乃执杀使臣，欲肆剽掠，敢肆志如是耶？！逆命者必歼除之耳！[①]

这段话标志着朱棣的蒙古政策正式发生了重大转变，由"去而不追"转向了"逆命必除"，他决心征伐鞑靼。当然，朱棣决定在此时征伐鞑靼并非为愤怒冲昏头脑，这是在瓦剌马哈木已经臣服的前提下作出的决定。一个联合的蒙古难以对付，但一个孤立的鞑靼就不同了，马哈木方面也乐于明朝帮他削弱鞑靼，正是这种互利关系使此时明朝与瓦剌走到了一起，也是随着这种互利关系的结束使明朝与瓦剌在朱棣第二次漠北亲征中走向了战争。

朱棣既已决定征伐鞑靼，便立即开始了准备，他先立即"命边将整率兵士"[②]，同时，鉴于鞑靼即将进攻兀良哈蒙古的情况，他也"敕泰宁、朵颜、福余、兀者诸卫皆严备之"[③]。但朱棣此时对具体的征伐鞑靼的方式仍在进行考虑。虽然此时他已经北巡到达了北京，但他并不打算亲征。朱棣一生热爱军事，他也深知天子亲征固然可以鼓舞全军士气，但与此同时也置天子于最前线的危险境地，风险很大。同时由于天子亲征，诸将因为皇帝在军中坐镇，也会感到束手束脚，一切以保护好皇帝为中心。因此，靖难功臣、淇国公丘福被任命为征房将军总兵官，率师北征鞑靼。

朱棣为了确保丘福北征能够顺利，不仅为他配备了武城侯王聪、同安侯火真、靖安侯王忠、安平侯李远四名经验丰富的将领作为副手，这四位将领此时都已经是久经沙场的老将了，丘福六十七岁，王聪五十三岁，火真六十一岁，最年轻的李远也有四十六岁了，但朱棣仍感到不放心，他专门叮嘱丘福：

---

① 《明太宗实录》，卷九三，第 1234 页，"永乐七年七月辛亥"。
② 《明太宗实录》，卷九三，第 1235 页，"永乐七年七月辛亥"。
③ 《明太宗实录》，卷九三，第 1235 页，"永乐七年七月辛亥"。

> 本雅失里悖逆天道，拘杀信使，厥罪既稔，特命尔往讨之。兵，重事也，不可不慎，自开平以往，虽不见敌，常若对敌，日夜严谨瞭备。敌至则出奇兵以击之，否则审势察机，可进则进，可止则止，不宜执一。尔等常从征战，经历行阵，备悉致胜之术，正当奋力共灭此虏，须智勇毕效，庶建茂勋。[①]

朱棣对丘福的关照不可谓不细致，这固然反映了朱棣对待军事行动的谨慎和务求万全，也反映了他对丘福军事能力的不放心。但在成国公朱能已经去世且后起之秀、平定安南立有大功得封英国公的张辅尚在交阯的情况下，丘福作为仅存的一个活着的因靖难大功得封公爵的将领，除了朱棣亲征外，也只能命他挂帅了，否则在看重论资排辈的军队中是难以服众的。

虽然朱棣因为担心丘福轻敌冒进而为他制定了"可进则进，可止则止，不宜执一"的务求谨慎的作战原则，但在实际作战中却没有得到完全执行。

永乐七年（1409年）八月，丘福进至胪朐河（今克鲁伦河），击败了这里的鞑靼游兵，乘胜渡过胪朐河。此时，明军俘虏一位"虏尚书"，丘福向他询问本雅失里的动向，得到的回答是："本雅失里知大兵至，惶惧欲北遁，去此可三十余里"。对于这种来自地方俘虏的消息，丘福本该慎重加以鉴别，但他在初战告捷的情况下显然被胜利冲昏了头脑，认为"当疾驰擒之"。此时明军因为渡河的原因，还未全部集结起来，诸将都认为不应该轻军冒进，"恐虏遣此人诱我，不可信，且驻兵，俟诸军俱至，先遣精骑觇其虚实何如，而后击之，毋堕虏计"。将领们很有道理的劝谏并没能打动丘福，他坚持相信自己从"虏尚书"那里得到的情报，以他为向导向所谓的鞑靼大本营发动进攻，结果被诈败引诱明军的鞑靼军一步一步引入圈套。在这一过程中，李远随着大军逐渐深入，越来越感觉局势不对，他对丘福说："将军轻信谋者，径度河，悬孤军至此，虏故示弱给我深入，进必不利。"他为了强化自己劝谏的说服力，还提到了朱棣战前的指示，建议丘福立即结营固守，大张军势，还有机会全身而退，不然只能自取灭亡。话说到这个份上，丘福仍旧不听，甚至为此呵斥了李远，结果导致明军落入鞑靼埋伏，全军覆没，王聪战死，李远"马蹶被执，骂不绝口而死"，丘福、王聪、火真、王忠四人也都被鞑靼俘虏，"俱

---

① 《明太宗实录》，卷九四，第1243页，"永乐七年七月癸酉"。

死之"。①

丘福不听劝告，全军覆没。九月，败报传来，朱棣得知后愤怒异常，他先进行了自我检讨，叹息说："福不从吾言，以至于此，而将士何辜？此朕不明知人之故。"然而自省是一回事，赏罚仍旧要分明，朱棣将满腔怒火都发泄在已死的丘福身上，不仅追削了丘福的爵位，更将其全家流放海南，而王聪等人则因为力谏丘福之故得到了追赠，李远、王聪更是因为多次力谏丘福而获得了追赠的爵位，李远获追赠莒国公，谥忠壮，王聪则追赠漳国公，谥威毅。②

不过，发泄怒气是一回事，这次失败的后遗症朱棣还需要耐下心来进行处理。此时他最关注的是归附的蒙古人的情况，朱棣一方面让甘肃、宁夏两处密切注意归附的鞑靼人是否因此出现了离心倾向，他在给镇守甘肃的何福、镇守宁夏的陈懋的敕谕中提到"然虏新附鞑靼闻之，恐或有异志，又虑虏或乘胜侵边，当谨斥堠，严侦伺，周察人情，以防不虞"③，而对此后新来归附的蒙古人，他也改变了原来的近塞安置，让他们成为明朝边防力量一部分的策略，改为南迁安置，以加强控制。另一方面，对于已经接受明朝册封的瓦剌马哈木，他也专门派人告知马哈木提防鞑靼以得到的丘福军旗帜衣甲"诈以攻王（指顺宁王马哈木）"，并明确告诉他"来春朕亲率兵征之"④。

与各种挽救措施相比，我们能看出最重要的一点是朱棣决意亲征。永乐七年（1409年）九月，朱棣得知丘福败绩的消息后就对五府六部大臣说道："丑虏背德，罪大恶极，朕来春决意亲征。尔等其议所当行之事，速行之。"⑤朱棣似乎已经意识到，对蒙古作战，要想贯彻自己的方略，只有通过亲征才能实现。

亲征的准备相当繁琐而细致。首先，朱棣将除犯了十恶不赦之罪的武职官员尽行赦免，让他们从军北征，"所犯殊非死罪，皆宥之"。同时，武安侯郑亨奉命巡边，开平加强了守备，"成安侯郑亮往开平备御"，北京行在五府开始对士兵进行临战训练、修缮器械，掌管马政的太仆寺开始向北京运送一万匹战马，为了确保马匹的充

---

① 《明太宗实录》，卷九五，第1258—1259页，"永乐七年八月壬子"。
② 《明太宗实录》，卷九六，第1270页，"永乐七年九月甲戌"。
③ 《明太宗实录》，卷九六，第1270页，"永乐七年九月乙亥"。
④ 《明太宗实录》，卷九六，第1272页，"永乐七年九月壬午"。
⑤ 《明太宗实录》，卷九六，第1270页，"永乐七年九月甲戌"。

足，朱棣还让朝鲜向明朝进贡战马。①

但古语有云："兵马未动，粮草先行"，最要紧的问题还是大军的补给，在这一问题上，朱棣相当依赖自己的户部尚书夏原吉，他于永乐七年（1409年）十月初制定了此次亲征的总体策略，计划大军在明年——即永乐八年（1410年）二月出塞，需要准备大军二十日的补给，这样才能保证明军在阿鲁台逃遁的情况下也能追击，"朕拟来春二月行矣，是时胡马疲瘦未可动，我师约载二十日刍豆可至其他 [地]，虏觉而遁，亦可追及"②，这整个粮饷的筹备，则全部委托给了夏原吉。不仅如此，朱棣以皇太子朱高炽留守南京的同时，为了确保自己北征期间北京的稳定，又以自己十分看重的皇太孙朱瞻基镇守北京，而辅佐朱瞻基的重任，他也委托给了夏原吉。朱棣在给夏原吉的敕命中说：

> 朕长孙虽幼龄，而克勤学问，正当涵养德性，充其大器。尔其勉尽乃心，朝夕辅导，俾智识益广，道德有成，将绍承有赖，尔亦与有光荣。钦哉！③

朱棣将对自己未来接班人的教导全权交给夏原吉，夏原吉之受倚重由此可见一斑。当然，熟谙军旅的朱棣对粮草之事也阐述了自己的看法并进行了落实，即武刚车虽然足可转运粮草，但由于路途太远，过于耗费人力，"工部所造武刚车足可输运，然道远，人力为难"，因此朱棣除了打造三万辆武刚车以转运二十万石粮草随军行动外，还于途中筑平胡、杀胡二城以储存粮草，节省民力，而在宁夏与南京之间负责运输的民众皆免役一年。④

关于第一次北征朱棣一共调集了多少兵马的问题，我们能够从《明太宗实录》中军队的调动记载得出一个大概的数据。朱棣在决定亲征后，立即在九月十五日让甘肃总兵官、宁远侯何福"选练陕西行都司马步官军一万，候有敕即率领至京"，同时吴允诚等归顺的蒙古将领也得到了待命的指示。⑤这只是调动军队的开始，到了九月二十日，朱棣颁布了一系列军事命令：

---

① 《明太宗实录》，卷九六，第1271—1272页，"永乐七年九月"。
② 《明太宗实录》，卷九七，第1279页，"永乐七年十月己亥"。
③ 《明太宗实录》，卷一百一，第1314页，"永乐八年二月辛丑"。
④ 《明太宗实录》，卷九七，第1279页，"永乐七年十月己亥"。
⑤ 《明太宗实录》，卷九六，第1273页，"永乐七年九月甲申"。

敕永康侯徐忠等选练南京各卫即睢阳、归德、武平、镇江等二十五卫步骑三万，宁阳伯陈懋选练陕西属卫及庆、秦二王府护卫步骑万九千，江阴侯吴高选练山西及晋王府护卫步骑万五千，仍命中都留守司、河南、湖广、山东三都司、周、楚二王府护卫选步骑四万五千，临洮、河州、岷州、西宁、平凉诸卫选善战土官五千，各赐钞，给行粮，皆以来年二月至北京随征。①

以上就是《明太宗实录》里朱棣为准备亲征的调兵记载，合计有十二万四千余人。当然，《明太宗实录》对于兵力的记载肯定是不完整的，朱棣实际出动的兵力必然在此之上，因此可以看出朱棣为亲征准备了相当雄厚的兵力，而为了将这些分布在全国各地的兵员集中起来，朱棣也留出了相当充足的动员时间，直到永乐八年（1410年）二月，一切准备就绪后，这一场声势浩大的亲征才终于要开始了。

当然，在将才方面，宁夏陈懋、交趾张辅皆奉命从征。朱棣甚至还在永乐七年（1409年）十二月将陈懋由宁阳伯进封为宁阳侯，这显然是一种鼓励。永乐八年（1410年）二月初四日，朱棣正式下诏北征，这份诏书是他发布的第一份亲征蒙古的诏书，诏书中宣示了自己北征的目的：

朕受天命，承太祖高皇帝洪基，统驭万方，抚辑庶类。凡四夷僻远，靡不从化，独北虏残孽，处于荒裔，肆逞凶暴。屡遣使申谕，辄拘留杀之。乃者，其人钞边，边将获之，再遣使护还，使者复被拘杀。恩既数背，德岂可怀？况豺狼野心，贪悍猾贼，虐噬其众，引领徯苏。稽于天道，则其运已绝，验于人事，则彼众皆离。朕今亲率六师往征之，肃振武威，用彰天讨。且朕必胜之道有五：以大击小，以顺取逆，以治攻乱，以逸代劳，以悦吊怨。鲜不残灭，荡除有罪，扫清沙漠，抚绥颠连，将疆场乂安，人民无转输之苦，将士无战斗之虞，可以解甲而高枕矣！布告中外，咸使闻知。②

朱棣一如既往地为自己的军事行动赋予了"大义"的名分，而"将疆场乂安，人民无转输之苦，将士无战斗之虞，可以解甲而高枕矣"才是朱棣亲征蒙古的根本

---

① 《明太宗实录》，卷九六，第1275页，"永乐七年九月己丑"。
② 《明太宗实录》，卷一百一，第1313—1314页，"永乐八年二月辛丑"。

目的，他的目标是彻底让蒙古臣服，从而解决这一明朝北方的隐患。

二月初十日，朱棣正式从北京出发，出德胜门，金幼孜详细记载了大军出发时的壮观景象，"是日，师出北京。驾出德胜门，幼孜与光大胡公（胡广）由安定门出。兵甲之雄，车马之盛，旌旗之众，耀于川陆。风清日和，埃尘不兴，铙鼓之声，訇震山谷"[①]。靖远侯王友将中军，宁远侯何福、武安侯郑亨为左右哨，宁阳侯陈懋、广恩伯刘才为左右掖，后来在平定倭寇中建立大功的都督刘江在此役中任游击将军，充为前锋，张辅在从交阯到达北征军中后则主要负责督运全军粮草。不仅如此，内阁大臣中的胡广、杨荣、金幼孜也随军北征，他们忠实地记录下了朱棣北征的情况，为后人研究此次北征提供了重要的第一手参考资料。

永乐八年（1410 年）二月十一日，明军抵达沙河，朱棣祭祀了居庸山。而恰在此时，蔚州卫千户周全自鞑靼逃归，他带来了朱棣渴望的关于阿鲁台的情报。二月十三日，朱棣出居庸关，正式出塞。

一天后，明军从永安甸出发，此时发生了一件颇为有趣的事情，"大风甚寒冷，且行且猎"，结果金幼孜"观骑逐兔，不觉上马过前"。此时朱棣笑着呼喊跟随他北征的三位内阁大臣："到此看山，又是一种奇特也。"朱棣这一声将军金幼孜等人从忘我观看大军打猎的状态中拉了回来，他们才发现此时塞外风景异常美丽，"盖诸山雪霁，千岩万壑，耸列霄汉，琼瑶璀璨，光辉夺目，真奇观也"[②]。打猎也是一种军事训练，不过无论是朱棣还是军队，此时都没有表现出一种大战在即的紧张状态。实际，直到五月明军将要正式与鞑靼大军交战前，我们都感受不到这种紧张的空气。这也是为什么王世贞后来收录朱棣北征期间发布的军事命令是从五月开始的一个原因。

二月十六日，明军抵达鸡鸣山，发生在这里的往事引发了他的感慨，他对金幼孜等三位内阁大臣说道：

> 此即鸡鸣山。昔元顺帝北遁，其山忽崩，有声如雷，其崩处汝等明日过时见之。[③]

---

① ［明］金幼孜：《北征录》，第 31 页。本书所引金幼孜《北征录》《后北征录》，杨荣《北征记》均以《明代蒙古汉籍史料汇编·第一辑》校对本为基础，参以《国朝典故》本。

② ［明］金幼孜：《北征录》，第 32 页。

③ ［明］金幼孜：《北征录》，第 32 页。

朱棣心里此时或许有一丝自豪，因为自己越过了这些被他称为"此天之所以限南北也"①的群山与被朱元璋摧毁的元上都去征伐蒙古，如此功业，让他感到自己是其父的合格继承人。二月十八日，朱棣抵达了重镇宣府，他在这里稍作停留后于二月二十一日抵达了宣平。正是在宣平，朱棣对金幼孜阐述了自己对明朝北方防线的全面构想：

> 今灭此残虏，惟守开平、兴和、宁夏、甘肃、大宁、辽东，则边境永无事矣。②

朱棣的积极防御策略通过这段话已表达得十分清楚，这些据点多在塞外，本来互相孤立，朱棣则将它们连为一个整体，相较于明朝后来修筑长城的消极防御，其战略眼光无疑高了很多，而大宁更是防线中的关键环节，由此也可知朱棣并未以大宁界兀良哈。

二月二十六日，明军艰难通过地形险峻的德胜口后抵达了兴和。因为大军在德胜口损耗了大量体力，因此朱棣决定不急于从兴和出发，而是在此停留进行休整。对于兴和这一据点，朱棣是颇为自豪的，他在营前召金幼孜等人说："汝观地势，远见似高阜，至即又平也，此即阴山脊，故寒，过此又暖。尔等昨日过关，始见山险，若因山为堑，因壑为池，守此谁能轻度？"金幼孜等人对朱棣的眼光表示佩服。③诚然，兴和险要的地势让这里成为了一个合格的军事重镇，但是成也萧何，败也萧何。兴和地区险峻的地形让明廷对其的补给很不容易，加之兴和又孤悬塞外，也让明军维持这里并不容易。在永乐年间这样一个积极北拓的年代，这一问题还可以被中央积极地军事政策掩盖，但一旦明朝整个政策转向保守，则像兴和这样过于靠北的据点无疑会难以维持，这也正是朱棣驾崩之后发生的事情。

朱棣在兴和停留了约半个月休整，直到三月初七日才从兴和出发，继续北征。很快，大军就抵达了鸣銮戍，这里距离朱棣构想的防线中另一个重要的据点开平很近，因此，他又对金幼孜三人发表了一番自己的见解，他先指着远处的山脉说："此

---

① ［明］金幼孜：《北征录》，第32页。
② ［明］金幼孜：《北征录》，第33页。
③ ［明］金幼孜：《北征录》，第33页。

大伯颜山，其西北有小伯颜山。"随即又指着东北方向说："由此去开平。"随即，朱棣又补充说："汝等观此，方知塞外风景。读书者但纸上见，未若尔等今日亲见之。"最后，朱棣对他经过的元中都旧址沙城发表了一通自己对明朝马政的看法："适所过沙城，即元之中都，此处最宜牧马。"①

北征中的朱棣颇有些观光旅游的兴致，前文也提过，在五月正式与鞑靼交锋之前，难以感觉出战争的紧张气氛。而在永乐八年（1410年）三月初八日，朱棣在入夜后坐在帐殿前观星，他召金幼孜、杨荣前去一同交流，直至二鼓才结束。另一方面，为了显示明军军容的壮盛，朱棣还两度阅兵，"六军列阵，东西绵亘数十里。师徒甚盛，旗帜鲜明，戈戟森列，铁骑腾踔，钲鼓震动"②，似乎全无保密意识，这显然不是深谙军旅的朱棣所会犯的错误，他这样做明显是在主动恫吓鞑靼，正如他自己所说："此阵孰敢婴锋！尔等未经大阵，见此似觉甚多，见惯者自是未觉。"③

朱棣过大伯颜山后，望见塞外万里萧条，不禁感慨元朝盛时此处的繁荣，同时也对鞑靼的倔强发出叹息。永乐八年（1410年）三月十八日，朱棣抵达锦水碛，明军终于发现了鞑靼人的踪迹，朱棣立即下令全军严备，空气开始紧张了起来。一路上，虽然朱棣每过一处，常向从征大臣讲解典故，颇有指点江山的气概，但这并不意味着他将亲征当成了一次巡幸，他始终以打败鞑靼为目标。

永乐八年（1410年）四月初七日，朱棣在玄石坡勒铭：

> 维日月明，维天地寿；
> 玄石勒铭，与之悠久。④

不仅如此，朱棣还"登山顶，制铭，书岁月纪行，刻于石。命光大书之，并书'玄石坡立马峰'六大字，刻于石。时无大笔，用小羊毫笔钩上，石勒成，甚壮伟可观"⑤。四月十六日，他又在自己命名的"擒胡山"勒铭：

---

① ［明］金幼孜：《北征录》，第35页。
② ［明］金幼孜：《北征录》，第34页。
③ ［明］金幼孜：《北征录》，第34页。
④ 《明太宗实录》，卷一百三，第1339页，"永乐八年四月癸卯"。
⑤ ［明］金幼孜：《北征录》，第39页。

> 瀚海为镡，天山为锷；
> 一扫胡尘，永清沙漠。①

四月十八日，朱棣又在自己命名的"清流泉"勒铭：

> 于铄六师，用歼丑虏；
> 山高水清，永彰我武。②

这些铭文充分体现了朱棣歼灭鞑靼人的决心，而随着凉州鞑官叛乱在吴允诚的剿捕与朱棣的增兵下被平定，彻底消除了后顾之忧的朱棣即将在五月与鞑靼正式开战。

永乐八年（1410年）五月初一日，微微下雨，明军大军从顺安镇出发，经过白云山后数里，明军抵达了胪朐河，丘福此前就是从这里开始走向全军覆没的。朱棣在河畔立马良久，最后决定将这条河更名"饮马河"。当天，大军就在河畔扎营，朱棣给营地所在赐名"平漠镇"。初三日，大军再度出发，顺着胪朐河东行。一天后，当明军抵达苍山峡时，哨马营抓获了五个鞑靼俘虏。朱棣却并没有因为这一收获而高兴，他立即给游击将军、都督朱荣，都指挥苏火耳灰，内官王安，游击将军、都督刘江发布了一道内容相同的军事命令：

> 哨马营离大营三十里，拣好便当去处驻扎，若发向前小哨马，尔等可相度远近处置，务要昼夜谨慎，不可怠慢。假如王彦、王哈剌巴都儿不发哨马在前，却令架炮之人在前，遇见贼五人，若贼有胆略，架炮之人如何不被其擒去？彼诸人只于朕前说话，谩得无缝，只会谩我，不会去谩别人。你每不要学他这等。③

而在给当事人王哈剌把都儿、王彦的另一道命令中说的更加严厉："尔等原来

---

① 《明太宗实录》，卷一百三，第1340页，"永乐八年四月壬子"。
② 《明太宗实录》，卷一百三，第1341页，"永乐八年四月甲寅"。
③ ［明］王世贞：《弇山堂别集》，卷八十八，《诏令杂考四·北征军情事宜》，第1678页。

是如此无用之物。来我说话，且是谩得严密，只能谩我，若谩得过便好。今后若再是如此无用，即斩尔辈。"①朱棣关注的重点不是哨马抓获了五名俘虏，而是他们布置的不当，因此胜负很可能颠倒。不过虽然如此，此战明军仍旧获胜了，朱棣也就严厉警告了一下。

五月初七日前后，明军抵达玉华峰，此时，胡骑都指挥款台抓获了一名鞑靼俘虏，朱棣从这位鞑靼俘虏口中得到了不少重要情报，即鞑靼内部发生了分裂，作为可汗的本雅失里在获知明军出塞后决定向西逃跑，但实权人物太师阿鲁台不从，彻底反目成仇的二人终于分裂，本雅失里向西逃至兀古儿扎河，计划投奔瓦剌，而阿鲁台则向东逃窜。朱棣对款台带来的情报十分重视，但他再度对自己派出的前锋刘江等人表达了强烈不满：

> 说与游击将军、都督刘江等：
> 今款台已拏到胡寇人来问，知本雅失里与阿鲁台不和，自相杀散。本雅失里见在兀古儿扎，离我两程，阿鲁台见在兀儿古纳。前者尔等哨瞭不谨，在哈剌忙来，已为胡寇哨知我声息，尔等在前如此误事！前日因尔等不用心哨瞭，不能亲拏胡寇，八人不和，八人何不来报？失误事机。今紧不得，缓不得，务要昼夜用心，谨慎哨瞭，事机正在顷刻之间。我今日渡河，往兀古儿刼，擒拏胡寇本雅失里，朱荣、王安等就渡河为前哨马，王哈剌把都儿、王彦等就为左哨马，刘江就渡河为右哨马，朱得、李玉仍为后哨马。②

朱棣给朱荣、王安等人的敕谕内容也是大同小异，他一方面对八人内部不和导致执行哨探任务不得力进行了责难，同时为了协调他们之间的关系，对他们下一阶段的部署进行了调整。至于朱棣自己，得到这一情报后他决定当晚渡过饮马河扎营，准备追击本雅失里。这一方面是因为本雅失里蒙古可汗的身份，另一方面则是担心倘若瓦剌与本雅失里合流后会反过来与明朝作对，因此，朱棣决心先解决本雅失里。

五月初九日，为了抓住稍纵即逝的战机，朱棣以轻骑每人携带二十日干粮，以

---

① [明] 王世贞：《弇山堂别集》，卷八十八，《诏令杂考四·北征军情事宜》，第1678页。
② [明] 王世贞：《弇山堂别集》，卷八十八，《诏令杂考四·北征军情事宜》，第1680页。

投降的鞑靼人为向导开始追击本雅失里。大军则由清远侯王友、金幼孜统帅继续驻扎在饮马河并在河畔修筑杀胡城。然而当明军在五月十二日进至兀古儿扎河时，本雅失里已经离开了那里。五月初十日，明军终于在当年成吉思汗的勃兴之地斡难河（今鄂嫩河，为黑龙江上源之一）追上了本雅失里，明军立即占据有利地势，"虏拒战，上登山布阵，麾先锋逆击，一呼而败之，首虏本雅失里苍皇穷迫，以七骑度河遁去，俘获男女、辎重、孳畜，仍命游击将军刘江、骠骑将军梁福等追之，主驻骅灭胡山"[1]，逃走的本雅失里最终为瓦剌马哈木所杀，退出了历史舞台。

朱棣命刘江继续搜索追击本雅失里的残余势力后将注意力转向了阿鲁台。五月二十日，朱棣率领的轻骑返回饮马河大营，朱棣命金幼孜着手撰写《平胡诏》，由于明军的补给已到极限且士兵有不少患病，朱棣在饮马河下诏班师，但这并不意味着他放过了阿鲁台。五月二十二日，在下诏班师的同时，朱棣又以骑兵向东搜索追击阿鲁台，而此时鞑靼知院失乃干归降，这一信号进一步坚定了朱棣继续寻找阿鲁台的决心。朱棣在给失乃干的敕谕中再度重申了自己对蒙古人招抚的诚意，这可以看成是此次北征中的一个插曲：

> 大明皇帝敕谕知院失乃干：
>
> 本雅失里不顺天道，杀戮使臣，侵扰边疆。今朕亲将兵征剿之，追至斡难河，已将本雅失里杀散，获其车辆牛羊牲口。尔前放回指挥塔海等，尔之美意，朕悉知之，久闻尔等欲顺天道，输诚归朕，未得其机。今闻尔等俱各分散，此皆天道使然，能顺天道前来归朕，则父母妻子俱得团圆，用享太平之福，苟不听朕言，失此时机，悔之晚矣。兹特遣指挥郭帖木儿等以敕谕尔，并赐尔彩段二表里，军中所将不多，用表朕意。故谕。[2]

内容相似的敕谕朱棣还颁给了米剌、脱火赤、乞塔、哈剌陈、各爱马等蒙古首领。朱棣通过这些措施说明了他自己并没有放弃和平招抚政策，对于蒙古各部领袖的归顺，他都是十分欢迎的。另一方面，这一系列蒙古首领的归顺也说明在朱棣和战两手策略下，他的蒙古政策确实取得了一定的成果，进一步促成了对蒙古的招抚。

---

① 《明太宗实录》，卷一〇四，第1349，"永乐八年五月戊寅"。
② [明] 王世贞：《弇山堂别集》，卷八十八，《诏令杂考四·北征军情事宜》，第1684页。

　　明军经过半个月的一边回师一边追击，六月初九日，明军从前一日因为迷路不得不停下来的飞云壑继续出发，行军二十余里后，前哨终于发现了阿鲁台的踪迹。朱棣立即让诸将严阵以待，自己则率数十骑登山以观察地形。大军继续前进，随即发现了隐藏在山谷中的阿鲁台所部。阿鲁台知道凭借自己此时的力量，难以与朱棣为敌，因此加以遣人来见朱棣，请求归降。朱棣则料到了阿鲁台会出此下策，预先让金幼孜写好了一份敕谕，当阿鲁台的使者来到后直接交给了他。朱棣自信地对金幼孜说："虏诈来归降，朕亦给之。"明军又继续前进了数十里，驻扎在山谷中。此时天气很热，明军已经半日没有进食，当金幼孜等人正在吃饭喝水之时，"俄闻炮声，而左哨已与虏敌。虏选锋以当我中军，上麾宿卫即摧败之。虏势披靡，追奔不下十余里"，朱棣早已料到阿鲁台是借此拖延时间，因此抢先以绝对优势且装备火铳的兵力向阿鲁台发起攻势，阿鲁台败出数十里，明军其后又于回曲律和广漠城两度打败鞑靼，终于使阿鲁台远遁并在相当时期内失去了与明军对阵的力量。朱棣高兴地宣告此次北征明军取得了胜利，明军正式凯旋。①

　　七月初五日，朱棣带着胜利的荣耀进入了居庸关。七月十七日，朱棣返抵北京，对从征将士开始论功行赏，第一次漠北亲征至此结束。朱棣在这次有深远意义的亲征结束后开始面对并处理国内一些必须由他亲自过问的问题，如黄河几乎永无休止的水患。

　　对于朱棣这次北征的成果，可以说是相当的复杂。无疑，明朝在军事上取得了对鞑靼的胜利，但这一胜利同时又是不完全的。朱棣凭借早年镇守北方与蒙古人周旋积累的经验及谨慎的态度和果断的判断击败了鞑靼，确保了鞑靼在此后相当时期内无力犯边，但无论是鞑靼可汗本雅失里还是实权人物阿鲁台，朱棣都未能擒获，本雅失里虽然在逃往依附瓦剌后为马哈木所杀，但阿鲁台则得以重新整合势力卷土重来并通过采取更为灵活的策略来对朱棣造成困扰。

　　瓦剌方面，马哈木通过臣服于明朝削弱了自己草原上最大的对手——鞑靼，这自然使马哈木的野心日益膨胀，瓦剌的趁机崛起与尝试摆脱明朝的控制埋下了朱棣第二次漠北亲征的祸根。

　　除了鞑靼与瓦剌两部，朱棣通过这次北征还明显感到了兀良哈蒙古的首鼠两端。永乐八年（1410 年）六月，班师途中的朱棣设伏歼灭了一部残余的鞑靼人，俘

①　［明］金幼孜：《北征录》，第45—46 页。

虏了数十人，他惊讶地发现这些俘虏竟全是兀良哈人并且曾经入朝接受过明朝的官职。对于这些人的背叛，朱棣斥责道：

> 尔于朝廷何功？徒因来朝，辄予爵赏，今不思报，乃复为叛寇用命，悉斩之。[1]

朱棣显然非常清楚兀良哈之所以内附是为了从明朝这里获取利益，因此他并不吝惜给予他们官爵与物资以换取兀良哈的稳定与忠心，然而当朱棣发现兀良哈人的首鼠两端后，其愤怒也就可以理解了。结合之前兀良哈早已出现的不稳，朱棣终于在永乐九年（1411 年）十二月正式敕谕警告兀良哈三卫：

> 昔兀良哈之众数为鞑靼抄掠，不能安处，乃相率归附，誓守臣节。我太祖高皇帝矜厥困穷，设福余、朵颜、泰宁三卫而授尔等官职，俾各领其众。臣属既久，后竟叛去。及朕即位，复遣人来朝。朕略其旧过，加意抚绥，数年以来，生聚蕃息，朝廷于尔可为厚矣！比者尔等为本雅失里所胁，掠我边卒，又遣苦烈儿等给云市马，实窥伺。狡诈如此，罪奚可容？！今特遣指挥木答哈等谕意，如能悔过，即还所掠戍卒，仍纳马三千匹赎前罪，不然发兵诛叛，悔将难追！[2]

其后兀良哈三卫虽然向明朝谢罪并入贡，但实际并未改变其两面派的手法，这最终导致了朱棣在永乐二十年（1422 年）第三次漠北亲征班师途中向兀良哈三卫突然发动大规模攻击，迫使其再度输诚。但在朱棣驾崩后，随着瓦剌领导人也先完成对蒙古的整合，兀良哈蒙古仍然不可逆转的投向了瓦剌并在正统年间土木之变中成为了明朝的敌人。

除了对鞑靼给予了打击，这次北征还暴露了明军自身的一些问题。在班师途中，率领中军的王友、刘才先行出发，但二人为了躲避鞑靼人，舍近路而绕远路，以致部队缺粮，饿死了不少士兵。朱棣得知后大为震怒，他立即解除了王友、刘才

---

[1] 《明太宗实录》，卷一〇五，第 1361—1362 页，"永乐八年六月己酉"。

[2] 《明太宗实录》，卷一二二，第 1535—1536 页，"永乐九年十二月壬辰"。

的指挥权，以张辅代替指挥其军，王友、刘才随后遭到斥责并被议罪，朱棣在六月二十六日的一道诏令中如此敕责两人：

> 说与清远伯王友、广恩伯刘才：
>
> 朕以全师付尔等领回，尔等舍近趋远，避有粮之地，而蹈无粮之处，致使官军饿死大半。昔马谡违诸葛亮节制，舍水上山，亮即斩之，亮小国之军师，而法制在于必行，况朕以堂堂之天下，又岂以废法制也哉！朕制谕尔等，遇有胡寇，即相机剿捕，胡寇去尔一程，又不剿杀，舍粮不趋，失陷全胜之师，故违朕命，天地之所不容，神人之所共愤，尔等之死，非朕杀尔等，是尔等自取其死。[①]

朱棣对于王友、刘才两人的失误，显然比此前对刘江等人作为先锋哨探失误愤怒很多，他在斥责了两人后在两天之内给张辅连发三道敕谕，交待他处理此事。六月二十七日的第一道敕谕着眼于让张辅统计因为王友、刘才失误而造成的军队损失情况：

> 敕英国公张辅：
>
> 敕至，即令清远侯王友、广恩伯刘才将所领官军自饮马河至开平，明白开报见在若干，阵亡若干，病故若干。朕至，即要数目。故敕。[②]

六月二十八日的两道敕谕则要求张辅对军队进行善后，同时取回王友、刘才两人原来的制谕：

> 说与英国公张辅：
>
> 即将清远侯王友等所领马步官军，所带一应军器，从实点过，不许那借应点。仍取其数目，见有若干，抛弃若干，明白开报。

---

① ［明］王世贞：《弇山堂别集》，卷八十八，《诏令杂考四·北征军情事宜》，第1689—1690页。

② ［明］王世贞：《弇山堂别集》，卷八十八，《诏令杂考四·北征军情事宜》，第1690页。

敕英国公张辅：

　　敕至，即将犯人王友、刘才原领制谕追取，所领军马，而就掌领，以候朕至。故敕。①

在此之后，朱棣还陆续追加了很多敕谕给三人，可以说到了事无巨细的程度。不过与这两人相对，宁远侯何福的自杀则让人看到了更多的问题。

永乐五年（1407 年），镇守甘肃的西平侯宋晟去世，其子宋琥短暂继任后即由何福接任。何福由宁夏移镇甘肃，宁夏则改由陈懋镇守。然而何福这位深受朱棣信任的将领却在永乐八年（1410 年）跟随朱棣北征后迅速垮台，实乃一件非同寻常之事。

何福失宠最初的表现即是北征结束后他没有被委任还镇甘肃而是由能力不如他的宋琥二度前往，宁夏则改由王俶镇守，何福由方镇大将顿时成了一个无兵无权的闲人，一个月后，何福就惧罪自杀了。对于这一不同寻常的事件，《明太宗实录》的说法是何福受朱棣信任镇守甘肃后"宠禄既极，气志日骄"②，于是在北征中何福"数违节度"③，因此大臣多有弹劾他的，但朱棣仍旧宽容了何福，没想到何福却"怏怏有怨言"④，于是在都察院的再度弹劾下，何福畏罪自杀，朱棣也追削了他的封爵。

《明太宗实录》在这里不仅一贯地为朱棣洗脱责任，而且也没有道出何福失宠自杀的根本原因。对于这一点，明末清初的谈迁看得非常清楚，他在《国榷》中直接道明"数违节度"只是名目，何福之死的根本原因乃是"以嫌死也"⑤，而所谓的"嫌"则与朱棣本人密切相关：

　　则天子自将，不欲诸臣分其功也。⑥

---

① ［明］王世贞：《弇山堂别集》，卷八十八，《诏令杂考四·北征军情事宜》，第 1690 页。
② 《明太宗实录》，卷一〇七，第 1386 页，"永乐八年八月乙卯"。
③ 《明太宗实录》，卷一〇七，第 1386 页，"永乐八年八月乙卯"。
④ 《明太宗实录》，卷一〇七，第 1386 页，"永乐八年八月乙卯"。
⑤ ［明］谈迁，《国榷》，卷十五，第 1050—1051 页，"永乐八年八月"。
⑥ ［明］谈迁，《国榷》，卷十五，第 1050—1051 页，"永乐八年八月"。

　　何福不听节制只是表面，他不听节制且抢了朱棣的风头才是根本。关于朱棣不希望被臣下分功的心理，谈迁还以张辅之例进一步佐证。在交阯展现出了非凡军事才华的张辅被朱棣调往北征前线后却长期只负责督运粮草，这显然是一种有意的压抑。固然，后勤为一军之重，但以张辅的才华，显然有更合适的职位，而且明军也不缺乏督运粮草之人，这从班师途中王友获罪后张辅立即被任命代总其军就可以知道。

　　除了谈迁分析的原因，何福此时获罪还有一层隐藏的原因，这就是何福的身份。靖难之役中，何福长期是站在朱允炆一边的，在小河之战、齐眉山之战中，何福都对朱棣造成了不小的威胁，虽然何福后来在灵璧之战突围失败被俘后归降了朱棣，但他与顾成这类早就与朱棣相识、归降很早也没有给朱棣造成什么太大麻烦的将领毕竟还是不同的，他虽然不像盛庸、平安等将领与朱棣结下了切齿之仇，但朱棣对他也不可能完全信任。永乐初年，朱棣还能够用其才，利用他一定的旧臣身份镇守边疆，替自己稳定当地局势。然而在北征中当何福表现出一些令自己不满的做法后，朱棣对其进行清算也不算意料之外的事情。正是由于朱棣这种不欲诸将分其功的心理进一步束缚了诸将的手脚，因此明军虽然打败了鞑靼，"则卤获亦甚微矣"[1]。

　　最后，这次北征也显露出朱棣亲征及明军本身的一些问题。纵观《弇山堂别集》中朱棣此次北征期间发布的各种敕谕、命令，能够看出他在丘福全军覆没后几乎不信任手下任何将领，而他对将领们的指挥也到了事无巨细的程度。这其中有毫无疑问应该管的，如他在永乐八年六月一日发布的全军的号令：

　　　　说与各军总兵官及各将军大小头目军士：
　　　　所有号令，条示于后：
　　　　一、临阵之时，大小官军肩上无缨子、背上无黄号红勇者，皆斩。
　　　　一、临阵之际，务要尽力剿杀胡寇，不许抢虏人口、家财、马驼牛羊牲口及车辆等物，敢有违令者，该管头目及抢掳之人皆斩。[2]

---

① [明] 谈迁，《国榷》，卷十五，第1049页，永乐八年七月
② [明] 王世贞：《弇山堂别集》，卷八十八，《诏令杂考四·北征军情事宜》，第1687页。

这类严明军纪的号令无疑是应该的，但也有一些命令如今读来让人感到颇为奇特，如朱棣在永乐八年六月初四日颁给都指挥朱得、指挥李玉的一道命令：

> 说与都指挥朱得、指挥李玉：
> 后面有军人两个扛抬神机铜铳，六个不见到营，尔等务要沿途仔细跟寻，星驰送至大营。[①]

为了六个神机铜铳，发布了一道如此细致的命令，一方面可以看出朱棣对遗失重要武器的重视，另一方面也能看出他对朱得、李玉极不放心，以至于需要通过这种死命令进行强调。我们一方面可以说朱棣有时候管得太多，束缚了手下将领的手脚，另一方面也能看出明军在相对承平的几十年后，战斗力已经出现了问题，不仅各阶层指挥官的能力出现下滑，整体军队的战斗力也出现了下降。这两个问题在此后的第二次北征中表现得最为明显，因此笔者将在下一节阐述此事。不过第一次北征后期王友、刘才之事已经能够看到端倪了，二人在己方获胜的情况仍旧出现了畏敌如虎的情况，正是这一问题的鲜活反映。

正是这些问题综合起来，朱棣的第一次北征虽然取得了胜利，但这一胜利又是很不完全的。不过无论此次北征的成果怎样的有限，毕竟是以明朝的胜利结束，其后明蒙之间又进入了一段相对和平的时期。

[①]　[明] 王世贞：《弇山堂别集》，卷八十八，《诏令杂考四·北征军情事宜》，第 1688 页。

5.忽兰忽失温：再征漠北

　　永乐八年（1410年）七月二十九日，朱棣在北京为第一次北征举行了隆重的论功行赏仪式，朱棣颁布敕谕说："尔等从朕征伐，勤劳不易，功亦茂著，今已凯还。赏论次赏赍，务协大公，如有略尔之功，益尔之过，或有妄自增功匿过，致赏赍失当者，悉许上陈，朕不惮改。"随后，朱棣制定了非常细致的赏格。[①]从这番盛景看来，似乎辄轭的问题已经获得了圆满的解决，然而正如我们在上一节提到的那样，朱棣取得的这次胜利是很不完全的，很多隐患依旧存在，这也就注定了明朝和蒙古之间的关系并不会因为一次北征的胜利就发生根本性的变化。

　　虽然如此，在这次北征后，明蒙之间还是进入了一段相对和平的时期。然而明军武官能力的下降与明军战斗力的下降却越来越引起了朱棣的警觉，虽然他多次针对这些情况采取严厉的措施，但在永乐十年（1412年）十一月，朱棣仍旧不得不做出妥协，他在这年重新制定了自己的"武官袭职比试法"，规定仍循洪武年间的制度：

　　　　初比试不中，许袭职，支半俸；逾二年，复试，中，支全俸，不中，仍减半；又二年，亦如之；三试不中，发充军。[②]

　　这是对于"在营生长者"[③]这样的世代军人的规定，而对于"自田里间出来未尝习弓骑者"[④]，朱棣认为"不可遽责其成"[⑤]，规定对他们"须一岁中十试之"[⑥]。

　　这一系列规定与朱棣在之前制定的"一试不中，戍开平；再试，戍交阯（趾）；三试不中，戍烟瘴之地以警励之"[⑦]的规定相比可以说是放宽了许多。朱棣之所以

---

①　《明太宗实录》，卷一〇六，第1373—1374页，"永乐八年七月甲午"。
②　《明太宗实录》，卷一三四，第1638页，"永乐十年十一月戊子"。
③　《明太宗实录》，卷一三四，第1638页，"永乐十年十一月戊子"。
④　《明太宗实录》，卷一三四，第1638页，"永乐十年十一月戊子"。
⑤　《明太宗实录》，卷一三四，第1638页，"永乐十年十一月戊子"。
⑥　《明太宗实录》，卷一三四，第1638页，"永乐十年十一月戊子"。
⑦　《明太宗实录》，卷一三四，第1638页，"永乐十年十一月戊子"。

对武官这一军队中十分重要的部分的袭职做出之前这么严格的规定，《明太宗实录》中对其原因也记载得十分明确：

> 上以袭职子弟生于鞢养，习于骄惰，不闲武事，滥嗣爵禄，无益国家。①

然而现实是残酷的，他并不以朱棣的个人意志为转移，他的严厉规定并没能阻止武官子弟能力下滑的趋势，既然能从父亲那里袭职，谁又愿意刻苦努力呢？而靖难功臣子弟在朱棣优恤功臣而放松对他们的考核的情况下更是如此。大既已如此，朱棣此时也终于不得不做出妥协。

这种军官子弟，宋琥是一个典型。作为杰出将领西平侯、甘肃总兵宋晟之子、安成公主的驸马都尉，他在永乐五年（1407年）其父去世后曾短暂袭职镇守甘肃，但仅仅过了一个月，朱棣即以何福代替其镇守甘肃。虽然朱棣召还宋琥的理由是让他专心处理其父的丧事，但从其后几年都未让他复职而其父丧事早已完毕的情况看，这应当不是真正的原因。宋琥能力的不足才是促使朱棣换人的真实原因。

直至永乐八年（1410年）北征后何福失宠，闲人宋琥才得以二度前往镇守甘肃，朱棣作出这一任命实乃出于当时人手紧缺的无奈。于是，我们就看到朱棣在其后频繁通过敕谕的形式对宋琥进行指导，教他如何妥善处理与蒙古人的关系，然而随着能力不足且心高气傲的宋琥在其后的宁夏平叛中与良将李彬的不和，朱棣终于在永乐十一年（1413年）再度撤换宋琥，以李彬镇守甘肃。

军官如此，士兵亦可想见，壮丁贿赂军官以老弱代替自己，军官私自以士兵为自己做工及士兵不习骑射已不鲜见，这些都导致了明军整体战斗力的下降。对这些，朱棣并非没有察觉，这从他第一次北征中对将领们普遍的不满及事无巨细的管理已经可以看出端倪。但他对此进行全面的整顿，已是永乐十二年（1414年）二征漠北之后，这些问题充分暴露之时了。

或许正是明军的这些问题更加促使朱棣决心要在自己这一代彻底解决蒙古问题，给后世留下一个太平盛世，正是由于朱棣怀着这种心理，其后马哈木的自我膨胀才促成了他在永乐十二年（1414年）二征漠北打击瓦剌。

永乐八年（1410年）朱棣第一次漠北亲征后，鞑靼阿鲁台势力出现衰落。阿

---

① 《明太宗实录》，卷一三四，第1638页，"永乐十年十一月戊子"。

鲁台在永乐九年冬一度遣使来朝，他虽然表示愿意归附，但是同时又对明廷提出要求，不仅要求由他管理女真、吐蕃诸部，还要求明廷刻金为誓，按照礼仪磨金于酒中盟誓。虽然不少大臣认为可以姑且应允阿鲁台以求安稳，但才取得了胜利的朱棣对此没有同意，他赞同黄淮的意见，继续对蒙古诸部分而治之，不给他们机会完成整合。

永乐十年，瓦剌马哈木攻杀本雅失里后，阿鲁台被迫率领大约两万部众南迁到了开平一带。此时阿鲁台已经十分窘迫，也就顾不上要求明朝盟誓了。于是，为了抵御日渐崛起的瓦剌，阿鲁台主动向明朝示好，向明朝贡马，并不断请求朱棣讨伐瓦剌。朱棣对阿鲁台并不信任，也知道他反复请求自己出兵不过是想让自己替他削弱对手。加之阿鲁台此时到了开平一带，已经十分接近明朝的北方防线，为了避免阿鲁台狗急跳墙，朱棣仍旧多次戒谕沿边将领时刻注意提防阿鲁台。不过出于维持草原势力均衡的目的，朱棣还是对阿鲁台的主动示好给予了善意的回馈。首先，朱棣在永乐十一年（1413年）正月派都指挥徐晟等出使鞑靼，对阿鲁台进行了安抚：

> 把秃来贡马，礼意之勤可嘉，然察尔心，尚未释然，岂非有慊于邱福之事乎？人各为其主，朕于尔何责？尔所处去京师甚远迩，如能自来，遣子来，庶见朕诚意。昔呼韩邪入朝，汉与之高官，突厥阿史那社尔归唐，亦授显爵，二人皆福及子孙，名光使册。尔聪明特达，岂下古人哉？朕待尔，盖将有过于汉唐之君者。今遣使指挥徐晟等谕意，并赐尔及尔母彩币，至可领也。[1]

尤论朱棣内心对阿鲁台抱有怎样的感情，他在这道敕谕中还是表现出了自己的诚意，甚至替阿鲁台打消了曾经大败丘福这一顾虑。然而阿鲁台既然只是想让朱棣替他削弱瓦剌，自然不甘就此臣服，因此他没有亲身入朝。虽然如此，随着瓦剌势力的进一步膨胀，朱棣仍旧认为有必要对阿鲁台进行进一步的笼络。终于，永乐十一年（1413年）七月，朱棣遣使册封阿鲁台为和宁王，在给阿鲁台的制旨中，朱棣说：

> 朕恭膺天命，奄有寰区，日照月临之地，罔不顺服。尔阿鲁台，元之遗

---

① 《明太宗实录》，卷一三六，第1655页，"永乐十一年正月乙未"。

臣，能顺天道，幡然来归，奉表纳印，愿同内属，爰加恩数，用锡襃扬，特封尔为特进光禄大夫、太师、和宁王，统为本处军民，世守厥土，其永钦承，用光宠命！①

阿鲁台之母与妻子也被赐予诰命、冠服，至此，蒙古两大部落鞑靼与瓦剌的首领都接受了明朝的册封，朱棣对蒙古的羁縻达到了他一生的最高峰。但这并不意味着蒙古问题已经获得了解决，就在阿鲁台衰落的同时，明朝与瓦剌的关系发生了微妙的变化。

瓦剌马哈木趁着鞑靼阿鲁台的衰落而崛起，虽然他仍旧向明朝贡马，甚至在永乐十年（1412 年）五月表示要向朱棣进献传国玉玺，但朱棣认为马哈木此举并无诚心，而且没有实际意义，因此他表示了拒绝。马哈木对明朝的态度也出现了明显的变化，虽然朱棣一再否决他的建议，他仍旧反复向朱棣表示愿意替明朝彻底消灭阿鲁台。朱棣不会允许蒙古两部任何一方独大，更不会允许蒙古实现统一，阿鲁台可以由明朝消灭，但决不能由瓦剌消灭。马哈木这种明知朱棣会拒绝却仍然反复表示的做法很自然会被朱棣看成是对自己权威的挑战，何况阿鲁台又已经接受了明朝的册封，瓦剌若在此时进攻阿鲁台，在某种程度上也是进攻明朝。

于是，为了应对接下来可能的战争，朱棣很早就开始了准备。永乐十年（1412年）七月，朱棣增拨了北方重镇开平、万全的军夫以加强其力量。永乐十一年（1413 年）正月，马哈木向明朝贡马并公然向已经于永乐十年（1412 年）二巡北京的朱棣表示甘肃、宁夏归附的鞑靼人多与他有亲，要求明朝将这些人遣返给他作为他的部属，同时，马哈木还"多所请索而表词悖慢"②，加之明朝使臣又为马哈木长期扣留，马哈木的傲慢不恭与公然同朱棣争夺蒙古人的做法终于触怒了朱棣。朱棣立即派遣中官海童出使瓦剌要求马哈木放回明朝使臣并"条责其罪且曰：'能悔过谢罪，待尔如初。不然，必举兵讨罪！'"③

朱棣与马哈木之间关系的进一步恶化正是朱棣册封阿鲁台，在朱棣册封阿鲁台为和宁王后，马哈木就中断了向明廷的朝贡。最终，随着马哈木弑杀本雅失里，染

---

① 《明太宗实录》，卷一四一，第 1691 页，"永乐十一年七月戊寅"。
② 《明太宗实录》，卷一三六，第 1659 页，"永乐十一年正月丙午"。
③ 《明太宗实录》，卷一三六，第 1659 页，"永乐十一年正月丙午"。

指蒙古可汗之位，企图拥立一个自己的傀儡，朱棣显然已经不指望马哈木会谢罪，战争已经不可避免了。永乐十一年（1413年）五月，赤斤卫老的罕叛乱被平定，朱棣最终打消了顾虑。永乐十一年（1413年）六月，当蒙古人卜颜不花来朝向再度向朱棣请求讨伐马哈木时，朱棣已经向他明确表示待自己准备充分后"来春以兵讨之未晚"[①]。

既然决定再度亲征，朱棣立即开始了一系列战争准备，永乐十一年（1413年）六月十五日，开平守将、成安侯郭亮上奏称："开平地临极边，无临近卫所可以应援，其内外城垣俱用官军守瞭，至于差调巡逻及下屯架炮皆不可阙，而城中军少，往往差调不足，宜增拨一千，庶几足用"，朱棣虽然批准了这一请求，但是二十四日，郭亮再度奏请为开平增兵，可见他并没有获得兵员补充，也可看出开平此时的紧急程度，这一次，朱棣终于以敕谕答复：

> 军在精而不在多，尔能抚恤有道，训练有方，虽千人亦足，用军多不精，徒耗粮饷，无益也。[②]

朱棣不可能不知道开平的重要性，也不可能不知道开平的地势与兴和一样，驻军不足是难以维持的。但他仍旧没有在此时为郭亮增兵，结合这一期间的局势，只能理解为他正在为第二次亲征做准备，亲征军需要再度集结。此外，开平此时正是明廷与马哈木之间的最前线，朱棣亲征必定要前往开平，因此没有必要在此时单独为开平增兵。果不其然，永乐十一年（1413年）十一月，朱棣再度收到郭亮的奏报，得知马哈木已经兵至饮马河，声称是为了进攻阿鲁台而实际是为了进攻明朝。这一局势对朱棣来说是有利的，马哈木深入到饮马河流域，已经深入了原属鞑靼的地区，可谓离开本土作战，加之此时阿鲁台又声称与朱棣站在同一阵营，朱棣对这次亲征有充分的自信。这一情报最终促使朱棣正式决策再度亲征。随后，阿鲁台奏报称马哈木犯边，朱棣进一步加快了军事部署，陈懋前往宁夏，谭青前往大同，各卫军队也陆续调动。除了这些人员，归降明朝的蒙古将领恭顺伯吴允诚、都指挥款

---

① 《明太宗实录》，卷一四〇，第1687页，"永乐十一年六月己酉"。

② 《明太宗实录》，卷一四〇，第1689—1690页，"永乐十一年六月辛未"。

台也接到了朱棣的命令，"选所部精锐赴京"[1]，这显然是对这一身份特殊的群体表示自己的充分信任。朱棣这种以"外夷"为禁卫的做法不是没有受到过质疑，他在永乐十年（1412年）十一月面对洮州卫所镇抚陈恭对此的劝谏还专门阐述过自己的看法：

> 所言禁卫宜严，甚是。但天之生才，何地无之？为君用人，但当明其贤否，何必分别彼此？其人果贤，则信任之，非贤，虽至亲亦不可用。汉武帝用金日磾，唐太宗用阿史那社尔，盖知其人之贤也。若玄宗宠任安禄山，致播迁之祸，政是不明知人。宋徽宗自是宠任小人，荒纵无度，以致夷狄之祸，岂因用夷狄之人致败？春秋之法，夷而入于中国则中国之。朕为天下主，覆载之内，但有贤才，用之不弃。近世胡元分别彼此，柄用蒙古鞑靼而外汉人、南人，以至灭亡，岂非明鉴？[2]

这在一定程度上体现了朱棣的用人不疑，而他在第二次亲征前夕再度专门敕谕吴允诚、款台，则是强化了这一信号，也从一个侧面表达了自己才是蒙古诸部的宗主，可以说，朱棣第二次漠北亲征已经是箭在弦上了。

永乐十二年（1414年）二月初五日，朱棣大阅将士。次日（初六日），朱棣以安远侯柳升领大营，武安侯郑亨领中军，宁阳侯陈懋为左哨，丰城侯李彬为右哨，成山侯王通为左掖，都督谭青为右掖，刘江与朱荣为前锋，准备出征。在此次北征中，内阁大臣胡广、金幼孜、杨荣仍旧随行，但与第一次漠北亲征不同的是，此次皇太孙朱瞻基也随同出征而不是像上次那样留守北京，由此我们可以进一步看出此时朱棣对朱瞻基的看重和有意培养。时间越来越紧，阿鲁台很快奏报称马哈木已经兵至兴和，朱棣于是以刘江、谭青先行前往兴和防备。

永乐十二年（1414年）三月十七日，"上躬帅六师，往征瓦剌胡寇答里巴、马哈木、太平、把秃孛罗等，马步官军凡五十余万，予与学士胡公光大、庶子杨公勉仁偕扈从。是日辰时启行，由安定门出"[3]，开始了自己的第二次也是最艰苦的一次

---

① 《明太宗实录》，卷一四五，第1714页，"永乐十一年十一月壬午"。

② 《明太宗实录》，卷一三四，第1641页，"永乐十年十一月癸卯"。

③ [明]金幼孜：《后北征录》，第49页。

漠北亲征。

此次北征一开始就不同于永乐八年（1410 年）朱棣第一次漠北亲征的轻松，他没有了第一次北征时游山玩水的兴致，而是完全集中于作战，整个过程十分严肃，这种情况或许是马哈木的自我膨胀对朱棣造成的挫折感导致的，朱棣此时心里充满了对马哈木的愤怒，这让他这次一心只想尽快消灭马哈木而没有别的兴致。

北征一开始，天公就不作美。三月十七日，大军出北京安定门，中午抵达清河，晚上就开始下雨，入夜后雨势增大，直到五更才停歇。十八日，天色放晴，明军得以顺利进至沙河。没想到一天后再度遇上雨天，雨势反反复复，这直接导致明军在二十日经过居庸关时"途中多泥，马稍难行"。直至明军于三月二十九日进至兴和，途中多次遇雨及大风，也正因如此，明军进驻兴和后没有继续进军，而是就地休整直至四月初十日，中间只在四月初五日进行了一次将大营由兴和移至兴和以北十里的沙城一次行动，行军过程艰难可想而知。①

四月初十日，这天是立夏，明军经过近半个月的休整，再度从沙城出发，进入了蒙古的势力范围。朱棣显然吸取了此次北征开局不利的教训，在四月二十一日给全军颁布了一道诏谕：

> 说与大营及军总兵官并管队大小头目：
>
> 如今征剿番寇，全凭马匹脚力，有等无知之徒，故意偷盗马驴宰杀，是欲减朝廷气力，论其罪非轻。今但有偷盗马骡私自宰杀的，许诸人首告，其同偷盗人有能首告者免罪，犯人凌迟处死。首告得实的，回军之日，赏米十石，绢十匹，布十匹，钞三千贯。若有知情不出首的，一体治罪。都要发落军士每知道。故敕。
>
> 译出达达字，一道赍去薛脱欢、吴允诚、裴雅失帖木、李英、赵成夏、曲伦歹等处看。②

显然，正是因为军中私杀马骡的情况已经严重到了一定程度，朱棣才会以这样对全军发布命令的方式加以规范，他甚至将命令的传达范围扩大到了归顺的蒙古将

---

① ［明］金幼孜：《后北征录》，第 50 页。
② ［明］王世贞：《弇山堂别集》，卷八十八，《诏令杂考四·北征军情事宜》，第 1693 页。

领那里，为此还专门将这道命令翻译为蒙古文字。从这道命令我们能从一个侧面看出此时明军整体纪律的下降问题，而军纪的下降必然会影响到战斗力，关于这一问题，我们随后就能看到。

正是颁布命令的这天，明军进至清水源。一天后，朱棣颁布了一道给阿鲁台的敕谕，告诉他自己已经出兵亲征马哈木，同时要阿鲁台率军前来与他会合：

> 皇帝敕谕开府仪同三司、特进光禄大夫、太师、中书右丞相、枢密院为头知院、和宁王阿鲁台：
>
> 四月二十二日，朕率领军马至马塔儿海子，尔差都指挥曩加歹等同曹千户来见，所奏事情，朕悉知之。今尔为朕出气力，尔等家小，随尔从便处置，务要无虞。今遣千户曹者赤帖木儿同都指挥曩加歹等赍敕谕尔，敕至，尔即收拾人马前来胪朐河会合前进，剿捕不顺天道之贼。故谕。[1]

同一天，朱棣又颁布了一道内容相似的敕谕给阿鲁台，这份敕谕的内容更为具体：

> 皇帝敕谕开府仪同三司、特进光禄大夫、太师、中书右丞相、枢密院为头知院、和宁王阿鲁台：
>
> 今命尔为总兵官，率领尔处都督、都指挥、指挥、千百户头目军士人等，前来胪朐河会合，剿捕瓦剌贼寇，就命尔永守和宁之地。尔所领大小头目军士人等，务要用心协力，以成其功，悉听总兵官和宁王阿鲁台节制。如敕奉行。[2]

似乎阿鲁台已经听从了朱棣的指挥，但实际情况与此并不相同。根据金幼孜在《后北征录》中的记载，朱棣四月二十一日抵达清水源，二十三日离开，五月二十三日进抵朱棣预定的会合地点胪朐河，二十七日渡河至河北，这期间并没有阿鲁台前来会合的记载，也没有阿鲁台对朱棣两道敕谕的回复。这也很好理解，阿鲁台的目的本来就是想利用朱棣帮他对付马哈木，他自己本来就没有真正臣服朱棣的

---

① ［明］王世贞：《弇山堂别集》，卷八十八，《诏令杂考四·北征军情事宜》，第 1693 页。

② ［明］王世贞：《弇山堂别集》，卷八十八，《诏令杂考四·北征军情事宜》，第 1694 页。

意愿，此时坐山观虎斗也属正常。回到朱棣这边，虽然他连发两道敕谕给阿鲁台要他与自己会合一同进军，但从他二十二日发出敕谕，二十三日继续出发，其后并没有他再催促阿鲁台的记载。可见，朱棣也并没有指望阿鲁台真的身体力行配合自己作战，他不过是行驶了自己的宗主权，但是阿鲁台是否真的会听从他则并不看重。

四月二十四日中午，明军从清水源出发，正是在这里，他与皇太孙朱瞻基的一段对话进一步透露出了朱棣多次亲征蒙古的原因：

> 上于马上指示山川险易及将士之勤劳，且曰："汝知吾所以为此者乎？"（朱瞻基）对曰："陛下岂为图其土地，利其资畜而勤远略哉？顾此虏禽兽之性，虽施以天地大恩，不知感戴，暂服而遽叛，非狝薙之久，亦难制。昔禹之征苗，文王之伐崇密，皆非得已也。陛下尊居天位，享四海之奉，岂不自乐而仰劳？圣躬跋涉远外者，无非欲驱除此虏于遐荒绝漠，令一迹不敢近塞下，使子孙臣民长享太平之福耳！"遂下马叩头。上叹曰："孙之语，吾之心也。"①

可以明显看出，朱棣之所以不辞劳苦，亲自打击蒙古，始终是以"使子孙臣民长享太平之福"为目标，这与他在第一次漠北亲征中亲自表示的"将疆场乂安，人民无转输之苦，将士无战斗之虞，可以解甲而高枕矣"②可以说是如出一辙。

五月初四日，明军抵达擒胡山，已经深入漠北的朱棣对前锋刘江下达了一道十分特殊的敕谕：

> 骑士哨瞭，若遇寇东走，即瓦剌之人诣阿鲁台者，西走即阿鲁台部下往瓦剌者，须并执之。盖虏情多诈，不可不察。③

朱棣从来不信任蒙古，无论是鞑靼还是瓦剌，为了防止他们联合起来对付自己，他才会下达这道敕谕，这无疑在当时的情况下是非常明智的，切断了他们之间的联系，也就消除了二者联合的可能性。朱棣之所以此时对刘江下达这样的敕谕，

---

① 《明太宗实录》，卷一五〇，第1753—1754页，"永乐十二年四月丁卯"。
② 《明太宗实录》，卷一百一，第1313—1314页，"永乐八年二月辛丑"。
③ 《明太宗实录》，卷一五一，第1756页，"永乐十二年五月乙亥"。

乃是源于四月二十八日前后狗儿王彦在执行哨探任务时的一次失误：

> 说与狗儿：
>
> 永乐八年，在饮马河哨见本雅失里声息，是尔误了。今哨见声息，又是你误了。我前已有号说与阿鲁台，两处哨马相见，我的十一个人左旋，他的十个人右旋。今他的人既摆立，尔处哨马却不与答号，若尔哨马答号，彼必答号，若不答号，必是瓦剌之人，便须相机追赶擒拿。尔不与答号，不知尔意思如何？是故欲坏事。这罪不干别人事，皆是尔所为，论尔之罪，重如泰山，是尔自取杀身之计。故敕。[①]

很明显，朱棣五月初四日给刘江的敕谕正是针对此前王彦的失误。也就是不再要求哨马分辨遇上的是阿鲁台的人还是马哈木的人，一律擒获后再进行分析。当然，这也从一个侧面说明了朱棣并没有完全信任阿鲁台，自然也就更谈不上诚心希望阿鲁台前来与他会合一同作战了。

同样是在五月初四日，预感到大战即将来临的朱棣对全军发布了诏示：

> 敕大营并各营队头目：所有件事，条列于后：
> 一、官粮籹、衣甲、军器，好生点看。
> 一、马驴有瘦乏的，选出来著运粮官军带回。
> 一、军士有病重去不得的，取勘出来，逐名明白，交与运粮官带回，仍取领带文书。务要好生将息，不致失所。
> 一、有等无理官军，将收得马骡匹垛子，不即送赴各大营与人认识，却将垛子检括，把马骡驴匹驮载自己行李，每日又不饮水喂草，及至压损瘦乏，丢弃在路。倘有收得马骡驴匹垛子者，不许停藏，即便送赴大营，著人认识。如有隐匿者，拏住定依军法处斩。[②]

朱棣要求清点好军资器械，替换掉因为病重无法继续行军的军士，同时不准军

---

① ［明］王世贞：《弇山堂别集》，卷八十八，《诏令杂考四·北征军情事宜》，第 1694 页。
② ［明］王世贞：《弇山堂别集》，卷八十八，《诏令杂考四·北征军情事宜》，第 1695 页。

士擅用马骡，这些都是为即将到来的大战做准备。果不其然，五月二十二日，都督朱荣向朱棣奏报发现有数千蒙古人东行，朱棣断定这是马哈木之人，于是令朱荣直驱土剌河（今图拉河），自己则率明军在二十九日再度从河北渡过饮马河（即胪朐河），继续进军搜寻马哈木。

五月二十七日，前锋刘江开始追击瓦剌并于六月初三日率先开战，斩瓦剌数十人。六月初七日，明军从苍涯峡出发，中午进抵忽兰忽失温（今蒙古国首都乌兰巴托），在这里，朱棣终于找到了已经摆好阵势的马哈木，"贼首答里巴同马哈木、太平、把秃孛罗扫境来战"。因为瓦剌早就准备在这里与明军决战，因此他们占据了有利地势，屯兵高处，"去营十里许，寇四集，列于高山上，可三万余人，每人带从马三四匹"，显然做好了血战一场的准备。朱棣的兵力虽然占优，但他丝毫不敢掉以轻心，决定身先士卒，"上躬擐甲胄，帅官军精锐者先往，各军皆随后至，整列队伍，与寇相拒"。瓦剌军见明军主动进攻，也下山迎战。此时，明军亲征军中已经逐渐形成建制的火铳部队发挥了作用，"火铳四发，寇惊，弃马而走"。然而战斗还没有结束，瓦剌军虽然被明军密集的火铳击退，但他们很快重新集结，再度占据山顶。明军此前已经获得了阶段性胜利，此时自然不甘示弱，"东西鼓噪而进"，瓦剌军则且战且退。当天日暮十分，朱棣决心结束战斗，于是"上以精锐者数百人前驱，继以火铳"。瓦剌方面也知道了明军的意图，于是再度回军决战。此时，又是明军中的火铳部队发挥了关键作用，"未交锋，火铳窃发，精锐者复奋勇向前力战，无一不当百。寇大败，人马死伤无算，皆号痛而往，宵遁至土剌河"，明军终于获得了最终的胜利。朱棣率军一路追至土剌河（今图拉河）才收军，为了纪念这次战役，他将所在之处命名为"杀胡镇"。[①]

以上关于忽兰忽失温之战的记载源自金幼孜的《后北征录》。金幼孜身在战场，亲身经历了战役全过程，他的记录无疑是第一手的，也应该最为接近这场战役的本来面目。然而倘若我们将金幼孜的记载与《明太宗实录》中关于此战的记载进行对比，则能发现一些有趣的差异。

根据《明太宗实录》里的记载，战斗一开始，瓦剌军整军列阵山上不发，朱棣则登上高处观察，发现瓦剌军已经分为三路，于是"令铁骑数人挑之，虏来奋战"，朱棣立即带领安远侯柳升及所部神机铳炮部队迎战，毙敌数百人，明军继续以铁骑

---

① ［明］金幼孜:《后北征录》，第53页。

追击，瓦剌军败走。此时，武安侯郑亨在追击过程中中流矢而退，宁阳侯陈懋、成山侯王通率军攻打瓦剌军右部，无法攻破，此时都督朱崇、指挥吕兴直薄瓦剌军阵，连发火铳，才终于突破。与此同时，丰城侯李彬、都督谭青、马聚等正在攻打瓦剌军左部，双方陷入死斗，明军都指挥满都力战死。朱棣遥遥望见，亲率铁骑助战，帮助李彬获得了胜利，最后明军依旧攻上了山并一路追击至土剌河。①

金幼孜身在战场局部，对整场战役的记载不如实录全面是合情合理的，实录对整个战役的记载也不算突破了金幼孜的框架。令人在意的矛盾在于战役之初。金幼孜当时待在朱棣身边，理应对战役之初朱棣的行动十分清楚，其记载不当有误。但在金幼孜的记载中，战斗一开始，面对列阵高处以逸待劳的瓦剌军，朱棣并没有登上所谓的高处观察，也不存在以数人挑战就引诱瓦剌军下山，而是朱棣身先士卒，亲率精锐部队为先，大军在后，直接对瓦剌军发起进攻。为什么会出现这种差异呢？

无论是在金幼孜笔下还是在实录里，我们都能看出，忽兰忽失温之战一开始，瓦剌军占据高处有利位置，明军实际处在仰攻的不利局面。因此，《后北征录》里朱棣身先士卒正是为了鼓舞士气以求扭转局面。而在实录中我们也能看出战役过程十分艰难，几次关键时刻都是靠神机铳炮部队及朱棣身边的精锐才得以扭转局面。朱棣无疑是拥有丰富的军事知识的，自然不会不知道占据有利地形的重要，而明军之所以一开始会处在这种不利的局面，只能理解为对敌情失于分析或者侦查不到位。这一问题的责任无论如何朱棣都无法完全摆脱，金幼孜直接回避了这一问题，着重记载朱棣如何身先士卒，明军如何勇猛地扭转了局面。而到了实录里，则换了一个方式，营造出一个朱棣登上高处观察，然后轻松以数人诱敌就迫使瓦剌军放弃了地形优势，以此突出了朱棣的英明。然而，实录的处理却有一个严重的问题，就是完全低估了瓦剌军的智商，似乎他们一直被朱棣牵着鼻子走，这就显得过假了。实际上，人无完人，朱棣也不例外，而他身先士卒的做法已经可以说是极好的处理方式了，实录反而越描越黑，起到了反作用。

忽兰忽失温之战虽然艰难，明军最终还是获得了胜利，朱棣收兵还帐后计划次日继续追击瓦剌，皇太孙朱瞻基此时以"虏众破胆矣"②为由劝阻了朱棣，朱棣此时也深知明军粮草已到极限且大军已十分疲惫，虽然这次没有抓住马哈木十分遗憾，

---

① 《明太宗实录》，卷一五二，第 1764—1765 页，"永乐十二年六月戊申"。

② 《明太宗实录》，卷一五二，第 1765 页，"永乐十二年六月戊申"。

他还是接受了朱瞻基的意见下令班师。在班师途中，朱棣又击溃了一些窥视明军的瓦剌残军。七月，明军进入兴和，朱棣让大军停留兴和休整二十余日，由此也可见明军此次之疲惫，朱棣则在亲军扈从下于八月初一日还抵北京，结束了艰苦的第二次漠北亲征。

朱棣回到北京后，除了例行的论功行赏外，他更多地对军队进行了一次大规模整顿。虽然此前朱棣对明军中出现的腐败情况与战斗力下降的问题已经有所察觉，但第二次北征中暴露出来的问题使他深感必须对军队进行大规模整顿。朱棣第二次漠北亲征之所以如此艰苦，正如谈迁所说：

> 是役也，所杀伤相当，几危而复攻，故急还。[1]

这种情况之所以出现，除了马哈木的能力本就高于阿鲁台及阿鲁台与本雅失里在朱棣第一次漠北亲征时出现分裂内耗了实力等因素外，明军将领的腐败现象与由此而导致的明军战斗力下降也是一个重要原因。在此次北征中，忻城伯赵彝擅杀运粮民丁，盗卖官粮，都督谭青则更为过头，"选军出征，精锐者以赂得免罢，弱者驱迫以行，又逼取指挥许真等金银马牛"[2]，都督朱崇也"恣肆贪淫"[3]。这些情况导致北征中出现的问题已经超越了朱棣的底线。永乐十二年（1414 年）八月初一日，朱棣返回北京，八月初八日，他就开始了对以上将领的整肃。在都察院的弹劾下，朱棣明确表示："大臣所为如此，不惩治将渐习成。"[4] 于是，他下令三法司逮捕了赵彝和朱崇，而罪名最大的谭青则享受了特殊待遇，"下青锦衣卫狱"[5]。

整顿完这些将领，朱棣以此为契机将目光转向了整个明军。永乐十二年（1414年）十月十一日，他对北京的行在兵部下了一道重要的谕旨：

> 今天下军伍不整肃，多因官吏受赇，有纵壮丁而以罢弱补数者，有累岁缺伍不追补者，有伪作户绝及以幼小纪录者，有假公为名而私役于家者。遇

---

① ［明］谈迁：《国榷》，卷十六，第 1104 页，"永乐十二年六月"。
② 《明太宗实录》，卷一五四，第 1775—1776 页，"永乐十二年八月戊申"。
③ 《明太宗实录》，卷一五四，第 1775—1776 页，"永乐十二年八月戊申"。
④ 《明太宗实录》，卷一五四，第 1775—1776 页，"永乐十二年八月戊申"。
⑤ 《明太宗实录》，卷一五四，第 1775—1776 页，"永乐十二年八月戊申"。

有调遣十无三四，又多是幼弱老疾，骑士或不能引弓，步卒或不能荷戈，缓急何以济事？！宜先榜示禁约，后遣人分行阅视，步骑之士皆须壮健，能驰射击刺，队伍须实，军律须严，若复蹈前毙，必罪不贷！①

朱棣的这道谕旨一方面充分阐述了当时明军中日趋严重的贿赂军官、队伍缺员等情况，壮丁通过贿赂军官以老弱充数又导致军队战斗力下降，这些问题都在朱棣第二次漠北亲征中得以充分暴露，另一方面，这道谕旨也是朱棣整顿军队决心的一种宣示，这场整顿一直持续到永乐十三年（1415 年）。

永乐十三年（1415 年）正月，朱棣进一步对军事将领进行了调整，其中，丰城侯李彬由甘肃移镇陕西，而出狱的忻城伯赵彝则镇守徐州，朱棣在给他们的谕旨中再次强调了"须循理奉法，爱恤军民，能守己然后能爱人。财者，人之心，不伤其财，斯不失其心"②的观点，这明显是整顿政策的延续。另一方面，虽然两次北征明军都获得了胜利，但是蒙古问题仍旧没有解决，明蒙之间关系的变化最终又引发了朱棣在晚年连续三年亲征漠北。

---

① 《明太宗实录》，卷一五七，第 1797—1798 页，"永乐十二年十月辛巳"。
② 《明太宗实录》，卷一六〇，第 1821—1822 页，"永乐十三年正月丙寅"。

第七章

艰难的治世

1.《永乐大典》与官修经史

朱棣驾崩后获得的谥号为"文皇帝"，乍一看，这或许有些难以理解，这位一生热爱军事的皇帝为何会得到这个几乎是对皇帝最高赞美的谥号？然而当你了解了朱棣的一系列文化成就后，就会觉得这实在是理所当然的了。

朱棣以武力从自己侄子手中夺取了天下，但他深知，马上得天下，不能马上治天下，文化是社会中重要的组成部分。因此，朱棣即位后开展了一系列对中国文化遗产的整理工作，这其中规模最宏大也最为后世称道的，无疑是编修《永乐大典》。永乐元年（1403 年）七月，朱棣命翰林侍读学士解缙开修《永乐大典》，他在敕谕中阐述了自己修书的用意：

> 天下古今事物，散载诸事，篇帙浩穰，不易检阅。朕欲悉采各书所载事物类聚之，而统之以韵，庶几考察之便，如探囊取物。再尝观《韵府》、《回溪》二书，事虽有统，而采摘不广，纪载大（太）略。尔等其如朕意，凡书契以来经、史、子、集百家之书，至于天文、地志、阴阳、医卜、僧道、技艺之言，备辑为一书，毋厌浩繁。①

朱棣在敕谕中明确说要将各方面能搜罗到的典籍全部收入，"统之以韵，庶几考索之便"，"毋厌浩繁"，可见这是一个庞大的工程。但这也带来了一个问题，即当时全国局势才初步稳定，朱棣仅仅因为《韵府》、《回溪》二书太略就如此兴师动众，原因恐非单纯整理典籍那么简单。朱棣进行这一计划的初衷，应当还有在靖难之役后收拾人心的目的，正如孙承泽所说：

> 靖难之举，不平之气遍于海宇，文皇借文墨以消垒块，此实系当日本意也。②

---

① 《明太宗实录》，卷二一，第 393 页，"永乐元年七月丙子"。
② ［明］孙承泽：《春明梦余录》，卷十二，《文渊阁》，第 152 页。

朱棣通过开编这样一部巨著来吸引那些对他心存芥蒂的文人并最终让他们心甘情愿地为自己服务。正是基于此，他以自己当时十分信任且博学的解缙率领征募的一百四十七名学者开始了这一浩大的工程。朱棣之所以让解缙负责此事，除了因为他的博学外，更是因为他在洪武二十一年（1388年）曾向朱元璋提出过类似的建议：

> 臣观陛下好观《说苑》、《韵府》杂书，与所谓《道德（经）》、《心经》者，臣窃谓甚非所宜也。《说苑》出于刘向，向之学不纯，溺于妄诞，所取不经，多战国纵横之论，坏人心术，莫此为甚。《韵府》出元之阴氏，鄙猥细儒，学孤识陋，蝇集一时。兔园寒士，抄辑秽芜，略无可采。陛下若喜其便于考阅，则愿集一二志士儒英，臣请得执笔而随其后。上沂唐、虞、夏、商、周、孔之华夏，下及关、闽、濂、洛之佳范，根实精明，随事类别，以备劝戒。删其无益，焚其谬妄，勒成一经，上接经史，岂非太平制作之一端欤？[①]

虽然朱棣当时以解缙年少轻狂，并没有采纳他的建议，但也可以看出解缙是早有整理文献典籍的想法的，朱棣让他负责此事，无疑是最合适的。当解缙率领众多学者开始这一工作时，朱棣或许不会想到，他的这一出发点并不单纯的修书工作最后竟真的成为了对前代文化进行的一次大规模整理。

经过十六个月的辛苦工作，永乐二年（1404年）十一月，解缙将编成之书进呈，朱棣十分高兴，赐书名《文献大成》，解缙等一百四十七人因编书有功皆受到赏赐并被赐宴于礼部。

---

① ［明］解缙：《解学士文集·大庖西封事》，第74页，（见陈子龙等辑：《明经世文编》，卷十一）；解缙：《大庖西上封事》，第350页，（见黄宗羲编：《明文海》，卷四七）；解缙：《文毅集》，卷一，《大庖西封事》，第3b—4a页；张廷玉等：《明史》，卷一四七，《解缙传》。按，文渊阁四库全书本解缙《文毅集》与清修《明史》对解缙之文均有删改，《明经世文编》与《明文海》中解缙之文比较接近，此处所引以《明经世文编》中之解缙《大庖西封事》原文为准。如《明经世文编》中"上沂唐、虞、夏、商、周、孔之华夏，下及关、闽、濂、洛之佳范"两句，《明文海》中为"上沂唐、虞、夏、商、周、孔之华舆，下及关、闽、濂、洛之佳范"，文渊阁四库全书本《文毅集》中为"上沂唐、虞、夏、商、周、孔之奥，下及关、闽、濂、洛之传"，清修《明史》中则为"上溯唐、虞、夏、商、周、孔，下及关、闽、濂、洛"，此处以《明经世文编》为准。

不过，朱棣很快又认为《文献大成》"向多未备"①，下令重修。如果说初修《文献大成》时朱棣更多的是为了收拾人心，那么他此时下令重修，可以说是已经燃起了雄心，决心对中国文化典籍进行一次全面的整理。重修的阵容较初修大为扩大，除了解缙，朱棣以靖难第一功臣、太子少保姚广孝、刑部侍郎刘季篪与解缙共同总其事，此外，还以翰林学士王景、侍读学士王达、国子祭酒胡俨、司经局洗马杨溥、儒林陈济五人为总裁，以翰林院侍讲邹缉等二十人为副总裁。不仅如此，朱棣还命礼部"简中外官及四方宿学老儒有文学者充纂修"②，又让国子监及各府、州、县学中善书的生员任缮写，开馆于文渊阁并命光禄寺提供饮食。朱棣这次从全国各地选拔修书人才可谓不拘一格，最明显的表现就是这次修书的总裁之一陈济就是一位布衣之士。陈济，字伯载，常州武进县人，因为自己的学问、品行闻名朝野，但从未任过官职，他被召至南京参与修书是因为"贯穿经史百家之言"，这也符合朱棣对新书无所不收的要求，因为陈济正是这样一位"杂家"，由他参与到总裁队伍中来，再加上"总其事"的三人中也有姚广孝这样一位杂家，这些都有利于新书向朱棣要求的目标前进而不至于重蹈《文献大成》的覆辙。

正是这个极尽当时精英的豪华阵容，决定了《永乐大典》最后的高质量。经过三年的辛勤劳动，至永乐五年（1407 年）十一月十五日，全书终于完成，由于解缙已在当年二月获罪被谪为广西布政司右参议，因此这次由姚广孝进呈。此次重修完成的《文献大成》全书共二万二千二百一十一卷，一万一千九百零五本，总字数达三点七亿多，朱棣十分满意，重新赐名《永乐大典》并亲自为其作序，我国最大的一部类书就此诞生。《永乐大典》全书按韵收字，用字系事，以《洪武正韵》为韵目次序，将十三经、二十一史、诸子百家分来相属，天文、地理、人事、名物、诗文词典无不收录，且完全据原书照抄，不改片语只字，远非清朝乾隆皇帝以修《四库全书》之名而行毁书之实可比，煌煌巨著，超越古今。朱棣在亲自为《永乐大典》撰写的冗长的序言中阐述了自己组织编纂这部巨著的思想：

> 昔者，圣王之治天下也，尽开物成务之道，极裁成辅相之宜。修礼乐而明教化，阐理至而宣人文。粤自伏羲氏始画八卦，通神明之德，类万物之情，

---

① 《明太宗实录》，卷三六，第 627 页，"永乐二年十一月丁巳"。
② 《明太宗实录》，卷三六，第 628 页，"永乐二年十一月丁巳"。

造书契以易结绳之治。神农氏为耒耕之利以教天下，黄帝、尧、舜氏作，通其变使民不倦，神而化之，使民宜之，垂衣裳而天下治。禹叙九畴，汤脩人纪之数，圣人继天立极，皆作者之君。所谓制法兴王之道，非有述于人者。暨乎文武相继，父作子述，监于二代，郁郁乎文。孔子生周之末，有其德而无其位，承乎数圣人之后，而制作已备，乃赞易序书，脩春秋，集群圣之大成，语事功则有贤于作者。周衰接乎战国，纵横捭阖之言兴，家异道而人异论，王者之迹熄矣。迄秦有燔禁之祸，而斯道中绝，汉兴，六艺之教渐传，而典籍之存可考，繇汉而唐，繇唐而宋，其制作沿袭，盖有足徵。然三代而后，声明文物，所可称述者无非曰汉唐宋而已。

洪维我太祖高皇帝，膺受天命，混一舆图，以神圣之资，广述作之奥，兴造礼乐，制度文为，博大悠远，同乎圣帝明王之道。朕嗣承鸿基，勔思缵述，尚惟有大混一之时，必有一统之制作，所以齐政治而同风俗，序百王之传，总历代之典。世远祀绵，简编繁夥，恒慨其难一。至于考一事之微，泛览莫周，求一物之实，穷力莫究，譬之淘金于沙，探珠于海，戛戛乎其不可易得也。乃命文学之臣，纂集四库之书，及购募天下遗籍，上自古初，迄于当世，旁搜博采，汇聚群分，著为奥典。以气者天地之始也，有气斯有声，有声斯有字，故用韵以统字，用字以系事，揭其纲而目必张，振其始而末具举。包括宇宙之广大，统会古今之异同，巨细粲然明备；其余杂家之言，亦皆得以附见。盖网罗无遗，以存考索，使观者因韵以求字，因字以考事，自源徂流，如射中鹄，开卷而无所隐。始于元年之秋而成于六[五]年之冬，总二万二千九百三十七卷，名之曰《永乐大典》。臣下请序其首，盖尝论之，未有圣人，道在天地，未有六经，道在圣人，六经作圣人之道著。所谓道者，弥纶乎天地，贯通乎古今，统之则为一理，散之则为万事，支流蔓衍，其绪纷纭，不有以统之，则无以一之，聚其散而兼总其条贯，于以见斯道之大而无物不该也。朕深潜圣道，志在斯文盖，尝讨论其指[旨]矣。然万机浩繁，实资观览，姑述其概以冠诸篇，将以垂示无穷，庶几或有裨于万一云尔。①

---

① ［明］朱棣：《大明太宗皇帝御制集》，第2页。《明太宗实录》，卷七三，第1016—1019页，"永乐五年十一月乙丑"。

527

这份序言如今在《大明太宗皇帝御制集》、《明太宗实录》中均有留存，两者在文字上存在细微差异，如文集中称大典成书于永乐六年冬，实录则说是永乐五年冬，相差一年，但是综合其他史料，我们很容易得出实录时间的记载是准确的，两相参照，序文内容也就相对准确了。朱棣在序文前半段主要谈了修书的历史，后半段则谈了自己主持编选《永乐大典》的目的。朱棣正是鉴于"世远祀绵，简编繁夥，恒慨其难一。至于考一事之微，泛览莫周，求一物之实，穷力莫究，譬之淘金于沙，探珠于海，戛戛乎其不可易得也"这一现实存在的问题，加之盛世修书，"尚惟有大混一之时，必有一统之制作，所以齐政治而同风俗，序百王之传，总历代之典"。而他对这部巨著的要求也是简单明了的，"乃命文学之臣，纂集四库之书，及购募天下遗籍，上自古初，迄于当世，旁搜博采，汇聚群分，著为奥典。以气者天地之始也，有气斯有声，有声斯有字，故用韵以统字，用字以系事，揭其纲而目必张，振其始而末具举。包括宇宙之广大，统会古今之异同，巨细粲然明备；其余杂家之言，亦皆得以附见。盖网罗无遗，以存考索，使观者因韵以求字，因字以考事，自源徂流，如射中鹄，开卷而无所隐"，朱棣构建了一个庞大的类书体系，让当时及后代的学者都能通过这部类书轻而易举查阅自己想要查阅考证的内容。这种广收博采的宗旨，颠覆了解缙初修时完全服务于儒家经典的宗旨。应该说，朱棣这种编书宗旨是十分难得的，但也正因为这一不符合当时儒家理学的编书宗旨，直接影响了这部巨著的后续刊印。

朱棣在《永乐大典》完成后却并最终未将其刊行，后世往往将之归因于经费的不足，然而倘若仔细梳理永乐年间在《永乐大典》编成后的历史，我们就能够发现经费绝不是这部巨著最终未能刊印的主要原因，或者真正原因。《永乐大典》编成后，朱棣是有刊印打算的，就在书编成的同时，朱棣就"仍命誊写刊刻以行"[1]，誊写正是再誊录一份副本，为接下来的刊刻做准备。为了保证誊写有足够的人力，朱棣还特地做了安排，"复命量留修书人八百人，同翰林春坊修书官誊写刊板，仍命广孝、季篪及礼部尚书郑赐提督"[2]。姚广孝、郑赐都是编修《永乐大典》时的主要负责人，姚广孝把握了全书的方向，刘季篪虽然所长不在修书，但是他办事干练，因此想必在修书过程中承担了不少事务工作。因为解缙早已失宠，故而不会参与到

---

[1] ［明］周应宾：《旧京词林志》，卷一，《纪事上》，第109页。

[2] ［明］周应宾：《旧京词林志》，卷四，《纪典下·职掌·纂修书史》，第303页。

此后的工作中，朱棣以这两人负责《永乐大典》的后续誊写、刊印应该是最佳安排了。

不过令朱棣没有料到的是，他精心考虑的这个班子还是出了问题，首先就是姚广孝，他在《永乐大典》编成时已经七十二岁高龄了，身体原因让他很快就因为患病离开了岗位。至于刘季篪，身为刑部侍郎的他自然也不能将身心完全放在誊写刊印《永乐大典》上，永乐八年（1410年）更缘事入狱并被流放，也离开了岗位。如此一来，提调整个誊写刊印工作的两人都因故离开，提调无人，朱棣只得命此前编书团体中的另外几人，包括总裁国子祭酒胡俨、司经局洗马杨溥，副总裁修撰梁潜一同继续提调誊写刊印工作，最终，这一工作还是没有完成，《永乐大典》的誊写刊印工作最终没能在永乐年间完成。

《永乐大典》最终没有在永乐年间完成誊写刊印，固然有工程量巨大的因素，但这并不是根本原因，因为编修过程的工程量也不可谓不大。从参与修书的三位主要负责人解缙、姚广孝、刘季篪的结局我们或许能窥见一些背后的因素。因为朱棣对《永乐大典》百科全书式的要求，《永乐大典》除了儒家经典外，天文、医药、占卜、工技乃至游记、玄义等无所不收，这固然满足了朱棣对《永乐大典》的要求，但在实际负责的解缙等理学大家看来，这却是难以接受的，这从解缙当年对朱元璋进言杂书"甚非所宜"、"坏人心术，莫此为甚"就能看出，他甚至还希望在编书过程中对这些杂书"删其无益，焚其谬妄"，可谓与朱棣编书的目的背道而驰，这也是朱棣对初修完成的《文献大成》不满意的根本原因，并且是朱棣在再修时要加入姚广孝、陈济两位杂家的重要原因。或许也正是这种分歧，导致编修《永乐大典》的三位总负责人中两位的结局都不好，解缙除了编书宗旨上与朱棣的分歧，还在是否出兵交阯的问题上与朱棣产生了严重的政治分歧，这让他在永乐五年（1407年）二月被谪往广西，永乐六年（1408年）四月又谪为交阯布政司右参议，最终在永乐八年（1410年）入狱并为锦衣卫指挥使纪纲所杀害，刘季篪则如前文所说，在永乐八年（1410年）入狱并被流放，只有思想与朱棣十分接近且对理学实际持批判态度的姚广孝得以善终。在编书时姚广孝以自己的权威协调各方面关系，保证了大典的编修工作按照朱棣的宗旨完成，但是后期他因为患病离开，编修团体一方面失去了一位强力的领导人，另一方面，也激化了原本还能够协调的团体内部矛盾，种种因素结合起来，最终导致了誊写刊印工作无法继续进行。当然，也不排除《永乐大典》最终完成后，朱棣收拾人心、聚集并控制文人的目标已经完成，国家还有很多大事要做，刊行《永乐大典》不仅耗费很大且已无必要的原因，因此他也没有强力促成誊写刊印的工作。

永乐十九年（1421 年），随着朱棣迁都北京，《永乐大典》原本也被运往北京。《永乐大典》此后静静地被收藏在北京宫城文楼之中，直到他的后代明世宗朱厚熜即位后，才再度对这部巨著产生了兴趣，"上初年，好古礼文之事，时取探讨，殊宝爱之。自后凡有疑郄，悉按韵索览，几案间每有一、二帙在焉"。后来，北京宫城三大殿大火，朱厚熜立即想到了存放在紧邻三大殿的文楼中的《永乐大典》，"上闻变，即命左右去登文楼，出《大典》。[甲] 夜中，凡三四传，是书遂得不燬"，在抢救出《永乐大典》后，朱厚熜为了保险决定制作一份副本，"上意欲重录一部，贮之他所以备不虞"，这件事在嘉靖四十一年（1562 年）八月最终得以开始，"至是论大学士徐阶曰：'昨计重录《永乐大典》，两处收藏，兹秋凉可处理。乃选各色善楷书人，礼部儒士程道南等百余人，就史馆分录，而命（高）拱等校理之"。[①] 最终，内阁大学士徐阶、高拱率一百零八名名书生，日抄三页，每页三十行，每行二十八字，历时六年，于明穆宗隆庆元年（1567 年）完成了一份副本，正本（即原本）《永乐大典》存于北京文渊阁，副本存于皇史宬。正本最终在 1644 年明朝灭亡时毁于战火，嘉靖的副本也历经劫难，至清乾隆时仅存九千余册。经过近现代的风云激荡，现存于世界各地的《永乐大典》仅余约八百卷，相当于原书的 3% 略多一点，其中中国大陆藏有一百六十四册，中国台湾藏有七十二册，其余散在日本、英国、美国等国。

《永乐大典》无疑是永乐年间规模最大的修书活动，而相比于规模宏大、百科全书式的大型类书《永乐大典》，朱棣还进行了两项政治性更强的修书活动，这就是永乐朝的"官修经史"。

"经"实际是指三部书，即《五经大全》《四书大全》和《性理大全》，它们也被合称《五经、四书、性理大全》（下文用合称时简称《大全》），这是朱棣为了统一文人思想而下令编修的三部"理学巨著"。

明朝在统治思想上尊奉宋朝诞生的儒家程朱理学，对于理学这一与宗法体制相适应的儒学体系，朱棣在即位后表示了大力的支持。永乐二年（1407 年）七月，饶州鄱阳县（今上饶市鄱阳县）人朱季友由于所进之书中有"诋毁"宋儒的内容而被

---

① 《明世宗实录》，卷五一二，第 8414 页，"嘉靖四十一年八月乙丑"。

解缙等理学大家认为"词理谬妄，谤毁圣贤"①，他们请求朱棣依法从重处置他，而朱棣也表示："愚民若不治之，将邪说有误后学。"②朱棣不仅下令将他押回乡里杖责一百并不许其再自称儒生与教学，甚至从他家搜出其所有著作加以焚毁。

事实上，朱棣即位后，对于统治方针是很审慎的。洪武年间的政治是严峻冷酷的，特别是胡惟庸、蓝玉两次大案，牵连大量人员，在整个时代都刻上了深刻的痕迹。相对的，朱允炆即位后改变了政策，主张宽仁施政，统治政策来了一个一百八十度转弯。然而令人遗憾的是，朱允炆统治的四年里，疲于应付与朱棣之间的战事，实际上无暇内政，所谓宽仁统治，人们并没有太多实际的感受。等到朱棣即位，他面临的就是两位前任截然相反的统治风格。当然，对朱棣来说，选择也不是太困难，他打着"恢复祖制"的大旗，自然不可能沿袭朱允炆的政策，但是他也不可能完全照搬朱元璋的严峻风格，因为这已经不适合当时的形势了。因此很自然的，朱棣开始在"恢复祖制"的大旗下对两位前任的政策进行融合调整。

永乐元年（1403年）九月初一日，朱棣发布了即位以来第一份全面阐述自己统治方针的敕谕：

> 为治之道，在宽猛适中，礼、乐、刑、政，施有其序。唐、虞、三代至汉、唐、宋，率由兹道。舜诛四凶，明五刑，夏禹承之，声教达于四海。周公相武王，灭国五十，至成康而后，刑措不用。汉高祖初定天下，命萧何定律令，韩信申军法，至文景，挟书之律，肉刑之惨，一皆除之。唐高祖革隋弊政，定官制，颁律令，太宗承之，惩斩趾、禁鞭背，力行仁义，几致刑措。宋初，太祖惩五代之乱，用刑颇重，咸平以后，务从宽仁，载之前史，可考见矣。朕皇考太祖高皇帝，奋起布衣，当胡俗沉浸百年之后，奸雄睥睨反侧之余，拨乱反正，不得已而用刑措，权一时之宜。及立为典常，既有定律颁之天下，复为祖训垂宪子孙，而墨、劓、剕、宫，并禁不用。朕以菲德，缵成大统，仰思圣谟，夙夜祇服，惟欲举贤材、兴礼乐、施仁政，以忠厚为治。

---

① 《明太宗实录》，卷三三，第581页，"永乐二年七月壬戌"。
② 《明太宗实录》，卷三三，第581页，"永乐二年七月壬戌"。

尔文武群臣，尚思各共乃职、敬乃事，勿为朋比，勿事贪黩，勿恣情纵欲，以干匪彝。至于用刑，必钦必慎，期于刑措，用臻康理，以上不负皇考创业之艰，而朕于守成之道，亦庶几焉尔惟。钦哉。[①]

朱棣这份宣言有几处很有意思，他谈到洪武年间的政治严酷是因为"当胡俗沉浸百年之后，奸雄睥睨反侧之余，拨乱反正，不得已而用刑措，权一时之宜"，后面又提到朱元璋颁布的《大明律》《皇明祖训》中的条款宽仁了很多。这显然是一种选择性论述，朱棣有意忽略了洪武年间实际地位与《大明律》不相上下、严酷程度却远超前者的《大诰》。他这样做，自然是为了让自己在政策调整过程中不会违背"恢复祖制"的宣传，为自己改变洪武定制制造必要的舆论支持。另一方面，朱棣大谈历史上一开始用刑严酷、后世改变的例子，最后又总结到"至于用刑，必钦必慎，期于刑措，用臻康理，以上不负皇考创业之艰，而朕于守成之道，亦庶几焉尔惟"，似乎他的政策全面转向谨慎用刑、政治宽仁了。但当我们回到永乐初年的历史，就能够知道这是彻头彻尾的谎言。朱棣即位后，大规模追究建文旧臣，全国上下告讦成风，笼罩着一片血腥的气息，用刑既不谨慎也不宽仁。因此，这份宣言的主旨显然并不在此，他真正的中心乃是开篇的"为治之道，在宽猛适中，礼、乐、刑、政，施有其序"，这份敕谕的主旨是调整而非宽仁。

帝王要在全国建立有效的统治，贯彻自己的政策，离不开士人的支持。朱棣因为推翻了当时相当一部分士人心中的理想皇帝朱允炆，通过暴力手段登上皇位，又对反对自己的建文旧臣进行残酷镇压。因此，当时士人对朱棣的支持十分有限。为了扩大自己的统治基础，朱棣很自然走上了笼络士人的道路，编修《永乐大典》就是其中一项措施。然而仅仅编修一部类书是不足的，因此，朱棣还采取了另外两项更为普遍的措施，这就是科举与尊儒，这两项政策延伸到最后，就是永乐年间的官修经史。

当时的官员对于洪武年间的"南北榜案"应当还记忆犹新。洪武三十年（1397年）的科举中，朱元璋为了笼络北方士人，同时限制南方士子，杀掉了考官白信韬、覆阅考官张信、第一名陈㢧，将刘三吾流放戍边。朱元璋亲自重新主持阅卷，取录的六十一人全部都是北人。朱元璋起于江南，由南而北统一中原，因此笼络北

---

① 《明太宗实录》，卷二三，第417—418页，"永乐元年九月丙子"。

方士人是他的政治需要，至于科举本身，其实并不是他真正在意的。到了朱棣即位，一切就颠倒了过来。朱棣起于北方，由北而南夺取了皇位，南方士人普遍对他持抵触态度。因此，朱棣在永乐元年（1403 年）八月就在除北京外的全国范围内举行乡试，会试则在次年举行。永乐二年的这次会试一共取录四百七十二人，一甲三名、二甲九十三名全为南人，三甲三百七十四人中，南人也占了三百三十五人，北人仅仅三十九人，可谓与洪武三十年的科举情况完全相反，而这父子两人动机的共同点则都是为了他们的政治需求服务，科举本身则不过是手段而已。

除了举行科举笼络士人之心，朱棣还寻找一切机会表达自己尊儒的想法。靖难之役期间，山东成为了南北双方频繁交战的一个主要战场，燕军也曾经过孔子的家乡曲阜，朱棣下令约束将士不得入境骚扰，表示了自己尊儒的意图。可以说，朱棣在夺位过程中就已经十分注意抓住士人这一重要势力，而尊儒无疑是很有效的一手，抓住了这点，相当于变相宣示了自己的正统。等到朱棣即位后，更是不遗余力地表示自己尊儒的意图。永乐四年（1406 年）三月，朱棣举行了隆重的祭孔仪式，仪式结束后，朱棣还亲往太学，亲自将《五经》赐给国子祭酒胡俨，让他们坐着给自己讲解，讲解结束后，朱棣还命人送上茶水，尊崇有加，这可谓永乐年间朱棣公开表示自己尊儒的代表性行动。

朱棣的一系列做法也确实让当时的儒生感觉自己迎来了一段黄金时代。永乐四年（1406 年）闰七月十八日，朱棣在奉天门慰问并放还翰林侍讲学士武周文后，转过头来对翰林侍讲胡广等人说道："周文亦操履端方。"胡广则回答说："陛下待儒臣，进退之际，恩礼俱至，儒道光荣多矣。"朱棣听罢无疑非常满意，笑着说："朕用儒道治天下，安得不礼儒者？致远必重良马，粒食必重良农，亦各资其用耳。"①

然而，明初的社会风俗受蒙古影响还比较深重，婚丧礼仪等诸多方面都还或多或少保留着这些影响。朱元璋在位时期为了纠正这些问题，甚至推行了一些颇为激进的政策，比如严禁火葬，无论双方是否为共同祖先，禁止一切同姓之间的婚姻，执行了不同身份之间严格的服饰制度，甚至一度规定不同身份的人所行道路都不能相同。这其中很多政策因为严重脱离实际并没能真正执行，而诸如禁止一切同姓婚姻这点，则闹出了一些令人啼笑皆非的事情。如朱元璋在大都平定后，在元朝皇宫内发现了一位周姓高丽女子，因为语言原因，这位女子说自己姓朱，本想将之纳

---

① 《明太宗实录》，卷五七，第 840—841 页，"永乐四年闰七月乙亥"。

入后宫的朱元璋听后便不敢贸然行动，直至从女子父亲那里确认她姓周后才将其纳为宫人。其实即便这位高丽女子真的姓朱，与朱元璋有亲缘关系的概率也是微乎其微，他本不必如此紧张。此外，儒家学说本身也存在各种流派，明朝的主流思想理学不过是其中一种罢了。

正是明初的这种思想状况让朱棣意识到仅仅尊儒还是不够的，统一全国士人思想也是十分必要的，但由于事务众多，这一事情竟也拖到了永乐十二年（1414年），是年十一月十五日，朱棣在北京对翰林学士胡广、侍讲杨荣、金幼孜说：

> 《五经》《四书》，皆圣贤精义要道，其传注之外，诸儒议论，有发明余蕴者，尔等采其切当之言，增附于下。其周、程、张、朱诸君子性理之言，如《太极》《通书》《西铭》《正蒙》之类，皆六经之羽翼，然各自为书，未有统会，尔等亦别类聚成编。二书务极精备，庶几以垂后世。①

朱棣命胡广总其事，选朝臣及外地有文学之教官，开馆于东华门，正式开始编修这三部著作。永乐十三年（1415年）九月，经过约十个月的工作，《五经大全》《四书大全》《性理大全》全部完成，参与编修的胡广、杨荣、金幼孜等四十二位饱学之士均受到赏赐，朱棣亲赐书名《五经、四书、性理大全》，亲自制序于卷首，命礼部刊行天下。此后，明朝各级学校均以《大全》为教材，科举考试也根据《大全》出题。朱棣通过编修《大全》正式确立了程朱理学的官方统治地位并在客观上实现了自己统一全国思想与认识的目的。

我们细看《大全》中的每一部，又会发现《五经》由于是儒家经典，因而《五经大全》在《大全》中地位最高，卷帙也最多，达一百五十四卷，而《四书大全》《性理大全》分别为三十六卷和七十卷，《大全》全书共计二百二十九卷，堪称巨著。不仅如此，《大全》的内容在编写时完全根据程朱理学宗师之一、宋朝朱熹的观点编就，因此更准确地说，《大全》的完成是确立了朱学的地位。

当然，虽然参与编修《大全》的多为当时的饱学之士，朱棣也在序文中称赞其"书编成来进，朕间阅之，广大悉备，如江河之有源委，山川之有条理，于是圣贤之道，粲然而复明。所谓考诸三王而不缪，建诸天地而不悖，质诸鬼神而无疑，百

---

① 《明太宗实录》，卷一五八，第1803页，"永乐十二年十一月甲寅"。

世以俟圣人而不惑"[1]，但由于编修时间紧迫，内容仍不免芜杂。对于这一点，朱棣未必不知道，但他很可能并不在乎。作为帝王，正如我们在前面科举考试的例子中可以看到的那样，朱棣和许多与他具有相同身份的前任与后辈一样，并不是某一学说的忠实信徒，他之所以尊奉理学，只是因为这一学说有利于其统治，因此，《大全》是否芜杂他并不在乎，只要《大全》内容没有有悖于理学思想就行了。也正是由于这一点，他才会对《永乐大典》提出百科全书式的要求而与解缙等人出现分歧。

有趣的是，朱棣十分欣赏的姚广孝就并非一位理学家。作为一位杂家，姚广孝甚至写作《道余录》对理学加以批判。姚广孝在《道余录》的序言中就开宗明义，他的这部著作正是冲着程颢、程颐、朱熹这三位理学宗师去的：

> 余曩为僧时，值元季兵乱，年近三十，从愚庵及和尚于径山习禅，学暇则披阅内外典籍，以资才识。因观河南二程先生遗书，及新安晦庵朱先生语录。三先生皆生赵宋，传圣人千载不传之学，可谓间世之英杰，为世之真儒也。三先生因辅名教，惟以攘斥佛、老为心。太史公曰：世之学老子者则绌儒，学儒学亦绌老子，道不同不相为谋。古今共然，奚足怪乎？三先生既为斯文宗主，后学之师范，虽日攘斥佛老，必当据理，至公无私，则人心服焉！三先生因不多探佛书，不知佛之底蕴，一以私意出邪诐之辞，枉抑太过，世之人心，亦多不平，况宗其学者哉？二程先生遗书中，有二十八条。晦庵朱先生语录中，有二十一条，极为谬诞，余不揣，乃为逐条据理，一一剖析，岂敢言与三先生辩也！不得已也！亦非佞于佛也。[2]

姚广孝虽然宣称自己"余不揣，乃为逐条据理，一一剖析，岂敢言与三先生辩也"，但他在实际行文中可没有这么谦虚，而是对程朱理学的宗师程颐、程颢、朱熹进行了各种辛辣的讥讽。对于程颢既说过"佛是胡人之贤智者，安可慢也！"又说："佛者一懒胡尔。"这两段自相矛盾的话，姚广孝评论道："程夫子既是道学君子，何为两其说焉？教弟子曰：'佛为胡人之贤智者，不可慢也。'却自骂佛曰'懒胡'，

---

① 《明太宗实录》，卷一六八，第1872—1874页，"永乐十三年九月己酉"。

② ［明］姚广孝：《逃虚子道余录·逃虚子道余录序》，第146页。

岂道学君子之为乎？"可谓直戳要害，毫不留情。[1] 除此之外，姚广孝还特别看重程颢关于死生的另一段话，程颢说："佛学只是以生死恐动人，二千年来，无一人觉此是被它恐动也。圣贤以生死为本分事，无可惧故，不论生死，佛之学为怕生死，故只管说不休。下俗之人固多惧，易以利动，如禅学者，虽自曰异此，然要知只是此个意见，皆利心也。"姚广孝在评论中毫不掩饰自己的讥讽之意：

> 明道说佛学只是以生死恐动人，二千年来，无一人觉此是被他恐动也。若如此说，二千年来，只有明道一人不被他恐动，可谓豪杰之士也。又言：圣贤以生死为本分事，无可惧，故不论生死。《易》曰："原始反终"，故知死生之说，岂不是圣人论生死邪？如佛论生死，《圆觉》有云："一切众生，于无生中，妄见生灭，是故名为轮转"，生死何尝恐动人也？！又言佛之学为怕生死，故只管说不休。佛之学者了生死性空，岂得怕生死也？！只如佛，因中为哥利王割截身体，不生瞋恨。又如师子尊者罽宾国王问尊者施头。尊者曰："身非我有，何吝此头。"罽宾斩之。又如静霭法师，因周武毁教不能救，自舍其身，抽肠胃以挂松枝，条其肉布于石上，捧心而死，斯等载在方册，不可名数，佛学者何尝为怕生死也。[2]

姚广孝引经据典论证了佛教并非"以死生恐动人"，也论述了信佛并非惧怕生死。对于程颢，姚广孝则直言讥讽"二千年来，只有明道一人不被他恐动，可谓豪杰之士也"，戏谑之情，见乎文字。至于程颢自恃儒学正统，由此发出的"道之不明，异端害之矣"的感叹，姚广孝则一笑置之："道之不明，其来久矣！非惟佛老为异端之学而害之也。三代之末，百家诸子竞起，角立淳厚之气日销，浇薄之风日长，莫非天运使然尔。若欲人心复古，不悖于道，除是唐虞周孔复生，通乎神明，以化治天下则可也。若不如是，无可奈何，则得各从其志。"[3] 这很容易让我们联想到此前解缙等人对同为儒家，仅仅见解不同的朱季友的残酷打击。然而对于姚广孝这样公然著书立说为"异端"张目的做法，他们却毫无办法，至少不能向对朱季友

---

① [明] 姚广孝：《逃虚子道余录》，第 147 页。

② [明] 姚广孝：《逃虚子道余录》，第 149—150 页。

③ [明] 姚广孝：《逃虚子道余录》，第 150 页。

那样说动朱棣采取行动，其中意味，令人深思。

这是对程颢，对于程颐、朱熹，姚广孝同样没有放过。姚广孝对于程颐"学者于释氏之说，直须如淫声美色以远之。不尔则骎骎然入于其中矣"的说法尤其不满，大力批驳道："释氏之说，无非化人为善，而不化人为恶，何得如淫声美色以远之。伊川之言，何太过邪！"① 毫无疑问，程颐的说法确实太过极端，也无怪乎姚广孝如此激动。显然，姚广孝对于程颐的不满要甚于程颢，程颐另一段话"释氏之学，又不可道他不知亦尽极乎高深，然要知卒归于自私自利之规模。何以言之？天地之间，有生便有死，有哀便有乐，释氏所在，便须觅一个占奸打讹处，言免死生，齐烦恼，卒归乎自私"，姚广孝则针锋相对地批驳说："伊川言释氏之学，不可道他不知亦尽极乎高深，要知卒归于自私自利。若言释氏之学，既有知尽极乎高深，安得却归于自私自利？自私自利是小人所为，君子则不然，何况乎佛！圣人清净寂灭之道者哉？天地之间，生死哀乐，三尺童子亦知有也，言释氏占奸打讹，卒归于自私，伊川诬佛，何其甚之甚矣？"② 与对程颢主要以理论反驳理论不同，对于程颐，姚广孝愤怒于他对佛教的激烈污蔑，文风相对激烈很多。批驳了二程，就只剩下理学的集大成者朱熹了。对于他，姚广孝则更多是调侃。如朱熹说过："佛氏见影，朝说者个，莫说者个，至于万理错综都不知。"姚广孝则模仿他的说法回应："佛氏见影，朝说者个，莫说者个，若舍者个，再有何说？至于万理万事，总不出者个，晦庵恐未见影在"，既批驳又调侃，可谓手段高超。至于朱熹感叹佛教越发兴盛，自己恐怕能守住自己一世，对于自己后代就无能为力的话："释氏之教，其盛如此，如何拗得它转？吾人家守得一世，再世不崇尚他者已难得，三世之后，亦必被他转了；不知大圣人出，所过者化，所存者神又何如？"姚广孝则劝朱老夫子大可不必如此担心："教之盛衰，系乎时运，如海潮焉，其长也，欲落之不可得；其落也，欲长之不可得。自然之势，如何拗得他转！大概人于目前，尚无奈何，何况三世之后，朱子何虑之深也？所言大圣人出，所过者化，所存者神又何如？予曰：'亦无如之何也。'"③ 俨然站在胜利者角度宽慰朱熹这位失败者。

《道余录》正是这样一部作品，明显与理学唱对台戏，它的作者姚广孝深受朱

---

① [明] 姚广孝：《逃虚子道余录》，第152页。

② [明] 姚广孝：《逃虚子道余录》，第153页。

③ [明] 姚广孝：《逃虚子道余录》，第156页。

棣信赖。对于这样一部作品的出现，朱棣不仅并未像对朱季友那样大发雷霆，也没有以官方姿态禁止乃至销毁这部著作。儒家理学，不过是朱棣借以巩固自己统治的工具罢了，对于朱季友这样一位无足轻重的人，他可以严厉处理以笼络解缙等儒生，但倘若对象是姚广孝这样的心腹重臣，则没有人能够撼动。也正因为如此，当我们再看杨士奇因为永乐年间朱棣一系列尊儒行动，就在文章中盛赞朱棣"文皇帝之心，孔子之心也。固欲天下皆纯质之俗，斯民皆诚笃之行，而况左右供奉之臣哉！"[1]就不免有些可笑了。

正因为此，朱棣对于《大全》的具体质量并不那么在乎也就可以理解了，然而，对于另一部政治性更强的书朱棣则是十分在意的，这就是"官修经史"中的"史"——《明太祖实录》。

朱允炆即位后，立即于建文元年（1399年）正月以礼部侍郎董伦等开修其祖父的实录，而其准备工作则开始于朱允炆刚即位不久的洪武三十一年（1398年）八月，可见朱允炆对此是十分看重的。《明太祖实录》于建文三年（1401年）十二月完成，这即是初修的《明太祖实录》，然而随着朱棣以"靖难"夺取皇位，整个历史完全翻转了过来，因此初修《明太祖实录》究竟有多少卷、多少字，最后又装订成了多少册，如今都不得而知了。建文四年（1402年）六月，朱棣以胜利者的姿态即位，十月他就以太子太师、曹国公李景隆，太子少保兼兵部尚书、忠诚伯茹瑺为监修，翰林学士解缙为总裁，重修《明太祖实录》。虽然朱棣对监修官宣称这次重修的原因为"建文所修实录，遗逸既多，兼有失实"[2]，因此"朕鉴之诚有歉焉，今命儒臣重加纂修，务在详备"[3]。但其实际原因无疑是担心建文初修的《明太祖实录》中关于洪武年间立朱允炆为皇太孙及"指斥靖难君臣为逆党"[4]等内容对朱棣夺位的合法性不利，因此才在刚刚即位，各种事情千头万绪的情况下如此急于重修《明太祖实录》。

朱棣担心主持重修的人员不能深刻领会他的意图，在下令重修的次日又专门对具体负责实录重修的官员颁布了一道谕旨，进一步批判了一番初修《明太祖实录》记载失实：

---

① ［明］杨士奇：《东里文集》，卷一，《朴斋记》，第9页。

② 《明太宗实录》，卷一三，第233页，"洪武三十五年十月己未"。

③ 《明太宗实录》，卷一三，第233页，"洪武三十五年十月己未"。

④ ［明］沈德符：《万历野获编》，卷一，《列朝·监修实录》，第6页。

自古帝王，功德之隆者，必有史官纪载，垂范万年。我皇考太祖高皇帝，神功圣德，天地同运，日月同明，汉唐以来，未之有也。比建文中，信用方孝孺等纂述实录，任其私见，或乖详略之宜，或昧是非之正，致甚美弗彰，神人共愤，蹈于显戮，咸厥自贻。今已命太子太师、曹国公李景隆为监修，太子少保兼兵部尚书、忠诚伯茹瑺为副监修，尔等皆茂简才识，俾职纂述，其端乃心，悉乃力以古良史自期，恪勤纂述，必详必公，用光昭我皇考创业垂统武功文治之盛，与乾坤相为无穷，斯汝为无忝厥职矣。钦哉。①

朱棣亲自为建文初修的实录定了一个歪曲事实的基本调子，纂修官们心里自然就有数了，朱棣显然不是为了让他们真的秉笔直书，而是要他们按照自己的意图修改实录。永乐元年（1403 年）六月，仅仅用时九个月，《明太祖实录》即重修完成，朱棣一度非常满意，以盛大的仪式接受了李景隆进呈的重修的《明太祖实录》并赐宴李景隆等八十六人于奉天门，给予他们丰厚的赏赐。

然而到了永乐九年（1411 年），随着当年主持重修的李景隆倒台，解缙失宠被囚，加之上次重修时间仓促，朱棣对重修的《明太祖实录》又开始不放心起来。于是，永乐九年（1411 年）十月，朱棣以"李景隆等心术不正，又成于急促，未极精详"②为由，命自己的绝对亲信太子少师姚广孝、户部尚书夏原吉为监修官，主持再次重修《明太祖实录》。结合第一次重修的情况，我们可以很容易看出，朱棣说李景隆等人"心术不正"明显只是借口，而"成于急促"也并不是担心第一次重修的《明太祖实录》修得不好，而是认为第一次重修时间仓促，改得不够仔细，还有很多需要改的地方没有改到。因此，对《明太祖实录》的第二次重修耗时五年，经过了详细的修改，于永乐十六年（1418 年）五月才告完成，由于姚广孝已于永乐十六年（1418 年）三月病逝，此次由夏原吉进呈。朱棣阅读了再次重修完成的《明太祖实录》，终于认为其达到了自己的要求，表示"庶几小副朕心"③，夏原吉等二十八人得以被赐宴于礼部并获得升赏，《明太祖实录》经过了三修，至此终于定稿，而前

---

① 《明太宗实录》，卷一三，第 234—235 页，"洪武三十五年十月庚申"。

② 《明太宗实录》，卷一二〇，第 1516—1517 页，"永乐九年十月乙巳"。

③ 《明太宗实录》，卷二百，第 2081 页，"永乐十六年五月庚戌"。

两次的实录稿本，皆为朱棣下令焚毁。

三修完成的《明太祖实录》固然能使朱棣满意，但这一做法只能欺瞒于当时而不能哄骗于后世，朱棣以修史为名行篡改之实，这一点其实表现的非常明显。朱棣第一次重修完成的《明太祖实录》为一百八十三卷，而第二次重修则扩张到了二百五十一卷，可见第二次重修绝不仅仅是修改，必定存在不少根据朱棣意图大幅度调整重写的片段。因此，沈德符在《万历野获编》中就对三次编修都参与了的杨士奇毫不客气，进行了辛辣的嘲讽：

> 初修、再修时，杨文贞俱为纂修官，则前后三修皆曾握管，是非何所取裁？真是厚颜！[1]

沈德符当然知道杨士奇"取裁"是非的标准完全是看皇帝，朱允炆在位则按照朱允炆的意思来，朱棣即位后则按照朱棣的意思来，不过是迎合罢了，但他显然不能批判万历年间已经成为"祖宗之法"一部分的朱棣，也就只能嘲讽一下杨士奇这位永乐年间的名臣了。

定本《明太祖实录》存在什么问题，这一点我们从拙作前面的一些章节中已经能够看出来了。很重要的一点，就是朱棣为了标榜自己的嫡出身份，在实录中将自己的生母最终确定为马皇后，而这一过程中对诸皇子生母的记载的修改是有变化的，这也就出现了拙作开篇谈到的永乐年间流传下来的史料中有些记载马皇后生了朱标、朱樉、朱棡、朱棣、朱橚五人，有些则记载马皇后只有朱棣、朱橚两个儿子，留下了鲜明的修改痕迹，这里就不再重复了。朱棣对洪武朝史事之篡改，凡此种种，不一而足。但由于《明实录》的明朝"国史"地位，这些问题往往易为人所忽视，正如王世贞所言：

> 国史人恣而善蔽真，其叙典章、述文献，不可废也。野史人臆而善失真，其证是非、削讳忌，不可废也。家史人腴而善溢真，其赞宗阀、表官绩，不可废也。[2]

---

① [明] 沈德符：《万历野获编》，卷一，《列朝·国初实录》，第6页。
② [明] 王世贞：《弇山堂别集》，卷二十，《史乘考误一》，第361页。

民间各种"野史"与"家史"之伪易为人所认识，但官方所修"国史"之为尊者讳则易为人所忽略，其辨别也更为困难。

不过无论《五经、四书、性理大全》与《明太祖实录》存在怎样的问题，朱棣的"官修经史"仍旧在明朝历史上具有重要的作用，这一行为成功统一了全国思想与稳固了自己的统治基础，为明朝之后的统治奠定了坚实的基础。

2."文人夫妇"

相比于《永乐大典》与"官修经史"宏大的规模与极强的政治性，朱棣的一些个人著作更能反映他个人的某些思想。虽然这些著作可能并非全部是由朱棣亲笔写就而是由他亲信的翰林院官员代笔，但最终的作者署名都是朱棣，其内容也必须经过朱棣本人的认可，用现在的话说，就是这些著作的一切版权与荣耀都归于朱棣自己，因此这些著作能在一定程度上反映朱棣自己的思想。

朱棣的这些著作大致可以分为两类，一类是阐述他的政治理念与治国思想，主要用于对自己的继承人进行从政的教育，另一类则是阐述其心中理想的社会规范并树立一些典型以对整个明朝社会进行教化。

在前一类著作中，具有代表性的为《圣学心法》与《务本之训》。《圣学心法》编成于永乐七年（1409 年）五月，《明太宗实录》中记载其成书过程为：

> 上尝采辑圣贤格言切于修身、齐家、治国、平天下之要者为书四卷，曰：君道、臣道、父道、子道，名《圣学心法》，亲为之序。①

这是一部教导皇太子朱高炽的政治指南，朱棣在亲自写的序言中阐述了自己编写这部书的目的：

> 朕惟古之帝王，平治天下，有至要之道，诒训子孙，有不易之法，载于经传，为可见矣。夫创业垂统之君，经历艰难，其虑事也周，其制法也详，其立言也广大悉备，用之万世而无弊。有聪明睿哲之资，遵而行之，则大业永固而四海攸宁，灾害不生而五福攸萃。若夫昏愚懦弱之主，否塞正路，昧厌鸿猷，沉溺于富贵，狃习与宴安，心态日就于荒淫，根本益见与颓靡，祸

---

① 《明太宗实录》，卷九二，第 1204 页，"永乐七年五月庚寅"。

乱由此而起矣！盖创业实难，而守成不易，求之往迹，昭如指掌。[1]

正是本着这种要将"至要之道""载于经传"以为后世"不易之法"的目的，朱棣"采辑圣贤格言切于修身、齐家、治国、平天下之要者"编成了这部《圣学心法》。《圣学心法》全书分为四卷，分别讲述"君道""臣道""父道"及"子道"，其中"君道"最为详细，为一部名副其实地教导皇太子履行自己职责的实用教材，朱棣也通过这部书详细论述了自己的为君之道，我们可以明显地看出朱棣将"君道"细分为"统言君道""学问""敬天""法天""祀神""法祖""谨好意""勤励""戒谨""德化""正内治""睦亲""仁政""育材""用人""纳谏""辨邪正""修礼乐""礼臣下""明赏罚""慎刑""理财""节俭""驭夷狄""征伐"几部分，既有宣扬天人感应等形而上的内容，也有如何具体施政的实际内容，堪称总结朱棣统治思想的代表作之一。

如今我们再来审视《圣学心法》，最值得注意的是朱棣在他挑选的这些名言后面的评论，虽然这些评论未必是朱棣亲笔所写，但他至少对这些评论是认同的，因此我们可以通过这些评论窥见一些朱棣的思想。这些评论又以"君道"开篇的"统言君道"中尤其典型。朱棣对于"在知人，在安民"这一说法评论道，"言君道在知人、安民二者而已。知人，智之事，安民，仁之事"[2]，这是对于为君知道十分传统的认识。那么，对于君民之间的关系，朱棣又是怎么看的呢？他在《五子之歌》中"皇祖有训，民可近，不可下，民惟邦本，本固邦宁"一句下留下了一段评论：

> 皇，大也。君之与民，以势而言，则尊卑之分如霄壤之不侔，以情而言，则相须以安，犹身体相资以生也。故势疎则离，情亲则合，以其亲，故谓之近，以其疎，故谓之下。言其可亲而不可疎也。民者，国之本，本固而后国安，本既不固，则虽强如秦，富如隋，终亦灭亡矣。[3]

应该说，朱棣根本上是不认同君民可以相提并论的，因此他才会说两者"尊卑

---

① [明] 朱棣:《圣学心法》,《圣学心法序》, 第 1a—1b 页。
② [明] 朱棣:《圣学心法》, 卷一,《君道·统言君道》, 第 6b 页。
③ [明] 朱棣:《圣学心法》, 卷一,《君道·统言君道》, 第 7a 页。

之分如霄壤之不侔"，一个天上一个地上。但是，从统治本身出发，朱棣又是十分重视民的，认为"君民相须"，这也就是他对"民可近，不可下"的理解，只有这样，才能保持统治的稳固，国家不至于灭亡。应该说，从朱棣的角度出发，这确实是对他来说最好的理解了，他将这些教导给皇太子朱高炽，也可谓用心良苦。

不仅如此，朱棣从自己的经验出发教导朱高炽如何统治，政策应该如何调整。对于孔子所说"政宽则民慢，慢则纠之以猛，猛则民残，残则施之以宽，宽以济猛，猛以济宽，政是以和"一句解释道："政事不严，民生慢易，则纠之以刚猛。政事过刚，民苦残暴，则施之一宽慈。宽猛相济，政事和平。"① 朱棣在位期间实行的正是这种宽猛调节，即位初期，对建文旧臣穷追猛打，全国普遍陷入紧张氛围，到了晚年，已经不再需要如此后，朱棣就放宽了政策。同样的政策变化也发生在他处理与蒙古的关系上，招抚为宽，征伐为猛。朱棣对此的体会无疑是十分深刻的，他的解释也是十分到位的。

从上面这些例子我们不难看出，朱棣通过《圣学心法》教导皇太子朱高炽的用心良苦，后来朱高炽也将这部书给了自己的皇太子朱瞻基，可见他对此也并不排斥，朱棣的做法还是成功的。不过朱瞻基在从父亲那里接过《圣学心法》之前，朱棣就已经先为他编著了一部书。

完成于永乐八年（1410年）十月的《务本之训》是朱棣专为钟爱的皇太孙朱瞻基编写的。按《明太宗实录》记载，朱棣为朱瞻基编写这部书是因为"上以皇长孙生长深宫，欲其知稼穑之艰难"②，因此朱棣不仅带朱瞻基与他一同北巡北京以"使历观民情风俗及田野农桑勤劳之事而知国用所需皆出于此，为民上者，宜加悯恤"③，还"举太祖高皇帝创业之难及往古圣贤之君、昏乱之主、兴亡得失可为鉴戒者，以致饬励之意。书成，名《务本之训》云"④。相比于《圣学心法》极强的理论性，针对当时还年幼的朱瞻基编写的《务本之训》具有更强的故事性，这也可以看作是一种针对不同年龄段的因材施教。《务本之训》至此成为了朱瞻基在永乐年间的重要教材，对他日后以恤民安民为主的统治思想可以说具有重要的影响。

与对自己继承人的教导相比，对全国普通百姓加以教化并对文人加强控制以维

---

① ［明］朱棣：《圣学心法》，卷一，《君道·统言君道》，第21a页。

② 《明太宗实录》，卷一〇九，第1405—1406页，"永乐八年十月癸卯"。

③ 《明太宗实录》，卷一〇九，第1405—1406页，"永乐八年十月癸卯"。

④ 《明太宗实录》，卷一〇九，第1405—1406页，"永乐八年十月癸卯"。

护自己的统治是朱棣面临的另一个重大课题。对于这个问题，朱棣利用了宗教这一"精神鸦片"作为百姓的道德基础，以使百姓有所敬畏，同时，他又巧妙地将包括自己在内的明朝皇室进行某种程度上的神格化。既然朱棣在百姓心中已不完全是个人而是一种半人半神的存在，那么这对于宣扬自己为天命所归及即位的合法性无疑是非常有利的。最后，他通过树立一些前人榜样以使百姓有切实的敬仰对象。

为了实现这一目的，朱棣先主持编纂出版了一系列宗教书籍，除了在佛教方面刊行了他自己署名的《诸佛世尊如来菩萨尊者神僧名经》《感应歌曲》，他还大力支持对《三藏》的合辑与汇编。而对于中国的本土宗教道教，朱棣也充分加以利用，他于永乐十七年（1419 年）九月完成了《列仙传》，亲自为其作序并改名《神仙传》，书中将道教在修道方面的成就与日常生活相联系，完成了宗教的世俗化，既然修道并非高不可攀，那么皇帝的天人感应也就可以理解了。朱棣在此前后刊行的另外两部著作最终实现了神格化自己的目的并通过梳理一些前人的典型以教化百姓并控制文人。

《为善阴骘》完成于永乐十七年（1419 年）三月，作者仍然署名朱棣，但较为可信的是应当仅有这部书的序言及里面的一些论断与诗词是出自他的手笔。《明太宗实录》记载此书的成书过程为：

> 上视朝之暇，御便殿披阅载籍，遇有为善获报者，命近臣辑录之。上各为之论断而系诗于后，类为十卷，名《为善阴骘》。[①]

朱棣在书中辑录了一百六十五位"身致显荣，庆流后裔"[②]之人的传记，加上自己的论断与诗词，以此教导自己的百姓这些人之所以能流芳百世皆是因为为善而获得的上天的善报，朱棣通过刊行这些故事及自己的论断来告诉百姓应以这些人物为榜样来制定自己的行为准则。为了确保此书能够广泛流传，他还下令"礼部自今科举取士准《大诰》例于内出题"[③]，通过将《为善阴骘》与朱元璋编著的刑法书籍《大诰》合并并与科举挂钩使此书得到了广泛的流传，文人因此更加受到控制，从

---

① 《明太宗实录》，卷二一○，第 2128 页，"永乐十七年三月丁巳"。

② 《明太宗实录》，卷二一○，第 2128—2129 页，"永乐十七年三月丁巳"。

③ ［明］朱棣：《为善阴骘·御制为善阴骘序》，第 1a—1b 页

而降低了指责其篡位的声音，书中的道德观点也通过这一潜移默化的过程成为人们的行为准则。朱棣编著此书的另一层含义从他亲自为此书写的序言中可以看出：

> 朕惟天人之理一而已矣。《书》曰："惟天阴骘下民。"盖谓天之默相保佑于冥冥之中，俾得以享其利益。有莫知其然而然者，此天之阴骘也。人之敷德施惠于人，不求人知而又无责报之心者，亦曰"阴骘"，且人之阴骘固无预于天，而天报之者，其应如响。[1]

既然只有"天"能"阴骘下民"且"天人之理一而已矣"，那么作为"天子"的皇帝自然也是一种神格化的存在，是神圣而不可侵犯的，臣民对皇帝，只能尊敬而服从而不能产生僭越之心。为了进一步强化这两层概念，朱棣在永乐十八年（1420 年）六月编著了另一部书，这就是《孝顺事实》。这部书与《为善阴骘》类似，也是朱棣命儒臣辑录的前人故事并亲自为这些故事写下自己的论断与诗词同时为此书写序，书成之后同样颁行两京国子监及天下学校。所不同之处在于，《孝顺事实》中辑录的是"古今载籍所纪孝顺之事可以垂教者"[2]。通过《为善阴骘》与《孝顺事实》，朱棣完成了对百姓"敬天""为善""孝顺"的教化并潜移默化的完成了对自己的神格化，而与科举挂钩也使朱棣更紧密地掌握了文人。不仅如此，朱棣还不时将这些书籍颁给诸如朝鲜等明朝的属国以规范属国的行为并进行文化交流。

在朱棣一系列个人文化事业的进行过程中，他贤良的妻子仁孝文皇后徐氏也积极地加以配合，她不仅在永乐三年（1405 年）三月完成了二十卷《内训》以教导皇太子、诸王及妃嫔的言行，还完成了一部名为《劝善书》的书籍以教导人们恭敬事上。朱棣与徐皇后的三个儿子皇太子朱高炽、汉王朱高煦、赵王朱高燧，皆奉命为其母的《劝善书》作注及后记，朱棣则为其写序，然而没有他们女儿的参与，让人稍感遗憾。

徐皇后在《内训》的序中自述：

---

[1]　[明] 朱棣：《为善阴骘·御制为善阴骘序》，第 1a 页。
[2]　《明太宗实录》，卷二二六，第 2215 页，"永乐十八年六月辛丑"。

吾幼承父母之教，诵《诗》《书》之典，职谨女事。蒙先人积善余庆，凤被妃庭之选，事我孝慈高皇后，朝夕侍朝。高皇后教诸子妇礼法惟谨，吾恭奉仪范，日聆教言，祗敬佩服，不敢有违。肃事今皇上三十余年，一遵先志，以行政教。

吾思备位中宫，愧德弗似，歉于率下，无以佐皇上内治之美，以忝高皇后之训。常观史传，求古贤妇贞女，虽称德性之懿，亦未有不由于教而成者。然古者教必有方，男子八岁而入小学，女子十年而听姆教。小学之书无传，晦庵朱子爰编缉成书，为小学之教者始有所入。独女教未有全书，世惟取范晔《后汉书》曹大家《女戒》为训，恒病其略。有所谓《女宪》《女则》，皆徒有其名耳。近世始有女教之书盛行，大要撮《曲礼》《内则》之言与《周南》《召南》诗之小序及传记而为之者。仰惟我高皇后教训之言，卓越往昔，足以垂法万世，吾耳熟而心藏之，乃于永乐二年冬，用述高皇后之教，以广之为《内训》二十篇，以教官壸。①

徐皇后在《内训》的序言中称自己"先人积善余庆，凤被妃庭之选，事我孝慈高皇后，朝夕侍朝。高皇后教诸子妇礼法惟谨，吾恭奉仪范，日聆教言，祗敬佩服，不敢有违"，强调自己亲自接受了马皇后长期的教导，这一说法等于变相强调了自己的丈夫朱棣深受朱元璋夫妻的喜爱，以至于两人将同样十分钟意的自己嫁给了朱棣，从一个侧面再度强调了朱棣的正统性。当然，徐皇后作为徐达的长女，徐达又是朱元璋的布衣之交，马皇后将他的女儿留在身边教导也属正常。不过经徐皇后以这种方式再说出来，似乎就多出了一层含义，也可看出她手段的巧妙。至于自己为什么要编写《内训》，徐皇后自己也说得十分清楚："吾思备位中宫，愧德弗似，歉于率下，无以佐皇上内治之美，以忝高皇后之训。"正是为了更好地辅佐自己的丈夫朱棣，两人的配合可谓默契。

---

① ［明］徐皇后：《内训·序》。

　　徐皇后不仅在序言中如此说，她在正文中也与朱棣一唱一和，朱棣强调恢复祖制，不能违背祖训，徐皇后也在第十篇《崇圣训》中说道："我太祖高皇帝受命而兴，孝慈高皇后内助之功至隆至盛。盖以明圣之资，秉贞仁之德，博古今之务。艰难之初，则同勤开创；平治之际，则弘基风化。表壸范于六宫，着母仪于天下。验之往哲，允莫与京。譬之日月，天下仰其高明；譬之沧海，江河趋其浩博。然史传所载，什裁一二，而微言奥义，若南金焉，铢两可宝也，若穀粟焉，一日不可无也。贯彻上下，包括巨细，诚道德之至要，而福庆之大本矣"①，可谓对朱棣的完美配合。徐皇后在第十三篇《事君》中再度提到"我国家隆盛，孝慈高皇后事我太祖高皇帝，辅成鸿业。居富贵而不骄，职内道而益谨，兢兢业业，不忘夙夜，德盖前古，垂训万世，化行天下。《诗》云：'思齐太任，文王之母。思媚周姜，京室之妇'，此之谓也"②，事实上，这也是她辅佐朱棣的原则。最后，徐皇后对于外戚看法，在《内训》中仍旧践行了自己阻止朱棣追封徐增寿时的做法，"知几者见于未萌，禁微者谨于抑末。自昔之待外戚，鲜不由于始纵而终难制也。虽曰外戚之过，亦系乎后德之贤否尔。观之史籍，具有明鉴。汉明德皇后修饬内政，患外家以骄恣取败，未尝加以封爵。唐长孙皇后虑外家以贵富招祸，请无属以枢柄，故能使之保全"③，可谓前后如一。正是有徐皇后这样一位贤内助，朱棣才能够从一位藩王最终成为皇帝，夫唱妇随，相互配合建立起了永乐初年的政治。

　　朱棣夫妇可以说正是一对独特的"文人夫妇"，他们的文笔未必十分杰出，他们的著作也未必全部出自他们自己，但是他们的著作在明朝的影响却是不能忽视的，两人通过编著一系列个人著作，进一步完成了对百姓恭敬与服从的教化并为他们寻求一种道德准则，同时朱棣通过将自己的这些书籍与科举挂钩从而加强了对天下文人的控制。最后，朱棣还以此完成了对以自己为皇帝的明朝皇室的神格化，从而进一步维护了自己宣扬的正统性，这一切都最终巩固了明朝的统治。

---

① ［明］徐皇后：《内训·崇圣训章第十》。

② ［明］徐皇后：《内训·事君章第十三》。

③ ［明］徐皇后：《内训·待外戚章第二十》。

3. "愿斯民小康"的矛盾

永乐元年（1403 年）九月，朱棣有一段政治宣言：

> 朕即位未久，常恐民有失所。每官中秉烛夜至，披阅州郡图籍，静思熟记，
> 何郡近罹饥荒当加优恤，何郡地迫边鄙当置守备，旦则出与群臣计议行之。近
> 河南数处蝗旱朕用不宁故遣使省视不绝于道，如得斯民小康，朕之愿也。①

这段话算是朱棣的一个政治纲领。"如得斯民小康，朕之愿也"，这句话即便在
现在看来，对于一位皇帝来说，也是十分难得的。事实上，在永乐朝的相当时期
内，朱棣也是这么做的，虽然这一过程中充满了矛盾。

为了实现"斯民小康"的目标，朱棣实行了很多政策，在前面的章节中，笔者
已经谈到了安抚流民、大兴屯田、疏浚会通河等措施。而中国作为一个农业大国，
百姓生活的好坏，其中关系极大的一点无疑就是灾荒、瘟疫造成的影响，相对的，
政府在这些事件中应对策略就显得十分关键了。

永乐初年，明朝经历了四年的内战，民生相对凋敝，百废待兴。因此，朱棣一
方面注意减轻百姓的负担，鼓励耕作，另一方面则积极采取措施应对灾荒造成的不
利影响。就在朱棣发表"如得斯民小康"的宣言前几个月，即永乐元年（1403 年）
三月，他将时任兵部尚书刘儁叫来，对他说：

> 朕即位之初，首诏内外诸不急之务一切停止，毋妄劳人敛财，庶少息兵
> 民。今闻诸司尚有不体朕意，横虐吾军民者，其申谕中外，自今军执常役，民
> 安常业，官守常职，虽事之警急不可已者，亦须奏准然后行之，违者加罪。②

朱棣很清楚，此时民生凋敝，急需恢复生产，而地方的各种营建工作必定会影

---

① 《明太宗实录》，卷二三，第 427 页，"永乐元年九月庚子"。
② 《明太宗实录》，卷一八，第 332—333 页，"永乐元年三月乙巳"。

响农民的正常耕作，导致错过农时，造成歉收。因此，他特别申谕中外，"内外诸不急之务一切停止"。四月，朱棣得知楚王朱桢打算在自己的府第中开展一些新的工程后，专门赐书告诫他如今重在与民休息，让其停止劳民营建。藩王贵为宗亲尚且如此，对其他人就更是这样了。还是四月，山东兖州府通判江澄向朱棣上奏：

> 今率沂州等州县民丁三千余人，修治鲁府，东作方殷，乞暂停工，令归耕种，俟农隙就役。[①]

朱棣批准了江澄请求暂时将对鲁府的修缮工程停工并让参与工程的民丁回去先进行耕种的进言。朱棣深知，若工程妨碍了农时，则必然会出现饥荒，因此他开展的很多工程——包括修筑河堤等有利于民的工程，都是以不妨碍农时为前提的。除了减少营建，朱棣也很注意缓民之困，而他的主要措施，就是限制急征、蠲免钱粮。永乐元年（1403年）十月，户部尚书郁新向朱棣上奏称："湖广今年夏税过期数月不足，其布政司、府、州、县官皆当罪之。"[②]朱棣则表示：

> 赋入有经制，人耕获或先后不齐，地里亦有远近之异，未可概论。任人长民，当使之察其难易而顺其情。虽取之亦必思有以利之，不当急责于民，急责必至乎病民。其勿问。第更与约限，令民输之。[③]

朱棣从民生现实出发，以养民为重，对所欠赋税不加急征，无疑在相当程度上缓和了靖难之役后一度颇为困苦的民生。同年十一月，朱棣又以松江府华亭县屡遭旱涝灾害，缓征华亭的秋粮。这是缓征，但有些地方连缓征也不可能，对这些情况，朱棣又采取了减免政策。永乐元年（1403年）十二月，朱棣以"淫雨伤稼"[④]免除河南陈州当年的租税。永乐二年（1404年）五月，他又免除了山东临清县的租税。

朱棣减缓营建的政策让百姓得以不被过多的徭役困扰，能够专心耕作。然而问题并非就这样解决了。从前面的章节我们已经知道，因为靖难之役造成的破坏，明

---

① 《明太宗实录》，卷一九，第341页，"永乐元年四月丁巳"。
② 《明太宗实录》，卷二四，第442页，"永乐元年十月辛酉"。
③ 《明太宗实录》，卷二四，第442页，"永乐元年十月辛酉"。
④ 《明太宗实录》，卷二六，第484页，"永乐元年十二月壬辰"。

初出现了大量的流民，流民的增多必然导致参与耕作人员的减少。至于朱棣，他一向认为百姓应该各守本分，各尽义务，因此，流民是不被允许的。朱棣一方面着手流民复业，让他们重新回归成为参与耕作的农民，另一方面，他还颁布《教民榜文》"督民耕作"。所谓"督民耕作"并非单纯督促，而是伴有一系列奖惩措施的。如今有两份朱棣颁布的《教民榜文》保存在正德本《大明会典》中：

> 一、河南、山东农民中，有等懒惰不肯勤农务业，以致衣食不给。朝廷已尝差人督并耕种。今出号令，此后止是各该里分老人劝督。每村置鼓一面，凡遇农种时月，五更擂鼓，众人闻鼓下田，该管老人点闸。若有懒惰不下田者，许老人责决。务要严切督并，见丁着业，毋容惰夫游食。若是老人不肯勤督，农民穷窘，为非犯法到官，本乡老人有罪。
>
> 一、如今天下太平，百姓除本分纳粮当差之外，别无差遣。各宜用心生理，以足衣食。每户务要照依号令，如法栽种桑株、枣柿、棉花。每岁养蚕所得丝绵，可以衣服，枣柿丰年可以卖钞使用，遏俭年可以当粮食。此时有益尔民，里甲老人，如常提督点视，敢有违者，家迁化外。[1]

与朱棣的这两道榜文配套的是另一套措施。建文四年（1402年）九月十五日，朱棣令户部重申"木铎教民之令"[2]。这是洪武年间的制度，由于朱元璋担心"教化未洽，游食者众"[3]，于是：

> 自京师至于天下郡县，皆尝置木铎及见丁着业牌，令民每日传递以知警励，勤于生理，毋犯宪章，良法美意可传万世。[4]

"木铎"及"见丁着业牌"无疑在一定程度上可以对百姓生活进行有效管理。对应于这一总体政策下的具体执行，就是无数像上面那样的《教民榜文》了。从这两道榜文我们还可以知道，朱棣的"督民耕作"政策在民间的具体执行者，与前面

---

① 正德本《大明会典》，卷一九，《州县二》。
② 《明太宗实录》，卷十二下，第215页，"洪武三十五年九月乙未"。
③ 《明太宗实录》，卷十二下，第215页，"洪武三十五年九月乙未"。
④ 《明太宗实录》，卷十二下，第215页，"洪武三十五年九月乙未"。

章节提到的安抚流民、大兴屯田一样，都要依靠里甲制度，特别是里甲里的"老人"，由他们来具体督促自己辖区内的百姓按时下田耕作，出了差池，问责也是找他们。鉴于朱棣即位后不久就全面重建了里甲，因此这一政策在永乐初年的执行效果还是颇为不错的，无论是流民的复业还是生产的恢复，都取得了可喜的效果。至永乐四年（1406年），江南地区因为水灾造成的多达十二万以上流民基本复业完毕，可见这一系列政策的执行程度。至于屯田在永乐初年的情况，参考前面章节军屯、赋税粮表格的记录我们也能得知，从永乐初年至中期，这两者都是呈上升趋势，这也是农业生产得以逐步恢复的具体反映。

当然，以上这些都是朱棣的主动政策，然而现实中并不会年年都风调雨顺，朱棣自己也提到存在"遏俭之年"。那么遇上这种情况，就要考验政府的临机应变能力了。

朱棣很注意对一些可以预见的灾害进行防治，如前面章节提到的永乐初年夏原吉主持对江南水患的治理，就是为了应对江南当时频发的水灾。时人王宾记载了江南地区发生水灾时的惨况：

> 永乐三年四月，苏州属县低田已种时矣，禾苗长矣。五月大雨，低田多涝，吴江尤多。田家车救，甚低者极难及，略低者昼夜车救，奈阙食，以饥腹着车桁脚，努力踏车，眼望天哭。小儿女呼父母，饥索食，群行绕车，顿地哭田家。去年被涝，屋多拆卖，既多无屋，炀无薪，食无米，其饥采野菱头，采野苦荬，采藻採荇，求借糠相和食。糠又借求不易得，老者、少者入城市丐乞，城市人生受，丐乞又艰得，妇人抱孩幼多投河，老翁、老妪饥不堪忍，亦多投河。高乡田家去年被差车低田已，田失耘籽，因少收，亦多阙食，田野正遑遑。六月，闻少师公奉宣圣天子恩命赈济，四野莫不欢忻。[1]

这次水灾的记载可以看成永乐初年颇为困苦的民生遭遇大灾后的一个缩影，此时的民生当然距离朱棣"斯民小康"的目标还有不小的距离。永乐二年（1404年）开始直至次年，夏原吉终于完成了他对江南水道的疏浚，由此不仅江南民生逐渐恢复，水患问题也得到了极大缓解。但并非所有灾害都像水灾这样，具有一定可预见

---

[1] ［明］王宾：《光菴集·永乐赈济记》。

性，是能够通过有效的治理加以消弭。因此，对于已经发生的灾害，就需要考验政府的荒政处理了。对此，朱棣采取要求地方及时上报，中央及时赈济的政策。

明朝地方官定期需要赴京朝觐并接受考核，朱棣则要求来朝的地方官要向他如实报告地方情况。为了防止地方官刻意隐瞒，朱棣也从中央派出御史巡查各地，向他及时报告民间利病，这种派遣制度后来形成了稳定的巡按监察御史制度。当朱棣接到地方出现灾荒的报告后，他会想方设法给予及时而充分的赈济。建文四年（1402年）十月：

> 山东青州诸郡蝗，命户部给钞二十万锭赈民，凡赈三万九千三百余户，仍令有司免其徭役。[1]

朱棣才处理了山东的蝗灾，贵州也爆发了蝗灾，朱棣为此又赈济了多达三万九千三百余户。当自然灾害规模进一步扩大，本地力量已经不足以赈济时，朱棣就会调动国内其他地区的力量进行联合赈济，如在永乐元年（1403年）三月：

> 北京、山东、河南、直隶、徐州、凤阳、淮安民饥。命户部遣官赈济。本处无储粟者，于旁近军卫有司所储给赈之。[2]

正是这种及时而充分的赈济，使永乐初期直至中期，虽然每年均能看到不少自然灾害，却少有看到因自然灾害而引发大规模民变，不能不说这与这一时期朱棣处理荒政的得力是分不开的。

然而没有事情是一成不变的，随着永乐年间生产的逐渐恢复，荒政中的问题也逐渐显现了出来。虽然朱棣反复强调地方要及时上报发生的自然灾害，实际自建文四年（1402年）至永乐二十二年（1424年），朱棣赈济各种灾害也多达二百七十六起之多，但地方瞒报、谎报的情况仍时有发生。永乐五年（1407年）五月，河南郡县旱涝，"有司匿不以闻，又有言雨旸时若，禾稼茂实者，及遣人视之，民所收

---

① 《明太宗实录》，卷一三，第242页，"洪武三十五年十月辛未"。
② 《明太宗实录》，卷一八，第329页，"永乐元年三月甲午"。

有十不及四五者，有十不及一者，亦有掇草实为食者"①。永乐十一年（1413年）正月，山西来朝官员竟对山西发生饥荒，饥民以树皮、草根为食的惨况只字不提。荒政作为一个系统工程，各级官吏的积极配合不可或缺，因此，对于出现的瞒报、谎报情况，朱棣往往予以严厉的斥责。永乐十年（1412年）六月，朱棣专门就地方瞒报、谎报的问题敕谕户部众臣：

> 朕为天下主，所务安民而已。民者，国之本。一民不得其所，朕之责也。故每岁遣人巡行群邑，凡岁之丰歉，民之休戚，欲周知也。近者，河南民饥，有司不以闻，而往往有言谷丰者。若此欺罔，获罪于天。此亦朕任非其人之过，其速令河南发粟赈民，凡郡县及朝廷所遣官目击民难不言者悉逮下狱。②

永乐十六年（1418年）七月，朱棣更是直斥陕西布政、按察二司：

> 比闻陕西所属郡县岁屡不登，民食弗给，致其流莩。尔等受任方牧，坐视不恤，又不以闻，罪将何逃！速发所在仓储赈之，稽违者必诛不宥！③

为了对地方官员进行监督，朱棣派出御史前往地方巡查，但朱棣这些派往各地的御史有时也不尽职，如在永乐九年（1411年）闰十二月，朱棣就曾责备他们"其耳目之官所当纠举，率为身计，缄默坐视"④。

我们虽然看到了朱棣的愤怒，但正所谓"上有所好，下必甚焉"，地方官员的瞒报、谎报，朱棣也要承担一定的责任。尤其是到了永乐后期，沉浸在自己各种浩大功业中的朱棣，很可能对这种不和谐的消息并不愿意听到，这也就间接鼓励了地方上的瞒报乃至谎报饥荒为风调雨顺的行为，也就直接造成了永乐后期民变的增加。永乐十八年（1413年）十一月，朱棣正沉浸于迁都北京的喜悦中，受召由南京前往北京的皇太子朱高炽在经过山东邹县时，却发现这里正处于严重的饥荒之中：

① 《明太宗实录》，卷六七，第939页，"永乐五年五月辛未"。

② 《明太宗实录》，卷一二九，第1602页，"永乐十年六月甲戌"。

③ 《明太宗实录》，卷二〇二，第2094页，"永乐十六年七月己巳"。

④ 《明太宗实录》，卷一二三，第1543页，"永乐九年闰十二月丁巳"。

　　皇太子过邹县，见民男女持筐盈路拾草实者。驻马问所用。民跪对曰：
"岁荒以为食。"皇太子恻然，稍前下马入民舍，视民男女皆衣百结，不掩体，
灶釜倾仆不治，叹曰："民隐上闻若此乎？"①

　　在皇太子朱高炽的亲自干预下，山东布政使石执中立即对邹县百姓进行了赈
济。朱高炽的做法，在他抵达北京告知朱棣后，也得到了赞扬。但我们也能明显看
出，若不是朱高炽路过邹县，刚好发现了这里的情况，邹县的饥荒很可能就被瞒下
来了。也就在朱高炽经过邹县并发现这里严重饥荒的同一个月，山东青、莱、平度
等府遭受水灾，明廷一次赈济达十五万三千七百三十四户之多，《明太宗实录》记
载的灾荒仅为一部分。作为沿海地区的山东尚且如此并在永乐十八年（1420 年）爆
发了声势浩大的唐赛儿起义，其他地区的情况也就可想而知了。

　　荒政中蕴含着腐败，朝廷的征敛又进一步加重了民生的困苦。与荒政中问题逐
渐扩大的情况不同，永乐年间百姓的负担从永乐初年起就并不轻。永乐五年（1407
年）五月，开平卫普通士卒蒋文霆就上奏谈到朝廷征敛造成的问题：

　　王者以天下为家，以百姓为子，百姓不足，君孰与足？今有岁办各色物
料，里长所领官钱悉八 [入] 已，名为和买，其实强取，于民万不偿一。若
其土产，尚可措办，况非土地所有，须多方徵求，以致倾财破产者有之。凡
若此者，非止一端。今后宜令有司除常赋外，妄取民一钱者，以受财枉法论，
其各色物料，非土地所有，禁勿取。②

　　蒋文霆谈到的是政府对各地物产的征求。一方面，里长等人在具体执行政府任
务时"所领官钱悉八 [入] 已，名为和买，其实强取，于民万不偿一"，中饱私囊，
百姓并没能得到等价的补偿。另一方面，政府的某些征求也不合理，其索取的物资
并非当地所产，因此"须多方徵求，以致倾财破产者有之"，两者共同作用，使朝
廷的物产征求成为了民间的沉重负担。无独有偶，明人吴宽也记载了这一时期农民
负担的沉重："至于输于公者，视常额大率又出什四五，以备蓄积之损，转运之费

---

　　① 《明太宗实录》，卷二三一，第 2239 页，"永乐十八年十一月己丑"。
　　② 《明太宗实录》，卷六七，第 936 页，"永乐五年五月甲子"。

用，是民困益甚。禾始登，里胥征敛，日走于门，所收仅输于公。即不幸有水旱风霜之变，则家无宿储，惟屋庐子女之鬻以偿"①，都反映了朝廷征敛过重造成的问题。

朝廷征敛本已十分严重，又伴随着荒政中越发严重的腐败问题，到了永乐十八年，山东等地出现那种严重的饥荒，甚至爆发了声势浩大的起义也就并不令人奇怪了。

除了这些问题，朱棣一些政策最终事与愿违的成果也反映了他"斯民小康"目标中的矛盾，其中最典型的就是明朝马政的演变。马政，指的是国家蓄养战马之政策。朱棣一生五次亲征蒙古，三犁其庭，之所以能有此成果，骑兵在其中发挥了举足轻重的作用。而要组建一支强大的骑兵，除了人员培养外，另一个关键因素就是战马。虽然西北关西七卫、西南地区、归顺的蒙古势力乃至朝鲜均向明朝中央政府进贡良种战马，明朝自己也通过贸易手段从少数民族地区购买战马，但这些都是一次性的，朱棣显然更为看重战马的可持续发展，对于这些获得的优良战马他不会做低效率的一次性使用，而是以此为基础发展壮大明朝的战马数量从而为自己的大规模军事行动提供保证。至于由谁来负担马政的开销，朱棣最开始的设想是完全由政府经营马政，但马政最终却仍不可避免地落在了百姓身上并从此在有明一代成为他们身上的一个负担。

建文四年（1402 年）十二月，此时刚即位不久的朱棣就已经表现出了对战马数量的关心。当月，朱棣询问兵部尚书刘儁当前国内蓄养的战马数量，刘儁表示仅有二万三千七百余匹。相比于明朝军队的庞大数量及北方边境需要装备的骑兵数量，这显然是远远不够的。于是，朱棣在即位后第一次阐述了他对战马的看重：

> 古者掌兵政谓之司马，问国君之富，数马以对，是马于国为最重，我朝置太仆专理马政，各军卫皆令孳牧，虽建文不君，耗损者多，然亦考牧无法，卿等宜循洪武故事，严督所司用心孳牧，庶几有蕃息之效。②

朱棣首先即强调"是马于国为最重"，其后明确了责任归属，即在中央，由兵部与太仆寺负责马政，其中太仆寺专理马政，在地方，则由各军事卫所负责实际操

---

① ［明］吴宽：《匏翁家藏集》，卷三五，《华守方义事记》。
② 《明太宗实录》，卷一五，第 280—281 页，"洪武三十五年十二月丁卯"。

作，遵循洪武年间严格督促的制度，"庶几有蕃息之效"。

朱棣虽然在这里已经将负责机构说得很清楚，但如何蕃息他却没有说明白。因此，永乐元年（1403年）正月，朱棣很快又就战马的具体繁殖制度作出规定，由于此时畜牧之法已经废弛，朱棣责成兵部："马政国家重务，今畜牧之法废，宜为定制，责其成效。"[①] 兵部随后议奏："每牡马一匹配牝马三匹，牝马岁育一驹，牡马、骟马许军士骑操，而非有警亦不许，非大调发，重马皆不得差遣。"[②]

"牡马"即雄马，"牝马"即雌马，"重马"即种马，"骟马"为被阉割的雄马，兵部的方案为每一匹雄马配三匹雌马，雌马每年生养小马一匹。雄马及被阉割的雄马允许军队骑乘操练，但除非边境有警讯，否则也不允许大规模调动战马，种马则不允许差遣。规定可以说非常细致，朱棣当即予以批准并进一步明确问责："命太仆专其政，非太仆所属者，都司、卫所委官董之，每岁比较，具实以闻。"[③]

至于具体机构，建文四年（1402年）七月，朱棣复设牧马千户所，永乐四年（1406年）五月，朱棣再复设司牧局。如此一来，一套以兵部、太仆寺、司牧局、都司、卫所负责的细致的蓄马制度遂开始运行，然而至永乐中期以后，由于官员贪虐，不认真工作等原因，这一制度的运行并不理想。

此外，相比于战马数量的问题，朱棣始终烦恼且最终也未能解决的还有战马的放牧问题。战马生下来后若不能善加驯养，也不能成为足以上战场的优良战马。永乐四年（1406年）八月，朱棣以甘肃、宁夏、山西几省及地区接近北方边境，同时有地域可以养马。基于这一判断，他向几位守将提出了两个养马之法：其一是"略如朔漠牧养之法，择水草之地，其外有险阻，只用数人守之，而足纵马其中，顺适其性，至冬寒草枯则聚而饲之"[④]，其二为"散与军民牧养，设监牧统领之"[⑤]。朱棣让几位守将"宜精思条画以闻，朕将择之"[⑥]。

朱棣在这里提出了两个方案，让守将宋晟（镇守甘肃、西宁侯）、何福（镇守宁夏、左都督）、吴高（镇守陕西、江阴侯）详细加以考虑，然而二法孰优孰劣其

① 《明太宗实录》，卷一六，第295页，"永乐元年正月甲午"。
② 《明太宗实录》，卷一六，第295页，"永乐元年正月甲午"。
③ 《明太宗实录》，卷一六，第295页，"永乐元年正月甲午"。
④ 《明太宗实录》，卷五八，第847页，"永乐四年八月丁酉"。
⑤ 《明太宗实录》，卷五八，第847页，"永乐四年八月丁酉"。
⑥ 《明太宗实录》，卷五八，第847页，"永乐四年八月丁酉"。

实显而易见，只有如汉朝之第一法才真正可行，通过牧场放养才能保持住战马的品性，倘若如宋朝之法散与军民各自驯养，则必然会导致战马种群退化，久之则不堪为战马。宋朝疆域有限，根本不存在放养的条件，因此只能散与军民各自驯养。然而永乐年间的明朝，疆域辽阔，与宋朝情况截然不同，几位守将自然也深知这一点，因此，结果也就十分自然了，第一法——即牧场放养之法得到了通过。

永乐四年（1406 年）九月，在牧场得到保证的前提下，朱棣设立陕西、甘肃二苑马寺以掌牧马之事，寺下置卿一员，从三品，少卿一员，正四品，寺丞一员，正六品，首领官主簿一员，从七品。每寺统六监，此时先设二监，甘肃苑马寺下设祁连、甘泉二监，陕西苑马寺下设长乐、灵武二监，每监统四苑，此时先设二苑，如甘肃苑马寺祁连监下设西宁、大通二苑，监设监正一员，正七品，监副二员，正八品，录事一员，未入流，苑又根据其所在地区的广狭不同分为上中下三等，上苑牧马万匹，中苑七千匹，下苑四千匹，每苑设一围长，从九品，一名围长率五十位马夫，每位马夫负责十匹马。朱棣此后又陆续在陕西、甘肃二苑马寺下设八监四十余苑 [①]，此处以初设时的陕西苑马寺为例，将其机构图绘制如下：

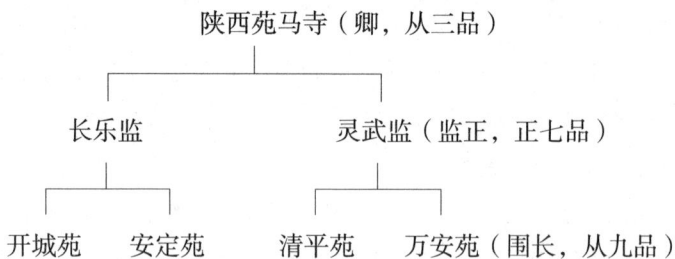

陕西苑马寺（卿，从三品）

长乐监　　　　　　灵武监（监正，正七品）

开城苑　安定苑　　清平苑　万安苑（围长，从九品）

甘肃苑马寺在甘肃总兵西宁侯宋晟的主持下开始设立，陕西苑马寺则在宁夏总兵左都督何福的主持下开始设立。此后，二苑马寺机构陆续扩充，完全由政府负责的马政风风火火的展开了。

九月，镇守山西大同的江阴侯吴高上奏表示自己在"大同东北猪儿庄西至云内、东胜等处" [②] 发现了外有险阻、内部广阔的优良牧场四百余里。朱棣对此非常高

---

① 《明太宗实录》，卷五九，第 855—856 页，"永乐四年九月"。
② 《明太宗实录》，卷五九，第 862 页，"永乐四年九月辛巳"。

兴，很快又设立北京、辽东二苑马寺，规制与陕西、甘肃二苑马寺相同。至此，明朝四个苑马寺在明朝北方从东北到西北连成一片，形成了一个完整的战马繁育养殖体系，它们均为政府机构，此时的养马事宜完全由政府承担。四大苑马寺为永乐八年（1410年）、永乐十二年（1414年）朱棣两次北征做出了不可磨灭的贡献。

然而这一制度与明朝众多制度一样，因为历史的原因，存在一些先天不足，其中很重要的一项就是牧场与耕地之间的矛盾。吴高在找到优良牧场的同时就表示倘若将之作为牧场，"则屯种之地少有空隙，未免妨农"①。与屯田政策之间的矛盾使朱棣感到鱼与熊掌，难以兼得。此外，永乐年间日益上升的各种开支也使明朝的财政系统感到日益入不敷出，户部的处境越发艰难，再加上负责官员的贪渎职务。最后，还有朱棣一些不切实际的想法——如他认为马匹生病是人员不尽心之故，进而不加派兽医与调拨药品等原因②，至永乐十二年（1414年）朱棣第二次亲征漠北之时，马政已经出现了明显的衰退。

当然，马政并非从永乐十二年才开始衰退的。永乐三年（1405年）十月，朱棣就因"往者官军不用心牧马"③而告谕兵部"敕太仆寺及诸卫所委官董其事，年终且（具）实来闻"④。永乐十年（1412年）八月，朱棣在敕谕提督北京养马官就已经感叹：

> 朕于马政用心滋久，但尔等不体委任之重，恣意贪虐，务使背公，使军士疲于供给，不得休息。孳牧饲养，咸失其时，致马死伤者多，孳生者少，国家虚费钱谷，讫无实效。⑤

朱棣此时虽然对马政官员"恣意贪虐"导致"国家虚费钱谷，迄无实效"十分愤怒，但此时他仍希望通过制定更为严厉的赏罚政策扭转这一局面。朱棣曾在永乐

---

① 《明太宗实录》，卷五九，第862页，"永乐四年九月辛巳"。

② 见《明太宗实录》，卷六九，第977页，"永乐五年七月"：乙亥（二十四日）……通政司言有养马军士告人诅咒其马死者。上曰："此诬词也，彼不用心畜马，致马病死，岂有马不病而人能咒死之理？！愚昧小人，诬平民罔朝廷以规免己罪，不可听。"遂斥之。明太宗的分析固然正确，却并不见明太宗在其后派人对战马死亡的原因进行调查，亦不见明太宗针对战马死亡的客观现状加派兽医与增拨药物。

③ 《明太宗实录》，卷四七，第726页，"永乐三年十月丙戌"。

④ 《明太宗实录》，卷四七，第726页，"永乐三年十月丙戌"。

⑤ 《明太宗实录》，卷一三一，第1616页，"永乐十年八月丙辰"。

十年（1412 年）四月告谕兵部：

> 朕用心马政有年，戒谕所司亦至矣，而蕃息之效未闻。今当孳牧之际，其饬励太仆及各都司、卫所管马官各尽乃心，岁终具实数来闻，当考勤怠施赏罚焉。[1]

朱棣可谓用心良苦。永乐十年（1412 年）八月，朱棣再度怒斥马政不力后也表示"其即从公考验军士，有用心养马，孳生及数，百人赏钞五锭，不可冒滥。其提督官若仍旧弊不悛改者罪不赦"[2]，结果却收效甚微。永乐十二年（1414 年）之后，朱棣已经不得不对这种完全由政府出面的马政政策做出大幅度调整。政策调整的参考，则是基于朱棣此前已经开始让部分地区的百姓承担养马的责任，不过这一措施因为一些问题并未大规模铺开。

永乐十三年（1415 年）正月，专理马政的行太仆寺卿杨砥提出一个新的建议，他向朱棣进言："畿内民皆养马，近见顺天等府所属多有官军老幼无职役者，宜令兵部、户部取勘循例养马。"[3]

杨砥提到"畿内民皆养马"这一信息透露出由于马政完全由政府出面的不力已经开始转向民间，京畿地区作为试验点，其民已经开始养马，明朝的马政已由汉之放养法开始向宋之散养与军民驯养转变，当然，这是一种无奈的选择。然而杨砥竟还打起了退伍老兵与年幼军士的主意，也凸显出此时由于官方养马已经衰落，而民间养马又尚未铺开，因为青黄不接而出现的养马力量的不足。朱棣对杨砥的回答则更值得玩味：

> 民间养马已甚烦扰，但以国家武备所急，不可以止。官军老幼艰难者多，正当存恤，可忽又令养马？[4]

朱棣不听从杨砥建议的根本原因乃是因为"民间养马已甚烦扰"，可以说一语

---

① 《明太宗实录》，卷一二七，第 1585 页，"永乐十年四月甲子"。
② 《明太宗实录》，卷一三一，第 1616 页，"永乐十年八月丙辰"。
③ 《明太宗实录》，卷一六〇，第 1817 页，"永乐十三年正月己酉"。
④ 《明太宗实录》，卷一六〇，第 1817 页，"永乐十三年正月己酉"。

道出了民间养马除了会使战马种群退化外的另一个严重问题——增加百姓负担，因此朱棣并不愿意让已经是弱势群体的老幼无职役的军人再承担这个任务。然而马政于国家又十分重要，朱棣也知道"但以国家武备所急，不可以止"，因此他虽知民间养马会为百姓增加负担，但鉴于官方养马的衰落还是不得不开展民间养马，此时朱棣内心的矛盾，于此可见一斑。

民间养马为何会为百姓增加沉重的负担呢？这实际是由战马的特性所决定的。战马不同于一般马匹，不仅草料等有专门的要求，还需要适当的放养与训练加以配合，而这一切的成本都需要由百姓自己承担。当国家征用战马而百姓所养之马不合格，或者战马在百姓手里生病乃至死亡，百姓还会受到处罚。正是因为如此种种，民间养马才会"已甚烦扰"，而朱棣也在相当的时间内未将其铺开反而希望重新振兴官方养马。但在永乐十二年（1414年）后，由于第二次亲征漠北的巨大消耗，战马急需补充，朱棣此时已经深知官方养马难以复兴。最终，当他在永乐十三年（1415年）正月拒绝了杨砥的建议后也不得不开始寻找一种可以兼顾百姓生活的民间养马之法。

永乐十三年（1415年）十二月，即朱棣拒绝杨砥建议的当年年底，他认为自己找到了这个方法，即在北京地区根据每户丁额（成年男子数量）的不同进行规定：

> 十五丁以下养一马，十六丁以上养二马，迁发为民种田者不论丁，七户养一马。①

朱棣在北京开始推行的他认为可以兼顾百姓生活的民间养马政策从根本上来讲就是分摊负担，无论是几丁共养一马还是七户共养一马，均是将一匹战马的开销分摊给多人，从而降低每一个百姓个体的负担。北京既是北方城市，有养马的条件，又是明朝未来的首都，自然承担了对此方法进行试验的任务。

永乐十四年（1416年）九月，这一政策已经初见成效，战马数量得到显著提升，但与之相应，民间养马之人又显得不足了。因此，朱棣接受杨砥此时的一个建议，决定在北方百姓中甚至在屯田军士中以每年征收粮食的数量为优惠政策推广养马：

---

① 《明太宗实录》，卷一七一，第1903页，"永乐十三年十二月丁卯"。

民五丁养种马一，每十马立群头一人，五十马立群长一人，养马之家岁蠲刍粮之半。而蓟州以东至山海诸卫土地宽广、水草丰美，其屯粮军士亦宜人养种马一匹，岁子粒亦免其半。①

当然，朱棣还是对杨砥的方案作出了修订，对参与养马的屯田军士给予更大的优惠，免除了他们每年需要上交的粮食配额："既责军士孳牧则不可复徵子粒，其悉蠲之，余从所言。"② 如此，这种多人分养一马的民间养马政策遂在北方地区全面推展开来，至永乐十五年（1417年）九月，虽然北方民间养马已经颇有成效，但军备的庞大需求仍旧让朱棣感到马匹不足，于是，他又决定在全国范围内推广养马，进一步规定：

凤阳、庐扬、滁和在江北者五丁养一马，应天、太平、镇江在江南者十丁养一马，若后马益多，江南十丁内增一马。③

至此，民间养马不仅扩展到了长江流域，甚至扩展到了长江南岸。众所周知，江南环境并不适合养马，朱棣甚至在江南地区也推行民间养马，这不仅凸显出明廷此时对战马需求的巨大，更可看出官方养马至此可以说已经完全衰落，朱棣只能依靠民间养马来供应战马。

永乐十八年（1420年）十一月，朱棣以"马悉散民间畜牧"④ 为由将北京苑马寺六监二十四苑尽行革去。北京苑马寺这一代表官方养马的重要机构的撤销标志着此时的朱棣彻底放弃了完全由政府出面的马政，虽然甘肃、陕西、辽东三苑马寺仍然存在并在马政上还具有一定程度的作用，但相比于设立之初，其职能已经大为萎缩，马政至此完全转由百姓和屯田军士承担。朱棣做出这一政策转变后，专理马政的太仆寺下各牧监、牧群拥有的战马数量一度达到了一百九十余万匹⑤，明初马政达

---

① 《明太宗实录》，卷一八〇，第1956—1957页，"永乐十四年九月己亥"。

② 《明太宗实录》，卷一八〇，第1957页，"永乐十四年九月己亥"。

③ 《明太宗实录》，卷一九二，第2029页，"永乐十五年九月丙寅"。

④ 《明太宗实录》，卷二三一，第2237页，"永乐十八年十一月甲戌"。

⑤ 方志远：《明代国家权力结构及运行机制》，第七章，北京：科学出版社，2008年，第142页。

到了他的一个高峰时期。

最后，关于永乐年间百姓生活的真实情况，我们还能从这一时期朱棣对国内瘟疫的处理窥见一些真像。在朱棣统治中国的二十二年间，较大的瘟疫主要有两次，第一次是发生在江西、福建，第二次是发生在陕西。

江西、福建的瘟疫第一次记载是在永乐六年（1408 年）九月，户部奏报称瘟疫自永乐五年（1407 年）就已经爆发，此时已经夺去了七万八千余条生命。由于当时朱棣正一巡北京，居南京监国的皇太子朱高炽负责对这些朱棣认为不紧要的事务进行处理，他立即遣人加以赈恤。

瘟疫爆发一年，已经夺去几万条生命后明廷中央才得到报告本身已经十分匪夷所思，而朱棣将这些事务列为不需报给他而直接由皇太子处理的不紧要事务，更让人感到心中一凉。然而到了永乐八年（1410 年）二月十三日户部再度奏报时，其结果竟然是称江西建昌府自永乐五年（1407 年）八月以来："民多疫死，官民田四百八十余顷俱荒芜，宜遣官核实除税。"①

户部的请求仍旧因朱棣北巡北京未回，由朱高炽批准。然而户部似乎关注土地和税收胜过了人命，永乐六年（1408 年）以来的赈恤没有看到任何实际效果，永乐八年（1410 年）十月，户部报告江西建昌府死亡户数上升至八百户时，仍旧只是请求免税，这种重地不重人的情况在永乐八年（1410 年）十二月的福建瘟疫中得到了最充分的暴露：

> 甲辰（十二日），……，福建邵武府言：比岁境内疫民死绝万二千余户，所遗田地乞以杖罪囚徒耕种输税。从之。②

这条耸人听闻的记载充分表明了相比于疫区百姓的死活，明廷更看重的是税收，他们似乎并没有全力赈恤，救治人命，而只是在"疫民死绝"后以"杖罪囚徒"实其地，保证明朝政府的税收。然而还有一个疑问，即为什么明廷采取了赈恤措施却不见成效呢？关于这一点，我们能从永乐九年（1411 年）的陕西瘟疫中得到一些答案。是年七月初，已于去年回到南京的朱棣得知了陕西爆发大规模瘟疫的消

① 《明太宗实录》，卷一〇一，第 1317—1318 页，"永乐八年二月庚戌"。
② 《明太宗实录》，卷一一一，第 1419 页，"永乐八年十二月甲辰"。

息，他为此祭祀了西岳华山与陕西山川，从朱棣的祭文中我们可以看出他此时的一些思想：

> 比陕西守臣言境内疫疠，民之死亡者众。朕君临天下，一物失所，皆朕之忧，故闻之恻然弗宁。惟助国卫民御灾捍患，神之职也。尚其鉴余诚悃，赐以洪庥，俾疫疠全消，灾害不作，岂独生民之幸，国家盖有赖焉。[①]

很明显，朱棣将"助国卫民御灾捍患"归为"神之职也"，这在一定程度上反映了朱棣在灾害处理上也奉行了"天人感应"思想。对于这次祭祀的结果，《明太宗实录》记载"既祭，疫疠顿息"[②]，这种为了衬托朱棣为天命所归的美化而不切实际的记载，谈迁在著《国榷》时果断将之弃而不取。关于陕西这次瘟疫的真实情况，我们从当年七月二十五日巡按山西监察御史魏源的一份奏报中可以得知，他上奏称：

> 天下府州县药局本以惠民，今年陕西所属军民大疫，责令有司拨医调治，官无药饵，致死亡者多。自今宜令各布政司府州县储积善药，官府所无者支价收买，遇军民有病，官给医药，庶不负朝廷仁民之意。[③]

他的建议自然得到了朱棣的批准。但从魏源的报告中我们能看出一些严重的问题，那就是明朝各地药局的运行不善，"本以惠民"的各地药局在瘟疫发生时竟会"无药饵"，陕西瘟疫"致死亡者多"的结局也就不难想见了。正是由于各地药局的运行不善，所以明廷虽然下令赈恤，地方也难以产生实际效果，这正是永乐年间瘟疫处理的残酷现实。

朱棣虽然宣称自己一直努力实现自己即位之初宣布的"斯民小康"的目标，但毫无疑问的是，他最终并没能实现这样的目标。朱棣恢复生产的努力随着中后期各种开支的巨大而日渐消耗，荒政到了中后期日渐腐败，他一开始出于好心的马政

---

① 《明太宗实录》，卷一一七，第1485页，"永乐九年七月庚申"。
② 《明太宗实录》，卷一一七，第1485页，"永乐九年七月庚申"。
③ 《明太宗实录》，卷一一七，第1491页，"永乐九年七月甲申"。

到了中后期仍旧不可避免地成为了压在百姓身上的一个负担。当然，永乐年间官员们的生活也不像明朝中后期那样宽裕，贵为内阁大臣的金幼孜还记载当时的新科进士都只能徒步往来，在京御史的房屋也仅能庇风罢了。当然，朱棣这方面努力的失败并不完全是他一个人的责任，作为一个皇帝，处在那样的历史中，因为固有的局限，这一美好的目标是无论如何都无法实现的。甚至不仅没能实现，到了永乐中后期，户部的处境越发艰难，民变也因此越发频繁。

4. 艰难的户部与频繁的民变

　　永乐年间一共有四位户部尚书，他们分别是王钝、郁新、夏原吉、郭资，而这四人中，夏原吉无疑是最重要的一位。朱棣对国家的财政，可以说是完全倚重夏原吉，而夏原吉也确实在永乐年间展现出了自己卓越的能力，关于这一点，我们通过夏原吉的成绩就能够看出。

　　通过第四章第四节的表格我们已经可以看到，整个永乐年间户部赋税粮的收入始终维持在一个较高的水平，即三千万石的水平。即便在朱棣驾崩后的"仁宣之治"时期，赋税粮的收入也不过就是这个水平。由此很明显的一点就是，夏原吉在帮助朱棣恢复国内生产，保证国家税收方面做出的贡献是非常杰出的。至少到永乐十年（1412 年）为止，全国的粮食产量都是非常可观的。永乐二年（1404 年）正月，户部上言"广西桂林府所属全州储粮四万三千八百八十余石，岁久陈腐，宜令转输桂林府以给岁用"①。永乐六年（1408 年）七月，陕西汉阴等地传来类似的奏请，"陕西汉阴洵阳等县所输汉中府金州刍荽储蓄岁久，朽腐甚多，盖金州地僻，所储刍荽支用者少，而有司县照旧催徵，民用困乏，请令民代输钞为便"②。永乐九年（1411 年），陕西再度奏报本地粮食储备足够十年之用，永乐十年（1412 年），重庆等地甚至夸张的表示本地粮食足以支撑百年。当然，这些奏报中无疑有为了迎合朱棣而将数据夸大的成分，但消息本身却并不完全是假的，这也能够说明在朱棣的支持下，夏原吉恢复全国生产的努力直到永乐中期都可以说是非常成功的。

　　然而，凡事都有两面性，随着全国生产的恢复，朱棣各种浩大的开支也逐渐增多，如此一来，户部的处境就开始越发艰难了。朱棣不仅在国内屡兴大工，诸如疏浚会通河，营建北京城，还举行大规模对功臣的封赏，派遣各种使节团出使。更为重要的是，明朝从永乐四年（1406 年）就开始了与安南之间的战争，永乐八年（1410 年）又与蒙古开战，此后，终永乐一朝，明朝都在南北两线同时进行着两场耗费巨大的战争。各种巨大的开销同时叠加起来，户部的情况很快就变得不乐观了。

---

　　① 《明太宗实录》，卷二七，第 493 页，"永乐二年正月丁未"。

　　② 《明太宗实录》，卷八一，第 1092 页，"用了六年七月甲戌"。

明朝国库从充盈变得逐渐空虚，其最初的迹象就是永乐八年（1410 年）朱棣第一次亲征蒙古时，大军从北京至宣府一路的补给能够通过各卫仓沿路支给，朱棣虽然也准备了三万辆武刚车，但它们只需要承担运送二十万石粮草等待大军回师之用，可见此时各卫的粮饷储备是相当充足的。然而到了永乐二十年（1422 年）朱棣第三次亲征时，他已经不得不动用驴马三十四万匹、车十七万七千五百辆、民夫二十三万五千余人运送三十七万石粮草随军行动，北方各卫仓已经无力承担大军的补给了，这正是笔者前面章节谈到的永乐后期屯田衰落的一个明显迹象。也正是为此，当朱棣在这次北征前召集兵部、户部、礼部官员进行讨论时，夏原吉才会以户部尚书的身份提出"宜且修养兵民而严敕边将备御"[1]，而对于储粮情况，兵部尚书方宾认为"粮储不足"[2]，户部尚书夏原吉也认为"仅给将士备御之用，不足以给大军"[3]。然而此时的朱棣已经完全听不进这些中肯的反对意见了，为此夏原吉被下狱，方宾因为担心追责而自尽。事实上，夏原吉的意见无疑是非常正确的，第三次北征中明军的补给情况正好印证了这一点。

除了朱棣日益浩大的支出外，户部的困境还表现在另一方面，即从洪武八年（1375 年）开始实施以"大明宝钞"为主要货币的新货币制度此时已经难以避免地出现了崩坏。笔者在第四章谈到陈瑛时曾提到他因为发现明朝"钞法不通"而向户部提出建议，因此制定了相关法令进行挽救，这就涉及到了与户部息息相关的另一项东西，明朝的货币制度。洪武八年之前，明朝国内流通的货币包括铜钱、白银甚至部分元代发行的纸钞。洪武八年三月，经过约一年的酝酿后，朱元璋正式宣布发行明代官方纸钞"大明宝钞"。为了确立以"大明宝钞"为主要货币的新制度，朱元璋明令禁止民间以金银进行交易，明确规定以"大明宝钞"为主币，铜钱为辅币。这一政策发展到后来，甚至出现了更为极端的情况，即为了推行宝钞，洪武二十七年（1394 年），连明朝官方铸造的铜钱也被划入了非法货币的范畴。当然，这显然是难以持久的，因此到了永乐年间，朱棣就再度铸造铜钱"永乐通宝"了。

"大明宝钞"发行后，朱元璋很细致的规定了宝钞与其他货币之间的兑换比例，即宝钞四贯对应铜钱一千文、白银四两、黄金一两，这一体系看起来是比较美好

---

① 《明太宗实录》，卷二四三，第 2295—2296 页，"永乐十九年十一月丙子"。

② 《明太宗实录》，卷二四三，第 2295—2296 页，"永乐十九年十一月丙子"。

③ 《明太宗实录》，卷二四三，第 2295—2296 页，"永乐十九年十一月丙子"。

的，但是在实际执行过程中，却因为朱元璋实行的货币制度本身的各种缺陷，导致宝钞迅速贬值，到了永乐年间已经到了政府不得不加以重视并实行专门政策以挽救宝钞的地步了。

朱元璋的"大明宝钞"与元代发行的宝钞有一个很大的区别，两者虽然均为纸币，本身并无价值，但是元代纸钞制度建立之初，是以丝、金为准备金的前提下发行的，属于可兑换纸币。明代则不同，"大明宝钞"的发行机构为宝钞提举司，设立于洪武七年（1374年），隶属于户部。永乐七年（1409年），朱棣又在北京增设一个宝钞提举司，由此南北两司并存。但无论哪一个，它们在发行"大明宝钞"时都没有任何准备金，其印制、发行、流通完全依赖于国家政治权力的强制推行，属于不可兑换纸币，与元代的纸钞有着本质的区别。

除了没有准备金，"大明宝钞"还有另一个严重缺陷。宋代也曾推行纸钞，并且在发行纸钞的同时还有一项非常重要的制度，即以三年为界进行更换，由此回收毁坏的旧钞，发行新钞，维持纸币的稳定流通。然而明朝没有这样稳定的制度，明朝政府几乎都是在民间纸钞损坏情况已经严重到不得不重视的情况下才会临时设立行用库允许民间前往兑换，即便如此，明朝这一不稳定的更替制度还发生了变质，一开始，这一制度还是为了回收旧钞，发行新钞，维持流通稳定。但随着金银禁令的颁布，特别是铜钱也被划入非法货币后，这一制度变成了"只收不放"，即允许民间直接上交铜钱、金、银，朝廷发给宝钞，然而这一兑换是单向的，由此直接造成宝钞放多收少，某种程度上造成了朝廷滥发纸币，而这一制度的另一结果就是让金银等贵重金属逐渐从民间聚集到朝廷，加之民间日益滋生的对宝钞的不信任，宝钞很快就出现了严重的贬值。

最后，在宝钞出现严重贬值时，朝廷又不能通过强力政策维持洪武八年（1375年）的兑换比例，而是在维持这一兑换比例与向民间现实妥协间摇摆不定，如明廷才在洪武十六年（1393年）重申了洪武八年的兑换比例，很快又在洪武十八年（1385年）妥协性地制定了钞五十贯兑换白银五两、黄金一两的制度。到了朱元璋驾崩的前一年，这一比例又变成了宝钞七十贯兑换白银五两、黄金一两，这比起洪武八年的宝钞四贯兑换白银四两、黄金一两的比例，其贬值程度只能用惊人来形容。政府既然没能履行自己应有的调节货币的职能，宝钞制度的颓败也就无法避免了。正是在这种形势下，到了永乐年间，连不在户部的陈瑛都察觉到了"岁比钞法不通，皆缘于朝廷出钞太多，收敛无法，以致物重钞轻"。然而永乐年间虽然实行了一些力图挽救宝钞的政策，朱棣重申金银禁令，对民间以金银交易施以严厉的刑罚，与此同时，政府还出台了一些临时性调整政策，如通过对工商税征收方式的调整希望回笼宝钞。其中陈瑛建议而实行的"户口食盐之法"就是永乐年间采取的一项措施。明初，政府对食盐的贩卖实行"开中法"，商人通过向朝廷缴纳粮食换取官方的"盐引"，凭盐引支取食盐贩卖，是为"纳粮中盐"。陈瑛则建议除了粮食，还可"纳钞中盐"：

> 今莫若暂行户口食盐之法，以天下通计人民不下一千万户，军官不下二百万家。若是大口，月食盐二斤，纳钞二贯，小口一斤，纳钞一贯，约以一户五口季 [计]，可收五千余万锭，行之数月，钞必可重。[①]

朱棣将陈瑛的建议下户部会议，户部群臣都认为此法可行，最终提出方案："但大口令月食盐一斤，纳钞一贯，小口月食盐半斤，纳钞五百文，可以行久"，温和化了陈瑛的方案，这一调整后的方案得到了朱棣的批准。[②] 明廷在"纳粮中盐"的基础上加入"纳钞中盐"，实质上开始了对"开中法"的调整，也逐渐影响到明廷对工商税的征收方式，类似的政策也在朱棣之后的明廷得到继续推行。而朱棣当时之所以同意这样做，无疑正是希望通过此法回收民间的宝钞，挽救宝钞贬值的趋势。

然而朱棣的这些措施效果是有限的，金银禁令在朱棣驾崩后就不得不日渐松弛，而"纳钞中盐"等措施所能回收的宝钞也十分有限。最后，宝钞贬值的根本原因之一，永乐年间朝廷因为各项浩大支出的原因而大量印制发行宝钞，完全没有顾及到社会上是否需要如此多的宝钞流通，通过工商税等措施回收的宝钞相比其巨大的发行量无疑是杯水车薪，虽然可以一时缓和"钞法不通"的问题，但却无法根治。因此到了永乐五年（1407 年），"大明宝钞"进一步贬值为八十贯宝钞兑换白银一两。及至朱棣驾崩后的宣德七年（1432 年），这一数值进一步扩大为宝钞一百贯兑换白银一两。最后，到了宝钞退出流通前夕的成化末弘治初，更是到了一千贯宝钞才能兑换白银一两甚至一千贯宝钞只值白银四五钱的地步，"大明宝钞"此时已经形同废纸。最终，"大明宝钞"还是在弘治年间退出了流通，明代货币最终不可

---

① 《明太宗实录》，卷三三，第 589—590 页，"永乐二年八月庚寅"。

② 《明太宗实录》，卷三三，第 590 页，"永乐二年八月庚寅"。

避免的白银化了。而在永乐年间，宝钞引发的问题也确实给户部造成了困扰，它无法兼顾政府的政策与民间的需求，民间的金银等贵重金属还被不断聚敛到朝廷，更进一步加重了民间的贫困。

户部陷入困境，百姓的生活自然也好不到哪里去。永乐十年（1412 年）正月，"山西蒲州、稷山、河津、荣河等县耆老言：岁歉民饥，采蒺藜，掘蒲根以食，而有司徵赋甚急，乞赐宽贷"①。永乐十三年（1415 年）三月，"皇太子遣御史巡视畿内，有暴路骸骨者，督郡县瘗之"②。南京畿内之地尚且存在暴露骨骸、无人收敛的凄惨景象，国内其他地方也就可想而知了。还有一点值得注意的，就是虽然永乐二十年（1422 年）和永乐八年（1410 年）国内的生产情况已经截然不同了，但是赋税粮的收入数据上却颇为稳定，永乐八年为 30623183 石，永乐二十年为 32426739 石，甚至还多了些，究其原因，只能是像贵州那样，"有司徵赋甚急"，为了满足朱棣国库充盈、歌舞升平的理想，地方只能进一步压榨本已十分困苦的百姓，而过度的压榨则必然导致反抗，由此引发的最直接的后果就是永乐中后期民变的增加与规模的扩大。

所谓官逼民反，民不得不反。正是因为永乐中后期抚民不善、劳民过甚的双重原因，从永乐十四年（1416 年）开始，各地不堪重负的人们纷纷开始起事，民变频繁发生，又因为朱元璋起事与白莲教③有着千丝万缕的联系，明朝建立初期的这些民变，很多都或多或少的带有一些宗教色彩，朱棣在位的永乐年间亦是如此。对白莲教等秘密会社，朱棣其实一直注意防范，永乐四年（1406 年）九月，湖广（包括今湖南、湖北全境）广济县僧人即因宣扬白莲教而被诛杀，这类秘密会社通常在百姓生活不如意时成为其精神寄托，但当人们活不下去或因为秘密会社自身的某些目的，他们则会组织人们起来反抗，虽然其迷信色彩十分浓重，但也是百姓一种朴素愿望的表现。

永乐十四年（1416 年）正月，民变首先在山西广灵县爆发，平民刘子进在那里发起了起事。刘子进为山西广灵县的一位平民，他自称在石梯岭遇上了一位道人，这位道人给予他双刀剑、铁翎神箭，能驱神鬼，他以自己宣称的这层神秘色彩吸引

---

① 《明太宗实录》，卷一二四，第 1563 页，"永乐十年正月癸丑"。

② 《明太宗实录》，卷一六二，第 1837 页，"永乐十三年三月癸巳"。

③ 参见陈学霖：《明朝"国号"的缘起及"火德"问题》，收入其《明初的人物、史事与传说》，北京：北京大学出版社，2010 年，第 1—35 页。

了同乡刘兴、余贵、郝景瞻、樊敏等一批追随者。其后，刘子进"妄署职名，以皂白旗为号，夺太白王家庄驿马，杀大同等卫采木旗军，所过劫掠人畜，官军不能制"①。刘子进的起事符合永乐年间民变的一般特点，他利用宗教组织受明廷大量采木行动压迫的人们起来反抗。

为了应对山西民变，朱棣以行中军都督金玉为总兵官前往镇压。至当年五月，山西民变为金玉平定，包括刘子进在内的三十五名首脑被擒获送往南京。朱棣为了显示宽大，表示"止罪其首恶以示惩戒，余皆免死发交阯"②。然而朱棣的镇压与故示宽大并没有遏制住人民的起事。永乐十五年（1417 年）八月，福建保兴县人陈添保不堪银矿官员的压迫，并未经过充分准备即发起起事，"烧劫龙溪银场，杀中官及土民三十余人"③。由于并未经过充分准备，明军一出动，他们即散去躲藏以保存实力，其后陈添保又自称"太平大人"④，招集追随者"烧清劫流等县，杀县官、军民三十余人"⑤，但明军此时早有准备，这次起事很快被镇压，陈添保被擒送南京诛杀。

与陈添保同时，浙江嘉兴地区已经爆发了一场规模更大的起事，倪弘三此时已经在浙江农村与官军成功周旋了三年，不仅未被官军击败，其人数还壮大到了数千人，"往来苏湖常镇诸郡，杀害官民商贾不可胜计"⑥，最终明廷发兵二千联合浙江都司之兵共同镇压，但仍旧为倪弘三击败，"官军多被杀伤，其势益横"⑦。面对这种对官军极端不利的局面，永乐十五年（1417 年），浙江按察使周新"立赏格，躬督兵搜捕"⑧，他还在江河支流水网中以木栅截断起义军归路，起义军形势逐渐不利，败走北河，周新则乘胜进军，包括倪弘三在内的起义军首领均被擒获。对他们恨之入骨的朱棣下令在南京将他们凌迟处死，声势一度十分浩大的浙江民变被残酷镇压了下去。与永乐年间普遍带有宗教色彩的民变不同，倪弘三起事并没有利用这些以组织追随者，这也使得浙江民变反抗压迫的目的显得更为清晰和单纯。

---

① 《明太宗实录》，卷一七二，第 1911 页，"永乐十四年正月辛酉"。
② 《明太宗实录》，卷一七六，第 1923 页，"永乐十四年五月甲午"。
③ 《明太宗实录》，卷一九二，第 2024 页，"永乐十五年八月己酉"。
④ 《明太宗实录》，卷一九二，第 2024 页，"永乐十五年八月己酉"。
⑤ 《明太宗实录》，卷一九二，第 2024 页，"永乐十五年八月己酉"。
⑥ 《明太宗实录》，卷一九二，第 2024 页，"永乐十五年八月己酉"。
⑦ 《明太宗实录》，卷一九二，第 2024 页，"永乐十五年八月己酉"。
⑧ 《明太宗实录》，卷一九二，第 2024 页，"永乐十五年八月己酉"。

　　永乐十六年（1418 年）五月，北京所在的顺天府昌平县平民刘化为了躲避兵役，自称弥勒佛下世，吸引追随者四十余人，共谋起事，但事机不密，还未起事即为官军镇压诛杀。从永乐十四年（1416 年）开始，我们几乎每年都能见到几起民变，浙江民变更能维持数年而官军不能制，其群众基础之雄厚可见一斑，而永乐后期百姓生活的艰难也由此得到了一个侧面反映。这一系列反抗压迫的民变也一步步走向他们在永乐年间的最高潮——永乐十八年（1420 年）席卷漕运重地山东的唐赛儿起义。

　　永乐十八年（1420 年）二月十一日，永乐年间最大的一场民变在漕运重地山东爆发，这就是唐赛儿起义。唐赛儿为山东蒲台县的一名女子，丈夫名林三。山东作为南北漕运枢纽，其人民本就已经承担了沉重的转输物资任务。永乐九年（1411 年）会通河的重新疏通虽然在相当程度上减轻了山东人民的负担，但随后开始的大规模营建北京再度将沉重的徭役压在了山东百姓的肩上，民生的困苦为唐赛儿积聚力量提供了颇为广大的群众基础。

　　在积聚力量的过程中，唐赛儿同样利用了宗教，她“少好佛诵经，自称佛母”[1]，自称能知前后事，能剪纸为人马为其战斗，唐赛儿以此在益都、诸城、安丘、莒州、即墨、寿光地区活动，一时聚集了五百余名信徒，其中一个叫宾鸿的在后来的起义中发挥了重要的作用。

　　唐赛儿在拥有了足够的信徒后以益都卸石栅寨为根据地发动了起义，起义军向周围进攻，青州指挥高凤闻知后立即领兵前往镇压，但唐赛儿决定先发制人，她乘夜先向官军发起了进攻，高凤由于轻军冒进被击溃，高凤本人也阵亡了。官军的这一次失利震动了山东布政、按察二司，他们立即向朱棣进行了报告。在此即将迁都北京的关键时刻，朱棣自然不希望山东长期处于混乱状态，于是，他希望对唐赛儿进行招抚，但为唐赛儿拒绝。

　　既然招抚不成，自然只能以武力解决了。二月二十八日，朱棣以安远侯柳升为总兵官，都指挥金事刘忠为副将率军前往山东镇压唐赛儿起义。虽然朱棣要求柳升在山东要约束军队，不可扰民，“毋令剪伐桑柘，撤毁庐舍，发掘坟墓，杀害寡弱，剽掠赀畜，以扰吾民”[2]，但柳升并没有做到，他率领的军队军纪不佳，百姓为官军

---

① 《明太宗实录》，卷二二二，第 2193 页，“永乐十八年二月己酉”。

② 《明太宗实录》，卷二二三，第 2197 页，“永乐十八年三月己巳”。

所苦，柳升得不到民意的支持也注定了他最后抓不到唐赛儿。

三月初，唐赛儿以宾鸿领军进攻安丘县，安丘知县张旗、县丞马撝"集民丁昼夜拒守"[①]，宾鸿之举牵制了柳升，使他不能全力对付唐赛儿，但另一方面，安丘的拼死抵抗也分散并牵制了唐赛儿的力量，安丘的得失成为了山东战场的一枚重要砝码。与此同时，山东起义军又陆续攻占了莒州与即墨。

面对山东起义军到处开花的局面，朱棣是不满意的，他严令柳升擒贼先擒王，迅速解决唐赛儿的根据地卸石栅寨，然后再分兵山东各地。柳升于是集中兵力进攻卸石栅寨，将之包围并切断了起义军的补给通道，其后，柳升又从投降的起义军成员耿童儿那里得知了唐赛儿已经粮尽且将于东门突围的计划，他开始筹划对唐赛儿的最后一击，在他看来，擒获唐赛儿已是十拿九稳的事了。

虽然柳升全力围攻卸石栅寨，但安丘县仍旧处于危急之中，倘若城中不支为宾鸿攻占，宾鸿回军卸石栅寨，则柳升会陷入内外夹击之中，形势很可能逆转，然而正在全力进攻卸石栅寨的柳升此时已无法分兵救援安丘。在此关键时刻，原本负责防备倭寇的山东都指挥佥事卫青在听闻安丘危急后亲率千骑人马昼夜兼行，救援安丘。卫青的突然到来完全出乎宾鸿意料，卫青与安丘县中民丁对起义军构成了内外夹击，宾鸿溃散，安丘之围遂解，卸石栅寨中的唐赛儿至此也失去了最后的希望，柳升也卸下了可能腹背受敌的负担。

但柳升仍旧未能抓住唐赛儿，唐赛儿为了突围，再度先发制人，乘夜袭击官军营房，杀伤很多官军，明军都指挥刘忠阵亡。其后官军发动全力进攻，起义军虽然全军覆没，但唐赛儿仍旧成功逃脱了，山东民变终于在朱棣正式迁都北京之前被陆续镇压了下去，但朱棣对未能抓住唐赛儿十分不满，他敕责了柳升并出于担心唐赛儿扮成尼姑或道姑而下令将北京、山东地区的尼姑、道姑皆送京师诘问，但仍旧一无所获，其他被抓获的参与起事的人员，虽然最初一度有多达三千人被送往北京等待处决，但在夏原吉等人的调查劝解下，最后除了十四位首领人物被杀外，其他依旧被朱棣编成交阯，并没有普遍遭到屠杀。关于朱棣在山东大规模搜捕唐赛儿的事情，《明太宗实录》里留下了两段记载。第一段是朱棣在永乐十八年（1420年）三月颁布诏令：

> 上以唐赛儿久不获，虑削发为尼，或混处女道士中，遂命法司凡北京、山东境内尼及女道士，悉逮至京诘。①

到了五月，明廷仍旧一无所获，朱棣对此十分恼火，决定将搜捕的范围扩大到全国，于是再颁布诏令：

> 上惩妖妇唐赛儿诵经扇乱，遂命在外有司，凡军民妇女出家为尼及道姑者，悉送京师。②

先后抓捕了数万人，但依旧没有唐赛儿的踪影。到了后来，民间甚至流传出唐赛儿实际被抓住了，只是用妖法逃脱了的传闻，这也可以理解，毕竟以为朝廷动用如此力量都没能抓获的妇女，很容易让人们怀疑她真的会妖法，因此才能逃脱。

最后，就是要追究这次镇压起事打的如此糟糕的责任了。战后，恼羞成怒的柳升拿卫青出气，殴打了卫青，然而卫青表现出了不屈的品格。随后，朱棣升赏了卫青等人，卫青被升任山东都指挥使，既然卫青获得了升赏，责任自然只能由柳升来承担了。就在朱棣颁布诏令在山东大规模搜捕唐赛儿的同一个月，行在刑部尚书吴中就对柳升发起了弹劾：

> 行在刑部尚书吴中等劾奏安远侯柳升：奉命征剿山东妖贼唐赛儿等，圣谕谆谆，指授方略。升受命不恭，不即就道。又赐敕谕以贼徒凭高无水，且乏资粮，当坐困之，勿图近功。升全不留心，及临贼境，又不设备，致贼夜斫营，杀伤军士。时都指挥刘忠与升夹攻，忠身先军士，几破贼。升忌其成功而不救援，致忠力尽而毙，贼遂得间遁去。升遣指挥马贵等追之，所过骚扰，不可胜言，升亦不闻。及备倭都指挥卫青闻贼围安丘急，躬率所部兵，昼夜兼行，遂败贼众。后三日，升始至，反忌青有功而摧辱之，人臣不忠，莫此为甚，请治其罪。③

---

① 《明太宗实录》，卷二二三，第2203页，"永乐十八年三月戊戌"。
② 《明太宗实录》，卷二二五，第2211—2212页，"永乐十八年五月丁丑"。
③ 《明太宗实录》，卷二二三，第2202—2203页，"永乐十八年三月戊戌"。

吴中将所有责任都推给了柳升，如此一来，朱棣自然就不需要为此负任何责任了，这当然是符合朱棣意思的意见，他立即顺水推舟表示："朕每命将遣师，必反覆筹度，丁宁告戒，俾图万全。今升方命失机，媢功忌能，皆不可宥"[①]，柳升被降为吏，不久后因为此前的功勋获得宽宥，后来还跟随了朱棣最后的几次北征。柳升因为受到朱棣信任，因此虽然被拉出来承担了主要责任，仍旧获得了宽宥，但山东的官员就没有那么幸运了，其三司官员都因为治理本地不利被杀害。山东的官员显然是有些冤枉的，因为山东本地的糟糕局势实际与朱棣透支国力的政策是分不开的，他们并没有拒绝执行这些政策的权力，因此，此时显然是朱棣在发泄自己的私愤，但在当时的情况下，也没有人敢于营救这些人。

总之，永乐中后期民变的频繁发生正是朱棣政策失误的结果，而唐赛儿起义是其中的高峰，其发生让我们认识到了永乐朝后期民生多艰的真相，也为朱棣的各种功业蒙上了一层深重的阴影。

---

① 《明太宗实录》，卷二二三，第2203页，"永乐十八年三月戊戌"。

第八章

多事的暮年

1. 皇太孙、汉王、赵王

在第四章第二节中，笔者谈到，朱棣在经过复杂的考虑后，最终在永乐二年（1404 年）四月初四日，"册立世子（高炽）为皇太子，封第二子高煦为汉王，第三子高燧为赵王"[①]，储君之位终于确定。然而这却并不是一切的结束，朱高煦并没有放弃对储君之位的觊觎，这也就给永乐朝的历史平添波澜。

永乐五年（1407 年）七月，家族内部朱高炽最重要的支持者徐皇后薨逝，她在临终前仍旧不忘叮嘱朱高炽"当夙夜恪勤，尽事君父，勿以吾故过哀毁，以伤君父之心"[②]，可见对这位曾经共同守城的皇太子的关切。徐皇后的薨逝无疑是对朱高炽的一个沉重打击，相对的，对朱高煦来说则是利好消息。此前，朱高煦已经利用朱棣对自己的宠爱留在了南京，而不是前往为他选择的远在云南的封地，此时对他来说，无疑会认为机会来了。

然而朱高煦无疑少算了一点，就是家族内部徐皇后固然很重要，但还有一位后辈人物正逐步成为朱高炽坚强的后盾，这就是皇太孙朱瞻基。朱瞻基生于洪武三十一年（1398 年）二月初九日，被立为皇太孙是在永乐九年（1411 年）十一月，当时朱瞻基刚十三岁，行冠礼成年不久，朱棣无疑显得有些迫不及待。更为有趣的是，到了永乐十三年（1415 年）四月，朱棣复设府军前卫，设立并金选二十五所数万幼军作为皇太孙朱瞻基的亲卫军。这一做法是违背常理的，因为根据朱元璋洪武二十六年（1393 年）制定的礼仪制度，锦衣卫、金吾等卫负责皇帝朝仪，锦衣卫、府军前卫负责"东宫朝仪"。虽然后来府军前卫因为卷入了蓝玉案而遭到朱元璋清洗，一度从卫所序列里消失。朱棣此时复设，这数万幼军也理应跟随皇太子朱高炽，而不是皇太孙朱瞻基。朱棣之所以不惜违背祖制，只能解释为他对朱瞻基的偏爱。

那么问题就来了，即朱瞻基究竟在他父亲被确立为皇太子及至后来的历史中扮演了一个怎样的角色呢？作为围绕永乐年间储君之位争夺过程中一个重要的组成部分，我们不能不认真分析。

---

① 《明太宗实录》，卷三十，第 539 页，"永乐二年四月甲戌"。
② 《明太宗实录》，卷六九，第 972 页，"永乐五年七月乙卯"。

关于朱棣宠爱朱瞻基，史书中倒是不乏记载，但这类记载却往往存在问题。我们以这些记载中最著名的一条为例，即《明宣宗实录》中关于朱瞻基出生的记载，其中提到朱瞻基：

> 以己卯岁二月九日生上于北京，时众望见光气五彩，腾于宫闱之上。先夕，太宗文皇帝薨梦太祖高皇帝授以大圭，命曰："传之子孙。永世其昌。"太宗皇帝拜受而寤，以梦告仁孝皇后。皇后曰："子孙之祥也。"已而宫中报上生，太宗皇帝、仁孝皇后心咸异之。弥月，仁孝皇后抱上见太宗，太宗皇帝视之，顾谓仁孝皇后曰："此天日之表，且英气溢面，符吾梦矣，汝宜谨视。"自是仁孝皇后躬亲抚养，甚忠爱焉。太宗文皇帝既嗣大位，上时甫四岁，仁孝皇后以至南京，间出见群臣，仪容俨恪，屹如巨人，群臣瞻望惊异。稍长，在宫中孝敬日隆而喜册。①

当我们排除这段记载中一贯对皇帝出生时异象的记载，其中的关键信息其实只有一点，就是朱棣因为梦见朱元璋授予他大圭，让他传给子孙，梦醒后恰逢朱瞻基出生，与他的梦境相符，加之此后朱瞻基的成长也符合自己的期望，因此对其十分宠爱。这段记载也常常被引用，作为朱瞻基自幼得到祖父宠爱，后来影响了其父储君之位的证据之一。毕竟，人们因为现实中一事与自己的某个梦境吻合而做出一些有倾向性的事情在现实中也是可能发生的，因此这段记载有其现实基础，也容易被人们接受。然而当我们跳出来，则能够发现这段记载其实还是有问题的。首先，这段记载出自《明宣宗实录》，朱瞻基已经成为了皇帝，因此到了其后的正统年间，史官编修朱瞻基的实录时，出于塑造其天命所归的正统性，迎合当时在位的正统皇帝朱祁镇，将朱棣拉进来写出这样一段故事也丝毫不令人惊奇。当然，我们并不说朱棣一定没有做这个梦，这个梦一定没有和朱瞻基的出生时间相吻合，因为历史本来就真真假假，这段记载也很可能如此。但是，此后朱棣对朱瞻基成长的关注则是明显存在漏洞的。

朱瞻基出生于洪武三十一年（1398年）二月初九日，闰五月初十日，朱元璋就驾崩了。随后的四年岁月里，朱棣一直忙于军务，往来作战，争夺皇位。徐皇后则

---

① 《明宣宗实录》，卷一，第1—3页。

忙于与自己的长子朱高炽守卫北平，巩固朱棣的根本之地。这期间朱棣对自己的未来尚且没有把握，甚至一度连亲儿子朱高炽都有所怀疑，要说他此时还特别关注朱瞻基，甚至反复预言这个到自己即位时才四岁的孩童是未来的"太平天子"未免太过夸张，因此《明宣宗实录》里这段记载是存在漏洞的，并不足以作为一条没有缺陷的证据。也正是基于此，《明史》中解缙以朱瞻基这位"好圣孙"劝动朱棣最终下定决心立朱高炽为皇太子就显得太过单纯了，正如笔者在第四章第二节所言，朱棣最终决定立朱高炽为皇太子是经过了一系列复杂的政治权衡的，并非单独因为朱瞻基就下了这样一个重要的决定。

那么，朱瞻基究竟在永乐年间围绕储君之位的争夺中扮演了怎样的角色呢？实质上，朱瞻基真正发挥作用其实是在朱高炽被立为皇太子后，而不是之前。很明显的一点就是笔者前面提到的，朱瞻基无论是被朱棣迫不及待地立为皇太孙还是将本来应该配属朱高炽的仪仗配属给他，都是在他行冠礼成年后，此时一个人的品格、能力基本定型了，加之朱瞻基又是被徐皇后亲自抚养长大的，多方面因素共同作用，朱棣此时表现出对这位孙子的宠爱也更为合情合理，而不是在他还是一个四岁孩童的时候。

随着永乐年间历史的推进，朱瞻基的作用越来越大。朱棣后来无论是北巡还是北征，携带同行的多为朱瞻基，朱高炽则总是担任留守南京的任务。第二次北征中，朱棣甚至携带朱瞻基同行，悉心教导。后来，朱棣还专门为朱瞻基编写了《务本之训》等教材，足见此时朱瞻基已经在朱棣心中占据了重要的地位。因此我们可以说，越到永乐后期，朱瞻基就越加重要，特别是在徐皇后薨逝后，朱瞻基实际上逐渐成为了朱高炽最坚强的后盾，因为朱瞻基的存在，朱高炽才能有惊无险地度过永乐年间的政治漩涡。

对朱高炽储君之位构成最大威胁的无疑正是汉王朱高煦。事实上，在徐皇后薨逝后的一段时期里，确实有迹象表明朱棣动了更换太子的念头，最明显的证据就是永乐九年（1411年）朱棣与杨士奇之间的一段内涵丰富的对话。永乐九年（1411年）三月的一日，此时朱棣不仅顺利结束了自己的第一次漠北亲征，并且已经返回了南京，因此他自然对朱高炽在南京监国的情况有了一定了解。在此基础上，朱棣在翰林诸臣于右顺门奏事完毕退下后，专门召见在皇太子朱高炽监国期间辅佐他的杨士奇。显然，这是一次有可能决定皇太子朱高炽未来命运的召见。果然，召见一开始，朱棣便问杨士奇："汝辅监国日久，东宫所行果如何？"[1]

杨士奇当然知道朱棣这一提问背后的危险性，自己无论回答皇太子朱高炽在监国期间乾纲独断、风风火火抑或多依靠辅臣、谨谨慎慎都会被朱棣理解为太子僭越或无能，太子朱高炽的前途都会被断送，而接替朱高炽成为皇太子的，必定是汉王朱高煦。杨士奇作为太子朱高炽坚定的支持者，当然不能容许出现这种情况，他必须为皇太子朱高炽化解这一危机。对于朱棣这个似乎无法回答的问题，杨士奇进行了巧妙的规避性回答，他的回答只有两个字："孝敬。"[2] 即说皇太子朱高炽在监国期间始终对身为君父的朱棣十分孝敬。

杨士奇巧妙的回答化解了朱棣提问背后的杀机，然而朱棣并非一个可以如此轻易蒙混过关的人，他立即让杨士奇"试言其事"[3]。杨士奇于是立即从宗庙社稷的高度举例证明皇太子朱高炽在监国期间的"孝敬"：

> （皇太子）于我宗庙社稷甚虔，凡笾豆之类，皆亲阅视。一日当时享，偶头风作，医言当汗，殿下曰：'汗即不敢莅祭。'左右有言可遣而代者，殿下曰：'上以命我，我又遣人乎？'及期，遂莅祭。祭毕还，未至官，遍体汗，不药而愈。每尚膳进御用物诣行在，皆一一阅过，然后缄识遣行，不辄信任下人。自车架北征，恒切怀忧，不遑宁居，日中昃始食。及敕使至，始释然宽慰。[4]

朱高炽在监国期间对朱棣交付的祭祀宗庙之事非常重视，必定亲力亲为，即使生病，也不遣人代行。将要进奉给身处行在的朱棣的御用物品，每一件朱高炽都要亲自检查，放心后才放行。而对于北征期间的朱棣，朱高炽作为儿子也非常挂念，以至到了茶饭不思的地步，一定要等传达朱棣指示的敕使到了后，才能释然宽慰。

对与杨士奇所列举的皇太子孝敬的例子，朱棣自然不能否定，于是他表示："此亦子道当然。"[5] 作为儿子，朱高炽当然应该这么做。既然朱棣对朱高炽的做法表示

---

① ［明］杨士奇：《三朝圣谕录》上，第 1077 页，见邓士龙辑：《国朝典故》，卷四五。
② ［明］杨士奇：《三朝圣谕录》上，第 1077 页，见邓士龙辑：《国朝典故》，卷四五。
③ ［明］杨士奇：《三朝圣谕录》上，第 1077 页，见邓士龙辑：《国朝典故》，卷四五。
④ ［明］杨士奇：《三朝圣谕录》上，第 1077 页，见邓士龙辑：《国朝典故》，卷四五。
⑤ ［明］杨士奇：《三朝圣谕录》上，第 1077 页，见邓士龙辑：《国朝典故》，卷四五。

了肯定，杨士奇遂趁机加上一把火，称："古圣贤亦皆尽其当然者。"[①] 古时圣贤也都是这么做的，一下又抬高了朱高炽的形象。然而杨士奇这句话反而引起了朱棣的疑心，他立即又问杨士奇："闻辅臣中独尔能持直道，不见忤否？"[②] 听说辅臣中只有你能秉持直道，难道不会忤逆朱高炽吗？朱棣此句的弦外之音自然是怀疑杨士奇是否因为自己是太子党而有意庇护太子的过失。杨士奇当然听出了朱棣的言外之意，于是立即回答：

> 臣性愚戆，殿下恒见容纳。然殿下天资甚高，非众人所能及。或有过，未尝不知，知之，未尝不悔而速改之。且殿下最用心处在爱人为本，将来宗庙社稷之寄允不负陛下付托。[③]

杨士奇表示我自己虽是愚笨憨直的，但朱高炽总能容纳我。且太子天资甚高，即使偶有过失也能迅速察觉并改正，朱高炽以爱人为本，将来一定能承担朱棣托付的江山社稷。

杨士奇的回答终于让朱棣满意了，他再度意识到朱高炽的仁厚爱人或许正是他的闪光点，而在选定他为皇太子的过程中自己也经历了多方面的权衡，于是："上甚喜，命尚膳赐酒馔。"[④] 杨士奇帮助朱高炽度过了他太子生涯的第一次危机，暂时稳固了他的皇太子地位。然而斗争并没有结束，朱高炽在皇太子位上还将面临更大的危机。

永乐十一年（1413 年）至十二年（1414 年），朱高煦跟随朱棣北巡北京，他趁此机会在朱棣面前进朱高炽的谗言。朱棣本就对朱高炽并不信任，朱高煦的话多多少少起了作用，此时恰逢胡濙再度奉命游历各地，朱棣专门把他叫到跟前，对他吩咐说：

> 人言东宫所行多失当，至南京，可多留数日，试观如何，密奏来，奏所

---

① ［明］杨士奇：《三朝圣谕录》上，第 1077 页，见邓士龙辑：《国朝典故》，卷四五。
② ［明］杨士奇：《三朝圣谕录》上，第 1077 页，见邓士龙辑：《国朝典故》，卷四五。
③ ［明］杨士奇：《三朝圣谕录》上，第 1077 页，见邓士龙辑：《国朝典故》，卷四五。
④ ［明］杨士奇：《三朝圣谕录》上，第 1077 页，见邓士龙辑：《国朝典故》，卷四五。

书字须大，晚至，我即欲观也。^①

　　胡濙永乐年间最著名的任务就是奉朱棣之命以寻访仙人张三丰的名义寻访朱允炆的下落，因此他无疑是朱棣的心腹之臣。朱棣特别让他前往南京观察朱高炽的行为并向自己密奏，还特别要求"奏所书字须大，晚至，我即欲观也"，可见他对朱高炽不信任已经到了何等地步。至于胡濙，虽然我们能从他后来自述的话中看出他至少没有站在朱高炽的对立面，但他对于完成朱棣交给的任务还是十分认真的，"某至南京，且晚随朝，敕免朝，辞以不敢。盖凡见殿下所行之善，退则记之。如一日趋朝，勋臣某者语哗，侍卫槌之，仍口奏，有旨不问。既退朝，亟宣侍卫者，赏钞若干锭。于是群臣皆言，不显责大臣，而旌禁卫，所以宽其罪而媿其心，殿下之明断也"。朱高炽允许胡濙免朝，胡濙辞以不敢，可见他执行任务的认真，确实奉命对朱高炽进行了细致的观察并将之记录下来。胡濙在南京的行为也引起了他的邻居杨士奇的注意，杨士奇身为太子辅官当然知道胡濙是来干什么的，他找机会对胡濙说："公，命使也，宜亟行。"显然是想早点把胡濙支走，胡濙的回答则十分直率："锦衣数种未完耳。"胡濙以锦衣卫自喻，也算一种别样的自嘲。完成任务后，胡濙离开南京，当他走到安庆，才将整个关于皇太子朱高炽的情况写成奏报，"令所从校尉给驿驴赍进也"。^②

　　胡濙自己述说这段历史时已经是多年之后了，当时包括朱棣、朱高炽在内的许多人都早已作古，皇位已然属于朱高炽一系，胡濙当然不会说违背当时朝廷的话，我们也无从得知他永乐年间的奏报内容，不过颇为巧合的是，对朱高炽造成最大危机的"东宫迎驾事件"正是发生在此事之后不久，就算胡濙没有在奏报中刻意污名化朱高炽，朱棣自己从奏报中如何摄取信息就不得而知了，这份奏报无疑对后来的历史是起到了作用的，只是我们无从得知其中细节罢了。

　　当然，所谓"日中则昃，月盈则亏"，当朱高煦自我膨胀到有意无意地将主意打到了朱棣头上时，终于狠狠地摔了下来。朱棣对朱高煦起疑是在永乐十二年（1414 年）。是年正月，朱棣正在北京紧锣密鼓地筹划自己的第二次北征，朱高煦也随侍在侧。朱高煦在去年冬天曾请求返回南京，朱棣以天寒不便为由让他等来年

---

①　[明] 叶盛：《水东日记》，卷五，《胡忠安自述三事》，第 49 页。

②　[明] 叶盛：《水东日记》，卷五，《胡忠安自述三事》，第 49 页。

开春再说，此时朱高煦再度向朱棣请求南还，朱棣则不欲让朱高煦此时离开，对他明说："朕欲至秋，遣尔南还。"[1] 秋天北征差不多已经结束了，此时再让朱高煦南还无疑更让自己放心。更重要的是，此时已有朱高炽在南京监国，若朱高煦也回到南京，朱棣无疑会担心在自己北征期间，南京发生变故，尤其会担心祸起萧墙，二人兄弟相残。相对于朱高炽，朱棣无疑更担心野心勃勃的朱高煦，因此要留其在身边。

朱高煦却似乎对朱棣的考虑与担忧毫无领会，以不回答的方式表示自己执意南返。朱棣无奈，于是让钦天监择日送朱高煦南还。与此同时，朱棣又对朱高煦说："汝必欲去，世子宜留侍朕。"[2] 朱棣的意思很明白，就是一定要从朱高煦这里扣下一名人质以确保南京的安全，但对此朱高煦又以"亦欲以归，进其学"[3] 为由拒绝了。至此，朱棣对朱高煦可以说已经在政治与亲情上双重失望，而且他有充分理由怀疑朱高煦打算在自己还活着时就要夺取皇位，朱棣默然以对朱高煦，当朱高煦向他辞行时，朱棣对礼部尚书吕震请以诸司分官送行的奏请也不回答。信号已经公开化了，朱高煦由于过分自我膨胀而导致的政治上的低能使他终于失去了朱棣的宠爱，而他的彻底垮台，也即将到来。

以上两件事有一个有趣的巧合，即它们发生的时间都临近朱高炽永乐年间面临的最大危机——东宫迎驾事件。永乐十二年（1414年）七月，朱棣结束了艰苦的第二次漠北亲征，班师回朝。在沙河，朱棣接到在南京监国的皇太子朱高炽按照惯例派遣兵部尚书、詹事金忠与指挥使杨义所上的《迎銮表》时，却突然大怒，原因是"皇太子所遣迎车架缓且奏疏失辞"[4]，大怒的朱棣立即将矛头指向了朱高炽的辅官，他说道："此辅导者之不职。"[5] 随后逮捕了一系列朱高炽的重要辅官，包括左春坊大学士兼翰林院侍讲黄淮、司经局正字金问和司经局洗马杨溥、芮善，他们均被下狱。这些人之中，黄淮是现任内阁大臣，杨溥是未来的三杨内阁的一员，太子班底所遭受的沉重打击由此可见一斑。在此最危急的时刻，又是杨士奇站出来挽救了皇太子朱高炽的命运。

杨士奇时任左春坊左谕德兼翰林院侍讲，他和黄淮一样既是朱棣的内阁成员也

---

① 《明太宗实录》，卷一四七，第 1728 页，"永乐十二年正月甲午"。

② 《明太宗实录》，卷一四七，第 1728 页，"永乐十二年正月甲午"。

③ 《明太宗实录》，卷一四七，第 1728 页，"永乐十二年正月甲午"。

④ 《明太宗实录》，卷一五六，第 1793 页，"永乐十二年闰九月甲辰"。

⑤ 《明太宗实录》，卷一五六，第 1793 页，"永乐十二年闰九月甲辰"。

是皇太子的辅官，因此，他也遭到了逮捕。但与其他人不同，朱棣没有将他立即下狱，而是决定亲自询问杨士奇关于此次东宫迎驾的问题。正是这次对话，不仅拯救了杨士奇，也挽救了皇太子朱高炽。当朱棣向杨士奇询问关于自己此次北征期间皇太子朱高炽监国的情况时，杨士奇叩首说道："殿下孝敬诚至，凡所稽违，皆臣等之罪。"[1]

对于杨士奇将所有责任揽在包括自己在内的太子辅官的身上从而为太子撇清关系的做法，朱棣对此的反应是"悦而罢"[2]，朱棣很高兴并免除了对杨士奇的责罚。虽然其后杨士奇由于遭到北京行在六部、都察院、大理寺、通政司、十三道御史的交章弹劾，认为其不应独获赦免而被朱棣下锦衣卫狱，但这只是一个过场，杨士奇很快就被朱棣赦免并复职，与杨溥等人被下狱十年，直至朱棣驾崩后才被释放相比，相去何止千里。然而从朱棣对此次事件的处理让我们也能看出一些问题，朱棣就东宫迎驾事件借题发挥，打击太子辅官，却又点到为止。加上此前因为南还的问题，朱棣对朱高煦的信任已经不如从前了，故而要说这次事件是朱高煦一手导演，促使朱棣对朱高煦进行打击，则显得太过单纯了。

当然，朱高煦在其中还是起了作用的，他在这一时期最著名的事情就是促成了解缙的死，解缙最终在一年后被杀，其中除了他与朱棣之间日趋严重的分歧外，另一个很重要的原因就是因为解缙公开支持朱高炽，为此得罪了朱高煦。解缙在一年后被朱棣密令纪纲害死，与一年前此时的这次事件不能说毫无关系。当然，我们也不能过分看重朱高煦在解缙之死中的作用，因为解缙一年后被杀时，朱高煦也临近垮台了，他只是起到了促成的作用，绝非决定性作用。

我们再回到东宫迎驾事件中朱棣对相关人员的处理上，除了杨士奇，蹇义也并未受到太大冲击。最重要的还有一个人，就是金忠。金忠身为靖难功臣，本已深受朱棣信任，在朱棣对立谁为储君犹豫不决时，金忠站在朱高炽一边，发挥了极大作用，因此朱高炽被立为皇太子后，金忠也很自然成为了朱高炽的辅官。在此次东宫迎驾事件中，金忠是上《迎銮表》的成员之一，按理他正处在朱棣愤怒的中心，但他却没有受到追责。不仅没有受到追责，金忠还能够在事发后仗义执言，以自己的身家性命为朱高炽作担保，从而进一步保全了朱高炽的地位，而黄淮、杨溥等人

---

[1]　《明太宗实录》，卷一五六，第1793页，"永乐十二年闰九月甲辰"。

[2]　《明太宗实录》，卷一五六，第1793页，"永乐十二年闰九月甲辰"。

的保全，其中也有金忠的作用。当然，金忠之所以能够如此，自然是靠了他特殊的靖难功臣身份以及朱棣对他的信任。然而我们将这些信息综合起来，虽然无法完全弄清事件中的细节，但仍旧能够看出在这次事件中，朱棣固然对朱高炽不满，其行动无疑也是为了打击朱高炽，但却很难说朱棣此时是要废掉太子，也不能说朱高煦的谗言直接导致了这次事件。结合时间因素，与其说朱高煦的谗言导致了朱棣的不满，不如说胡濙关于朱高炽的奏疏让朱棣动怒更加符合情理。故此，朱棣既然不是为了废太子，那么他对太子辅官的区别处理也就能够说通了，既狠狠打击一些人，又留下一些关键人员，让朱高炽不至于成为孤家寡人。当然，最后还有一个因素，就是朱棣此时对朱瞻基的宠爱正在逐渐增加，不愿意放弃这位孙子也是他不能废掉太子的原因之一。

如此一来，其实朱高炽、朱高煦都没能从东宫迎驾事件中真正获益，相对的，一个此前并不起眼的人反而成了最大的获益者，他就是朱棣的第三个儿子——赵王朱高燧，关于朱高燧的问题，笔者会在稍后谈到，这里先回到朱高煦的问题上。显然，汉王朱高煦丝毫没有体会东宫迎驾事件中朱棣做法的意义，他将东宫迎驾事件看成是自己取代朱高炽成为太子的一次绝佳机会并积极动作。杨士奇被赦免之后复被弹劾，其中即能看到朱高煦的影子，这一系列的成功让朱高煦感到自己的计划似乎要成功了。然而他错了，杨士奇入狱不过是走过场，解缙被杀的根本原因是他与朱棣之间严重的政治分歧让朱棣想杀掉他。就在解缙被杀的同月底，即永乐十三年（1415 年）五月二十一日，朱棣为朱高煦重新选择了山东青州（今属山东省潍坊市下）作为他新的封地并很快开始了对青州汉王府邸、仪仗等设施的营建，以期让朱高煦尽快离开南京前往青州就藩。

朱高煦得知朱棣想让他尽快之藩青州的消息后故伎重施，他一面向朱棣表示希望能留侍左右，一面迟迟不肯动身。永乐十四年（1416 年）三月，朱棣终于对朱高煦失去了耐心，他对朱高煦发出严厉的申命：

> 既受藩封，岂当长在侍下？前封云南，惮远不行，与尔青州，今又托故。如果诚心留侍，去年在此何以故欲南还？是时朕欲留尔长子亦不可得。留侍之言，殆非实意，青州之命，更不可辞![1]

---

[1] 《明太宗实录》，卷一七四，第 1916 页，"永乐十四年三月甲辰"。

从这道申命可以看出朱高煦过分的任性妄为，特别是永乐十二年（1414 年）的执意南还是多么大的失算。朱棣此时对朱高煦已经失望，因此想尽快打发掉他，但朱高煦毕竟是自己曾经十分钟爱的儿子，所以朱棣还是选择了富庶的青州作为他的封地。在催促汉王朱高煦就藩青州的同时，赵王朱高燧也被从北京改封彰德（今河南安阳），朱棣将二人均调离权力中心，其中显然有强化皇太子朱高炽地位的意图，这也进一步证明了在东宫迎驾事件中，朱棣并没有打算废太子。当然，朱高燧永乐年间最终没有离开北京，这也是他后来能够引起风浪的重要原因。

然而到了八月，随着谷王朱橞逆案的发生，朱高煦的不轨之事也被揭发，这让他最终连青州也去不成了。九月，朱棣听说朱高煦选各卫军随侍的消息后立即命令左军都督金事欧阳青将之尽数罢还原伍。但这一事件已经充分引起了朱棣的警觉，加之朱高煦常常以发动玄武门之变即位的唐太宗李世民自居，这些都让朱棣决定尽快返回南京处理谷王与汉王之事。十月中旬，朱棣回到南京。十一月，他立即削减了朱高煦的护卫，将汉府中护卫改为青州中护卫。

永乐十五年（1417 年）二月，在谷王被废为庶人后，朱棣决定在自己第三度北巡北京之前处理完朱高煦之事。三月二十日，朱棣最终公布了朱高煦的一系列罪状，这一系列罪状十分有趣，朱棣开篇就列举了朱高煦不愿就藩云南和坚持南还南京两件事："初高煦受册封，命居国云南，切切以不欲远去为辞。后改命青州，亦坚意不行。尝侍上在北京，时其世子瞻睿及次子瞻圻皆在，高煦屡辞还南京，上留之不从，上欲留瞻睿，亦不从，上觉其有异志"，很明显，朱棣对于朱高煦执意在自己北征期间南还，甚至不愿意留下世子陪伴自己十分在意，可以说进一步佐证了此前朱高煦作为的严重失误，也就进一步说明了东宫迎驾事件中朱高煦其实已经没有那么多能量了。随后，朱棣追溯了朱高煦此前的罪状："此高煦所为多不法，上以其长史程石琮、纪善周巽等不能迷 [匡] 正，皆黜为吏交阯，其后府中有从征军士三千余人，不隶籍兵部，又侵占各公主府牧地及民田为草场，长史蔡瑛、纪善周岐凤数谏高煦，积不能平，遂假他事送岐凤锦衣卫狱。时皇太子监国，谓锦衣卫非王府狱，恐上闻之，重高煦之过，欲出之，又重违高煦意，乃降凤岐为长洲县教谕，自是高煦益恣肆无忌"，这里不仅突出了朱高煦的肆无忌惮，还将朱高炽拉了进去，突出了他对朱高煦的保护，这很有可能是宣德年间编修实录时为了美化朱高炽一向维护兄弟感情而加进去的，但在这里并不影响对朱高煦情况的分析，这段罪名能够看出朱高煦早期凭借朱棣对自己的宠爱，确有不少越轨行为，至于朱棣，虽然对此不是完全视若无睹，但其处理也仅限于朱高煦的辅官，并没有处理到他本人头上。随后，罪状进一步升级，"其纵卫士于京城劫掠，为兵部指挥徐野驴所执，高煦遣人捽野驴至，以铁爪挝杀之，又闻其支解无罪人，暗投之江，及僭用乘舆器物"。在这段罪状中，罪名升级为擅杀朝廷官吏及僭越，较前进一步升级，最后"及车驾南还，尽得其私造兵器，阴养死士，招纳亡命及漆皮为舟，教习水战等事"，进一步坐实其图谋不轨的罪状。①

《明太宗实录》中朱高煦这一系列罪状，看似颇为繁杂，其实可以很明显分为两类，一类是他个人的不法行为，无论是强占土地还是草菅人命，都是他个人的违法行为，这类行为在永乐年间，朱高煦凭借自己父亲对自己的宠爱完全可以规避掉处罚，实际上在他失宠被贬之前，也确实是这样的。而另一类罪状就完全不同了，包括器用僭越、图谋不轨，这是无论如何也无法规避的重罪，而在永乐十五年实际将朱高煦葬送的也正是这部分罪状。关于这后一部分，至少在永乐年间，捕风捉影的情况要大于其真正罪行，执意南还只是让朱棣怀疑，但要因此就说朱高煦想要夺位则显得缺乏证据，同样道理，关于朱高煦"僭用乘舆器物"及"及车驾南还，尽得其私造兵器，阴养死士，招纳亡命及漆皮为舟，教习水战等事"比之之前关于他个人违法行为的记载，则显得有些过于敷衍。从这种对比很容易让我们感到，朱高煦未必没有这些越轨行为，但要因此定罪则还缺乏一些确凿的证据，将朱棣作为发现这些罪行的主体则显得很方便，朱棣想要终结朱高煦的政治生命，至于这些罪名，不过是此时拿来为此服务的，是否足够确凿，就并不是主要问题了。

最终，朱高煦因强占土地、组建私人武装、车马僭越、所行不法甚至以唐太宗李世民自居等一系列罪名被朱棣贬居乐安州（今山东广饶东北），当然，一开始朱棣对朱高煦的处理更为严厉，"褫其衣冠囚絷之西华门内，命中官黄俨等昼夜守之，将免为庶人"②。朱棣为何放宽了对朱高煦的处罚呢？实录中的说法是皇太子朱高炽为朱高煦求情，《明太宗实录》如此记载：

> 皇太子恳为救解，上厉声曰："吾为尔去蟊贼，尔反欲养患自及耶？！"

---

① 《明太宗实录》，卷一八六，第1994—1995页，"永乐十五年三月丙午"。

② 《明太宗实录》，卷一八六，第1995页，"永乐十五年三月丙午"。

皇太子跪曰："彼诚无状，宜未必有害臣之心。"上曰："吾为父，乃不能知子耶？！虽尔千万分友爱，彼方以世民自任而目尔为建成，此可容耶？！"不怿而起。

他日，皇太子复屡言之。上曰："汝若不从吾意，久当悔之。"又曰："今可寘之何地耶？既不肯往青州，决不可复留于京师，虽畿内之地亦不可容。吾今强狥汝意，不去其爵，处之近畿之地，一旦有变，可朝发而夕擒也。"于是有乐安之命。

时皇太孙亦在侧，上语太孙曰："吾为君父在上，彼尚敢然，将来何有于尔父子，尔但毋忘吾言，有危宗社者当为宗社除之，周公诛管蔡，圣人所为也。"[1]

从这段记载可以不难看出，朱棣与汉王朱高煦之间的父子之情已经没有了，剩下的只是冷漠的政治考量，将朱高煦贬去乐安正是为了在日后他真的反叛时可以轻易对其镇压，朱高煦最终的悲剧结局，在此时已经注定。当然，因为《明太宗实录》成书于朱瞻基在位的宣德年间，就像朱棣起兵造反需要举着朱元璋的大旗"奉天靖难"一样，朱瞻基也需要给自己后来平定朱高煦之乱寻找一个大义的名分，因此这段记载极有可能是后来史官奉命而写，未必确有其事。实质上，朱高炽在朱高煦被贬往乐安后，仍旧受到自己父亲的猜忌。也就在永乐十五年（1417 年），梁潜、周冕侍奉朱高炽监国南京，一位陈千户因为擅去民财被朱高炽谪戍交阯，后来又念他有军功，改为输粟赎罪。这一稀松平常的处理，经过黄俨的奏报，就变成了朱棣处罚的罪人，结果被太子赦免，朱高炽这一行为立刻变成了收买人心的不轨行为。结果导致陈千户被朱棣所杀，梁潜、周冕下狱，不久也被杀害。结合这一时期黄俨曾看守过朱高煦，这件事情中未必没有不甘心的朱高煦的运作。但更为重要的是，这说明朱棣并没有对朱高煦绝情到如此地步，更没有对朱高炽充分信任，因此，他确实不大可能对朱高炽、朱瞻基说出如此绝情的话。当然，我们也不必为此完全否定这段记载，朱棣本来就兼有政治家、父亲两重身份，他为了维护皇位传承的稳定，提前预防，为朱高炽、朱瞻基排除后患，让他们未来不必有所顾忌也是完全可能的。

---

① 《明太宗实录》，卷一八六，第 1995—1996 页，"永乐十五年三月丙午"。

至于朱高煦的结局，宣德元年（1426年）八月，朱高煦终于在乐安造反，是为"高煦之乱"。在朱瞻基亲征之下，朱高煦很快失败，他被废为庶人，囚于北京西华门内并最终为明宣宗烹杀，其妃韦氏及诸子也相继被处死。无论那段话是真是假，朱瞻基最终还是除去了朱高煦这位"有危宗社者"。

前面曾经提到，朱高煦在西华门内被囚禁期间，看守他的人中有一位宦官黄俨，这位黄俨正是笔者此前谈到的那位永乐年间长期出使朝鲜，甚至因为自己的贪婪在朝鲜臭名昭著的宦官。不过他在永乐年间还有另一层面目，就是他实质上是赵王朱高燧的一位支持者。

赵王朱高燧是朱棣与徐皇后所生的第三个儿子，也是朱棣的儿子中中存活下来的最小的一个。由于朱棣与惠嫔吴氏所生的四子朱高爔是否真的存在存疑，因为明初史料中并没有这位生下不久就夭折的儿子的记载，直到明朝中期王世贞才在自己的著作中提到这位儿子，因此不能确定他是否真的存在。不过这无伤大雅，因为这位小儿子早夭，并没有对永乐年间的政局造成什么影响。

永乐二年（1404年）四月，在朱高炽被立为皇太子，朱高煦被进封为汉王的同时，朱高燧受封为赵王，奉命居守日后的都城北京。不仅如此，朱棣还"诏有司，政务皆启王后行"[1]，同时还让其协助防守蒙古，赋予了朱高燧极大的权力。朱高燧每年都按时朝见朱棣，朱棣的宠爱让他逐渐恃宠而骄，多行不法。不仅如此，朱高燧同样对储君之位怀有野心，但他没有汉王朱高煦深受朱棣倚重又是次子这样的先天优势，因此，他采取了联合朱高煦共同构陷朱高炽的策略。

然而朱高燧明显高估了自己此时在朱棣心中的地位，朱棣此时心中确实颇为倚重朱高煦甚至倾向改立朱高煦为太子，但朱高燧在朱棣心中绝对没有这样的地位。因此，永乐七年（1409年），当朱棣发现朱高燧在与朱高煦的联合下日益出格后，他决定给朱高燧一个警告。朱棣诛杀了赵王府长史顾晟以责其辅导不力，同时还褫夺了朱高燧的冠服。虽然由于皇太子朱高炽的求情，朱棣最终宽宥了朱高燧，但他精心选择了国子监司业赵季通和董子庄作为新的赵王府长史，在给他们的敕谕中，朱棣明言：

> 朕子赵王，年少不务学问，所行多愆礼度，今简尔等为长史，宜悉心辅

---

[1] ［清］张廷玉等：《明史》，卷一一八，《诸王三·朱高燧传》

导，谕以德义，使博穷经史，以知古先贤之行事及修身、齐家、治国之道，屏绝邪佞，亲近忠良，随事规诲，务归于正，以承藩辅之重。[①]

朱棣的意思很明白，就是要朱高燧老老实实做一个藩王，不要有什么非分之想，而在此事之后，朱高燧确也有所收敛，直至卷入永乐二十一年（1423年）的一场未遂的政变。

永乐十三年（1415年），朱棣在加紧筹划让汉王朱高煦之国青州的同时也将赵王朱高燧由北京改封到彰德（今河南安阳）。但随着永乐十五年（1417年）汉王朱高煦获罪被贬乐安（今山东广饶东北），而在正式迁都北京之前身为皇太子的朱高炽又需要留在南京监国，年纪渐大的朱棣身边缺少儿子关心，于是他将最小的朱高燧继续留在北京陪伴自己，在永乐十八年（1420年）正式迁都北京后也未让其之国。

永乐二十一年（1423年）五月初十日，朱棣得到了一个让他震惊的消息，向朱棣报告的是常山中护卫下的一位总旗，名叫王瑜。根据王瑜的说法，常山中护卫指挥孟贤与羽林前卫指挥彭旭等人将要举兵推赵王朱高燧为主并将不利于朱棣与皇太子朱高炽。朱棣得知后虽然震惊但也十分镇定，他立即下令抓捕了孟贤与彭旭并召集皇太子朱高炽、赵王朱高燧及公、侯、伯、都督、尚书、学士等一干人员，朱棣亲自于右顺门内审问此案。

根据朱棣审问的结果，此次未遂政变的来龙去脉逐渐明朗。当时，朱棣由于年老多病，多不视朝，"中外事悉启皇太子"[②]。皇太子朱高炽虽然"仁明恤下"[③]，但"往往裁抑宦寺"[④]，这引起了朱棣亲近的宦官黄俨、江保的不满，尤其是黄俨，由于他本身的贪婪尤其遭到皇太子朱高炽的斥责。于是黄俨开始在朱棣面前进朱高炽的谗言，黄俨的谗言起了作用，虽然这已经无法动摇朱高炽的地位，但朱棣召见朱高炽

---

① 《明太宗实录》，卷一二四，第1560页，"永乐十年正月丁未"。

② 《明太宗实录》，卷二五九，第2380页，"永乐二十一年五月己丑"。

③ 《明太宗实录》，卷二五九，第2380页，"永乐二十一年五月己丑"。

④ 《明太宗实录》，卷二五九，第2380页，"永乐二十一年五月己丑"。

的次数也越来越少。黄俨觉得机会来了，他决定利用朱棣与朱高炽关系有些疏远的机会将与自己关系相厚的赵王朱高燧推出来。

黄俨先制造舆论，称朱棣十分属意朱高燧。他这一手果然吸引到了一批投机者，其中即有中下级军官孟贤与彭旭。除此之外，还有钦天监王成，他对孟贤说："观天象，非久当有见主之变。"① 于是孟贤决定加紧行动，他联合其弟孟三、常山左护卫马恕、田子和、兴州后屯卫老军高正、通州右卫镇抚陈凯等一批粗人计划向朱棣进毒药，等朱棣驾崩后以兵劫内库，抢出兵符及符宝并分兵劫持公、侯、伯、五府六部大臣，此后再以高正所伪造的遗诏交由中官杨庆的养子带出，从宫中颁出，宣布废太子朱高炽而立赵王朱高燧为皇帝。

可以说，这个计划虽然匪夷所思，但对朱棣与皇太子朱高炽也十分危险，正如谈迁所说，"万一宫车晏驾，尽如奸人指，夜半出黄纸，仍行扶苏之事，辇下军民百万，人人欲为太子死，奸人之肉，其足食乎？"② 若果真如此，朱棣有可能成为秦始皇第二，而朱高炽也有可能成为第二个扶苏。然而在这整个《明太宗实录》记载的计划中，却少见到赵王朱高燧的身影。这显得十分反常，作为在这个计划中最后要被推为皇帝的朱高燧，完全是局外人是不可思议的，政变的策划者应当至少是获得了朱高燧的默认，这一点，虽然《明太宗实录》中未载，但谈迁在《国榷》中则记载了孟贤等人在计划已定之后曾告知朱高燧让其"待事成"③，这显然是朱高燧表示默认之意。因此当高正将计划告知自己的外甥王瑜后，王瑜大吃一惊，力谏此举是灭族之祸，不可行，无奈高正一意孤行。为了保全自己，王瑜才立即入宫告发，这就回到了开始的一幕。

朱棣审出了案情，又看了证物，即伪造的《遗诏》，大为震怒，立即将杨庆养子抓捕诛杀，并怒气冲冲地对朱高燧说："尔为之耶？"④ 朱高燧"惴慄不能"⑤，此时

---

① 《明太宗实录》，卷二五九，第2380页，"永乐二十一年五月己丑"。
② 谈迁：《国榷》，卷十七，第1202页，"永乐二十一年正月"。
③ 谈迁：《国榷》，卷十七，第1202页，永乐二十一年正月
④ 《明太宗实录》，卷二五九，第2381页，"永乐二十一年正月己丑"。
⑤ 《明太宗实录》，卷二五九，第2381页，"永乐二十一年正月己丑"。

仍旧是皇太子朱高炽进言表示："高燧必不与谋，此下所为耳。"[1] 于是朱棣尽快结案并将相关人等处决，而朱高燧此后终于也收敛了很多。然而始作俑者黄俨却没有受到明显的惩罚，不过此后他也不再获派出使朝鲜。虽然关于黄俨的结局，明朝方面没有记载，但我们却能从朝鲜方面窥见一些痕迹，多年后的宣德四年（1427 年），朝鲜世宗李裪仍旧没有忘记这位曾经频繁出使朝鲜的宦官，他在十月对近臣讲了这样一段话："昨日头目黄哲云：'黄俨死后，被斩棺之罪，妻与奴婢没入为公贱。'"[2] 由此我们能够隐约看出黄俨的结局，既然他是死后"被斩棺之罪"，则说明他至少是善终的，如此一来，《明史》说他洪熙初年被朱高炽处决无疑就不准确了，因为他倘若被朱高炽诛杀，就不存在"斩棺"的问题了。另一方面，黄俨最终还是因为他永乐年间明显的不轨行为遭到了明朝后来皇帝的清算。至于朱棣为何没有立即惩罚黄俨，原因就不得而知了，不过他在永乐年间剩下的岁月里也不再出使朝鲜，这也可以看成朱棣对他的处理。

在度过了这最后一次风波后，朱高炽度过了自己即位前的最后一道障碍。而对于朱高燧，在朱高炽即位后很快之国彰德并自动削除了常山左右二护卫。朱瞻基即位后，汉王朱高煦起兵造反，朱瞻基亲征朱高煦并生擒他回京，此时有大臣建议明宣宗将朱高燧一并解决，不过朱瞻基听从杨士奇等人的建议，决定保全这位自己祖父的儿子，自己的叔叔，他并没有这么做，加之此后朱高燧为人低调，自动纳还护卫以消除朝廷对他的疑虑，终于在明宣宗宣德六年（1431 年）得以善终，谥号为：简。赵王的薨逝，可以说代表着一段历史的结束，永乐年间的储位之争至此终于画上了一个句号。

---

① 《明太宗实录》，卷二五九，第 2381 页，"永乐二十一年正月己丑"。
② 《朝鲜世宗庄献大王实录》，卷三八，第 8b 页，"九年十月甲申"。

2. 多事的晚年

笔者在第二章第二节就曾谈到，朱棣早在洪武十九年（1386年）时就曾患过一场重病，并且病根一直没有消除，这次生病甚至很有可能影响了朱棣的生育能力，这也是为什么朱棣的子女都出生在他登极之前的原因。随着岁月的流逝，到了朱棣的晚年，他仍旧被疾病所困扰，这也就引发了永乐朝后期的一段公案，即宫中的"鱼吕之乱"的问题。

这次案件的直接记载出自《朝鲜世宗庄宪大王实录》，朝鲜世宗李祹得知这件事情的时间是在永乐二十二年（1424年）十月十七日，正是朱棣驾崩后不久，而他的信息来源是一个叫金黑的人。金黑的身份是朝鲜进贡给朱棣的韩丽妃的乳母。根据金黑及此前出使明朝归来的尹凤两人的说法，事情的开端是明朝一位商人的女儿吕氏被选入朱棣后宫，她发现宫中还有一位朝鲜籍嫔妃也姓吕，出于同姓的原因，"贾吕"希望结好这位朝鲜来的吕氏，孰料朝鲜吕氏不从，"贾吕蓄憾"，由此埋下了祸根。到了永乐八年（1410年），朝鲜籍权妃去世，"贾吕"立即以此机会诬告"吕氏点毒药以于茶以进"，害死了权氏，于是"帝怒，诛吕氏及宫人、宦官数百余人"，这就是事情的第一阶段。

害死朝鲜吕氏后，"贾吕"又与另一位宫人鱼氏私通宦官，"帝颇觉，然宠二人不发，二人自惧缢死"。孰料两人一死，朱棣反而动了怒，因为事情起于"贾吕"，朱棣将她的侍婢全部抓来拷问，最终屈打成招，侍婢们招供"欲行弑逆"，最终引发大案，"凡连坐者二千八百人，皆亲临剐之"，宫女中一些性情刚烈的，知道难逃一死，索性当着朱棣的面骂道："自家阳衰，故私年少寺人，何咎之有？"可谓很不给朱棣面子。血腥屠杀之后，朱棣又"命画工图贾吕与小宦相抱之状，欲令后世见之，然思鱼氏不置，令葬于寿陵之侧。及仁宗即位，掘弃之"。[①]

这就是所谓"鱼吕之乱"，也是广为人知的永乐后期的宫廷风波。朝鲜之所以对这件事十分关注且知之甚详乃是因为这件事牵连进了大量进贡到明朝的朝鲜籍嫔妃，并且重要当事人金黑回到了朝鲜，带回了大量信息。然而从朝鲜方面的记载来

---

① 《朝鲜世宗庄宪大王实录》，卷二六，第15b页，"六年十月戊午"。

看，朱棣对此事并不避讳，甚至为了警示后人，还让画工专门绘制"贾吕"与宦官相抱的图画，"欲令后世见之"，有趣的是，但明朝方面的史料中却对此毫无记载，这就让朝鲜的记载成为了孤证。当然，《明太宗实录》中不记载此事可以理解为朱高炽即位后政策改变，让他不愿意再提及自己父亲时的丑事，等到朱瞻基即位，延续了这一政策。那么，为了考证这件事是否存在，我们就需要寻找第三方资料了。

刚好，朝鲜的记载为我们提供了这样一条路。根据《朝鲜世宗庄宪大王实录》里的记载，"初，帝宠王氏，欲立以为后，及王氏薨，帝甚痛悼，遂病风丧心，自后处事错谬，用刑惨酷。鱼、吕之乱方殷，雷震奉天、华盖、谨身三殿俱烬。宫中皆喜以为：'帝必惧天变，止诛戮。'帝不以为戒，恣行诛戮，无异平日"①。朝鲜这段记载为我们提供了一个关键信息，即"鱼吕之乱"大爆发的时间正是朱棣迁都后三大殿遭雷击焚毁的时候，也就是永乐十九年（1421 年）四月前后，这一时期，刚好帖木儿帝国苏丹沙哈鲁的使节也在北京，既然朱棣没有刻意隐瞒这件事，通过这几位使臣的记载是否提及此事自然有利于论证"鱼吕之乱"是否真的存在。

在《沙哈鲁遣使中国记》中，帖木儿帝国使臣同样提到了昭献贵妃王氏去世及三大殿焚毁的事情：

> 使臣受赐后返回他们的寓所。同时皇帝的一个宠妃刚好死了，因为居丧，不能再见到皇帝。在丧礼的准备没有完毕前，这件事没有泄露。
>
> 几天后，在主马答第一月 20 日（5 月 23 日）宣布，已故的皇后要在次日安葬。这天晚上，由于天意，碰巧发生大火，其起因是空中的雷电击中了皇帝新建的宫室顶。在那座宫殿中发生的火灾把它卷没，以致看起来就象[像]里面点着千万支添油加蜡的火把。火灾最早烧着的那部分宫室，是一座长八十腕尺、宽三十腕尺的大殿，殿是用熔铸的青精石制成的光滑柱子支撑，柱粗甚至三人不能合抱。火势猛烈，乃至全城都被火光照亮，同时火从该地蔓延至离它二十腕尺远的一个室殿，也把在朝见殿后面、建筑比它更豪华的后宫焚毁。在那座宫殿四周是用作库藏的厅室和屋舍，这些也着了火，其结果是大约二百五十啎的地方化为灰烬，烧死了很多男人和女人。它象[像]那样继续烧到白天，尽管极力抢救，在午后祈祷时刻之前不能把火控制住。然

---

① 《朝鲜世宗庄宪大王实录》，卷二六，第 16b 页，"六年十月戊午"。

而，皇帝及他的廷臣在那天已出城，不关心那场大火，因为，据他们的异端信条，那天被他们看成是一个假日。但他悲痛地到寺庙去，极为紧迫地祈祷说："天帝怒我，故此焚我宫室；虽则我未作恶事；既未不孝父母，又未横施暴虐！"他因这个哀痛而病倒，以此死者如何安葬，她何时被运往墓地，均不得而知。不管怎样，总有很隆重的葬礼。①

　　朝鲜、帖木儿帝国两方面的记载提到了不少共同的事情，而这些事情明朝方面也有记载。首先，两方面都提到朱棣晚年宠爱昭献贵妃王氏，朝鲜记载"帝宠王氏，欲立以为后"，帖木儿帝国则直接把王氏当成了皇后，当然，这可能和穆斯林后宫没有明显的妻妾之分有关。关于王贵妃在永乐后期受宠的情况，《明太宗实录》也是认可的。在徐皇后薨逝后，朱棣虽然没有再立后，但后宫不能无主。王贵妃因为"事上及仁孝皇后恭谨始终，处宫闱之内，肃雍有礼，蔼然和厚"，因此实质上由她"综理庶事，丝毫不紊，甚为上所重"，而在王贵妃薨逝后，"上恸悼之，辍视朝五日，赐祭，谥'昭献'，命丧葬悉如洪武中成穆贵妃故事"。②所谓"成穆贵妃故事"指的是洪武年间朱元璋后宫之一成穆贵妃孙氏薨逝后，朱元璋"命吴王橚服慈母服，斩衰三年以主丧事。敕皇太子及诸王皆服期"③，鉴于《明太祖实录》已经是三修的版本，故此处的朱橚无疑是嫡子身份，所谓"故事"也就是以嫡子为庶母服最高规格的斩衰三年之丧，这完全是皇后待遇。可见，朝鲜认为朱棣甚至想立王氏为后也属正常联想。

　　除了王氏受宠，双方还提到朱棣晚年身体不好，因此导致脾气恶劣，朝鲜记载"及王氏薨，帝甚痛悼，遂病风丧心，自后处事错谬，用刑惨酷"，帖木儿帝国方面也提到"他因这个哀痛而病倒"。对此，明朝方面也不讳言，实录在王贵妃薨逝后的记载中提到"上晚年有疾，间或急怒，宫人惧谴，妃委曲调护，盖自皇太子、亲王、公主以下，皆倚赖焉"④。后来黄俨之所以能够让他那拥立赵王朱高燧的漏洞百

---

　　① 哈菲兹·阿卜鲁著，何高济译：《沙哈鲁遣使中国记》，北京：中华书局，1981年，第134页。

　　② 《明太宗实录》，卷二二七，第2219页，"永乐十八年七月丙子"。

　　③ 《明太祖实录》，卷九三，第1625页，"洪武七年九月"。

　　④ 《明太宗实录》，卷二二七，第2219—2220页，"永乐十八年七月丙子"。

出的计划进行到相当的程度，更是因为"上叭疾，多不视朝，中外事悉启皇太子"①
的缘故，可见，朱棣晚年身体确实很不好，不过这并不是单纯因为王贵妃薨逝的打
击，而是朱棣身体向来就不好，晚年更加严重罢了。

　　朝鲜、帖木儿帝国双方最后一点共同记载就是都提到了三大殿的大火，朝鲜方
面提到"魚、呂之乱方殷，雷震奉天、华盖、谨身三殿俱烬。宫中皆喜以为：'帝
必惧天变，止诛戮。'帝不以为戒，恣行诛戮，无异平日"，帖木儿帝国使臣更是详
细记载了火灾的起因、蔓延及朱棣的自省。回到明朝方面，《明太宗实录》记载三
大殿大火的时间是永乐十八年（1420年）四月初八日，这是农历，公历则为5月
20日，与帖木儿帝国的5月23日所差不大，可见其记载还是相当准确的。至于朱
棣在大火之后几次下诏自省的问题，笔者在第五章第一节已经谈过了，这里就不再
重复了。

　　可见，"鱼吕之乱"同一时期的大事，明朝、朝鲜、帖木儿帝国三方面都有记
载且相差不大，唯独"鱼吕之乱"这样一件朱棣并没有刻意隐瞒的事情却成了朝鲜
的孤证，无论怎样解释，都不合情理。我们再回到朝鲜方面的记载上，他们之所以
十分看重此事，还因为"鱼吕之乱"牵连进了大量朝鲜籍嫔妃，《朝鲜世宗庄宪大
王实录》记载"乱之初起，本国任氏、郑氏自经而死，黄氏、李氏被鞫处斩。黄氏
援引他人甚多，李氏曰：'等死耳，何引他人为？我当独死。'终不诬一人而死。于
是，本国诸女皆被诛，独崔氏曾在南京，帝召宫女之在南京者，崔氏以病未至，及
乱作，杀宫人殆尽，以后至获免。韩氏当乱，幽闭空室，不给饮食者累日，守门宦
者哀之，或时置食于门内，故得不死。然其从婢皆逮死，乳媪金黑亦系狱，事定乃
特赦之"。如果说到这里还算正常的话，接下来明朝对金黑的处理就显得有些奇怪
了。随着朱棣驾崩，韩氏殉葬，金黑失去了侍奉的主人，"及韩氏既死，仁宗欲送
还金黑，宫中诸女秀才曰：'近日鱼、吕之乱，旷古所无。朝鲜国大君贤，中国亚
匹也。且古书有之，初佛之排布诸国也，朝鲜几为中华，以一小故，不得为中华。
又辽东以东，前世属朝鲜，今若得之，中国不得抗衡必矣。如此之乱，不可使知
之。'仁宗召尹凤问曰：'欲还金黑，恐泄近日事也，如何？'凤曰：'人各有心，奴
何敢知之？'遂不送金黑，特封为恭人"，这里明朝明显是担心金黑回去泄密，所
以并没有将她送回朝鲜，但在此后不久，"后尹凤奉使而来，粗传梗概，金黑之还，

_____

　　① 《明太宗实录》，卷二五九，第2380页，"永乐二十一年五月己丑"。

乃得其详"。[①]

　　且不论朱高炽何以如此自相矛盾，之前还担心金黑回去泄密而将她封为恭人，实质上是将她扣留在明朝，随后不久又将她送回了朝鲜，以至于带回了如此爆炸性的新闻。朱高炽在讨论金黑问题时"宫中诸女秀才"的话更属奇怪，所谓"又辽东以东，前世属朝鲜，今若得之，中国不得抗衡必矣"指的正是鸭绿江以东明、鲜双方的争议领土，《朝鲜世宗庄宪大王实录》中的这段记载，其主旨更像是为李裪后来的北拓进行铺垫，"鱼吕之乱"似乎只是为朝鲜方面提供了这样一个恰好的机会罢了。有鉴于朝鲜方面矛盾颇多的记载，"鱼吕之乱"是否真是这样一场大案，其实很值得怀疑。朱棣晚年身体多病，脾气不好，为此迁怒宫人之事是存在的，《明太宗实录》也记载"上晚年有疾，间或急怒，宫人惧谴"，可见迁怒之事普遍存在，因此才需要王贵妃从中斡旋，而在王贵妃薨逝后，朱棣与宫女之间失去了这一缓冲，因为某些问题而引发事件并不值得奇怪，不过规模并无朝鲜方面所说的那么夸张罢了，这也能解释何以《明太宗实录》及帖木儿帝国的使臣都并未记载相关事件的原因。至于朝鲜方面，因为对朝鲜籍嫔妃的特别关注，记载中出现某些夸大情形，也是情理之中的。

　　总的来说，朱棣晚年因为多病，脾气并不好，宫中也谈不上平静，无论是围绕储位的争夺，还是朱棣因为自己的喜怒无常而引发的一些宫廷事件。或许正是在这种情况下，朱棣转而更愿意在疆场上寻找慰藉，这也就有了朱棣晚年连续三年的漠北亲征。

---

① 《朝鲜世宗庄宪大王实录》，卷二六，第16b页，"六年十月戊午"。

3. 老骥伏枥：最后的北征

永乐十二年（1414 年），朱棣第二次北征击败瓦剌后，终永乐之世，明朝与瓦剌之间未再爆发大规模战事。永乐十三年（1415 年）正月，顺宁王瓦剌马哈木向朱棣谢罪，他在谢罪表文中称：

> 数年以来，仰戴皇上大恩，如天罔极。前者不能约束部属，致犯边境，且拘留使臣舍黑撒答儿等，实非本心，皆为左右所误，致负大恩。天兵远临，死罪万万，今惭惧无地，痛自追悔，伏望天地大德，曲赐赦除，俾得自新，仍朝贡如初。谨遣使护送舍黑撒答儿等来归并献良马五十匹。①

马哈木的上表显然是在推卸责任并狡辩，此次北征并不十分如意的朱棣在看过马哈木的表文后很自然地表示"黠虏尚敢巧言文过！"②不过在众臣的劝说下，朱棣最终还是决定宽容马哈木，接受了他的谢罪。此后马哈木对明朝保持了恭敬的态度，直至他于永乐十四年（1416 年）去世，其子脱欢继承了瓦剌实权并同样接受朱棣册封为顺宁王，他延续了其父对明朝的恭敬政策。但在另一方面，脱欢拥立斡亦剌歹为汗，作为自己的傀儡，此举无疑进一步刺激了瓦剌与鞑靼之间本已十分紧张的关系，双方愈演愈烈的权力争夺使阿鲁台也持续向明朝贡马。明蒙之间关系的缓和使朱棣暂时解除了北顾之忧从而专心地营建北京并筹划迁都北京，同时镇压国内出现的民变。

即便如此，朱棣也并未对北方失去警惕，对于鞑靼与瓦剌之间的争斗，他始终注意控制不让其中任何一方取得绝对的优势，中官海童成为了朱棣这一政策的重要执行者，他多次奉命出使蒙古，其中包括在永乐十六年（1418 年）册封瓦剌脱欢为顺宁王。为了以防不测，明朝北方边境的警戒问题，朱棣也从未放松，每当蒙古两部之间发生战事时，他总会敕谕边境守将提防蒙古人趁机南下，正是这种深入骨髓

---

① 《明太宗实录》，卷一六〇，第 1816 页，"永乐十三年正月丁未"。

② 《明太宗实录》，卷一六〇，第 1816 页，"永乐十三年正月丁未"。

的不安全感与不信任感注定了明蒙之间的和平关系难以长久地维持下去。

终于，随着鞑靼阿鲁台在永乐十七年（1419 年）大破瓦剌，信心日益上升的他决定改变对明朝朝贡的政策，最终在永乐十九年（1421 年），阿鲁台停止向朱棣朝贡并再度开始在明朝边境进行抢劫。

边境的再度紧张与瓦剌的求救让已于永乐十九年（1421 年）迁都北京的朱棣感到蒙古高原的局势已经再度失去了平衡，情形已经发生了重大变化。此时已经六十一岁的朱棣向往金戈铁马的血液再度开始沸腾，他开始调动军队并计划在永乐十九年（1421 年）中下旬亲自巡视北方边境。不过随着阿鲁台很快北遁，他一度取消了这个计划。孰料到了永乐十九年（1421 年）底，北方再度传来各种各样越来越紧张的奏报，老年的朱棣决定升级他的计划，将亲自武装巡视边界升级为——第三次亲征漠北。

在此次北征前，朱棣一如既往地召集兵部、户部、礼部的官员商讨北征的准备工作。结果此次朱棣遭受到了前所未有的反对。明朝此时刚刚经历了迁都北京的巨大消耗，国库早已不堪重负，百姓被压榨过度，各地不时出现民变，前一年的唐赛儿起义更是席卷山东，震动朝廷，情况已非永乐八年（1410 年）、永乐十二年（1414 年）可比。因此，当朱棣命兵部尚书方宾、户部尚书夏原吉、礼部尚书吕震、工部尚书吴中等人具体商议北征事宜后，四人经过讨论认为明朝当前国力不宜进行如此浩大的军事征伐，"宜且修养兵民而严敕边将备御"[1]，采取这种相对保守的策略才符合当前的国情。四人原本计划将这一结论上奏朱棣，结果还没等四人上奏，朱棣先单独召见了方宾，方宾认为这次召见是个机会，他对朱棣直言如今"粮储不足"[2]。朱棣听方宾说粮草储备不足，并没有轻易接受，而是又召见夏原吉专门询问粮草储备的问题，夏原吉也没有隐瞒，他陈述粮草如今"仅给将士备御之用，不足以给大军"[3]。事实证明，无论方宾还是夏原吉都没有夸大明朝此时国用紧张的情况，此后朱棣在北征中确实无法像前两次那样从沿途卫仓支取粮草，因此不得不随军携带大批补给。此外，夏原吉还对朱棣此时已经年迈的身体表示了担忧，"重以圣体少安，涉冒风沙，殊所未便"[4]，无疑是委婉劝说朱棣放弃这次亲征。然而对朱棣来

---

① 《明太宗实录》，卷二四三，第 2295—2296 页，"永乐十九年十一月丙子"。

② 《明太宗实录》，卷二四三，第 2295—2296 页，"永乐十九年十一月丙子"。

③ 《明太宗实录》，卷二四三，第 2295—2296 页，"永乐十九年十一月丙子"。

④ [明] 谈迁：《国榷》，卷十七，第 1186 页，"永乐十九年十一月"。

说，这次亲征已经是箭在弦上了，当然不可能就此作罢，他立即派夏原吉去开平视察当地粮储，显然是想论证一下边防重镇是否真的粮草空虚。结果夏原吉还没完成对开平的视察，工部尚书吴中在朱棣召见时第三度陈述了粮草不足的问题。本来粮储不足是四人共同的意见，倘若四人按照原计划一同上奏，结果或许会不同，结果三人阴差阳错三次上奏，最终就激怒了朱棣，他立即将他将夏原吉及一些户部相关官员下狱，其中夏原吉下内官监监狱，兵部尚书方宾则因存在贪腐的个人问题，此时因恐惧而自尽，夏原吉在朱棣驾崩后方被释放并官复原职。

朱棣以暴力打压反对意见，说明北征已势在必行，没有了转圜的余地，隆平侯张信、工部尚书李庆、工部侍郎李昶以及躲过一劫的吕震等人只能竭尽全力保障大军的补给。随着永乐二十年（1422年）三月初阿鲁台兵犯兴和的消息传来，朱棣加快了准备，于当月末出师北讨，开始了他的第三次漠北亲征。

然而朱棣率大军出发后不久，阿鲁台就已经从兴和向漠北遁去，遭受了阿鲁台摧残的兴和回到了明朝手中。明军诸将此时向朱棣进言认为应急速追击阿鲁台，然而朱棣否决了他们的建议，他认为追击阿鲁台是徒劳的，"虏非有他计，能譬诸狼贪，一得所欲即走，追之徒劳。少俟草青马肥，道开平，踰应昌，出其不意，直抵窟穴，破之未晚"[1]，最终决定大军经开平出应昌，直捣阿鲁台的巢穴。当然，以现今的眼光看来，朱棣不可能不知道阿鲁台一旦溜掉就极难寻找，要想抓住阿鲁台，此时急速追击无疑是最好的办法，他之所以不能如此，还当是与此次北征时明军粮草供应远不如前两次了，明军不具备像前两次那样携带足够粮草展开奔袭的条件，因此，朱棣只能退而求其次，谋求直捣阿鲁台巢穴。

明军在六月抵达应昌，虽然此后明军一直竭尽全力搜寻阿鲁台，但除了一些阿鲁台遗留下的马匹外，明军一无所获。当然，明军搜索没有收获不全是阿鲁台狡猾。随着永乐中后期军队中腐败问题的发展，军屯的衰落，明军此时的素质已经大不如前。关于这一点，朱棣在当年四月已经发现了。朱棣驻军云屯，在这里举行了阅兵。在阅兵过程中，朱棣看着自己的军队，对身边的侍臣说道："今从征之士，皆各处简择来者，若不阅习，何以御敌？兵法以虞待不虞者胜。"随即又说："设备于已失之后者，非上圣。朕所以慎重而不敢忽也。"[2]虽然朱棣主要是表达自己对从

---

① 《明太宗实录》，卷二四七，第2314页，"永乐二十年三月辛巳"。

② 《明太宗实录》，卷二四八，第2319页，"永乐二十年四月乙卯"。

各地拣选组成的亲征军的担心与谨慎，然而前两次北征亲征军也是如此组建的，北征途中也有阅兵，朱棣却没有对军容有过如此担忧，前后对比，恐怕改变的不止是朱棣，更是军队。

五月，因为索敌无果，大军无所事事，朱棣"令将士猎于道傍山下"。军队是作战的，固然狩猎也算一种演习，但在亲征这种大型军事行动中打猎，无疑还是颇为尴尬，为此朱棣只能自我开解式地对侍臣说："朕非好猎，顾士卒随朕征讨，道中惟田猎可以驰马挥戈，振扬武事，作其骁勇之气耳。"① 当月稍晚，朱棣又令众将在塞外举行了一次比武。如此一来，这次规模浩大的亲征似乎完全变成了一次军事演习，明军最终毫无收获也就丝毫不令人意外了。六月，朱棣抵达杀胡原时，终于得到了一点阿鲁台的消息。前锋都督朱荣抓获了几名阿鲁台的部属。从俘虏口中，朱棣得知了阿鲁台是向北遁走的。得到这一信息的朱棣立即警惕了起来，他先分析了情报的确实程度，认为："兽穷则走，然此黠虏未当遽信。或挟说谋示弱以误我，不可不严备"，"前哨继获虏部曲亦言虏悉众夜遁矣，验之而信"。确定了情报后，朱棣知道了阿鲁台已经走远，大军当前很难长途追击，立即召还了朱荣等人，决定就此班师，结束这次颇为尴尬的北征，朱棣说："朕非欲穷兵黩武也。虏为边患，驱之足矣。将士远来，亦宜休息。"算是为这次无功而返的北征找到了一个像样的结束的理由。当夜，朱棣又召见诸将说道：

> 所以羽翼阿鲁台为悖逆者，兀良哈之寇。今阿鲁台狼狈远遁，而兀良哈之寇尚在。当还师蕲之。②

朱棣这句话表明明军此次北征的目标，随着寻找阿鲁台无果、大军班师，由阿鲁台转为了兀良哈。当然，兀良哈确实在鞑靼、明朝之间首鼠两端，不过朱棣此时就此发怒，其实不过是把兀良哈拿来挽回自己此次北征劳而无功的面子罢了。对此，诸将也是明白的，"诸将皆曰：'然，请分兵疾进。'遂简步骑二万，分五道进击，且授之方略，谓曰：'兵贵神速，所谓迅雷不及掩耳也。'"③

---

① 《明太宗实录》，卷二四九，第 2322 页，"永乐二十年五月乙丑"。

② 《明太宗实录》，卷二五○，第 2332—2333 页，"永乐二十年七月己未"。

③ 《明太宗实录》，卷二五○，第 2333 页，"永乐二十年七月己未"。

　　既然决定报复兀良哈，兵贵神速就十分重要了。永乐二十年（1422年）七月初四日决定报复兀良哈，当月十五日就进抵了兀良哈的大本营所在屈裂儿河，"虏寇数万余驱牛马车辆西奔，陷山泽中"，面对疾驰而来的明军，只能仓促应战。朱棣当然不会放过这一大好机会，"上麾骑兵为左右翼齐进"，兀良哈明白明军军势颇盛，自己难以抵敌，便谋划夺路突围而走，朱棣却不打算就此放过他们，"上率前锋冲之，斩首数百级，寇自蹂践，死者相枕籍，余众散走"。至此，明军已经取得了对兀良哈的巨大胜利，然而朱棣仍旧感到不足。他仔细查看了战场地形，发现这里"其地背河，前左皆山"，于是让明军依山列阵，朱棣则登上高处瞭望，发现散走的兀良哈军再度开始聚集，于是"乃麾兵绕出其右十余里，又急分兵渡河断其后，寇数百人突而走，尽获之。又麾兵绕出其左十余里，先令甲士持神机弩伏深林中"，朱棣还特别告诫埋伏的神机弩甲士："寇经此则发。"再命在山下严阵以待。果然，不一会儿兀良哈军果然放弃辎重向左突围，朱棣则率御前骑兵及山下大军发动追击，兀良哈人此时已是惊弓之鸟，赶忙向林中逃去，正好掉进明军圈套，"神机弩竞发，寇大溃，死伤不可数。计余寇尚数百人，驰马而走"。朱棣认为这剩下的数百人里肯定有兀良哈的首领，于是"率骑兵追奔三十余里，抵其巢穴，斩首虏数十人，生擒其党伯儿克等，尽收其人口、牛、羊、驼、马，焚其辎重兵器"，取得了完全的胜利。①

　　大战结束后，明军继续在屈裂儿河流域搜捕兀良哈人，这一斩尽杀绝的措施终于让兀良哈人受不了了，"兀良哈寇党老弱皆诣军门，俯伏待罪"②，朱棣这才大度地宽恕了他们。这次与最初目标不同但又堪称完美的胜利终于让朱棣有了台阶。朱棣此后以胜利者的身份一边继续搜剿残余不服的兀良哈人，一边继续班师南还。八月十七日，朱棣颁布的总结此次北征的诏书中将打击兀良哈写作这次北征的主要成果，至于阿鲁台，则被隐讳为加以震慑：

　　　　天地之大，覆载而无外，帝王之治，一视以同仁。朕恭膺天命，主帝华夷，夙夜勤劳，勉图治理，无非欲天下生灵咸得其所而已。往者，丑虏阿鲁台穷居漠北，鼠穴偷生，屡为瓦剌所困，妻子不保，遂率部落来归。朕念其

　　① 《明太宗实录》，卷二五〇，第2334—2335页，"永乐二十年七月庚午"。
　　② 《明太宗实录》，卷二五〇，第2336页，"永乐二十年七月甲戌"。

遑遑无依，特加优恤，授以封爵，令仍居本土，安生乐业。岂意此虏心怀谲
诈，僭妄骄矜，违天负德，辜恩逆命，杀戮信使，侵犯边境。朕为保安生民
之故，躬率六师往讨之，以七月四日师抵阔栾海之北，丑虏阿鲁台闻风震慑，
弃其辎重、牛、羊、马、驼逃命远遁，遂移兵剿捕其党兀良哈之寇，东行至
屈裂儿河，遇寇迎敌，亲率前锋摧败之，抵其巢穴，杀首贼数十人，斩馘其
余党无算，获其部落人口，焚其辎重，尽收其孳畜，绥抚降附，即日班师。
於乎！声罪致讨，不得已而攘夷，戢干桀弓，庶端臻于偃武。诏告中外，咸
使闻知。①

本为这次北征主要目标的阿鲁台以一句"丑虏阿鲁台闻风震慑，弃其辎重、
牛、羊、马、驼逃命远遁"带过，而原本不在计划内的兀良哈则浓墨重彩的书写
"遂移兵剿捕其党兀良哈之寇，东行至屈裂儿河，遇寇迎敌，亲率前锋摧败之，抵
其巢穴，杀首贼数十人，斩馘其余党无算，获其部落人口，焚其辎重，尽收其孳
畜，绥抚降附"，可见朱棣是多么需要这场对兀良哈的胜利来挽回这次北征的尴尬。
九月，朱棣隆重地回到了北京，祭告天地、宗庙、社稷，宣告了这次北征的胜利。

虽然如此，此次征伐中未能捕捉到阿鲁台始终是朱棣难以忘记的，他固然可以
对外用对兀良哈的胜利将之掩饰过去，但他却无法欺骗自己。也正因为此，仅隔一
年他就于永乐二十一年（1423 年）七月因为一条阿鲁台将要进犯的不确定消息又一
次发动了对阿鲁台的亲征。

永乐二十一年（1423 年）七月二十日，"虏中又来降者言虏寇阿鲁台将犯边"。
对于这样一条极不确定的消息，朱棣却表现出了异乎寻常的兴奋，他立即召集诸将
说道：

去秋寇犯兴和，朕躬率师捣其巢，冗寇仓皇远遁，遂尽收其马牛辎重，
复东剿贼党兀良吟[哈]之众，擒戮其人，获其马驼牛羊，寇之穷，甚矣。今
必以朕既得志，不复出，故敢萌妄念。朕当率兵先驻塞外以待之，虏不虞吾
兵已出而轻肆妄动，我因其劳而击之，可以成功。②

---

① 《明太宗实录》，卷二五〇，第 2343—2344 页，"永乐二十年八月辛丑"。
② 《明太宗实录》，卷二六一，第 2388 页，"永乐二十一年七月戊戌"。

显然，朱棣的这段话暴露了他此时的心迹，所谓对去年北征获胜的种种描述，其实仍旧是延续之前班师诏书中突出兀良哈，弱化自己实际未能捕捉到阿鲁台的既有方案，而"今必以朕既得志，不复出，故敢萌妄念"云云，才是他真正想说的，不过阿鲁台并不是因为输给了朱棣才敢继续袭扰明朝北方边境，恰恰是他找到了应对朱棣亲征的新策略，即打了就跑，规避与朱棣进行主力决战。朱棣此时之所以因为这样一条捕风捉影的信息就决定再度亲征，其根本原因也是因为去年未能捕捉到阿鲁台，他自己也并不甘心罢了。

因为廷臣已经有了第三次北征的教训，朱棣此次的计划没有受到任何阻力，朱棣当即进行了兵力部署及后勤安排，"是日命安远侯柳升、遂安伯陈英领中军，武安侯郑亨、保安侯孟瑛领左哨，阳武侯薛禄、新宁伯谭忠领右哨，左掖命英国公张辅、安平伯李安领之，右掖命成山侯王通、兴安伯徐亨领之，命宁阳侯陈懋等居前锋，先驰攻房之西，部分既是，命户部料军实"①。当然，户部虽然不敢反抗，接下了任务，但从后来北征的具体情况来看，粮草的保障并没有比第三次好太多，不过因为此时第三次的亲征军并没有完全解散，因此在调动上有了一定程度的缓解罢了。

虽然在第四次漠北亲征中朱棣统领的明军威武雄壮，朱棣也自豪地称"今以三十万众当残虏，何患不克？况大义既正，必有天助"②，但明军仍旧始终未能找到"将要进犯"的阿鲁台。实际上，第四次北征开始不久朱棣就陷入了与第三次被征十分相近的窘境。朱棣七月底出发亲征，八月十八日，朱棣就对诸将下达了一道颇为有趣的命令：

> 上命诸将于各营外布阵神机铳居前，马队居后，令军士暇闲操习，且谕之曰："阵密则固，锋疏则达。战斗之际，首以锐摧其锋，继以骑冲其坚，敌不足畏也。"③

一场经过专门准备的针对死敌的大型亲征，竟然会出现因为军队闲暇而专门

---

① 《明太宗实录》，卷二六一，第2388页，"永乐二十一年七月戊戌"。

② 《明太宗实录》，卷二六二，第2394—2395页，"永乐二十一年八月庚申"。

③ 《明太宗实录》，卷二六二，第2396页，"永乐二十一年八月丙寅"。

令其操习的情况，无疑与第三次北征中大军搜索阿鲁台无果，朱棣只能命大军通过围猎进行演习十分类似。可见，阿鲁台避开朱棣锋芒的袭扰策略确实给朱棣造成了不小的困扰，在边境采取守势，则难以预料阿鲁台从哪里进行袭扰，大规模亲征需要决战，阿鲁台又早早遁走难以寻找，如此一来，朱棣无疑再度陷入了一种两难的境地，长留塞外，军队劳顿，粮饷也会难以负担，就此作罢班师还朝又缺少一次胜利作为自己的台阶，而与上次不同，兀良哈的再度输诚让朱棣这次无法再拿他们撒气。正当朱棣陷入窘境之际，作为先锋的陈懋又向朱棣"奏请进止"。对于先锋陈懋的束手束脚，朱棣无疑大为不满，他专门遣使敕谕陈懋：

> 朕既命尔为前锋，军中诸事，宜自审几而行，岂朕一一所能遥度？但昼夜慎密，不可疏略，当以古名将之事自勉，更杜绝憸言，庶不误事。[①]

作为前锋，陈懋理应审度事机，全力搜索阿鲁台的行踪，为大军向导，结果他却每一步都要向朱棣请示，如此畏手畏脚，也难怪朱棣无法捕获阿鲁台的确切行踪了。当然，在朱棣亲征的情况下，大将因为皇帝坐镇军中，不能放开手作战也并非这次独有，从前面的章节我们已经知道，第一、二次北征中，朱棣也对前锋束手束脚多所干涉斥责，然而将领们有了第二次北征后何福因为表现太过而垮台的前车之鉴，当然只会更加谨慎，不求有功，但求无过，阿鲁台固然狡猾，但明军将领的保守才是朱棣后三次北征都无法取得战果的根本原因。

进入九月，明军总算有了一些收获。九月十五日，"虏中伪知院阿失帖木儿、古讷台等率其妻子来降"，他带来了关于阿鲁台的情报，"备言阿鲁台今夏为瓦剌顺宁王脱欢等所败，掠其人口马驼牛羊殆尽，部落溃散无所"，在这样糟糕的处境下，阿鲁台当然更加不敢招惹朱棣，因此"彼若闻天兵复出，疾走远避之不暇，岂复敢萌南向之意"，[②]朱棣接纳了阿失帖木儿等人，将他和古讷台皆授予正千户职位。在阿失帖木儿带来的情报基础上，朱棣在次日召见诸将，下达敕谕："虏寇今虽困于瓦剌，狼狈失势，大军可不劳远出。然此寇谲诈，边备不可不谨。"随即命武安侯郑亨、安平伯李安、兴安伯徐亨、新宁伯谭忠、遂安伯陈英等率军分巡缘边关隘，

---

① 《明太宗实录》，卷二六二，第2399页，"永乐二十一年八月乙亥"。

② 《明太宗实录》，卷二六三，第2402页，"永乐二十一年九月癸巳"。

加固城池，务求防守严密。①

朱棣这道敕谕实际标志着这次北征已经结束了，"虏寇今虽困于瓦剌，狈狼失势，大军可不劳远出"正是说的这层意思，至于之后命令边防将领加固守备云云，不过是例行操作。朱棣之所以没有在此时下令立即班师，就是缺少一次可以让他冠冕堂皇宣称胜利的事件作为台阶。为了找到这个台阶，朱棣只能继续驻军塞外搜索，希望能抓住一部分蒙古人，因此，他又在九月二十三日明新任恭顺伯吴克忠、安顺伯薛青、都督吴成、苏火耳灰、柴永正、李谦等人率骑兵三千继续哨探蒙古人的消息。

十月初七日，朱棣驻跸上庄堡，他终于从前锋陈懋那里得到了自己想要的消息。陈懋奏报自己侦查得知蒙古人在饮马河以北被瓦剌击败，他立即展开追击，当追至宿嵬山口时，遇见了鞑靼王子也先土干率妻子部属前来归顺，陈懋附上了也先土干的奏表，内容大致为：

> 臣也先土干穷处漠北，旦暮迁徙不常，又见忌十[于]阿鲁台，几为害者屡矣，危不自保。仰惟陛下体天心以爱民，今四海万邦皆蒙覆载生育之恩，岂独微臣不沾洪化？谨率妻子部属来归，譬诸草木之微，得依日月之下，沾被光华，死且无憾。谨昧死陈奏。②

朱棣知道也先土干曾是阿鲁台的重要亲信之一，他出色的能力甚至阿鲁台都有所忌惮，此时归顺，正好给了自己一个台阶，他立即将也先土干的奏疏昭示群臣，说道："鸟兽穷则依人，黠虏小然，但彼既来归，我须怀之以恩。"随即命陈懋好好抚恤也先土干一行，为了让也先土干安心，朱棣还专门写信给他："尔智识卓越，灼知天命，亲率部属来归，可谓超群出类者矣。朕览奏，良用嘉悦，尔以诚心归朕，朕以诚心待尔，君臣相与，同享太平之福于悠久。已敕宁阳侯陈懋等偕尔同来，在途爱重，以副朕怀也"。③

十月初十日，当也先土干终于见到朱棣时，他仍旧因为担心，"遥望天颜，尚

---

① 《明太宗实录》，卷二六三，第2402页，"永乐二十一年九月甲午"。

② 《明太宗实录》，卷二六四，第2405页，"永乐二十一年十月甲寅"。

③ 《明太宗实录》，卷二六四，第2405—2406页，"永乐二十一年十月甲寅"。

有愧色"。朱棣知道也先土干的想法，他命也先土干上前说话，"遂备述诚悃，久愿来归，但为阿鲁台等牵萦，今幸见陛下，是天赐臣再生之日"，朱棣则宽慰说："华夷本一家，朕奉天命为天子，天之所覆，地之所载，皆朕赤子，岂有彼此？天道恒与，善人为君，体天而行，故为善者必赐之以福，尔今顺天道而来，君臣相与，共享富贵，勿忧也"，终于让也先土干放下心来，山呼万岁，最终归顺。朱棣则诏告文武群臣，"远人来归，宜有以旌异之，其封也先土干为忠勇王，赐姓名曰金忠"，给予了前所未有的高规格待遇，也先土干携带而来的部属也获得了不同层次的封赏。①

既然有了也先土干这个台阶，大军继续待在塞外也就没有必要了，第二天，朱棣就下诏班师，这份班师诏书堪称第三次北征的翻版，仍旧略过了本来的主题征讨阿鲁台，而把这一过程中两次蒙古首领的归降作为了重头戏：

> 朕惟帝王统御，一视同仁，顺者抚之，逆者攫之，惟在安民，无有远迩。夷狄之为中国患，其来已久。《书》云："蛮夷猾夏"，《诗》称"戎狄是膺"，历汉及唐，至于有宋，其祸甚矣！逮元之季，腥秽上闻，天命我皇考太祖高皇帝主宰生灵，削平祸乱，扫荡腥膻，以建万年之盛治，圣德神功，开辟以来未有之也。肆朕恭膺天命，绍承大统，夙夜勤励，惟以安民为务。蕞尔丑虏，偷生穷荒，鼠窃无已，常躬率六师往征之，芟除恶类，抚辑善良，令仍居本土，以遂其生。不意豺狼之心，不知感德，复将犯边。乃以今年七月二十四日躬御戎服，亲率亲士出塞以待之，而命宁阳侯陈懋为前锋，朕兵抵阴山之脊，适虏中伪知院阿失帖木儿等率妻子来归，备言虏寇为瓦剌顺宁王脱欢等所败，余孽奔溃，逃命无所。未几，宁阳侯陈懋又得其名王也先土干躬率家属部落来归，也先土干，骁捍狡黠，虏中之所畏服者，今稽首军门，敷陈诚悃，以为天命在朕，不敢违越。朕加[嘉]其来归之诚，已封为忠勇王，抚绥其部落，遂用班师，茂敷怀远之仁，光协止戈之武。诏告中外，咸使闻知。②

朱棣在诏书前半部分先说了一通套话，再度追溯了历史上夷狄为患，然后又

---

① 《明太宗实录》，卷二六四，第2407—2408页，"永乐二十一年十月己巳"。
② 《明太宗实录》，卷二六四，第2408—2410页，"永乐二十一年十月庚午"。

讲了一遍父亲朱元璋的崛起与自己的继承天命。具体到这次北征，原本想主动出击阿鲁台，到了诏书中成了"亲率亲士出塞以待之"，似乎他本来的目的就是率大军巡视塞外，做攻势防御，而不是为了消灭阿鲁台。如此一来，后面再接上阿失帖木儿、也先土干的归顺，自己威慑的作用已经达到了，连也先土干这种"骠捍狡黠，虏中之所畏服者"的人都"稽首军门，敷陈诚恺，以为天命在朕，不敢违越"，这次北征自然是自己胜利了，得胜班师，一切都是那么的顺理成章。当朱棣在十一月班师回到北京后，金忠再度在全天下人面前得到朱棣隆重的赏赐，"赐忠勇王金忠诰券、金印、朝服、公服、玉带、织金文绮衣、黄金百两、白金四百两、钞二千锭、纻丝五千表里、纱、罗、绫各二十疋，鞍马二牛百头、羊五百只、米百石及居第床褥薪刍器用咸备，岁给禄米千石"①，朱棣之所以如此隆重对待金忠，就是要让全天下人知道金忠的重要性，而自己能让这样一个重要的人归顺，无疑是这次北征的巨大胜利。至于这次北征真正的成果，朱棣其实是非常清楚的，他还在班师途中就已经开始询问金忠阿鲁台方面的情况，而就在短短一年后，他就发动了自己的第五次也是最后一次亲征。

永乐二十二年（1424年）正月初七日，也就是朱棣结束第四次北征，回到北京后不到两个月，边境再度传来警训，"大同、开平守将并奏虏寇鲁阿台所部侵掠境"，飘忽不定的鞑靼阿鲁台再度率部侵犯明朝的大同、开平两地，对此，朱棣自然需要做出反应。关于此后明廷的决策过程，杨荣《北征记》及《明太宗实录》中的记载基本一致又有细微的区别，因此，我们能够从两者的记载及其区别中有所发现。根据《北征记》的记载，就在朱棣接到大同、开平两地警报之前，忠勇王金忠就曾反复劝说朱棣发兵征讨阿鲁台，"初，忠男土金忠来归，屡言阿鲁台弑主虐人，违天逆命，数为边患，请发兵讨之，愿身为前锋自效"，此时边境有警，自然更为积极。对于金忠的积极态度，朱棣则表现得似乎不愿再动干戈，他说："兵岂堪数动？朕固厌之矣，何况下人。"金忠则进一步劝说："虽天地大德，无物不容，其如边人荼毒，何时可已？"边境的切实威胁无疑打动了朱棣，他不再坚持，而是认为即便出兵，也需要一个理由："卿意甚善，但事须有名。文帝尝言：'汉过不先'，姑待之。"随后，朱棣召集公、侯、大臣讨论此事，还把金忠的意思告诉了他们。次日，群臣一同上奏："忠言不可拒，逆贼不可纵，边患不可坐视，用兵之名不得避也，惟上

---

① 《明太宗实录》，卷二六五，第2412页，"永乐二十一年十一月丙戌"。

决之。"朱棣准奏，由此定下了第五次亲征之事。[①]

以上是《北征记》中的记载，其与《明太宗实录》中记载的区别在于朱棣说了"姑待之"之后。《北征记》中为朱棣立即召集群臣讨论，群臣随即在第二天一同上奏赞同北征。而到了《明太宗实录》里朱棣说了"姑待之"后接了一段"至是边报至"[②]，即大同、开平两处警训传来，朱棣才召集群臣讨论，然后有了群臣一同上奏赞同北征之事。对比两处，无疑是《明太宗实录》在《北征记》的基础上进一步完善了事情的前后因果关系，将金忠的劝说、朱棣的不愿出兵写在前面，然后紧接着边境警训便传来，朱棣只得召集群臣讨论是否出兵，前后在时间衔接上相对严密。相对而言，《北征记》中并没有这种紧密因果关系，金忠的劝说固然在边境警训传来前，但警训未必立即传来，毕竟金忠归顺到警训传来也有近两个月。因此，《明太宗实录》记载给人的感觉便是不愿出兵的朱棣本想找个"事须有名"的理由将出兵的事情搪塞过去，无奈阿鲁台犯边的消息传来，他才不得不出兵。而在《北征记》相对松散的记载看来，则像是朱棣在金忠的劝说下早就动了亲征的心，只是因为"事须有名"的原因不能立即行动，而阿鲁台犯边刚好给了他借口，于是立即召集大臣讨论。当然，大臣们有了方宾、夏原吉等人的前车之鉴，自然不会反对，因此朱棣就在一片赞同声中定下了第五次亲征之事。

《北征记》成书于《明太宗实录》之前，实录在其基础上修饰而成，因此自然《北征记》的记载理应更接近原貌。事实上，朱棣在召集群臣讨论时，先将金忠的意思告诉他们，诱导性已经很明显了，他是倾向于亲征的，群臣自然领会这一意图，因此很快便一同上奏请求亲征。因此，《明太宗实录》的修饰更可能是史官因为朱棣第五次北征同样毫无收获，故而为尊者讳，将力主出兵的源头归到金忠头上，朱棣则被塑造为一位不愿出兵的皇帝，因此，这次亲征劳而无功的责任自然就不归朱棣了。朱棣本人的意图恐怕还是与第三、第四次亲征时一样，是力主态度，金忠不过是促成作用，绝非主导作用。

因为距离第四次亲征结束还不足两个月，亲征军基本并未解散，因此此次亲征的军队调动相对容易。朱棣初八日决定亲征，初九日就"敕山西、山东、河南、陕西、辽东五都司各选马步兵，择将统领，以三月至北京。山西行都司兵命都督李

---

① ［明］杨荣：《北征记》，第58—59页。
② 《明太宗实录》，卷二六七，第2424页，"永乐二十二年正月甲申"。

谦统领，以三月至宣府。敕陕西都司都指挥阎俊、陕西行都司都指挥刘广、西宁土官都指挥李英及巩昌、洮州、岷州、河州等卫各领官军，以三月至北京"[①]。朱棣此次的布署很有特点，北方延边各都司、卫所的可用军队几乎都被他调来参加这次亲征，可见他确实对此十分重视，也从一个侧面证明了关于他厌倦出兵的记载更可能为后世史官的修饰。

三月初一或初二日[②]，经过一个多月的调度，对应军队集结完毕，朱棣在北京大阅军队，这次北征的将领安排可谓极尽一时之选，"命安远侯柳升领中军，遂安伯陈英副之，英国公张辅领左掖，成国公朱勇副之，成山侯王通领右掖，兴安伯徐享副之，武安侯郑亨领左哨，保定侯孟瑛副之，阳武侯薛禄领右哨，新宁伯谭忠副之，宁阳侯陈懋、忠勇王金忠率壮士为前锋，安顺伯薛贵、泰顺伯吴克忠、都督李谦等各领兵从"[③]，其中最大的特点无疑是金忠加入了前锋行列。朱棣的考虑很容易理解，既然金忠曾为阿鲁台亲信，又在鞑靼颇有名望，那么他自然应该对鞑靼的情况十分熟悉，以他为前锋无疑是想利用他对敌情的熟悉为大军搜索阿鲁台的行踪。朱棣在大阅军士后对诸将的讲话也证明了他此次亲征正是为了彻底消灭阿鲁台：

> 为君以奉天爱人为本。朕临御以来，视民如子，内安诸夏，外抚四夷，一视同仁，咸期生遂。有为民患，则亦不赦。逆贼阿鲁台，始以穷蹙来归，抚之甚厚，豺狼野心，不知感德，积久生慢，反恩为仇，侵扰边疆，毒虐黎庶，违天负恩，非一而足。朕再出师，捣其巢穴，焚其积聚，寇之微命，危如丝发。当其时，从将士之志，寇岂复有生理？但体上帝好生之仁，驱而逐之，亦冀万一其能改也，而兽心终焉不变。今朕必往伐之。朕非好劳恶逸，盖志在保民，有非得已。尔等从朕，诚能奋力成功，高爵重赏不汝吝。如方命失机，则军法亦不汝贷。其往懋哉![④]

朱棣对自己历次北征的成果无疑有些夸大，所谓"朕再出师，捣其巢穴，焚其

---

① 《明太宗实录》，卷二六七，第2424页，"永乐二十二年正月丙戌"。

② 关于朱棣大阅军队的时间，《北征记》为三月初一日，《明太宗实录》为初二日，相差一天，此处并存。

③ 《明太宗实录》，卷二六九，第2436页，"永乐二十二年三月戊寅"。

④ [明] 杨荣：《北征记》，第59页。

积聚，寇之微命，危如丝发。当其时，从将士之志，寇岂复有生理"云云，只要结合朱棣历次北征的史实，就知道阿鲁台在朱棣手下断无如此不堪一击，即以阿鲁台损失最为惨重的第一次北征而言，也是先有了阿鲁台与本雅失里之间的分裂，导致鞑靼整个部署被打乱，又被朱棣突然袭击，因此吃了大亏，即便如此，阿鲁台仍旧逃脱了，甚至得以在多年后卷土重来，对明朝造成威胁。不过朱棣最后说的"今朕必往伐之。朕非好劳恶逸，盖志在保民，有非得已"则一定程度上透露出了他的心迹，他之所以在晚年不顾身体的不适连续北征，根本原因未必是单纯因为对军事行动的热爱，而是为明朝的未来考虑，想要在自己这一代彻底解决蒙古问题，这或许能在一定程度上解释朱棣晚年异常执着于亲征的这一作为。

永乐二十二年（1424 年）四月初四日，军队动员部署完毕，朱棣在布置好皇太子朱高炽监国后，以亲征告天地、宗庙、社稷，又遣官祭旗纛、山川等神，率军踏上了第五次亲征漠北的征途。明军沿唐家岭、龙虎台一线进军，出居庸关，开始搜索寻找阿鲁台。四月十二日，明军抵达土木，朝鲜使臣申商也到了这里，他是来恭贺十七日的朱棣生辰的。不过对朱棣来说，申商的到来可能还有另一层意义，即借此机会询问朝鲜协助明朝抓获辽东三万卫叛逃的官军杨木荅儿的，朝鲜为此甚至派遣了本国的军队。当然，对于朱棣来说，更重要的还是眼前的事情，即阿鲁台究竟身在何方。

四月二十五日，明军从独石出发，抵达隰宁。此时，金忠作为前锋的作用发挥了出来，他的部下都指挥同知把里秃等擒获了阿鲁台派出的间谍，从间谍口中，朱棣得知了阿鲁台此时的动向，"虏（阿鲁台）去秋闻朝廷出兵，挟其属以遁。及冬，大雪丈余，孳畜多死，部曲离散。比闻大军且至，复遁往答兰纳木儿河，趋荒漠以避。所以遣谍者，虏闻之不实耳。"这一消息无疑令人沮丧，阿鲁台听说明军大军出动，再度遁走荒漠，躲避与朱棣的正面交战。朱棣虽然知道要再寻找阿鲁台十分困难，但他不甘心第三次无功而返，他认为即便阿鲁台已经跑了，"然则寇去此不远"，因此命令诸将快速前进，继续搜索阿鲁台。[①]

根据明军后来的行动，朱棣此时将目标定在了间谍口中提到的阿鲁台逃遁方向上的答兰纳木儿河，而明军此后的行军速度也确实有了明显的提升，根据杨荣在《北征记》中的记载，明军二十六日进抵西凉亭，二十九日进抵门安，五月初一日

---

① [明] 杨荣：《北征记》，第 60 页。

到达威虏镇，初三日进抵环州，一天后行军至双塔，初五日就进抵开平。相较于四月前中期，行军日程、速度都有了明显提升，这样做的目的很容易想到，朱棣定然是为了尽快赶到答兰纳木儿河，避免阿鲁台再从那里逃走。然而天不遂人愿，就在明军终于进抵孤悬塞外的开平重镇时，"是日雨，士卒有后至沾湿者"，农历五月，塞外天气还很寒冷，这场大雨的突然到来不可避免地拖慢了明军行军的步伐。士卒受到冷雨打击，朱棣无法坐视不理，他就此指示诸将：

> 士卒者，将帅所资以成功名，抚之至则报之至。古人有言："视卒如婴儿，可与赴深豁，视卒如爱子，可与之俱死"，今方用此辈为国除残去暴，其可不恤？[①]

可见这场冷雨对明军造成的打击。虽然无论《北征记》或是《明太宗实录》都没有具体记载北征途中的冷雨是如何打击明军的，但是朝鲜方面的一些记载则可以在一定程度上补充明朝史料的缺失。在同时代的《朝鲜世宗庄宪大王实录》中有两段有趣的记载，两段记载都是谈论朱棣第五次北征的，第一段为世宗六年（永乐二十二年，1424 年）九月：

> 癸酉朔，平安道监司金自知启："使臣支应差使员判三登县事朴得年回自辽东，赍誊写皇太子令谕一本。"其文曰：
> 皇太子令谕天下文武官员军民等。仰惟大行皇帝（朱棣）为天下生灵，讨贼胡寇，班师回至榆木川，不幸于七月十八日宾天。遗命中外臣民，丧服礼仪，一遵太祖高皇帝遗制，布告天下，咸使闻知。
> 王贤与得年潜说："皇帝与鞑靼相遇交兵，阿录大（阿鲁台）战死。"头目李英云："忠勇王自请招安鞑靼，扈驾而行，未知去向。皇帝行在所雨冰如瓦，军人或折臂或碎头而死，马亦多折项而死。皇帝以此，劳心而崩。"[②]

第二段在一年后的七月，提到：

---

① ［明］杨荣:《北征记》，第 60 页。
② 《朝鲜世宗庄宪大王实录》，卷二五，第 21a 页，"六年九月癸卯"。

丁巳，同副代言郑钦之问安于使臣。尹凤出示一簇题名二单曰："某某可任京职，某某可任平壤土官。其余望差添设。"钦之以启发，上皆从之。

尹凤谓总制元闵生曰："总制年前赴行在，艰难而还？"闵生答曰："皇帝特赐羊酒与料而送，何艰难之有？"凤曰："其时事，不可说，不可说。北京距榆木川不迩，自榆木川以北，奚止八九倍？銮舆入幸，逐中山王阿禄大（阿鲁台），王使人曰：'予自昔受赏与爵，不可以拒大军。自东逐我，则我乃西走，自西逐我，则我乃东走。'终不与战，不幸皇帝病亟，还至榆木川而崩。崩后大军与三卫兀良哈再战，我军被虏，不知其几千人也。"[1]

两段记载都提到这次北征的艰苦，朝鲜使臣前往行在朝见朱棣都是艰难而还，更值得注意的是第一段记载中关于明军遭受损失的记载，"皇帝行在所雨冰如瓦，军人或折臂或碎头而死，马亦多折项而死。皇帝以此，劳心而崩"。从这段记载来看，明军似乎遭遇了严重的冰雹，让大军遭受了沉重的损失，朱棣甚至因此"劳心而崩"。虽然朝鲜方面的记载有颇多不准确之处，例如他们记载阿鲁台（即阿禄大）与朱棣交战并战死了，就是不准确的，鞑靼阿鲁台是在朱棣之孙朱瞻基在位的宣德九年（1434年）才被脱脱不花和瓦剌脱欢联合攻杀的，并非在永乐二十二年（1424年）死于与朱棣的交战。不过结合《北征记》及《明太宗实录》中冷雨对明军造成的打击，则这段冰雹的记载刚好可以对照起来，很有可能反映了明军遭受的真实打击，明军进军的速度也因此受到了拖累，不过朱棣并非因此"劳心而崩"，因为他还在后面继续作战了好几个月。

五月初十日，明军仍旧滞留在开平，这天，朱棣将杨荣、金幼孜召到自己的帐中，三人之间有了一段对话。朱棣先告诉两人，自己昨天做了个梦："朕昨夕三鼓，梦有若世所画神人者，告朕曰：'上帝好生'，如是者再，此何祥也？岂天属意此寇部属乎？"显然，军事上的不顺利让朱棣对此行产生了怀疑，认为天意似乎偏向阿鲁台。对于朱棣的话，杨荣等人只能加以宽慰："陛下好生恶杀，[诚]格于天。此举固在除暴安民，然火炎昆冈，玉石俱毁，惟陛下留意。"杨荣宽慰朱棣，认为他之所以会做这样的梦，只是因为他自己"好生恶杀"，只需要在今后的行军作战中

---

[1]《朝鲜世宗庄宪大王实录》，卷二七，第22a页，"七年二月丁巳"。

注意不滥及无辜就行。朱棣听了显然十分满意："卿言合朕意，岂以一人有罪，罚及无辜？"随即起草了一份敕谕，派遣宦官伯刀苟随同被俘虏的鞑靼人前去招抚阿鲁台，诏书的内容基本还是重复过去的招抚言辞，并无什么创新之处：

> 往者，阿鲁台穷极来归与朕，所以待穷者之归，皆尔等所知，天地鬼神实鉴临之，此何负彼？而比年以来，寇攻我边鄙，虐刘我烝黎，累累不厌，其孰之过也？朕间者，虽以天人之怒，再率六师，往行天讨，当是时，如徇将士之志，奋雷霆之威，彼之危犹洪炉片雪，岂复有余命哉？朕体上帝好生之仁，惟剪其枝叶，毁其藏聚，驱出诸旷远之地，岂待[徒]全其余息，亦犹冀其或改而自新也。乃兽心弗悛，日增月益，比吾边氓困其荼毒者，殆非一所。夫为恶有本，今王师之来，罪止阿鲁台一人，其所部头目以下，悉无所问。有能知顺天道，输诚来朝，悉当待以至诚，优与恩赉，仍授官职，听择善地，安生乐业。朕之斯言，上通天地，毋怀二三，以贻后悔。①

虽然诏书内容没有什么新意，此时却不失为一种务实之举，毕竟明军为条件所困，此时难以急行军追击阿鲁台，除了在这一期间转而谋求再度分化鞑靼内部，朱棣也并无太多措施可以采取了。五月十三日，度过冷雨打击的明军终于再次从开平出发，进抵武平镇。此后一段时间，明军进军速度逐渐恢复了正常，至五月二十二日，明军已经深入到了清平镇，这里即元代的应昌路，距离朱棣的目标答兰纳木儿河已经不远了。结果正在此时，有一场大雨降临，这次大雨虽然没有对军队造成直接损失，但却导致明军运送粮草的"重车皆在后"。朱棣后二次北征，因为无法从沿途卫仓支取足够粮草，因此都是以车辆运送大量粮草随军行动，此时重车受大雨影响掉队，明军补给自然出现问题，朱棣只能再度停下来，分兵接应掉队的运粮部队，至于自己内心的一腔怒火，朱棣只能对手下诸将发泄："辎重者，六军所恃以为命，兵法，无辎重，粮食无委积，皆危道，曹操所以屈袁绍者，先尽其辎重。今诸将皆至而重车在后，尔等独不远虑耶？"②当然，这并不完全是诸将的问题，朱棣急于进军，众将只能配合，在这种状态下，运粮部队想要跟上本就艰难，再遇上大

---

① [明] 杨荣：《北征记》，第60—61页。
② [明] 杨荣：《北征记》，第61页。

雨，掉队几乎是必然的。

随后三天里，明军行进缓慢，朱棣为了打发时间，举行了两次宴会打发时间。五月二十六日，才恢复了行军速度。时间进入六月，六月十五日，明军到达玉沙泉，答兰纳木儿河近在眼前，朱棣为了应对可能到来的与阿鲁台的正面决战，下令诸将严阵以待，此时将士都"踊跃思奋"，朱棣感到很欣慰，认为"兵可用矣"。次日，朱棣派陈懋、金忠率军先行进发，搜索阿鲁台，临行之前还告诫两人："若遇贼，宜审几行事，如两锋相当，彼投戈下马者，而皆良民，勿杀。如其来敌，先以神机铳攻之，长弓劲弩继其后，遇阿鲁台亦勿杀，生擒以来。"[①] 此时的朱棣似乎完全恢复了消灭阿鲁台的信心。

然而天不遂人愿，五月十七日，行军途中的朱棣接到了陈懋派人传来的最新情报："臣等已至答兰纳木儿河，弥望荒尘野草，虏只影不见，车辙马迹亦多漫灭，疑其遁已久"。显然，阿鲁台在知道风声后，已经早早离开了答兰纳木儿河，朱棣扑空了。事已至此，朱棣不肯就此作罢，他立即派遣英国公张辅、成山侯王通分兵在附近山谷中进行大规模搜索，陈懋、金忠也不用急着返回，继续索敌。至于朱棣自己，则进至答兰纳木儿河畔驻军，等待消息。[②]

五月十九日，朱棣离开答兰纳木儿河，转军至苍石岗，张辅等人相继引兵返回，张辅上奏："臣等分索山谷，周回三百余里，一人一骑之迹无睹，必其遁久矣。"一天后，陈懋、金忠也率军返回，他们带回的消息同样令人沮丧："臣等引兵抵白印山，咸无所遇，以粮尽故还。"不过张辅对于找到阿鲁台仍旧抱持信心，他进一步上奏："愿假臣等一月粮，率骑深入，罪人必得。"对于张辅的信心，朱棣却没了兴趣，身体已经很不好的朱棣不想再停留塞外了，他说："今出塞已久，人马俱劳，虏地早寒，一旦有风雪之变，归途尚远，不可不虑。卿等且休矣，朕更思之。"六月二十一日，朱棣经过思考，再度召集张辅等人，发表了一通罕见的消极的言论：

> 昨日之言，朕思之，不可易也。古王者制夷狄之患，驱之而已，不穷追也。且今孽虏所在无几，茫茫广漠之地，譬如求一粟于沧海，可必得耶？吾

---

① ［明］杨荣：《北征记》，第63页。
② ［明］杨荣：《北征记》，第63页。

宁失有罪，诚不欲重劳将士。朕志定矣，其旋师。①

　　显然，朱棣已经厌倦了，六月二十一日，朱棣下令班师，早已不堪重负的兵部尚书李庆等人自然表示赞同，最终，朱棣决定兵分两路，由自己亲率骑兵由东路返回，由郑亨率步卒由西路返回，两路大军计划于开平会合。

　　当朱棣在返回途中于七月初七日经过清水源时，他让杨荣与金幼孜在道旁巨石上刻石纪行，以"使万世后知朕亲征过此也"②。七月十四日，身体已经十分不适的朱棣在帐殿中询问内侍海寿："计程何日至北京？"海寿回答："其八月中矣。"③朱棣只是微微点头，他或许已经预感到凭借自己现在的身体状况已经很难活着回到北京了，之后他又对杨荣等人说：

> 东官历涉年久，政务已熟，还京后，军国事悉付之，朕惟悠游暮年，享安和之福矣。④

杨荣自然宽慰道：

> 殿下孝友仁厚，天下属心，允称皇上之付托。⑤

　　朱棣对杨荣的回答很满意。两天后，病情已经十分严重的朱棣对侍奉在他左右的人感叹道："夏原吉爱我。"⑥他此时或许对这位一直为他尽心尽力却因为出于对国情的考虑及对他身体的担心反对他第二次漠北亲征而被他下狱的户部尚书感到一丝愧疚。这日，朱棣下令大军戒严。次日，朱棣在抵达榆木川（今内蒙古多伦）后病危，他诏见英国公张辅受遗命，对他留下了自己最后的嘱托：

①　[明] 杨荣：《北征记》，第63页。
②　[明] 杨荣：《北征记》，第64页。
③　[明] 杨荣：《北征记》，第65页。
④　[明] 杨荣：《北征记》，第65页。
⑤　[明] 杨荣：《北征记》，第65页。
⑥　[明] 谈迁：《国榷》，卷十七，第1213页，"永乐二十二年七月"。

遗命传位皇太子，且云丧服礼仪，一遵太祖皇帝遗制。[1]

第二天，即明永乐二十二年七月十八日，公元 1424 年 8 月 12 日，朱棣在榆木川（今内蒙古多伦）驾崩，享年六十四岁，在位二十二年又三个月。

朱棣驾崩后，中官马云、孟聘立即召内阁大学士杨荣、金幼孜共同商议，认为大军在外，决定先秘不发丧，朝夕向朱棣的进膳仍旧照常进行，杨荣等铸造了一口锡棺入殓了朱棣，以此妥善保存朱棣的遗体，然后，杨荣驰报皇太子朱高炽，金幼孜暂时节制大军。

八月初一日，两路明军在开平会合。次日，皇太子朱高炽与皇太孙朱瞻基接到了朱棣驾崩的消息与遗命，至此，明朝正式发丧，皇太孙朱瞻基立即前往大军迎丧并节制大军。八月初七日，皇太孙朱瞻基迎丧于军中并节制大军，至此，明军中才发丧。八月初九日，明朝臣民哭迎朱棣灵柩于居庸关。八月初十日，皇太子朱高炽率诸王、群臣衰服哭迎朱棣灵柩于北京城郊，奉安于北京宫城仁智殿，以硬木梓宫取代锡棺加殓朱棣完毕，朱棣正式的丧礼由此开始，在宏大而庄严的仪式中，三十几位宫女及十六位朱棣的嫔妃被迫殉葬。另一方面，国不可一日无君，皇太子朱高炽于八月十五日即皇帝位，下诏大赦天下，宣布明年改元洪熙元年，成为明朝第四位皇帝——明仁宗。

永乐二十二年（1424 年）九月初十日，朱高炽为其父朱棣上谥号：体天弘道高明广运圣武神功纯仁至孝文皇帝，庙号太宗。十二月十九日，明太宗文皇帝朱棣与仁孝文皇后徐氏合葬于他自己营建的长陵中。这位以残暴手段夺取其侄子皇位，但又亲自将明朝引向巅峰的皇帝至此完成了自己的谢幕，将一生功过留予后人评说。

---

[1] 《明太宗实录》，卷二七三，第 2469 页，"永乐二十二年七月庚寅"。

朱棣和他的时代

　　笔者对朱棣的兴趣很早就形成了，但真正打算将自己对朱棣的研究整理出来，还是大学毕业之后的事情，这也就有了笔者第一部对朱棣的专著《阴影下的大帝——明太宗朱棣》，在这部处女作的写作过程中，笔者得到了商传老师、方志远老师、岳麓书社胡宝亮编辑的大量支持。不过随着这部著作的最终付梓，笔者对朱棣研究的进一步深入，深感这部处女作还存在诸多不足。因此，在与商传老师、胡宝亮编辑讨论后，在他们的支持下，笔者决定尽量依托明初第一手资料，尽力还原一个真实的朱棣，这便是本书创作的缘起。令人遗憾的是，在本书写作过程中，恩师商传老师不幸因病逝世，不能看到本书的完成。笔者只能将这部书献给恩师以感谢他的无私帮助。

　　朱棣在其在位的二十二年间，可以说是竭尽心力处理政务，从未浪费过一天，虽然他最后说自己想要"悠游暮年"，但他其实一天这样的日子也没有享受过。正如他自己在永乐五年（1407 年）四月与侍臣的对话中所说：

　　　　上谓侍臣曰："朕与卿等论政事，每不觉坐久。或谓朕曰：'语多伤气，非调养之道，当务简默为贵。'朕语之曰：'人君固贵简（默），但天下之大，民之休戚，事之利害，必广询博访，然后得之，非好多言也。'"侍臣对曰："舜无为而治，然亦好问，好迩察迩言，岂舜不好简默哉？"上曰："不如是不足以尽群情。"[1]

　　这段记载既充分反映出朱棣对政务处理的关心，同时也反映出政务的繁重与皇帝的疲惫。朱棣作为皇帝的强烈的责任心与使命感让他对国家的建设与发展倾尽心力，内阁的设立、视朝制度的改革与迁都北京都成为了明朝日后发展的基础，对整个明朝的发展有着深远而积极的意义。与此同时，出于塑造自己才是朱元璋合格继承人与正统性的目的，朱棣在暴虐地对待不服从自己的建文旧臣的同时也全方位地采取更为积极的政策。《明太宗实录》作为官修正史对朱棣给予了十分正面的评价：

　　　　至军国重务，必自决。左右或劝上少自逸者，祖宗付畀之重，一息不绝，

──────────

[1] 《明太宗实录》，卷六六，第 929—930 页，"永乐五年四月"。

其敢怠？！为政一循太祖旧规，申明法制，修述礼乐。躬谒孔子，幸太学。广召天下方闻博雅之士，蒐罗古今，著为大典。表章正学，集四书、五经、惟（性）理大全，垂训万世。

德威广被，四裔君长，无间大小远迩，朝觐贡献请授官爵于阙下者无虚日。海外若榜葛刺、满剌加、忽鲁谟斯等处新受朝命为主者殆三十国。东瞰辽水，靺鞨、女直（女真）、野人、兀良哈之地，立行都司、卫所，设官统治，几三百处。直西部落数百种皆重译来附，其请置官府者盖三之二。西南羌夷建宣慰、宣抚、安抚司及军卫郡县，视旧增益数倍。安南为逆，一举削平之，而郡县其地。独北虏反覆，数为边患，亲率六师征之，驱诸绝漠之外，虏遂不敢南向。

盖唐虞三代以来，若汉之高帝、世祖，唐之文皇，宋之太祖，其宽仁大度、聪明文武、阔远之规、乾刚之用，帝皆兼而有之，是以功烈之盛，前古鲜俪焉。[①]

不过更后期的认识显然要全面很多，正如《明史·成祖本纪》对他的评价：

即位以后，躬行节俭，水旱朝告夕振，无有壅蔽。知人善任，表里洞达，雄武之略，同符高祖。六师屡出，漠北尘清。至其季年，威德遐被，四方宾服，明命而入贡者殆三十国。幅陨之广，远迈汉、唐。成功骏烈，卓乎盛矣。然而革除之际，倒行逆施，惭德亦曷可掩哉。[②]

然而我们在看到《永乐大典》、疏浚会通河、南平安南、五征漠北、郑和下西洋的同时，也应认识到永乐年间的明朝并未达到他的鼎盛，由于靖难之役而出现的大量流民始终困扰着明朝政府，虽然朱棣积极致力于使流民复业，但这一问题始终未能获得根本的解决，各地荒政在后期出现的腐败可以说又加重了这一问题。

官方努力主导的屯田、马政等政策在朱棣统治的中后期出现了明显的衰退，在民生尚未得到根本恢复之时，朱棣又接连进行各种浩大的工程，终于由于劳民过度而导致在永乐中后期出现一系列民变，席卷山东的唐赛儿起义为朱棣"愿斯民小

---

① 《明太宗实录》，卷二七四，第2478—2479页，"永乐二十二年八月至十二月"。

② ［清］张廷玉等：《明史》，卷七，《成祖本纪三》

康"的宣言大打折扣。对于永乐年间明朝社会的真实状况，朱棣的结发妻子徐皇后有着清醒的认识，他在永乐五年（1407 年）七月临终之时还不忘对朱棣说：

> 上临问，后对曰："今至此，命也。但身蒙上恩位中宫，不得给事，此遗憾耳。"又曰："今天下虽定，兵甲不用，然民生未大苏息，惟上矜念之。"①

正如徐皇后所言，永乐年间的明朝，始终处于"民生未大苏息"的粗安状态，称为"永乐之治"是恰当的，但称为"永乐盛世"则是过誉了。徐皇后如此贤后，却于永乐五年（1407 年）七月过早去世，享年四十六岁，朱棣"哭恸"②，册谥徐皇后为仁孝皇后，此后也未再立后，这也在一定程度上反映了这对夫妻配合的默契。因此，在现代社会，顾诚先生又给了朱棣一个相当中肯的评价：

> 在历史上，明成祖（即朱棣）是一个大有作为的君主，他的业绩应当给予足够的评价。但是，也应该看到朱棣的好大喜功，滥用人力、物力，把弓弦绷得太紧，给社会经济的发展带来了一些消极影响。③

从宏观的角度观察朱棣及他的时代，我们能发现这是一个独特的时代，同时又笼罩着各种谜团，他既不像其父朱元璋时期那般严酷，也不像他之后的时代那样由死板最终走向秩序崩坏，甚至可以说，永乐年间的明朝是一个难得的有开拓气概的时代。朱棣卓有成效地经营着明朝的边疆，对东北边疆进行了持续的开拓，取得了建立建州诸卫及奴儿干都司的巨大成果，明朝的东北疆域由此扩展到了外兴安岭地区。当然，谜团也伴随而来，这便是在明朝与朝鲜就疆域问题沟通时放弃固有领土的公案，不过当我们追溯史料，能够发现事实与此存在不小的差距，朱棣其实并不存在放弃领土的问题，将之归于古今领土概念的不同或许更为恰当。

同样的问题还存在于北方边疆中。永乐年间对蒙古政策由保守逐渐转向积极，朱棣一生五次亲征蒙古，前两次都取得了不错的成果，晚年三次更像是一种老骥

---

① 《明太宗实录》，卷六九，第 971 页，"永乐五年七月乙卯"。

② 《明太宗实录》，卷六九，第 973 页，"永乐五年七月乙卯"。

③ 顾诚：《明前期耕地数新探》，第 30 页，见顾诚：《隐匿的疆土——卫所制度与明帝国》，北京：光明日报出版社，2012 年，第 1—32 页。

伏枥的努力，不过因为国力耗损等各种因素的作用，再也没能取得像前期那样的战果。因此，在永乐年间，北疆是一个个积极北拓的时代，朱棣更是建立起了一条起自东北至西北的漫长防线。当然，与此同时，谜团也产生了，即朱棣放弃塞外大宁都司，内迁弃地，导致防线打开缺口的公案。与东北放弃领土不同，当我们追溯大宁都司问题的史料，最终能够发现，认为朱棣放弃大宁是不正确的，他虽然内迁大宁都司，但并未放弃大宁故地，而是将之作为防线一环进行经营的。大宁故地的失去，其根本原因主要是朱棣驾崩后，明朝政策转向保守，朱棣那过于靠北的防线在古代农业社会注定难以长期维持，南迁几乎是必然的结果。朱棣固然可以通过一个时期的积极政策加以维持，但随着人亡政息，政策改变，一切就不同了。即便如此，也不应该将这一责任全部扣在朱棣头上。

西北边疆，最令人感兴趣的无疑是朱棣与帖木儿帝国之间的沟通，陈诚等外交官员的卓越表现。对照双方史料，我们能感受到这是一段有趣的交往，双方抱有一定诚意，但又都对对方缺乏足够了解，这就让双方的交往有些鸡同鸭讲，同样的问题还存在于明朝与日本之间，因为双方都对对方不够了解，同时似乎也没有去了解的欲望，最终都让双边关系难以长久维持，中日关系随着日本将军足利义满的去世，足利义持改变政策而骤然冷却，明朝与帖木儿帝国之间的交往也随着朱棣驾崩，明朝政策转向保守而逐渐冷却，甚至永乐年间好不容易建立起来的关西七卫也在历史的进程中被逐渐蚕食，明朝最终只能走向退守嘉峪关。

永乐年间最大的开拓盛举无疑是郑和下西洋，朱棣在海禁政策上玩了两面派，实际采取了一种开放的策略。无论朱棣派遣郑和下西洋的原因笼罩着多少谜团，下西洋的成果是举世瞩目的，不仅大幅提升了明朝在当时国际上的影响力，也让明朝对当时海外的情况有了相对清晰的认识。对朱棣自己来说，万国来朝的荣光也正是他需要的。

当然，朱棣不是没有局限的。应该说，朱棣最大的局限就是他的各种政策几乎都存在过分理想或者用力过猛的问题，这也就导致他的很多出发点是好意的政策最终都难以持久。朱棣对屯田制度、马政政策的构想都是十分理想化的，然而现实是不断变化的，这就直接导致屯田在永乐中期后迅速衰退，马政这一本来完全由政府承担的内容更是转为了百姓身上一个固定的负担，结果都是事与愿违。又因为朱棣是篡位登极，对明朝影响深远的锦衣卫在永乐年间复苏，东厂也在这一时期建立，这些不良制度都在后来成为"祖制"的一部分伴随了整个明朝，产生了深远的影响。另一方面，永乐年间的两场战争则都是用力过猛的。朱棣因为宗主国遭到公然挑衅的愤怒而将安南纳为郡县，但他却并没有形成一套能够帮助自己巩固在安南统治的完整配套政策，过度的压榨导致安南反抗不断，明朝不得不持续派遣军队前往那里镇压叛乱，无休无止，最终在朱棣驾崩后不久，安南就恢复了独立，几十年的投入不过是竹篮打水。同样的，朱棣对蒙古异常执着的亲征也是如此，如果说第一、二次亲征都是师出有名，准备充分，有其必要的话。晚年的三次亲征无论从国力、军力甚至必要性来说都是可以避免的，朱棣的执着最终不仅得不偿失，还让他在最后一次亲征的班师途中驾崩，如果不是亲信大臣处理得当，势必会造成一场政治危机。同时，朱棣多项政策并举，急于求成，也是压榨百姓过度、造成国力严重消耗的重要原因，他的政策之不能持久，这也是一个重要原因。

谈到朱棣的最后三次亲征，就不得不谈到朱棣的身体问题。皇帝的身体健康，一直笼罩着各种各样的谜团。不过当我们考察了能够考察的各种史料后，我们能够发现，朱棣的身体从早年开始就并不好，早年的一场大病因为病根始终没有痊愈，甚至影响了朱棣的生育能力。虽然晚年的所谓"鱼吕之乱"存在夸大不实，但也在一定程度上反映出朱棣晚年身体的糟糕，糟糕的身体带来了糟糕的脾气，这也是永乐后期宫廷并不平静的原因之一，赵王未遂的政变正是这一点的体现。永乐年间某种程度上是一种"病夫治国"的状态，这一定程度说明了朱棣为君的不易，另一方面也可以解释永乐后期一些朱棣一些反常的政策，就比如他执着的后三次北征。

朱棣正是这样一位缔造了永乐之治的粗安之君。他凭借自己的积极努力从侄子朱允炆手中夺取了皇位并完成了对明朝的再整合，终于将明朝带上了走向鼎盛的道路，为他的儿子朱高炽与他寄予厚望的孙子朱瞻基将明朝最终带上巅峰并缔造"仁宣之治"奠定了十分坚实的基础。但他也笼罩着各种谜团，具有各种局限，这些局限不仅影响了永乐朝的整体状态，导致了永乐之治在中后期的衰退。其中一些政策还继续影响后世，成为了后来明朝的固有问题，影响不可谓不深远。

最后，借用笔者处女作中的最后一段话来作为本书的结语。这就是朱棣，他是阴谋家、篡位者、政治家、军事家、明朝第三位皇帝、永乐之治的缔造者；这就是永乐朝，一个粗安而有阴影的治世，一个引人入胜的时代。

李林楠

2018 年 4 月 22 日于成都家中完成初稿

2018 年 5 月 1 日于成都家中完成二稿

2018 年 7 月 21 日于成都家中定稿

朱棣生平大事年表

至正二十年（1360 年）

* 四月十七日生于应天（今南京市），母碽妃，为朱元璋第四子。

至正二十七年（1367 年）

* 朱元璋为其取名朱棣。

洪武元年（1368 年）

* 朱元璋建立明朝，朱棣九岁。

洪武三年（1370 年）

* 四月，分封诸王，朱棣受封为燕王。

洪武九年（1376 年）

* 册魏国公徐达长女徐氏为燕王妃，朱棣结婚。

洪武十一年（1378 年）

* 朱棣至中都凤阳。

洪武十三年（1380 年）

* 三月，朱棣率领护卫军就藩北平。

洪武十五年（1382 年）

* 马皇后薨逝，朱棣奔丧南京，朱元璋选高僧侍奉诸王，姚广孝随朱棣返回北平。

洪武二十三年（1390 年）

* 朱棣与晋王朱棡受命率军北征，朱棣收服乃儿不花。

洪武二十四年（1391 年）

* 朱棣、傅友德收捕阿失里。

洪武二十五年（1392 年）

* 四月，皇太子朱标薨逝，九月，朱元璋立朱允炆为皇太孙。

洪武三十一年（1398 年）

* 闰五月，朱元璋驾崩，朱允炆即位。朱棣奔丧被阻止，朝廷开始削藩。

建文元年（1399 年）

*七月，朱棣起兵靖难。八月，夺取雄县，败耿炳文于真定。十月，朱棣夺取大宁，败李景隆于郑村坝。

建文二年（1400 年）

*四月，朱棣败李景隆、平安于白沟河。五月，朱棣包围济南，不克。十二月，朱棣再败于东昌，主将张玉阵亡。

建文三年（1401 年）

*二月，朱棣再出北平。三月，败盛庸于夹河，再获胜于藁城。六月，李远焚南军粮道，朱棣听从姚广孝建议，决定直趋南京。

建文四年（1402 年）

*朱棣胜平安于淝河，再败徐辉祖与齐眉山。灵璧之战获胜后，陈瑄以舟师归降。

*六月，燕军渡江。金川门之变，朱允炆失踪，燕王朱棣即位，是为永乐皇帝。

*七月，朱棣正式颁布《即位诏书》，宣布次年改元永乐。

永乐元年（1403 年）

*正月，朱棣宴诸王于华盖殿。立北平布政司为京师，诏改北平为北京。派中官侯显出使乌思藏，征乌思藏尚师哈立麻。

*八月，复设市舶提举司。

*是年，安南黎季犛篡夺陈朝，建立胡朝，寻禅位其子黎苍，黎苍向明朝请求册封。

永乐二年（1404 年）

*四月，以释道衍为太子少师，复姚姓，赐名广孝。立世子朱高炽为皇太子，封朱高煦为汉王、朱高燧为赵王。

*八月，自称安南陈朝后裔陈天平来奔明朝。

*十一月，朱棣册封哈密卫首领安克帖木儿为忠顺王。

永乐三年（1405 年）

*六月，遣中官郑和出使西洋诸国。

*九月，朱棣以海外贡使日多，朱棣于福建、浙江与广东分别设立"来远""安远""怀远"三驿。

*十二月，遣黄中率军五千护送陈天平归国。

永乐四年（1406 年）

* 三月，陈天平被安南军队劫杀，朱棣决意征伐安南，以朱能为东路，沐晟为西路，共计二十余万军队，从广西与云南进入安南。后朱能卒于征途，副将张辅代总大军并得到朱棣正式任命。

* 闰七月，以明年五月建北京宫殿，分遣宋礼等采木烧砖。命泰宁侯陈圭董治其事。

* 十二月，乌思藏尚师哈立麻抵达南京朝见朱棣，朱棣册封其为"大宝法王"。

永乐五年（1407 年）

* 七月，皇后徐氏卒。十月册谥徐皇后为仁孝皇后。

* 九月，郑和还。

* 十一月，修《永乐大典》成，凡二万二千九百三十七卷。

* 是年，安南平定，朱棣复安南旧名交阯并设立三司，正式将安南并入明朝。

永乐六年（1408 年）

* 八月，交阯陈頠起事，沐晟率兵四万剿之。

* 九月，郑和二下西洋。

* 十二月，鞑靼知院阿鲁台弑杀鞑靼大汗鬼力赤，立本雅失里为汗。

永乐七年（1409 年）

* 二月，朱棣北巡北京，皇太子朱高炽监国。册贵妃张氏、贤妃权氏、顺妃任氏、昭容王氏、昭仪李氏、婕妤李氏、美人崔氏。

* 四月，选陵地于昌平，封其山曰天寿山。

* 闰四月，设立奴儿干都司，但由于蒙古问题，直至永乐九年（1411 年）才最终设立。

* 郑和二下西洋还。

* 郑和三下西洋。

永乐八年 (1410 年）

* 二月，命皇长孙朱瞻基留守北京，朱棣亲征塞外鞑靼，获胜，七月还北京。十月回南京。

永乐九年（1411 年）

* 正月，安南陈季扩请降，朱棣以张辅率军二万四千三征交阯。三月，张辅力陈陈季扩不可信，主张以武力平定。

*二月，以工部尚书宋礼主持疏浚会通河。

*十一月，立朱瞻基为皇太孙。行冠礼于华盖殿。

*郑和三下西洋还。

永乐十年（1412年）

*十月，皇太孙朱瞻基演武于方山，甘露降，群臣表贺。

永乐十一年（1413年）

*正月，仁孝皇后梓宫发京师，汉王护行。天寿山陵成，命名曰长陵。

*二月，朱棣北巡，发自南京，皇太孙朱瞻基从。仁孝皇后葬长陵。设立贵州承宣布政使司。

*四月，朱棣至北京。

*郑和四下西洋。

永乐十二年（1414年）

*三月，张辅平定交阯，献俘南京。

*六月，朱棣于忽兰忽失温（今蒙古国首都乌兰巴托）击败瓦剌，追至土剌河（今图拉河），班师。

永乐十三年（1415年）

*郑和四下西洋还，陈诚出使西域还。

永乐十四年（1416年）

*八月，作北京西宫。

*九月，朱棣还南京。

*十一月，复议建北京宫殿。

*十二月，遣郑和复使西洋。

永乐十五年（1417年）

*二月，谷王橞恃建文四年为燕兵开金川门功，甚骄肆，夺民田，杀无罪之人，欲谋反，废为庶人。命泰宁侯陈圭仍督北京营建事。命安远侯柳升、成山侯王通副之。三月，汉王朱高煦屡行不法事，囚之，将废为庶人。皇太子朱高炽力救，乃削两护卫，徙封乐安，怀有异谋。赵王朱高燧改封彰德，仍留北京。

*四月，北京西宫成。

*五月，朱棣至北京。御西宫新殿受朝贺。

*七月，册胡氏为皇太孙朱瞻基妃。

*命丰城侯李彬镇交趾，交阯黎利起事，李彬剿之。

永乐十六年（1418 年）

*三月，太子少师姚广孝卒。

永乐十八年（1420 年）

*闰正月，以学士杨荣、金幼孜为文渊阁大学士。

*八月，北京始设东厂。

*九月，北京宫殿将成，遣行在户部尚书夏原吉敕召皇太子，期十二月终至北京。又命皇太孙从行。谕行在礼部，明年元旦定北京为京师，去行在之称，设六部，并取南京诸司印给北京各衙门，别铸南诸司印加"南京"二字。

*十一月，以迁都北京诏告天下。

*十二月，皇太子朱高炽、皇太孙朱瞻基至京师。北京新宫成，规制如南京，加壮。自戊子（永乐六年）六月肇工，历十三年至是成。论营建功，擢工部郎中蔡信为工部右侍郎，余升赉有差。

永乐十九年（1421 年）

*正月朔，正式迁都北京，朱棣诣太庙奉五庙神主，皇太子朱高炽诣郊坛奉安天地神主，皇太孙朱瞻基诣社稷坛奉安神主，黔国公沐晟诣山川坛奉安山川诸神主。朱棣御奉天殿受朝贺，大宴群臣。命郑和复使西洋。

*四月，奉天、华盖、谨身三殿灾，遂下诏暂停下西洋事宜并求臣下直言。

永乐二十年（1422 年）

*正月，朱棣力排众谏，决意亲征塞北阿鲁台，命皇太子朱高炽监国。

*八月，朱棣泄愤于兀良哈后班师，九月回北京。

*闰十二月，乾清宫灾。

永乐二十一年（1423 年）

*五月，常山护卫指挥孟遇等欲毒杀朱棣，然后废皇太子朱高炽，立赵王朱高燧事发，孟贤等伏诛，由于朱高炽解救，高燧得免罪。

*七月，阿鲁台又来犯，朱棣第四度亲征，未遇敌而还。

永乐二十二年（1424 年）

*正月，复命郑和使西洋。

*四月，朱棣自北京出发，率先命集中山西、山东、河南、陕西、辽东五都司及另三卫兵会合于宣府之大军第五度北征。命皇太子朱高炽监国，大学士杨荣、金

幼孜扈从，杨士奇辅助太子。

*七月十七日，驻于榆木川（今内蒙古多伦）。朱棣病危，召英国公张辅受遗命："传位皇太子"。次日，驾崩，享年六十四岁，在位二十二年又三个月。

*八月十五日，皇太子朱高炽即皇帝位。以明年为洪熙元年。进杨荣太常寺卿、金幼孜户部侍郎仍兼大学士，杨士奇礼部左侍郎兼华盖殿大学士，黄淮通政使兼武英殿大学士，俱掌内制。

*九月，上朱棣谥号为：太宗体天弘道高明广运圣武神功纯仁至孝文皇帝，庙号：太宗，上仁孝皇后徐氏谥号为：仁孝慈懿诚明庄献配天齐圣文皇后。

*十二月：葬明太宗文皇帝朱棣于北京昌平长陵，与仁孝文皇后徐氏合葬。